雷·卡尔森（Rae Carlson）曾提出一个问题："人格研究中的人在哪里?"

本书将提供关于这个问题的答案。

# 心理传记学手册

【美】William Todd Schultz 主编

郑剑虹 谷传华 丁兴祥 舒跃育 雷学军等 译
丁兴祥 郑剑虹 审订

# Handbook of Psychobiography

暨南大學出版社
JINAN UNIVERSITY PRESS

中国·广州

William Todd Schultz
Handbook of Psychobiography
ISBN - 13 - 978 - 0 - 19 - 516827 - 3



**图书在版编目（CIP）数据**

心理传记学手册/［美］舒尔茨（Schultz，W. T.）主编；郑剑虹等译. —广州：暨南大学出版社，2011.9
ISBN 978 - 7 - 81079 - 996 - 6

Ⅰ. ①心… Ⅱ. ①舒…②郑… Ⅲ. ①心理学—手册 Ⅳ. ①B84 - 62

中国版本图书馆 CIP 数据核字(2011)第 120970 号

**出版发行：暨南大学出版社**

---

地　址：中国广州暨南大学
电　话：总编室（8620）85221601
营销部（8620）85225284　85228291　85228292（邮购）
传　真：（8620）85221583（办公室）　85223774（营销部）
邮　编：510630
网　址：http：//www. jnupress. com　http：//press. jnu. edu. cn

---

排　版：广州市天河星辰文化发展部照排中心
印　刷：佛山市浩文彩色印刷有限公司

---

开　本：787mm × 960mm　1/16
印　张：27. 875
字　数：665 千
版　次：2011 年 9 月第 1 版
印　次：2011 年 9 月第 1 次
印　数：1—3000 册

---

定　价：60. 00 元

---

**（暨大版图书如有印装质量问题，请与出版社总编室联系调换）**

# 前　言（原著）

威廉·托德·舒尔茨（William Todd Schultz）

本书付梓走过了一条漫长的道路，它充满了凹凸不平的路面、搭便车者以及混乱的路线图，偶尔还得停下来加油。但如果你把油门踩到最大，并一直保持这样的速度，你就会到达你要去的地方。

艾伦·埃尔姆斯（Alan Elms）曾说：心理传记学是心理学研究的一种方式。它是一种特殊的方式、一种艺术的方式、一种更为艰难的方式，但不管怎样，它是一种研究方式。本书由实例展示和理论陈述两部分构成（更确切地说，是由理论陈述和实例展示两部分构成）。第一编是关于如何撰写心理传记的，本编将对读者起到一种导引作用。如何发现传记资料中蕴涵的心理学意义［舒尔茨（Schultz）］；做心理传记时如何充分利用当前人格心理学的研究成果［丹·麦克亚当斯（Dan McAdams）］；如何明智地选择理论（埃尔姆斯）；如何评判心理传记学解释的相对价值［鲁尼恩（Runyan）］；如何进行多个案（N >1）的心理传记学研究［艾萨克森（Isaacson）］……所有这些问题在本书中都能找到答案。本书第一章“导言”（舒尔茨）探索了心理传记学对心理学领域的益处，对优秀的心理传记学和拙劣的心理传记学进行了界定，并研究了心理传记作品的最佳结构。当选择好某个所要研究的传主后（如萨达姆·侯赛因），学生中的典型问题是：现在该怎么办，下一步怎么走？本书第一编提供了一种路线图，它是走向成功的一种蓝本。

本书其余部分按照与该领域的历史发展趋势相匹配的方式划分。第二编是关于艺术家的心理传记学。首先，我介绍了过去100年来心理传记学家在该领域研究探索的状况。接下来的内容则由几个有关艺术家研究的实例章节组成，这些杰作包括艾伦·埃尔姆斯和布鲁斯·赫勒（Bruce Heller）关于猫王（Elvis Presley）的研究，我自己对西尔维亚·普拉斯（Sylvia Plath）的研究，丹·奥格尔维（Dan Ogilvie）对巴里（J. M. Barrie）的研究，詹姆斯·安德森（James Anderson）关于伊迪斯·沃顿（Edith Wharton）的研究。

在第三编中，詹姆斯·安德森首先对心理学家的心理传记学研究进行了介绍。该部分的传主包括弗洛伊德（Freud）（艾伦·埃尔姆斯撰写），戈登·奥尔波特（Gordon Allport）［尼科尔·巴伦鲍姆（Nicole Barenbaum）撰写］，尼采（Nietzsche）［凯尔·阿诺德（Kyle Arnold）和乔治·阿特伍德（George Atwood）撰写］，埃里克·埃里克森（Erik Erikson）［欧文·亚历山大（Irving Alexander）撰写］，史蒂文斯（S. S. Stevens）

[伊恩·尼克尔森（Ian Nicholson）撰写]。

在第四编中，艾伦·埃尔姆斯和安娜·宋（Anna Song）对政治人物的心理传记学研究进行了介绍。接下来，斯坦利·伦肖恩（Stanley Renshon）研究了小布什（George W. Bush）的生活，安东尼·丹尼斯（Anthony Dennis）研究了“一切恐惧的总和”——奥萨马·本·拉登（Osama Bin Laden），贝蒂·格莱德（Betty Glad）探究了政治“独裁者”。

那些对心理传记学领域有了解的人都会承认上述阵容都是该领域的重要人物，他们都是最具天赋的心理传记学从业者。就像我在第1章说的，本书是心理传记学领域所能提供的最好读物。目前，该领域尚未有任何读物可与之相比拟，甚至对于那些对心理传记学不甚感兴趣的人来说，本书都是一场最豪华的盛宴。所以，请您品尝，您将会从本书中汲取营养。

我觉得似乎要感谢全球的人了。首先，让我对该书各章的作者表示谢意和敬意，他们展现出了极度的优雅和自信。特别是艾伦·埃尔姆斯的独树一帜，他的智慧一直令我感到震动和敬畏。如果不是因为他，我的这些话将不会有机会得以表达。麦克·鲁尼恩（Mac Runyan）也是我持续灵感的来源，还有欧文·亚历山大、丹·麦克亚当斯、雷·卡尔森（Rae Carlson）、吉姆·安德森（Jim Anderson）、丹·奥格尔维和尼科尔·巴伦鲍姆等。本书大多数章节的作者所属的人格学会给了我勇气，使我坚定了信念，而在这个领域内像这样的支持是极有价值的。当我第一次涉足心理传记学研究时，我就被加州大学戴维斯分校同辈人中的一群杰出人物所包围，包括戴维·菲尔豪尔（David Philhour）、菲尔·克拉布特里（Phil Crabtree）和伊娃·谢佩勒（Eva Schepeler）等，我要感谢他们。对我的学生们我也十分感谢，三木苏扎（Miki Souza）和凯特·赫茨拉（Kate Hutslar）作为研究助手为我服务；一些学生阅读了本书的草稿并提出了宝贵的意见，他们是阿西娜·菲利普斯（Athena Phillips）、詹姆斯·马丁森（James Martinsen）、珍·普拉格（Jen Prag）和优秀的萨拉·萨梅赫（Sarah Sameh），尤其要感谢“月亮女神”塞勒涅·克朗普顿—罗杰斯（Selene Crompton-Rogers），近十年与其不断的交流让我获益不少。刘易斯—克拉克学院某个班的学生特别令我欣喜，为了提供该领域的材料，玛丽娜（Marina）、达纳（Dana）、佩兴斯（Patience）、希瑟（Heather）以及其他同学以他们的热情支持和帮助我[就像现在研究精神分裂症的刘易斯—克拉克学院的另一个优秀学生克里斯廷·胡克（Christine Hooker）做的一样]。太平洋大学的凯蒂·苏洛瓦埃克（Cathy Suroviak）一直是我的支持者，还有许多其他人，包括阿利森·伯恩斯—格洛弗（Alyson Burns-Glover）、马克·马朗科（Marc Marenco）、蒂姆·汤普森（Tim Thompson）等。作为俄勒冈州波特兰市普罗维登斯（Providence）医院住院精神病科的一名心理健康治疗师，我学到了很多关于人以及关于是什么让他们这么做的知识。我要感谢奥拉万（Orawan）、比尔·布莱洛克（Bill Blaylock）、康妮·罗斯（Connie Ross）、玛丽·洛斯（Mary Lowes）、玛丽·戈登（Mary Gordon）、凯西·韦伯（Casey Weber）、吉姆·库恩（Jim Kuhn）、彼得·梅耶尔斯（Peter Meiers）、斯科特·斯特普利（Scott Stapely）、格拉迪斯·霍索恩（Gladys Hawthorne）、谢里尔·科温（Cheryl Corwin）、盖尔·休森（Gail Hughson）、斯科特·库克（Scot Cook）、玛丽·墨菲（Mary Murphy）和格伦·罗比肖德（Glen Robichaud）。

感谢他们的支持、美好的祝福以及理解。

本书的编辑凯瑟琳·卡林（Catharine Carlin）在各个方面的工作都绝对令人愉快。她是我的幸运之星，感谢她在我身边给予帮助。她是一个真正的奇才，是我所知道的最充满思维活力的人之一。

本书还要归功于丹·奥格尔维，我要恭恭敬敬地向他鞠一躬。

约翰·迪尼（John Deeney）博士改变了我的生活，在鼓励我把心理学作为职业这点上没有人可以比得上他。刘易斯—克拉克学院的朋友们使有关本书的工作能够得以顺利开展，这些人包括托马斯·舍恩尼曼（Thomas Schoeneman）、格伦·迈耶（Glenn Meyer）、克莱顿·莫格雷奇（Clayton Morgareidge）、比尔·罗特谢弗（Bill Rottschaefer）、西维因·赫希贝因（Sevin Hirschbein）以及我永远的"男傧相"卡罗·卡佩利（Carol Capelli）（卡罗总是特别善于让我保持头脑清醒）。

我要感谢我的妻子——特里萨·洛夫（Theresa M. Love），一位真正的艺术家，她教给我许多有关艺术的东西，还有我的两个宝贝：阿德里安娜·埃默拉尔德·布拉德斯特里特（Adrienne Emerald Bradstreet）和亨利·威廉·王尔德（Henry William Wilder）。

最后，我要感谢我的父母，他们伴我以书，教我怎样热爱读书。

（郑剑虹　译）

# PREFACE:

## Chinese Translation of the *Handbook of Psychobiography*

—William Todd Schultz, PhD
September 6, 2010

There are three ways to do psychology, three levels of explanation. The first two are well known—commonplace, in fact—the third far more obscure but no less essential. Most psychologists conduct research utilizing large numbers of subjects with the hope of deriving some kind of universal law that applies generally to all people. Others focus on a specific group of people—women, for instance, or high achievers, or schizophrenics. In the first instance, the goal is to explain the ways in which all people are alike; in the second instance, the goal is to explain how some people, affiliated by group, are alike. Psychobiography, the subject of this handbook, seeks a third type of explanation. It is not about sameness of any sort. It is about difference, uniqueness. And its aim is not to generalize, but to explore, very deeply, and with the utmost subtlety, the particulars of an individual life.

What I always tell my students is that Psychobiography provides psychology's most difficult challenge. It is where, as the saying goes, the "rubber meets the road". The question is: Can the findings churned out in the experimental realm be put to good use when trying to make sense of an actual human life? Do the findings illuminate the needs, motives, attitudes, and feelings of a real person? In short, can they be applied? If the answer to these questions is "no", then what is the value of the findings? They might be scientifically sound, but that is not enough; beyond that, they ought, ideally, to be practically useful. They need to make sense, not just achieve statistical significance.

More and more people seem to be reaching a similar conclusion, and more and more people also seem to be working at Psychobiography. It is truly a worldwide phenomenon. I hear from people all over the planet who are engaged in psychobiographical studies—South Africa, the Phillipines, Australia, India, and yes, China. What they all have in common, what unites them, is an abiding interest in the individual life, the mysteries of a single person. And they all appear to be aware of the value of psychological research that aims not to generalize, but to particularize. I do not discount the importance of research conducted at the universal or group levels; but the level of the individual cannot be overlooked, either. It is where we confront, as thinkers, the messiness and blurriness of reality.

I am so pleased that my book is now being brought to China, with this new translation. I hope it will stimulate many new developments in a field, Psychobiography, that I adore.

# 《心理传记学手册》中文版序

威廉·托德·舒尔茨（William Todd Schultz）博士
2010年9月6日

心理学研究有三种方式、三个层次的解释。前两种可谓众所周知、老生常谈。事实上，第三种虽鲜为人知，却非常重要。多数心理学家使用大量的被试进行研究，希望从中发现某些可适用于所有人的普遍规律。其他一些心理学家则聚焦于某个特定的群体，如女性群体或者高成就者群体，或者精神分裂症患者群体。前者的目标是解释在某些方面所有人是如何一样的；后者的目标是解释隶属于同一群体的人是如何一样的；本书之心理传记学这个学科，则探索解释第三种类型。它不是寻求关于任何一类人的相同性，而是寻求个体的差异性和独特性；它的目标不是探究一般化，而是探究个体生命最深层、最微妙和最特殊之处。

我总是告诉学生心理传记学挑战了心理学研究的最难之处。正如俗语说：轮胎碰上了路，它往哪里去？问题是从实验领域大量产出的研究结果能够很好地用来理解真实的人类生命吗？这些研究结果能够阐释需要、动机、态度以及一个活生生的人的情感吗？简而言之，它们可用吗？如果答案是“不能”，那么这些研究结果的价值又是什么？也许它们有科学上的意义，但那是不够的。除此之外，理想地看，它们应该有实际用处。它们必须能够达到对人的理解，而不仅是达到统计学上的显著性。

越来越多的人似乎会得出类似于上述的结论，而且越来越多的人似乎正在从事心理传记学研究。这确实是一种世界性的现象。我了解到全球有许多国家的人正致力于这个领域的研究——南非、菲律宾、澳大利亚、印度，还有中国。他们有什么共同点？是什么使他们走在一起？是一种对个体生命、对单个人奥秘的持久兴趣，以及他们清楚地认识到心理学研究的价值不在于追求普遍化（普则）的目标，而是追求特殊化（特则）的目标。我不是要贬低普遍水平和群体水平研究的重要性，而是说个体水平的研究也不能忽视。它们是作为思想者的我们直面现实世界的杂乱与模糊的一个领域。

我很高兴我主编的这本书现在能够以译本的形式被带到中国，我希望这本书能够推动我喜爱的心理传记学研究领域的新进展。

（郑剑虹　译）

# 各章作者（原著）：

Irving E. Alexander(欧文·亚历山大),Duke University(杜克大学)

James W. Anderson(詹姆斯·威廉·安德森),Northwestern University(西北大学)

Kyle Arnold(凯尔·阿诺德),Long Island University(长岛大学)

George Atwood(乔治·阿特伍德),Rutgers University(拉特格斯大学)

Nicole B. Barenbaum(尼科尔·巴伦鲍姆),University of the South(南方大学)

Anthony J. Dennis(安东尼·丹尼斯),http://www. acpr. org. il/people/adennis. html

Alan C. Elms(艾伦·埃尔姆斯),University of California,Davis(加州大学戴维斯分校)

Betty Glad(贝蒂·格莱德),University of South Carolina(南卡罗来那大学)

Bruce Heller(布鲁斯·赫勒),http://www. corporatecoachingintl. com/team. php3

Kate Isaacson(凯特·伊萨克森),University of California,Davis(加州大学戴维斯分校)

Dan P. McAdams(丹·麦克亚当斯),Northwestern University(西北大学)

Ian Nicholson(伊恩·尼克尔森),Thomas University(托马斯大学)

Daniel M. Ogilvie(丹尼尔·奥格尔维),Rutgers University(拉特格斯大学)

Stanley A. Renshon(斯坦利·伦肖恩),City University of New York(纽约城市大学)

William McKinley Runyan(威廉·麦金利·鲁尼恩),University of California,Berkeley(加州大学伯克利分校)

William Todd Schultz(威廉·托德·舒尔茨),Pacific University(太平洋大学)

Anna V. Song(安娜·宋),University of California,Berkeley(加州大学伯克利分校)

# 目　录



## 第一编　如何撰写心理传记



## 第二编　艺术家的心理传记学

## 第三编　心理学家的心理传记学



## 第四编　政治人物的心理传记学

# 第一编

# 如何撰写心理传记

第1章

# 心理传记学导言

威廉·托德·舒尔茨（William Todd Schultz）

心理传记学的目标可以简单地陈述为对人的理解，尽管实现这个目标非常困难。心理传记学家花费大量的精力来思索、写作，其目的就是试图理解那些最复杂的、最具有创造性的，甚至有时自相矛盾的个体生命，他们中有许多人为了他们的目标奋斗终生。如果对于大多数实验研究型的心理学家来说，在严格的实验控制背景下对单变量和部分的历程进行检验，从而达到上述理解人的目的的话，心理传记学家则被认为是在追求错误的目标。其实这种说法是针对心理学，而不是心理传记学。毕竟，如果心理学研究想获得什么东西，如果心理学研究希望在某个阳光明媚的日子里，从实验室、单面镜、各种研究设备和仪器中走出来，进入一个没有人为控制的生命世界里，说一些关于人的活生生的事，那么心理学的研究对象不应是一群匿名的被试，而是具有历史背景的真实个人。心理传记学做的正是这种工作。

我在加州大学戴维斯分校读研究生时，正是在艾伦·埃尔姆斯教授的指导下，开始走上心理传记学研究的道路。的确，在我第一次听到心理传记学这个术语时，我就敏锐地意识到它的解毒剂（它可以部分治疗心理学研究中的化约主义、科学至上主义、琐碎主义和非关联性取向等毛病）本质和它的革命性。做心理传记研究不需要太多的知情者同意，被试不必匿名，它与群体无关，不需要统计。它很少致力于去发现那些适用于所有人或者亚群体的一般性规律；相反，它对孤独生命的某一段历程情有独钟，并试图去理解那个生命。以理论和研究为武装，直接针对某个人的细节去探索心灵，那就是心理传记学。当一个人停下来思考时，这正是心理学真正的起源。从弗洛伊德到斯金纳（Skinner）的所有伟人，对采用以个体作为基本的分析单元是不会感到有什么不妥的。心理传记学是心理学的“压制性”回返（return of the repressed），它把人放回到他应该在的地方：人格的前沿和中心，那个最可想象的活生生的目标。

摆在您面前的这本书向您介绍了很多该领域在过去二十年中的发展情况，有人会感到诧异或战栗：心理传记学跨进心理学的主流了吗？答案是还没有，但本书的出版朝这个方向迈进了一步。我编写本书的愿望在于为该领域提供最完整可靠的介绍，以及对那些有兴趣写心理传记的人给予指导，这也是本书各章作者的愿望。接下来将给大家提供最好的心理传记，用这些最具天才性的心理传记作者们——这些心理传记的

"音乐制作者"和"梦想的梦想家"[英国诗人亚瑟·欧绍格尼西(Arthur O'Shaughnessy)语]的话来说，只有那些长"耳朵"的人才能听到这些音乐并领会其歌词的含义。

在本章中我冒险跳过一些最为基本的事情，想立刻回答一个问题。这个问题首先是由艾伦·埃尔姆斯在他开创性的著作《揭示生命：传记与心理学的不稳定联盟》(*Uncovering Lives: the Uneasy Alliance of Biography and Psychology*)(1994)中提出的：究竟为什么一个心理学家想要做心理传记？心理传记对心理学学科的独特贡献是什么？[①]

首先，莫里(Murray)和克拉克洪(Kluckhohn, 1953)曾表述过：我们在某些方面和其他所有人都一样，在某些方面只和一些人一样，而在某些方面和其他所有人都不一样。如果该观点正确的话，那么心理传记学和与之相关的个案研究法的工作就是去完成这个看法的最末那句话，即心理传记学在于探索每个人是如何独特的，或者说，人们是如何逐渐变成与任何参照群体都不相同的独特分子。坦率地说，心理传记学家认为只有研究人的独特性才最有价值，只有这样才能从更深层次来理解个体。我认为心理传记学家这样的追求完全合理。此外，心理传记学家所选择的研究对象正是那些大众都了解的人物，或与大众密切的人物，或看起来与大众最利害攸关的人物，如甘地式的(Gandhis)、希特勒式的(Hitlers)、毕加索式的(Picassos)和凡·高式的(Van Goghs)人物。这些人物给人类带来灾难也好、荣耀也好，但正是这些人物确定了人类心理的极限和结构。我们需要了解这些人物的心理，因为了解这些人物的心理就是了解我们自己。在这里，我需要向伯特·巴卡拉克(Burt Bacharach)道歉，现在世界所需要的东西不是别的，而是关于人的科学(或艺术)，使得我们从自己思想的桎梏中走出来，达到对他人深层次的理解，当完成这一项艰巨的任务后，我们又重新找回自身，此时我们的认识到达了新的层次。我需要说的是做心理传记有两个相辅相成的理由：中肯地了解他人，中肯地了解我们自己。什么会比这还根本呢？

心理传记学研究中会产生理论，至少会产生假设。科学研究发端于卡尔·波珀(Karl Popper, 1959)，他称之为发现的脉络，之后才是证伪的脉络。心理传记学研究可以产生好的灵感、强烈的直觉或者顿悟，引导出正式的命题，最终可以在大群体中测试(如果这是必要的)。精神分析(Psychoanalysis)发轫于弗洛伊德的自我分析法和对歇斯底里病人的分析，荣格(Jung)的分析心理学(analytical psychology)也是如此。马斯洛(Maslow)、皮亚杰(Piaget)、埃里克森、莱恩(Laing)、莫里、奥尔波特、汤姆金斯(Tomkins)和其他一些心理学家都以相似的方式创建了他们的理论。最初研究时都是研究一个人、几个人或几组人，然后对结果作出认真严谨的推断，基于已经获得的结果再扩大范围。最后，作出人类心智的完整清晰模型，再将此模型应用于所有人，至少理论上是如此。

心理传记学是心理学研究中最大的挑战，它把心理学中各种各样的研究结果应用于单个生命的研究，以发现什么研究结果可用，什么研究结果不可用，而后者也许是

① 也可以反过来问，即心理学中究竟有哪些东西可以被心理传记学吸收呢？答案就是心理学中的理论和已有的研究成果。因为心理传记的有效性，即对人的分析主要依赖心理学研究已发现的成果(指那些可以应用于个体生命研究的成果)。因而，只要心理学科所提供的理解人的工具是成功的，那么心理传记学也就完全可以做到理解人。从某种程度上来说，心理传记学的健全依赖其所使用的理论和研究成果。

最令人想要的，当已有的研究结果不能用时——阳光无法照亮个人生命中更为阴暗的角落，所进行的心理传记学研究可能会导向有用的方向。同时，有问题的概念也会得到修补。弗洛伊德正是通过这种手法写列奥纳多（Leonardo）的心理传记的，他以艺术家为对象作为检测升华和同性恋这些概念的基础。同样，埃里克森（Erikson，1969）也是采用类似的方法为甘地写心理传记。马斯洛（Maslow，1972）将他有关灵长类动物支配行为（dominance behavior）的研究扩展到他所选择的一群机能最佳的人（optimally functioning humans）的生命上，从而在他以问题为中心的研究项目中更新了自我实现的概念。埃尔姆斯（1994：14，221）在完成约翰·福斯特·杜勒斯（John Foster Dulles）的心理传记后，提出了“超我失足”（superego trip）理论。莫里（Murray，1981）通过剖析哈佛（Harvard）的心理，提出了伊卡洛斯情结（Icarus complex）。而我自己对詹姆斯·阿吉（James Agee）和杰克·凯鲁亚克（Jack Kerouac）各自的生命和作品进行细致分析后，提出了俄耳浦斯情结（Orpheus complex）（Schultz，1996）。理论的创立可以进一步推动研究的深入，实验研究的目的也正是驳斥或暂时支持某个理论，尽管有时实验很难达到这个目的。理论不必无中生有，追求完美无缺。理论有时候是艺术性的创造，它该来的时候就会产生，甚至有时创建理论时也是在极度非理论性或疯狂状态下完成的（这使人想起了荣格，他进入精神病状态后更能自由地探寻原型主题）。心理传记学研究中的传主，其个人的生命可以作为强有力的刺激物，从个人的生命中可以激发出令人兴奋的、最大胆的猜想，而猜想是行动（理论）的来源。我们需要不时地提醒自己，理论（事实）是与时俱进的。

在心理学中，有一个分支学科，也就是我所说的认知神经科学，它与我们心理传记学研究从表现面上看貌似不同（仅仅看似这样），其实两者的研究取向是相同的。在神经科学中，单个被试是其常用的研究方法之一［Ogilvie（2003）也曾提到这一点］，但从单一被试的研究结果中，往往可以推断出关于脑功能极其新颖的观点。如加扎尼加（Gazzaniga）和斯佩里（Sperry）在做分裂脑研究中，对大脑半球各自的加工方式作出了大胆的推测。其研究所用的被试仅仅是少数几个胼胝体被手术人为切开的癫痫病人。拉玛钱德朗（Ramachandran，1998）研究了大脑局部右侧顶叶损坏的中风病人，发现这些病人具有疾病感缺失现象（anosognosia）（否认自己有能力丧失感），因此他推断在人的大脑右半球可以产生“异常性侦察”（anomaly detector）现象。如果再向前追溯，寻找大脑局部区域发生病变的病人，将其作为被试往往能够为大脑形态和结构提供最初的答案。

目前在关于单个被试研究方法得出的结论是否有效的问题上仍存在着较大的争议，这是个不容否认的事实。但是通常情况下，在神经科学领域内，单个被试的结果往往可以引发新的研究，因而，单个被试的研究是后续进一步研究的起点。也许个别时候，心理传记学研究的结果并不可靠（就如同脑科学研究结果一样），但那又怎么样？不够真实的结果不会对最终的真理产生实质性伤害。另外，在现实研究中，不够可靠的结果比比皆是，即使是利用一大群大学生作为匿名被试的心理学研究，其结果也并非完全可靠。换一个角度思考，现实的确存在一些不可靠的心理传记学研究结果，就如同现实存在一些有缺陷的汽车需要改善一样。因而，原则上，心理传记学这门学科本身没有什么值得指责的地方。就如同任何在努力完善的学科一样，其研究者良莠不齐，但不合格的实习医生的存在是不会把整个医学领域的人都叫去训斥的。

心理传记学究竟能够提供什么东西？关联性（Relevance）。埃尔姆斯（1994）曾经用了一个极俏皮的短语，他指出"在统计学上检验得出的显著性与人格的显著性并不是一回事"。我们需要面对这个问题：世界上所有的研究，尽管他们闪耀着科学的光芒，不管其设计如何充分而缜密，实验控制得如何严谨，最终的结果都是待在图书馆的书架上独自闪耀。除非这些研究能对某地某个人的生命有所理解，或者对彼处的人有所理解。人并不是生活在实验室中。此外，埃尔姆斯还告诉我们"实验性的研究或相关性的研究，采用数量统计的方法来分析搜集到的数据，也许能够得出对一般人类生活具有显著性意义的变量。但是，我从来没有遇到过一个心理学家能够坦诚地声称从这些统计分析的结果中能够组合出活生生的生命"。雷·卡尔森（Rae Carlson，1971）更进一步指出："我们可以在实验控制的背景下研究人，但我们无法实验人格。"卡尔森的评论并不是语言的莫比乌斯环（Mobius strip）。她的这个评论从更大意义上讲出了这个道理：如果要更好地理解人，需要的是诠释，而不是变量的操纵。需要研究者深入这个人的生命中，了解这个人曾经遭到的困境和所走的弯路、了解这个人生平所有的事情，保持其主体性及假定（世界观）的原貌。如果我们想了解某个人为什么做了他所做的事，或者他是如何成为这个样子的，或者什么东西促使他成为这样的人，那么，我们需要做的就是走出实验室，进入这个人生活的脉络之中。搜集这个人的生命史，阅读这个人所写的作品，分析这个人所做的梦、所写的日记以及来往的书信，与这个人的至交进行交谈，审视这个人的创造性工作。这些统统都是必要的任务。[①] 心理传记学的工作就是这些。

实验结果搜集的可能是一些假象，这些假象都是关于人的片断性心理，但实验者们通常都将目标设定在描绘成某种人——一种新时代的威廉·詹姆斯（William James）。这种人会算术，能将片断的结果累加起来。然而，在心理学研究中，随处可见的是冯特式（Wundts）的研究，却缺乏詹姆斯式的研究。心理学是多个分支学科混合形成的大杂烩，在该分支学科的背后延伸着一系列专门的子分支学科，而且该学科中出现的词汇阻碍了各个分支派系之间的相互碰撞和交流。心理学中的这种失常是多重人格式的（或者正如现在所称的"解离性认同"）。我们发出一种刺耳的声音，从而表现出从来没有和谐过的喧嚣。但是如果詹姆斯仍活着，假如随处都可以找到通晓多个学科的通才的话，他们会经常聚在心理传记学这个领域上。为什么呢？这是因为心理传记学家需要从不同的领域获取知识，从中汲取有用的知识并利用之。在我写的第8章关于摄影师戴安娜·阿巴斯（Diane Arbus）的心理传记中，我们有必要思考抑郁的母亲对女儿成长的影响，查阅感觉寻求的概念（sensation seeking）、共生的概念和客体关系理论家所谓分离的概念，学习莱恩提出的存在性不安概念（ontological insecurity）以及因为自恋性养育（narcissistic parenting）所造成的"虚拟人格"（as-if personality）的形成过程。不管心理传记学家喜欢还是不喜欢，心理传记都是独特的，需要的研究

① 奥尔波特得出了一个类似的结论："如果我们想了解人们的感受，他们经历了什么，他们记得什么，他们的情绪和动机是怎样的以及他们做事的理由是什么，为何不去询问他们呢？"（Barenbaum，1994）询问只是一个开始，但是针对问题的答案通常需要研究者对其作出解释，人们不要局限于文本的表层含义，而是要深入到文本深层的含义中去［关于这一点，奥尔波特可能会反对对潜意识进行探究。见 Barenbaum，本书第16章］。

者是具有多种能力的通才，进而能成为詹姆斯式的人物。有人猜测就是因为这个原因，霍华德·加德纳（Howard Gardner）于1992年提出该领域的“以人为本的四重奏”（person-centered quartet）（学生的意识、意志、人格和自我），并且他赋予“以人为本的四重奏”统合的任务。每次在了解传主某个时期的生活时，心理传记都在实现整合作用，心理传记整合心理学科各自的内容。然而这种整合是暂时的整合，尽管这种整合是短暂的、逐步片断的整合，但总比没有任何整合强。

我认为心理传记学不必不断地为自己辩护。那些粗糙的、千篇一律的、毫无新意的辩护从不吸引人，再说这种辩护本身就是干扰工作。特别是在这种背景下，偶尔出版一本综合性的心理传记学论文集还是有益的，它可以提醒批评家，提醒他们心理传记学究竟能够提供什么。心理传记学强调对单个个体生命进行研究的价值，产生出新的理论或者修改已经存在的理论，促进各分支学科之间的相互借鉴。心理传记学希望产生出对关联性追求的回归（a return to relevance）。正如埃尔姆斯在其书最后一节中说的，“做心理传记学研究并没有使心理学误入歧途，而是让心理学回到了家”。他写道：

> 我已发现一种可到达心理学研究中心任务的路径，心理学研究的中心任务就是在极其复杂的背景下对人的理解。尽管我知道走向心理学中心的路径很多，包括一些我已放弃的路径，这些放弃的路径不适合我自己的技能和人格。但是我希望有更多的心理学家和我一道走上心理传记学研究的道路，直到有一天心理传记学成为一条光明大道。(1994：256)

此书的目的就是构筑心理传记学的道路。具体来说，每位作者都从自身的舞台介绍其心理传记的道路，从一个展望到另一个展望。这样的做法不仅不会造成什么伤害，读者读这些文章反而就像在教堂听合唱一样。最后，引用佛教的说法：路是人走出来的。

## 一、心理传记学的本质

我的学生经常问到心理传记学的本质是什么，心理传记学家追求的心理传记的形式是什么？这个问题特别是在他们完全沉浸在某个传主的生命中，体验到其模糊性，并发现“答案”和他们先前期待的不同时被提及。他们想知道好的心理传记表现在哪些方面，他们想知道心理传记学家所认为的成功地理解心理传记传主的标准是什么。

通常我都极其赞赏这样的问题，这样的问题具有振奋效果。它需要我们审视对人的假设和对人生命史的解释。我认为那种极端的解构主义者阵营已经不存在了，而心理传记学是建构主义的努力者。它假定动机、脚本、无意识的思想、人格中的冲突等都是真实存在的，实际上心理结构（mental structures）是可知的（不是“作者的功能”或者“战利品”）。并且试图了解（解释）心理结构的努力可以产生出更好的结果。极端的解构主义者主张所有的阅读都包含着误解，所有的解释都包含错误，因为解释的时候总会省略或忽略，去颂扬（或鼓励）无意义的东西。这是一种傻笑、抛媚眼式的投降，也是一种不负责任的态度，从而放弃去寻找一些值得信任的内容。对于我来说，我更喜欢的是信念，而不是小聪明或干巴巴的怀疑。在我们的生活中，在每一天所处关系的交往中，时时与他人有小小的冲突，而我们总是试图通过解释、缄默或直接说明等方式理解这种关系及矛盾。当他那样说时，这个神秘的人究竟想表达什么意思呢？这个简单的问题被封装成一种心理传记学长期的心态。人们的生命就如同诗一样，我经常向学生表达这样的观点。对于诗这样的文学作品，人们可以从不同的角度进行解读，这些解读有时甚至会相互矛盾。因而，我们必须明白的一点就是人们的生命就如同诗一样，难以完全透彻地解释。我们可以领会它，可以使解释变得更加连贯。起初不理解的内容通过解释可以在灵光一闪下变得清晰、具体，我们达到了对其所说内容的理解。解释也常常具有潜台词的意味，有时必须要被进一步解码，并且这儿有一个核心的论断：某些解释会比另一些解释更清楚吗？到底采用哪一种解释呢？什么是成功解释的构成要素呢？鲁尼恩试图在本书的第 6 章给出这些问题的答案。例如，他评述了各种关于凡·高为什么将自己的耳朵割下（这是心理传记学中一个经典的论题）的解释。我们预期能够找到这些问题的某些答案。

从一开始，我们所做的一切都是多因素决定的（overdetermined）。每一个具体的行为，甚至每天发生的事，其发生的缘由可能是各种原因的交织，并非一个原因所能解释的。或者说，某一具体行为发生的原因只有一个，这是极其罕见的。更为糟糕的事情（或者更好的事情、更有趣的事情）是各式各样的原因可能驾驭着同一行为整体的不同方面。因此，凡·高割掉他的耳朵，我们可以解释为他有幻听的问题，是他模仿耶稣受难的情景。但是，他将割下来的耳朵送给妓女肯定交织着另一种不同的动机。如果我们只探求单一的目标，就过于简单化了。行为的原因可以被描述成像音乐会一样，是由多个乐器合在一起形成的，是多元的。心理传记学家应该找出某一行为的多种动机的汇集（动机丛），而不是“唯一”动机。尽管如此，动机丛中的某些动机仍然会比另一些动机要好——具有更强的解释力，也更敏锐。什么因素使它们具有这样的特点呢？首先，也是最重要的一点，它们具有说服力（具体见下文的表 1.1）。当读者读到这样的材料后，感觉自己像胜利了一样——如同陪审团成员审案获胜一样。法庭呈现出多个指控证据，然后陪审团根据证据的可信度来确认指控或拒绝指控。总的来说，呈现证据使陪审团相信指控就如同心理传记学家呈现行为发生原因的解释让读者相信一样。

**表 1.1　优秀的心理传记作品的标志**

| | |
|---|---|
| 说服力（Cogency） | 基本解释的说服力，正如说服陪审团那样。最好的心理传记能够让读者感受到妙不可言的“完胜感”。 |
| 叙述结构（Narrative structure） | 例如让结论从一系列资料中自然地导出。 |
| 周全性（Comprehensiveness） | 对行为的多个方面进行解释，要比那些糟糕地解释核心细节更具说服力，澄清得越多，越具有周全性。任何种类的行为都是由“多因素决定”的。 |
| 资料的汇聚（Data convergence） | 越多的资料支持一个事实或者一个解释，并且资料的来源越广泛越好。 |

（续上表）

| | |
|---|---|
| 顿悟式的连贯性（Sudden coherence） | 最好的解释使得最初不连贯的内容变得连贯起来。对悬念性问题进行阐释是心理传记最有益的目标。 |
| 逻辑的合理性（Logical soundness） | 保持逻辑的一致性，避免相互矛盾。 |
| 一致性（Consistency） | 与所有可获得的证据相一致，并且符合人类常识性的知识。 |
| 可行性（Viability） | 具有能够经得起“证伪”的能力。 |

修辞策略，或者心理传记的叙述结构扮演着一种重要的角色。如何叙述一个人的生活直接影响着故事本身的可信性。例如，对结论的陈述先于对事例的描述通常会使读者怀疑其内容的真实性。如果我在一开始就写到萨达姆·侯赛因（Saddam Hussein）是一个反社会的人，然后再描述一系列支持此结论的事例，这样会使读者产生怀疑，怀疑作者筛选材料，只呈现那些支持他结论的材料，而将不支持结论的材料剔除。因而，最好的做法是先呈现事例，暗示这些材料的意思，然后让读者从这些事例中自然地得出结论，让结论水到渠成（一个相关的观点是在心理传记中使用诊断的方式要特别小心，因为诊断的结果通常过于简略，不容易被理解，给系列症状安个名称是病情记录。并且这个过程过于将焦点放在负面事情上，仅仅限于描述过程或很少提出解释）。

一个有说服力的心理传记作品通常也具有相对的周全性。在作品中会综合考虑行为的各个特征。第 15 章将讲述弗洛伊德写列奥纳多心理传记的过程。埃尔姆斯会在这一章谈到他个人的理解，为什么弗洛伊德会过度使用（有意识地或无意识地）和升华同性恋概念来解释列奥纳多的行为。埃尔姆斯认为这种过度使用可能源于弗洛伊德的人格冲突，弗洛伊德有探究这种现象的个人需求，而透过书写心理传记来解决这种心理需求。埃尔姆斯从多个方面，而非从单一向度解释了弗洛伊德为什么这样做。因此，一个成功的心理传记作品部分上是起源于其自身内容的周全性的。

在另一种意义上，当结论依赖于一个证据链，即多个证据形成的证据集合时，心理传记的内容才具有说服力。支持解释的材料越多，材料的来源越广泛越好。最好的解释就是那些看起来几乎是无可争议的材料形成的证据链，从这些证据链中概括出想法和观点，然后再回到材料中去。例如，我写西尔维亚·普拉斯的心理传记时，提出西尔维亚·普拉斯为什么要写她那著名的诗篇《爸爸》。我在解释时说到她试图逃脱一种掌控，即她死去父亲的意象（father's image）对她的影响，于是我分析了她与这首诗一切相关的东西（日记上和信件上谈到这首诗的材料），以及其他与她相关的人对这首诗的描述［如她的丈夫，特德·休斯（Ted Hughes）］，以及她所有关于父亲的诗句（她有许多首诗的内容都是关于她父亲的）。详细地列出了她写这些诗的时间及当时的处境，以及从她的传记记录中找出她心理冲突的模式。单一的证据也许能够吊读者的胃口，但是单一证据的说服力不够强，无法组成一个相互联系的证据链（关于西尔维亚·普拉斯的心理传记，见本书第 11 章的内容）。

一个优秀的心理传记作品还有哪些本质特征呢？有说服力的解释可以使得最初不

连贯的内容变得连贯起来。谜样的细节得到解释，时常是令人震惊的。在凯瑟林·哈里森（Kathryn Harrison）最近出版的《海豹之妻》（*The Seal Wife*，2003）一书中，她专门用了一页以上的版面详细描写了怪异的蠕动的舌头——书中的主要人物，悄悄地走近，盘绕着、潮湿地回转着。如果读者缺乏背景知识，就会对这些描写存在意象的瓶颈现象。初看起来似乎显得莫名其妙，前后不一致。然而，当人们回忆起哈里森和她父亲的情感韵事［在她的回忆录《吻》（1997）中有描述，——在文中，凯瑟林说明了如何以"法国式的吻"开始的韵事］时，这个神奇的舌头立刻变得有意义起来。将小说的描写与作者的生活联系起来。一个东西叠加在另一个东西上——生活叠加在艺术上，读者的困惑就得到了解决。对悬念性问题进行阐释是心理传记有益的目标，细节越古怪，其解释就越令人信服。

其他有说服力的解释的显著特征还包括：合理的逻辑；与所有的可获得的证据相一致，并且符合人们的常识性知识；具有证伪的能力（换言之，具有能够经得起详细审查的能力）。鲁尼恩详细地描述了包括上述在内的一些其他标准。在此，我不必赘述。最重要的一点就是用于判断解释的有效性的标准是存在的。我们不必举起双手做投降状，然后筋疲力尽地宣布所有的解释都是完全等效的，每个解释各自的优缺点都无法区分。假如坚持每个解释各自优缺点无法区分的观点，就等于宣布了心理传记学走向死胡同——这个观点与人们的常识性知识是背道而驰的。生活就是要了解他人，心理传记学也是如此。如果有什么不同，那就是心理传记学家寻求意义的努力更容易成功，因为心理传记是从大量的资料及公共的数据集合中提取出来的。心理传记学通常有大量的事实证据。它的传主被人写，被人谈论，被人拼命地追求。总而言之，因为心理传记传主一般都是著名人士，所以，他们被包围在一种"意见的思潮"（climate of opinion）中。

## 二、心理传记作品的结构

到目前为止，和我的学生谈过这些内容后，他们感觉有些许的信心，不再对心理传记学感到迷惘和无助。他们接受了心理传记学的价值（实际上，或许他们一直都有）。每次将研究焦点放在某个独特的人身上，对他们而言直觉上是有意义的。毕竟，他们学习心理学的初衷就是想要理解人。人的生命本身就是他们想要研究的内容（人不再是变量或部分的历程）。我的学生也开始根据清晰性和合理性标准来判断心理传记解释性内容的优劣，具有了甄别能力，这就如同一个扬谷器一样，将优秀的心理传记作品与拙劣的心理传记作品截然分开了（根据我的经验，具有这种甄别能力的学生通常都是优秀的学生）。但是，当让他们开始写自己的心理传记时，他们就呆住了。如何开头，从哪儿开始？这是他们在动笔之初最常遇到的问题。此书接下来的内容将会直接或间接地回答这个问题，并以实例演示的方式呈现如何进行心理传记学研究。不仅如此，在书中，我也会大胆地提出一些我个人的观点。

我已经说过对悬念性问题进行阐释是心理传记学最有益的目标。心理传记在最开始以一个扣人心弦的"公案"（koan）开始（也就是在佛教的禅宗传统中，其经文常以怪诞的、不合逻辑的、难以捉摸的短小句子或只言片语开头，需要人从另外一个层次，采用跳跃式的方式来解读）。我们希望先呈现公案让读者产生着迷的感觉。然而，以问题式的语句开头以期引起他们的着迷感，效果并不总如预期的好。这些问题的解答倾向于自发，这使我们感到意外。这是一个相互的过程，我们发现了问题，问题也找到了我们。在这儿以一个学生詹姆斯·马丁森（James Martinsen）为例。詹姆斯开始决定写毕业论文，准备以莫里斯·森达克（Maurice Sendak）为传主，写其心理传记。他刚开始以我教他的方式去做，即读森达克第一手资料，也读关于森达克的二手资料及采访录，不断地加深对森达克的生活的了解。换言之，詹姆斯对传主森达克越来越熟悉了。尽管这样，詹姆斯仍然没有提出关于森达克的公案式问题。传主的生命历史摊开展现在他的面前，许多路径似乎都走得通，但没有一个能导向的突破口。詹姆斯的问题就是缺乏一种核心的悬念（a core enchantment）——一种以惊奇的方式揭示出来的东西，缺了这个东西，就如同常见的情况一样，詹姆斯在阅读材料的过程中经常被采访材料当中的一个引语、一两个句子所困惑。森达克在他的书中曾经提到过，他的所有作品，艺术创作都可以追溯到他婴儿时期的体验，追溯到精神领域的一种“超自然无意识”（below the head）。他自己无法预期，而且无法说清楚，也不能合理解释。了解到这些内容后，詹姆斯终于找到了公案式的问题，即试图说明连森达克自己都不能说明的东西。他带着这个目标又回到资料堆中，这使得詹姆斯的智慧才能有了用武之地。

我不知道是找到心理传记传主一些有悬念或神秘的事情本身难，还是解释这个悬念或神秘的事情更难。这两者都有自身的要求。不管怎么样，具有悬念的事情是每一个心理传记的重要部分。如果心理传记作品想要获得读者的认同，使原本不连贯的材料变得连贯起来，就一定要以某种方式将无整体感的材料转变为连贯的材料。为什么弗洛伊德在写列奥纳多心理传记时会不自主地走入迷途？什么是纳博科夫（Nabokov）快乐的源泉？为什么他总是敌视心理分析及弗洛伊德，并让弗洛伊德成为他取笑的对象？谁是凯鲁亚克书中多次提到过的威胁凯鲁亚克的那个披着黑衣的“隐蔽的陌生人”（shrouded stranger）？他孩提时代总是听到咯咯声的“萨克斯博士”（Dr. Sax）指的是谁？如何理解埃米莉·迪金森（Emily Dickison）的衣服都是白色的？为什么凡·高割掉自己的耳朵？这些问题都是悬念，都是未解的“公案”。这些问题激发着读者想一探究竟（如果这些问题无法让你感兴趣，也许你就不会读这本书）。这些问题是传记与心理传记重要的区别。心理传记通常是针对某人在某个时期的生命，或多或少涉及某个生命片断或插曲、事件和行为，而不是对其全部生命的方方面面进行描述，除非在极少的案例中，如埃里克森写路德（Luther）和甘地（Gandhi）的传记时，他曾试图对他们的生命全貌作出评述。与传记学相比，心理传记学的目标相对比较谨慎，只呈现心理传记传主某个生命片断、某一个事件或某一种行为，将这一具体的片断、事件或行为进行澄清。这种寻求澄清的过程本质上是从心理学角度出发的，主要面对心理传记传主的内心世界，面对他的生命史在心理和行为上产生的效应。视角取向是以人为中心，而不是以凭空假想为起点。历史、社会、文化、政治，甚至经济因素都对我们的身份、行事缘由、所做的事情起着一定的作用。我们无法否认上述因素的作用，但同样的心理因素也在这个过程中起着作用。这就是心理传记学家可以进入的领域，这也是心理传记学家对全人类的贡献。

悬念的火花产生后，下一步如何走？再回到众多资料中去（实际上，在写心理传记时，就是这样不断地来回反复）。就如同亚历山大（Alexander，1990）所说的：向众多资料问一个问题，然后让资料来揭示这个问题的答案。与所提出悬疑问题相关的一切资料都要特别注意，生命的本身就蕴涵着某些理论或某些需要研究的问题。这些方式都是超越资料本身的研究工具，以达到对悬念问题的合理解释。在这个过程中，各种各样的想法都会涌现出来，如深刻的见解、预感、推断，但是正如亚历山大所说的，耐心是这个过程中的重要精神，不要急于决定而导致将思路局限在某一想法上。做心理传记的过程就是一个不断循环往复的过程。资料可以引导出解释；更多的资料可以引导出不同的解释和更好的解释；不同的解释和更好的解释可以让作者重新组织资料。就是这样按照事情本身的时间表来做，直到找出所有思路中最好的解释，这个解释能够让传主本人的生活、工作以及这两者间的联结完美地连贯起来。

接下来的任务就是以一种最好的方式来组织心理传记的故事结构。必须对故事的结构作出有意识的选择和安排。我们如何呈现事例，这本身就可能促进或者干扰读者对心理传记内容的认同。事实上，并不存在一个理想的框架结构，认为只要向这个理想的框架填充不同类型的材料即可是不现实的（也许有人想到了实验心理学中的实验范式）。实际上，实验范式——前言、假设、被试、程序、结果和讨论，对于心理传记学的整个过程来说并不适用。我们不是在做实验，因而也没有实验程序和统计结果。我们是在解释如同诗一般难懂的人的生命。在接下来的章节中，我会介绍自己的方法，而各个章节的作者也会介绍他们的。首先，我将呈现一个有悬念的问题，以此来引发读者对悬念问题的探究。然后，我会告诉读者他需要了解这个悬念问题的什么东西，并向读者解释为什么这个悬念问题是如此难以理解，为什么这个悬念问题本身是有趣的，或者为什么值得去揭示这个悬念问题。接下来，我再按照悬念问题本身的过程，恰当地展开证据来提示谜底。在这个过程中要注意，不要亲自把谜底揭开（有时，我在等待着读者来揭开谜底）。读者需要有一个机会去看看在那里有什么，让他自己了解这个事情的含义，发展出自己的预感。一旦这个目标达成，在某个理论和研究的指导下，解释性的内容就会抛弃不连贯性，以一种愉快、惊奇且艺术性的方式形成一个整体——这种简洁的整体看起来就是悬念问题的答案。各个组成部分应当以整体来看待，从各个证据中汇集成结论，这些证据间彼此联合，好像非达成结论不可。

我突然想到了两个例子。奥格尔维（Ogilvie，2003）在他的《飞行幻想》（*Fantasies of Flight*）一书中，描写了许多人有飞入空中的想法（就我而言，我更愿意待在地面上，即使在乘坐飞机时，所想到的也是立刻回到地面上来）。奥格尔维的心理传记传主是巴里（J. M. Barrie）［他写了小飞侠彼得·潘（Peter Pan）的小说］。奥格尔维从巴里虚构的幻想开始介绍飞行是一个值得探究的神奇事情（也就是为什么人们有想要飞入空中的想法）。他回顾了几个关于人为什么想飞入空中的理论：弗洛伊德、莫里及神经科学。接着，奥格尔维提出自己的想法，提出他关于飞行幻想的理论模型。然后，他再回到资料当中，找到证据证明为什么他的理论模型能够提供最为连贯性的说明。奥格尔维这个例子很好地说明了理论如何运作，也就是说，从一大堆传主中分析出原因（奥格尔维在写巴里的心理传记时也分析了一些飞行狂热者的飞行幻想）。

埃尔姆斯（Elms，1994）写奥尔波特的心理传记论文时也采用了相似的结构。在心理传记中，他介绍了奥尔波特第一次是如何与弗洛伊德见面的。他们俩的见面过程有点"尖酸刻薄的味道"（pungent significance）。传记中还谈到奥尔波特是怎样一有机会就重复地说他与弗洛伊德第一次相遇的故事［如果你想了解更多的关于奥尔波特与弗洛伊德第一次见面的故事，或者想了解奥尔波特与其崇拜的人见面是如何受到影响的，见 Barenbaum，本书第16章］。奥尔波特不断地说他与弗洛伊德见面的故事，并且用笔记录了这次见面的故事，这件事本身就是一个悬念。为什么这次见面很关键？这次见面对了解奥尔波特自己的人格和他建立的人格理论有什么影响？埃尔姆斯对认识奥尔波特的人进行了采访（包括偶然认识奥尔波特的人，丹·奥格尔维）。并且对奥尔波特生命的各个方面和奥尔波特所引以为荣的理论进行了探索。接着，埃尔姆斯再次将零散的谜团组织在一起，再叠加自己的观点及不同的见解，构建出一个可理解的整体。换言之，就是将各个部分整合形成一个整体。

奥格尔维和埃尔姆斯两个人所做的心理传记为我们提供了绝佳的样板。悬念性问题得到了艺术性的阐释。理论和研究得到了评述，并以新奇的综合方式加以介绍。最后，获得了读者的认同，从而使作品的说服力得以实现。

## 三、拙劣的心理传记作品的标志

事实上，优秀的心理传记作品有很多，但是哪些做法使得心理传记作品看起来很拙劣？我们在写心理传记时应该避免哪些不好的做法？

表 1.2　拙劣的心理传记作品的标志

| | |
|---|---|
| 病理学（Pathography） | 通过诊断的方式来完成心理传记，或者将整体人格的复杂性降低为心理病理学范畴或症状表现。 |
| 单一线索（Single cue） | 过度依赖资料片段进行解释。用最深刻的见解的堆积来替代证据链以及由传记记录支持的事实之间的联系。 |
| 重构（Reconstruction） | 虚构心理事实，以此推论出没有直接证据的存在。这种做法常常用于缺乏可验证资料的童年史。 |
| 化约主义（还原主义）（Reductionism） | 完全依赖早期童年经历解释成年的性格和行为，而忽略后期形成的过程和影响。童年经历无疑是关键的，但它不是人格形成的唯一关键因素。 |
| 理论选择不当（Poor theory choice） | 在该领域内使用完全缺乏实验支持或完全缺乏可靠性的理论。 |
| 糟糕的叙述结构（Poor narrative structure） | 粗糙拙劣（毫无艺术性）地进行分析，在小心求证之前就呈现结论。 |

首先，我要说的是拙劣的心理传记作品的首要标志就是使用诊断的方式来完成作品（也就是表1.2所提到的"病理学"）。比如说，某心理传记学家在写玛丽莲·梦露（Marilyn Monroe）的心理传记时，认为她可能具有边缘性人格异常。这时，作者就可以列出她具有边缘性人格异常的系列行为表现或症状，结果这一系列症状完全不出所料地出现了：玛丽莲长期遭受空虚所带来的苦恼；她个人的社会关系极不稳定，缺少社会支持；她担心遭遗弃，情绪不够稳定、变化无常；自杀的想法萦绕着她。瞧，玛

丽莲的行为表现与边缘性人格异常判断标准完全吻合。按照这些诊断的结果，玛丽莲的生命被贴上了一个新的出版许可的标签：边缘性人格。但是这个做法又能揭示什么呢？什么都没揭示，我们仍然不知道玛丽莲为什么会表现这样的行为。诊断的做法除了对行为的类型给予简单的描述外，无法给读者提供更多的信息。因而，诊断的做法无法成功地解释这样的行为，而仅仅是给予症状一个名称。坦白地说，诊断的方式只会加重读者的疑惑。因此，在做心理传记时，要谨慎采用诊断的方式，这种方式通常过于概括和简略传主的生命史，精神科医师往往是通过诊断的方式，省略一些信息，给行为症状加上名称。但是，优秀的心理传记作品并不是省略上述信息，而是尽可能地将这些信息添加上去。

依赖资料片断进行诠释是不具有说服力的。确实，生动事例有时能够迷住读者。它引人注目，能够使读者将注意的焦点集中在上面，避免对生动事例的分析是做不到的。生动事例只是起点，还需要添加更多额外的细节内容。传主的一个梦、曾经的一段记忆或者曾经的某个行为都不足以支撑一个整体的解释，或者说，这样做是危险的。围绕心理传记传主周围的事件也应得到关注，比如传主的朋友和亲戚对传主所做的梦、某一段记忆或行为的评论等。经常出现相似的梦、相同的记忆或者相似的行为，这些都与最初的某个行为有着联系，并提供了重要的背景信息。我们想知道：某个生动的事例是这个心理传记传主生命中其他事例的原型吗？这个生动的事例能够代表一组行为模式吗？有趣的是，心理传记使用“生动事例”的糟糕做法始于弗洛伊德。由于他个人的原因，弗洛伊德被列奥纳多的一个幻想所迷惑——一只鸟造访了婴儿期的列奥纳多，落在艺术家所躺的摇篮里，鸟尾塞到他的嘴巴里。这时弗洛伊德的脑子里迅速地闪现了一大堆关于列奥纳多早期的生活经历（关于其早年生活我们知道的很少），包括列奥纳多的性生活，甚至列奥纳多作品中的蒙娜·丽莎（Mona Lisa）神秘的微笑（见 Elms，1994）。弗洛伊德将这只飞来的鸟解读为一只秃鹫（误译），后来在翻译上进行了纠正，那鸟是一只鸢（另一种较小的鸟）。由于弗洛伊德的许多解释都源于这只假想的秃鹫造访，所以，一旦秃鹫从窗户中欢快地飞了出去，它就变成了完全不同的鸟了。弗洛伊德这个事例说明了一件事，在写心理传记时，要将解释建立在一系列证据之上，使其形成一个网络（证据链），这些证据要源于传主的生活经历。这样做，当某一证据没有说服力或者某一个证据不够完备或过度偏袒时，其他各个证据仍然能够保证解释的说服力。

在这个例子中，弗洛伊德所犯的错误相当复杂。他过度依赖于一个幻想（实际上，没有人知道这是一个幻想、一个梦、一个记忆片断还是其他什么）。同时，弗洛伊德使用这个幻想来重构列奥纳多整个婴儿期的生活经历。这种重构是拙劣心理传记作品的标志。通过重构这种方式从未产生过好的心理传记作品。① 鲁尼恩（Runyan，1982：

---

① 即使是对传主最近的事情（而非早期）进行重构，我们仍然称它为重构。莱斯特（Lester）于 1998 年将一些自杀的模式应用于西尔维亚·普拉斯的生命史分析中，发现阿伦·贝克（Aaron Beck）的模式最适合西尔维亚·普拉斯。贝克预估，自杀者的自杀除了其他方面的原因之外，武断的想法是重要的原因。不过，贝克认为他们的这些想法是有根据的，而且没有其他可选择。在这一点上，莱斯特曾说道：“我们不得不推断普拉斯在死之前会花许多时间思考什么，但是认知临床专家很有可能会认为她的那些想法是不理性的。”（1998：661）无论是童年经历还是成年经历，没有证据就是没有证据，制造并不存在的证据即是一种重构。

208）曾建议完全禁止重构在心理传记学中使用（我同意这个观点），或者至少“将重构出来的东西与文献提供的证据两者之间的界限分清楚”。由于列奥纳多在幼儿期时幻想过一个婴儿（可能就是他自己）吸吮一只鸟尾部的羽毛，所以弗洛伊德就说列奥纳多早期的生活一定是和他生母一起度过的。列奥纳多后期的作品就表现出这一情境，他也希望在作品中这样表现。这就是一种重构，并且这是不真实的内容。我们对列奥纳多最初几年的生活一无所知，也没有多少想象的资料可以建构那个事实。鲁尼恩（Runyan，1982）在埃米莉·迪金森的心理传记中也提到了一个相似的不真实案例。在对来往的书信、多次出现的隐喻、家庭成员之间的信件以及迪金森的隐居倾向，包括其他一些线索进行评论的基础上，科迪（1971）认为迪金森可能“体验着她母亲给予她的最残忍的拒绝”（转引自 Runyan，1982：198）。然而这种解释的问题在于，就如鲁尼恩所指出的那样“当前没有任何具体的事例表明迪金森的母亲采取这种态度对待她”，也没有通过对与“迪金森相类似情况”的病人进行过分析，从而得出合理的猜测，以弥补此证据的不足。心理传记学的全部内容就是解释，但是所要解释的对象必须是事实，而不是推断得出的事实（这不是真正的事实）。因此，在做心理传记时要避免采用重构的方式。传主的资料中没有这个事例，唯有通过编造才能“找出”事例的话，那么就别写这个人的心理传记了，换一个人物来写吧。

化约主义（还原主义）的做法也是拙劣心理传记作品的一大标志。在这儿我们对“化约主义”的含义需要深入理解。在本书中，化约主义指的是“完全根据早期的童年经历来解释成年后的性格和行为，忽略后期性格和行为的形成过程和影响”（Runyan，1982：209）。童年经历的确很关键，我们从未忽视它。童年创伤对一个人人格的发展无疑有重大影响。在任何人的生命中，他将来会成为什么样的人，他会做什么以及他为什么会这样做，童年期都是其人格最重要的塑成时期。童年经历几乎总是一个重要因素，但这并不是唯一因素。至少可以说，一个好的心理传记作品不会将传主童年经历当作其行为和性格形成的唯一因素。

威廉·赖克（Wilhelm Reich）起初是弗洛伊德的忠实信徒，但是他最后发现弗洛伊德本人没有将性提到足够的高度（他肯定觉得自己处于特殊的少数，也许只有他一个人这么认为），或者更具体地说，弗洛伊德没有将性高潮提到足够的重要程度。赖克认为，就健康角度而言，如果人卸掉人格盔甲，其性高潮的潜能会有所提高。他假定了一个他称为“生命力能量”（orgone energy）的东西，即一种宇宙活力场，可以通过集中注意力而获得（免费的大气壮阳药）。为了获得这个能量，他发明了生命力箱（orgone box），并申请了专利。他通过邮寄的方式卖这个产品（在研究生院读书期间，大家都鼓励大胆体验，我在那个时候曾经数次坐在这个箱子里体验，感觉除了一点催眠作用外，什么效果都没有）。最终，赖克却因被指控欺诈而入狱，他拒绝任何形式的辩护，最后死在监狱中。赖克 14 岁时发生的一件事或许可以在一定程度上解释以上事情的某些方面。那个时候，赖克知道了母亲与他的家庭教师之间的秘密恋情（见 Stolorow & Atwood，1979）。他将这个秘密告诉了性格粗暴的父亲，随后他的母亲以自杀告终。换言之，“由于奉行狭隘的性道德规范，赖克要对世界上他最爱的人的死负责”（转引自 Runyan，1982：199～200）。赖克成年之后，一直倡导性爱自由，反对所有的性抑制行为，以及反对世界上极权主义的“死亡力量”（death forces）。有些人推测他的这一系列举动是一种补偿行为。他的理论是一种对童年所作出错误判断的拒绝。至少部分如此，这个限制性条件非常关键。如果只根据在他 14 岁时所发生的母亲自杀事件，排除了其他理智性的信念来解释赖克的理论，这是一种化约主义做法。赖克成年后的一系列行为同样也有许多其他根源。正如我所提到过的，单一的事件不能对人的一生进行解释，单个事件很难具有说服力，这个例子很明显就是如此。但是，根据他的母亲在他 14 岁时自杀，又不排除其他理智性信念来解释赖克的理论，就不是化约主义的做法。从后者来看赖克成年后的行为，他母亲自杀的影响应该得到应有的重视，但不能排除其他因素，不能取代所有其他有贡献的因素。即母亲的自杀可能是一个最重要的影响因素，但并不是唯一的影响因素。化约主义的做法简单地将某一影响因素（某一原因）用来解释许许多多的东西。实际上，优质的心理传记作品是反过来做的，也就是对难以理解的思想和行为整体，要从各式各样的传记载体中寻找解释（要记住，我们的行为都是由多个因素决定的，引起的原因也是多样的）。因而，要警惕将金字塔倒置的做法，即不要将一大堆看法置于某一小点上。如果这样做，通常会如同一批货物一样因自身重量失衡而倒塌。

在做心理传记论文时，选择所应用的理论也会产生一些问题，对于要选择哪一个理论或哪一些理论要特别深思熟虑，要特别留意是否有实验性结果支持理论（在可能的情况下）。比如，基于阴茎嫉妒理论的分析，乍看起来都没有一点说服力。这个理论想当然地认为读者会毫无疑问地相信它，如果你武断地使用这个理论来解释，你也会使用化约主义和重构的做法来完成心理传记作品（阴茎崇拜的证据来源是间接性和推论性的）。当前心理学还处于前范式阶段和非累积性的状态，心理学中并没有一个大一统的理论。实际上，心理学中的很多理论要么是无法证伪的，要么是缺少证伪性的实验性结果支持。这样的现状使得在做心理传记时选择理论变得很困难。最好的解决办法就是让证据来指示方向，然后再机智、敏捷地带着各个理论的必要限制来应用该理论。不要在应用理论时掩耳盗铃，对应用该理论出现不完美的地方视而不见。使用那些看起来有价值的部分，将其他部分放入括号内悬置起来。“怀疑的诠释学”（hermeneutics of suspicion）是筛选证据的一个很好的方式，并且这种方式对理论的应用也有帮助。不要让自我怀疑绊住你，在做某一心理传记时也要对最偏爱的解释方式进行自我检查。值得铭记的是，心理传记作品的好坏与其支持理论的优劣是直接相关的。如果理论本身不正确，或者理论在应用时华而不实、不够得体，甚至更糟的是理论应用粗俗（即缺乏艺术性），或者缺乏必要的自我意识（requisite self-consciousness），那么即使看起来理论用得很好，也不是好的心理传记作品：它既不能鼓舞读者的信心，虽然达到了最低限度的要求，也不会有说服力。最后一点，太多的理论也会使读者气馁。充满专业术语和粗制滥造的作品都是令人讨厌的作品，这些作品过度地叙述，过度地考验读者的耐心。这儿还有一个小点值得指出：在人们不注意的情况下，大多数作品中的理论产生了很好的效果。这就如同乐队的指挥一样，乐队指挥指挥着每一个音符，但是我们在欣赏音乐时，是不看指挥的。听音乐时，我们不必注视指挥棒（尽管它指导着每一个音符）。关于心理传记学研究中如何选择理论的更多建议，可见埃尔姆斯所写的内容（本书第 5 章）。

最后一点值得注意的是心理传记学中不容忽视的超科学性（extrascientific）问题，

这正是心理传记学的风格。人们所期待（伴随着恐惧）的标准的研究型期刊风格的心理传记学论文，往往是单调乏味、体裁分明，具有虚假的精确性、粗劣的目标性以及几乎无力而平淡无奇的叙述，这些只会削弱心理传记作品的吸引力。在心理传记作品中，作者是在讲述传主的生命故事。很有可能生命本身已经能够吸引读者，但故事可能会增加或削弱读者最初的兴趣强度。即使最能吸引读者的传主（比如说，埃尔维斯），平铺直叙也会让读者感到兴味索然。在写心理传记的过程中，你不是一个科学家，而是一个具有高度创造性的艺术家（实际做的时候就是这样）。叙述是必不可少的内容，寻求最好的形式不是一开始就有的，需要详细论述、仔细制订和灵活处理细节内容。当你沉迷于作品微妙之处时，你就不会在做的过程中表现得过于简单化或者过于概括化。在你的解释下，读者一定会感到心中那种激动人心的紧张感得到释放——如同一扇门突然打开，彻底明朗。那种心中的谜团伴随着最后呈现的几句话而得到解答。如果将理解人的生命比作解读诗句，我们就不能拒绝心理传记写作过程中的艺术性。就像其他领域的工匠一样，只有当我们不断锤炼这种技巧，而不是忽视或回避它时，才能使自己的心理传记作品更好。

## 四、心理传记学领域的研究现状

我们已经探讨了心理传记学的有用之处、悬念性问题在心理传记中的作用、心理传记的叙述结构以及优秀心理传记与拙劣心理传记的标志。在本章的最后一部分，我将全力概述心理传记学研究领域的现状。心理传记学的健康状况如何？这个领域已经过时，还是继续呈上升趋势？它未来的研究方向在哪里？心理传记学的研究方法可否与其他的哪些研究手段相互融合，或者与哪些研究方法可平行发展？

少部分人的个人历史看起来似乎是有序的，那只是因为它说明了一个更具普遍性的历史。我提及过第一次偶遇心理传记学是在 1986 年，似乎是冥冥之中命运的安排。在加州大学戴维斯分校，我无意之中参加了艾伦·埃尔姆斯举办的关于心理传记学主题的研讨会。对于参加这个研讨会能够收获些什么，我几乎没有任何想法。“心理传记学”这个词汇对我来说是全新的。我猜想，研讨班的其他人也应该如此。所有人无疑都对此相当好奇。正如大多数学校一样，我所就读的本科学院几乎排斥非“实证性（经验性）”的研究，我的老师们将实证性的研究定义为（很天真的定义）有实验变量的操纵和统计分析。质性研究的毕业论文是绝对不被认可的。如果有人强行做质性研究，其论文必定很容易被强行驳回。如果我想阅读弗洛伊德的书籍，或者想真正掌握弗洛伊德理论的全部实质，那时唯一对我开放的系部是哲学系，哲学是我曾主修的一个学科（包括心理学）。作为本科生，我有时被心理学系邀请去做关于弗洛伊德的讲座，我通常欣然答应。坦诚地说，对弗洛伊德我了解的比心理学老师们更多（他们对这种反差丝毫不在意）。然而，心理学老师们总是将我视为有趣且误入歧途的狂热者。他们认为当我有一天意识到自己的道路可笑而错误，并且或多或少地明白为什么这是一个笑话时，这种幼稚的狂热终将会逐渐消退。但我从来没有意识到我错了或明白这是一个笑话。实际上，我已经开始思考究竟谁是正确的、谁是错误的，在思考这个问题的过程中我认为我已成为自己研究领域的评论者。

同时，我发现心理传记学这门学科的发展过程正好说明了上述观点。这是另一种令人惊奇的禁忌艺术（在1986年）。我不认为埃尔姆斯开设的心理传记学研讨课在全国其他的大学能够开设［可能伯克利（Berkeley）除外，伯克利由威廉·鲁尼恩在那里开设了心理传记学课程］。为什么是这样？心理学研究究竟为什么反对心理传记学？一些研究者列出心理传记学的一些问题：心理传记学充斥着令人绝望的主观性，过于痴迷于单个个案，满篇皆是解释性的语言，过于依赖精神分析，等等。他们认为心理传记学研究不是实证性的研究，也不使用统计分析。换言之，一些研究者认为心理传记学不是心理学。然而，我是幸运的，在20世纪80年代中期的戴维斯分校许多非心理学的课程却能列入心理系的课程。比如，查尔斯·塔特（Charles Tart）讲授“意识的变异状态”，又比如托马斯·纳索拉斯（Thomas Natsoulas）从詹姆斯主义（Jamesian）和吉布森主义（Gibsonian）的角度讲授“意识与知觉”的课程。同样，艾伦·埃尔姆斯开设了心理传记学的研讨课。幸运的是我无意间闯入这个圈子。两年后，我非常鲁莽地提交了一篇心理传记类的学位论文供审核——因为在此之前，我这个“星系”的同行之一的伊娃·谢佩勒为此研究主题扫清了一些障碍。但未受抑制的幻想很快受到了现实的考验，我为受罚而准备的鞭子现在交到系里决定我毕业论文命运的人的手中。

论文提交后，系里对此进行了多场内部辩论，讨论是再次打破先例。我作为一个研究生，对此过程毫不知情。艾伦·埃尔姆斯想尽一切办法使系部教职工（也就是我的老师们）相信做心理传记学也是一种正当的毕业论文形式。最终我得以允许组建一个论文委员会（其中有诸多非心理学研究者）来评审我的毕业论文，在我之前伊娃·谢佩勒也是如此。很明显，争议的原因在于“实证性”一词的界定。这一次埃尔姆斯追溯至“实证”这个字眼最恰当的根源——英国实证主义者对实证的理解，即实证性仅意味着直接的观察，这也是我们心理传记学所要做的工作。总而言之，我所要观察的内容就是文本或传记资料，并且根据某个理论或某些理论对所观察到的资料进行解释。毫无异议，按照这种对“实证性”的定义，心理传记学也同其他形式的心理学研究一样，同样具有“实证性”。道路从此得以开辟。我继续撰写关于美国作家詹姆斯·阿吉的生平和创作的心理传记学论文。更为确切地说，作为心理系的研究生，我在设法做一些不寻常的事，这就是以最高的标准来实现实证的严谨性，即仅仅关注一个人，以一个人的生命完成毕业论文。我并没有去想所得到的结论有何普遍性意义，也没有将研究进行统计分析［伊娃·谢佩勒完成了同样的事，写出了具有创造性的关于琼·皮亚杰（Jean Piaget）的心理传记学毕业论文］。

我以一种饱含着不合时宜的自豪回顾了上述事情，所做的工作并没有改变任何事情，并没有引发出一大堆的心理传记学研究论文。然而，我做心理传记学毕业论文的事使得心理系采取了更严格而长远的态度来审视心理学究竟是什么，并且允许心理传记学进入心理学研究体系，尽管可能只是暂时的和不情愿的，但系里认可了学生可以从质性研究视角做毕业论文。因为我的研究主题视角通过了系部的评审，将来其他人也可采用同样的视角做毕业论文并通过评审。心理传记学虽不像目前“真正”的心理学，但它与心理学的关联是如此之紧密，还不至于被心理学拒之门外。

当时，在我着手计划写心理传记学论文之时，并没有多少参考资料可利用。仅有一本思考缜密且具有学术性的教科书，那就是威廉·鲁尼恩（William Runyan，1982）

的《生命史和心理传记学：理论和方法的探索》（*Life Histories and Psychobiography: Explorations in Theory and Method*）。这本书立刻被我奉为圣经。如果没有此书相伴，我将无法入睡。我应该拥有这本书，只有看到它在书架上时才能感到舒心。这本书对我说：是的，人们是能够真正充满责任心地、审慎地、理智地、令人信服地去做心理传记的。鲁尼恩的书籍将我引领至亨利·A. 莫里（Henry A. Murray）在1981年写的代表作《心理学中的尝试》（*Endeavors in Psychology*），这本书是一本浓缩的、充满了盛气凌人的反心理学的评论及文章的杰作。我认可莫里的艺术，热衷于他对他所命名的人格学（Personology）的捍卫，即一次研究一个人的生命，且针对这个人进行长时间的观察。随后，我看到了雷·卡尔森的论文，雷·卡尔森在1971年写了一篇著名的、富有争议的论文："人格研究中的人在哪里？"（"Where is the Person in Personality Research?"）她所倡导的内容正是我希望花时间去从事的工作，即所研究的东西并不是在实验情境下以匿名的大学生作为被试，而是研究全面的、活生生的真实生命，分析的是整体的心灵，而不是从传记的背景下抽取部分的历程进行研究。

然而，上述学者发出的呼吁往往处于边缘状态，虽然被视为旁门左道，只受到少数研究者的关注和思考，但这些呼吁也被学术圈所容忍。人们似乎无法否认这些呼吁。不过，众所周知，难以处理的真实会很容易被那些不注重模糊性及矛盾性的人草率地处理掉。目前，如果我将过去和现在进行比较，现在这个领域的状态已经与过去大不相同了。无所畏惧的研究生们想要做心理传记式的毕业论文将会发现更多可以做的东西。这条路可以继续走下去。即使我的独木舟驶入的是小溪，他们也将碰上波涛汹涌的大江。时代在变化，我们没有必要那么激进。但是即便如此，正如纳斯比（Nasby）和里德（Read）（1997：788）前些年研究所总结的那样："离奇的事情在人格心理学中进行着……长期宁静的呼喊已经再次得到了呼吁个体生命研究的回应"。

最初于1988年，《人格杂志》（*The Journal of Personality*）为心理传记学和生命叙事（life narratives）开辟了一个特刊。实际上，该特刊是由埃尔姆斯、鲁尼恩、卡尔森、亚历山大、安德森、戴维·温特（David Winter）和麦克亚当斯等人撰写的相关章节的内容组成。事实上，这些作者中有许多人也包括在本书中（见 McAdams & Ochberg，1988）。然而，这只是一时的繁荣景象。事实证明，这种兴奋之情有些短命。主流的人格期刊决定将整期杂志专门用于发表心理传记学论文，这的确是一件令人震惊的事情（对当时的我而言就是如此）。这个决定在心理学领域产生了影响，但影响的程度很难估计。在回顾以往研究的基础上，我们了解到在1993至1995年间仅有寥寥两篇个案研究类的文章出现在五种主要人格期刊的其中一种上［这五种主要的人格期刊是：《人格杂志》，《人格研究杂志》（*Journal of Research in Personality*），《人格与社会心理学杂志》（*Journal of Personality and Social Psychology*），《欧洲人格杂志》（*European Journal of Personality*）和《人格与个体差异》（*Personality and Individual Differences*）］。这两篇个案研究类文章刊登在哪种期刊上呢？这两篇个案研究论文都发表在《人格杂志》上。可以预测，这些主流期刊上所发表的绝大多数论文都是在使用大量被试问卷调查的基础上撰写的（见 Endler & Speer，1998）。

继而在1994年，发生了另一起重要的标志性事件。艾伦·埃尔姆斯的《揭示生命：传记与心理学的不稳定联盟》一书出版了。鲁尼恩的书被其取代，艾伦·埃尔姆斯的书包括了弗洛伊德、荣格、斯金纳、纳博科夫、弗兰克·鲍姆、卡特、萨达姆·侯赛因和老布什以及其他人的心理传记。这本书一经出版，立刻成为所有心理传记学研究者的必读书目。这是心理传记学展示其机智、说服力和智慧的第二个杰出楷模。

再后来，德莫雷斯特（Demorest）（1995：584～588）重新启用了亨利·莫里提出的“主题和统一主题”概念（the thema and unity thema）。这两个概念原先受到人格特质变量的挑战，或多或少受到冷落。主题和统一主题与汤姆金斯的“脚本”概念有关联。在同一篇论文的后半部分，受亚历山大的“提取和排序”（abstraction and sequencing）理念启发，德莫雷斯特实行了一种评估个人脚本的特则式方法。德莫雷斯特和西格尔（Siegel）再次采用“初始性”（primacy）这种突显性指标（见 Alexander，1990）和脚本理论于 1996 年在《人格杂志》上发表了关于斯金纳的实证性个案研究。

同年，为纪念奥尔波特诞辰 100 周年，另一篇由戴维·温特（David Winter，1996）撰写的关于奥尔波特的心理传记学论文刊登在《人格杂志》上。同一期杂志中有好几篇论文都是人格学的内容（Winter，1997；Barenbaum，1997）。沙勒（Schaller，1997）通过分析库尔特·科班（Kurt Cobain）、科尔·波特（Cole Porter）和约翰·奇弗（John Cheever）三人的生命历程来探讨名声和自我意识的关系。巴雷西和朱克斯（Barresi & Juckes，1997）将人格学和叙事分析视为研究人的科学最具发展前景的方法。

1997 年，出现了令我至今回忆起来仍感振奋的另一个特刊。由于道奇·摩根于 1986 年他 54 岁时完成了单独环游世界一周的壮举，《人格杂志》在 1997 年辟出一整期专用于发表道奇·摩根的个案分析论文。而且 1998 年，在一个学术论坛中出现了 4 篇写疯狂乔治王（King George）的心理传记（Simonton，1998）。

不难看出，上述这些论文的发表显示主流杂志之一的《人格杂志》对人格学的认可。实际上，更精确地说，是被该杂志的一位主编斯蒂芬·G. 韦斯特（Stephen G. West）认可，斯蒂芬主编已经引领人格研究数年了。见到这个现象，我备受鼓舞（有一个人支持总比一个人都没有强），特别是在此之后不断增多的心理学圈外人士关注心理传记学的活动。后来我向《传记：跨学科季刊》（*Biography：An Interdisciplinary Quarterly*）杂志投了一篇 1999 年至 2003 年间关于心理传记学研究目录的论文（具体完整的心理传记学研究目录参见 http：//www. psychobiography. com/biblio. html）。在 1999 年，共索引 26 篇心理传记学论文，同时从《“谁人”乐队鼓手凯思·莫恩到玛丽·贝克·埃迪》（*Who Drummer Keith Moon to Mary Baker Eddy*）中搜索到 23 本该主题的书籍（头一年，我并没有搜索到以心理传记学为主题的学位论文）。2000 年，我列出了 46 篇心理传记学论文、15 篇心理传记学学位论文和 4 本心理传记学书籍。2001 年列出的索引是出现心理传记学最多的一年［当时有一部分作品是我优秀的研究助理斯蒂芬尼·佩奇（Stefanie Page）撰写的］：67 篇论文和 15 篇学位论文。这一年我停止寻找书籍，代之以关注有关书籍的章节，其中我发现有 20 个篇章清楚地标为心理传记学。2002 年我的资料库搜索由于受到时间上的各种限制而被严重删减，但仍然搜索到了 24 篇心理传记学论文、20 本书籍和相关书籍章节及 4 篇心理传记学学位论文。2003 年，检索出 35 篇心理传记学论文，同时还有 3 本书籍和 5 篇心理传记学学位论文。

所有这些论文都来自什么样的期刊呢？主要是精神分析的。原因是显而易见的，应用精神分析学在弗洛伊德理论研究界一直都备受重视，并且现代心理传记学始于弗洛伊德所撰写的列奥纳多的心理传记一书和他的个案研究。《美国意象》（*American Imago*）、《精神分析评论》（*Psychoanalytic Review*）和《国际精神分析杂志》（*The International Journal of Psycho-Analysis*）在这个领域是指标性刊物。《人格杂志》、《创造力研究杂志》（*Creativity Research Journal*）、《政治心理学》（*Political Psychology*）、《克莱奥的心灵》（*Clio's Psyche*）和《传记：跨学科季刊》也同样是。《精神分析年刊》（*The Annual of Psychoanalysis*）最近专门用一整期的版面来刊登精神分析的心理历史学（Psychoanalytic Psychohistory）这一主题，其中论文都是源自该领域的主要实务工作者（见 Winer Anderson，2003）。

心理传记的传主又是哪些人呢？将这些发表的作品归类后，我们发现他们是艺术家、政治家和心理学家或思想家，只有极少数不属于上述几个类型。艺术家包括普拉斯（写得最多）、迪金森、田纳西·威廉姆斯（Tennessee Williams）、乔治·埃利奥特（George Eliot）、乔伊斯（Joyce）、罗斯科（Rothko）、塞尚（Cezanne）、凡·高、马勒（Mahler）、三岛由纪夫（Mishima）、卡罗（Kahlo）、蒙德里安（Mondrian）、纳博科夫；政治家有阿德莱·斯蒂文森（Adlai Stevenson）、克林顿（Clinton）、斯大林（Stalin）、戈尔巴乔夫（Gorbachev）；心理学家及思想家有弗洛伊德（在过去四年中，关于弗洛伊德的心理传记最多）、荣格（紧随弗洛伊德之后的是关于荣格的心理传记）、哈里·斯塔克·沙利文（Harry Stack Sullivan）、维特根斯坦（Wittgenstein）、贝特尔海姆（Bettelheim）、莱恩；数学家有保罗·厄尔多斯（Paul Erdos）和戈登·奥尔波特。

采用什么样的理论取向呢？主要是基于精神分析或客体关系（object-relations）理论。然而，近年来诸多研究者似乎开始使用我称之为“诊断倾向”的方法，将普拉斯、凡·高、迪金森、海明威（Hemingway）和其他人的艺术化约为情绪化的心理疾病。我发觉这是一个极其危险的转变（原因在上面已讨论过）。仅仅从单方面病史的角度探测“疾病”，以此来做心理传记，我们将无法很好地理解生命流动的动力关系、生命的优势和弱项以及生命之间无限的微妙差别和生命的优雅。尽管如此，心理传记学有回归病理学的倾向，这种倾向是真实存在的。希望心理传记学这种倾向只是暂时性的，就如同一次长途观光旅行中的一种迂回，而这样的迂回是整个旅行中最枯燥乏味的景色。

尤其从 1995 年起，上述种种迹象表明，鲁尼恩（1982）、亚历山大（1990）和埃尔姆斯（1994）各自撰写的书籍给心理传记学提供了强大的力量，心理传记学在外表看起来已经开始壮大起来，无论是在主流心理学之中（感谢斯蒂芬·韦斯特和《人格杂志》编辑的海纳百川），还是心理学之外更大的学术圈。

另一个不可忽视的促进因素是丹·麦克亚当斯的生命故事同一性模型和叙事心理学的建立，无论是对质性研究或者是心理传记学研究来说，两者都是友善的。萨宾（Sarbin）的预测（1986）在发展进程中部分地被证实了：叙事作为研究心理的根隐喻已经产生效用。作为叙事的主要构成部分：脚本、手段和目的序列、补救序列或混杂序列、主要叙事形式、情景、无意识意向等所有这些建构形式，目前已经成为平常的方式（这些形式，在本书中出现的频率已十分明显）。并且，从更宽泛的角度来说，人格即是人们告诉自身或者他人的一个故事，关于自身的故事在文学中是难以忽视的。如果我们称这样的变化为回归，那么这些变化的前缘（the leading edge）是脱胎于人格学传统的［例如，麦克亚当斯、朱瑟琳·乔塞尔森（Ruthellen Josselson）、欧文·亚历山大（Irving Alexander）、加里·格雷格（Gary Gregg）、杰斐逊·辛格（Jefferson Singer），等等］。与叙事研究在心理学中吸引了改信新典范的人一样，心理传记学也是如此（在某种程度上如此；反之，亦然）。同样，叙事研究也渗透到心理学研究的主流意识中，心理传记学也应如此，心理传记学是作为客人的客人被邀请参加到心理学研究的盛宴中去的。最近美国心理学会出版社出版了关于生命叙事研究的一系列图书，表明叙事研究已进入主流（McAdams 等，2001；Josselson 等，2003）。在这套书的头两册中——目前只出版两册，对心理传记学做了详细完整的呈现，其中关于奥斯卡·王尔德（Oscar Wilde）、亨利、威廉·詹姆斯和凯瑟琳·鲍尔（Katherine Power）的部分章节以及整本书（Josselson 等，2003）都是致力于人格学研究方法的。

叙事隐喻的成功给心理传记学的发展带来了影响。但是，这两种方法还是存在明显的差别。首先，心理传记学是多种方法论取向的，基本上其理论是无政府主义的（多元的）。人们既可从历史测量学（historiometric）的角度做心理传记，将文本内容化约为数字，也可以像大多数个案研究一样，采用弗洛伊德主义的立场来做心理传记，或者从客体关系学派中吸取概念来做心理传记。无论什么状况，心理传记学家并不只以基于叙事理论的方式来理解生命。再者，大多数心理传记学家是结构主义者（如上所述）。当他们讨论其研究对象的生平和心理时，他们认为所讨论的是真实的。然而，在基于叙事的极端模式中，他们认为心理只是文本，而文本是易变的。自我只是个故事，而故事是虚构的。故事背后隐含着什么？实际上，什么也没有。故事就是全部的内容。一些心理传记学家可能追寻此路径，但是在我的评估中，大多数心理传记学家并不是这样。他们将研究对象当作是可接触的、活生生的、可理解的人，而不只是文本功能而已。

因此，最后得出的结论是什么？未来研究的趋势是什么？作为一门学科，心理学仍然是以方法为中心的。其主导方法绝大部分集中在实验方法上，这是不可否认的（尽管很遗憾）。人格心理学是心理学的一个分支学科，而心理传记学只是人格心理学中的一小部分，处于努力发展的过程中。然而，如果我们回顾 15 年前，将当时的情形与现在进行比较，就会发现一切处于正常的发展中，人们可以发现心理传记学更具活力以及更为主流所接纳。特别值得庆幸的是在 1999 年至 2003 年间出现了 39 篇心理传记学学位论文，学术期刊上发表了 198 篇心理传记学文章（1999 年 26 篇，2000 年 46 篇，2001 年 67 篇，2002 年 24 篇，2003 年 35 篇）。还有更让人值得庆幸的事是叙事模型（Narrative Models）的兴起，这个模型在许多方面被应用于心理传记学领域。

最后，你现在手上的这本书，在如何进行正确的心理传记学研究上，首次提供了一种将清晰的方法论指导与范例结合起来的资料来源。这本书既包括“实例展示”，也进行“理论陈述”。这里我不禁要鼓励人们更多地进行心理传记学研究，不禁要去增加心理传记学成功的机会，进而使它能获得更多的认可，做得越多，成功就越多。我们将翘首以待。

（陶维东　郑剑虹　丁兴祥　译）

**参考文献**

Alexander, I. E.（1990）. *Personology：Method and Content in Personality Assessment and*

Psychobiography. Durham, N. C. : Duke University Press.

Barenbaum, N. B. (1994). Personality Theory and Autobiography as Narrative: The Cases of Murray and Allport. Paper Presented at the International Conference on Narrative Literature, Vancouver, B. C., Canada.

Barenbaum, N. B. (1997). The Case(s) of Gordon Allport. *Journal of Personality*, 65 (3), 743 – 755.

Barresi, J. & Juckes, T. J. (1997). Personology and the Narrative Interpretation of Lives. *Journal of Personality*, 65(3), 693 – 710.

Carlson, R. (1971). Where Is the Person in Personality Research? *Psychological Bulletin*, 75, 203 – 219.

Cody, J. (1971). *After Great Pain: The Inner Life of Emily Dickinson.* Cambridge, Mass. : Harvard University Press.

Demorest, A. P. (1995). The Personal Script as a Unit of Analysis for the Study of Personality. *Journal of Personality*, 63(3), 569 – 591.

Demorest, A. P. & Siegel, P. F. (1996). Personal Influences on Professional Work: An Empirical Case Study of B. F. Skinner. *Journal of Personality*, 64(1), 243 – 261.

Elms, A. C. (1994). *Uncovering Lives: The Uneasy Alliance of Biography and Psychology.* New York: Oxford University Press.

Endler, N. & Speer, R. (1998). Personality Psychology: Research Trends for 1993 – 1995. *Journal of Personality*, 66(5), 621 – 669.

Erikson, E. H. (1969). *Gandhi's Truth.* New York: Norton.

Gardner, H. (1992). Scientific Psychology: Should We Bury It or Praise It? *New Ideas in Psychology*, 10(2), 179 – 190.

Harrison, K. (2003). *The Seal Wife.* New York: Random House.

Josselson, R., Lieblich, A. & McAdams, D. P. (Eds.). (2003). *Up Close and Personal: The Teaching and Learning of Narrative Research.* Washington, D. C. : APA Books.

Lester, D. (1998). Theories of Suicidal Behavior Applied to Sylvia Plath. *Death Studies*, 22 (7), 655 – 666

Maslow, A. H. (1972). *The Farther Reaches of Human Nature.* New York: Viking.

McAdams, D. P., Josselson, R. & Lieblich, A. (2001). *Turns in the Road: Narrative Studies of Lives in Transition.* Washington, D. C. : APA Books.

McAdams, D. P. & Ochberg, R. L. (1988). Psychobiography and Life Narratives (Special Issue). *Journal of Personality*, 56(1).

Murray, H. A. (1981). Endeavors in Psychology. E. S. Shneidman(Ed.). New York: Harper & Row.

Murray, H. A. & Kluchkohn, C. (1953). *Personality in Nature, Society, and Culture.* New York: Knopf.

Nasby, W. & Read, N. W. (1997). The Life Voyage of a Solo Circumnavigator: Integrating Theoretical and Methodological Perspectives. *Journal of Personality* (Special Issue), 65(4).

Ogilvie, D. M. (2003). *Fantasies of Flight.* New York: Oxford University Press.

Popper, K. (1959). *The Logic of Scientific Discovery.* New York: Basic Books.

Ramachandran, V. S. (1998). *Phantoms in the Brain: Probing the Mysteries of the Human Mind.* New York: Quill.

Runyan, W. M. (1982). *Life Histories and Psychobiography: Explorations in Theory and Method.* New York: Oxford University Press.

Sarbin, T. R. (1986). *Narrative Psychology: The Storied Nature of Human Conduct.* New York: Praeger.

Schaller, M. (1997). The Psychological Consequences of Fame: Three Tests of the Self-consciousness Hypothesis. *Journal of Personality*, 65(2), 291 – 309.

Schultz, W. T. (1996). An "Orpheus Complex" in Two Writers-of-loss. *Biography: An Interdisciplinary Quarterly*, 19, 371 – 393.

Simonton, D. K. (1998). Mad King George: The Impact of Personal and Political Stress on Mental and Physical Health. *Journal of Personality*, 66(3), 443 – 493.

Stolorow, R. D. & Atwood, G. E. (1979). *Faces in a Cloud: Subjectivity in Personality Theory.* Northvale: Aronson.

Winer, J. A. & Anderson, J. (2003). The Annual of Psychoanalysis, Vol. 31: *Psychoanalysis and History.* Hillsdale, N. J.: Analytic Press.

Winter, D. G. (1996). Gordon Allport and the Legend of "Rinehart". *Journal of Personality*, 64(1), 263 – 273.

Winter, D. G. (1997). Allport's Life and Allport's Psychology. *Journal of Personality*, 65(3), 723 – 731.

第2章

# 心理传记学和生命史研究概念的发展：精神分析、人格心理学和历史科学的相遇

威廉·麦金利·鲁尼恩（William McKinley Runyan）

关于个人生命史研究和心理学学科之间关系的演变，我们如何才能够概念化理解呢？

这个问题比当时想象的要复杂得多。我们应当如何阐释生命史研究呢？又应当如何阐释心理学学科呢？再者，我们应当如何阐释这二者之间关系的演变呢？答案的关键所在分明暗示着心理学往后可能形成的样貌。许多人赌上他们的事业以及他们的职场生活，穷其心力以不同的方式解答这些问题。

我们在本章将试图讲一个相当特别的故事，一个关于心理传记学以及生命史研究与心理学学科之间的关系的故事。这是相当不同于传统中以“自然科学为源头”的故事，因为在传统中，个案研究法被较为精准的定量研究与实验方法所取代。事实上，接下来要说的故事是关于历史研究法、诠释学以及叙事方法的重要性，这些方法就如同定量研究与实验方法一样重要。

我相信，心理学领域的各个流派思想的产生与发展都牵涉了（心理学家）个人的生命史，其中包括精神（心理）分析、学习理论、行为主义、人本心理学、认知心理学、神经科学以及生命史研究。在本章，我们将探究致力于生命史研究这个传统的学者本人的生命史及其职业生涯与这个领域发展的关联。这些人物包括亨利·莫里、罗伯特·怀特（Robert White）、戈登·奥尔波特、艾伦·埃尔姆斯和杰里·威金斯（Jerry Wiggins）。此外，我也将提供与那些支持我或者反对我进行生命史研究的人的一些交流经验。这些事例可能会（或者不会）引起一些读者的共鸣，会反映出他们自己这些年来在心理学领域中行走时，与不同取向的“硬（hard）传统”或者“软（soft）传统”交往碰撞的经验。

回顾整个心理学历史的发展，我们一直都面对着许多相互冲突的心理学概念。究竟心理学是一门研究感觉与知觉的学问，还是实验室里的反应时研究、记忆研究、意识的结构元素研究、潜意识研究、学习研究、行为研究、社会心理历程研究、人格研究、发展历程及其改变研究、认知研究、心理病理学研究、治疗及其改变研究、神经科学研究？或者，心理学是一门研究人与其生命史的学问？

这些（抑或更多）心理学概念不断地被提出来，然而，对提出的各个概念要达成

共识很困难（Sternberg，2005）。那些早期的心理学概念，诸如冯特（Wundt，1873—1874）的生理心理学和实验心理学强调对感觉、知觉和反应时的实验研究，但是对个人或其生活却很少关心，甚至不屑一顾。实验心理学的历史（Boring，1929/1950；Hearst，1979）即是一部沿着使用实验方法研究的历史，从感觉与知觉的实验研究开始，到记忆的研究、动物学习的研究、动机的研究、认知科学的研究、社会心理学的研究、实验精神病理学的研究，等等。

有一种观点认为实验法将会得到更广泛的推广，最终将会彻底垄断心理学研究的全部领域（Hilgard，1987）。然而，在过去的一个世纪中，我们却可以听到，对于这垄断式的心理学发展，一直有相当多的拮抗运动或者团体发出另一种声音：心理学需要更多元的另类或者新式研究方法（alternative methods）。举例来说，从狄尔泰（Dilthey）的《人类科学导论》（*Introduction to the Human Sciences*，1883/1988）到弗洛伊德的精神分析个案研究，到现象学，再到生命史研究，直至后来一群持异议的理论家对“全人”（whole person）的相关研究，等等（Hall & Lindzey，1957），这些皆是进行心理学研究的另一种方法。卡恩（Cahan）与怀特（1992）曾针对此“第二心理学”（second psychology）或以人文科学为取向的心理学进行了一个简要的研究回顾，发现分别处在自然科学和人文科学不同哲学立场之间的心理学论点，存在着相当大的分歧与冲突张力。

个人生命史研究不曾在心理学中占据主导地位，但也并未消失无踪。它不断地发展，并以不同的形式重新出现，近十几年来，生命史研究正蓬勃地走出一条路来。我们希望，这本《心理传记学手册》将有助于建构、组织并大力推进生命史研究在心理学中的应用，就如同《实验心理学手册》（Stevens，1951）和《社会心理学手册》（Lindzey，1954）一样，在其所在领域发挥着巨大的作用。

本章将主要讨论生命史研究与精神分析、人格心理学以及历史科学相遇的情况，而不会针对心理学与生命史研究之间的复杂历史关系给予详细的介绍。

对许多人而言，心理学应该对个人（生命史）有所探究，然而这种想法有时候却会与不断发展的“什么是科学”这个概念发生冲突。就如同冯特在谈论威廉·詹姆斯的《心理学原理》（*Principles of Psychology*，1890）时说：“那是文学，很美，但不是心理学”（Fancher，1979：128）。在过去的一个多世纪中，人们对于生命史研究与科学之间的关系一直存在着某种担心及焦虑。弗洛伊德就曾谈及，即使他本人是受过严格专业训练的神经病理学家，上述的冲突依然是他的状态，“奇怪的是，我所书写的个案史读起来竟然像是一个短篇故事；但就如同某些人所说的，这些都是非常缺乏严格意义上的科学性质的”（Breuer & Freud，1895/1955：160）。他自我安慰道，这样的处境并不是来自任何个人自身的偏爱，而是因为所探究的主题所必需的。

长久以来，对个案研究的否认和批评一直存在。举例来说，伦德伯格（Lundberg，1926：61）就曾说过，“①个案研究法就其本质而言，并不是一种科学研究方法，充其量仅仅是科学方法的初级阶段；②个案研究唯有在对行为的分类和综合中呈现出某种一致性、类型和模式时，方能体现它的科学意义；③统计法才是分类和综合的最好方法，它能够同时处理大量的案例”。

在坎贝尔（Campbell）和斯坦利（Stanley）的《实验和准实验设计研究》

(*Experimental and Quasi-Experimental Designs for Research*) 这本广为人们所参考引用的方法论教科书中，他们宣称那“单次性”（one-shot）的个案研究是：

> 完全缺乏控制，毫无科学价值可言……这些研究常常陷入特定细节、细致观察、测验等诸如此类冗长乏味的数据搜集之中，并最终导致“误置精确的错误”①（the error of misplaced precision）的产生……作为教育领域的论文著作或者学术演讲，若认同了个案研究仅包含某段时间的单次观察数据的性质，这将是非常不道德的。(1963：6～7)

这本书的影响力一直非常大（Shadish et al.，2003），后来被许多教科书广为引用。然而，鲜为人知的是坎贝尔（Campbell，1975：191）后来撤销了“先前对个案研究武断的轻蔑”：

我们似乎需要针对科学领域，用另一种更好的思考角度来看个案研究。从对个案最初的印象和解释开始，经过建立定量研究和实验研究的理论，然后回到重新诠释及介入个案的社会、文化与历史脉络里。采用叙事的手法来描述生活（生命史）真的缺乏严谨的科学研究标准吗？我们不否认，它们缺乏了实验控制和定量分析，但实验控制和定量分析是严格科学研究的唯一形式吗？

在本章中，我的论点可简单概括如下：李·克龙巴赫（Lee Cronbach，1957）认为科学心理学的取向有两种，即相关法与实验法，我们可经探究人与环境之间的交互作用而整合这两种心理学知识。然而，在本章中，我认为科学心理学至少还需要存在第三种研究途径，即历史—诠释心理学（Historical-interpretive Psychology）。历史—诠释心理学采用叙事（说）方法，应用于临床个案研究、心理传记学以及特定社会—文化和历史脉络下的生命史研究。而斯蒂芬·杰伊·古尔德（Stephen Jay Gould，1986）所发展的“历史科学”（historical science）或者可理解为一种研究事件及进程的特殊权变序列的一门学问，可协助我们澄清生命史研究的对象与方法及其在科学心理学里所处的位置。

如果说个案研究仅仅因为它“在某个时空上观察某一单位或个人”而加以排除，这不仅是对个案研究的一种误解，甚至是一种错误诠释（Campbell & Stanley，1963）。事实上，搜集更多的资料、应用新的理论与研究事实、批判性地澄清早期的陈述，并更进一步使陈述、解释与诠释趋于合理，可以使我们对个人生命史作出更具整体性历史观的陈述与诠释（Runyan，1988b）。对个体生命史的研究和解释不能简单地看成一种“单次性”的事情，事实上，我们可以将其看成一种类似于法庭审判的“准司法”程序。在这个程序中，为了不同的利益，人们都会拿出各自的论据并得出迥然不同的结论。这一点我们从对弗洛伊德的传记研究史中就可以看出，从早期出自欧内斯特·琼斯（Ernest Jones）较具同情心且经典的弗洛伊德传（1953—1957），到较具批判性的史实比较分析（Ellenberger，1970），再到富含弗洛伊德及其追随者细节信息的新传（Roazen，1975），直至后来众多批判弗洛伊德及其作品的学术及政治立场的另类传记。这种情形也可类推于达尔文（Darwin）和威廉·詹姆斯的传记研究史。这些生命史研

① 即非常关心搜集数据的工作，但据此而获得的结论只在印象上是可靠的，其实并不正确。——译者注

究无一不蕴涵着极大的智慧，它们并不像有些人所说的那样仅仅只需“单次就能完成”。生命史研究作为一种方法，比起其他的历史科学（Gould，2002），诸如进化生物学、考古学或历史地理学等更能体现出科学性。对个案生命的心理学研究的核心就是重新概念化、重新脉络化以及重新诠释的历程（或历史）。

1936年，当亨利·莫里（1893—1988）带着自己尚未完稿的《人格探索》（*Explorations in Personality*）向哈佛大学争取终身教职时，他的支持者——戈登·奥尔波特认为，作为威廉·詹姆斯的杰出继承人，莫里对于哈佛的人文主义取向心理学极其重要（Triplet，1983：252）。而另一个委员会成员神经心理学家卡尔·拉什利（Karl Lashley，1890—1958）则强烈反对莫里任职。他辩护说，詹姆斯对心理学的损害比任何人都大，并威胁说如果莫里任职，他将向哈佛递交辞呈（Robinson，1992：225）。在拉什利看来，莫里的研究是“旧人文主义心理学与哲学心理学间的冲突”的典型案例，与“试图以生物和客观取向而建立更为精密科学的美好愿望”是背道而驰的（Robinson，1992：226）。结果，表决出现了3∶3的局面。为了打破僵局，波林（Boring）建议给莫里两个五年非终身教职的聘期，并得到大家的同意。然而，在1946年，原来的系被一分为二，形成了（实验）心理学系和社会关系学系（兼具社会学和社会人类学的社会与临床心理学系）。

莫里在哈佛的任期本该到1947年才届满，可早在1945年6月，莫里已经从哈佛辞职。事情的内幕是他参与了新的社会关系学系的创建，而这个系将在1946年成立。1948年，时任战略情报局（Office of Strategic Service，简称OSS①）评估规划部主任的莫里，先后出版了自己的《人的评估》（*Assessment of Men*）和与他人合编的《自然、社会、文化中的人格》（Kluckhohn & Murray，1948）。然后他又回到早期对梅尔维尔（Melville）的传记分析中，发表了对梅尔维尔的《皮埃尔》（*Pierre*）厚达90页的介绍（附加75页的注释）（Murray，1949）。1948年，莫里以社会关系学系讲师的身份再次回到哈佛任教，并于1950年取得正教授的职位，此次他在哈佛的教学生涯一直持续到1962年退休。

关于心理学在自然科学取向与人文科学取向的矛盾张力一直上演着。1969—1975年间，我在哈佛大学研究生院的临床心理系和公共实践部门学习。这期间，有很多人劝告我说，我所感兴趣的个人生命史研究是相当不科学的。一位教授曾在我一篇关于生命史研究的博士论文研究计划表中写下如下批语：“也许你认为你能步蟾折桂，奔向美丽的处女地；事实上，你正在自毁前程，陷落在垃圾堆中。”另一位教授戴维·麦克莱兰（David McClelland）也反对我把研究兴趣放在对个体生命史研究的方法论和概念形构的探讨上。他于1971年5月25日，即我在研究生院的第二学年之末，写信给我说，哲学兴趣不应该出现在我们这个专业方向，“因此，我必须劝告你，最好离开哈佛，免得浪费时间，无论是你的时间还是我们的时间”。我拒绝了这项提议（Runyan，2003）。于是，我组建了一个支持（或者说同情）我的论文委员会；同时，我也得到来自业已退休的亨利·莫里和罗伯特·怀特两位教授道义上和学术上的支持，并最终通过了我的毕业论文《生命史：一种探究的领域及介入的框架》（*Life Histories: A Field of*

① 中央情报局（Central Intelligence Agency）的前身。——译者注

*Inquiry and a Framework for Intervention*）（Runyan，1975）。其内容是关于生命史研究的方法论和概念的一个探究工作（Runyan，1978，1981，1982，1983，1984，1988a，1988b，1994，1997，2002，2003）。

关于个人生命史研究相互冲突的观点至今仍旧存在。在本书第一章中，主编威廉·托德·舒尔茨就描述了他在刘易斯—克拉克学院（Lewis and Clark College）读本科时的一些经历，他于1985年获得该校的文学学士学位。因为在教授们看来，只有以实验和定量分析为手段的研究才算实证研究，在这里，质性分析的论文不被允许，因此他的研究被取消。

当他在加州大学戴维斯分校（the University of California at Davis）读研究生的时候，虽然他的心理传记学学位论文最终得到批准，但其过程充满了斗争，即使他已获得了心理传记的主要贡献者埃尔姆斯的支持（Elms，1976，1981，1994）。据埃尔姆斯报告，戴维斯的心理系要求学位论文必须是以定量分析或通则为依据的实证研究（empirical research）。埃尔姆斯辩护说，据标准词典定义，实证（empirical）意味着"关乎事实或经验……基于对事实的调查或研究"（Elms，1994：242），而心理传记即是基于事实的艰辛研究。"在针对单一个体的生命史研究所搜集起来的传记资料与针对多个个体并按照某种实证心理学研究标准而搜集起来的资料并没有本质的差异（Elms，1994：243）。"后来，该系批准了两篇学位论文答辩委员会所通过的有关心理传记学论文，分别为1990年的伊娃·谢佩勒和1992年的舒尔茨的论文。谢佩勒学位论文中的部分内容曾以《睡椅上皮亚杰的经验：通向神秘之旅》（*Jean Piaget's Experiences on the Couch：Some Clues to a Mystery*）为题发表在1993年的《国际精神分析杂志》（*International Journal of Psychoanalysis*）上。舒尔茨的毕业论文《詹姆斯·阿吉的生命史、心理过程与创作的一个心理传记学研究》（*A Psychobiographical Inquiry into the Life，Mind，and Creative Work of James Agee*）后来分别发表在《美国意象》（1999）和《传记：跨学科季刊》（1996）上，其相关内容也被编入本书。后来，加州大学戴维斯分校的另外两名学生，也是本书撰稿人之一的凯特·伊萨克森（Kate Isaacson）和安娜·宋（Anna Song），也以心理传记为取向做了学位论文，且学校予以通过［我正在协助凯特·伊萨克森整理他对约翰·鲍尔比（John Bowlby）和玛丽·安斯沃思（Mary Ainsworth）的心理传记分析的论文］。随着支持与反对格局的变迁，个体生命的研究工作一直伴随着心理学的历史发展。詹姆斯曾在《心理学原理》（1890）中，对实验心理学和普通心理学进行了回顾并予以批判，他也大量使用了个人自传中有关作者陈述自身的宗教经验的材料，写出《宗教体验种种：一项人性的研究》（*Varieties of Religious Experience：A Study in Human Nature*，1902）一书。G. 斯坦利·霍尔（G. Stanley Hall，1844—1924）在他的两卷本著作《青少年》（*Adolescence*，1904）中就广泛地运用了青少年的自传。埃德温·波林（Edwin G. Boring）在他的《实验心理学史》（*A History of Experimental Psychology*，1929/1950）中，提供了大量的人物传记描写。此后，波林也在幕后大力推动一系列的《自传体心理学史》（*A History of Psychology in Autobiography*）丛书，该书的第一卷于1930年被卡尔·默奇森（Carl Murchison）编辑出版，全八卷本于1989年才面世［该书的六至八卷为加德纳·林齐（Gardner Lindzey）所撰］。在《个人档案在心理科学中的应用》（*The Use of Personal Documents in Psychological Science*，

1942）一书中，奥尔波特回顾了许多采用个人档案的早期研究，将这些研究分为批判性使用和非批判性使用个人档案两种。

在这一章里，我并不打算对生命史研究与心理学之间关系的演变历程做详尽的阐述，而只打算对两者交互作用中可能对本领域的未来研究有影响的方面给予一定的阐释。在第二部分，我将重点讨论精神分析与心理传记学的关系。在第三部分，我将考察人格心理学与生命史研究间复杂且不断变迁的关系。第四部分则主要论述历史科学对生命史研究的潜在贡献。最后，在本章结语中，我将回顾生命史研究中与心理学学科的目标及方法相关联的一些重要观点。

本章并不是对这个领域全面性的回顾，而仅是一个人在特定的时空背景下的观点。并且，这些陈述仅限于我个人所接触到的生命史研究，因此只代表心理学对生命史研究的看法。其他还可以从历史学、社会学、人类学、政治科学或者文学角度来进行生命史研究。本章可与其他领域的观点互补。

按照我的想法，本章将按如下顺序展开。首先，我将引用一篇博士论文的内容来试图探讨生命史研究这一领域的概念（1975）；其次，将通过一篇关于生命史研究的论文来讨论其理论定位（1978）；再次，将向大家推荐一本介绍有关心理传记学和生命史研究的方法论和基本概念的专著（1982）；最后，我将分析有什么因素可能会促进心理传记学的“发展”，而这个过程中又会产生什么（1988b）。在此我会配合另一本有关心理学和历史学诠释的著作，这本书中有一章是关于精神分析的心理传记学，另一章则是通过大量关于德国纳粹心理历史研究的案例，来对历史与心理学的关系做概念化的研究（1988a）。此外，我也试图阐明生命史研究在其与人格心理学关系中的位置（Runyan，1997）。

自从鲁滨逊（Robinson）出版了他的《诉说爱的故事：莫里的生命史》（*Love's Story Told：A Life of Henry A. Murray*①，1992）之后，我一直试图寻找恰当的言辞来对莫里的学术及情感提出不同的解读（Runyan，1994）。劳伦斯·弗里德曼（Lawrence Friedman）的《埃里克森传》（*Biography of Erikson*，1999）和休·埃里克森·布洛兰（Sue Erikson Bloland）② 关于她父亲的文章（1999），引发了我重新解读埃里克森的念头。于是，我与弗里德曼、休·布洛兰、保罗·罗曾（Paul Roazen）一起于2000年2月10日在哈佛大学教育研究院举行了一次关于埃里克森的研讨会。如此交互辩证的讨论促成了一份有关埃里克森个人生命史与知识分子身份交织的自传研究（2002，2003）。从1995年起，我在哈佛做了许多关于心理学家（包括自然科学取向和社会科学取向的）生活与其工作档案的研究。在这期间，我也从谢尔登·怀特（Sheldon H. White）教授那里学到了许多心理学史方面的知识（Runyan，2005）。这些档案研究尚未发表，其中部分成果将会在本章与大家见面。需要说明的是，心理传记学和生命史研究的概念是不断发展的，并不仅仅是关于几十年来整个领域发展的事，而且从较为微观的角度来看，每个人都以自己的方式参与这个领域的探索。我希望，读者能够通过本章的阅读，形成对心理传记学和生命史研究的独特理解。

---

① 原书中为 *Heniy A. Murray*，可能打错，应该是 Henry。——译者注

② 埃里克森的女儿。——译者注

## 一、精神分析与心理传记学

一般把弗洛伊德的《列奥纳多·达·芬奇与他童年的一个记忆》(*Leonardo da Vinci and a Memory of His Childhood*)作为心理传记学的开山之作。其实在这之前，弗洛伊德就曾发表过《詹森的“格莱狄娃”中的梦与幻想》(*Delusion and Dream in Jensen's Gradiva*, Freud, 1907/1959)[①]。此后，他又出版了《摩西与一神教》(*Moses and Monotheism*, 1939/1964)，发表了一些对歌德(Goethe)和陀思妥耶夫斯基(Dostoevsky)进行精神分析的小文章。这段时间里，涌现了大量的精神分析式心理传记，有伊西多·萨杰(Isidor Sadger)所撰写的心理传记(1908, 1909)，也有通过《哈姆雷特》(*Hamlet*)来对莎士比亚(Shakespeare)进行研究的传记分析(Jones, 1910)，还有对音乐家理查德·瓦格纳(Richard Wagner)(Graf, 1911)、艺术家乔瓦尼·塞冈蒂尼(Giovanni Segantini)(Abraham, 1912/1935)、古埃及法老阿孟霍特普四世(Amenhotep IV)(Abraham, 1912/1935)、马丁·路德(Martin Luther)(Smith, 1913)以及苏格拉底(Socrates)(Karpas, 1915)的传记分析。杜利(Dooley, 1916)的《天才人物的精神分析》(*Psychoanalytic Studies of Genius*)、巴恩斯(Barnes, 1919)的著作、费林(Fearing, 1927)的著作以及巴恩斯的《心理学与历史学》(*Psychology and History*, 1925)，皆对早期的精神分析式心理传记进行了回顾。然而，比起其他任何著作，弗洛伊德对列奥纳多的研究对该领域的影响最为深远，同时也受到最广泛的重新诠释(Elms, 1994; Collins, 1997)，尽管他后来的《摩西与一神教》在近年来也得到较多的关注(Bernstein, 1998; Yerushalmi, 1991)。关于精神分析式心理传记学与心理历史学的历史更多的细节内容可见埃尔姆斯(2003)、麦克(Mack, 1971)和鲁尼恩(Runyan, 1982/1988a)等人的论述。

在精神分析中，人们很少使用弗洛伊德早期的驱力理论(drive theories)，而将注意集中在自我(ego)、客体关系(object relations)和反移情(countertransference)上(Loewenberg, 1988)。《精神分析年鉴》(*Annual of Psychoanalysis*)曾出特刊专门讨论精神分析与历史学的关系(Winer & Anderson, 2003)。本书的另一位撰稿人詹姆斯·安德森(James Anderson)曾写道：以心理传记学家著称的精神分析学家只限于弗洛伊德和埃里克森，而当前的精神分析专家在临床工作时得依赖于多种其他理论的综合运用(2003: 79)。安德森(Anderson, 2003)也回顾了当代精神分析的理论家与心理传记学的关联性，诸如唐纳德·温尼科特(Donald Winnicott, 1896—1971)、奥托·科恩伯格(Otto Kernberg, 1928— )与海因茨·科胡特(Heinz Kohut, 1913—1981)。《精神分析年鉴》这本书也包括了莫雷提斯(Moraitis, 2003)、鲁尼恩(2003)和斯特罗齐尔(Strozier, 2003)等几位精神分析和传记领域的作者的自传内容。

---

① 詹森(Wilhelm Jensen, 1837—1911)，德国作家。曾出版小说《格莱狄娃》(*Gradiva*)，该小说描述的是一位考古学家痴迷于一个年轻女子的古董雕塑的故事。Gradiva，即书中所描述的年轻女子的名字。弗洛伊德曾对这个故事进行精神分析。——译者注

## 二、人格心理学与生命史研究

人格心理学与个体生命史研究的关系是如此令人费解：

> 简而言之，对于个人与生命史的研究能够成为学界的关注焦点之一并激发相关研究的产生，相当程度上是由于其领域奠基人——戈登·奥尔波特（1937）与亨利·莫里（1938）的关系，但这种研究在接下来的（20世纪）五六十年代备受冷落……而心理测量以及具特定过程的实验研究却越来越受到极大的关注。（Runyan，1997：41）

显然也存在一些例外，诸如罗伯特·怀特（Robert White，1952）和埃里克·埃里克森（Erik Erikson，1958）的个体生命史研究成果，但普遍关注的重点依然在群体性的心理测量或实验研究成果上。

这期间大部分文献都很少关注个体生命史研究。霍尔和林齐曾在其发行量超过70万本的《人格理论》（*Theories of Personality*，1957：27）中认为，人格理论是否卓有成效主要是基于它们在刺激研究上的有效性来评判的。《人格理论》这本书以希尔加德（Hilgard）的《学习理论》（*Theories of Learning*，1948）为模型，而《学习理论》一书是将主要的学习理论与实证研究结合起来论述的。米歇尔（Mischel）的《人格与评鉴》（*Personality and Assessment*，1968）则认为，以实证研究为基础的社会学习理论相对于特质理论和精神分析学说，其优越性主要体现在对行为的预测与矫正上。很明显，在这几本具有影响力的书籍中，皆未强调个人生命史的研究；同时期的其他有关人格研究的文献也没有特别提起个人生命史研究。

在我看来，人格心理学界之所以会远离生命史研究，其可能原因是：

> 关于什么是“科学”之界定的学术风气的变化；个人性情对某种研究取向偏好的选择；这类研究生被吸引到自“二战”结束以来逐渐竞争化的临床心理学领域；经费的申请方式和研究经费是否得到支持，以及学院的制度决定了谁能在哈佛、斯坦福、耶鲁、伯克利以及国内其他的一些知名大学中任职和晋升。（Runyan，1997：42）

之后，巴伦鲍姆和温特写过两篇人格心理学史方面的评论，这两篇文章都很有借鉴意义。其中一篇是专门针对普通人格心理学史的（Winter & Barenbaum，1999），另一篇则对现在要讨论的议题具有特别的意义，是专门针对人们对心理学中的个案研究既恨又爱的复杂情绪的发展历程展开的评论（Barenbaum & Winter，2003）。他们的第二篇评论是以伍德沃斯（R. S. Woodworth）的话开篇的。伍德沃斯教授长期任职于哥伦比亚大学心理系，他所编写的心理学教科书自1921年首次出版后，畅销达25年之久。在《心理学》（*Psychology*，1929：19）的修订版中，伍德沃斯以女小说家姬恩·斯特拉顿·波特（Gene Stratton Porter）的生命史作为开篇。他在该书的引言中说道，自己之所以密切关注个案史研究法，“并不是因为它是受欢迎的心理学研究方法，尽管它离那些最受欢迎的方法还有一定的距离，但它在一开始就能使我们鸟瞰整个心理学领域，指出需要我们进一步探究的一些议题”。

其实，作为畅销教材《实验心理学》（*Experimental Psychology*，1938）的作者，伍德沃斯把个案史研究法列为“最不受欢迎的方法”并不奇怪。然而，真正令人诧异的是，就在这本畅销的教材中，伍德沃斯（1938：3）却把心理学定义为对个体（个人）的研究，定义为“对个体活动的科学研究……心理学将个体作为一个整体来看待，并描述其活动”。可谁又会想到，这个定义最能进入人格学家的心坎里，但这并不说明我与伍德沃斯是站在同一战线上（心理学史总是充满惊奇）。在我看来，个体研究是人格心理学的四大目标之一，但很多心理学概念并没有将个体的研究作为这个领域的既定目标之一。这一点在下文我将给予专门论述。

明确地将人格（personality）作为心理学的一个领域，至少部分始于哈佛大学的戈登·奥尔波特（1937）和亨利·莫里（1938）两位教授。奥尔波特最初是如何规划这个领域的？作为奥柏林学院（Oberlin College）本科生的我，于1967年参加了西储大学（Western Reserve University）暑期课程的学习，在那里我们使用的课本即是官方指定的奥尔波特的《人格的模式与成长》（*Pattern and Growth in Personality*，1961）和他那本人格心理学奠基之作——《人格：一个心理学的解释》（*Personality：A Psychological Interpretation*，1937）的修订本。我发现这本书中含有许多令人感兴趣的课题和令人难忘的学术内容，但其中某些关于作者本人的特殊信仰和经历的表述却如此晦涩，让人难以捉摸。就在我大二结束的那个暑假，我被霍尔和林齐合著的《人格理论》（Hall & Lindzey，1957）深深吸引，这本书明确表明了其理论取向，且明显地与实证研究相结合。

我直到1980年12月11日才买到奥尔波特的《人格：一个心理学的解释》（1937）（当初购买时的金额标签仍然贴在书的内页，仿佛是一种历史的见证）。现在，我发现这本书有相当多的有趣内容，特别是对当前的热门话题——人格心理学与个体生命史研究关系的论述。其中的一段话让我对奥尔波特关于精神分析同人格心理学关系的看法比先前有了更加深刻的认识。奥尔波特认为，他的人格心理学取向相较于精神分析在人格内容探究的取向上是更为广泛和折中的。奥尔波特（1937：181）在原文的脚注中说：“精神分析的信徒们如果发现本书对弗洛伊德及其门人的贡献的评述是如此的迟来又极度不完整，且内容相当通俗贫瘠，甚至对精神分析持有对立的意见，一定会十分悲伤。”奥尔波特后来对他之所以给予精神分析“如此批判而又简短”的评述，做了三点解释：其一是精神分析的许多概念是取材于神经学与病理学；其二，对正常人格而言只有部分有效，而这在书中其他地方已有说明；其三，精神分析的历史广为人知，不需要做过多的解释。他还引用了弗朗茨·亚历山大（Franz Alexander）在《整体人格的精神分析》（*The Psychoanalysis of the Total Personality*，1930）中的一段话：

> 错误地认为精神分析就是对人格的整体分析。事实上，它所涉及的仅限于个人整体现象研究的一部分而已。但尽管如此狭隘，多数人格心理学文献却是依照这样的观点来书写的。该是时候了，我们该使用更多折中的理论词汇来说说这人格的故事！（1930：181）

奥尔波特之所以反对精神分析，简而言之，是因为精神分析过分依赖于心理病理学，它关于人格的大量文献都是基于心理动力取向的，这些观点都过于偏颇。因此，人格领域需要更为折中的观点。除了上述理性的角度之外，奥尔波特反对弗洛伊德也许有个人的因素，比如两人在1920年的那次“创伤性”的会面［见Elms（1994），本书第5章；Barenbaum，本书第16章］。

那么，个人生命史研究在奥尔波特人格心理学中的地位如何呢？他又是如何将其专业兴趣转向个体性（individuality）研究的呢？奥尔波特以这样的语句作为书的开篇，“个体性是人们最为显著的特征”（1937：3），那么奥尔波特的个体性意味着什么？是关于气质的个体性，还是关于文化影响？抑或是生理构造？是个人独特的经历，还是其价值与努力所追求的目标？而他所关心的是，科学家又是如何通过由通则与特则（nomothetic and idiographic）两种方法的组合来展开对个体性的研究？

奥尔波特曾在一张表格上概括出52种不同的人格研究方法（1937：370）。在这些方法中，属于精神分析法或“深度分析法”（depth analysis）的共有六种，包括精神病学式晤谈（psychiatric interview）、自由联想（free associations）、释梦（dream analysis）和幻想分析（analysis of fantasies）。所有的方法被分为14类，除了深度分析（depth analysis）外，还有文化背景研究（studies of cultural setting）、病历（physical records）分析、社会档案（social record）分析、个人档案纪录（personal records）分析、表达性活动（expressive movement）测定、等级评定（rating）、标准化测试（standardized tests）、统计分析（statistical analysis）、微生活环境（miniature life situation）研究、实验室实验（laboratory experiments）、预测（prediction）分析、理想类型（ideal type）分析和综合法（synthetic methods）。

综合法中的个案研究（case study）被奥尔波特称为“所有方法中最能给人以启迪的方法”（Barenbaum，1997）。但由于诸多的原因，奥尔波特只出版过一部长篇个案研究《珍妮的信》（*Letters from Jenny*，1965）和一篇自传分析的章节（1967）。就在这篇自传分析出版之后，奥尔波特写信给波林说，“我认为卡尔·罗杰斯（Carl Rogers）之所以能够成功，毫无疑问地，主要是由于他长期对个案进行自我袒露（disclosing）。相较之下，我发现自己则死板、不灵活且单调乏味（Nicholson，2003：181）”。我想，罗杰斯重视个人主观经验对奥尔波特是有启发的，至少对他强调个体性研究有重要意义。在奥尔波特的教学档案中，我记得在上述消息的档案中引述着这样一句话：“罗杰斯所实践的即是奥尔波特所鼓吹的。”但我不明白，这句话究竟是他听来的，还是他自己想到的。

虽然奥尔波特钟情于个体性研究，但他对于自己发表个案研究，或者鼓励他的博士生们以个案研究作为论文选择仍持保留态度。据1967年毕业于哈佛的伯特伦·科勒（Bertram Cohler）博士回忆。奥尔波特曾提醒他们“特则取向（idiography）的研究对于年轻研究者来说是没有前程的”。根据科勒自己的诠释，这句话是涉及政治现实的，这也从侧面反映了奥尔波特对个案研究的复杂情感（Cohler，1993：134）。然而，查阅哈佛档案馆有关奥尔波特的资料时，我曾看到许多心理传记论文和期末报告，这些都是学生在他的人格心理学课上所完成的。在他的笔记中，他说他会进一步询问有关学生应用霍尔和林齐《人格理论》（1957）一书中的任何理论。在这本书尚未出版之前，当他谈到霍尔和林齐时都会把相关章节的书稿印发给学生，并启发他们对该内容进行批判性的反思回馈。

奥尔波特之所以列出那张包含52种研究方法的表格，其目的在于寻求一种比精神分析更折中的研究取向。奥尔波特之后的莫里的做法却不同，他出版《人格探索》(1938）的初衷就在于通过一种更为严格的学院心理学研究方法来探究动力心理学，同时发展出一套自己的人格理论思想。

罗伯特·怀特的生命史研究观点主要受到莫里和奥尔波特的影响。他在1937年获得博士学位。在1940年奥尔波特组织的研讨会上，怀特做了题为《如何撰写生命史》的演讲，受到奥尔波特的重视。1946年，哈佛成立新的临床心理学系，怀特被任命为系主任，看得出这是奥尔波特特意安排的，虽然这时莫里并不在哈佛任职。

随着时间的推移和认识的加深，我发现事实上莫里与怀特对生命史研究的理解是存在差别的。对莫里而言，“一个人的生命史”是一个研究单位，这是心理学这个学科所要面对和处理的，生命史研究与心理学中想要了解最深层的人类经验的理想性计划是不谋而合的，诸如探究荣格、梅尔维尔、莫里自己以及其他很多人的个人体验。由于反对那些只关注以客观取向研究感知觉和外显行为的“边缘论者”（peripheralist)，莫里发现自己更加支持“中心论者”（centralist）的意见，因为他们“特别重视那些具有情绪意义或目的性意义的事实、情感、欲望和意图”，“渴望着像了解自己一样去探究别人的内心世界”（Murray，1938：8）。在莫里看来，学院心理学家过分注重对感觉和知觉等边缘事物的关注，缺乏与“人性最根本的驱力”的协调（1938：341）。正如他在1935年指责实验心理学家一样：

当了解到学院心理学对未知的领域之探究显得迟疑不前时，人们会大为惊奇。事实上，学院心理学对人性的探索一直就显得无能为力。它不仅不能探究一些重大、一直悬而未决且频频出现的心理学问题。更令人吃惊的是，它似乎无意于去探寻它们。的确——这是一个恶意的玩笑——对日常生活中的人的自然发展史的不关心与疏离态度竟成为许多心理学家自豪的来源。（Murray，1935/1981：339）

罗伯特·怀特虽然在莫里的心理学观点中找到了自己的位置，但两人对生命史研究在气质及重点方向上是有所不同的。虽然如此，两人在很多方面的意见是有所重叠的，比如对正常人成长和发展的研究（White，1952，1972）、对能力和有效适应的理解、生命史探讨对变态心理学和人格心理学教学的价值（White，1948/1964，1974)，以及把生命史访谈作为向学生和其他人推广人格心理学的工具。对怀特而言，“人格研究包含时间维度，而这正是整个生命史研究乃至个体性研究的精华所在（White，1972：2)”。

怀特是以其早期对生命史研究的贡献而闻名于世的，比如他在《人格探索》(Murray，1938）中对“欧内斯特”的个案研究，还有题为《约瑟夫·基德的人格》(*The Personality of Joseph Kidd*，1943）的论文，以及在《变态人格》（*The Abnormal Personality*，1948/1946）第二章中的五个令人难忘的个案研究。还有此后的一些专著，如《成就人生》（*Lives in Progress*，1952)、《人格刍议》（*Opinions and Personality*，1956)、《生命史研究》(*The Study of Lives*，1963）和《生命的事业》(*The Enterprise of Living*，1972)，所有这些既包含生命史研究的理论，也包含相关的案例。另外，怀特在其出版的回忆录（1987）中简要地提到自己个人早期进入生命史研究领域的机缘。

怀特（White，1904—2001）曾在哈佛主修历史专业，并先后获得文学学士学位（1925）和硕士学位（1926）。他打算将来做一名文化及思想史的老师。他的第一个教师职位是在缅因州州立大学讲授历史（1926—1928）。但他发现自己并不能实现“与学生之间有帮助且互相了解的师生关系。这些经验告诉我，我不知道如何发展我理想中的师生关系”（White，1987：1）。当遇到那些既害羞又内向且出身贫寒的学生时，当遇到一来学校就严重想家的学生时，当遇到因课堂上的冲突而与他关系破裂的学生时，怀特才发现，自己所设想的师生关系在处理实际问题时显得多么无能为力与肤浅。“在家与书籍、理想和音乐为伴是一件多么惬意的事，我没有与我周围的人进行很好的接触。突然间，我体验到了一种要去更好地了解我的学生和同事的强烈需要，更不用说要去了解自己了。”（1987：2）

唐纳德·麦金农（Donald Mackinnon，1903—1987），一个曾师从莫里，刚从哈佛大学研究生院毕业的缅因州州立大学心理学新任讲师，成为怀特加强了解他人愿望的催化剂。怀特很佩服麦金农“思维敏捷，适度自信，积极主动地向自己坚定不移的目标努力”以及“毫不费力地对他人作出评价”的品质（1987：2）。怀特想知道“麦金农的这些品质是否是科学的训练和心理学研究生课程学习的结果。回想过去自己老是思维不清晰，顿时对上述想法深信不疑”（1987：2）。正如怀特后来所说，是麦金农使他发生了“从研究国家史到个体生命史”的转变（White，1972：5）。

在题为《一个人文主义者从迷途中走向心理学》（*A Humanist Strays into Psychology*）的文章中，怀特谈到对某些拥有自己的兴趣的人而言，主流的实验心理学只是一块贫瘠的土地（1987）。冯特与艾宾浩斯（Ebbinghaus）的实验传统在哈佛大学的心理学系由主任波林讲授，但是怀特对这样的学习内容感到泄气。怀特写道，是两名年轻有为的教授，即哈佛临床心理中心的莫里和1930年从达特茅斯学院回到哈佛的奥尔波特，让“迷途的人文主义者幸运地在沙漠的边陲找到了绿洲”（1987：4）。

怀特在拉特格斯大学（Rutgers University）当了三年的讲师后（1930—1933），于1933年又回到了哈佛研究生院。他不得不在两位导师——奥尔波特和莫里之间作出选择，最后他选择了后者，这从长远来看无疑是正确的。怀特在1937年以《催眠的动力理论之实验研究》（*Experimental Evidence for a Dynamic Theory of Hypnosis*）获得博士学位，并于1937到1942年间，在期刊上发表了六篇有关催眠的学术论文（莫里也曾做过有关催眠方面的研究）。然而，到后来怀特才发现催眠并不是一个很好的课题，并于1938年停止了这项研究。

就在撰写那篇关于催眠的学位论文期间，怀特参与了由哈佛临床心理中心组织的《人格探索》（Murray，1938）的工作。在工作期间，他发现了一项更有吸引力的任务，即怀特在这本书中负责撰写关于“催眠测试”的章节（1938：453～461），同时也是这本书有关生命史研究的传记作者，即负责撰写第七章“个案史研究：以欧内斯特为例”（1938：604～702）。

早期的生命史研究方案是如何概念化的呢？关于生命史研究这一章的导论，则由莫里撰写（1938：604～615）。然而，作为“传记作者”，怀特负责的工作是搜集有关传主的观察和测试结果，随后“将它们汇总并转化成有趣且易于理解的人物图像”。莫里还说，“一篇‘人物图像’就意味着一部‘传记’，这正如之前被大家广为接受的‘人格的历史即是人格’一样”（1938：604）。

就如同其他成千上万的美国学生一样，我是经由罗伯特·怀特的《变态人格》（1948/1964）而进入变态心理学的研究领域，进而进入更广阔的临床心理学领域。怀特通过两章的书写来介绍他所感兴趣的历史和生命史研究，他开篇先是临床历史的介绍，接着通过五个描写得栩栩如生的个案史组合来介绍临床知识。他还提出了这样的问题：“心理障碍意味着什么？患者自身是如何感知和表达自己的行为？心理障碍的症状是什么？怎样才算没有心理障碍？如何才能了解心理障碍的原因？”（1964：50）

在第二章中，怀特提供了五个“人格异常”的案例：约瑟夫·基德，“一个自发性恢复的青春期适应困难的个案”（1964：52）；皮尔逊·布拉克（Pearson Brack），在第二次世界大战中因战斗压力而引发神经官能症的投弹手；伯特·惠普利（Bert Whipley），一个希望被逮捕的惯犯；伯西·金（Percy King），一个在州立医院住院长达28年之久的妄想症患者；玛莎·奥腾比（Martha Ottenby），一个两年前（1962年）染上一种罕见的退化性大脑紊乱——匹克氏病的56岁女患者。怀特写道，对于那些精神障碍患者，“如果我们一开始就采用个案史，将会比罗列一大堆症状和理论表述更能获得对问题清楚的认识”（1964：50）。他建议读者把上述案例牢记在心，尤其是读到这本书后面关于显著症状的章节时。

怀特的著作曾风靡一时（1948/1964），当这本书第15次再版的时候，其销售量已达350 000册之多（White & Watt，1981）。而此时，怀特却在构思另外一本关于正常人格发展的书，即后来的《成就人生：人格的自然成长研究》（*Lives in Progress：A Study of the Natural Growth of Personality*，1952）。这本书共包含三个人的生命史讨论，涉及哈佛或拉德克利夫（Radcliffe）学院的三位校友：医师及科学家哈特利·黑尔（Hartly Hale）、商人约瑟夫·基德以及身兼社会工作者及家庭主妇的乔伊丝·金斯利（Joyce Kingsley）。在后来的版本中，怀特增加了对传主后期人格发展的探究。作者希望通过这本书能对人格心理学领域做一个全面的介绍，并通过这三个人的生命史“介绍并说明人格的基本思想”，而这有助于人格的科学性陈述。

对于人格研究与生命史的了解，其探讨范围是包罗万象的。因此，在《成就人生》中，怀特就“社会力量对生命的形塑”（见该书第四章；White，1952），“人格的生理根源”（见该书第六章）和“发展的心理动力”（见该书第八章）都展开了探讨。怀特曾受过哈佛心理学系、临床心理中心和社会关系学系三个部门的专业训练，这有利于他从生理、心理动力和社会文化三个方面来展开生命史研究（White，1966：ⅳ）。

我十分赞同怀特“人格受生理、心理和社会文化三方面因素影响”的观点。但是，“人格”与“生命史研究”的关系是什么？怀特同之前的莫里都把这两者视为同一种东西。但我认为，人格不是生命史的全部，只是生命史的一个组成部分。为此，我曾与莫里进行过辩论，尽管有时他也赞成这二者间存在差异，但最终我俩仍然各持己见，谁也不肯让步。

莫里与怀特的“人格的历史即是人格”的观点，虽然受到人们的支持，但人格的历史与生命史毕竟不是同一回事。生命史是一个更广泛的分析单元（unit of analysis），它包括个人的历史（the history of the person）与社会、文化和历史脉络交互作用的全部历程。生命史研究可以看作一种对强调生物学取向、分析生理因素的进化心理学、神经科学和人格遗传学的人格“硬科学”领域的另一种有价值的补充，尤其是其所缺的人性化成分。

在美国，从20世纪30年代开始，无论是在莫里的“人格学”（Personology）[①] 研究中，怀特的生命史研究中，还是在埃里克森的心理传记学研究中，抑或奥尔波特所感兴趣的如何撰写具心理学意义的生命史中，生命史研究都一直与人格心理学相联系。人格心理学至少包含下列三种不同的方法论传统，即特质与个体差异的心理测量学研究、特殊过程或多种行为的实验研究以及个人生命史的诠释学研究。

米歇尔（1968）认为，实验传统的社会学习（social learning）取向优于特质测量取向与精神分析阐释取向。在这之后，是众多心理学家强调的人与环境交互说（person-situation interactionism）。近年来，随着社会心理学家对实验法的强调，以及五因素人格理论（the five-factor theory）（McCrae & Costa，2003）的出现，人格心理学的重点已有所转移。而诠释学取向的生命史研究经常被冷落在一旁。纵观整个人格心理学史，个体生命史研究的价值常常被低估，人们对它的情感与态度一直是矛盾而复杂的（Barenbaum & Winter，2003）。在本章，我将把重点置于人们对心理传记学和生命史研究的观念之变迁中，论证历史的诠释方法和历史科学方法的重要价值。

生命史研究取向的个人与人际之间的故事，比最初预想的要复杂得多。怀特在其论文集《探寻人格的形塑》（*Seeking the Shape of Personality*，1987）中，对他与莫里以及临床研究之间的关系给予相当正面的评价。然而，正如怀特（White，2000）在与安德森会晤与通信中所说，他与莫里的关系比大多数人想象的要复杂得多。第二次世界大战之后，当莫里回到哈佛时，他曾要求怀特辞去新任的哈佛大学临床心理系主任一职，以便能让唐·麦金农接任。麦金农是莫里的第一个博士生，第二次世界大战期间，他曾在华盛顿附近的战略情报局的评估中心当过主任。怀特拒绝了莫里的要求，这件事一直影响着他俩后来的关系。然而，这对后来怀特主编并出版祝贺莫里七十大寿的《生命史研究》（*The Study of Lives*，1963）以及整理莫里在哈佛临床心理中心期间的那份详细而又充满情感的工作汇报（White，1981）并没有什么影响。麦金农于1949年在加州大学伯克利分校建立起人格评鉴研究所，1975年我去过那里，发现这个研究所同我感兴趣的生命史研究很投缘，尽管那时我还没有意识到这里复杂的关系网络。

当我们在做研究、建构理论，或是写论文、与同事建立关系时，参与者对事情的经过可能只知道一部分情节，甚至这部分还可能是错的。莫里曾读过罗德尼·特里普利特（Rodney Triplet）在1983年的论文《莫里与哈佛临床心理中心，1926—1938：一个对学院心理学局限的挣扎》（*Henry A. Murray and the Harvard Psychological Clinic, 1926－1938：A Struggle to Expand the Disciplinary Boundaries of Academic Psychology*），这篇论文提供了关于莫里在哈佛大学申请终身教职讨论会的更多细节，而这些细节以前我并不知道。我听说莫里在谈及讨论会中投他反对票的波林时说（这在特里普利特的论文中披露过）：“这个狗娘养的，还说他做的一切都是为了我。”我早在1970年在研

① Personology，在此翻译为“人格学”。读者可能会在其他地方看到另一个更直接的翻译，即“人学”。——译者注

究生院时就见过莫里，我从未见过如此有魅力且如此风趣的心理学家。福里斯特·鲁滨逊（Forrest Robinson，1992）所著的莫里传记中，对莫里的工作和个人生活做了大量的披露，其中许多是我以前并不知道的，而这让我了解到更多的关于莫里同赫尔曼·梅尔维尔（Herman Melville）同克里斯蒂安娜·摩根（Christiana Morgan）以及心理学的关系。当我在为这本书做评论时，我转身反思我与莫里及其作品的关系，这部分反映在我所写的“接近莫里的生活、爱情与工作”一文中（Runyan，1994）。

虽然我自1969年开始就同罗伯特·怀特有了交流，并且读过他的一些著作和回忆录（1987），但我对他与莫里的复杂关系并不知情，直到读了吉姆·安德森（Jim Anderson）关于怀特的论文（1991/2000）。在怀特生命的最后几年里（2000—2001），我有了大量同他交谈的机会，我希望能把这些谈话内容编辑成册，以表示对他的纪念。我欣然接受了撰写本书关于心理传记学史和生命史研究章节的邀请，也让我有机会对生命史研究与心理学学科的关系重新作出解释。心理学各个领域思想的发展都可以理解为个人、社会与文化脉络间的复杂三角关系。在接下来的讨论中，我会试着谈谈有关生命史研究发展的个人脉络，从中我们可以发现诸如本领域的创始人莫里、怀特、奥尔波特以及当代人格学的贡献者威金斯的研究对该领域的发展有着各自不同的意义，我也会稍微谈谈有关我自己、舒尔茨和埃尔姆斯与这个领域的关系。

最后，我也会试着简短地描绘这些生命史研究者与精神分析、人格心理学和历史科学之间的关系。

## 三、人格学简史

威金斯曾写过一本不错的人格学简史（2003），他花了10年时间整理了从弗洛伊德（1910）到现在人格领域的全部成果，如表2.1所示。我对此表做了小小的调整，在其中添加了怀特的《变态人格》(1948/1964)，这本书比莫里的《人的评估》（1948）更加受读者欢迎。但并没有在表中罗列我的《心理学与历史解释》（*Psychology and Historical Interpretation*，Runyan，1988a），我认为这是一本不错的著作，必将在此领域产生重大影响，虽然目前它还没有（至少现在）多大的影响，这在我后面的章节中将有介绍。我还在此表中添加了我认为重要的有关生命史研究的成果，诸如波林和林齐(1967)、米尔（Meehl，1973），还有许多2000年以后的诸多作品，也包括本书。

威金斯以他那本具有划时代意义的著作《人格与预测：人格评估的基本原理》（*Personality and Prediction*：*Principles of Personality Assessment*，1973）而闻名于世。这也是一本具有较高学术水平的人格教科书的编辑群作者（Wiggins et al.，1971）。此外，他还主编过《人格的五因素模型》(*The Five-Factor Model of Personality*，1996)。

那么有人要问，是什么让威金斯从心理测量、一般的人格心理学教科书（几乎不关注生命史研究）以及一些关于五因素模型著作的位置，转向对“人格学”历史的研究，并且将其作为五个主要的“人格评估范式”（Wiggins，2003）之一呢？威金斯的个体生命史研究的路线是否会被后人沿用？在《人格评估范式》（*Paradigms of Personality Assessment*，2003）中，威金斯让多个专家采用五种不同的取向对同一受试者的人格进行评估。受试者是一位相当活跃的印第安裔美国女律师，她生长在一个虐待型家庭，坐过牢，后来又成功考取了属于长春藤盟校的一所大学并获得法学学位，最后成为亚利桑那州的一名杰出的辩护律师。威金斯是如何勾勒出人格学史（the history of personology）的呢？他又是如何把五种主要的评估取向用于同一个受试者身上的呢？这些过程，连那些人格学研究学者几乎都没有做过。况且我并不了解事情的全部，仅能将所知道的一些情况介绍如下。威金斯出生于1931年，曾在美国华盛顿的一所大学读过书，他于1956年从印第安纳州立大学获得临床心理学博士学位。他自1957年到1962年在斯坦福大学任教，后又到伊利诺斯州立大学工作至1973年。此后，他在英属哥伦比亚大学教学直到退休。

**表 2.1　人格学研究的历史发展***

| | |
|---|---|
| 起源 | 弗洛伊德(1910)《列奥纳多·达·芬奇与他童年的一个记忆》 |
| 20世纪30年代 | 多拉德（Dollard，1935）《生命史的标准》（*Criteria for the Life History*）<br>奥尔波特(1937)《人格：一个心理学的解释》<br>莫里（1938）《人格探索》 |
| 40年代 | 奥尔波特(1942)《个人档案在心理学中的应用》<br>怀特（1948）《变态人格》<br>莫里（1948）《人的评估》 |
| 50年代 | 怀特（1952）《成就人生》<br>埃里克森（1958）《青年路德》 |
| 60年代 | 波林和林齐(1967)《自传体心理学史》第五卷<br>（*A History of Psychology in Autobiography*，*Vol.* 5）<br>埃里克森（1969）《甘地的真理》 |
| 70年代 | 布洛克（Block，1971）《飞逝的生活》（*Lives through Time*）<br>米尔（1973）《为什么我不参加个案研讨会》（*Why I Do Not Attend Case Conferences*），<br>莱文森（Levinson，1978）《人生四季》（*The Seasons of a Man's Life*） |
| 80年代 | 鲁尼恩（1982）《生命史与心理传记学》（*Life Histories and Psychobiography*）<br>麦克亚当斯和奥克伯格（McAdams & Ochberg，1988）《心理传记学与生命叙事》<br>（*Psychobiography & Life Narratives*） |
| 90年代 | 亚历山大（1990）《人格学：人格评估与心理传记学的方法和内容》<br>（*Personology*：*Method and Content in Personality Assessment and Psychobiography*）<br>埃尔姆斯（1994）《揭示生命：传记与心理学的不稳定联盟》<br>鲁尼恩（1997）《研究生命：心理传记学与人格心理学的概念结构》 |
| 2000年以后 | 麦克亚当斯（2001）《人》（*The Person*）（第三版）<br>巴伦鲍姆和温特（2003）《人格》（*Personality*）（对个案研究的矛盾心理）<br>（ambivalence toward case studies）<br>威金斯(2003)《人格评估范式》（*Paradigms of Personality Assessment*）（5个范式应用于同一个人的生命中）（5 paradigms applied to a single life），<br>舒尔茨（2005）《心理传记学手册》 |

* 此表主要来自 Wiggins（2003）

威金斯（2003：16~22）在其著作中所介绍的五个范式中，都附有一小段自己的个人经历。他的多元范式广为人知（Wiggins，1973）。1962年当他从斯坦福大学转任至伊利诺斯州立大学时，他说，他正在“变成一个训练有素的多元范式者”（1973：20）。尽管威金斯的第一个研究所教学任务只是给系上的心理测量专业作报告，但仍然是一次“火的洗礼”。接下来，他将与系上诸如雷蒙德·卡特尔（Raymond Cattell）、李·克龙巴赫以及劳埃德·汉弗莱斯（Lloyd Humphreys）之类的顶级学者共事。在《心理学年鉴》（*Annual Review of Psychology*，Wiggins：1968）关于人格结构的章节中，在卡特尔的大力帮助下，威金斯试图对卡特尔的成果做一个概括。另外一个对他很有影响力的人是唐纳德·菲斯克（Donald Fiske），唐纳德曾访学于英属哥伦比亚大学，并与他人联合讲授人格评估方面的研究生课程，他的课程即以威金斯（1973）和菲斯克的《人格概念及其测量》（*Measuring the Concepts of Personality*，1971）为教材。威金斯与刘易斯·戈德堡（Lewis R. Goldberg）有45年的交情，戈德堡所在的俄勒冈州研究所是他“远离家园的家”。他也与曾在克丽斯塔·特比斯特（Krista Trobst）婚礼上当男傧相的保罗·科斯塔（Paul Costa）建立了不错的友谊。

威金斯第一次阅读到弗洛伊德的著作是在高中，“可能是因为他强调性（sex）的缘故”（2003：17）。威金斯在美国大学的第一年里就写了一篇关于“哈姆雷特与俄狄浦斯（Oedipus）”的期末报告。在现在看来，这篇报告可谓是部分人格学范式取向。圣诞节假期结束后，他来到美国国会图书馆进行这个专题的研究。当劳伦斯·奥利维尔（Lawrence Olivier）关于哈姆雷特的电影上映后，威金斯曾与一位年轻女孩谈论“俄狄浦斯寓意”而令对方印象深刻。那时，他说他经常阅读詹姆斯·阿吉的《党人评论》（*Partisan Review*）中有关电影的文章，并且表现出“情绪性质浓厚的青年知识分子”的样子（2003：17）。他一直保持着对精神分析的强烈兴趣，虽然他曾跟随一位印第安纳州立大学的行为主义心理学家完成自己的研究生课程。当他在斯坦福大学任教的时候，认识了几位资深教授，如罗伯特·希尔斯（Robert Sears）和欧内斯特·希尔加德（Ernest Hilgard），他们也相当尊重精神分析。另外，他也曾获得一些课题资助，即对一位杰出的自我心理学家进行简短的精神分析。

当谈及人格学研究范式时，威金斯说，他曾以丹·麦克亚当斯1990年出版的教材《人》为蓝本，将其改编为人格学取向的本科课程，深受学生喜爱。麦克亚当斯也曾邀请威金斯为《人格杂志》撰写一篇有关人际关系取向的心理传记个案方面的论文（Wiggins，1997）。威金斯还说，我对他学习生命史研究与心理传记学有所帮助，也鼓励他将其个人的经历作为不同的范式放于书中。

威金斯曾表扬过我对他的影响，让我感到受宠若惊，因为他那本《人格与预测：人格评估的基本原理》（1973）的结构如此完整，对我理解人格评估产生了重要的促进作用。至今我还记得我于1973年在阿莫斯特（Amherst）书店，当我第一次看到这本独特的红色鱼鳞封面包装以及金色文字时的情景。这本书通过对人格评估的严格分析来预测相关的社会行为，还包括了对美国具开拓作用的五个里程碑式的人格评估研究进行历史回顾，这让我对这个全新的领域有了初步的认识。我和威金斯的首次见面是在20世纪70年代末，那时他正在加州大学伯克利分校的人格评估研究所当访问学者。在后来的由美国心理学会（APA）召开的会议中，我们经常相互拜访，所以我对他与其他不同心理学传统之间的个人交往经验以及他的著作进展情况了解得很清楚。他曾对是否把这些故事编入本书感到犹豫不决——“谁会对这些感兴趣?”但我鼓励说，书中增添了这些故事，既可以增强其可读性，也正好通过这些故事说明我们每个人的经历是如何在不同的传统下影响个人的。我当时并不确定他将做何决策，但当我后来在付梓的书中看到大量有关这些个人交往经验的故事时，感到特别欣慰。如果我能够让这样一位成功的人格心理学家对生命史研究产生兴趣，并让这种兴趣促进他对这个领域的了解的话，那就是一个有价值的贡献。

## 四、生命史研究与人格心理学中其他取向之间的关系

当“人格学”或者生命史研究再次作为一个课题被纳入人格心理学时，将如何理解它同该领域的实验研究和定量分析的关系？人格心理学教科书可以包括一般的人格理论的介绍（Hall & Lindzey，1957），可以包括一般概念议题的讨论（Allport，1937，1961），可以是某种议题的实证研究，也可以是应用取向的，或者是合并多种不同取向的（e. g. Mischel，et al.，2004）。

我试图提出另一种人格心理学概念体系，这种体系的特点是将人格理论及研究与个人生命史研究关联起来。其核心思想是，人格心理学应该主要关注四个方面的问题：①发展人格的一般理论；②研究个别差异与群体差异；③分析特定心理过程，以及特定行为或经验的类别；④理解个人及其生命史。

如表 2.2 所示，最高层级罗列出了人格心理学各主要流派的理论取向，包括始于 1900 年的精神分析，建立于 1913 年的行为主义，建立于 20 世纪 30 年代的文化与人格学派，建立于 20 世纪 50 年代的人格测量取向，还有 20 世纪 60 年代的人本主义心理学和 70 年代的认知主义。

第二个层级主要涉及个体和群体差异，如表中所示，前几个次级标题主要涉及智力，精神病理学类型，人格特质、维度和类型等个体差异，并罗列出对该领域有重大意义的学者。该层级的最后一类是群体差异，包括性别、年龄、种族、阶级、文化以及历史时期。我认为，个体差异研究主要依赖心理测量，而群体差异研究则不同，它不能只靠心理测量，而是更多地依赖社会、文化和历史分析。

第三个层级主要涉及特定心理过程以及特定的行为类别。例如，弗洛伊德研究的“梦、口误或笔误、玩笑、焦虑”；行为主义研究的恐惧症；哈茨霍恩和梅（Hartshorne & May，1928）研究的真诚；20 世纪 30 年代耶鲁大学研究的挫折和攻击；戴维·麦克莱兰及其同事研究的成就动机；还有米歇尔研究的延迟满足（delay of gratification），等等。

最下面一个层级是个人与生命史，包括自传的解读（autobiographical understanding）、临床病人、研究被试和传记人物四个子类别，这四类都有已经完成的生命史研究的案例。

第四个层级的第一行，自传体解读，这项工作正被心理学理论家、研究者、治疗家、患者以及正处于发展中的人所承担。比如，许多关于对理论家自我认识（self-understanding）的研究，诸如弗洛伊德、荣格、海伦斯·多伊奇（Helene Deutsch）、卡伦·霍妮（Karen Horney）、卡尔·罗杰斯、斯金纳等，以及这些自传体解读是如何与

其所发展的人格理论相关联（Stolorow & Atwood，1979；Demorest，2005）。

为了给治疗家的自我认识提供更清晰的说明，特推荐这本《治疗家是如何转变的：个人与专业的反思》（*How Therapists Change*：*Personal and Professional Reflections*，Goldfried，2001）。这本书包含了描述许多治疗家以及心理治疗整合研究学会（Society for the Exploration of Psychotherapy Integration，SEPI）在理论取向和临床取向间变化的章节，有时还会涉及他们的个人经历。书中也有许多关于自传的章节，这些自传由保罗·瓦赫特尔（Paul Wachtel）、马文·戈德弗雷德（Marvin Goldfried）、莫里斯·伊格尔（Morris Eagle）、洛娜·本杰明（Lorna Benjamin）、乔治·斯特里克（George Stricker）、阿诺德·拉扎勒斯（Arnold Lazarus）、莱斯利·格林伯格（Leslie Greenberg）和迈克尔·马奥尼（Michael Mahoney）等人撰写。

**表 2.2　生命史研究与心理学研究的四个层级的关系***

| | 1900 | 1940 | 1980 |
|---|---|---|---|
| **层级 1** | 精神分析　行为主义 | 心理测量 | 认知主义 |
| **一般理论** | | 文化 & 人格　人本主义 | 行为遗传学 |
| **层级 2** | | | |
| **个体与群体差异** | | | |
| **智力：** | 比内（Binet）托尔曼（Terman） | 韦克斯勒（Wechsler） | 加德纳（H. Gardner） |
| **精神病理学：** | 克雷普利林（Kraeplelin） | | *DSM*-Ⅰ *DSM*-Ⅲ |
| **特质/类型/维度：** | 内向/外向 | 莫里　MMPI　米尔　卡特尔 | 艾森克　大五 |
| **群体差异：**性别、年龄、民族、阶级、性特征、文化、历史时期等 | | | |
| **层级 3** | 梦 | 真诚　成就动机 | 社会认知 |
| **特定心理过程** | 口误或笔误 | | 压力与应对 |
| **与行为的类别** | 玩笑 | 挫折与攻击 | 延迟满足 |
| | 焦虑　恐惧症 | 性　创造力 | 目标寻求 |
| | | 反犹太主义　情绪 | 自杀 |
| **层级 4** | | | |
| **个人与生命史** | | | |
| **自传的解读：**心理学理论家、研究者、治疗家、患者（弗洛伊德、荣格、霍妮、罗杰斯等） | | | |
| **临床病人：** | 弗洛伊德的个案研究 | | |
| | 多拉、小汉斯、鼠人 | 《行为改变技术的个案研究》 | *DSM* 案例集的个案研究 |
| **研究被试：** | | 厄恩斯特　成就人生 | 《珍妮的信》 |
| **传记人物：** | 列奥纳多·达·芬奇　《300 名天才的 | 希特勒　《青年路德》 | 凡·高 |
| | 摩西与一神教　早期心理特质》 | 斯大林　《甘地的真理》 | 艾米莉·迪金森 |
| | | 梅尔维尔　伍德罗·威尔逊 | 亨利·詹姆斯 |
| | | | 陀思妥耶夫斯基 |

* 所列项目依其接近的历史时间安排在表中

《自传体心理学史》（一至八卷，1930—1989）（*A History of Psychology in Autobiography*）这套丛书记述了大量的心理学研究人员、理论家和临床医生对他们工作和生活的自我诠释（self-interpretation）。这套丛书开始于1930年，那时主要关注的是实验心理学，但自1967年开始，即由波林和林齐编辑的这套书的第五卷，迎来了大批心理学各个领域的人为这部书撰稿。1967年卷的作者包括戈登·奥尔波特、加德纳·墨菲（Gardner Murphy）、亨利·莫里、卡尔·罗杰斯和斯金纳等人。在由林齐编辑的第六至八卷中，撰稿的心理学研究人员和理论家包括欧内斯特·希尔加德、戴维·克雷奇（David Krech）、玛格丽特·米德（Margaret Mead）、史蒂文斯、安妮·阿拉斯塔西（Anne Anastasi）、杰尔姆·布鲁纳、汉斯·艾森克（Hans Eysenck）、唐纳德·赫比（Donald Hebb）、赫伯特·西蒙（Herbert Simon）、罗杰·布朗（Roger Brown）、李·克龙巴赫、贝布尔·英海尔德（Barbel Inhelder）、埃莉诺·麦科比（Eleanor Maccoby）、斯坦利·沙克特（Stanley Schacter）和保罗·米尔（Paul Meehl）。

第四层级的第二行是关于临床病人，包括弗洛伊德对多拉（Dora）、小汉斯（Little Hans）和鼠人（the Rat Man）的个案研究，还汇集了《行为改变技术的个案研究》（*Case Studies in Behavior Modification*，Ullmann & Krasner，1965）中有意义的案例，以及连同最新的《精神障碍诊断与统计手册》（*Diagnostic and Statistical Manual of Mental Disorders*，*DSM*）一起出版的相关案例集。有来自对精神疾病第一人称视角（a first-person perspective）的解释，如《精神疾病之内部世界》（*The Inner World of Mental Illnesses*，Kaplan，1964）以及长篇小说形式的《前途暗淡》（*I Never Promised You a Rose Garden*，Green，1964）。第三行是研究被试，主要通过厄恩斯特（Earnst）的个案来讲述，这些案例由莫里（1938）、怀特（1952）和奥尔波特（1965）供稿。很显然，案例不可能被完全列举，但在这四大类个体与生命史的研究中，每个类别都会结合相关的案例得以说明。

最下面一行是关于被研究过的传记人物，列举了弗洛伊德对列奥纳多·达·芬奇（1910/1957）和摩西与一神教的（1939/1964）研究，凯瑟琳·考克斯（Catherine Cox）在刘易斯·托尔曼（Lewis Terman）指导下对《300名天才的早期心理特质》（*The Early Mental Traits of 300 Geniuses*，1926）的评估，始于"二战"时战略情报局对希特勒（Hitler）的研究，以及大量的后续研究；莫里和其他一些人对赫尔曼·梅尔维尔的研究；埃里克森的代表作《青年路德》（*Young Man Luther*，1958）和《甘地的真理》（*Gandhi's Truth*，1969）；罗伯特·塔克（Robert Tucker）关于斯大林的多卷心理传记著作；以及对文森特·凡·高、埃米莉·迪金森、亨利·詹姆斯和陀思妥耶夫斯基的心理学解释。

表中不同的研究层级涉及不同的方法。层级2中的个体差异研究，主要依靠心理测量和相关法。层级3中的特定过程和特定行为类别研究则主要通过实验法研究。而最后一个层级中的个人生命史研究则主要涉及历史—诠释法（historical-interpretive methods）。但这只是一个大致的对应。事实上，各个层级都能够用多种方法探究。

要分析人格心理学这四个层级间的关系，不妨先尝试对希特勒的理解（最后一行中的一个研究对象）。在这项有意义的心理传记研究《疯狂的上帝：阿道夫·希特勒》（*The Psychopathic God: Adolf Hitler*，1977）中，罗伯特·韦特（Robert Waite）综合运用了前三个层级中的方法。在一般理论层级上，韦特主要从精神分析的角度来讨论希特勒在性心理发展的各个阶段的状况、俄狄浦斯情结以及希特勒的反犹太主义思想所反映出的他所运用的心理防御机制诸如替代和投射等。韦特还利用埃里克森的心理社会理论（psychosocial theory）来分析希特勒在童年期的信任与不信任，以及分析他在青少年时期的认同危机（identity crises）和青年期的认同发展。

在表中的第二个层级，即涉及个体与群体差异的内容中，采用多种医学和心理学的方法对希特勒进行诊断。这些诊断结果包括帕金森氏病、梅毒和边缘性人格障碍。在涉及特定行为类别与经历的第三个层级中，韦特引用了反犹太主义思想（anti-Semitism）、幸存者咎责（survivor guilt）、性倒错（sexual perversion）、受虐行为（masochistic behavior）以及自杀方面的研究成果，来对希特勒的行为进行全方位的解析［附有鲁尼恩（1997）对希特勒个案分析的细节］。

丹·麦克亚当斯在《人》（*The Person*，2001）的第三版中，提供了另一种思考方式，将人格心理学与生命史故事研究关联起来。这种方式在当前已经产生了相当的影响。他的方式是使用人格的三种概念，即特质（traits）、特征性适应（characteristic adaptations）（动机的、社会认知的和发展的）以及它们与整合性的生命故事或叙事认同的关系（McAdams，2001；另见 McAdams，本书第 4 章）。

## 五、历史科学与生命史研究

1986 年和 1990 年的春天，我在哈佛大学获得两次公休。在这两次公休中，我深深受到古尔德“历史科学（historical science）对进化生物学和历史地质学有着重要意义”观点的影响。在他题为“地球与生命的历史”的演说中，我再一次深深地体会到，这种观念对社会科学以及理解心理学的重要影响。古尔德是通过他的著作《时间之箭，时间周期》（*Time's Arrow*，*Time's Cycle*，1987）、《美妙人生：勃捷斯叶岩与历史本质》（*Wonderful Life*：*The Burgess Shale and the Nature of History*，1989）以及论文《为何历史很重要》（*Why History Matters*，1986）对我产生影响的。最近，古尔德的论文《进化论的结构》（*The Structure of Evolutionary Theory*，2002）已于 2002 年 5 月在他去世前不久完成。

古尔德是怎样看待历史科学的？他说，我们对“科学方法”常常持着一种过分简单的看法，以为“科学家就应该穿着白袍，转动着实验室的仪表——实验、定量分析、重复、预测，严格控制那些可以控制并操纵的变量（Gould，1989：277）”。确实，这种科学程序是强有力的，但这并不能充分揭示大自然所有的本质，尤其是对一系列复杂历史事件的解释显得无能为力。古尔德呼吁，“自然科学领域的很大一部分——宇宙学、地理学以及它们的演化历程，必须以历史为工具才能展开研究（Gould，1989：277）”。

历史科学涉及解释一系列复杂且具有历史偶然性的事件和过程，它通常不能用以预测，也不可能被精确地重复，自然也就不能被归属到一些普遍适用的规律之中。比方说，如果我们想知道恐龙在 6 500 万年前灭绝的原因，一个较有说服力的假设就是依靠 20 世纪 70 年代一个或多个小行星撞击地球的发现。由于小行星撞击地球，导致了气候的剧烈变化，可能最终导致恐龙的灭绝，而这可以通过镶嵌在岩层中的化石得到证实。

回顾人类的进化历程，古尔德特别强调历史的偶然事件（historically contingent sequences of events）对整个人类发展史的影响作用。如果当初彗星沿着一条不会（对恐龙）造成伤害的轨道撞击地球，那么“恐龙就会继续充当地球之主，当然就不会有哺乳动物特别是人类的崛起（1989：280）”。正是由于进化的多重不确定性，才有了发展的多样性。“我们的手指原本都是靠近的，而后我们试图让拇指远离食指一毫米，千百万次后，历史就实现了向着一条有利于人类进化的方向转变（1989：289）。”

古尔德把达尔文誉为“最伟大的历史科学家”（1989：282）。他曾将达尔文的方法，同卡尔·亨普尔（Carl Hempel）在《科学阐释的方方面面》（*Aspects of Scientific Explanation*，1965）中所呈现的经典定则——与以实验为核心的科学的“假设—演绎”法相对比。在心理学的历史中，实验心理学在铁钦纳和波林的支持下，最终战胜了狄尔泰的人文科学心理学（human science psychology）和冯特的文化—历史心理学。亨普尔、内格尔（Nagel）等人所倡导的逻辑实证主义（logical empiricism）常被人们视为行为主义心理学的盟友（Smith，1986）。古尔德对历史科学的评价，可以看作是对诸如精神分析、现象心理学（phenomenological psychology）和生命史研究之类的“软科学”或“人文科学”的支持，他给科学的精确性提供了一个更为合适的标准。

“自然科学”与“历史科学”关系的讨论最终在哈佛本科生的强烈要求下，以一种恰当的途径形成了该校的“核心课程”，学生必须选修“科学 A”和“科学 B”（Keller，1982）。科学 A（根据哈佛 1981—1982 学年度课程目录的定义）“旨在让学生了解以推理和定量分析为取向的主要科学领域，加强学生对物理世界的理解”。比如，科学 A－16 是“现代物理学：概念与发展”，科学 A－25 是“20 世纪的化学”。

科学 B 则是一门“旨在应用大量翔实的历史进化资料，向学生介绍错综复杂的自然科学体系，让学生对人的生命与世界有一个科学性的初步了解”。例如，科学 B－15 就是由威尔逊（E. O. Wilson）讲授的“进化生物学”，科学 B－16 是古尔德讲授的“地球与生命的历史”。历史科学于是出现在生物学、物理学和社会科学中。历史科学的目的在于探究特定序列事件和过程的发展。而历史科学的研究方法在于组织、批判性评估以及建构更适当的陈述及解释。而这些都可促进和影响生命史研究往更高阶的知识及更深理解的方向发展。

第二次世界大战之后，技术的进步使盟军赢得胜利。我们常常听到这样一句话，“科学无疆界”（Science：the endless frontier，Zachary，1997）。其实这种情况不仅仅出现在自然科学研究中，随着历史科学对在特定社会、文化、历史脉络彼此交互作用下的个人生命提出可能的诠释的同时，人文社会科学研究也将会是“没有疆界”的。

## 六、结论：科学心理学的目的和方法与生命史研究的关系

在本章开篇中所提出的这个问题：我们如何概念化地理解个人生命史研究与心理学学科之间的演变关系？在此说说我在 1982 年提出的一个希望：

展望未来，我希望社会和人文科学的进步不仅仅是依赖精密设计的实验与统计程序的发展，以产生较周延的一般理论，同时也可经由更加严格和具深刻见解的个案研究和心理传记学的运用，使我们对个人生命的理解能更向前迈进。(Runyan，1982：246)

依我之见，从麦克亚当斯和奥克伯格（McAdams & Ochberg，1988）、亚历山大（Alexander，1990）、贾米森（Jamison，1993）、埃尔姆斯（Elms，1994）、弗朗茨和斯图尔特（Franz & Stewart，1994）、麦克亚当斯等（McAdams，2001）、乔斯尔森等（Josselson et al.，2003）、温纳和安德森（Winer & Anderson，2003）、威金斯（Wiggins，2003）以及当前这本《心理传记学手册》所作的贡献，都反映了我们对上述问题持续进步的探寻。这当然也包括由威廉·托德·舒尔茨所架设和维持的心理传记学网站，以及由文森特·赫文（Vincent Hevern）所维护的叙事心理学（narrative psychology）网站。①

总而言之，在本章我想义正辞严地表明，个人生命史研究应该从被视为一个科学心理学的前身或附庸的身份中解脱出来，真正回到其本色中，成为较适宜的科学与人文心理学的终极目标之一。

科学心理学不仅包括相关心理学和实验心理学两个分支学科，它至少还应当包括第三个分支——历史—诠释心理学（historical-interpretive psychology）。通过“历史科学”的丰厚内容，将有助于阐明生命史研究的目标与方法，也许对更广义的人文科学亦有所帮助。

在本章，我们在回顾了人格心理学与生命史研究间错综复杂的关系的演变后，对精神分析与心理传记学的关系做了一个简单的梳理。对个体与生命史的研究，曾一度受到人格心理学的奠基人奥尔波特和莫里的高度重视并成为其所要推动的工作，但在20世纪五六十年代，人格心理学的研究重点转移到与心理测量相关的研究和实验研究上。而对个体生命的心理学研究在20世纪80年代又掀起了一股热潮。本章认为，“历史科学”将有助于澄清个体生命史研究的目的和方法。然而，最近的人格心理学教材仍然忽略个体生命史研究或将其边缘化。随着相关取向的、实验取向的和生物取向的心理学的进展，我们希望日益增多的教科书和文献回顾能涉及“人格学传统”[如同麦克亚当斯（McAdams，2001）以及威金斯（Wiggins，2003）所做的一样]，同时也能回顾历史—诠释法和叙事研究法，并将个人的生命故事作为科学心理学的起点和终点之一。

**致谢**

感谢妮科尔·巴伦鲍姆、玛丽·库姆斯（Mary Coombs）、艾伦·埃尔姆斯、威廉·托德·舒尔茨，以及圣弗朗西斯科海湾地区心理传记学工作组（the San Francisco Bay Area Psychobiography Working Group）的全体成员，对本章初稿所提出的宝贵意见。

（舒跃育　张继元　译）

---

① 舒尔茨所设立的心理传记学网站为：http：//www. psychobiography. com/；文森特·赫文所设立的叙事心理学网站为：http：//web. lemoyne. edu/ ~ hevern/narpsych. html。——译者注

## 参考文献


Abraham, K. (1935). Amenhotep IV (Ikhnaton): A Psychoanalytic Contribution to the Understanding of His Personality and the Monotheistic Cult of Aton. *Psychoanalytic Quarterly*, 4, 537 – 549. (Original work published 1912)

Alexander, F. (1930). *The Psychoanalysis of the Total Personality*. New York: Nervous and Mental Diseases Pub. Co.

Alexander, I. (1990). *Personology: Method and Content in Personality Assessment and Psychobiography*. Durham, N. C.: Duke University Press.

Allport, G. W. (1937). *Personality: A Psychological Interpretation*. New York: Holt.

Allport, G. W. (1942). *The Use of Personal Documents in Psychological Science*. New York: Social Science Research Council.

Allport, G. W. (1961). *Pattern and Growth in Personality*. New York: Holt, Rinehart & Winston.

Allport, G. W. (1965). *Letters from Jenny*. New York: Harcourt, Brace & World.

Allport, G. W. (1967). Gordon W. Allport. In E. Boring & G. Lindzey (Eds.). *A History of Psychology in Autobiography* (Vol. 5, pp. 3 – 25). New York: Appleton-Century-Crofts.

Anderson, J. W. (2000). The Life of Robert W. White: A Psychobiographical Exploration (2nd draft). Unpublished Manuscript. (Original manuscript dated 1991)

Anderson, J. W. (2003). Recent Psychoanalytic Theorists and Their Relevance to Psychobiography: Winnicott, Kernberg and Kohut. In J. Winer & J. Anderson (Eds.). *The Annual of Psychoanalysis*, Vol. 31: *Psychoanalysis and History* (pp. 79 – 94). Hillsdale, N. J.: Analytic Press.

Barenbaum, N. (1997). The Most Revealing Method of All: Gordon Allport and Case Studies. Paper Presented at Cheiron, Richmond, VA.

Barenbaum, N. & Winter, D. (2003). Personality. In D. Freedheim (Ed.). *History of Psychology* (Vol. 1, pp. 177 – 201). New York: Wiley.

Barenes, H. E. (1919). Psychology and History: Some Reasons for Predicting Their More Active Cooperation in the Future. *American Journal of Psychology*, 30, 337 – 376.

Barnes, H. E. (1925). *Psychology and History*. New York: Century.

Bernstein, R. J. (1998). *Freud and the Legacy of Moses*. Cambridge: Cambridge University Press.

Bloland, S. E. (1999). Fame: The Power and Cost of a Fantasy. *Atlantic Monthly*, November.

Boring, E. G. (1950). *A History of Experimental Psychology* (2nd ed.). New York: Appleton-Century-Crofts. (Original work published 1929)

Boring, E. G. & Lindzey, G. (Eds.). (1967). *A History of Psychology in Autobiography* (Vol. 5). New York: Appleton-Century-Crofts.

Breuer, J. & Freud, S. (1955). Studies on Hysteria. In J. Strachey (Ed. & Trans.). *The Standard Edition of the Complete Psychological Works of Sigmund Freud* (Vol. 2, pp. 1 –

305). London: Hogarth Press. (Original work published 1893 – 1895)

Cahan, E. D. & White, S. H. (1992). Proposals for a Second Psychology. *American Psychologist*, 47, 224 – 235.

Campbell, D. T. (1975). "Degrees of Freedom" and the Case Study. *Comparative Political Studies*, 8, 178 – 193.

Campbell, D. T., & Stanley, J. C. (1963). *Experimental Quasi-experimental Designs for Research*. Chicago: Rand-McNally.

Cohler, B. J. (1993). Describing Live: Gordon Allport and the "Science" of Personality. In K. Craik et al. (Eds). *Fifty Years of Personality Psychology* (pp. 131 – 146). New York: Plenum.

Collins, B. (1997). *Leonardo, Psychoanalysis and Art History*. Evanston, IL: Northwestern University Press.

Cox, C. (1926). *The Early Mental Traits of Three Hundred Geniuses*. Stanford, CA: Stanford University Press.

Cronbach, L. J. (1957). The Two Disciplines of Scientific Psychology. *American Psychologist*, 12, 671 – 684.

Cronbach, L. J. (1975). Beyond the Two Disciplines Scientific Psychology. *American Psychologist*, 30, 116 – 127.

Demorest, A. (2005). *Psychology's Grand Theorists: How Personal Experiences Shaped Professional Ideas*. Mahway, N. J.: Erlbaum.

Dilthey, W. (1988). *Introduction to the Human Sciences*. Detroit: Wayne State University Press. (Original work published 1883).

Dooley, L. (1916). Psychoanalytic Studies of Genius. *American Journal of Psychology*, 27, 343 – 416.

Ellenberger, H. R. (1970). *The Discovery of the Unconscious*. New York: Basic.

Elms, A. C. (1976). *Personality in Politics*. New York: Harcourt Brace Jovanovich.

Elms, A. C. (1981). Skinner's Dark Year and Walden Two. *American Psychologist*, 36, 470 – 479.

Elms, A. C. (1994). *Uncovering Lives: The Uneasy Alliance of Biography and Psychology*. New York: Oxford University Press.

Elms, A. C. (2003). Sigmund Freud, Psychohistorian. In J. Winer & J. Anderson (Eds.). *The Annual of Psychoanalysis, Special Issue on Psychoanalysis and History* (pp. 65 – 78). Hillsdale, N. J.: Analytic Press.

Erikson, E. H. (1958). *Young Man Luther: A Study in Psychoanalysis and History*. New York: Norton.

Erikson, E. H. (1969). *Gandhi's Truth*. New York: Norton.

Fancher, R. E. (1979). *Pioneers of Psychology*. New York: Norton.

Fearing, F. (1927). Psychological Studies of Historical Personalities. *Psychological Bulletin*, 24, 521 – 539.

Franz, C. & Stewart, A. (1994). *Women Creating Lives: Identities, Resilience, and Resistance.* New York: Perseus.

Freud, S. (1955). Analysis of a Phobia in a Five-year-old Boy. In J. Strachey (Ed. & Trans.). *The Standard Edition of the Complete Psychological Works of Sigmund Freud* (Vol. 10, pp. 5 – 149). London: Hogarth Press. (Original work published 1909).

Freud, S. (1959). Delusions and Dreams in Jensen's Gradiva. In J. Strachey (Ed. & Trans.). *The Standard Edition of Complete Psychological Works of Sigmund Freud* (Vol. 9, pp. 7 – 95). London: Hogarth Press. (Original work published 1907).

Freud, S. (1957). Leonardo da Vinci and a Memory of His Childhood. In J. Strachey (Ed. & Trans). *The Standard Edition of the Complete Psychological Works of Sigmund Freud* (Vol. XI, pp. 63 – 137). London: Hogarth Press. (Original work published 1910).

Freud, S. (1964). Moses and Monotheism: Three Essays. In J. Strachey (Ed. & Trans). *The Standard Edition of the Complete Psychological Works of Sigmund Freud* (Vol. 23, pp. 7 – 137). London: Hogarth Press. (Original work published 1939).

Friedman, L. (1999). *Identity's Architect: A Biography of Erik H. Erikson.* New York: Scribner.

Goldfried, M. R. (Ed.) (2001). *How Therapists Change: Personal and Professional Reflections.* Washington, D. C.: American Psychological Association.

Gould, S. J. (1986, January – February). Evolution and the Triumph of Homology, or Why History Matters. *American Scientist*, pp. 60 – 69.

Gould, S. J. (1987). *Time's Arrow, Time's Cycle.* Cambridge, Mass.: Harvard University Press.

Gould, S. J. (1989). *Wonderful Life: The Burgess Shale and the Nature of History.* New York: Norton.

Gould, S. J. (2002). *The Structure of Evolutionary Theory.* Cambridge, Mass.: Harvard University Press.

Graf, M. (1911). Richard Wagner in the "Flying Dutchman". A Contribution to the Psychology of Artistic Creation. *Schriften Zur Angenwandten Seelunkunde*, 9.

Green, H. (1964). *I Never Promised You a Rose Garden.* New York: Signet.

Hall, C. & Lindzey, G. (1957). *Theories of Personality.* New York: Wiley.

Hall, G. S. (1904). *Adolescence* (2 Vols). New York: Appleton.

Hartshorne, H. & May, M. A. (1928). *Studies in Deceit.* New York: Macmillan.

Hearst, E. (Ed.). (1979). *The First Century of Experimental Psychology.* Hillsdale, N. J.: Erlbaum.

Hempel, C. G. (1965). *Aspects of Scientific Explanation.* New York: Free Press.

Hilgard, E. (1948). *Theories of Learning.* New York: Appleton-Century-Crofts.

Hilgard, E. (1987). *Psychology in America: A Historical Survey.* San Diego: Harcourt Brace Jovanovich.

James, W. (1890). *Principles of Psychology.* New York: Holt.

James, W. (1902). *The Varieties of Religious Experience: A Study in Human Nature.*

Cambridge, Mass. : Harvard University Press.

Jamison, K. R. (1993). *Touched with Fire. Manic-depressive Illness and the Artistic Temperament.* New York: Free Press.

Jones, E. (1910). The Oedipus Complex as an Explanation of Hamlet's Mystery: A Study in Motive. *American Journal of Psychology*, 21, 72–113.

Jones, E. (1953–1957). *Sigmund Freud* (3 Vols). New York: Basic.

Josselson, R., Lieblich, A. & McAdams, D. (Eds.). (2003). *Up Close and Personal: The Teaching and Learning of Narrative Research.* Washington, D. C.: American Psychological Association.

Kaplan, B. (1964). *The Inner World of Mental Illness.* New York: Harper & Row.

Karpas, M. J. (1915). Socrates in the Light of Modern Psychopathology. *Journal of Abnormal Psychology*, 10, 185–200.

Keller, P. (1982). *Getting at the Core: Curricular Reform at Harvard.* Cambridge, Mass.: Harvard University Press.

Kluckhohn, C. & Murray, H. A. (Eds). (1948). *Personality in Nature Society and Culture.* New York: Knopf.

Levinson, D. et al. (1978). *The Seasons of a Man's life.* New York: Knopf.

Lindzey, G. (Ed.) (1954). *The Handbook of Social Psychology* (2 Vols). Reading, Mass.: Addison-Wesley.

Loewenberg, P. (1988). Psychoanalytic Models of History: Freud and After. In W. Runyan (Ed.). *Psychology and Historical Interpretation* (pp. 126–156). New York: Oxford University Press.

Lundberg, G. A. (1926). Case Work and the Statistical Method. *Social Forces*, 5, 61–65.

Mack, J. E. (1971). Psychoanalysis and Historical Biography. *Journal of the American Psychoanalytic Association*, 19, 143–179.

McAdams, D.: (1999, 2001). *The Person: An Introduction to Personality Psychology* (3rd ed.). San Diego. Harcourt Brace Jovanovich.

McAdams, D. Lieblich, A. & Josselson, R. (2001). *Turns in the Road: Narrative Studies of Lives in Transition.* Washington, D. C.: American Psychological Association.

McAdams, D. & Ochberg, R. (Eds.). (1988). *Psychobiography and Life Narratives.* Durham, NC: Duke University Press.

McCrae, R. & Costa, P. (2003). *Personality in Adulthood: A Five-factor Theory Perspective* (2nd ed.). New York: Guilford.

Meehl, P. E. (1973). Why I Do Not Attend Case Conferences. In P. E. Meehl (Ed.). *Psychodiagnosis: Selected Papers* (pp. 225–302). Minneapolis: University of Minnesota Press.

Mischel, W. (1968). *Personality and Assessment.* New York: Wiley.

Mischel, W., Shoda, Y. & Smith, R. E. (2004). *Introduction to Personality: Toward an Integration* (7th ed.). New York: Wiley.

Moraitis, G. (2003). The Ghost in the Biographer's Machine. In J. Winer & J. Anderson (Eds.). *The Annual of Psychoanalysis* (Vol. 31, pp. 97 – 106). Hillsdale, N. J.: Analytic Press.

Murchison, C. (Ed.). (1930). *A History of Psychology in Autobiography* (Vol. 1). Worcester, Mass.: Clark University Press.

Murray, H. A. (1938). *Explorations in Personality.* New York: Oxford University Press.

Murray, H. A., with Staff (1948). *Assessment of Men.* New York: Rinehart.

Murray, H. A. (Ed. with Introduction) (1949). *Melville, H. Pierre, or the Ambiguities.* New York: Hendricks House.

Murray, H. A. (1981). Psychology and the University. In E. S. Shneidman (Ed.). *Endeavors in Psychology: Selections from the Personology of Henry A. Murray* (pp. 337 – 351). New York: Harper & Row. (Original work published 1935).

Nicholson, I. A. M. (2003). *Inventing Personality: Gordon Allport and the Science of Selfhood.* Washington, D. C.: American Psychological Association.

Roazen, P. (1975). *Freud and His Followers.* New York: Knopf.

Robinson, F. G. (1992). *Love's Story Told: A Life of Henry A. Murray.* Cambridge, Mass.: Harvard University Press.

Runyan, W. M. (1975). *Life Histories: A Field of Inquiry and a Framework for Intervention.* Unpublished Doctoral Dissertation, Harvard University, Cambridge, Mass.

Runyan, W. M. (1978). The Life Course as a Theoretical Orientation: Sequences of Person-situation Interaction. *Journal of Personality*, 46, 569 – 593.

Runyan, W. M. (1981). Why Did Van Gogh Cut off His Ear? The Problem of Alternative Explanations in Psychobiography. *Journal of Personality and Social Psychology*, 40, 1070 – 1077.

Runyan, W. M. (1982). *Life Histories and Psychobiography: Explorations in Theory and Method.* New York: Oxford University Press.

Runyan, W. M. (1983). Idiographic Goals and Methods in the Study of Lives. *Journal of Personality*, 51, 413 – 437.

Runyan, W. M. (1984). Diverging Life Paths: Their Probabilistic and Causal Structure. In K. Gergen & M. Gergen (Eds.). *Historical Social Psychology.* Hillsdale, N. J.: Erlbaum.

Runyan, W. M. (1988a). *Psychology and Historical Interpretation.* New York: Oxford University Press.

Runyan, W. M. (1988b). Progress in Psychobiography. *Journal of Personality*, 56(1), 295 – 326. Also in McAdams, D. & Ochberg, R. (Eds). *Psychobiography and Life Narratives.* Durham, N. C.: Duke University Press.

Runyan, W. M. (1994). *Coming to Terms with the Life, Loves, and Work of Henry A. Murray* (review of F. Robinson, *Love's Story Told: A Life of Henry A. Murray*). *Contemporary Psychology*, 39, 701 – 704.

Runyan, W. M. (1997). Studying Lives: Psychobiography and the Conceptual Structure of

Personality Psychology. In R. Hogan et al. (Eds.). *Handbook of Personality* (pp. 41 – 69). New York: Academic.

Runyan, W. M. (2002). On Coming to Understand My Father: A Personal and Professional Journey. In R. Pellegrini & T. Sarbin (Eds.). *Between Fathers and Sons* (pp. 77 – 89). Haworth.

Runyan, W. M. (2003). From the Study of Lives and Psychohistory to Historicizing Psychology: A Conceptual Journey. In J. Winer & J. Anderson (Eds.). *The Annual of Psychoanalysis, Special Issue on Psychoanalysis and History* (pp. 119 – 132). Hillsdale, N. J: Analytic Press.

Runyan, W. M. (2005). Toward a Better Story of Psychology: Sheldon White's Contributions to the History of Psychology, a Personal Perspective. In D. Pillemer & S. White (Eds.). *Developmental Psychology and Social Change* (pp. 59 – 82). New York: Cambridge University Press.

Sadger, I. (1908). *Konrad Ferdinand Meyer*. Wiesbaden.

Sadger, I. (1909). *Aus dem Liebeleben Nicolaus Lenaus*. Leipzig.

Schepeler, E. (1993). Jean Piaget's Experiences on the Couch: Some Clues to a Mystery. *International Journal of Psychoanalysis*, 74.

Schultz, W. T. (1992). A Psychobiographical Inquiry into the Life, Mind and Creative Work of James Agee. Unpublished Doctoral Dissertation, University of California at Davis, Davis, CA.

Schultz, W. T. (1996). An "Orpheus Complex" in Two Writers-of-loss. *Biography: An Interdisciplinary Quarterly*, 19 (4), 371 – 393.

Schultz, W. T. (1999). Off-stage Voices in James Agee's *Let Us Now Praise Famous Men-Reportage as Covert Autobiography. American Imago*, 56 (1), 75 – 104.

Schultz, W. T. (2005). *Handbook of Psychobiography*. New York: Oxford University Press.

Shadish, W., Phillips, G. & Clark, M. (2003). Content and Context: The Impact of Campbell and Stanley. In R. J. Sternberg (Ed.). *The Anatomy of Impact: What Makes the Great Works of Psychology Great* (pp. 161 – 176). Washington, D. C.: American Psychological Association.

Smith, L. D. (1986). *Behaviorism and Logical Positivism: A Revised Account of the Alliance*. Stanford, Calif.: Stanford University Press.

Smith, P. (1913). Luther's Early Development in the Light of Psychoanalysis. *American Journal of Psychology*, 24, 360 – 377.

Smith, M. B., Bruner, J. S. & White, R. W. (1956). *Opinions and Personality*. New York: Wiley.

Sternberg, R. (Ed.) (2005). *Unity in Psychology: Possibility or Pipedream?* Washington, D. C.: American Psychological Association.

Stevens, S. S. (Ed.) (1951). *Handbook of Experimental Psychology*. New York: Wiley.

Stolorow, R. D. & Atwood, G. E. (1979). *Faces in a Cloud: Subjectivity in Personality Theory*. Northvale, N. J.: Aronson.

Strozier, C. B. (2003). Autobiographical Reflections on Writing the Biography of Heinz Kohut. In J. Winer & J. Anderson (Eds.). *The Annual of Psychoanalysis, Special Issue on Psychoanalysis and History* (pp. 107 – 118). Hillsdale, N. J. : Analytic Press.

Triplet, R. G. (1983). Henry A. Murray and the Harvard Psychological Clinic, 1926 – 1938: A Struggle to Expand the Disciplinary Boundaries of Academic Psychology. Unpublished Doctoral Dissertation, Durham, N. H. : University of New Hampshire.

Ullmann, L. P. & Krasner, L. (1965). *Case Studies in Behavior Modification.* New York: Holt, Rinehart & Winston.

Waite, R. G. L. (1977). *The Psychopathic God: Adolf Hitler.* New York: Basic Books.

White, R. W. (1943). The Personality of Joseph Kidd. *Character and Personality*, XI, 183 – 208, 318 – 360.

White, R. W. (1964). *The Abnormal Personality* (3rd ed.). New York: Ronald. (Original work published 1948).

White, R. W. (1952, 1966, 1975). *Lives in Progress: A Study of the Natural Growth of Personality.* New York: Holt, Rinehart & Winston.

White, R. W. (Ed.) (1963). *The Study of Lives.* New York: Atherton.

White, R. W. (1972, 1976). *The Enterprise of Living: A View of Personality.* New York: Holt, Rinehart & Winston.

White, R. W. (1974). Teaching Personality through Life Histories. *Teaching of Psychology*, 1, 69 – 71.

White, R. W. (1981). Exploring Personality the Long Way: The Study of Lives. In A. Rabin et al. (Eds). *Further Explorations in Personality* (pp. 3 – 19). New York: Wiley.

White, R. W. (1987). *A Memoir: Seeking the Shape of Personality.* Marlborough, N. H. : The Homestead Press.

White, S. H. (2001). Developmental Psychology as a Human Enterprise. *2001 Heinz Werner Lecture Series.* Worcester, Mass. : Clark University Press.

Wiggins, J. S. (1973). *Personality and Prediction: Principles of Personality Assessment.* Reading, Mass. : Addison-Wesley.

Wiggins, J. S., Renner, K. E., Clore, G. L. & Rose, R. J. (1971). *The Psychology of Personality.* Reading, Mass. : Addison-Wesley.

Wiggins, J. S. (Ed.) (1996). *The Five-factor Model of Personality: Theoretical Perspectives.* New York: Guilford.

Wiggins, J. S. (1997). Circumnavigating Dodge Morgan's Interpersonal Style. *Journal of Personality*, 65, 1069 – 1086.

Wiggins, J. S. (2003). *Paradigms of Personality Assessment.* New York: Guilford.

Winer, J. & Anderson, J. (2003). *The Annual of Psychoanalysis*, Vol. 31, *Special Issue on Psychoanalysis and History.* Hillsdale, N. J. : Analytic Press.

Winter, D. & Barenbaum, N. (1999). History of Modern Personality Theory and Research. In L. A. Pervin & O. John (Eds.). *Handbook of Personality: Theory and Research* (2nd ed.).

New York: Guilford.
Woodworth, R. S. (1929). *Psychology* (rev. ed.). New York: Holt.
Woodworth, R. S. (1938). *Experimental Psychology*. New York: Holt.
Wundt, W. (1873 – 1874). *Grundzuge der Physiologische Psychologie* (*Principles of Physiological Psychology*). Leipzig: Englemann.
Yerushalmi, Y. H. (1991). *Freud's Moses: Judaism Terminable and Interminable*. New Haven, Conn.: Yale University Press.
Zachary, P. (1997). *Endless Frontier: Vannevar Bush, Engineer of the American Century*. New York: Free Press.
http://www. Narrativepsych. com. Last Accessed September 16, 2004.
http://www. Psychobiography. com. Last Accessed September 16, 2004.

第3章

# 如何从传记资料中获得心理学的发现

威廉·托德·舒尔茨（William Todd Schultz）

选择一位传主来构思和撰写是任何心理传记学研究的第一步。也许有一天，在某种未知因素（可能出于意识层面，但也可能出于无意识层面）的作用下，有人会冲破时空的阻隔向你挥手致意：来关注我吧！这时，你也许会停下来思考，为什么是他？或者当你完成了研究，特别是完成了那种与其他吸引你的个体有诸多共同点的个案后，你很想知道，为什么你会对这些个体情有独钟？也许某种特定类型的人会让你十分着迷，以致你难以自拔。也许你笔下的传主与你类似；抑或他正是你深恶痛绝之人，而你之所以对他展开研究，（在潜意识中）只为你对他的仇恨寻找说辞；也许你笔下描写的是那些天才人物，是因为你也想拥有他们的天才。但无论何种情况，对“为什么”这个问题的思考总是必要的。因为它将为我们的研究提供一个起点，或者至少为即将展开的整个研究提供一个赖以承载的基点。正如我将要在本书第 8 章探讨的戴安娜·阿巴斯，“为什么”有时会受到“是什么”以及另外的“为什么”的干扰。我们自己的需求也许会在研究历程中得到满足，但这也会使自己对个案产生严重的曲解，所以要十分小心。心理传记研究有时会写成自传，一旦这种情况发生，正如弗洛伊德对列奥纳多的研究，即使最优美的理论建构也会化为乌有。对此，埃尔姆斯（Elms，1994）提出了一个可作为普适性原则的建议：最好选择一个你没有明显褒贬倾向的人作传主。对一个人不做评价是不大可能的，你对传主没有保持某些情感也是难以实现的，但要防止这种情感把你引入歧途。所以，对于情感，我们提倡使用但不滥用，最好不要让情感左右了你。

一旦确立了研究意向并不仅仅局限于精神分析，那么接下来的首要与核心的任务就是查阅资料。选取的资料要尽量保持多样化，并且适合心理学的处理。因此，最好选择别人很少为之立传，或者虽然有人为之立传，但几乎没有人对其精神生活或生命史进行研究的人作为研究对象。漫长而艰辛的研究可能会无功而返，怎么办呢？我得告诉你，很不幸你将不得不寻找新的传主重新开始。如果缺乏足够的佐证材料，那么无论多重要，都不会有太大的价值。一部翔实的传记是必要的，要是这一点都不能满足，研究就无从做起。因为你要有资料才能做好解释。

但是，要是你选择了金斯利·埃米斯（Kingsley Amis）为研究对象，那你将十分幸运。你能找到关于他的许多资料，比如一部传记、一札书信、一部回忆录，还有他儿子马丁（Martin）的回忆录以及大量的小说、诗歌、文学评论和关于他生活的描写，现在你的研究有了坚实的基础。但另一方面，事实上，你现在的处境也非常艰难。因为，此时呈现在你面前的不再是少量，而是堆积如山的相关资料。事实上，你将发现自己正处于一个紧要关头。现在的关键问题是如何从堆积成山的传记、心理学和文学资料中，找出那些值得关注的资料——具有独特研究意义的情节和事件。在这些数不清的生活片段中，那些具有重要解释意义的片段将被选出以接受最严密的考察，但怎么才能把它们分辨出来？一方面，你可以简单地依赖直觉，重点关注那些由于某种原因能够激发你兴趣的内容。当这些直觉能够很好地协调，推测也具有相当的根据时，这种策略对特定案例才能产生作用。另一方面，依赖用以鉴别和筛选生活事件的理论体系，利用理论体系做引导，将会让你有效地作出选择。这就是本章的任务。本章将会提供两种略有重叠的心理传记学家所使用的策略，用以整理传记资料和找出这些资料中具有特别明显的以及具有心理意义的地方。首先介绍的是欧文·亚历山大（Irving Alexander，1990）提出的“凸显性指标”（indicators of saliency），接下来是我自己提出的“原型情景”（prototypical scene）理论。由于两种方法论在描述最神秘、最有启发作用的生活事件时能起到很好的引导作用，因此很有介绍的必要。

## 一、找出凸显处

所有具有重要解释意义的生活都是由事件组成的。这些事件中的绝大多数，诸如“她是一个怎样的人”或“她是如何变成今天这个样子”这类无足轻重或无关紧要的事件，都会被我们忽略。它们真的并不重要，换句话说，它们并没有对生活产生影响或者至少让人感觉不到它的影响（可能会有极少数产生了影响，而我们又无法知晓的）。但有一些其他事件将被我们视为是关键的、重要的、具有解释意义的和核心的。我们认为，这些事件塑造了个人，并影响其人格的核心成分。哪些事件无关紧要，或从另一个角度，哪些事件对个体有着重要意义，这个结论的得出是基于我们对传主的了解。我们需要时时作出判断，而这个过程往往是无意识的。很难确切说出，我们为什么会只重视某一事件而忽略其他，并将所选事件进行重点研究。事实上，资料的选择更多的是有意的安排，而很少凭借上面所提到的直觉（直觉并不都会引人误入歧途）。

研究者一旦涉足某人的生活，并开始对其生活细节展开全面研究，他就会逐渐发现一个事实：这里的细节太多了！亚历山大（1988；1990）的“心理学意义的传主凸显性指标”的建议可以有效减轻因细节过多而带来的麻烦。许多人喜欢依据精神分析的研究策略，甚至有些直接运用弗洛伊德的概念。这种具有独特意义结构的线索和指标将文本——诸如日记、书信、自传，或者传记和小说反映在所涉及的资料中。这些精神分析的指标就成为引路的航标。这些指标指出我们想要检视的事件，或者将来要接受检视的更多细节上的东西。对这些指标的运用还能有效地减少错误率，帮助我们更为清晰地了解传主。这些线索指标也有助于我们少走弯路，让我们能更有机会在资料中获得心理学的突破性发现。

在这些基本指标中，根据我的经验，“出现频率”或“重复性动作”是很有用的

(如表3.1所示)。对弗洛伊德而言，重复动作意味着神经官能症。一次又一次地重复着同一个动作，或者相同的梦境反复出现，或者在作品中反复刻画着同样以自我为中心的女性角色——所有这些行为都是内心相互冲突的伪装。弗洛伊德将这种倾向称为“强迫性重复动作”(compulsion to repeat)或者“重复性强迫症”(repetition compulsion)。依据他的理论，重复性动作并不能克服或缓解内心冲突。这仅仅是一种防御性策略，它最能说明死亡本能的真实性。无论是谁，只要一想到那不断增长的重复潜能，一旦发现我们生活中的重复性行为，我们都应该予以特别关注。反复出现的行为模式或脚本往往组成了人格的核心部分。

**表3.1　欧文·亚历山大（1990）的“心理凸显性的基本指标”**

| | |
|---|---|
| 1. 频率（重复）(Frequency) | 任何重复出现的交流、主题、情景或重大或偶然事件、手段—目的序列、关系模式、内心冲突、强迫观念等（见本书第16章的巴伦鲍姆对奥尔波特重复提到他与弗洛伊德会面事件的分析）。 |
| 2. 初始性(Primacy) | 在文中最先出现的内容，且往往比其他内容告诉我们更多的事，或者向我们讲述一些独特意义的事［见本书第13章中安德森对沃顿早期记忆的分析］。 |
| 3. 强调(Emphasis) | 传主努力通过某种方式特意粉饰，包括强化、弱化或者误置的形式［例如，比尔·克林顿（Bill Clinton）曾花了大力气去解释“他并没有与那个女的发生性关系”］。 |
| 4. 孤立(Isolation) | 就是所谓“又出现了?”这是指当资料孤立地出现，与周遭的文脉无关，似乎联系不起来。如凯瑟琳·哈里森“移动的舌头”这个例子（见本章）。 |
| 5. 独特(Uniqueness) | 传主过分强调事件的独特性和特异性（例如，“我只保存了我童年期的一个记忆”，或者“我青少年期间的一件事情一直在心中不断地出现”）。 |
| 6. 未完成(Incompletion) | 传主开始讲述故事却又忘了要如何说完，在缺乏必要细节的情况下，他的言辞使主题逐渐消失，似乎是有意回避事情的结局 |
| 7. 错误、歪曲、遗漏（Error，distortion，omission) | 描述了一个错误的记忆，或者对真实事件进行歪曲，或者遗漏了同一事件中的相关细节［关于这种错误，见本书第10章中埃尔姆斯和赫勒（Heller）对埃尔维斯的分析，以及第11章中舒尔茨对普拉斯的分析］。 |
| 8. 否认(Negation) | 在缺乏明确理由情况下的强烈否认，一种“格特鲁德法则”(Gertrude Rule)，在任何给定的心理或者传记事实面前“过度的抗议”——例如，小布什（George W. Bush）声称老布什不是他的父亲［见本书第22章中伦肖（Renshon）关于布什的研究］。 |

埃尔姆斯（Elms，1994）将特质理论家戈登·奥尔波特反复讲述他同弗洛伊德会面的故事作为一个重复动作的例子，这个例子被巴伦鲍姆给予了深入的细节分析（见本书第16章）。埃尔姆斯以这次会面作为案例，其“重要意义”（用奥尔波特的话说）不仅揭示了奥尔波特的人格，同时也使奥尔波特成立新说去直接挑战弗洛伊德学说的人格理论。这个理论（至少在某种程度上）弗洛伊德会被描述为“反向作用”

(reaction formation)——一种“与内心被压抑愿望截然相反的心理倾向”(Laplanche & Pontalis，1973：376)。

埃尔姆斯（Elms，1994）还有另一个很好的关于重复性行为的例子是对纳博科夫（Nabokov）的分析。纳博科夫是不肯放过每一个“坚决和坚持声讨弗洛伊德”的机会的，这种情况在他小说的序言中有很多。正如埃尔姆斯所说，“要说如此坚决反对弗洛伊德的人，纳博科夫就是其中的一个”(1994：164)。但是，这究竟是为什么呢？

评论家对纳博科夫的评论之一是他对弗洛伊德“执迷”的攻击。这就让人想起另外一个有用观点，亦即重复性行为线索。关键的重复性行为往往表现出一种执迷或强迫性，我想，特别是当传主是艺术家的时候。在后面关于戴安娜·阿巴斯的一章（见本书第8章）中，我还会讲到这个问题，但在此处我也要提及，去询问一个艺术家（或者政治家、理论家）这样的问题总是有益的：她执迷于什么？是什么主题让她频频回顾？对摄影师戴安娜·阿巴斯来说，答案是畸形人；对诗人西尔维亚·普拉斯来说，答案是她的父亲；对弗洛伊德而言，答案是性；对埃里克森来讲，答案是认同（自我同一性）(identity)。执迷的事基本上可以揭示所有的故事。对“执迷”的事必须留意，也许这比其他事都重要。当你在探寻它的时候，当你在研究中找到传主的“执迷”时，问问你自己，这对你的传主意味着什么？无论你的传主是谁。

另一项关于重复性行为指标的想法是：重复并不局限于文字或者文本。儿童作家和插画家莫里斯·森达克总是习惯在他作品的某个角落画上满月（这被他视为乳房）——所以，这是一种具有心理学意义的绘图重复（见 Martinsen，2003）。凯鲁亚克（Kerouac）在他的许多著作中——《萨克斯医生》、《在路上》（*On the Road*）都刻画了一个戴着黑色斗篷的蒙面人形象，这就像作者如影随形的另一个自我（见 Schultz，2003)。这些都是有关象征性重复的很好的事例。当然，也有人会把重复性行为表现在音乐上。沿着这个思路，我的一个学生曾经写过一篇关于库尔特·科班（Kurt Cobain）谱写调式陡变的摇滚乐曲的文章——在一段舒缓而轻柔的旋律后，紧接着是急剧变化的节奏［如《青春气息》(*Smells Like Teen Spirit*)］。

总之，需要强调的是重复性行为存在多种表现形式，不要只关注“文字”。

亚历山大的另一个心理凸显性指标是“初始性”。即在文本中最先出现的，且往往比其他内容告诉我们更多的事，或者更能向我们讲述某事的独特意义。精神分析则会通过最早期的记忆来寻求解释。麦克亚当斯（McAdams，1993）就曾经采用这种方法来处理他的生命故事模型和会谈记录。并非所有“最先出现的事件”都有解释意义，但有些会有，所以给予关注总是没有坏处的。我觉得这种方法最适合自传，特别适合那些以重大或偶然事件开头而非按事情发展先后顺序的自传（例如，“我出生在……”之类）。我曾经在一个遗产拍卖会上买到两本自传，我对这两个传主并不熟悉：一个是派拉蒙影业公司（Paramount Pictures）的前产品部主任罗伯特·埃文斯（Robert Evans)，另一个是弗兰克·劳埃德·赖特（Frank Lloyd Wright)。这两本书分别名为《光影流情》(*The Kid Stays in the Picture*，1994）和《弗兰克·劳埃德·赖特自传》(*Frank Lloyd Wright：An Autobiography*，1977)。出于好奇，我今天早上专门看了这两本书是怎样开篇的。两个案例都表明，初始性是一个很有用的解释线索。埃文斯曾讲述他是如何说服亨利·基辛格（Henry Kissinger）观看《教父》(*The Godfather*)——一部埃文斯制作的作品——的首映的，而对当时军队刚刚发起进攻的事却毫不提及。当时埃文斯的妻子阿里·麦格劳（Ali McGraw）也从与史蒂夫·麦奎因（Steve McQueen）拍摄的《大逃亡》（*The Getaway*）一片中回来。这次首映很成功。尽管阿里已筋疲力尽，但看起来依然容光焕发。基辛格的确魅力超凡。众所周知，这部影片最终也被视为电影史上的杰作。“我正紧紧地搂住阿里，”埃文斯回忆说，“我感到，我是世界上最幸运的人。这是我生命最辉煌的时刻。我正在做梦？我想是的。这一切都是徒有其表，幻灭即将来临。”（1977：11）我们从彼得·巴特（Peter Bart）为这本书写的前言中可知，在《教父》之后，埃文斯更加痴迷于工作，同时也越来越依赖止痛片和所谓的“维他命注射”，他发现了妻子阿里与麦奎因有染。“美梦开始破灭”，我们知道，这种破灭是紧接在埃文斯人生最鼎盛时期之后的。埃文斯先是高峰体验，紧接着就跌入人生的低谷。他是个损失最大的优胜者。天上的灾星就像一个森达克画的满月。

赖特以他与叔叔在一起的时光的回忆作为自传的开篇。两人在被大雪覆盖的地上行走，叔叔为了让赖特放心行走，对他说，“来，我的孩子，让我教你怎么过去”（Wright，1977：23）。预定的目标就是“被他（赖特的叔叔）那敏锐的蓝眼睛盯着的那块高过他的地方”。叔叔平稳地径直前行——“专心一致”。而这个男孩，赖特，却挣脱了叔叔的搀扶一路乱跑着，捡着野草，那“一簇簇整齐而深褐的草尖”深深地吸引着他。两人再次在一个小山头会合。叔叔狠狠地瞪了他一眼。叔叔指着他刚才走过的那条直路，再对比着男孩的这条“摇摆不定、弯弯曲曲、小心翼翼就像有人绕着一条直线自由自在地左右引针，绣出的线路”（1977：24）。赖特说叔叔的意思非常清楚：要不偏不倚，径直前行，这才是道理。这却让男孩赖特十分纳闷。“叔叔约翰（John）忽略了一些东西——而这些东西对这个男孩来说意义非同寻常。”那是什么呢？叔叔约翰忽略了什么？为什么它会对这个男孩有这么重大的影响？是否赖特将告诉我们这就是探索，一条充满冒险而又不确定的道路比一条径直指向终点的道路更有意义？是否这个小故事正蕴涵着赖特对艺术的感悟？难道叔叔对野草束的反应（责备）是世界对赖特未来的建筑的一种最初的反应？我不知道这个问题的真正答案，也不知道赖特后来再次看到这个回忆录时会去如何理解它（正如我所说，我是几天前才买到这本书）。但仅仅通过仔细分析自传的开篇，我们便能感觉到主题的基调，一个好的故事正在成形。

在埃文斯和赖特两个案例中，文章的开篇从何处起头无疑是经过深思熟虑的。这种开篇已预示了主题，同时也将一个人的全部生命故事压缩在一件逸事中。的确，无论何时，当自传以其特定的情节作为开篇时，我认为（回应亚历山大的倡导）在阅读这部分时应格外小心，同时追问为什么？他/她为什么以此开篇？答案将可能引出许多好的假设，而这也会是顺利研究的开始。

亚历山大还推荐“强调”这个指标。很显然，当传主有意突出某些事情，我们就应该做上“显著”的记号。这点略微复杂。亚历山大进一步将这种线索划分成三种情形：强化（overemphasis）、弱化（underemphasis）和误置强调（misplaced emphasis）。当一些生活琐事被给予浓墨重彩（强化），而一些重要的生活经历却被一笔带过（弱化），或者对一些不相关的事情花费大量笔墨（误置）时，我们就应该加以高度重视。凯瑟琳·哈里森在《吻》（*The Kiss*，1997）中，开篇花了整整三页来介绍她的家世以及抑郁和贪食症，她在这本书中反复提到她最爱坐的那把大学教室里的“绿色塑料椅子”。为什么会反复提及那把椅子和它的颜色？为什么会如此过度强调并误置呢？在本章后面的内容中，我将通过分析哈里森的“原型情景”来回答这个问题。

当我们在深入分析生活细节时，会突然遇到一些完全不应该出现在此处的内容，让我们感到非常迷惑，我们可能会有意无意地注意到一个孤立事件。埃尔姆斯（1994）曾打趣地说，我们应该给“又出现了”的指标（the“come again”criterion）更名，应该将那孤立、突然出现、凸出的称之为“突出显眼”线索。这可能是弗洛伊德式“说溜嘴”的绝好事例。诸如此类的口误都不符合语境，其直接结果是引起对他们的关注。同样地，对于这些不合上下文的内容，我们也需要问，他们的动机和目的何在？他们为什么会“这样做”？

依据弗洛伊德的观点，孤立是一种“试图将思想或行为同传主的其他破碎思想或生活残余孤立出来”的防御机制（Laplanche & Pontalis，1973：232）。其目的在于取消这种记忆与被压抑内容间的相互联系，让它不再引起我们对宁愿遗忘并已经遗忘的内容的回忆。的确，传主很少意识到这些记忆与早期心理创伤的关系——这是关键所在。如果他意识到了，防御就没有作用了。

有一个“孤立”的好例子来自作家凯瑟琳·哈里森。哈里森在小说《海豹之妻》（*The Seal Wife*，2003）中描述了一个名叫比奇洛（Bigelow）的气象绘图员，在阿拉斯加的一个深秋，爱上了一个本地人——哑巴阿留申（Aleut）。这本书有些超现实的地方，我们并不能确定阿留申是真实的还是虚幻的。没有比“移动的舌头”更离奇的情节，这个舌头是讨厌的店老板盖茨（Getz）的。比奇洛曾幻想自己被抓住，那可恶的店老板将舌头慢慢地向她靠近，将她逼到一个角落，并不停地拨弄着舌头，这使得在她的头脑里一下闪过用口舔阴部的念头。在这个例子中，“又出现了”一个似乎是合理的反应。舌头在这本书中做了什么？舌头移动所做的坏事说明了什么？读过哈里森那本恶名昭彰的《吻》的人们可能会大胆提出猜想。这本回忆录记述了哈里森19岁的时候，在飞机场开始的与她父亲的一段情事。她走到父亲的大门前，给他一个礼貌的吻。而父亲却动了邪念，他将舌头伸到她的嘴里。哈里森曾告诉我她是以比奇洛自居的（K. Harrison）（此为2003年5月16日的私人交谈）。可以想象，当舌头恶意地追逐着比奇洛，这个情景说明了哈里森在父亲的魔掌中痛苦屈从的情形。

哈里森的事例说明了一个重要观点，孤立现象是一个很有用的指标。但是，在精神分析中，心理传记学家的任务是重新建立起这些孤立事件与潜意识结构之间的合理联系。如果我们不能将切断的联系重新修复，那么这个线索便产生不了最大的作用，它就不能揭开深层次的解释。

另有一个指标就是“独特”。正如埃尔姆斯所说的那样，“如果你有很多传记资料是在说明一件事，但你突然发现它其实说的是另一件事，那就有必要仔细地考察了”（1994：246）。独特的事物可能是孤立的，但这并不绝对。独特不一定表现为凸显，它与说溜嘴也不尽相同。换句话说，它不会引起“又出现了”的反应，尽管有人已经意识到它的独特性。埃尔姆斯（Elms，1994）就曾以列奥纳多对童年的一个关于一只鸟飞到他的摇篮并将尾巴伸到他嘴中的记忆或幻想作为例子来说明这个问题。

当传主在讲述某个故事，但刚讲了一半就停了下来，或者转换话题，或者让人很难知道其结局会如何，这都是“未完成”的明显例证。和其他指标一样，未完成的应用并不仅仅局限于纯文本资料。当艺术家难以完成他的作品——就像列奥纳多，还有更多的例子——就能说明某些问题。还有些作家的写作进行不下去了，这便是一种未完成现象。(出现这种情况的时候，我们应该问，艺术家为什么写不下去？写不下去与作品内容有关吗？这是否关乎艺术家的写作动机?）莫扎特（Mozart）迟迟不肯完成《安魂曲》（*Requiem*)，有人说是因为他认为如果完成了的话，他将不久于人世。加里·斯赖德（Gary Snyder）花了数十年去完成他的“山水”诗——为何如此漫长？我认为用未完成去解释倒能够讲得通。这是一种逃避。一些事情，我们没有完成，是因为我们不愿意老想着这些事情非完成不可，或者这些事会引发内心的内疚和焦虑。

“错误”、“歪曲”、“遗漏”和“否认”也是一些能够指出心理凸显性材料的指标。弗洛伊德认为，任何（或者绝大多数）事情的发生都是有原因的。所以当我们做错了事——遗忘寄了一封信，错拨了某个朋友的电话号码而事实上我们想和另一个朋友取得联系，误将配偶称为“妈妈”或“爸爸”——从本质上讲，这些并非是“无辜”的。“阴差阳错”，用弗洛伊德的话说叫错误，是动机所驱使的。我们会用一个原因，通常是多个原因的结合，去解释这种错误。而这些错误的原因或动机，一般为无意识所驱动。在西尔维娅·普拉斯（Sylvia Plath，1993）的日记中，她一直在思索，承受着身心的煎熬，“我爱的人都健在”——事实上并非如此。她的父亲在她满8岁的前一周就去世了。至少可以这样说，这真是一个奇特的错误，但它也许能揭示点什么。(其他关于普拉斯错误的例子，见本书第11章）在她的日记中，也曾提到弗洛伊德的文章“悲痛与抑郁”（Mourning and Melancholia)。这篇文章主要讨论了失落、压抑与自杀之间的关系。普拉斯在儿童期的一个失落经历就是父亲的去世。我认为比较有说服力的推论是她误解了这篇文章，她并没有将这篇文章运用到死去的父亲身上，而是运用到(当时）健在的母亲身上。在我看来，这是有意的误读。

错误或歪曲可以有很多种表现形式。传主可能弄错某个事件发生的日期，也可能前后矛盾，他们还可能过分夸张，甚至撒谎。我认为，这些行为都有着重要的心理学意义。弗洛伊德则更加进一步，他对所有的错误都赋予了心理学的意义，尽管有的错误看起来没有什么意义。毕竟，我们不可能把所有的零碎事情都拿来分析。然而，我们不妨给这些错误提供一个暂时性的心理解释，直到我们确信并不是如此。例如，以普拉斯而言，如果不小心忽略了其失误，那就是我们的错了。

遗漏仅针对那些可能会那样发展的事。埃尔姆斯（Elms，1994）曾将遗漏比喻成“福尔摩斯法则”（Sherlock Holmes Rule)：“当狗不像往常那样叫时，我们就应该问更多的问题（1994：246)。”可以将那些被遗漏掉的和那些未完成的事（定义如上文）相结合。其实，遗漏也可理解为一种全部（或部分）的脱漏，即文章（或故事）中被期待的内容没有出现。很明显，摄影师戴安娜·阿巴斯不愿提起她的诗人哥哥霍华德·内梅洛夫（Howard Nemerov)，而她的哥哥也不愿提起她。为什么呢？妹妹应该是经常提到哥哥的啊，但他们为什么不是这样？当他们执意彼此回避，我们就应该注意了。

“否认”关乎过分强调，而这些强调常常让人生疑，有时候会表现为不适宜的回绝——特别是缺乏任何理由的回绝。当奥尔波特同弗洛伊德谈起他在火车上看到的那个“脏兮兮的男孩”时，弗洛伊德问了一个弗洛伊德式的问题，“那个小男孩就是你吗?”这引发了奥尔波特一生中重复的否认，“不是”，“不是”，上千个“不是”。奥尔波特总觉得，他需要一次又一次地澄清“我不是那个小男孩”。想想“格特鲁德法则”(见 *Hamlet*) 中的否认，有时候人会“过度抗议”。

奥斯卡·王尔德曾因同性恋而身陷囹圄。他与洛德·艾尔弗雷德·道格拉斯(Lord Alfred Douglas) 有染，但受到了道格拉斯父亲的控告，道格拉斯力劝王尔德提起反诉，王尔德这样做了。但结果，众所周知，以王尔德败诉而告终 (Schultz，2001)。王尔德在狱中的书信中——这些信后来被出版，被命名为《自深渊中》(*De Profundis*，1996) ——反复地对道格拉斯讲，“我不怪你，我只怪我自己”。但不久，这样的抗议逐渐过于明显，王尔德的宽宏大量也开始让人生疑。

如上文所述，当我们确定了心理传记研究的对象后，接下来就应该把心思放在资料的处理上，我们必须明确如何从大堆资料中分辨出哪些至关重要，而哪些对我们的研究没有作用。我们通常不得不处理大量的事实和意见。哪些资料可以搁置一旁且放心地将其置之不顾，而哪些必须珍视呢？对这个问题没有万全的答案。甚至想要表现出一副理论取向中立的姿态都非常困难（有些人认为，梦是一条通往无意识的有效途径，但也有些人认为梦是大脑皮质反应的副现象，没有什么意义)。亚历山大的线索并非没有理论依据，他可以说是以弗洛伊德的理论为基础的，但是也可能来自常识。我们认为哪些事重要，哪些事可忽略，常带有强烈的个人倾向。所以，弗洛伊德那些具有启发意义的可辨认出心理凸显性的指南，虽然带有常识性质，但还是非常有用的。在我的心理传记学课堂中，我常采用这种方法，并且屡试不爽。当涉及质性资料时，学生会提出许多问题。亚历山大的线索只是提供了一种组织及排列资料的模式。利用这种凸显性线索，也可能会有所遗漏（怎么会没有呢?)，但是它也会命中大量的目标。在这个领域，要从资料中找到一些具有重大意义的资料可谓难上加难。

现在，我开始稍稍转换话题。运用上述的指标把注意力集中在可以解释的时刻或事件上，这样可能会找出许多具有凸显意义的事件。我们可以发现数十个甚至数百个这样的事件，但是这些被选出的事件如何能更精确地排序呢？其中一些事件的凸显性是否会比其他的更加显著？在每个人的生活中，是否存在一个甚至唯一的“超凸显性”(super-saliency)，一个可囊括一生故事所有重要指标的核心情景？我认为是存在的。至少我将形成这样的假说。我将这些群集的记忆称为原型情景，因为通过这些“原型情景”可以发现具有启发意义的生命轮廓和模式。它们是一张蓝图，是一张可以让我们由表及里地探窥人格的 X 光片。接下来，我将探讨在生命故事中如何找出原型情景，然后提供大量的相关案例。但在这之前，我将提出一个参考案例，它将对我们的理解有所帮助。

戴安娜·阿巴斯因以怪人（畸形人）作为拍摄对象而闻名于世。显然，她并没有什么恶意 (Schultz，见本书第 8 章)。她详细讨论了她最早的记忆，也是仔细描述的来自 10 岁以前的唯一记忆，这个记忆预测了后来她为何投身于艺术。阿巴斯曾告诉记者斯塔兹·特克尔 (Studs Terkel)：

> 我一直都有保姆。7 岁前，我有一位爱我的保姆，但后来的接替者让我很讨厌。我还清楚记得，和那位我最爱，最喜欢的保姆一起度过的日子。我们到过纽约的中央公园，到过位于水库区旁的贫民

窟，水正哗哗地从闸口流出。那是一个洞穴。多年来，我不记得有人提起那里有贫民窟，直到有一位纽约市立博物馆的人说，那里就是贫民窟。这个意象并不清晰，但对我而言却记忆鲜明。我和保姆手拉手看着道路的另一面。多年来，我一直感到空虚，我一直在远离甚至隔绝真实的环境中成长。这个想法一直萦绕心中……这儿就是思想驻留的港湾。但我又总会一次又一次地想起……我和哥哥从未远行……外面的世界对于我们是如此的遥远。这里没有邪恶，但门总是紧闭着。你从未期望去接触外面的世界。多少年来，我生活的地方像惹上了传染病。我想你会将其称之为天真无邪，但我从未认为这是美好的。（引自 Bosworth，1995：278～279）

尽管并不清晰，但记忆依然“鲜明”。这很可能暗示，水库的水闸旁边的洞穴，根本没有什么贫民窟，阿巴斯的记忆中幻想多于真实。这个景象正象征着家庭的紧张氛围——阿巴斯父母很少在家。父亲在纽约的第五大道拥有一家百货公司，他几乎没有时间和孩子们在一起，而她的母亲患有重度间发性抑郁症。当她把注意力集中在戴安娜和霍华德[1]（Howard）身上时会发现，他们是如此陌生和难以理解，可能是因为他们过于聪明的原因。而保姆则成了戴安娜和霍华德父母的代理人。阿巴斯很清楚，其实她对大多数保姆并不满意，尽管起初她说她爱玛莫塞丽（Mamselle，上文提到的保姆），但很快她又用另外一个词“喜欢”来替代——用“爱”这个词会让玛莫塞丽成为阿巴斯母亲的直接竞争者，我估计这会引起焦虑和内疚的。贫民窟象征被禁忌笼罩的世界，这让阿巴斯觉得这十分疏离于自己身为富家女的身份。她想去探索，想去“巡查”那些被无意识伪装了的形象，而玛莫塞丽却说不可以。对戴安娜而言门户是紧闭着的。她的家庭向她传达着一种怕被外界感染的恐惧。她感到空虚及与外界隔离，而这一切并不美好。所以，当她成为一个成年人，一个艺术家，她致力于颠覆这种状况。她的那些关于异装癖、表演吞剑的白化病患者、犹太巨人、俄罗斯侏儒、双胞胎、三胞胎、脱衣舞娘以及万圣节戴着面具的白痴的照片，都出于这种对“传染病”的关注，也同她幼年的空虚感相契合。七岁时，她不敢遐想，因为法国保姆就在身边；然而，作为艺术家，她最终打破了一度在禁锢的洞穴中度日如年的生活，她的照相机就是她的护身符和通行证。她使得自己不再天真和与外界隔离。

我认为这个情景算得上是原型，因为它成功地概括了阿巴斯生活和艺术中遇到的许多冲突和动机。这个原型情景构成了一种总结。她缺席（或者虽在但却明显缺席）的双亲、她的空虚感及与现实的隔离、她的富有、孤独和忧伤，她的艺术致力于从丑陋中寻求美，如果不是为了阿巴斯自己，那些如但丁式地狱般的景象图片便不会出现——所有这些事实，都被原型情景浓缩在一个超凸显的事件中。如果说通过这个情景就可以了解戴安娜·阿巴斯并不是完全没有可能。原型情景作为一种整体形貌，事实上它在极大程度上已经包含了了解阿巴斯所必需的内容。

根据亚历山大的标准，阿巴斯的情景是凸显的，性质上算得上独特和初始性。首先，超凸显——但也说是原型——因为有大量丰富而浓缩的信息。这就引出了一个重要观点：所有的原型情景都是凸显的，但并非所有凸显的情景都算得上是原型。那么这个命题，也就很自然地引发了一个问题：哪种凸显性才算得是上原型？为什么？

一些原型情景可以通过类似于亚历山大所提出的指标得到确认。毕竟，原型情景

① 戴安娜·阿巴斯的哥哥。——译者注

可能是独特的，可能为传主所强调，也可能未完成或孤立出现，诸如此类。然而，另外一些原型情景可能不具备这样的特征，但通过其他一些线索，当我们在遇到这些情景时也能够将其分辨出来。

**表 3.2　舒尔茨提供的辨认“原型情景”的关键指标**

| | |
|---|---|
| 清晰、具体、情感强度（Vividness，specificity，emotional intensity） | 这种情景有着非常深刻的情感体验。高度的聚焦，加强的特色描述，忠实而又详尽的对白描述以及角色性格被仔细地定位。 |
| 贯通（渗透）（Interpenetration） | 这种情景总是弥漫或渗透在不同的语境、活动或创造性的作品中（故事、诗歌、小说或回忆录）。 |
| 发展性危机（Developmental crisis） | 这种情景涉及个人与特定冲突的“关键性遭遇”，如认同（同一性）对角色冲突或者主动性对内疚。 |
| 家庭冲突（Family conflict） | 这种情景主要牵涉家庭内部的冲突，如父女间、兄弟间或者母子间的冲突。 |
| 拒绝接受现状（被抛出）（Thrownness） | 这种情景使传主位于某种违反现状的境况之中。事情出现异常情况或让人难以预料，情感出现失调。原本理所当然的事陡然变得不可能，过去的合情合理也不再理所当然。传主一再重复地说着的故事使当事人能从特定事件中找寻意义，以降低对事件的陌生感及由该事件所引发的焦虑。 |

（1）原型情景一般都能够清晰地被回忆起来，同时伴随着特殊细节及强烈的情感体验（见表 3.2）。如下所述的案例，特色常常被强调，人物形象被小心定位，并提供了有详细对白的逐字稿。聚焦，换句话说，就是集中描述某个焦点，周边情景被相应淡化或者不再凸显（就像照片中一样）。就情感体验的强度而言，情感体验深刻。尽管在表达上并不一定是戏剧性处理，但充满感情的语调，也会让整个情景明显弥漫着某种氛围。举例来说，在阿巴斯案例中的情景，回想伴随着悲伤，被剥夺的感觉（与外界隔绝）和孤独（除了保姆外，她没机会接触别人）被她反复地强调。用她的话说，这并不是个“美好的”情景。天真无知使她脱离了现实。

（2）原型情景之间也是相互贯通的。这意味着，某些并未反复提到的小事会比单纯的重复具有更为精确的含义。相互贯通意味着渗透——原型情景间的渗透。情景总是融合在众多各异的语境、活动或个人作品中。普拉斯的情景（后文将提供具体情景）往往出现在一首诗、一部小说、日记抑或一封书信中。凯瑟琳·哈里森最具有代表意义的原型情景（后文将提供）也出现在其小说或回忆录中。所以，原型情景并不一定只是那些传主不厌其烦地向别人提起的情景，更加确切地说，它会在心理和艺术的广阔环境中纵横驰骋，无论夸张的还是影射的。用个不适切的举例来说明，原型情景似乎是从一个情景转移到另一情景，可以说原型情景是一种后设情景，它们会移动，自身的意义和注意点仿佛由它们自己决定，它们做好了随时恢复自己重要地位的准备。就像布罗德韦（Broadway）的替身演员一样，他必须随时待命，一旦有需要，无论是否事先通告，都得立即归队。

（3）原型情景也是发展危机中的一个经常性议题，这里的“危机”特指由埃里克森提出的非病理学意义上的“心理危机”（即在人生发展的每一个心理阶段，总会涉及个人与特定冲突的“关键遭遇”，如同一性与角色混淆间的危机）。例如，阿巴斯的情景就能清楚说明，主动与罪恶感间的冲突——她渴望探索，巡察黑暗面，去探寻对她隐匿的世界。但这样做会让她冒着被“传染”和让父母以及父母的代理人玛莫塞丽蒙羞的危险，他们禁止她与外界接触。阿巴斯的天性和固有的好奇心却使她不顾这一切。两个世界隐含的道德——富与贫、光明和黑暗、上层与下层——不可相遇。埃里克森曾将主动精神等同于“去做些事”，这很能够描绘阿巴斯后来为何潜心于摄影。但要达到这个目的，你必须具有冒险的精神和勇敢的气魄。

（4）原型情景也常常会直接或间接地涉及家庭冲突。但在这种情形中，阿巴斯就不是一个很好的案例了，我想她回忆的资料也会有一些冲突，但这些没有显现出来。阿巴斯的父母将照顾她的责任交给了别人，而阿巴斯很讨厌这些人中的多数。由于她的父母没有时间或者不想自己负责照顾，使得阿巴斯不得不在她并不喜欢的女人们的照顾下成长。阿巴斯无疑会认识到这是一种抛弃，同时我们也确信，由这种认识会引发愤恨或抑郁，甚至二者兼有。所以，情景中表现出的冲突是隐含的，反映在儿童与父母间，一方面，儿童希望被爱和被鼓励，但她的天性得不到发挥，愿望得不到满足。父母方面没有任何回应。以父亲为例，他很少有时间和孩子们在一起。而她的母亲却因为孩子们的原创力而感到头疼和不安。另一个冲突则是关于财富的。钱让阿巴斯感到内疚。“我过去常常耻于赚钱”，她告诉特克尔，“当我通过某张照片赚钱时，我会立即觉得这绝不是一张好照片”（Bosworth，1995：279）。贫民窟提醒了她所憎恨的特权、她家庭的富有和为之付出的代价。“你看，我从未经历过逆境……我是如此地脱离现实。”（1995：279）阿巴斯的愿望未能实现。于是，她一直在追寻着所谓逆境中的真实。这对她而言，成了脱离禁锢于富裕的、不真实的环境的解毒剂。

这里有一张阿巴斯拍摄的照片。这张照片总是让我有种特别奇怪的感觉，从某方面讲，它也涉及阿巴斯的原型情景。这张照片名叫“婚礼上的花童，康恩（Conn），1964”（Arbus，1972）。这个女孩大约七岁——正是阿巴斯去中心公园水闸边游玩的年龄。她戴着扎花的头饰，看起来像穿着一件白色的毛外套，挎着细柳条编织的篮子。她的眼神有些迷茫，茫然地看着周围，让摄影师难以捉摸。还不仅是这些，我们不禁会问，她在想些什么？她那纤细的手臂边，灌木枝条从她左下方伸出。而具有隐喻意义的背景是些被晨雾笼罩着的松树和雪松。女孩容光焕发，与外部世界形成一种对照。她衣着洁白而明亮，精心装扮；而外部世界渐渐黑暗，一会儿就险象环生，浓雾似乎正漫向她的双脚，意欲将她笼罩。而这个女孩，在我看来，就是阿巴斯本人。很显然，她就是这照片中的幸运女孩，秀美而又富有。但透过她的眼神，我们看到了黑暗的一面。这张照片打动了阿巴斯，她将渐渐消逝在这张照片之中。

（5）最后，在下面的所有例子中，原型情景正全新上演着不同程度的拒绝接受现状（被抛出）。我指的是，被试在其回忆的情景中，发现她或他自己曾处于某种违反现状的境况之中，而这种境况正展示着某种反常或出乎人的意料。情感出现了失调；原本理所当然的事陡然发生转变，它们不再成为可能。过去的合情合理也不再理所当然。

就像托马斯·库恩（Thomas Kuhn）在其科学革命理论中说的一样，正是这些反常的异例提供了刺激，促进了理论的发展。这对个人而言也是一样，正是那些原本不可理解的事件呼唤着意识的努力。经由故事的反复讲述，从事件中提取意义，以降低对事件的陌生感以及该事件可能引发的焦虑。比如，杰克·凯鲁亚克被他所爱的，可说是圣人般的哥哥杰勒德（Gerard）打了一巴掌（见下文）。杰勒德为什么会做这样的事？这一巴掌对杰勒德而言意味着什么？对小杰克而言又意味着什么？如何从杰勒德原来的心理结构及其价值立场去理解这一巴掌？

原型情景模型具有以下五个特点：①特殊和情感体验深刻；②贯通（渗透）；③发展的引力；④家庭冲突；⑤拒绝接受现状，或者理所当然地违反常理。并非所有的原型情景都包括这五个方面，因此，判断在很多时候是必要的。毕竟，心理传记学比起科学，它更是一门艺术。但是如果这些情景被探索并加以利用，就可挖掘出其深层的含义。那么，无论是形构心理传记的假说（它们可以揭示一些我们未知的东西），还是验证原本已存在的假说（它们证实我们的一些猜想），都是很好的契机。在本章随后的内容中，我会探讨一些文献中已有的相近概念，以及与这些概念相比，原型情景是如何独特或为何独特的。同时，也会探讨一些由此引发的理论或方法上的相关问题。但首先我会相继呈现一些相关的案例，以便让这些概念更加真实、更加生动。我首先要介绍的是美国南方作家杜鲁门·卡波特（Truman Capote），他以纪实小说《冷血》（*In Cold Blood*）而闻名（他原本就很出名），接下来是凯瑟琳·哈里森，杰克·凯鲁亚克，以及西尔维娅·普拉斯。其他关于原型情景的案例，在本书的其他章节也有介绍（见第12章和第16章）。

## 二、杜鲁门·卡波特

作家约翰·诺尔斯（John Knowles），是卡波特的邻居，因其经典力作《独自和解》（*A Separate Peace*，2003）而闻名，他说：

> 杜鲁门经常跟我谈起他的事。哦，天哪，是的……就在我第一次见到他时，杜鲁门就开始向我讲述他的生活故事。那是一个恐怖而又悲惨的故事。他生活中的一个重要的悲剧（在他看来）是这样的：杜鲁门两岁的时候，一天，他一觉醒来发现自己在一个完全陌生并且很空旷的房间里。他大声地哭喊，但他已经被锁在那里了。他惊惶失措，不知道这是在哪里——事实上，那是位于南方腹地的一家久已失修的旅馆，父母因外出饮酒与跳舞，就把这个小家伙锁在了这间屋子里。这是他的一个可怕的记忆，在我看来，那已经成为他青年时期缺乏安全感的象征——一个被抛弃的形象。（引自Plimpton，1997：26）

接下来的这个是卡波特本人在同劳伦斯·格罗比尔（Lawrence Grobel）交谈时谈到的：

> 那是我人生的一段重要时期。虽然那时我只有两岁，但我能清楚地意识到我被锁在这家旅馆的房间里。我母亲那时很年轻。我们住在新奥尔良州的这家旅馆。她没有地方可以将我寄放。她没有钱，也没有与我父亲在一起。而当晚上她要与情人出去时，就把我锁在房间里，我因为不能出去而歇

斯底里地大叫。（引自 Grobel，1985：48）

诺尔斯的分析是正确的：旅馆中的一幕是卡波特青年时期缺乏安全感的象征——包括他成年后。的确，在他的印象中，那就意味着恐怖和遗弃。这也和其他原型情景一样，它汇集了卡波特生命故事的多个关键性指标于一体。众多的声音汇集成单一的和声。

**图 3.1　面带稚气的杜鲁门·卡波特在威尼斯，约 1950 年**

（图片来源：Getty 图片）

卡波特很清楚，在他的青年"严重地缺乏爱"（Schultz，2001）。他的母亲 17 岁怀孕，后来开始酗酒，最后自杀。他的父亲很少来看他。他从小在外婆家长大，而正是这个完全没有幸福可言的环境，引发了他早期的那些充满幻想的作品，比如他的第一部小说《他人的声音，他人的房间》（*Other Voices*，*Other Rooms*，1948）。"我总觉得自己像一个长着两颗脑袋的牛犊……作为独生子的我，敏感而聪明，但没有任何人会牵挂我……母亲也并非对我不好，只是她的兴趣不在我身上……在经济方面，我却从未被忽略……但在情感方面，我却完全被忽略。我找不到自己的归属。"（Inge，1987：117）一次又一次的采访——卡波特受到的采访多达数百次——当他被问起他那极度的恐惧和可怕的经历时，"背叛、遗弃"的说法从未动摇过。

人们伤害我的唯一途径就是我与他们走得太近了……我的确认为，遗弃是人们的一种最残忍的做法。我的这种想法可以追溯到童年，由于某些原因我在不同的家庭中被赶来赶去……遗弃是一种巨大的创伤，或者是一种故意的残忍行为……（阅读了许多）关于一些东西的负面评论并不会影响我。但如果我发现有人以某种方式背叛我，或者对某事不忠，我就会非常痛心。（1987：178，306，316）

下面的这段回忆就能直接反映这点：

> 因为在童年我总是有一种被遗弃的感觉，某些东西严重地伤害了我，而这种伤害是别人不能体会的……每天清晨，我一觉醒来，就会不由自主地啜泣几分钟……我是如此伤心。总是有一些事萦绕在我心头，这是不对的，但我不知道问题出在哪儿。（引自 Clarke，1988：498）

我们不必对这件事的脉络做更深入的探究，但遗弃的主题在卡波特的小说中屡屡出现。换句话说，这正好清晰地表明了其内容及寓意。《米里亚姆》（*Miriam*）是他的一篇早期小说，也是他的名篇之一。那是一个关于神秘白发小女孩（米里亚姆）的离奇故事。这个女孩没有母亲，在很大程度上，这就是杜鲁门的女性版（他经常被误认为女孩，或者被舅母打扮成小姑娘）。米里亚姆很快融入并很快破坏了寡妇米勒（H. T. Miller）夫人的生活。小说的结局令人费解，正濒临崩溃的米勒夫人，这位女孩的照顾者，最后可怜无力地说：不要。这一切用意何在？这正是卡波特运用他的写作天赋成功地完成了角色的转换。他不再是 2 岁时完全在母亲自我需求控制下的那个无关紧要的小家伙。他完全成了坚强的米里亚姆，而把这个寡妇贬为任人宰割的老妪来嘲弄。这部小说是一种复仇行动。没人会把米里亚姆锁在屋里了。

卡波特的最后一本书是《还愿》（*Answered Prayers*）。很多人都不知道，这本书他未能完稿。1988 年，这本书的部分片段被一家杂志连载。琼斯（P. B. Jones）口述了这本书。琼斯天资聪明，身材修长——大约和卡波特差不多，而且诙谐幽默，他曾买到这本《还愿》。他和卡波特一样，认识了很多社会名流，在交往的过程中，他们向他讲述了许多个人的隐私——这些故事在琼斯的巧妙加工下，构成了这本书的主体部分。很大程度上，这是一部汇集事件及逸闻的传记（但有点近于恶作剧）。

卡波特让琼斯想起了自己的童年：“当我还是个婴儿的时候，就被遗弃在圣刘易斯杂剧院的阳台上”（1988：4），被一个修女抚养成人——而修女就是卡波特舅母的翻版——琼斯长得非常可爱，但“她们没有觉察到我是那样的有城府”。比如，琼斯曾说过，“我逃离孤儿院的时候，没有和任何人打招呼，也没有留言……如此再三；这就是一个关于我冷漠、投机性格的典型事例”（1988：5）。他后来曾做了大胆的自我分析：

> 我没有和任何人告别，就离开了；像我这种类型的人很少见。如果一个最亲密的、朝夕相处的密友有一天不再跟我联系，不再给我打电话，那结果会怎样？我们再也不会通话了，因为我不会给你打电话。我知道有如此冷血的人，但从来不了解他们，尽管我自己也是这样的人。（1988：30）

在两次先发制人的遗弃中，琼斯都选择离开他喜欢的比他年龄大的女人：第一次遗弃的是那个教他学英语并且相信他有天赋的修女玛莎（Martha）；第二次遗弃的是真心扶助并收留他的作家艾利斯·李·兰曼（Alice Lee Langman）。事实上，琼斯的信念是卡波特的翻版：通过遗弃和背叛去防止可能的被遗弃和被背叛。那正是卡波特真正的“还愿”。就像他称亿万富翁们为“天鹅”一样，富翁们也把他们这个钟爱的风趣的同性恋知己视为他们的袖珍灰背隼。经由双方相互泄密，卡波特选择用自毁来毁灭对方。当书被分章连载时，卡波特像拿到烫手山芋。他口上说并不在乎，可他的酒瘾和毒瘾连同他的抑郁症状一并加重。这让他不久后陷入困境。他本想煎一条小鱼，结果却要吞一头鲸。

卡波特用一个单一的情景来说明自己童年的孤独。在他的生命中，背叛与遗弃是他最大的恐惧——他一再重申他被锁在旅馆房间中。他的小说，特别是早期的作品，都描写着“要逃离现实糟糕的生活，这不是件容易的事。我的内心渴求宁静，渴求一种我所希冀和向往的情感……我总是找不到自己的归属”（引自 Grobel，1985：46）。原型情景以呼唤和回应的形式遍布他的作品，而作品回复了他预期的恐惧。卡波特以一种防御方式写作，去“逃避”，以减少他最大的恐惧，正如《米里亚姆》和《还愿》中所展示的一样。

所有的指标在情景中都出现了：具体特殊和深刻的情感体验，相互贯通渗透，发展的危机，家庭冲突以及拒绝接受现状，或是对通常理所当然事件的违反（正如小孩通常认为他不会被自己或者母亲长时间锁在家里是理所当然的）。这里有些事值得我们注意，那就是一般原型情景的特征：记忆是建构性的或者是在某些情况下编造的，回忆起的原型情景只有部分是真实的，而另外的部分则是想象的。而在大多数情况下都会以或暗示或强调的方式道出真实，但在某种程度上，记忆也是想象的产物，我们会加以修饰，会增加或删减、强调或淡化、放大或缩小来处理。同时，我们要了解有些情景是真实的，很少想象。但有些是想象的，很少真实。但这没有什么不同，情景的重要性或功能在于总结、概括以及精简地表达生命的主题。当我向学生传达这种观点的时候，他们有时会问，“但谁能搞清楚哪些事情是真实发生的？卡波特那时才 2 岁，天哪！他怎么可能记得清楚那样的事情？事实上，一个不到三四岁的人可能记得住那样的事情吗？”有道理，每个人都会这样问。但对卡波特而言，无论真实或是做梦，旅馆的情景说明了一切。即使那件事真的没有发生过，而他仍然用这个事件告诉别人他是怎样的人，而我们也通过这件事来了解他。

### 三、凯瑟琳·哈里森

哈里森的原型情景是我遇到的第一个例子。换句话说，它会让人产生某种灵感，在这种灵感的作用下，许多其他的情景就会接二连三地产生。我认为她的生命故事所表达的主旨是没有争议的，语言如此精练，而内容又如此丰富——完全就是一个完整生活的微缩。但另一方面，它也引发一些问题。有趣的是哈里森本人看到部分最早的初稿后，很快就提出一些异议。首先是对情景本身。哈里森在她的自传体小说《浓于水》（*Thicker Than Water*，1991，这是她的第一本小说）和关于她同父亲苟且之事的回忆录《吻》（*The Kiss*，1997）中都描述了同一个情景。在《浓于水》中，这件事好像是有意通过一些关于性的记忆而被标示出来。哈里森谈及她的第一次性经历时回想起她的母亲，以及“整个贯穿梦境的绚丽而又未知的性领域”。她说是她“驱使男人们狂热激情，为了使他们能够唤醒我”（1991：187）。具体情景如下：

（我的母亲）开车把我们送到位于洛杉矶西部摩天大厦 15 楼的那间灰色墙壁的妇科室。透过窗户的有色玻璃和那夏日的雾气，下面的城市是越发的妩媚而又神秘，在蓝色的主色调中若隐若现。我远眺大海，厌倦了那没日没夜的装卸，我将视线转向近在咫尺的高速公路上穿梭的车流。当医生为了解哪种规格的设备适合我而捅破我的处女膜时，母亲正在检验室。他拿出全套各种规格的绿色塑料阴茎。先是小的，和小男孩的一般大，后面的越来越大，直到最后，他将血迹斑斑的塑料棒从里面抽出。母亲靠着墙，一直看着。而她的注意力却放在贴在左边的那张清楚展示细胞层次人体亲密交往的图示，它描绘了精液是如何冲破那张薄卵壁的。当医生用消毒液替我擦洗外阴时，我在手术台上痛苦地翻滚。接着，符合规格的子宫托①被成功导入，医生同母亲一同去了洗手间，我也趁此痛楚地从手术台上爬起，试图自己调好子宫托的位置……在我将其安好之前，它曾两次从我手中弹出，掉在地上……但我没有用它。我想那是我母亲的。她希望给自己安一个。(1991：179～180)

哈里森（Harrison，1991：180）在继这段文字之后，提供了更多有关她（抑或，更详细，更有个人特色）的性史，回忆了所有同她发生过性关系的男孩，“其中一些对我心存爱意，一些则心怀愤怒，有的是显示出十分厌恶的样子”。她说，她每次想起母亲时，都会想起关于“我童年的不断出现的信息”，“不要像你妈妈那样犯同样的错误。不要与不该交往的男孩交往”。

上面提供的这些情景也可以在《吻》(1998）中发现它们的踪迹，这本书大约比前一本书晚了六年。在这本书中，哈里森一再重复着完全相同的文字，她童年的“不断出现的讯息”：“不要像你妈妈那样犯同样的错误”（1998：41)。《吻》中的妇科医生似乎有些不愿意使用绿色塑料阴茎，绿色是“自然界处处可见的颜色”。他问哈里森的母亲是否确认，她（母亲）是否真的打算让手术继续。是的，母亲回答。哈里森得到了意料中的答复，“医生就在我母亲面前动手术破除了我的处女膜”(1998：43)。接下来的情景是发生在哈里森与父亲通电话时，准备着父亲的来访——这次造访的结果是以具有强烈性意味的亲吻告终，也成了后来不光彩情事的开端。

回忆录中的许多其他细节也可以反映出有关妇科医生的情景。其一，哈里森发现父亲的阴茎未受割礼时感到非常吃惊，这让她“难以自控地觉得不能接受，不干净”——就像那难以接受的绿色阴茎一样。其二，她把后来的自杀企图同这次看妇科医生的经历联系起来，说“我以为吃（药丸）会让我死去，随同那天所有离我而去的事物一起一去不复返——少女时代、希望以及对任何人和任何地方的安全感”（1997：186)。其三，在这个吻的作用下，哈里森步入了大学校园。室友们高兴地绕着她打转，但觉得她“不会做一些学生会做的事”（1997：72)。接下来两星期，白天及晚上，她挺直地坐着睡觉，双手围绕着膝——所有的这些都发生在一个靠着墙的“绿色皮套的椅子”上（1997：72)。绿色在这里听起来让人感到很意外。其实，哈里森一直在强调这张椅子的细节和绿色——在短短的四页中就描述了五次之多——椅子意味着某种象征意义——被动、疏离、震惊——这不仅仅是我个人的猜想。

在看妇科医生的过程中，我们可以找到所有关于原型特征的标志。这些情景的回忆伴随着痛楚的具体情节——15 楼灰色墙壁的办公室、蓝色天幕掩盖下的城市、绿色的阴茎、墙上的张贴图片、在手术破除处女膜时的觉醒，“不要像你妈妈那样犯同样的错误”，“不要与不该交往的男孩交往”。这些情景，贯穿在出版时间相距六年之久的两本书中，并且都联系着打着相同印记的事件（比如，自杀企图)。家庭冲突位于情景的

① 用于避孕的。——译者注

核心——子宫托代表着哈里森不想要的东西——这个情节也涉及了发展中的关键性时刻，当时哈里森15岁，性意识渐渐觉醒。她妈妈开车送她去医院，当医生犹豫不决时，母亲毅然作出决定，母亲已经为后面将要发生的事做好了准备——所以情景也传达了一种强烈的拒绝接受现状的意味。哈里森所要做的事就是打开处女膜。她甚至没有使用子宫托，她把它看作是她妈妈的，她违背了妈妈的意愿及妈妈对自己的希望。

这一情景能说明一切，就算不能说明全部，也能说明大部分内容。我们认识到一位罪恶的母亲。尽管哈里森表现为被动顺从以及受情欲所控（作为一个15岁的人），并对别人的唆使欣然接受，但子宫托是母亲要求戴上的，是她促使事情的发生，而不是哈里森。几年之后，她又促使了乱伦事件的发生，由于不行动，她又为那个“吻”提供了事情的背景。母亲不送父亲去机场是因为她患有头痛（这是一个绝好的典型托词，也许有人认为，这意味着性功能减退）。“你开车送父亲去机场”，母亲对哈里森说，“和我相比，他对你的陪伴更有兴趣。”（1997：66）“哦，太好了！”哈里森的父亲听说计划改变了，顿时欢呼起来。在大门前，他就把舌头伸进了女儿的嘴中。

我们看到了，从象征的性暗示直到后来完全不正当的“性行为”，以及父亲未受割礼的、“难以接受的”和“不洁的”阴茎，和后来想起的绿色阴茎。我们知道了，医生的入侵是得到母亲同意的。哈里森的父亲也是个医生——一名博士，而他的行为也是得到默许的。我们找到了那位“不该交往的人”。哈里森事实上犯了与母亲同样的错。她与超级“不该交往”的人——自己的父亲发生了性事。我们还知道了性本身的梦游本质以及它的错误，它的狂热激烈，它的隐匿性。我们也看到了希望被扼杀和处处充满了谁都可能引发的危险——也包括自己的父母。

原型情景概括了人生命中的种种冲突，它们是对长篇生命故事的缩写。哈里森的案例就是一个原型例子。

但这当中依然存在相当有趣的问题。如果我将我的作品同这些传主们分享（大部分我先前研究的传主都已过世），那是多么令人感到刺激的事。我曾把关于原型情景的初稿寄给哈里森，这些稿件是在2002年完成的（见Schultz，2003）。她表现出出奇的善意，“我对自我觉察从不反对”，她说。我们一直保持通信。她认为，那次看妇科医生以及我对其寓意的分析是非常透彻的：“更确切地说，我生活在第二生命之中，而你只分析了我的第一生命……我是有意地毁了那个感觉不到快乐的少妇　过去的我。我玩弄父亲就像他玩弄我，我也是在妇科检验室里心理谋杀那可怜女孩的共犯。”（此为2001年12月13日的私人交谈）。哈里森所提的问题是我们每个人都不可能避免的，只关注一个情景对整个生命是否具有足够的解释力？我们是否可以有超出原型情景的解释？是否对每一个生命转换阶段都要有一个原型事件？简单地说，无论是否有意，一个人是否真的会毁坏早期版本，埋封早期版本使原型情景的描绘变得更重要还是更不重要呢？我只能说，对这些问题我也不知道答案。我倾向于认为，对大部分生命而言，一个原型情景已足够了，因为大多数的生命并不会像哈里森那样有巨大的断裂或不连续。我们大多数人都没有第二、第三或第四生命。而且，我们大多数人也不要摧毁自己的早期版本。这些于我们而言，就像副产品或者杂质。同时，我也不确定哈里森的“心理谋杀”是否成功了。毕竟，如上所述，“舌头”一直萦绕在她心中。

在进入下一个情景的讨论前，我先说明一点：我同凯瑟琳·哈里森间的交流真是使我获益良多。一般而言，活着的心理传记传主并不总是像已过世的传主那样受欢迎。活着的传主回答问题的意愿，或是对有关论点的支持或反对，并不一定像某些人所认为的那样，一定会提高研究的效度。很多人对自己并不是十分了解。他们对自己的动机可能并不清楚，就像我们并不了解他们一样。他们也可能会防御，他们会希望我们以某种方式看他们，但这种方式却与实际情况不一致，他们甚至会撒谎。无论是死去或活着的传主，他们都一样的复杂。而无论死去或活着的传主，我们都会用一样的方式去研究他们。我们一样会分析他们的文本——无论是他们说的，还是写的。

## 四、杰克·凯鲁亚克

凯鲁亚克这个名字容易让人产生一个无忧无虑、消息灵通人士的形象，整天在东西方向高速公路上到处漫游着，间或下车饱餐一顿，或写写简洁的俳句诗，大拇指总是朝着北方想搭便车，嘴角边总洋溢着安详甜美的微笑。但这些对他而言，都不是事实。他多愁善感、郁郁寡欢，字词出现在他作品中另有含义。对死去的哥哥杰勒德的追忆是他的灵感之源，他将其铭记在心，寤寐思服而又求之不得。杰勒德 9 岁就过世了，那时凯鲁亚克才 4 岁。依据各种说法，杰勒德是位圣人，修女们为了能聆听到他如耶稣般的圣训，伺候在他的床前。鸟儿们驻足在他的手上而毫无惧意。他照顾被鼠夹夹伤的老鼠。他还看到过天使。在凯鲁亚克看来，杰勒德除了是他的兄长外，简直就是活佛、耶稣，以及理想的自我——这些一起构成了他怪异的内部投射（introject）。

凯鲁亚克的原型情景集中在杰勒德身上一点儿都不奇怪。但这并不是给杰勒德唱赞歌，而更像是哀悼他的挽歌。这无疑是一种对现状的违反，甚至是对虔敬族谱的一种亵渎。在这本献给杰勒德的书——《杰勒德的幻想》（*Visions of Gerard*，1991）中，杰勒德告诉杰克说：

> 一定注意，不要伤害任何人——如果你能做得到，就永远不要生气——那天打了你一巴掌，连我自己都不知道当时我怎么会那么做。（那是他生命中最后一天的时光，他感觉精神不错，可以起床摆弄他那些建筑桥梁的玩具装置，一个灰暗但不乏刺激的早晨可以预示一整天都可以精力充沛地去工作。心情愉悦的他边吃早餐边用报纸扫除桌上的碎屑，然后开始把他的第一根大梁立起来。当时，我纠缠不休地硬要跑过去看看整个过程，却把整个事情搞糟了——螺丝和螺栓撒了一地，那个精致的网子也被打翻了。由于我的粗心大意，犯了不可饶恕的错误。他打了我一耳光，吼道："滚开！"但随即他就为自己的行为后悔了。毋庸置疑，他打完我之后的悔恨远远超过我被打所受的委屈。）（1991：104）

后来杰克与"圣徒"杰勒德言归于好，上演了一出"大限来临之前的伤情"。你能原谅我对你的伤害吗？杰勒德问。能，杰克回答。"事实上我那时候太小了，根本就不明白什么是原谅，也就无从去原谅他，这就留作一个未来的美好回忆吧。"（1991：105）

在《杰勒德的幻想》这本书之前，在一封写给尼尔·卡萨迪（Neal Cassady）的信中——这封信被凯鲁亚克称为"我一生的忏悔"，情景浮现了。这封信是围绕着杰勒德来写的。令人不解的是，在这封信中，凯鲁亚克也谈到他哥哥的死，"那是一件极其痛苦的事情”，他接着说，“尼尔，你是体会不到的，但我却看到了，这个孩子的离世对父母来说是多么大的损失”（Kerouac，1995：253）。这个情景是这样的：

> 他去世前打我的那个耳光，是我记得的他生前的最后一件事。那是一个灰暗的早晨，收拾完餐桌，姐姐正准备去上学。杰勒德认真地摆弄他的建筑桥梁装置，那是他短短一生中完成的最出色的建筑：那是一个宏大、巍峨，类似于起重机般的装置，定好了位并打算采取一种全新的方式完成一系列动作……我突然冲过去向他那个装置抓去，将一个附属装置撞倒。我用扳手在地上乱捣，而不管弄到什么东西，我的滋扰自然让他霎时转为狂怒，怒不可遏的他顺手给了我一个耳光。“滚开！”他大声喊道。我被打得晕头转向，在客厅里跌跌撞撞……我不知道这里发生了什么。比尔·伯勒斯（Bill Burroughs）在1945年，根据他那点业余的精神分析知识断定我是因为憎恨那一巴掌，因而希望杰勒德死去，结果他在数日后真的死了。（1995：259）

我完全同意伯勒斯的观点。

将这两个不同版本进行对照是很有趣的。灰暗的色彩和杰勒德说“滚开”，两次都提到了。这个建筑桥梁装置略有不同：在1950年的回忆中（写给卡萨迪的信中），它是宏大、巍峨，并具有一个竖立的起重机，而在《杰勒德的幻想》中，我们只知道一根竖起的大梁（大梁应该说是水平支撑的横梁，所以，事实上它们根本不会竖起来）。在1950年的回忆中，凯鲁亚克是抓向杰勒德的装置——换句话说，他是故意破坏。而在《杰勒德的幻想》中，他是跑过去抢着去看，这是无意的毁坏。后一个版本中，增加了杰勒德的内疚：杰克是不小心的，如果杰克不是有意的话，那么这个耳光对他来说是很不公平的（正如他一再复述的情景）。

再次回到伯勒斯那不太专业的精神分析：这一耳光是杰克能想起的有关他哥哥的最后一件事（独特事件）。在这封信中与在《杰勒德的幻想》中，都记载了杰勒德去世之后，年仅4岁的杰克急切并兴高采烈地通知父亲及所有邻居，“杰勒德死了，杰勒德死了！”就像布道一样。这种相近性暗示着其间存在着某种因果关系。杰勒德打了杰克一个耳光，杰克默默无声，但潜意识里希望杰勒德死去，后来杰勒德真的死了。杰勒德给杰克最后的一件礼物是内疚。是杰克的仇恨害了他，而杰克却以活着来背叛他。该死的应是杰克，而不该是杰勒德。任何人都可以死，但不能是杰勒德。尽管这一耳光是在杰勒德去世前的一两天，但事实不可改变。毫无疑问，杰勒德一直萦绕在杰克心头：“为什么我内心总是怀着‘他恨我’的想法？”杰克问，“他是我最亲的哥哥，也是夜阑人静时我最仇恨的人……他并没有伤害我……他没有别的追索，除了在晚上缠扰着我。这是我对他的理解，我是他死亡的理解者。”（1995：272）接着：

> 我是犹大，杰勒德是耶稣，我策划了什么，做了什么？上帝又做了什么？我并没有被怂恿成犹大，我也确信犹大没做什么……但如果我没有出生的话，那我又怎么以活着来背叛他？而我对他的背叛仅仅是因为我活着，而他去了。他是天使，我是凡夫，他可能带走了人间的一切，仅仅因为我活着而被摧毁了？如果我没出生的话，杰勒德会活着。（1995：282）

**图 3.2　杰克·凯鲁亚克通过广播听自己的声音，1959 年**

［图片来源：纽约 Deborah Bell Photographs 公司，图片版权属于约翰·科恩（John Cohen）］

杰克唯一的赎罪方式就是写作，这是他一直从事写作的原因。他曾在《杰勒德的幻想》中告诉我们，为了杰勒德——“以写作来祭奠他的亡灵”。于是杰勒德常常出现在他的作品中。在凯鲁亚克的第一部作品《城与镇》（*The Town and the City*，1983）中，杰勒德是朱利安（Julian），他是萨克斯医生，那个看守在凯鲁亚克摇篮边的蓬发幽灵；也像《在路上》（*On the Road*，1991）中的“蒙面旅行者”，追逐着凯鲁亚克穿越沙漠；也像在《科迪的幻想》（关于卡萨迪）短短的两三页中就重复达六次之多的卡萨迪，“科迪就是我死去的哥哥”（见 Kerouac，1972：318～321）。事实上，卡萨迪，加里·斯赖德［《达摩流浪者》（*The Dharma Bums*，1991）中的詹菲·赖德（Japhy Ryder）］，以及凯鲁亚克倾尽心力的作品中的众多其他英雄——都可以视为杰勒德的化身。甚至杰克就是杰勒德。这两个人看起来非常相似，就像杰克在《杰勒德的幻想》开篇中讲述的那样，“我那如佛陀般的英雄，其实就是真正的我——在阴雨中悲泣的小男孩”（Kerouac，1999：367）。

就像禅宗大师的棒喝，杰勒德的耳光让凯鲁亚克醒悟了。杰克的成名之旅也就从那时开始了。他“像一个落难的天使去深刻参悟”——生死疾苦轮回中的“悲伤之旅”。

## 五、西尔维娅·普拉斯

普拉斯的父亲奥托（Otto）是一位蜜蜂专家，也是被评论家们称为“蜜蜂系列”诗歌的灵感之源，他在西尔维娅刚过完 8 岁生日的一个星期之后就离开了人世。那是普拉斯“倒霉透顶”的一天，她告诉我们，她“蛰伏进冬眠的洞穴”，而且一呆就是二十年［见她的诗歌《走在杜鹃花小径上的厄勒克忒拉》（*Electra on Azalea Path*）］。她用自己艺术的一生去叩寻亡父的“大门”，请求宽恕。就像凯鲁亚克直面杰勒德一样，她觉得是自己的爱杀害了父亲。“是我的爱让我们两人走向死亡”，她写道（Plath，

1981）。她将扭曲和破灭的梦幻写进了日记，（她猜想）她在为“谋杀”受罚，“谋杀”是发表于现代诗刊《格尔尼卡》（*Guernica*）中的诗歌《父亲》中反复出现的一个意象。

很明显，所有这些表明普拉斯的原型情景集中在她父亲身上——特别地，集中在一次为父亲扫墓的事件上。这件事被记录在她的日记中，也被收入她的小说《钟型罩》（*The Bell Jar*，1981a）中，这件事直接激发了诗歌《走在杜鹃花小径上的厄勒克忒拉》的创作灵感。换句话说，这是渗透。这次扫墓事件发生在1959年3月9日，被普拉斯描写为是从她与她的治疗师“悲怆”对谈疗程中醒来，她感到格外轻松时：

> 温特罗普（Winthrop）万里晴空，我们走向父亲的墓地—— 一个沉闷的景象。三块墓地被一条小径分开，这些坟墓都是近五十年了，粗陋的大石头和墓石汇集在一起，宛如逝者头对头睡在贫民窟一样。在第三块墓地上，绕过草地上的那排浅黄色的木屋，我看到了那块墓石，“奥托·E. 普拉斯（Otto E. Plath）：1885—1940”，就位于那条被人踩出的小径右边。感觉有些不真实，我真想把他从坟中挖出来，看看他是不是真的死了。他走了多久了？……刚刚离去。还好我心中仍怀念他。（Plath，1983：298）

大约十天之后，她在治疗中遇到“阴郁而恐怖的事”。她提到一个“杀死并阉割”父亲的幻想。“如何放下这些幻想？”她问，“如何才能避免这些幻想在我以后的生活中再次发生？我有许多诗歌的意象可以写，但我没有写。这些幻想什么时候会再来？”（1983：299）

在《走在杜鹃小径上的厄勒克忒拉》这首诗中，她谈到了给父亲扫墓的事，那是她从寒冬中“醒来”的日子。在这首诗中，她向自己证实了父亲已经离去。于是，她写下了“年轻的小女孩穿着天真无邪的衣裙……想着你的伟大事迹，一遍又一遍/没有人死亡，也没有人从那个舞台上消失”（1981：116）。

在《钟形罩》（*The Bell Jar*）中，寻访父亲的墓碑是以一段有趣而又模棱两可的告白开始的。“最近，我有一种强烈的愿望，要去弥补多年来对父亲的忽略，我应该去他坟前看看。”（Plath，1981：135）当她找到父亲的墓石时，她想起自己“从未为父亲的过世而哭泣过”。她将脸贴在大理石墓石上，为痛失亲人而嚎啕大哭，泪水“成了冰冷的盐雨”。接下来的一句是：“我知道我该怎么做了”——“做”是指自杀。

这次扫墓让普拉斯感到压抑，她觉得自己受了欺骗。墓石就位于那条鼓励人们“散步”的小路旁。在普拉斯的很多诗歌中，她将父亲描写成“僧侣般的”、“大师般的”，描写成空中或者海洋上空“固定的漩涡”，“迷人的石头、空气，所有这些，交织在一起”。在《父亲》这首诗中，他“像大理石般沉重”，是“一只装满上帝的袋子”。她对父亲的隐喻举不胜举。而关键在于，普拉斯惧怕父亲的内向投射，与眺过那排木房子所看见的墓碑并没有共同之处。内心认识到这个事实是一件好事——正如普拉斯的母亲所说，父亲的死一如常人——这可能与从神话中回到现实有密切关系，从而开辟了“在黑暗中摸索的人”的意象。的确，普拉斯曾说过，“弥补多年来对父亲的忽略”——换句话说，父亲在她的照料中死去，而父亲并没有尽到抚养她的义务；事实上，他抛弃了她（死亡是不必要的，反而让事情变得更糟；更多的内容请参阅本书

第11章)。她想象着，自己杀死了父亲。而她的诗中总是这些内容，特别是在《父亲》这首诗中。

图3.3　西尔维娅·普拉斯
（图片来源：Corbis）

在本书的第11章，我会充分论述普拉斯的这种倾向。她通过“一生的努力”来克服这种幻想，而所采用的途径是通过艺术让这些幻想进入意识层面。当普拉斯写道，“爸爸，我必须杀死你”。她主要涉及内部投射，她正在努力降低这种仇恨。死亡是她回到父亲身边的另一种选择——她也曾尝试过，并在作品中也有所体现（“二十岁那年我曾试图去死/回到，回到，回到你的身旁”）。《钟型罩》表明，那次扫墓直接引发了她的自杀企图。这里，相近性似乎再次暗含着某种因果关系。她找到了父亲，然后决定去死。她想知道父亲是否真的死了，要是得不到这个答案的话，她是活不下去的。但是为了得到这个答案，她又不得不选择死亡。

普拉斯去亡父坟前祭奠是她的原型情景，也说明了她诗歌创作的根本动机。

## 六、对概念的简要说明

原型情景在上文中完成了非常有效的描述和分析，这也充分体现了它在心理传记学中的价值。但人们也提出了很多的问题，其中最关键的一个就是这个概念的普适性。

首先，我们提出的每个生命都存在一个或者唯一的原型情景是否合适？我在前面分析凯瑟琳·哈里森时就提出过这个问题。暂时性的答案是肯定的，我的确认为这些情景为自我提供了一个快速且有效的概括。它们将散乱的信息整合在同一个意义主题之中。伴随着每一个富有创造性的演练、每一次复述，它们会变得更有说服力、更具代表性、更容易被接受。内心的弹跳是如此欢乐，工作做得如此好，部分是因为这些情景构成了一种必须要被了解的“违反现状”（violation）——它们不断地确认着自己。如果我们发现，我们难以抗拒，而我们对过去的事情又抱有极大的兴趣及感激，它们会提醒我们或者其他人，我们是谁？我们从何处来？在极少的案例中，身份认同（同一性）会突然迸发，通过诸如皈依、顿悟、创伤或者心理治疗等手段能获得认同的重构。人们会像收集旧的家庭相册一样将这些情景重新选择、整理。不再捉迷藏，人必须面对反思。那是过去的“我”，是被我遗忘的“我”（这在哈里森的身上有所体现）。但是问题在于，被剔除的情景是否真的缺乏原型性？它是如何被取代的？这个问题中隐含的另外一个更大的问题是：新的自我是否可以颠覆并取代旧的自我？那些不连贯性就比真实性更清晰明显吗？我曾在对奥斯卡·王尔德的分析中表达了对这个令人苦恼问题的担忧。奥斯卡·王尔德把他的牢狱经历当作一个自我觉醒的机会（Schultz, 2001）。一个新的王尔德出现了，这个新的王尔德是怎样的？那旧的王尔德又去了哪里？我不确定。故事可能有所改变，但原型情景没有变。（哈里森虽实现了心理谋杀，但舌头却依然在晃动）。

另一个问题：是什么促成了原型情景的生成？为什么只形成一个原型情景？自我是会不断增殖的。人格有如漂浮的油。正如荣格所说，能量会找到自己的路。我们这些无助的理论家会选择折中主义，然而折中主义总会遇到两难而面对自己的不合理。失调是不可避免的。而协调是补偿失调的最好方式（很难生活在不协调中）。最好的理论是精简的，它们具有简单的美，而最好的自我理论也是如此。毕竟，我们可能因得到太多的叙事信息而感到困扰，故事太多未必就有利。这些没有价值的信息可能会导致混乱、错位、异化甚至妄想（如强加意义于无意义的事）。原型情景就是精简原理的实践，它扎根于资料。它像拼贴艺术一样，将分散的信息整合在统一的主题下。有时，我们需要简单的提醒物，要求它指明方向但又非静态。这一点，正是原型情景可以做到的。它是一种降低失调的浓缩物。它在差异中实现统一性。在生命周期的某个时候，特别是是早期，理想的个人神话受益于开放与分化的质量。过早的封闭切断了认同多种选择的可能，这不是一件好事，特别对于青少年。然而麦克亚当斯（McAdams, 1993：271 ~273）却认为，成年早期是需要提炼、整合、协调和统合的。生命故事的重构“在一定程度上，要将不同特征整合在一起或是提出自己的反对主张，甚至离经叛道，以寻求生命的统一及目的”（1993：272）。故事若过度开放则显示了其不连贯性。

最后一个问题集中在创伤经验上：是否存在愉快的原型情景？我认为是存在的，但附设条件是“拒绝接受现状”。没有拒绝接受现状，就没有原型情景。因为这种情景描述了一种对现状的违反——一种对比，一种公然的冒犯，与一种无可辩驳的、真实的东西公然对抗——它们令人困惑，焦点突出，吸引着人们的注意力。简而言之，它们的效果显著，受人青睐。正是这样，它们才成为原型。熟悉的事物我们总是习惯且容易忽略，这只不过与以前一样。而过于新颖则会增加人们的焦虑，因为无前例可循。骚动不安是原型情景的核心，但骚动不安并不总是意味着不愉快（除非发生在坐飞机时）。平淡的案例则不能算在其中。其效用产生于情景的放大作用［就像脚本理论家西尔万·汤姆金斯（Silvan Tomkins）所说的那样］。所以，深刻的情感体验和拒绝接受现状是很关键的。这就说明，原型情景可以产生欢快，也可以产生悲伤；发展方向可能向上，也可能向下；可能会得到成长，也可能会停滞不前。比如说，阿巴斯的生命，其中被强调的情景就是那种对权利被剥夺的战胜，她打破了世俗的看法。不幸的是，她再遭挫败时，没有再站起来（见本书第8章）。

## 七、找出有用资料的其他线索

凸显性指标和原型情景为我们提供了一张路线图。事实上，还有许多其他线索也值得我们关注。

先对凸显性做一点补充说明。抽取出了具有心理凸显性的材料后，并不就代表对它们有所理解，这只是一个开始，但又是必须的（对原型情景来说也是一样）。亚历山大（Alexander，1990：24）曾考察过一些方法，这些方法试图将抽取出来的凸显性材料转化成许多单元——许多连续的句子通过共同的内容而形成同一实体，即结构完整的小故事（具有开篇、发展和结局）或片断，片段即指那些线索紊乱的故事。单元可以用来挖掘其手段——目的序列，而片段则不能，因为它们讲述的并不是有意义的故事（例如，“毫无疑问，我哥哥必将变成世界上最笨的家伙，除此之外他没什么问题”）。亚历山大举了个例子，这个例子是从一次访谈记录中选择出来的：

> 你是知道的，今天发生的事的确让我很生气，它让我想起小时候的一些事情。有一次，我有近两周的时间没和父亲讲话。公司老板让我汇报工作，这项任务我在一周前就已圆满完成，并取得了丰硕的成果。他却一直在一个小问题上纠缠不休，并认为这中间存在过错。这让我非常生气，目瞪口呆地坐在那里。（1990：24）

如果有人想用最概括或最抽象的方式来改写这段话的话，其模式可能是这样的：个人的努力让自己非常满意（积极情绪），但由于受到权威的批评，导致了气愤和困惑（消极情绪）。接下来，在一些案例中，零碎的信息通过凸显性指标被抽取出来，传主的资料也通过重复性得以揭示，人们对那些起初看上去似乎异质的单元，能够理解到其中的稳定性和普遍性。我们也总会问自己：传主资料中有关联性的一组事物（序列）多么的有力量，又多么的无处不在？原型情景也可以运用类似的方式，原型情景的原则被预期能将那些其他较不核心的情景概括起来。无论上述哪种情况，情景——原型的或者凸显的——就是分析的基本单元。这正如在分析梦的时候，对其潜在内容的推断远远超过表面的现象。也许，有人会纠缠于表面现象，试图努力去推测手段和目的间的变化，以及情绪如何由积极转化到消极，等等。

麦克亚当斯（McAdams，1993）也列举了大量的分析故事的策略。他的生命故事访谈记录要求传主详细提供八个方面的关键性问题——被他统称为“核心情节”（nuclear episodes）——这些问题是所有心理传记学家们都非常关注的。这其中包括高峰体验（peak experiences），一个借用于马斯洛的术语，它指一种短暂的狂喜和愉悦状态（就像罗伯特·埃文斯在《教父》首映的例子中）。所谓的低谷体验（nadir experiences）是指失落或低迷的状态，这个概念也受到广泛的关注（被锁在旅馆房间中的卡波特的体验就是一种明显的低谷）。是什么致使传主们的高峰体验如此强烈？又是什么导致了他们的低谷体验如此压抑？传主们对于这些体验又有哪些反应？这些问题一直需要探究。转折点使传主自我理解的象征发生了显著的变化，和上面的几种情况一样，我们有必要对其作出解释。到底是什么发生了转变？为什么？转变后“谁”存活了？“谁”又被遗弃了？这种转变对他的艺术作品、思想观念和政治立场是否会发生影响？所有这些，我们都希望得到回答。麦克亚当斯十分重视最早的记忆，重要的童年记忆，青少年期和成年期的重要记忆。想象传主就坐在你的面前，然后根据你的关于生活经验的知识去想象他的反应。他可能选出哪些早期记忆？（在阿巴斯的案例中，她选择了水库之行）。他选择的童年记忆、青少年期的记忆等，分别是哪些？麦克亚当斯的研究方案提供了一系列这种人们最容易问起而又想回答的问题。

有人也许会根据麦克亚当斯的建议，在关键事件中寻找关于“权力”或“亲和”的主题。有些传主可能会严重倾向于权力、自主、控制和成就。他们属于那种控制和强势的类型。在社会中，他们钟情于发号施令，重视勇气和英勇表现，这些人就是典型的权力型。而所谓“亲和”是指爱及亲密。这些特质的高分者往往表现出温暖和友好，他们善于聆听，富有同情心，致力于世界的和平，信奉人类需要相互依赖，主张人人平等。当涉及传主关键性事件的时候，具有强烈权力动机者往往被这些关于力量及其影响力、地位、自主和成就的主题深深吸引，而那些亲密需求高的人会朝向爱/友谊，对话/分享，关怀和团结/协作等方面的情景。

核心情节同样“标示着特定生命故事特征的出现与发展”（McAdams，1993：298）。一个具有高权力动机的人会强调以“战士”作为一个意象。他觉得自己将要奔赴战场（象征意义上的），他不断地在战斗。而“亲和”需求的意象是情人、照顾者以及“好朋友”。

最近，麦克亚当斯和亚历山大一样，将注意的重点转向了故事序列（McAdams & Bowman，2001：29）。麦克亚当斯认为，这些序列（sequences）包括“不同社会心理适应水平的原因及后果的关联”。对于抑郁及无繁殖力的人而言，麦克亚当斯会认为是一种“污染”系列：好的经验会被负向的情绪结果所破坏、损伤及玷污；而那些对生活相对满意的人（换言之，他们具有良好的社会心理适应），他们的故事序列是较为“救赎”式的：坏的事终会变好，痛苦会成就快乐、成长、学习以及自我提升。

核心情节、关于“权力”及“亲和”的主题以及故事序列，如补偿或者污染，所有这些都在作者撰写生命史小说时所作出的选择中表现出来。对麦克亚当斯而言，认同或同一性就是故事。我们本身就是自己创作并不断修改的故事。对此，我并不赞同，除非对一个故事能作更深入的分析；否则，故事只是如弗洛伊德所说的“明显”的、表层的内容。故事只是一个开始，而不是结束。本章所要完成的是，心理传记应当如何展开？我们首先要揭开“故事（或神话）”的面纱，然后要理解它。

汤姆金斯（Tomkins，1987）的脚本理论（script theory）也为心理传记学家们提供了一个很好的框架。脚本，就像麦克亚当斯的故事或者故事序列一样，是一组用以组织和放大一系列充满某种情感情景的规则。脚本的数量是无限的。在脚本理论中，自我确立多于自我应验，脚本可依据其所组织的情景的数量和类型而选择，甚至会放大一些不完整的情景；无论对事件的解释是否得当，都会根据其类型不停地进行重组。

汤姆金斯强调几种不同类型的脚本。情感脚本涉及情感的控制、管理和凸显性。丰富型脚本掌控正向情感的情景；而污染型脚本充满矛盾情景，抵抗着净化；抗毒型脚本则强调纯粹负面情景（但很少能取得成功）；意识形态脚本“试图解释应该过哪种生活以及人在宇宙中的位置”（1987：160），他们表现出他们的信仰，无论是宗教还是非宗教的；承诺型脚本“涉及长期投资于某种行动的勇气及毅力，并且增强做这些行动时的正向情绪”（1987：167）；毒性脚本是关乎那些他们被反对、排除、避开和击败时遭到的威胁以及具有强烈负向情绪的情景；核心脚本——与承诺脚本和意识形态脚本都是汤姆金斯重点探索的剧本——“通过同时使用缩小负向情绪和放大正向情绪这种自我挫败的双重策略来实现，或者两种都不用”（1987：168），它们产生于“由那些无法抗拒的诱惑和无法弥补的损失所带来的不情愿的放弃或痛心”（1987：197），这样，它们就是“通过对抗理想化威胁而进行理想化防御，从而达到理想化的境界”（1987：197）。

如果我们对故事出现的序列或者关键事件的出现保持警觉，我们就会对脚本的类型有更深的了解。麦克亚当斯与汤姆金斯观点的区别——虽然很小——是关于情感的重要性的。对汤姆金斯而言，情感显然是关键的。我们的脚本要么是在只有单一情景的案例中放大情感（就像原型情景），要么是在汇集了大量情景的案例中放大情感。注重情景的类型也就同时要求我们同等重视情感，它们都是非常有价值的。我们不能仅仅满足于哪个故事告诉我们的最多，我们也需要探究传主对情感的特殊品质是如何反应的，以及这种情感是如何引起一系列的特殊反应的（如脚本）。脚本是一种反应模式，也是一种自我理解的模式。人格通过它们得以确证。了解了脚本的形式以及这些形式在复杂的生活背景中意味着什么，我们才能以一种独特动态的形式去理解生命本身。

## 八、最后结论

我所介绍的“处理传记资料和在传记资料中如何找出不寻常的凸显性和心理意义的策略”，大家都已知悉。资料在你确定其重要性之前都是“平等”的。当然，首先你要找到什么是你要解释的；其次才是给出让人信服的解释，但这是不一样的工作。其实，前一项工作也并不简单，但和后者相比就容易多了。随后将给出一些关于后一项工作的建议，以及大量关于经典案例是如何完成的方法，这两者都有充分的资料数据说明。

我一直认为，通过阅读那些能够触动我们的材料总能获得有效的解释——通常依赖直觉作为有效的解释。许多心理传记方面的文章看起来讲得很有道理，其实只是在玩诡辩的手法而已。我们会发现自己常常被他们所呈现的美好景象所迷惑。每当这时候，也就是每当我们觉得被说服了的时候，如果我们总能多问几个“为什么”，一定会受益良多。什么使得这篇文章如此吸引人？其叙述的结构怎样？证据是如何组织和呈现的？它所使用的是什么理论以及如何巧妙地应用了这些理论？传记资料的来源如何？是如何搜集和整合这些杂乱无章的资料的？文章哪里使你信服而让你将它当成模范？想想他们是如何做的，你也可用到自己的研究中去。中肯又令人信服的理论品质是不易言表的。但正如他们所说，当我们看到（或读到）时，我们就会明白。而我们看到（或读到）时，我们一定要注意，要尽可能地去领会这些少有的具有启发意义的原型事例的真正含义。

（舒跃育　丁兴祥　译）

## 参考文献


Alexander, I. (1988). Personality, Psychological Assessment, and Psychobiography. *Journal of Personality*, 56(1), 265 – 294.

Alexander, I. (1990). *Personology: Method and Content in Personality Assessment and Psychobiography.* Durham, N. C.: Duke University Press.

Arbus, D. (1972). *Diane Arbus: An Aperture Monograph.* New York: Aperture.

Bosworth (1995). *Diane Arbus: A Biography.* New York: Norton.

Capote, T. (1966). *In Cold Blood.* New York: Random House.

Capote, T. (1988). *Answered Prayers.* New York: Plume.

Clarke, G. (1988). *Truman Capote: A Biography.* New York: Simon & Schuster.

Elms, A. (1994). *Uncovering Lives: The Uneasy Alliance of Biography and Psychology.* New York: Oxford University Press.

Evans, R. (1994). *The Kid Stays in the Picture.* New York: Hyperion.

Grobel, L. (1985). *Conversations with Capote.* New York: NAL Books.

Harrison, K. (1991). *Thicker than Water.* New York: Avon.

Harrison, K. (1997). *The Kiss.* New York: Avon.

Harrison, K. (2003). *The Seal Wife.* New York: Random House.

Inge, T. (1987). *Truman Capote Conversations.* Jackson: University Press of Mississippi.

Kerouac, J. (1972). *Visions of Coy.* New York: McGraw-Hill.

Kerouac, J. (1991). *On the Road.* New York: Penguin.

Kerouac, J. (1991). *Visions of Gerard.* New York: Viking.

Kerouac, J. (1991). *The Dharma Bums.* New York: Penguin.

Kerouac, J. (1995). *Selected Letters: 1940 – 1956*. New York: Viking.

Kerouac, J. (1999). *Some of the Dharma.* New York: Penguin.

Laplanche, J. & Pontalis, J. B. (1973). *The Language of Psychoanalysis.* New York: Norton.

Martinsen, J. (2003). *Where the Wild Things Are: A Psychobiography of Maurice Sendak.* Unpublished Manuscript.

McAdams, D. P. (1993). *The Stories We Live by.* New York: Morrow.

McAdams, D. P. & Bowman, P. J. (2001). Narrating Life's Turning Points: Redemption and Contamination. In D. P. McAdams, R. Josselson & A. Lieblich (Eds.). *Turns in the Road: Narrative Studies of Lives in Transition* (3 – 34). Washington, D. C.: APA Books.

Plath, S. (1981a). *The Bell Jar.* New York: Bantam Books.

Plath, S. (1981b). *The Collected Poems.* New York: Harper & Row.

Plath, S. (1993). *The Journals of Sylvia Plath.* New York: Avon.

Plimpton, G. (1997). *Truman Capote: In Which Various Friends, Enemies, Acquaintances, and Detractors Recall His Turbulent Career.* New York: Talese-Doubleday.

Schultz, W. T. (2001). Why Truman Capote Fried the Fancier Fish in *Answered Prayers.* Unpublished manuscript.

Schultz, W. T. (2001). De Profundis: Prison as a Turning Point in Oscar Wilde's Life Story. In D. P. McAdams, R. Josselson & A. Lieblich (Eds.). *Turns in Road: Narrative Studies of Lives in Transition* (pp. 67 – 89). Washington, D. C.: APA Books.

Schultz, W. T. (2003). The Prototypical Scene: A Method for Generating Psycho-biographical Hypotheses. In R. Josselson, A. Lieblich & D. P. McAdams (Eds.). *Up Close and Personal: The Teaching and Learning of Narrative Research* (pp. 151 – 176). Washington, D. C.: APA Books.

Tomkins, S. (1987). Script Theory. In J. Aronoff, A. I. Rabin & R. A. Zucker (Eds.). *The Emergence of Personality* (pp. 147 – 216). New York: Springer.

Wilde, O. (1996). *De Profundis.* London: Dover Editions.

Wright, F. L. (1977). *Frank Lloyd Wright: An Autobiography.* New York: Horizon Press.

## 第4章
# 心理传记学家应该向人格心理学学习什么

丹·麦克亚当斯（Dan P. McAdams）

人格心理学是关于整个人的科学研究。它的最终目的是为个体的生命提供有效的描述（Allport，1937；McAdams，2001a）。类似地，心理传记学的目的则是对人类个体，尤其是著名人物或有争议人物的生命进行心理学的描述。在用心理学概念解释个体生命时，心理传记学家常常会用到人格心理学中的核心概念（Runyan，1990）。因此，我们可能认为，心理传记学与人格心理学有很多共同之处。人们认为，人格心理学家可能从心理传记学中发现很多有启发性的案例，而心理传记学家也可能用现代人格理论去研究探索人类生命。人们还可能想象，人格心理学与心理传记学能够进行一场生动而重要的对话。但是，无论你想到了上面提到的哪一种情况，你都错了。

除了一些著名的例子外［如 Ogilvie（2003）；Schultz（1996）］，今天的人格心理学与心理传记学几乎没有什么关系。至于二者关联的程度，也许最好描述为“相互轻视”或者“相互回避”。顽固的（也许是讲究实际的）人格心理学家会轻蔑地忽视心理传记学的研究，认为它们充满幻想，是非实证的、不科学的。心理传记学家会避免踏入整个人格心理学领域，而采用精神分析理论及其分支理论，因为他们认为人格心理学只关注琐碎的概括以及方法论的细节。双方的观点并非毫无道理。批评心理传记学的学者（如 Stannard，1980）能够容易地找到胡乱的猜测和无根据的断言这样令人震惊的例子。批评人格心理学的学者也批评人格研究的化约主义倾向及其简单化（尽管客观）的方法和措施（如 Block，1995）。即使是最具有实证主义倾向的人格心理学家也常常发现，当他或她仔细阅读一两期科学的人格杂志就难以保持清醒了。人格心理学家把自己看作“科学家”，而许多心理传记学家认为他们的研究在一定程度上是“艺术”。人格心理学家旨在提出理论，并且验证可能适用于各种人的假设，而心理传记学家旨在对特定的个体逐一进行研究。借鉴奥尔波特曾用过的区分标准（Allport，1937），人格心理学家倾向于寻求普遍规律（普则）（nomothetic），而心理传记学家的研究则倾向于寻求特殊规律（特则）（idiographic）。

然而，奇怪的是，就连最好的心理传记与最精彩的人格研究之间几乎没有什么关联。尽管它们的侧重点不同，但毕竟它们的目的都是理解整体的人。很多学者敦促人格心理学家在研究人的生命的过程中，开阔视野，关注个案研究、叙事方法以及传记，这样，一方面可以把心理传记学与相关的研究领域联系起来，另一方面还可以把心理传记学与现代人格心理学联系起来（Carlson，1988；McAdams & West，1997；Nasby & Read，1997；Wiggins，2003）。有证据表明，人格心理学家已经开始聆听和学习，近年来，他们扩展了研究领域，并且吸纳了很多心理传记学家的理论和方法（McAdams，2001a）。现在也是心理传记学家虚心学习的时候了，要去认真阅读和学习当代人格心理学中的研究和理论。如果要在心理传记学与人格心理学之间进行一次建设性（以及建设性批评）的对话，那么双方首先要相互学习。

本章明确而直接的目标就是说明心理传记学可以从当代人格心理学那里学到什么，而其可能的长期目标是促使传记学家、生命作家（life writer）和那些为人类的个性所吸引的人们更认真地、批判性地思考人类个性的科学研究——人格心理学——应该告诉我们什么。那些想从心理学中寻求指导，理解生命秘密的人们并不比弗洛伊德和精神分析更传统、更深刻。大部分心理传记学家主要采用弗洛伊德的理论或者他们所理解的弗洛伊德的观点（Elms，1994）。尽管从总体上说精神分析取向为心理学提供了许多有启发性的观点，但弗洛伊德及其分支理论（如荣格的学说、自我心理学、客体关系理论）都已不是人格心理学中的主导力量。这并不能说明，心理传记学家（或者任何其他人）可以摒弃精神分析理论。但是，如果心理传记学家局限于某一种特定的理论，他们可能会失去机会，就不能采用多种观点广泛而深入地解释人类的人格，而这些观点可能会带来新颖而重要的见解、提出新颖而重要的问题。

## 一、历史背景

20 世纪 30 年代，随着奥尔波特（Allport，1937）和莫里（Murray，1938）的权威教科书的出版，《性格和人格》（*Character and Personality*）杂志（即现在的《人格杂志》）的创办，随着同一时期德国的性格研究、英美对个体差异的调查研究、精神分析论文和个案研究、人类学对文化和人格的研究这类各具特色的研究的出现（McAdams，1997；Winter & Barenbaum，1999），人格心理学作为行为与社会科学中的一个独特领域诞生了。这一领域公认的奠基人——戈登·奥尔波特和亨利·莫里所展望的人格心理学学科对心理传记学是友好的。虽然奥尔波特对弗洛伊德的一切观点都持怀疑态度，但是他坚决拥护在心理学中使用个人档案（Allport，1942）和进行个案研究（Allport，1965）。莫里不赞成弗洛伊德和荣格的观点，他采用传记学方法和个案研究法，付出多年心血对赫尔曼·梅尔维尔进行心理传记学研究（Murray，1949，1951）。在埃里克·埃里克森（Erik Erickson）的合作下，莫里在《人格探索》（Murray，1938）一书中提出了一些有影响的方法和概念，埃里克森也连续写了两本备受推崇的心理传记学著作：《青年路德》（Erikson，1958）和《甘地的真理》（Erikson，1969）。

奥尔波特和莫里认为，为了解释人格概念、完善或修正人格理论，人格心理学家应对个案进行大量的传记学研究。心理学家通过深度个案研究，可以说明俄狄浦斯情结或者一些特殊的心因性需要（psychogenic needs）这类特定概念的影响，弗洛伊德所做的许多临床个案研究和罗伯特·怀特对"厄恩斯特"的个案研究就是典型例证。通过这类分析，可以预先提出主要的理论或概念；将现有的理论或概念应用于生命研究；从解释一般的理论延伸到解释特定的生命。对个案的深度传记学研究还可以用于发现或提出理论，奥尔波特非常提倡这种做法。通过归纳，心理学家会从具体的个案资料中得出一般的观点。根据奥尔波特的观点，人格心理学家应该用一种开放的思想分析个案，以便从个人生命细节中形成新的理论，获得新的收获。

自从弗洛伊德研究列奥纳多的心理传记（1910/1957）以来，个人生命的细节就好像成了心理传记学家磨粉机中的谷物。从弗洛伊德开始，心理传记学家们常常通过俄狄浦斯情结、性心理发展阶段、早期家庭动力学、本能表达与社会压抑的冲突、内化的客体与潜意识的心理表征、分离个体化的发展过程以及精神分析领域中的其他流行观点等，来整理和解释这些细节。的确，早期的许多心理传记学家把他们的工作看作应用精神分析（applied psychoanalysis）的一种实践（Runyan，1988）。虽然最早的心理传记学研究者是精神病医生和精神分析学家，但是历史学、政治学、文学研究、人类学、社会学等其他许多领域的学者也很快迎接挑战，运用精神分析理论来分析著名人物。

在20世纪的上半叶，心理传记学研究进展缓慢。大约在1950年之后却获得了充分的发展（Runyan，1988）。随着心理传记学的日益流行，批评家们也开始注意到其中存在的很多问题和缺陷。许多批评家指出，心理传记学家非常鲁莽地把他们的主人公病态化，常常将他们的天才、领导力或其他优秀品质归于某种疾病、人格障碍或不良的家庭关系。一些心理传记学家过分强调早期发展阶段以及突出事件的影响，而不是考察特定时间和社会环境中的整个人生的发展模式。甚至还有一些人根据不充分的证据或者对不知道的事情尤其是童年事件的推测得出结论。但好的心理传记学标准最终还是产生了（Alexander，1990；Anderson，1981，2003；Elms，1988；Runyan，1982；见Schultz所写的本书第1章内容），尽管还有很多心理传记学家继续违反它们。虽然心理传记学的研究仍然饱受争议，但一些学者认为，心理传记学研究还是出现了有意义的明显进展。例如，鲁尼恩（Runyan，1988）就证实了这方面的研究进展：心理传记学家不断推出新的研究，运用新的资料搜集方法，发表对特定个案的重要考证结果，验证有争议的解释，根据新进展修改个人生命史，并且在解释中考虑了更多的社会、政治和历史因素。

同时，人格心理学却沿着一条完全不同的轨迹向前发展。虽然20世纪三、四十年代的先驱者对传记学方法感兴趣，乐于把广泛的理论用于分析个人的生命，但在第二次世界大战之后人格心理学家开始转向实验研究方法和心理测量学，因为他们想避开对生命史的研究，而把主要精力集中于少数的人格建构（如成就动机、焦虑、场独立性、反应偏好；至于例外情况，参见White，1963）。虽然在20世纪五、六十年代，人格心理学在测量和方法上取得了重要进步，但是这一领域的批评者开始怀疑人格建构的效能，认为情境因素（而不是人格变量）决定了人的行为（Mischel，1968）。许多人质疑人格结构（和人格理论）的必要性，到20世纪70年代人格领域面临一场理性的危机。但是，在20世纪80年代，这一领域的拥护者开始进行坚决的反击，并且提出新的证据，证明对定义明确的、操作化的人格结构进行的测量结果能够可靠而有效地预测人的行为，尤其是跨情境的行为（Epstein，1986）。20世纪80年代，许多其他领域的发展也导致了人格心理学的重要研究和创造性理论的复兴。从那时起，在这一领域中，人们对人格特质的兴趣重新燃起，人格中社会认知变量的概念化取得新进展，在生命史研究中基于叙事的理论和方法也出现了。以上三种进展对心理传记学研究都具有重要的意义。

## 二、当代人格研究的框架

当代人格心理学的研究和理论可以分为三个领域或水平（Hooker，2002；McAdams，1995，2001a）。这三个水平具体说明了心理学家在回答"了解一个人时要了解什么"这个问题时所给出的三种描述和解释。在了解人的科学研究中，人格心理学家可能会分别了解气质性特质（dispositional traits）、特征性适应（characteristic adaptations）和整合性的生命故事（integrative life story）这三个方面。特质代表着一个人的个性倾向，特征性适应描述了许多生活细节，整合性的生命史可以从总体上揭示一个人生命的意义。如表 4.1 所示，人格本身可以解释为特定的社会和历史背景下的一系列独特而不断进化的特质、适应行为和生命史（McAdams，2001a）。

**表 4.1 人格的三个水平***

| 水 平 | 定 义 | 举 例 |
|---|---|---|
| 气质性特质 | 可以描述个体也许是内在、全面而稳定的行为、思想和情感差异等大的人格维度，解释那些在不同情境和不同时间保持一致的个体行为的特质。 | 友好<br>支配<br>抑郁倾向<br>准时 |
| 特征性适应 | 描述个体适应动机、认知和发展方面的挑战和任务的具体人格侧面。特征性适应通常因时间、地点、情境或社会角色的不同而不同。 | 目标、动机和生活规划<br>宗教价值观和信念<br>认知图式<br>心理社会发展阶段<br>发展任务 |
| 生命故事 | 内化的和展开的自我叙事，人们由此整合过去、现在和未来，为生命赋予某种统一感、目的感和意义感。生命故事表明了人格中的同一性和整合问题——在现代成年人中尤其突出的问题。 | 早期记忆<br>童年期重构<br>对未来自我的预期<br>"从乞丐到富翁"的故事 |

*摘自 McAdams（2001a：10）

在第一个水平上，气质性特质是广泛的、内在的、可以对不同个体的人格进行相互比较的特征，它可以解释跨情境和跨时间的行为经验的一致性。气质性特质经常通过自陈式问卷或观察者评定进行评价，它将个人置于一系列具有两个极端的线性连续体上，它们代表了那些能够将人们明显区分开来的最基本、最一般的维度。数量众多、范围宽泛的研究表明，个体基本特质的差异能够一致地预测其行为倾向（Matthews & Deary，1998）及重要的生涯发展结果（如 Barrick & Mount，1991）。特质得分显示了明显的遗传性（Loehlin et al.，1998）以及较大的时间跨度的稳定性，尤其是成年期的稳定性（Costa & McCrae，1994；Roberts & Friend-Delvecchio，2000）。近年来，人们开始达成一致，认为大部分人格特质都可以分为五大类，即我们通常所说的“大五”（Big Five）：外倾型/内倾型、神经质、尽责性、宜人性和开放性。

在第二个水平上，特征性适应是动机驱动的、具有社会认知和发展性质的人格侧面，它因时间、地点或社会角色情境的不同而不同。其中包括当前的目标和动机、价值观和信念、应对策略和防御机制、人际关系的内在表征、兴趣和特定领域的技能、发展任务以及能够说明个体适应日常生活变故的特定方式的其他人格特征。特征性适应表明了人们在日常生活中想要什么（或希望避免什么），就特定的人、群体、组织和社会角色来说，在特定的情境下如何获得他们想要的东西（或者避免他们不想要的东西）（Cantor & Zirkel，1990；Little，1999；Mischel & Shoda，1995）。特征性适应没有气质性特质那么稳定，但是其偶发性更强，它显示了人格的许多细节，其表现形式要比特质随时间而变化的表现形式更加直接。

如果说气质性特质勾勒出人格的大概框架，而特征性适应丰富了人格的许多细节，那么了解人还要了解什么呢？还要了解的一个方面就是意义。一个人生命的意义是什么？更具体地说，一个人的生命对他自己来说意味着什么？越来越多的社会科学家认为，现代社会的人们通过建构内在的自我叙事（internalized narratives of self）或生命故事来寻求生命的意义和目的感（Cohler，1982；Giddens，1991；McAdams，1985，2001b；Polkinghorne，1988）。在人格的第三个水平——整合性的生命故事，讲述了一个人是如何重构过去、预测未来的叙事认同（narrative identity）的，个体所描绘的这种认同包括了自我界定的事件、人物、情节和主题。就像特质和特征性适应一样，现代人所演绎的内化的和展开的生命故事都是他们人格必不可少的方面。充分了解一个人，就要了解他（或她）在特定的社会、文化及历史背景下表现出来的特质、特征性适应和生命故事。

1. 水平1：气质性特质

作为一种描述和解释个体人格的必要建构，气质性特质的提出按理说应该是过去20年内人格心理学最重要的进步。虽然奥尔波特（Allport，1937）把特质看作人格心理学中的基础概念，但它在20世纪六七十年代遭遇困境。批评者认为，特质标签只不过是像人造词语和归因错误一样的东西。但是，过去20年的大量研究表明，这些批评并非真的很明智。人们越来越清晰地看到，在“大五”人格理论的名义下，气质性特质很大程度上代表了那些稳定而广泛的人格维度，它们能够预测人们的行为、感情和思想的一般趋势。“大五”人格理论中的气质性特质反映了许多在文化中都能发现的基本行为、经验的个体差异（Church，2000）。而且，认知神经科学家已经把某些特质尤其是外倾性（支配性、社交能力、积极情感）、神经质（焦虑、抑郁、消极情感）与大脑过程以及多巴胺通道、杏仁核的功能之类的加工机制联系起来。

心理传记学家应该从近期的气质性特质研究和理论中学习什么呢？首先我们来看简单的第一课：对个体生命全面的心理传记学描述，应该从某种气质理论框架开始。最近，奥格尔维（Ogilvie，2003）就向着这个方向迈出了一步，他应用基本的“大五”人格框架对《彼得·潘》的作者J. M. 巴里进行了分析。传记学家偶尔也运用某些个别的特质概念来比较不同的个体。例如，人们通常认为弗洛伊德比荣格更外向（Steele，1982），亨利·詹姆斯比他的兄长威廉更内向（Edel，1985）。但是，这些比较很少是综合性的、系统的比较，实际上，它们从没有用任何一种复杂的方法引证关于特质的实证研究。

较短的心理传记学论文和篇章可能想解释个人生命中的某个秘密（Elms，1994），而较长的内容（如一本书）往往会对个体进行更全面的描述。我认为，对于那种通常会形成专著或书籍的、厚实而雄心勃勃的心理传记学来说，了解某种气质性特质理论显得尤其重要。完整的心理传记学专著的作者会引入心理学的概念和理论，全面地描绘一个人的生活。不管这些作者想探讨其他的什么观点，他们都从“大五”人格理论所包括的各种气质性特质中成功地勾画了主人公生命中所表现出来的认知、情感和行为倾向。

心理传记学家可能首先根据“大五”人格理论识别主人公具有的少数特质，看主人公在这些特质上的表现程度较高还是较低（表4.2是“大五”人格理论的一个版本）。“大五”理论中的特质定义比传记学家常常给出的不可靠而且不稳定的特征描述更为精确和具体。心理传记学家把主人公置于“大五”人格理论中的精确位置，由此向读者描述了一种容易理解的基本人格倾向的概貌，它更便于与其他传记学家在描述相同或不同的主人公时所用到的气质性特质进行比较［这种传记学之间的比较可推动鲁尼恩（Runyan，1988）所设想的心理传记学领域的进步和相互影响，还可以促进心理传记学家与研究特质的人格心理学家之间的交流］。心理传记学家可以将人物的不同事件和倾向组织到特定的特质类别中。更重要的是，他们可以确定人物在哪些情况下，可能表现出与自己的气质性特质相反的行为。特质不是绝对的，一个高度外向的人并不是在每一种情况下都表现出开朗和友善的行为方式。在心理传记学研究中，明显地或不经意地偏离气质性特质的分析思路，可能是非常有趣的事情。这种偏离为传记学家提供了一个很好的机会，让他们能够解释那些乍看起来似乎不可理解的事情。

**表4.2 “大五”人格特质结构***

| |
|---|
| **E：外倾型（对应于内倾型）** |
| 温和 |
| 合群 |
| 自信 |
| 活泼 |
| 寻求刺激 |
| 积极的情绪 |
| **N：神经质（对应于情绪稳定性）** |
| 焦虑 |
| 愤怒和敌意 |
| 抑郁 |
| 自我意识 |
| 冲动 |
| 脆弱 |

（续上表）

| |
|---|
| O：对经验的开放性（对应于保守性） |
| 幻想 |
| 审美 |
| 感情 |
| 行动 |
| 思想 |
| 价值 |
| A：宜人性（对应于敌对性） |
| 信任 |
| 坦率 |
| 利他主义 |
| 服从 |
| 谦虚 |
| 心肠软 |
| C：尽责性（对应于缺乏责任心） |
| 能力 |
| 条理性 |
| 本分 |
| 成就动机 |
| 自律 |
| 沉着 |

* 摘自 Costa & McCrac（1994）

气质性特质对于完整地描述人的个性来说是不可缺少的，它们也可以用于解释。这就是为什么心理传记学家从某些人格特质研究中获得应用知识是非常重要的原因所在。实证研究证实了不同特质之间、特质与行为之间以及特质与重要生活事件之间的意料之中或之外的联系。举例来说，对外倾型的研究表明，这种特质与积极的情感体验之间存在正相关。外向的人不仅比内向的人更开朗，而且他们拥有更多的能给他们带来愉悦和快乐的生活（社交生活和非社交生活）经验（Lucas & Diener，2001）。同时，外向的人也比内向的人更少报道消极情绪体验（消极的情绪体验似乎与神经质联系更密切，它与外向是相互独立的）。一些特质论者将外倾性和积极情感倾向归到行为通路系统（behavioral approach system）中，该系统的脑机制可能包括左前额叶的高级皮层活动，并可能强化了由神经递质多巴胺调节的敏感性（Revelle，1995）。因此，心理传记学家会预期他们研究的大部分外向的传主应该不难找到生活的乐趣，而如果背离这种预期模式反而会提供一种解释原因的有趣机会。

特质是如何形成的？这个问题引出了心理传记学家要向人格心理学学习的第二课，尽管它是一个消极的教训：共享的家庭环境并不能很好地解释特质的发展。双生子（包括同卵双生子和异卵双生子，一起抚养的双生子和分开抚养的双生子）研究表明，人们的基因差异至少可以解释大部分人格特质分布中一半的变异。在解释剩余变异时，研究者考察了各种其他环境因素的影响。到目前为止，试图用简单的环境影响来解释特质发展的做法都是失败的。目前还不清楚环境是如何影响特质的，但日益清楚的是，人们普遍认为，某些简单的家庭影响因素，如共同的信念，对人格特质的形成非常重要——父母的温暖或管教以及其他影响同胞子女们的一般性家庭特征等变量——几乎不起任何作用。

大多数学生以及很多临床心理学家都不相信这样一组数据——这组数据表明，共享的环境影响解释特质分数变异的比例不足5%（Dunn & Plomin，1990）。让我们在心理传记学研究中来看看这一结果：埃里克森（Erickson，1958）认为，马丁·路德的强迫性倾向（"大五"人格中尽责性维度下面的一个特质，或许还有点神经质倾向）在一定程度上是由父亲汉斯·路德（Hans Luther）的严格要求造成的。埃里克森可能犯了个错误，即也许汉斯要求非常严格且很有权威，马丁长大之后也就可能形成类似的特质和强迫倾向。但是，路德这些特质的发展可能与汉斯管教孩子的方式没有什么关系。的确，这些特质的发展可能与基因的关系更为密切，也就是说汉斯将基因遗传给了马丁，这有力地影响了他的这些特质的形成。

对特质决定因素的研究并没有表明环境不起任何作用。相反，它表明这种影响是复杂的，而影响最大的环境不是家庭，这与弗洛伊德的观点相悖（Harris，1995）。公平地讲，大多数关于人格特质发展的研究都没有考察有着极端的剥夺或可怕的虐待的环境。当然，也有可能在非常特别的家庭中，共享的环境影响会与遗传或家庭外因素的影响相抗衡。心理传记学家也可能偶尔发现，主人公的家庭环境非常富有或贫困，以至于我们无法忽略共享的家庭环境对他的特质的影响。但我的意思是，这种家庭环境比心理传记学家想象的要少，而且更为极端的是，一些心理传记学家试图将家庭环境病态化，以便于他解释基本特质的起源。

当代研究建议，心理传记学家可以把视野扩大到家庭之外，或者找出家庭内部偶然性的影响模式，以便更有效地解释环境对特质的影响。现在，很多研究者都认为非共享的环境对于特质发展起着不可低估的作用。非共享的环境包括兄弟姐妹在家庭内部未能共同享有的外部因素，如同伴关系、教师、幸运的突变、重大的事故以及让同一个家庭的孩子的人格特质向不同方向发展的许多环境因素。的确，一些非共享的环境因素存在于家庭之内，如出生顺序和同一家庭中对待孩子的不同方式。在这一点上，弗洛伊德声称，他"非常明显地更喜欢母亲"，他似乎认识到在自己的生活中存在着非共享环境的明显影响。

从儿童期的气质到成年后稳定的个体差异，特质都是按照卡斯皮（Caspi，1998）所谓的"发展复杂化"（developmental elaboration）的过程发展的。这个过程很复杂，而且是多侧面的，但是其要点主要有这样几个方面：基因型导致天生的气质差异；社会环境会对气质作出"反应"，经常（尽管并非总是）增强和表达已经形成的气质特点；随着逐渐成熟的人们选择和建构与自身的气质类型相一致的环境，因而进一步增强和表达了这些气质特点，气质也因此逐渐发展为成熟的人格特质。举一个简单的例子，一个带有决定活泼、外向气质的基因型的婴儿会比一个抑制型的婴儿（遗传了一种不同的基因型）引起更多的欢笑和更多的社会互动，这也许会加大两个婴儿的差异。当这个活泼的孩子沿着特定的发展道路前进时，他（或她）会遇到很多支持他（或她）这种气质倾向的环境（在一定程度上是因为这个孩子遗传了父母的基因，父母会建构一种与他们的基因型，同时也是与孩子的基因型一致的环境）。由于外向的孩子与内向的孩子在基因上的差异以及由此引起的环境差异，相对而言，当这个外向的孩子长大以后，他（或她）更倾向于花更多的时间与人交往，更愿意做那些能够带来快乐的事情。

上面这个例子太简单了，但它仍然在无意中表明天生的气质差异驾驭了整个发展过程。实际上，在天生的差异不断复杂化的过程中，许多环境因素互相竞争，从而导致了很多意外而有趣的发展道路。毕竟，不是所有一岁时活泼的孩子长大后都能成为外向的人。然而，心理传记学家必须找到长期塑造着特质的多种环境影响。因此，在追溯气质性特质的发展时，心理传记学家的目光要超越单一的事件，降低共享的家庭环境的作用，而且要侧重解释早期的气质差异是如何表达和不断复杂化，并逐渐发展为成熟的气质性特质的。

对玛丽·麦卡锡（Mary McCarthy）的研究可以说明这一观点（Geldmerman, 1988）。她生于1912年，6岁前与喜爱她并鼓励她自信气质的父母生活在一起。1918年，她的父母因为流行性感冒在24小时内双双去世。在接下来的五年里，玛丽和她的三个弟弟跟祖母的妹妹及其丈夫一起生活。跟他们生活在一起对玛丽来讲简直是个噩梦。他们一点都不喜欢玛丽，并且严厉压制她开朗而具有支配性的行为方式。这对夫妻经常打孩子，并且禁止玛丽与邻居小伙伴们一起玩耍。可能是因为玛丽坚强不屈的性格让他们对她更加严厉并严加控制。五年后，玛丽的外祖父母知晓了这些情况，就让玛丽搬去和他们一起生活。她的生活环境又一次发生了巨大的改变。外祖父母和蔼可亲而且宠爱她，但他们不能给予她所渴望的全部的爱。与外祖父母生活在一起时，玛丽的性格似乎不那么刚毅了，因为她在家里再也不用面对一个需要对抗的权威。但是，她在学校仍然很叛逆。总之，玛丽的气质类型在十年左右的时间里不断发展变化，它塑造了不同的环境，并为不同的环境所塑造。她阳光般的自信随着年龄的增长而逐渐暗淡，同时，她气质的发展越来越表现出选择性，在面对权威的压迫时就逐渐形成了反抗倾向。

2. 水平2：特征性适应

特质概念最大的两个优点——范围和稳定性，也是两个最大的弱点。能够解释不同情境下行为一致性的主要气质性特质并不能很好地描述或解释矛盾性、偶然性以及独特性（Thorne, 1989）。总的来说，特质能够帮助我们解释一个人的行为、思想和情绪，但是无法说明在精确描述一个人在特定情境下的行为、思想、情绪以及原因解释时所需要的细节、背景和动力。作为成人生命中能够表明纵向连续性、相对稳定的个体差异，特质并不能很深刻地解释人格的变化和发展。从成年早期到中期，尽责性和宜人性的平均水平似乎有些许提高，而神经质的水平会轻微地降低（Helson & Klohnen, 1998）。但是，这些常规的特质发展模式并未包括其他许多具体的成长变化方式。完整地描述人类的个体应该始于特质，却不能终于此。

在过去的20年中，在动机、目标、策略、信念、价值观、兴趣、基模（图式）以及一系列其他的特征性适应的测量方面，人格心理学家取得了巨大的进步，他们希望能够解释特质所不能解释的现象。他们所进行的各种研究是在多种理论的名义下进行的，其中包括社会—认知理论（social-cognitive theory）（Cantor & Zirkel，1990）、认知—情绪系统理论（cognitive-affective systems theory）（Mischel & Shoda，1995）、自我决定理论（self-determination theory）（Deci & Ryan，1991）、动机的毕生发展理论（life-span motivational approaches）（Freund & Baltes，2000）、个人行动心理学（personal action psychology）（Little，1999）、可能自我的概念化（conceptualizations of possible selves）（Markus & Nurius，1986）、自我—他人（self-with-other）理论（Ogilvie & Ashmore，1991）以及各种强调发展阶段、时期和生命轨迹的理论。尽管根据这些理论制订的各种研究方案的侧重点不同，但他们几乎都很关心人们在特定情境中的行为，关心这些行为是如何在不同时期发生可预测或不可预测的变化的。

心理传记学家会从各种关于人格的特征性适应的研究文献中学习到什么呢？显而易见，第一课来自特征性适应（水平2）与气质性特质（水平1）之间的区别：成年期有意义的人格变化更可能表现在人们的目标、动机、信念和策略上，而不是表现在总体的行为、认知以及情感模式上。与气质性特质相比，特征性适应更主要地，而且更为直接地由环境中的偶然事件、发展的要求、社会角色塑造而成，在成年期尤其如此。随着个体社会生活环境的变化，他或她的动机、目标、信念和策略也会发生相应的变化，这是不足为奇的。例如，奥斯卡·王尔德与人交往的总体风格（气质性特质）在他一生中似乎都没有什么改变；然而，随着时间的推移，特别是由于他的监狱生活经历，他逐渐开始鄙视艺术的浅薄与虚伪，而过去他曾经把这当作艺术生活哲学的基础（Schultz，2001）。

更近的一个例子是罗纳德·里根（Ronald Reagon）。在其新任妻子南茜（Nancy）的影响下，里根从一个温和的自由主义者转变成为政治保守主义的拥护者（Morris，1999）。里根的信念以及人生目标在他三、四十岁的时候发生了明显的变化。有趣的是，可能一点也没有发生改变的是他整体的思维风格——倾向于根据几个强有力的原则去理解世界，而忽视了其复杂性和矛盾性。在人格的第一个水平上，罗纳德·里根在对经验的开放性这一气质性特质上得分较低。然而，在第二个水平上，他从一名要在好莱坞成名的超前自由主义者转变成追求高级公职的坚定的保守主义者，这一人格的转变对于美国20世纪后半期的历史来说也是不容轻视的。

里根的例子引出了这样一个问题：人格的改变到底是由什么构成的？一些心理学家可能认为，政治价值观和人生目标的转变过于肤浅或有限，因而难以构成“真正的”人格转变。事实上，一些特质心理学家也持同样的观点（如 Costa & McCrae，1994）。他们把大的性格变量作为基本的人格维度。从这个观点来看，特征性适应只不过是在特定情境中形成的基本人格特质的衍生物。然而，我认为这种观点是不切实际的，也是错误的。之所以说它是不切实际的，是因为用“特质就是一切”的观点来判定气质性特质是唯一“真正的”人格维度，证明这些维度是随着年龄的增长而日益稳定的，这把人格改变的标准定得太高了。特征性适应的变化通常代表了重要的个人转变，这些转变对人们的自我概念以及他们赖以生存的社会生态环境产生了巨大的影响。事实上，在心理治疗的变化中，大部分是目标、策略和信念的变化。另外，特质的优越地位具有误导性，因为研究显示，动机、目标、信念以及其他特征性适应并不能整齐地排列在人格特质之下（Winter et al.，1998）。人格的第二个水平并不仅仅是比第一个水平更具体，它们的类型也是不同的。它涉及人类个性中动机的、认知—社会的、发展的以及策略的方面，这些方面无法用气质性特质进行清晰的说明。

水平 2 是一套解释偶然事件、背景、变化、冲突及复杂性的理论表述。这套表述说明了引起人们日常活动的内在动力和人际互动特点。这套表述采用了精神分析理论，但只是在一定程度上采用。例如，当前关于动机和目标的研究探索了各种各样的动机变化机制和冲突，而它们一直是精神分析传统的核心问题（Emmons & King，1998；Little，1999）。依恋研究探讨了费尔贝恩（Fairbairn）和科胡特（Kohut）所谓的内化客体表征（Main et al.，1985）。人格与认知研究者重新审视了意识机能与潜意识机能的区别，并将这种区别转变为外显（即时的、冷的、缓慢而精确的）机能和内隐（非即时的、热的、快速而印象深刻的）机能之间的区别问题，这支持了弗洛伊德学派的重要观点（Epstein，1994）。然而，与此同时，当前关于特征性适应的研究偏离了大部分精神分析理论和 20 世纪上半期提出的很多重要的人格理论，在领域特殊性（domain specificity）这个重要方面的研究至少表明了这一点。

对特征性适应的研究结论倾向于偏离弗洛伊德、荣格、阿德勒、霍妮、沙利文、科胡特、罗杰斯、马斯洛以及奥尔波特等人所突出论述的普适性过程和综合机制，而倾向于对特定的领域进行具体的描述（Cantor & Zirkel，1990；Little，1999）。例如，很多从社会认知角度进行的人格研究把人看作能够在同一时间或不同时间面对多种不同的问题和人生任务的复杂有机体。其对基本需要、重要情结或人类个性的普遍模式方面的空泛论断持怀疑态度。相反，人们是在满足多种不同的相互竞争的要求并完成不同任务的过程中不断发展的（Tooby & Cosmides，1992）。没有哪一种目标、图式（基模）、防御机制、动机模式或价值体系能够提供一种关键的、全面的理论，让我们更好地理解一个人。另外，现代生活提出的多种相互冲突的要求促使人们扮演多种相互冲突的不同角色（Gergen，1992）。特征性适应是在特定背景下被界定的，也是在特定背景下表现出来的——一种情境中（当与陌生人打交道时）的适应策略不一定适用于其他的情境；人生的某一时期（青少年时期）的行动目标不一定是其他时期（中年期）的目标；承担社会角色 A（领导者）时证明是有效的一套观念对社会角色 B、C 和 D 不一定有效。

传记作家经常对主人公的多重角色和倾向进行描述。例如，林肯的传记作家就对林肯在不同时期所扮演的看似相互矛盾的多种角色——从年轻时的劈柴人（rail-splitter）到巡回律师、当地的政治活动家、总统候选人，再到国内战争时期的美军总司令——感到惊奇（如 Donald，1995）。解释这种复杂性的通常做法是寻找这种多样性之下潜在的某种统一性。角色和倾向的不同可能被认为是由深层的潜在因素引起的表面或外显的特征。但是，关于特征性适应的研究表明了以下三种可能性：一些人不适合用深层统一性进行解释，一些人的确是相互矛盾的，一些自我建构的确是多侧面的、偶然形成的。

关于特征性适应的研究为我们提供了大量的思想观点，为我们从心理学意义上理解多样性和偶然性提供了便利。例如，奥宾（Aubin，1998）运用基于第二个水平的繁殖性（generativity）概念进行的研究和理论——中年人关心后代并努力促进后代的发展，即探讨了作为设计师和父亲的弗兰克·劳埃德·赖特（Frank Lloyd Wright）的发展。奥宾描述了赖特如何在不同的生活领域以多种令人眼花缭乱的方式表现他的繁殖性，还描述了他最大的成功和失败如何反映他在适应繁殖任务的过程中的矛盾。

显然，心理传记学家可以得知：从动机、社会认知和发展的角度解释特定个体的人生，必须考虑到其多样性、矛盾性和领域的特殊性。心理传记学家试图找到一套普遍的或核心的动机、目标、策略或信念，尤其是起源于童年的“基本的”心理动力学模式，这种做法可能会过分简化主人公，忽视特定个体生命的偶发性、背景、变化和局部的特殊性。对于特征性适应的研究反对用某个“主要的”观点来解释特定个体的生命。然而，有一种强大的力量推动着人们对整个生命进行化约主义的解释。读者希望传记学家能为案例提出一个心理学的观点；他们期望获得明确且易于理解的信息。在人们的心目中，心理学理论可以让错综复杂的生命变得容易理解。但是，即使是最资深的心理传记学家，也会对一些明确的主题提出多种可能的解释，指出可能存在的多种情况。这多种可能性与要解释的主题同样重要，因为正是这多种可能性揭示了生活环境的复杂性和生命的偶然性。

3. 水平3：整合性的生命故事

在过去20年随着气质性特质和特征性适应研究的不断发展，越来越多的人格心理学家将注意力转向思考人类个性的第三种方式。从汤姆金斯（Tompkins，1979）的脚本理论开始，人格心理学家开始意识到并认真思考人类生命中叙事的作用。汤姆金斯将人设想为一个剧作家，从出生开始就着手建构生命中的情景和脚本，以夸大情绪感受和赋予意义。根据汤姆金斯的观点，生命是有条理的、叙事性的，就像一个正在发生的故事一样，其中包括各种设置、情景、人物、情节和主题。麦克亚当斯（McAdams，1985）强调了相似的观点，他提出了生命—故事的认同模型（life-story model of identity）。他认为，生活在现代社会中的人在青少年后期和成年早期就开始建构和内化综合性的生命叙事，并在接下来的岁月里继续致力于这些故事。辛格和萨罗维（Singer & Salovey，1993）将自我解释的记忆看作生命故事中关键的自传体情景——包括生动的情绪体验，表明了尚未解决的认同（同一性）问题的生命片段。赫门斯（Hermans，1996）提出了颇有影响的对话理论（dialogical theory），将人格解释为能够表达自我的多个侧面的复调小说（polyphonic novel）。如今在人格心理学中迅速兴起的叙事理论（如Barresi & Juckes，1997）和叙事方法（Craik，1997）与社会科学中称为生命叙事研究（narrative study of lives）的跨学科运动相吻合（Josselson & Lieblech，1993；Josselson et al.，2003；Rosenwald & Ochberg，1992）。这些生命叙事研究从理解故事的讲述者以及故事所讲述的文化这一角度去创作、解释和传播人们的生命故事。

在人格的第三个水平上，生命故事就是发展中的、人自己内化了的、不断展开的自我叙述。从主人公的立场来说，就是我的人生阅历（my life as I see it）。生命故事在两个方面都是主观的。首先，它是主人公自己所叙述的自我建构——不是观察者的建构或解释，不管观察者是其母亲还是传记作家。其次，生命故事明显地不同于任何一种客观的个人往事纪录，因为它从过去经历中选择和建构的事件仅仅是主人公认为值得选择和构建的事件，这些事件与其想象的未来相联系。因此，生命故事更像是个人的神话而不是客观的编年史（McAdams，1993），尽管主人公相信这个故事是真实的。

的确，在心理学意义上，故事是真实的。它力图让一个人形成对现在、过去和将来的自己（以及为什么如此）的连贯感。就其他功能来说，生命故事还能为个体的生命赋予某种明显的意义，指明生活的方向，由此重构往事、预期未来。生命故事提供了埃里克森所谓的自我同一性（ego identity）的许多东西，告诉他或她现在是谁、过去是谁、将来又可能会是谁；清楚地说明了一个人与他人的相似之处和不同之处，及时地整合了生活；有助于指明适合一个人的心理社会空间（psychosocial niche）；巩固一个人的选择和为这些选择而努力的决心；使某个社会中的特定生活可以被感觉到，并且可以被讲述出来，这个社会——现代社会，有着许多不同的生活方式，也有着很多可以讲述的生命故事。生命故事开始于青少年晚期和成年早期，让现代的男人和女人获得了叙事同一性或叙事身份（narrative identity）。

心理传记学家可以从人格心理学的叙事理论和研究以及生命叙事研究中得到什么启示呢？事实上，大多数心理传记学家已经开始重视叙事。心理传记学甚至被说成是“系统地运用心理学理论（尤其是人格理论），将人生转换成一个连贯的、富有启发性的故事”（McAdams，1988：2）。埃德尔（Edel，1978：2）在提到亨利·詹姆斯的传记时写到：“当传记作家发现一个神话的时候，他也就发现了故事。他知道素材的意义，能从中选择、筛查、过滤，他不会在研究对象上欺骗自己。”但是，心理传记学家所讲述的关于主人公解释性的故事未必与主人公本人讲述的故事相同——也就是说，成为心理传记本身的、以第三人称进行的讲述与主人公本人（第一人称）的叙事不是同一的。实际上，在传记作家认为主人公为了保持“虚假的”自我感觉而欺骗自己也许还有其他人的时候，两者可能存在十分明显的矛盾。在叙述过程中，个体有时会杜撰故事角色，编造虚假的故事，正如莉莲·海尔曼（Lillian Hellman，1973）一样，她似乎在自传《悔改》（*Pentimento*，1973）中杜撰了一些从未发生过的事件。当然，传记作家可能会利用自己的文学创作权把叙事性的解释凌驾于他所想象的主人公的故事之上，或者把两者对立开来。但是，莉莲·希尔曼，这位传记作家，不应该那么快就忽略或忘记主人公的叙事身份。我认为，好的心理传记学需要同时考虑作家心目中的主人公和主人公自己的叙事身份及其特质和特征性适应。

因此，在人格的第三个水平上的重要启示是心理传记学家用第三人称对主人公的生命进行的叙述应该努力揭示、解释、整合和评论主人公用第一人称叙述时的叙事身份；心理传记学家讲述的故事应该创造性地吸收他们认为是主人公讲述的故事。对于一些心理传记来说，其目标可能是让主人公现在或过去含蓄地讲述的故事变得明朗起来。为了明确主人公的叙事身份，心理传记学家应更多地关注其青少年后期和成年期，尽管他们通常可能更为关注主人公的早年生活。麦克亚当斯（McAdams，1985，1993）的“生命—故事”的认同模型中认为，婴儿期和童年期的经验为生命故事提供了素材，但是生命故事本身直到社会要求人们形成有意义的、连贯的生活时——在现代社会的青少年晚期和成年初期——才开始成形（Arnett，2000）。另外，认知发展研究表明，形成叙事身份所必需的技能直到青少年晚期才能稳固下来（Habermas & Bluck，2000）。在青少年晚期和成年初期，生活在现代社会的人们将他们实际的和想象的生活经历与他们对文化的叙事融合在一起，形成独特的生命故事。其中，对文化的叙事十分引人注目，也更令人难忘。这些受早期经验影响的故事是确定无疑的，但它们同样是个人行动和文化的产品（Franz & Stewart，1994；Gregg，1991）。经过心理社会意义上的建构、编辑、更新、重构，叙事身份成为个人的和文化的文本——在不断进化的文化环境中被创作、阅读和展开，在叙述某种有意义的生命时，文化具有自身所喜好或抵制的叙述模式。

生命叙事研究提出了许多不同的解释性框架，以对生命故事进行分析、分类和评价。比如，麦克亚当斯（McAdams，1985，1993）确定了叙事的基调、主题和复杂性几个维度。基调指一个故事中情绪的总体性质，从喜剧和爱情小说中的乐观、喜悦到悲剧和讽刺作品中的负面情绪，都是基调的表现。在以积极情绪为主要情感基调的故事中，人物角色一般都出生在一种比较安全的环境中，尽管历经坎坷，但他们最终会有幸福的结局。而以负面情绪为基调的故事通常充满了危险和不信任，在故事的开头部分尤其如此，它促使读者认为即使有着最崇高的奋斗或生活热情，最终还是会让人失望。

叙述的主题［或主线（thematic lines）；McAdams，1985］清楚地说明了人物在故事中努力完成的事情可以根据巴坎（Bakan，1966）所指出的个人行为主题（agency）与集体主题（communion）的区分进行分类。个人行为主题与自我扩展、成绩、权力一类的东西有关；集体主题与努力获得爱情、友情，加入团队的行为有关。人格研究者已经形成了用来评价生命叙事的个人行为主题和集体主题的方法，他们已经将这些主题与其他人格特质和生命结果联系在一起进行研究（如 McAdams et al.，1996；Woike，1995）。例如，研究表明，权力动机较高（人格的第二水平）的人会优先从自我掌握、影响和个人成就这些个人行为主题来建构生命事件，而亲和动机较高的人倾向于建构集体性的生命故事，更强调浪漫的爱情、友情、人与人之间的对话和对他人的关心。

基调和主题成为生命事件的内容，复杂性是指生命故事的结构。与简单的生命事件相比，复杂的生命故事包含了更多的情节和角色，并且具有更多明显的特色。研究表明，自我发展水平较高、在经验开放性测验中得分较高的人倾向于写更加复杂的自传。

另一个用于解释生命故事的结构就是“个人意象”（personal imago）。意象是一种理想化的自我人格，它在生命故事中扮演主要角色（这个术语的此种用法可以与荣格的理论进行对照。荣格认为，意象与集体潜意识的普遍原型相似；在麦克亚当斯的理论中，意象是高度人格化、由文化所塑造的自我）。在现代社会中，人们的生命故事通常不只包含一种意象，好像自我被分割成多种角色（McAdams，1985）或声音（Hermans，1996）。每个意象都表明了它自身的价值观、信念、目标和作用以及它所喜欢的相互作用模式。一种意象（如“爱人”、“勇士”）在生命故事前面的部分起主导作用时，另一种意象（如“哲人”、“调解者”）则可能在后面的内容中占主导地位。不同意象之间的相互作用和冲突有助于建构生命故事情节，并有助于说明生命故事中主要的不同之处、障碍和挑战（另参见 Gregg，1991）。另外，个体以内隐的方式用多种意象确立自己的叙事身份，表明了像格根（Gergen，1992）这样的后现代理论家所谓的单个自我故事中的当代自我多样性。威廉·詹姆斯指出，自我既要承担一种身份，同时又要承担多种身份时经常会出现身份认同的问题，通过上述方式，综合性很强的生命故事就解决了这一问题（Knowles & Sibicky，1990）。

在艾尔弗雷德·希区柯克（Alfred Hitchcock）的传记中，斯波托（Spoto，1983）

指出了两种主要的角色或意象，它们造成了这位著名导演生命故事的核心冲突。其中一个角色是勇敢而又细心的完美主义者，他主导和革新了电影制作行业；另一个角色是重达300磅、冷酷而不近人情、身体和情感都有障碍的一个人。斯波托认为，这两种形象在他的很多电影中都有体现，在这些电影中，希区柯克设置了相互敌对的两种力量。这种双重性也体现在希区柯克对待女人的矛盾态度上。像格雷斯·凯利（Grace Kelly）和金·诺娃科（Kim Novak）这样的女主演在剧中扮演了完美无缺的优雅女性，但是在电影《精神病患者》（*Psycho*）著名的沐浴情节中和《鸟类》（*The Birds*）中最后一次对蒂比·海德伦（Tippi Hedren）冲击的那一幕，也有被粗野地奸污、蔑视的女性形象。希区柯克也将他的两个自我投射到他喜欢的两个男人身上，即加里·格兰特（Gary Grant）和吉米·斯图尔特（Jimmy Stewart）。格兰特是个性情温和而老练的男性，他总是很能讨女人欢心。相反，斯图尔特在《劫持》（*Rope*）中是个阴谋理论家，在《后窗》（*Rear Window*）中是一个有窥淫癖的人，在《晕头转向》（*Vertigo*）中则是一个充满罪恶感、追求浪漫的人。格兰特扮演了严谨的完美主义者，他的生活有着自己的风格和优雅；而斯图尔特是一个灰色的意象，他扮演了一个肥胖而又不称职的人。斯波托认为，这个角色正是希区柯克童年生命故事的形象，在导演生涯的最后几年，他又把这个形象搬到了舞台的中心。

生命叙事的研究者重新运用汤姆金斯的学说（Tomkins，1979），重点分析了希区柯克生命故事中用粗体字突出强调的那些特殊的情节或片段（Singer & Salovey，1993；Thorne & McLean，2003）。汤姆金斯对他所谓的核心情景（nuclear scenes）很感兴趣。核心情景典型地出现在生命故事的童年时期，它从积极的情绪开始，当孩子在与他所信任的人进行交往、拥有“模仿的榜样、指导、亲密关系、支持、安慰、安全感”的时候，经常会出现这种核心情景。但是，随着“威胁、玷污、困惑或这几种情况的联合出现破坏了这种美好情景”时，核心情景也会突然变得糟糕起来（Tomkins，1987：199）。于是，开始欢乐激动的情绪变成了害怕、反感、羞愧或悲伤。汤姆金斯认为，核心情景能够导致更大的核心脚本，再次使不好的情景转变为好的情景，这些较大的核心脚本是为扭转核心情景而形成的更宽泛的生命故事模式。然而，在一些生命故事中，消除玷污的行为最多只是取得了部分成功，主人公只能一次又一次地回到命运安排的核心情景中。这不足为怪，生命叙事研究表明，汤姆金斯所描述的这种被玷污的核心情景与抑郁以及较低的心理健康水平有关（McAdams，et al.，2001）。

一些生活情景发生了从好到坏的变化，那么另外一些情景则反映了坏事是如何由坏变好的。在拯救情节（redemption sequence）所讲述的生命故事中，就有一个角色是从一个受苦受难的人转变为自我提高的、情绪愉快的人。拯救情节与自我报告的心理健康水平具有正相关关系，而且它还与美国中年人的繁殖性，即他们对后代的高度关怀和努力促进后代幸福的倾向正相关（McAdams et al.，1997）。同样，被玷污的童年情景可能表明了更宽泛的核心脚本（Tomkins，1987），进行拯救的情节则可能意味着更宽泛的生命叙事形式和故事类型。对那些具有高度繁殖性尤其是充满关怀和创造性的生命故事的研究显示，在美国中年人中，在这些叙事中到处存在的拯救情节经常同时具有以下几个特点：①童年期感到很特别或优越；②早年对苦难或他人的压迫很敏感；③在青少年时期形成了简单而有力的个人意识，而且成年后一直为此而努力；

④在成年期，为亲和目标而奋斗与为权力目标而奋斗这两者之间存在冲突；⑤期望在未来获得发展、取得成就。

在表4.3中，麦克亚当斯（McAdams，in press）把这种生命叙事方式称为拯救性的自我（redemptive self）。这种拯救性的自我或许代表了美国人叙述他们充满关怀和创造性的中年生活的特有方式。在颇具繁殖性的美国成年人把生命转化为拯救性的叙事时，实际上表明了他们对生命过程的理解是乐观的、高度个性化的，他们通过讲述赎罪（宗教）、解放（政治）、康复（药物）、自我实现（心理）以及社会地位的上升（经济），为个人得到的拯救进行庆贺。这些讲述最早可见于经典的美国教科书，如新英格兰清教徒的宗教信仰自传、本杰明·富兰克林（Benjamin Franklin）自传、爱默生（Emerson）在19世纪关于“自立”的演讲和文章、霍雷肖·阿尔杰（Horatio Alger）的故事、林肯在葛底斯堡的演说（the Gettysburg Address）以及美国内战之前逃逸的奴隶所写的动人的叙事故事。围绕相同主题展开的各种叙事贯穿于20世纪美国的自传和小说、电视与电影以及关于美国自主的众多文献中。这些主题被转化为民族认同的故事，体现在下面这类最典型的美国观念中：“上帝的选民”，“天定命运论”以及“美国梦”。颇具繁殖性的现代美国人建构的生命故事运用了丰富的隐喻以及美国人对自己身份的思维方式，300多年来——从移居美洲的英国清教徒到电视节目主持人奥普拉·温弗里（Oprah Winfrey），他们对自己的身份一直是既赞成又反对，既备受鼓舞又感到问题重重。

**表4.3　拯救性的自我：具有高度繁殖性的美国成年人建构的生命故事的6个主题***

| | |
|---|---|
| 1. 早年的优势<br>(Early advantage) | 故事的主人公幼年时就占有特别的优势或特别幸运，这使他或她在家庭或同龄人中不同寻常。从早年起，主人公就有一种积极的优越感。 |
| 2. 别人的苦难<br>(Suffering of others) | 在故事中的早期阶段，主人公见证了别人的不幸或苦难，并且对他们深表同情。主人公关注的目标可能包括病人、奄奄一息的人、残疾人、精神病患者、穷人，还有需要特别帮助的群体或个体。 |
| 3. 思想的坚定性<br>(Ideological steadfastness) | 到了青少年时期，主人公已经建立了一套清晰而连贯的信念系统指导他们的生活。这套信念系统经常根源于宗教，相对稳定或比较坚定。信念一旦确立，主人公就不会对信念表示怀疑、摇摆不定，也不会出现信仰危机。 |
| 4. 拯救的结果<br>(Redemption sequences) | 痛苦或者消极情感的生命事件总是很快地伴随着好运或积极结果。坏的情景总是可以被随后发生的事情所挽回、补救，或者变得更好。 |
| 5. 权力与爱情<br>(Power versus Love) | 成年后主人公一再发现两种愿望之间的冲突：一是强烈地希望通过对社会施加积极的影响，从而让自己变得杰出；一是强烈地希望与别人形成亲密的关系，被别人平等地接纳。 |
| 6. 亲社会的未来<br>(Prosocial future) | 在生命故事中展望将来的部分，主人公一般会设定有利于社会或某个社会机构的目标。 |

*表格引自McAdams，in press；McAdams et al.（1997）

某些类型的生活情景（如玷污、拯救）可能意味着更宽泛的生命叙事模式（如核心脚本、拯救性的叙事），这些叙事模式阐明了那些可揭示个人生命和文化意义的心理和社会主题。舒尔茨（Schultz，2003）将这些思想用于心理传记学研究，发现一些生命故事有可能涵盖了基本主题和生命动力的个别情景。舒尔茨提出了心理传记学研究的指导方针，心理传记学家可以据此识别出他所说的生命原型情景。他还通过分析凯瑟琳·哈里森、杰克·凯鲁亚克、杜鲁门·卡波特和西尔维娅·普拉斯的自传，阐释了他的观点（见 Schultz 所写的本书第 3 章）。对舒尔茨来说，寻找原型情景至少有两大好处。首先，极其典型而又浓缩了大量信息的情景简要地揭示了个人叙事身份中的基调、意象、主题和情节等最突出的方面。从主人公以第一人称对自身生命进行的描述（他们在一生中的叙事身份）中可以得出原型情景可能揭示了自我描述的生活的基本方面。其次，原型情景有助于心理传记学家为心理传记提出新的假设和见解。舒尔茨注意到，心理传记学家最终讲述的故事与主人公所讲述的生命故事不尽相同。但是，弄清后者能极大地促进前者，为心理传记学家提供理论工具，从而丰富和深化对个人生命的解释。

## 三、结论

除了 20 世纪上半叶提出的重大人格理论之外，人格心理学为人们提供的东西甚少。按照大的理论范式划分，这些理论包括“精神分析”（弗洛伊德、荣格、阿德勒、霍妮、沙利文、埃里克森），“人本主义”（奥尔波特、罗杰斯、罗洛·梅、马斯洛），“因素理论”（卡特尔、吉尔福特、艾森克）以及“行为主义”［米勒和多拉德（Miller & Dollard）、斯金纳、班杜拉］，这些通用的理论对人性、个别差异以及人格发展提出了权威的观点（见 Hall & Lindzey，1957）。有人批评这些理论框架缺少科学研究的支持，但是这并没有激怒它们的支持者。每种理论都提出了综合的论点来批驳其反对者，接受其中的一种理论（如存在主义）就必须拒绝另一种理论（如社会学习理论）。心理传记学家和那些想从心理学的视角理解个体生命的人都希望通过这些理论得到指导和领悟。精神分析取向为理解个人生命提供了最丰富的理论和最具独创性的概念。因而，心理传记学家最常引用弗洛伊德以及追随他的深度心埋学家的作品便不足为奇了。他们始终如此，这既说明了精神分析理论持久的生命力，也说明了心理传记学与当今人格心理学的分离。本章旨在说明这种分离。

把人格心理学简单地划分为几个理论流派或阵营，每个都有自己的一套关于人性、个体差异和人格变化的观点，这种想法不再有任何意义，尽管曾经是有意义的。虽然本科生的人格心理学教科书会在每章逐一介绍大的人格理论，但是人格心理学领域的科学研究和理论与这些教科书完全不一样。相反，它们更侧重于多种多样的气质性特质、特征性适应以及生命故事问题，这为心理传记学家提供了一系列他们过去从未使用过的深刻而有趣的概念。

我在本章提出的建构——气质性特质、特征性适应和生命故事——相对于以前的大理论，包括心理传记学家最推崇的精神分析理论，有一个很大的优点。简而言之，它的优点在于科学性。我注重分析丰富的、不断展开的科学叙事中所包含的人格概念，其中的概念建构被操作化，假设可以得到验证，理论可以根据公认的有效的规则得以发现、推理和证实，从而不断得到革新和完善。我并不是要求心理传记学家仅仅从对人类个性的科学研究中获得洞察力。心理传记学家应该充分利用多种不同的观点——从女权主义和批判精神分析学说的理论到进化心理学。其实我的基本目的只是想说明，心理传记学家已经开始进入科学领域，对此他们感到很高兴，他们开始主张当代人格心理学研究和理论有助于更好地理解个体的生命。近来，人格心理学也开始采用传记评估、个案法以及其他与心理传记学相近而且关系密切的研究方法。心理传记学家希望重新得到这种支持。

**致谢**

多谢吉姆·安德森和托德·舒尔茨对本章的早期草稿提出的意见。感谢福利家庭基金会（Foley Family Foundation）在本章写作过程中为作者提供的资助。

（谷传华　刘莹　译）

**参考文献**

Alexander, I. E. (1990). *Personology: Method and Content in Personality Assessment and Psychobiography*. Durham, N. C.: Duke University Press.

Allport, G. W. (1937). *Personality: A Psychological Interpretation*. New York: Holt, Rinehart & Winston.

Allport, G. W. (1942). *The Use of Personal Documents in Psychological Science*. New York: Social Science Research Foundation.

Allport, G. W. (1965). *Letters from Jenny*. New York: Harcourt, Brace & World.

Anderson, J. W. (1981). Psychobiographical Methodology: The Case of William James. In L. Wheeler (Ed.). *Review of Personality and Social Psychology* (Vol. 2, pp. 245 – 272). Beverly Hills, Calif.: Sage.

Anderson, J. W. (2003). A Psychological Perspective on the Relationship between William and Henry James. In R. Josselson, A. Lieblich & D. P. McAdams (Eds.). *Up Close and Personal: The Teaching and Learning of Narrative Research* (pp. 177 – 197). Washington, D. C.: APA Books.

Arnett, J. J. (2000). Emerging Adulthood: A Theory of Development from the Late Teens through the Twenties. *American Psychologist*, 55, 469 – 480.

Bakan, D. (1966). *The Duality of Human Existence*. Boston: Beacon Press.

Barresi, J. & Juckes, T. J. (1997). Personology and the Narrative Interpretation of Lives. *Journal of Personality*, 65, 693 – 719.

Barrick, M. R. & Mount, M. K. (1991). The Big Five Personality Dimensions and Job Performance: A Meta Analysis. *Personnel Psychology*, 44, 1 – 26.

Block, J. (1995). A Contrarian View of the Five-factor Approach to Personality Description. *Psychological Bulletin*, 117, 187 – 215.

Cantor, N. & Zirkel, S. (1990). Personality, Cognition, and Purposive Behavior. In L. Pervin

(Ed.). *Handbook of Personality: Theory and Research*(pp. 135 – 164). New York: Guilford.

Carlson, R. (1988). Exemplary Lives: The Use of Psychobiography for Theory Development. *Journal of Personality*, 56, 105 – 138.

Caspi, A. (1998). Personality Development across the Life Course. In W. Damon (Ed.). *Handbook of Child Psychology* (5th ed., Vol. 3): *Social, Emotional, and Personality Development*(pp. 311 – 388). New York: Wiley.

Church, A. T. (2000). Culture and Personality: Toward an Integrated Cultural Trait Psychology. *Journal of Personality*, 68, 651 – 703.

Cohler, B. J. (1982). Personal Narrative and the Life Course. In P. Baltes & O. G. Brim, Jr. (Eds.). *Lifespan Development and Behavior*(Vol. 4, pp. 205 – 241). New York: Academic Press.

Costa, P. T. & McCrae, R. R. (1994). Set Like Plaster? Evidence for the Stability of Adult Personality. In T. F. Heatherton & J. Weinberger (Eds.). *Can Personality Change?* (pp. 21 – 40). Washington, D. C.: APA Books.

Craik, K. H. (1997). Circumnavigating the Personality as a Whole: The Challenges of Integrative Methodological Pluralism. *Journal of Personality*, 65, 1087 – 1111.

De St. Aubin, E. (1998). Truth Against the World: A Psychobiographical Exploration of Generativity in the Life of Frank Lloyd Wright. In D. P. McAdams & E. de St. Aubin(Eds.). *Generativity and Adult Development*(pp. 391 – 428). Washington, D. C.: APA Books.

Deci, E. & Ryan, R. M. (1991). A Motivational Approach to Self: Integration in Personality. In R. Dienstbier & R. M. Ryan(Eds.). *Nebraska Symposium on Motivation: 1990* (pp. 237 – 288). Lincoln, Nebr.: University of Nebraska Press.

Donald, D. H. (1995). *Lincoln*. New York: Simon & Schuster.

Dunn, J. & Plomin, R. (1990). *Separate Lives: Why Siblings Are So Different.* New York: Basic Books.

Edel, L. (1978). Biography: A Manifesto. *Biography*, 1, 1 – 3.

Edel, L. (1985). *Henry James: A Life*. New York: Harper & Row.

Elms, A. C. (1988). Freud as Leonardo: Why the First Psychobiography Went Wrong. *Journal of Personality*, 56, 19 – 40.

Elms, A. C. (1994). *Uncovering Lives: The Uneasy Alliance of Biography and Psychology.* New York: Oxford University Press.

Emmons, R. A. & King, L. A. (1988). Conflict among Personal Strivings: Immediate and Long-term Implications for Psychological and Physical Well-being. *Journal of Personality and Social Psychology*, 54, 1040 – 1048.

Epstein, S. (1986). Does Aggregation Produce Spuriously High Estimates of Behavior Stability? *Journal of Personality and Social Psychology*, 50, 1199 – 1210.

Epstein, S. (1994). Integration of the Cognitive and Psychodynamic Unconscious. *American Psychologist*, 49, 707 – 724.

Erikson, E. H. (1958). *Young Man Luther.* New York: Norton.

Erikson, E. H. (1969). *Gandhi's Truth.* New York: Norton.

Franz, C. & Stewart, A. J. (Eds.). (1994). *Women Creating Lives: Identities, Resilience, Resistance.* Boulder, Colo.: Westview Press.

Freud, S. (1957). Leonardo da Vinci and a Memory of His Childhood. In J. Strachey (Ed.). *The Standard Edition of the Complete Psychological Works of Sigmund Freud* (Vol. 11, pp. 59 – 137). London: Hogarth Press. (Original work published 1910).

Freund, A. M. & Baltes, P. B. (2000). The Orchestration of Selection, Optimization, and Compensation: An Action-theoretical Conceptualization of a Theory of Developmental Regulation. In W. J. Perrig & A. Grob (Eds.). *Control of Human Behavior, Mental Processes, and Consciousness* (pp. 35 – 58). Mahwah, N. J.: Erlbaum.

Gelderman, C. (1988). *Mary McCarthy: A Life.* New York: St. Martin's Press.

Gergen, K. J. (1992). *The Saturated Self.* New York: Basic Books.

Giddens, A. (1991). *Modernity and Self-identity.* Stanford, Calif: Stanford University Press.

Gregg, G. (1991). *Self-representation: Life-narrative Studies in Identity and Ideology.* New York: Greenwood Press.

Habermas, T. & Bluck, S. (2000). Getting a Life: The Emergence of the Life Story in Adolescence. *Psychological Bulletin*, 126, 748 – 769.

Hall, C. & Lindzey, G. (1957). *Theories of Personality.* New York: Wiley.

Harris, J. R. (1995). Where Is the Child's Environment? A Group Socialization Theory of Development. *Psychological Bulletin*, 102, 458 – 489.

Hellman, L. (1973). *Pentimento.* New York: New American Library, Inc.

Helson, R. & Klohnen, E. (1998). Affective Coloring of Personality from Young Adulthood to Midlife. *Personality and Social Psychology Bulletin*, 24, 241 – 252.

Hermans, H. J. M. (1996). Voicing the Self: From Information Processing to Dialogical Interchange. *Psychological Bulletin*, 119, 31 – 50.

Hooker, K. (2002). New Directions for Research in Personality and Aging: A Comprehensive Model for Linking Levels, Structures, and Processes. *Journal of Research in Personality*, 36, 318 – 334.

Jones, E. (1961). *The Life and Work of Sigmund Freud.* New York: Basic Books.

Josselson, R. & Lieblich, A. (Eds.). (1993). *The Narrative Study of Lives.* Thousand Oaks, Calif.: Sage.

Josselson, R., Lieblich, A. & McAdams, D. P. (Eds.). (2003). *Up Close and Personal: The Teaching and Learning of Narrative Research.* Washington, D. C.: APA Books.

Knowles, E. & Sibicky, M. E. (1990). Continuity and Diversity in the Steam of Selves: Metaphorical Resolutions of William James's One-in-many-selves Paradox. *Personality and Social Psychology Bulletin*, 16, 676 – 687.

Little, B. R. (1999). Personality and Motivation: Personal Action and the Conative Evolution. In L. A. Pervin & O. John (Eds.). *Handbook of Personality: Theory and Research* (2nd ed., pp. 501 – 524). New York: Guilford.

Loehlin, J. C., McCrae, R. R. & Costa, P. T., Jr. (1998). Heritabilities of Common and Measure-specific Components of the Big Five Personality Factors. *Journal of Research in Personality*, 32, 431-453.

Loevinger, J. (1983). On Ego Development and the Structure of Personality. *Developmental Review*, 3, 339-350.

Lucas, R. E. & Diener, E. (2001). Understanding Extraverts' Enjoyment of Social Situations: The Importance of Pleasantness. *Journal of Personality and Social Psychology*, 81, 343-356.

Main, M., Kaplan, N. & Cassidy, J. (1985). Security in Infancy, Childhood, and Adulthood: A Move to the Level of Representation. *Monographs of the Society for Research in Child Development*, 50(1 & 2), 66-104.

Markus, H. & Nurius, P. (1986). Possible Selves. *American Psychologist*, 41, 954-969.

Matthews, G. & Deary, I. (1998). *Personality Traits*. Cambridge: Cambridge University Press.

McAdams, D. P. (1985). *Power, Intimacy, and the Life Story*. New York: Guilford.

McAdams, D. P. (1988). Biography, Narrative, and Lives: An Introduction. *Journal of Personality*, 56, 1-18.

McAdams, D. P. (1993). *The Stories We Live by*. New York: Morrow.

McAdams, D. P. (1995). What do We Know When We Know a Person? *Journal of Personality*, 63, 365-396.

McAdams, D. P. (1997). A Conceptual History of Personality Psychology. In R. Hogan, J. Johnson & S. Briggs (Eds.). *Handbook of Personality Psychology* (pp. 3-39). San Diego, Calif.: Academic Press.

McAdams, D. P. (2001a). *The Person: An Integrated Introduction to Personality Psychology* (3rd ed.). New York: Wiley.

McAdams, D. P. (2001b). The Psychology of Life Stories. *Review of General Psychology*, 5, 100-122.

McAdams, D. P. (in press). *The Redemptive Self*. New York: Oxford University Press.

McAdams, D. P., Anydioho, N. A., Brown, C., Huang, Y. T., Kaplan, B. & Machado, M. A. (2004). Traits and Stories: Links between Dispositional and Narrative Features of Personality. *Journal of Personality*, 72, 761-784.

McAdams, D. P., Diamond, A., de St. Aubin, E. & Mansfield, E. (1997). Stories of Commitment: The Psychosocial Construction of Generative Lives. *Journal of Personality and Social Psychology*, 72, 678-694.

McAdams, D. P., Hoffman, B. J., Mansfield, E. & Day, R. (1996). Themes of Agency and Communion in Significant Autobiographical Scenes. *Journal of Personality*, 64, 339-377.

McAdams, D. P., Reynolds, J., Lewis, M., Patten, A. & Bowman, P. J. (2001). When Bad Things Turn Good and Good Things Turn Bad: Sequences of Redemption and Contamination in Life Narrative, and Their Relation to Psychosocial Adaptation in Midlife Adults and in Students. *Personality and Social Psychology Bulletin*, 27, 472-483.

McAdams, D. P. & West, S. (1997). Introduction: Personality and the Case Study. *Journal of Personality*,65,757 - 783.

Mischel,W. (1968). *Personality and Assessment.* New York: Wiley.

Mischel, W. & Schoda, Y. (1995). A Cognitive-affective System Theory of Personality: Reconceptualizing Situations, Dispositions, Dynamics, and Invariance in Personality Structure. *Psychological Review*, 102,246 - 268.

Morris,E. (1999). *Dutch: A Memoir of Ronald Reagan.* New York: Random House.

Murray,H. A. (1938). *Explorations in Personality.* New York: Oxford University Press.

Murray,H. A. (1949). Introduction. In *H. Melville,Pierre,or the Ambiguities* (pp. xiii - ciii). New York: Farar Straus.

Murray,H. A. (1951). In Nomine Diaboli. *New England Quarterly*,24,435 - 452.

Nasby,W. & Read,N. (1997). The Inner and Outer Voyages of a Solo Circumnavigator: An Integrative Case Study (Special issue). *Journal of Personality*, 65(4).

Ogilvie,D. M. (2003). *Fantasies of Flight.* New York: Oxford University Press.

Ogilvie,D. M. & Ashmore,R. D. (1991). Self-with-other Representation as a Unit of Analysis in Self-concept Research. In R. A. Curtis (Ed.). *The Relational Self* (pp. 282 - 314). New York: Guilford.

Polkinghorne,D. (1988). *Narrative Knowing and the Human Sciences.* Albany,N. Y.: Suny Press.

Revelle,W. (1995). Personality Processes. *Annual Review of Psychology*,46,295 - 328.

Roberts,B. W. & Friend-Del Vecchio,W. (2000). The Rank-order Consistency of Personality from Childhood to Old Age: A Quantitative Review of Longitudinal Studies. *Psychological Bulletin*,126,3 - 25.

Rosenwald,G. & Ochberg,R. (Eds.). (1992). *Storied Lives: The Cultural Politics of Self-understanding.* New Haven,Conn.: Yale University Press.

Runyan,W. M. (1982). *Life Histories and Psychobiography: Explorations in Theory and Method.* New York: Oxford University Press.

Runyan,W. M. (1988). Progress in Psychobiography. *Journal of Personality*, 56,295 - 326.

Runyan,W. M. (1990). Individual Lives and the Structure of Personality Psychology. In A. I. Rabin,R. A. Zucker,R. A. Emmons & S. Frank (Eds.). *Studying Persons and Lives* (pp. 10 - 40). New York: Springer.

Schultz,W. T. (1996). An "Orpheus Complex" in Two Writers of Loss. *Biography: An Interdisciplinary Quarterly*,19,371 - 393.

Schultz,W. T. (2001). De Profundis: Prison as a Turning Point in Oscar Wilde's Life Story. In D. P. McAdams,R. Josselson & A. Lieblich(Eds.). *Turns in the Road: Narrative Studies of Lives in Transition* (pp. 67 - 89). Washington,D. C.: APA Books.

Schultz,W. T. (2003). The Prototypical Scene: A Method for Generating Psychobiographical Hypotheses. In R. Josselson,A. Lieblich & D. P. McAdams (Eds.). *Up Close and Personal: The Teaching and Learning of Narrative Research* (pp. 151 - 176). Washington,D. C.: APA Books.

Singer, J. A. & Salovey, P. (1993). *The Remembered Self*. New York: Free Press.

Spoto, D. (1983). *The Darker Side of Genius: The Life of Alfred Hitchcock*. New York: Ballatine.

Stannard, D. (1980). *Shrinking History: On Freud and the Failure of Psychohistory*. New York: Oxford University Press.

Steele, R. (1982). *Freud and Jung: Conflicts of Interpretation*. London: Routledge & Kegan Paul.

Thorne, A. (1989). Conditional Patterns, Transference, and the Coherence of Personality across Time. In D. M. Buss & N. Cantor (Eds.). *Personality Psychology: Recent Trends and Emerging Directions* (pp. 149 – 159). New York: Springer-Verlag.

Thorne, A. & McLean, K. C. (2003). Telling Traumatic Events in Adolescence: A Study of Master Narrative Positioning. In R. Fivush & C. Haden (Eds.). *Autobiographical Memory and the Construction of a Narrative Self* (pp. 169 – 185). Mahwah, N. J.: Lawrence Erlbaum.

Tomkins, S. S. (1979). Script Theory. In H. E. Howe, Jr. & R. A. Dienstbier (Eds.). *Nebraska Symposium on Motivation* (Vol. 26, pp. 201 – 236). Lincoln, Nebr.: University of Nebraska Press.

Tomkins, S. S. (1987). Script Theory. In J. Aronoff, A. I. Rabin & R. A. Zucker (Eds.). *The Emergence of Personality* (pp. 147 – 216). New York: Springer.

Tooby, J. & Cosmides, L. (1992). The Psychological Foundations of Culture. In J. H. Barkow, L. Cosmides & J. Tooby (Eds.). *The Adapted Mind* (pp. 19 – 136). New York: Oxford University Press.

White, R. W. (Eds.). (1963). *The Study of Lives*. New York: Prentice-Hall.

Wiggins, J. S. (2003). *Paradigms of Personality Assessment*. New York: Guilford.

Winter, D. G. & Barenbaum, N. B. (1999). History of Modern Personality Theory and Research. In L. A. Pervin & O. John (Eds.). *Handbook of Personality: Theory and Research* (2nd ed., pp. 3 – 27). New York: Guilford.

Winter, D. G., John, O., Stewart, A. J., Klohnen, E. C. & Duncan, L. E. (1998). Traits and Motives: Toward an Integration of Two Traditions in Personality Research. *Psychological Review*, 105, 230 – 250.

Woike, B. A. (1995). Most-memorable Experiences: Evidence for a Link between Implicit and Explicit Motives and Social Cognitive Processes in Everyday Life. *Journal of Personality and Social Psychology*, 68, 1081 – 1091.

第5章

# 手套是否合适：心理传记学研究中理论选择的艺术

艾伦·埃尔姆斯（Alan C. Elms）

在过去的20年里，我定期给本科生讲授《心理传记学》这门课程。选修这一课程的学生必须自己选择一位研究对象，然后撰写一篇简短但具有原创性的心理传记式的学期报告。大多数学生很快就选好一位符合学期报告要求的研究对象，这个人一定因某种成就（政治的、科学的、艺术的成就，突出的犯罪表现，无论哪一种）而闻名于世，而且学生要能够获得大量的传记资料。但另一方面，由于作业是一篇心理传记学报告，而不仅仅是一篇传记概述，因此，每位学生都会面对同一个难题，那就是要应用哪个心理学概念或者何种心理学理论。

等到我的学生着手考虑撰写一篇草稿时，他们在课堂和课后指定的阅读中已经看过多种长短不一的心理传记学的范文，也已经接触过几种不同的人格理论。然而，某个学生所选择的研究对象与上述那些范文或人格理论之间的联系，根本不是显而易见的。学生选择的研究对象与范文或理论间并没有明显的联系。比方说，埃里克森对甘地的分析和学生将麦当娜（Madonna）或查尔斯·曼森（Charles Manson）作为典型的学期报告，这之间看不出明显的联系。因此，学生经常在课后跑来问我，“我怎样选择一种人格理论呢?”

我告诉过学生，心理传记学是一门科学工作，它基于实证资料，包括对假设的重复检验。因此，学生们似乎假设或至少希望，选择一种理论视角是一种直截了当的方式，就像是教科书或手册中的图解照片或是运用软件一样唾手可得。我确实经常让学生去阅读霍尔和林齐合著的经典人格理论教材（Hall et al.，1998），这本教材概述了我在课堂上未能谈到的多种人格理论。但是，我也告诉学生，他们想要寻找的东西可能不能轻易找到的。我通常不告诉他们，心理传记学的理论选择与其说是一门科学，不如说是一门艺术。

我会作出自己的理论选择，也会找出多数其他的专业心理传记学家所作出的理论选择。我之所以说“多数其他人”，是因为有些心理传记学家倾心于某个特定理论之后，无论出现什么样的情况，他们都会一如既往地应用这一理论。他们不是把某一理论强加于某个选定的传记研究对象，就是无视于传记资料不适用这一理论，或者是继续寻找研究对象，直到找到一个适用他们理论的对象。对于后一种方法，我并不认为是完全错的。反过来，我倒觉得，我们受益于这一方法。例如，埃里克森对马丁·路德所做的心理传记学研究，就更能说明埃里克森提出的认同（同一性）危机（1958）的概念。又如，埃里克森在甘地的心理传记学研究中更加关注繁殖力的问题（generativity issue），而这正是埃里克森理论系统（1969）的另一部分。但是，我通常采用的假设是，任何单一的理论都无法捕获人类的全部人格，而且许多理论家的若干概念需要面对各种心理差异性。因此，在从事心理传记学研究时，我喜欢从研究对象开始——去研究某个在特定领域作出重要贡献的人物，但是对于研究对象的个人成长史与那些众所周知的成就之间的联系所存在的心理之谜也会保持关注。确定好研究对象之后，我需要解决的下一个问题跟学生经常提出的问题是相同的，即要怎样选择一个合适的理论呢？

我无法用一个表格、清单或统计程序向自己和别人说明如何选择适合的理论。也许我的同事，著名的历史测量学家（historiometrician）迪安·西蒙顿（Dean Simonton）会在将来某一天提出一套灵巧的统计策略来解决这一难题。但是，在这个遥远的日子到来之前，理论选择仍然是一种艺术性的选择，结合了知识、技术和创造性直觉。为了说明这一艺术性选择是如何产生的，本章简要评述几个心理传记学的范例，它们主要是我自己的心理传记学研究，加上其他学者的心理传记学研究。我如此重视自己的作品，也许显得自恋，或许就是自恋。然而，这样做也是激励我继续前进的最有效的方法，因为我在一定程度上已经知道，在各种特定的案例论文中我为什么会选择某个特定的理论。在我自己或是别人所公开发表的心理传记学研究论文中，很少解释理论选择是如何产生的。由于期刊杂志的篇幅限制或其他原因，心理传记学家只能简单呈现传主个案的历史，然后应用某一个似乎适合的理论进行分析。但是，他们要么没有讨论其他可能的理论，要么没有讨论研究初期的错误方向。

我选择的几个案例是通过说明几种可能的策略，以便能找到一个心理学理论可以应用到一个给定的案例上。对于各种不同的经验资料，或者对于研究对象生活的不同方面，可能不光一种理论能用，其他理论可能也一样适用。因此，本章描述的这些策略应该只能视为潜在的线索，或者视为某种“启动”的建议，而不是获得绝对最优选择的固定法则或方针。

## 一、跟着研究对象走

就选择一个理论来说，你不必从头开始。毕其一生，你的研究对象就是一个人。因而，你的研究对象可能促成或揭示了某个能够解释他生命主要方面的理论。心理学理论家中的心理传记作者最可能从这样一种理论开端受益，但是文学家甚至少数政治家也可能有一些深刻的自省。

我举出的第一个范例是自己的第一项心理传记学研究。在我读研究生的第一年时，我的指导教授欧文·贾尼斯（Irving Janis）以讨论的方式开始了我们的学习之旅。在第一个星期的讨论上，他让我们阅读了弗洛伊德的《梦的解析》（1900/1958）。然后，他布置了一项作业：把弗洛伊德对自己的“样本之梦”（specimen dream）所做的解析用图表的方式呈现出来。“样本之梦”是弗洛伊德详细解析的第一个梦，现在被称为“艾尔玛注射之梦”（Dream of Irma's Injection）。贾尼斯教授还建议，如果对艾尔玛之梦进行深一层的解析的话，我们可以增加自己的图解。他并没有告诉我们，他试图把这次作业作为一种特别类型的教学策略，以让我们知道，想要对弗洛伊德的复杂解析加以改良是一件多么困难的事情。在随后的一周里，他让我们阅读埃里克森论述样本之梦的论文（1954），从而使我们知道通过研究隐藏于样本之梦深处的同一性问题，可以从弗洛伊德的梦里挖掘到如此多的东西。

那时，我甚至从未听说过埃里克森。不过，在课余时间里，我已经阅读了刚刚出版的弗洛伊德书信集，该书信集是由他的儿子厄恩斯特（Ernst）编辑的（E. L. Freud, 1960）。通过阅读这些书信，我得知当弗洛伊德做“艾尔玛之梦”时，弗洛伊德的妻子玛莎（Martha）正怀着他们的第六个孩子。弗洛伊德把他的梦解释为主要涉及职业意识的问题。在他已出版的有关自由联想的著作中，他只是含糊地暗示，他多次尝试避免使妻子玛莎怀孕，但都失败了。后来，我从亨利·莫里那里得知，埃里克森重新解析弗洛伊德的“艾尔玛之梦”时，他谨慎地回避了怀孕问题，因为埃里克森的老师——心理分析学家安娜·弗洛伊德（Anna Freud）禁止他讨论这个问题。其原因是，埃里克森在论文中想要讨论的胎儿正是她。然而，在我完成家庭作业时，我想到，我能运用弗洛伊德有关梦的象征意义的思想来解释“样本之梦”中几个令人困惑的要素：涉及怀孕；涉及弗洛伊德关心妻子的健康；特别涉及在他婚姻状况中的性挫折的象征性动作和象征性物体，当中既包括婚姻关系困难期之前的性挫折，也包括婚姻关系困难期间的性挫折。因此，我制作了一张巨大的海报，把“样本之梦”的内容用图表表示了出来。

我的作业虽然给贾尼斯教授留下了深刻的印象，但是贾尼斯教授并未因此而鼓励我撰写一篇有关心理传记学的期刊论文。我从这次经验之中得到的体会是，如果说有某个人可以应用弗洛伊德的若干理论（如性梦的象征、性欲的升华以及相关的内容）加以分析的话，那么弗洛伊德本人就是研究对象，也就是说，弗洛伊德的那些理论应用在弗洛伊德的身上可能最有效。在接下来的10年左右的时间里，通过积累其他的传记资料，这些想法慢慢渗透进我的脑海中，最终促成了我第一篇真正意义上的心理传记学论文（Elms，1980）。

有时，心理学理论家可以用他自己的人格理论来撰写自己的心理自传，而且自己可能比其他人做得更好。我认为，这里最好的范例是埃里克森在他的自传里解释他青年时代的同一性危机（Erikson，1970）。当埃里克森是一个孩子的时候，他的继父一直假装是他的生父，直到埃里克森偶然发现事实真相（但他从未有机会认识他的生父）。当他成长为一个青年时，他在职业和文化环境上经历了几次剧变，他被迫从出生地德国移民到丹麦，最后又移民到美国。起先，埃里克森可能没有自觉地认识到，这些人生经验构成了他新的理论观点的基础。然而，当他从一些临床和心理传记的案例中获得支持，使得同一性危机的概念成为他的思考中心时，他没花多少时间就把同一性危机理论用到自己身上了。

## 二、别让研究对象把你引入歧途

虽然心理学理论家可以敏锐地观察他们自己和其他人生活中的某些现象，但是他们也是人。因此，他们也都有或大或小的盲点，尤其是关于他们自己的盲点。我最早意识到这样的盲点是在我研究荣格和斯金纳两位截然不同的理论家的时候（他们两位只有在签名时才会看起来有些相似）。

很少心理传记使用荣格的理论，而且，我从总体上发现，这些少得可怜的心理传记有些乏味。这些用荣格理论分析的心理传记通常强调广泛共享的原型（archetype），但是忽视了对传记对象的生命进行任何精细的分析（荣格在自己的临床实践中也采取了同样的做法）。但是，雷文纳·赫尔森（Ravenna Helson）的两篇短文（1979，1984）还是给我留下了深刻的印象，这两篇论文的研究对象都是经典儿童奇幻小说的女作家。赫尔森强调的概念是中年期自我的发展（midlife development of self），这是荣格称之为个性化（individuation）的一个过程，而不是标准的象征性原型分析。对于赫尔森所研究的作家来说，无论是莫尔斯沃思（Molesworth）女士，还是伊迪丝·内斯比特（Edith Nesbit）女士，文学的创造性在中年时期才得到充分的发展，而中年正是女性生活发生转折的时期。强调中年期发展似乎特别适合这类研究对象，而且沿着这些线索，荣格的理论比其他理论（如弗洛伊德的理论）可以提供更多有效的解释。

大约15年前，我开始注意荣格在1925—1926年期间的旅行，荣格在此期间沿着尼罗河穿越非洲东部，在50岁的时候完成这次旅程。因此，我认为，应用荣格的中年期发展概念来分析他对这次旅行的心理反应可能是富有创意的。在他的自传（1963）里，描述了这次旅行最后实现的目标，他着手这次六月之旅，是为了避免处理回家之后出现的某些个人危机。但是，这次旅行让他面对触及“我心理学中的每一个可能痛苦的地方”（1963：273），而不是让危机隐而不现。当然，在我看来，这次危机好像是中年危机，而且我猜想，荣格是通过进一步的自我个性化以及多方扩展他的理论来应对这次危机的。

然而，当我利用荣格未发表的手稿和其他资源来详细地重建这次旅行时，我发现荣格的理论无法帮助我更好地理解他自己对这次旅行的反应。总的来说，他想证实先前的一些观点，而不是提出一些新的观点。结束这次旅行返回家后，他的那些个人危机还是没有解决，他的理论观点也难以扩展。我继续分析荣格的这次旅行，但迄今针对这一问题的详细分析仍然没有什么发现。在这一点上，我不得不说，就像乔治·阿特伍德和罗伯特·斯托洛罗（George Atwood & Robert Stolorow，1993）对荣格所做的原因分析那样，早期自恋人格问题的再现比荣格自己的中年个性化理论更能解释他对非洲之旅的反应。

下一个案例是斯金纳，他是那个时代最著名的心理学家。作为主修心理学的本科生，我在斯金纳派的心理学系中接受大学教育。因此，甚至当我学习研究生课程、专业方向完全不同时，我仍继续大量阅读他的著作。当斯金纳的自传以多卷形式出版发行时，我的好奇心完全被激发了，因为他总是努力避免用理由来解释他的内心生活，特别强调形成他行为的外部事件和环境。然而，在其自传的第一卷里，有一章是最引人注目的，这包括他生活中的一段难忘时光，他把这段日子描述为“黑暗岁月”（Skinner，1976），字里行间既流露出他的真情，也显示出他内心世界的沮丧。

更重要的是，“黑暗岁月”是青年斯金纳努力成为小说家，但梦想惨遭破灭的时期。在他自传的第二卷（Skinner，1979）里，最引起我注意的章节是斯金纳谈到他在小说写作上的第二次努力，也就是20年以后，他认真地创作小说《桃源二村》（*Walden Two*）（Skinner，1948）。那次写作计划的进程异乎寻常地快捷和顺利。这里，斯金纳又一次表达了强烈的情绪，只是这一次表达的是他对写作的热情和从中获得的强烈满足感。这些强烈的情感流露似乎与他是一位严格的行为主义者的立场截然不同，即一位严谨的行为主义者应该强调用非心灵主义的方式来解释他的生活。当我把相关的两章放在一起阅读时，我突然想到，“黑暗岁月”完全具有青春期同一性危机的所有特征，与此同时，《桃源二村》出现的时期似乎正好是斯金纳在中年时期再一次经历同一性危机的时刻。

“黑暗岁月”发生的时期，与埃里克森所提出的同一性危机理论所描述的时刻正好吻合。这一年，斯金纳的主要困惑是职业的选择问题。还有，斯金纳强烈感觉到他在家里和在刚搬迁到的社区里没有立足之地，他觉得特别不适应，似乎与周围环境格格不入。当我仔细检视埃里克森关于同一性危机的标准时，我惊奇地发现，斯金纳对“黑暗岁月”的解释在所有重要的细节上完全适合埃里克森对同一性危机的描述。依据埃里克森的描述，斯金纳的危机不只是一种一般的同一性危机，而是一种严重的同一性危机，接近病理学意义上的危机。此外，斯金纳最终解决危机的途径符合埃里克森对此类严重危机解决方案的描述：通过热情地投入到一种强烈的意识形态来解决危机。在斯金纳的案例里，这一意识形态就是激进的行为主义。

当我与斯金纳一起讨论“黑暗岁月”时，他勉强承认，他和埃里克森确实是在描述相同类型的现象，尽管他们使用不同的语言。但是，斯金纳一点也不愿意承认我关于《桃源二村》提出的观点：他写作小说是为了应对进入中年期后再次出现的青春期危机，但我还是觉得甚至仍然认为在两个方面我都是正确的。我要不客气地补充一点，埃里克森也是这样认为的。从哈佛的学生时代开始，埃里克森就已经认识斯金纳，而且埃里克森对我用他的理论去分析斯金纳的心理发展感到很高兴。确实，在我看来，他仿佛感觉到，在这场心理学理论的争论中，过往的种种因此而被彻底清算了。

为了公平地对待斯金纳，我应该指出，他以某种雄辩的方式继续坚持他的观点，强调用严格的行为主义者的术语能够解释他的“黑暗岁月”以及他对“黑暗岁月”的响应，而无需用同一性危机理论来解释他的生活。斯金纳告诉我，他自传的第三卷和最后一卷会详细地说明他对自己的一生所进行的行为主义分析。他说，在书中，他对行为主义与他的生命史之间的联系会比以前说得更清楚一些。在此之前，他只是简单地认为，强化模式和环境线索是导致他的行为产生的根本原因。但是，他最终完成自传（共4卷，而不是3卷）时，并没有提供那种系统的、详细的行为主义解释。没有人写过关于斯金纳的行为主义心理传记，也没有人写过关于其他人的此类行为主义的心理传记。我认为，这类传记之所以没有出现，是因为这是不可能的事情。我确实相信有部分强化的力量，而且有时我也比较宽松地认同斯金纳的“强化程式”，而这在某个特定个体的生命中，他的强化程式确实可以塑造和维持某个特殊的行为模式。从他自己的行为来说，斯金纳断断续续地塑造和维持了他渴望的行为模式。然而，试图用行为主义来解释全部生活，至少应该包含将尽可能多的回顾性推论（关于正性和负性强化模式、部分强化程式、习得反应的消退，等等），作为最大可能的精神分析性诠释。

## 三、追逐幸福，追逐愤怒

作为一个荣格式的文化学者，约瑟夫·坎贝尔（Joseph Campbell）以前常常鼓励他的读者和观众，“追逐你的幸福”：追求带给你最大满足感的狂热之事。在决定把哪些动机理论应用到某个心理传记学研究对象上的时候，一个不错的方法就是去寻找某种特别强调研究对象最渴望的活动或目标的理论。如果你的男性研究对象与女人的关系集中在控制上，而不是集中在性欲上，那么你可以考虑阿德勒（Adler，1930）的理论，或者考虑戴维·温特（David Winter，1973）关于权力动机的实证研究。如果你的女性研究对象爱好飞翔，而且从早年开始着迷于童年时期的经历，那么你可以仔细看一看亨利·莫里（Henty Murray，1981）的伊卡洛斯情结（Icarus Complex）理论，或者看一看丹·奥格尔维（Dan Ogilvie，2003）关于飞翔幻想的著作。

然而，在我作为心理传记学家的经验里，“追逐愤怒”至少是与“追逐幸福”一样有效的方法。长期以来或者在一生的大部分时间里，在大多数人都会很快平静下来的情况下，是什么东西使得你的研究对象生气、愤怒、暴怒，而且是经常重复地发生？

就这一点，我最喜爱的研究对象之一就是戈登·奥尔波特。奥尔波特是心理学界人格特质理论最有影响的维护者之一。在某一些重要的方面，他是我的榜样之一，他也是我从事心理传记学研究的引导者。他性情温和，是一位不折不扣的基督徒。然而，他有一个微不足道的性格障碍，即他轻视弗洛伊德，也鄙视弗洛伊德关于无意识动机的所有概念。通过重复讲述弗洛伊德的一个故事，奥尔波特表露了他强烈排斥弗洛伊德的情感。这个故事讲的是他年轻的时候前往维也纳拜访弗洛伊德，在某个尴尬的时刻，奥尔波特试图找话题，他告诉弗洛伊德，几分钟以前，他在电车上遇到一个小男孩，这个小男孩患有相当明显的脏乱恐惧症。弗洛伊德马上问，“那小孩是你吗?”在随后的40年里，奥尔波特几百次地讲述这一逸事，而且他一直深信，弗洛伊德对他无伤大雅的谈话所作的诠释毫无根据，令人不可容忍。与此同时，那些非常熟悉奥尔波特的听众，或者能看到这位整洁、拘谨的教授讲述这一故事的听众都会意识到，弗洛伊德的敏捷解析完全正确（Elms，1994：72～84）。

我已经探索过奥尔波特一直感到愤怒（在几篇反对弗洛伊德的论文和著作里，他详细表露过他的愤怒情感）的几个根本理由：在童年和成年时期，他对洁癖的强烈顾虑；在其他脉络下，他不愿意被当成“小男孩”；对于可能否定他个人独特性的性格描述，他会强烈拒绝这些性格描绘之语。换言之，我有足够的证据显示，他有自己的或是弗洛伊德式的理由来否认他或其他正常成人会受到无意识动机的控制。奥尔波特也有他狂热喜爱的事情，他对心理学和社会有真正积极的贡献，而且我敬重这一切。但是，如果更多地关注他之所以对弗洛伊德感到愤怒的深层根源，他应该可以有更多的自我洞察力，也可能从那些无意识的动机中解脱出来。

我在想为什么有些人消耗如此之多的心理能量来痛恨弗洛伊德，这使得我找到一个与众不同的研究对象：伟大的俄裔美国小说家弗拉基米尔·纳博科夫（Vladimir Nabokov），他因小说《洛丽塔》（*Lolita*）而闻名于世。从大学时首次阅读《洛丽塔》起，纳博科夫就是我最喜爱的作家之一。在我从事心理传记学研究生涯的早期，我一直考虑写点有关纳博科夫的东西，但是他出版作品的范围和才华都使人畏缩。从哪里开始呢？当思考写作的可行性时，我意识到，在他的小说和非小说的散文文学作品里，纳博科夫不断刻薄地取笑心理治疗家，这一点一直让我想不通，特别是他口头上对弗洛伊德所做的恶毒攻击，更让我困惑不解。因而，我苦苦思索他对弗洛伊德的个人敌意来自何方。在阅读或重读纳博科夫的大部分小说和自传性作品时，我发现他对弗洛伊德的敌意如此普遍，以至于我的写作计划逐渐扩展成为一整本书，这远远超过了我可用的时间，也大大超出了我文学知识的极限。因此，我把注意力集中于更狭窄的范围之内，至少暂时应该这样做：只涉及纳博科夫创作的一篇小说，名字是“云，城堡，湖”，用标准的英语翻译就是“Cloud，Castle，Lake”（Nabokov，1995）。

起初，我脑子里模模糊糊地想起用弗洛伊德的理论来解析纳博科夫的这篇小说，因为它包含了几个显而易见的性欲象征符号——腊肠象征阴茎等。然而，当我重读这篇小说时，我注意到一个更加明确的象征模式。该篇小说的几个情景，可以被看作生动地描述了不幸的主角所发现的东西，森林里的一栋美丽小屋是一个象征性子宫，他会愈来愈想要永远停留在子宫里，但是他被迫穿过一个扭曲的产道，在一个痛苦的通道里穿行，最终被迫转生到现实世界里。一旦该篇小说的象征主义变得显而易见，在纳博科夫自传的童年记事里，就不难发现多种返回子宫和痛苦出生的影像。在十月革命期间他被驱逐出俄国的创伤，以及在他创作“云，城堡，湖”之前不久，他与犹太妻子和小儿子一起逃离纳粹德国的经历。此类与出生相关的影像引导我在两个理论方向上前行，两者在分析纳博科夫的小说和他对弗洛伊德的愤怒上都是有用的，即亨利·莫里（Henry Murray，1938）的“遁世情结”（claustral complex）以及弗洛伊德（Freud，1918/1955）的“微小差异的自恋主义”（narcissism of minor difference）的概念。这里，我并不打算更进一步探究这些解释性的构想（参见 Elms，1994：167 ~ 182）。但是，我觉得上述两个概念可以解释许多有关纳博科夫的事情。因此，如果我没有持续追踪他对弗洛伊德的成见性敌意的话，我就不会系统研究这两个概念（当然，纳博科夫对于诸如此类心理学理论的应用所作出的反应是愤怒至极的，而这为我分析提供了更多素材）。

## 四、途中随时准备更换理论

如果你经由寻找一个可以用来说明你所选择理论的研究对象来展开心理传记学研究，你可能不得不中途换马——也就是更换研究对象。并非每个研究对象都是符合任何特定理论的好范例。因此，你可能发现，在某个研究对象上你已经花上大量的研究时间，而这个人物超出了你的理论架构。但是，如果最初你的研究是以研究对象为中心的——如果你的意图是借助可获得的最好手段来理解某个既定的人物，那么你最初的理论选择不一定是一场灾难。确实，当传记资料不符合你最初选择的理论时，如果你对更换理论保持开放的态度，那会比你坚持以理论为中心的做法更可能找到一个更典型、更满意的心理传记案例。

我撰写有关政界的心理传记的最早尝试之一就是研究亨利·基辛格（Henry Kissinger）（Elms，1976：136～148）。政治评论员、亲密的同事以及长期的敌人过去常常用一个术语描述基辛格，那就是“马基雅维利主义者”（Machiavellian）。因此，我着手研究的出发点是，了解他的公众行为和生命史是如何与“马基雅维利主义人格”的标准相符合的。这个标准是在里查德·克里斯蒂和弗洛伦兹·盖斯（Richard Christie & Florence Geis，1970）的实证研究中提出的。在基辛格的个案里，我不必中途改变我的理论视角；在所有的特点上，他都符合马基雅维利主义人格的模型。在接下来研究基辛格随后的10年乃至近20年中（Elms，1986；Elms，1994：229～231），我一直觉得没有必要放弃我最初选择的马基雅维利主义的理论。我把大量资料汇聚在一起，这些资料包括了他自己著作中对自己的描述以及他对他人的操控。

在此后的研究中，我有一个令我感到很振奋的灵感：为何不把基辛格与他在白宫时的首席副官——后来成为国务卿的亚历山大·黑格（Alexander Haig）进行比较呢？我最初主要基于新闻记者的人格描述假定，黑格是另一个马基雅维利主义者，尽管他不像基辛格那样精明圆滑。然而，我了解黑格越多，就越清楚地显示出另一种人格类型更适于描述他——权威性人格（Adorno et al.，1950）。关于这一结论，最有说服力的证据是在里根时代任职时他自己的文集——《告诫》（*Caveat*）（1984），书名特别怪异（当然，“Caveat”是“要他小心点”的拉丁语——当马基雅维利主义者欺骗他人时，他们是不会发出警告的）。正是这本书迫使我放弃黑格是马基雅维利主义者的最初假设。这一本书充满了黑格的焦虑，透露出他在白宫统治集团中，不知自己该站在何处；这一本书充满了黑格的奋斗，他努力建立他那时可以控制的严格的阶级结构；这一本书也充满了黑格的愤怒，因为其他人不遵守游戏规则，他的那些努力就失败了。基辛格喜欢在白宫并前往海外玩弄权力游戏，而且他很喜欢用不正当的手段战胜他的对手。黑格则要求他的对手接受规则，认为可以迫使他的对手承认，根据规则他才是头领。当里根总统被刺时，国务卿黑格宣告“现在，白宫由我控制”，显然，他不是一名操作熟练的马基雅维利主义者，而是一名不成熟的、武断的权威主义者。当白宫统治集团的其他人和全国性新闻媒体嘲笑他试图改变游戏规则时，黑格几乎一败涂地。

有关另外一个一开始采用某种理论模式，到中途（或至少目前已经进行到一个阶段）改换的情况，可见之于我最近研究的两名科幻小说作家的例子，科德维纳·史密斯（Cordwainer Smith）和小詹姆斯·蒂普特里（James Tiptree Jr.）。在他们的有生之年，两位作家不曾被世人熟知，无论是他们的笔名还是他们的真名，一般公众所知不多。然而，在科幻小说领域，他们的作品依然备受推崇，经常被编入各式各样的科幻小说选集中，而且对其他科幻小说作家产生了很大的影响。

在好几个方面，史密斯和蒂普特里的个人生命史极其相似。两人都是由环游世界的父母所生，当他们还是孩童的时候，父母就带着他们游历世界各国。当他们在一群成人当中从一个国家旅行到另一个国家时，他们的童年就缺少同伴交往，其结果是他们感受到孤单的痛苦。两人经常沉思默想，有时试图自杀。两者都担任过军事情报工作，并随后为美国中央情报局工作。双方都对心理学产生了浓厚兴趣，然后借助小心谨慎的笔名成为有成就的科幻小说作家。在真实生活中，科德维纳·史密斯是一名中国问题专家，他的名字叫保罗·莱恩巴格（Paul Linebarger）。在现实生活中，小詹姆斯·蒂普特里则是一名职业艺术家，也是一位获得实验心理学博士的心理学家，名字叫艾丽斯·谢尔登（Alice Sheldon）。

当我依据他们的生命史和科幻小说对这两位心理学家进行比较时，我觉得依恋理论（attachment theory）可能会有帮助。他们的早期生命史和若干关键的小说存在心理孤立这一重要问题。此外，卓越的依恋理论家菲尔·谢弗（Phil Shaver）也在我们系里，因此在运用依恋理论方面，当我需要帮助时，他可以助我一臂之力。然而，我从未太深地涉入依恋理论，使得我无法与相反的观点作斗争。在解读史密斯和蒂普特里其中一人或两人时，我可能会碰巧从依恋理论那里获得一点启示，但是在试图用依恋理论解析他们最初的几个星期里，我却发现依恋理论无法告诉我更多东西。

然后，在我的脑海里又一次出现了让人感到快乐的灵感（也许我应该称它们为“神灵的显现”），就像思考史密斯与蒂普特里之间的相似性一样，为什么不考虑两者之间的差异，并且寻找一个可以解释那些差异的理论呢？当我更多地思考史密斯大部分的科幻小说时，我发现，史密斯的大多数作品传递的心境并不同于蒂普特里的小说。就最简单地来说，在史密斯的小说里，主角的结局通常是幸福的，然而在蒂普特里的小说里，主角的结局通常是不幸的。我们还可以找到更清楚的区别，在史密斯的“幸福结局”里，主角常常被迫接受平凡的现实，或者，至少接受在科幻世界里被看作平凡现实的事情。与此同时，史密斯的主角通常在极端不利的条件下努力挣扎，努力实现他们的承诺，甚至超越他们的承诺，他们为那些被统治者忽视或抛弃的人民或生灵作出贡献。对于此类被蹂躏的生灵，蒂普特里的小说只是提供移情作用，有时他的小说以滑稽式的幸福作为结尾。然而，蒂普特里的小说基本上是描写征服、失败、大规模的灾难——乐观主义的故事被大灾难所粉碎。

在比较史密斯和蒂普特里的科幻世界时，我想再一次查看我喜爱的一篇论文，一篇由雷·卡尔森（Rae Carlson，1988）所撰写的论文。她的论文比较了两种基本的心理脚本，这两种心理脚本是由她的导师西尔万·汤姆金斯在他的脚本理论里提出的。一些人只发展出汤姆金斯称之为核心脚本的东西，正是这一脚本在人生道路上引导他们：在早期他们认识到，在他们的生命里任何真正期望的、真实悦人的情境最终都会导致灾难——的确，如果他们深信这一点，结果往往就是如此。其他人发展出一种承诺脚本（commitment script）：即使从短期看，事情可能很可怕，这些人还是认为他们可以度过不愉快的时光，而且只要他们坚持下去就可以达成目标——的确，这类事也常常发生。

之前在阅读西尔万·汤姆金斯的创造性的、厚厚的论文和著作（如 Silvan，1987）时，我想理解他的思想有些困难。然而，雷·卡尔森用她研究生涯后期的大部分时间，把汤姆金斯深奥晦涩的著述翻译成通俗易懂的英语。在那篇我所记得的论文里，卡尔森将纳撒尼尔·霍桑（Nathaniel Hawthorne）及其一贯的核心脚本与埃莉诺·马克思[①]（Eleanor Marx）及其一贯的承诺脚本做了个比较。从此，我对理论的寻找也有了答案：

① 卡尔·马克思的女儿，社会工作者。

科德维纳·史密斯主要的心理脚本是承诺脚本，但是小詹姆斯·蒂普特里的主要心理脚本是核心脚本。这一理论适用于他们的大多数科幻小说，而且也符合他们早期和晚期生活的大部分情况。在寻找正确理论的时候，直觉比什么都重要。在这里找到正确的理论之后，就有一些灵感使我能够把已经知道的有关两位作家的大多数知识组织在一起，而且我能够理解他们之间的差异，尽管他们有更明显的相似之处（Elms，2000），而这些正是一种好理论的应有之义。

这里，我应该指出，在理论选择的技巧上我没有仅仅依赖自己的直觉。我仍然视自己为一名实证科学家，因此在发表心理传记论文之前，我常常把心理传记中的解释拿给其他具相关见解的学者审阅。这意味着，如果可能的话，我会与研究对象一起检视我的结论。例如，我曾经与斯金纳和亨利·莫里一起检查我的结论（Elms，1987）。当然，当有足够的证据支持我的结论时，即使他们的判断不同于我的结论，我也不一定会接受他们的判断。当某个人物已经过世时，我会请教其亲朋好友。例如，在戈登·奥尔波特的个案里，我从他以前的研究生和同事那里得到足够多的证据，我把奥尔波特描述为一个有脏乱恐惧症和整洁强迫症的个体是相当精确的（他的儿子还提醒我，对奥尔波特来说，除了洁癖之外，还有许多值得研究的地方）。此外，如果可以的话，我会亲自与其他传记作家和心理传记学家进行交叉检视，因为迄今他们对被研究者的了解程度比已经出版的信息要多得多。

作为后者的例子，我邀请正在撰写蒂普特里的第一本全集传记的朱莉·菲利普斯（Julie Phillips）帮我看看把脚本理论用在小詹姆斯·蒂普特里身上是否合适。菲利普斯（此为私人通讯，1998 年 7 月 29 日）告诉我，虽然我从核心脚本的角度刻画蒂普特里的人格有一些效度，但是，我有时好像是强行“把方形的事实塞进圆形的洞穴里”。当我进一步撰写有关蒂普特里的作品时（Elms，2004），我谨记菲利普斯的忠告。有时，对我来说，蒂普特里就像一个圆木栓，任何人都能找到这样一个圆木栓，它符合核心脚本的圆形洞穴。在其他时候，她是一个椭圆木栓，有时她又是一个长方形木栓，但是她绝不是一个方方正正的木栓。我并不期待一个广为人知的人格理论完全符合某个人物。如果在几个关键时期我所选择的理论非常符合研究对象的生活和工作情况，我就开心不已。如果选择的理论比其他看得见的理论更适合研究对象，那我就特别开心。

## 五、让他人的错误鼓动你、启发你

就像其他科学和艺术活动一样，心理传记学是一个需要反复验证的领域，它建立在他人的作品之上，并最终可能会进一步深化对某些既定人物的理解（Runyan，1988：318～320）。有时，那意味着关于补充和拓展其他学者对某个人物的研究和解析；有时则意味着，先前的某个学者在其理论选择或人格诊断上误入歧途，现在则从某个新视角来代替旧的观点。

后一种情况的例子是我对另一个科幻作家杰克·威廉森（Jack Williamson）所做的研究（Elms，1994：117～130）。威廉森忙碌的写作生涯比任何一位科幻作家都长——很可能比美国任一领域的其他任一作家都要长。他的第一本小说在 1928 年发表。到 2004 年，96 岁高龄的他还在持续发表作品，甚至还能发表获奖的作品。大约 70 年以前，威廉森接受过全程的精神分析，在科幻小说作家中间，他因此而闻名。如果你认为可以相信的话，他接受精神分析的部分原因是想摆脱作为作家的障碍，这一次分析治疗大大影响了威廉森后来写作的内容，而且帮助他解决（或者不是全部解决）了心理问题。

我之所以开始威廉森的心理传记学研究，是因为长期以来我是他科幻小说的忠实读者，是因为我认识他，是因为在他出版的自传里（Williamson，1984），他认为在他的一篇经典小说中象征性地描绘了自己的精神分析治疗。当我开始整理一篇有关威廉森的论文时，我还没想到任何清晰的理论取向，但是他几乎无意中给我提供了一个努力的方向。在自传里，他提到他的心理分析师发表了一篇有关他的个案研究，当然论文隐瞒了他的身份。很明显，在科幻小说世界里，任何人都不曾读过这篇个案研究。这是好事，因为身份相当容易被识破。威廉森告诉我 50 年前案例研究发表之处，他还让我看他写的一篇未发表的记事文章，在文章中他谈到从他的角度看到的自己那时候的精神分析的情况。

在阅读这篇个案史时，我突然想到这篇个案能帮我更好地理解威廉森的人格和心理功能。它主要帮我洞察到治疗师的个人偏见——威廉森的治疗师对他当时正在写作和发表的文学作品怀有极深的敌意，也帮我洞察到了治疗师狭隘的诊断。但治疗师可能不应该为后者承担过失。很明显，他是一名从事精神病治疗的新医生，治疗经验不足。治疗师对这位患者给出的诊断是：威廉森患有一种“精神分裂型人格”（schizoid personality），他近乎要到达完全精神分裂性精神病（schizophrenic psychosis）的危险边缘，特别是如果他继续创作那些猥亵的“恐怖小说”的话。威廉森并不打算停止他作为科幻小说作家的职业生涯，而且他根本不赞同治疗师的诊断。但他还是继续治疗了好几个月，几年以后，他甚至还回到同一个治疗师那里接受进一步的治疗。

我也不认同治疗师的诊断。从我对威廉森的了解来看，即便从他的自传和那些未发表的治疗记事来看，都无法让我想到他曾经走到精神病的边缘。此外，虽然他年轻时曾患有社交退缩，当我认识他时，他还是一个安静、性格内向的人，但是“精神分裂型人格”的诊断并不恰当。自从威廉森接受治疗以来，在半个世纪里，诊断分类已经有所调整，虽然我通常不会因为要寻求心理传记学研究的灵感而去查看《精神障碍诊断和统计手册》[①]（*Diagnostic and Statistical Manual of Mental Disorders*）。但是，我认为这次正是查看 *DSM* 的好时机。在查看诊断手册时，我发现，我与威廉森对治疗师诊断的不安是有道理的，一个听起来很像但截然不同的诊断更恰当：不是“精神分裂型人格”，而是“回避型人格”（avoidant personality）。

根据 *DSM* 的描述，有精神分裂型人格的人，情感冷漠、对他人漠不关心、性格内向、孤僻，因为他们毫不在乎。虽然有回避型人格的人在社会交往方面也是性格内向，孤僻退缩，但这主要是因为他们害怕遭到拒绝；他们实际上是渴望与他人接触的（Millon，1981：304）。无论从威廉森的自传，还是从他的社会行为来看都很明显——毕竟，我认识他，因为多年来他积极参加科幻小说研究协会的年会——他是“回避型的”，不是“精神分裂型的”。当我向威廉森解释我的观点时，他自己也觉得“回避型

① *DSM* 是美国精神病治疗协会的诊断圣经。

人格”是比较公正的诊断，而且回避型人格似乎更适合他科幻小说里的主角们（对于多数科幻小说的爱好者，回避型人格也能很好地刻画他们的人格特点，这些爱好者每年参加若干会议，同其他回避型人格的人交往，与“世俗的”社交场合相比较，他们在彼此出席的场合里会感到舒适得多）。

在关于理论选择的最后一个案例里，作为对另一位作者之错误结论的回应，我将从科幻小说转到奇幻小说——回到弗洛伊德的象征主义，回到本章开始的梦的解析。有一次，我有幸参加为期两周、有关民间传说研究的会议，这次会议由伟大的民俗学家艾伦·邓迪斯（Alan Dundes）主持，他碰巧也是这一领域最具有弗洛伊德主义倾向的民俗学家（如 Dundes，1980）。作为会议的一部分，每位参会者必须提交一份对民间传说的研究方案，然后把研究方案呈递给所在的团体和邓迪斯教授。这一次，我阅读了布鲁诺·贝特尔海姆（Bruno Bettelheim）的有关神话故事的书——《魔法的种种用法》（*The Uses of Enchantment*）。

我的确喜欢贝特尔海姆这本书的大部分章节，这些章节指出了神话故事是如何有效地帮助儿童在发展过程中面对压力的问题。但是，他对“金发姑娘和三只熊”的论述则令我困扰。贝特尔海姆不是非常喜爱这个故事，尽管它是最常讲的神话故事之一。出于对神话里的人物的同情，他把她描述为“穷困、美丽和娇媚的金发姑娘”（1976：218），他对这一故事的论述，主要集中在金发姑娘努力克服恋母情结上。在他看来，这是为了克服青春期的同一性问题。我一点也不认同这一解析。当我女儿还年幼的时候，她们强烈地同情三只熊，而不是同情金发姑娘。当我还是小孩的时候，我也有同感，当我要求成年的朋友回忆这个故事的时候，他们也有同感，而且他们的孩子也有同感。

然后，我问自己，“这个故事特别吸引哪个年龄段阶段的孩子？哪个年龄段的孩子特别关心哪些心理问题？是否包括故事里的熊？”对我而言，答案肯定是在学龄期之前，而且问题包括清洁训练、维护环境和行为的秩序，对秩序被破坏感到痛苦——简而言之，就是恋母情结的问题，尤其是弗洛伊德所谓的肛门期性欲（anality）问题。于是，各种问题聚集，而且，艾伦·邓迪斯也认为是如此。又一篇作业成功完成了！当我用肛门期性欲解释“三只熊”的论文发表在《美国民俗学杂志》（*Journal of American Folklore*）时，这种感受特别强烈。这是迄今我在这一期刊上发表的唯一一篇论文（Elms，1977）。

在那篇公开发表的论文里，我没有讨论过个体心理学（individual psychology）。然而，在这个童话故事里其实有一个真实的心理传记故事还等着我去撰写。虽然“三只熊”只有传统民间故事来源，但是我们所知道的这个故事的形式在很大程度上是由英国诗人罗伯特·索锡（Robert Southey）决定的，是他首次将“三只熊”付梓出版。在我用肛门期性欲解释“三只熊”的论文发表之后，我对研究罗伯特·索锡本人产生了兴趣。罗伯特是他那个时代的著名诗人和散文作家，但是人们早已忘却他的大多数作品。他对英国文学的一个持久贡献就是这篇具有明显的肛门期性欲特点的“三只熊”。这与他的人格有某种关系吗？

不久，我就发现，当索锡还是个小孩子的时候，他就由一位被怕脏情绪所困扰的姑妈抚养——也许应该说是为洁癖所困扰。此外，他的姑妈似乎把这一困扰传给了索锡，尽管这可能只是轻微地显现在索锡身上。我还没考虑把“索锡和三只熊”的所有心理传记片断放在一起研究。索锡在大多数情况下是一名让人感到无趣的作家，而且有关他童年的详细资料也相当缺乏。但是，我猜想，当我完成所构想的那篇论文时，选择的理论与其说是贝特尔海姆的后恋母情结的自我发展，不如说是弗洛伊德的前恋母情结的肛门性格，这无论是对索锡，还是对他爱整洁的熊而言都是如此。

## 六、结论

在我写下本章第一稿的第一个字之前，我给本章所加的标题是：“手套是否合适”——这是另一次艺术性的选择。那时，新闻媒体大量报道辛普森（O. J. Simpson）谋杀案的审判情况，所以我觉得可以通过巧妙地改编约翰尼·科克伦（Johnnie Cochran）为谋杀案辩护所写的武断的总结来开始和结束我的书稿。既然我已经写完并改好书稿，可将书稿搁置一段时间了，之后又再次改写，我想说，这个标题比我预期的甚至还要适合，根本无须参考一个早已成为过去的谋杀案。

把一个人的生活和工作想象成一双手，一双由同一个人的意识和无意识所控制的手。你可以把一个理论看作一双手套——或者，更确切地说，让我们把各种人格理论看成多双手套，它们在尺寸、款式和布料上有所不同。对于某个特殊的个体来说，没有一双手套在各个方面是完全适合的。手指的长度有所不同；手指的粗细也会不同；无论是从手指到手指或从手到手，敏感的皮肤会以各种微妙的方式对不同质地的布料起反应。因此，你要将“不同的手套”套在你的研究对象上，不是通过精确的测量，也不是尽可能尝试每一双手套，而是通过直觉和具有知识背景的猜测去反复地试探，并从各个角度逐步排除可能不适合的情况。你永远不会找到完全适合的手套或理论。你可能会被最新的款式所诱惑，即使这些新款式比实际情况要漂亮得多，但是某些手套就是比其他手套戴着合适。因此，某些理论几乎无须伸展就能适合某种既定的人格。你可以不断试穿手套，但是迟早你会找到一双耐用的手套。到时手套如果合适，你一定会全心全意投入！

（雷学军　汤宗勋　译）

**参考文献**


Adler, A. (1930). Individual Psychology. In C. Murchison (Ed.). *Psychologists of 1930* (pp. 395－405). Worcester, Mass.: Clark University Press.

Adorno, T. W., Frenkel-Brunswik, E., Levinson, D. J. & Sanford, R. N. (1950). *The Authoritarian Personality.* New York: Harper & Row.

Atwood, G. E. & Stolorow, R. D. (1993). *Faces in a Cloud: Intersubjectivity in Personality Theory* (Rev. ed.). Northvale, N. J.: Aronson.

Bettelheim, B. (1976). *The Uses of Enchantment.* New York: Knopf.

Carlson, R. (1988). Exemplary Lives: The Uses of Psychobiography for Theory Development. *Journal of Personality*, 56, 105－138.

Christie, R. & Geis, F. (1970). *Studies in Machiavellianism.* New York: Academic Press.

Dundes, A. (1980). *Interpreting Folklore.* Bloomington: Indiana University Press.

Elms, A. C. (1976). *Personality in Politics.* Boston: Little, Brown.

Elms, A. C. (1977). "The Three Bears": Four Interpretations. *Journal of American Folklore*, 90, 257 - 273.

Elms, A. C. (1980). Freud, Irma, Martha: Sex and Marriage in the "Dream of Irma's Injection". *Psychoanalytic Review*, 67, 83 - 109.

Elms, A. C. (1986). From House to Haig: Private Life and Public Style in American Foreign Policy Advisers. *Journal of Social Issues*, 42(2), 33 - 53.

Elms, A. C. (1987). The Personalities of Henry A. Murray. *Perspectives in Personality*, 2, 1 - 14.

Elms, A. C. (1994). *Uncovering Lives: The Uneasy Alliance of Biography and Psychology.* New York: Oxford Unirevsity Press.

Elms, A. C. (2000). Painwise in Space: The Psychology of Isolation in Cordwainer Smith and James Tiptree, Jr. In G. Westfahl (Ed.). *Space and Beyond: The Frontier Theme in Science Fiction* (pp. 131 - 140). Westport, Conn.: Greenwood Press.

Elms, A. C. (2004). The Psychologist Who Empathized with Rats: James Tiptree, Jr. as Alice B. Sheldon, Ph. D. *Science Fiction Studies*, 31, 81 - 96.

Erikson, E. H. (1954). The Dream Specimen of Psychoanalysis. *Journal of the American Psychoanalytic Association*, 2, 5 - 56.

Erikson, E. H. (1958). *Young Man Luther.* New York: Norton.

Erikson, E. H. (1969). *Gandhi's Truth: On the Origins of Militant Nonviolence.* New York: Norton.

Erikson, E. H. (1970). Autobiographic Notes on the Identity Crisis. *Daedalus*, 99(4), 730 - 759.

Freud, E. L. (Ed.) (1960). *Letters of Sigmund Freud.* New York: Basic Books.

Freud, S. (1900). *The Interpretation of Dreams* (ed. & trans. J. Strachey). New York: Basic Books, 1958.

Freud, S. (1918). The Taboo of Virginity. In J. Strachey (Ed. & Trans.). *The Standard Edition of the Complete Psychological Works of Sigmund Freud* (Vol. 11, pp. 193 - 208). London: Hogarth Press, 1955.

Haig, A. M., Jr. (1984). *Caveat.* New York: Macmillan.

Hall, C. S., Lindzey, G. & Campbell, J. B. (1998). *Theories of Personality* (4th ed.). New York: Wiley.

Helson, R. (1979, September 1). Mrs. Molesworth and the Wingless Bird of Alchemy: A Victorian Midlife Crisis. In M. J. Meadow (Chair), Symbol and Imagery in Growth and Healing. Symposium Presented at the Annual Meeting of the American Psychological Association, New York City.

Helson, R. (1984). E. Nesbit's Forty-first Year: Her Life, Times, and Personality Growth. *Imagination, Personality, and Cognition*, 4, 53 - 68.

Jung, C. G. (1963). *Memories, Dreams, Reflections* (rec. & ed. A. Jaffe; trans. R. & C. Winston). New York: Pantheon.

Millon, T. (1981). *Disorders of Personality: DSM-Ⅲ: Axis Ⅱ*. New York: Wiley.

Murray, H. A. (1938). *Explorations in Personality*. New York: Oxford University Press.

Murray, H. A. (1981). American Icarus. In E. S. Shneidman (Ed.). *Endeavors in Psychology: Selections from the Personology of Henry A. Murray* (pp. 535 – 556). New York: Harper & Row.

Nabokov, V. N. (1995). Cloud, Castle, Lake. In *The Stories of Vladimir Nabokov* (pp. 426 – 433). New York: Knopf.

Ogilvie, D. (2003). *Fantasies of Flight*. New York: Oxford University Press.

Runyan, W. M. (1988). Progress in Psychobiography. *Journal of Personality*, 56, 295 – 326.

Skinner, B. – F. (1948). *Walden Two*. New York: Macmillan.

Skinner, B. – F. (1976). *Particulars of My Life*. New York: Knopf.

Skinner, B. – F. (1979). *The Shaping of a Behaviorist*. New York: Knopf.

Tomkins, S. S. (1987). Script Theory. In J. Aronoff, A. I. Rabin & R. A. Zucker (Eds.). *The Emergence of Personality* (pp. 147 – 216). New York: Springer.

Williamson, J. (1984). *Wonder's Child: My Life in Science Fiction*. New York: Bluejay Books.

Winter, D. G. (1973). *The Power Motive*. New York: Free Press.

第6章

# 如何对生命事件的不同解释进行批判性评价：以凡·高割耳为例

威廉·麦金利·鲁尼恩（William McKinley Runyan）

1888年12月23日星期天傍晚，35岁的文森特·凡·高（Vincent Van Gogh）割下了自己左耳的下半部分，并且把它拿到一个妓院，找到一个名叫雷切尔（Rachel）的妓女，然后把自己的耳朵交给她，要求她“小心地保管这个东西”。

应当如何解释这一不同寻常的事件呢？多年来，人们就此已经提出多种不同的解释，下文中，我们将会列举出超过一打的解释。究竟我们该怎么理解如此众多的解释呢？它们之中有一种解释是唯一正确的吗？还是每一种解释在某种程度上都是正确的？或者说，它们之中没有一种解释是正确的？而我们又该如何去分辨这些解释的真伪呢？我们考察“凡·高割耳”这一事件，就是为了探索生命史研究中所具有的多种解释的难题（Allport，1961，1965；Hogan，1976；Murray et al.，1938；Runyan，1978，1980a，1980b；White，1963，1975），同时也是为了更加丰富心理传记学研究中有关逻辑和方法论的文献资料（如 Anderson，1981；Crosby，1979；Elms，1976；Gedo，1972；George，1971；Glad，1973；Izenberg，1975；Lifton & Olson，1974；Mack，1971；Mazlish，1968；Meyer，1972）。上述讨论试图勾勒出一些基本议题，这些议题是由我们把人格理论应用到某个人物的生命上所引发出来的，无论这个人物是一个历史人物，一个研究对象，还是一个临床患者。

## 一、解释的多样性

（1）对“凡·高割耳”行为的第一种解释是，他因最近的两件事而灰心丧气：其一，他最亲近的弟弟西奥（Theo）订婚；其二，他不管在工作上还是生活上，都无法与保罗·高更（Paul Gauguin）建立一个和谐的关系。这些挫折引起的攻击性冲动，最初是指向高更的，但是随后转向了自己（Lubin，1972）。

（2）第二种解释是，高更的出现唤醒了凡·高同性恋的冲动，而自残（self-mutilation）的行为正是由同性恋冲动的心理冲突引起的。根据这一解释，耳朵是阴茎（phallic）的象征物（“阴茎”一词的荷兰俚语“lul”与“耳朵”一词的荷兰俚语“lel”相似）。因此，“凡·高割耳”这一举动是一种象征性的自我阉割（selfcastration)(Lubin，1972；Westerman Holstijn，1951)。

(3) 第三种解释是根据俄狄浦斯情结（又称“恋母情结”）这一主题进行阐述的。那时，凡·高与高更住在一起，高更是这样说的：在凡·高割耳自残的前一天，凡·高曾拿着一把剃刀恐吓威胁他，但是在高更坚定有力的目光注视下，凡·高跑了。根据这一解释，高更象征着凡·高所憎恶的父亲，因此在凡·高最初的恐吓威胁失败后，凡·高“最后感伤于他对父亲的无比愤恨和憎恶，并将恨转移到自己身上。凡·高通过如此的举动，在幻想中对他所认同的父亲实施了暴力行为。与此同时，他又惩罚了如此举动的自己”(Schnier，1950：153)。然后，“他通过把具象征性的器官托付给妓院之后，凡·高想得到母亲的愿望也得到了满足”(1950：153～154)。

(4) 第四种解释是，在阿尔勒（Arles)，凡·高曾经看过一次斗牛，这次经历使他深受影响。在此类斗牛活动中，斗牛士获得的奖励是公牛的耳朵，然后他把奖励品展示给现场观众看，最后，斗牛士把公牛的耳朵送给他所选择的一位女士。提出这一解释的人奥利维尔(J. Olivier)(参见 Lubin，1972) 说，“我深信凡·高深受这次经历的影响……凡·高割掉自己的耳朵，就好像他是那获胜的斗牛士，同时他也是那受攻击而被征服的公牛。在他心中，对于一个人介于失败者与胜利者的角色有所混淆”(1972：158)。于是，像那位斗牛士一样，凡·高把自己的耳朵作为礼物送给他所选择的一位女士。[下面的一些解释，除非另有说明，都是引自卢宾（Lubin，1972）的综合分析。]

(5) 在凡·高自残之前的数月里，当地报纸有 15 篇关于开膛手杰克（Jack，the Ripper）的报道，报道他专门肢解妓女的身体，有时割掉她们的耳朵。“这些犯罪行为招致了一些热心模仿的人，凡·高可能就是他们之中的一个。然而，由于凡·高是一名受虐狂而不是一名虐待狂，凡·高反向操作杰克的行为——他伤害自己并把他的耳朵送给一个妓女”(Lubin，1972：159)。

(6) 凡·高不管在情感上还是经济上都相当依赖弟弟西奥，而且通常与弟弟一起共度圣诞假期。但是这一年，凡·高意识到这次的假期，西奥将与他的新未婚妻及她的家人一起度过。因此，有一种解释认为，凡·高自残是一种潜意识（unconscious）策略，以获取弟弟的关注。通过自残，凡·高可以让弟弟回来照顾他，而不是与未婚妻一起度过圣诞假期。

(7) 凡·高最近画了一幅妇人正摇动一个摇篮的图画，用鲁林斯（Roulins）夫人作为他的模特。凡·高对鲁林斯一家人具有强烈的情感，并且羡慕他们的小孩所受到的爱与注意。凡·高也许想要通过伤害自己以获得这对替代性父母的关心与爱。鲁林斯夫人当时的反应不得而知，不过鲁林斯先生在凡·高受伤的晚上就过来帮助凡·高，随后也一直帮助照顾凡·高。

(8) 凡·高强烈地同情妓女，并且认同她们社会遗弃者的地位。这个假设指出了凡·高的自残反映了这种认同。“在六月，就在他割掉耳朵之前的几个月，他曾写过‘妓女就像屠夫肉店里的肉一样’，当他把自己的身体视为‘屠夫肉店里的肉’时，他就倒转了他和妓女的角色，他认同自己是妓女，展示他的同情给她们看”(Lubin，1972：169)。

(9) 凡·高觉得，他妈妈认为他太粗野，把他视为坏孩子。而围绕这意外事件的精神病症状态，其原始象征性思考的历程促使凡·高割下他的耳朵，目的即是为了要让母亲有正面的印象。“因为在潜意识中将隆起的东西视为阳刚和攻击性的，把隆起的耳朵部分割掉，可能意味着他要告诉那个妓女（妈妈的替代者），他已经不再是具攻击性的男人——一个妈妈所不喜欢的‘粗野’男孩，而是一个无助的、容易受到伤害的受害者”（Lubin，1972：173）。

（10）凡·高在精神病发作期间，就像其他病情发作时一样，他有可能经历令人恐惧的听觉经历。之后，凡·高在疗养院写到，其他病人像他一样听到奇怪的的声响以及说话的声音，他推测出现这种情况的原因可能是他耳朵的神经有一些问题。因此，在精神病的状态下，凡·高觉得自己的耳朵患病了，故割掉耳朵以平息扰人的声音。

（11）在《圣经》的客西马尼花园（the Garden of Gethsemane，耶稣蒙难地）的情景中，西门·彼得（Simon Peter）削掉了前来逮捕耶稣基督的大祭师的仆人马尔丘斯（Malchus）的耳朵，而这景象一直留存在凡·高的脑海里。在1888年的夏天，凡·高试图描绘这一情景，并且在10月份他给妹妹的信中也提到这件事情。有可能是在凡·高精神错乱的时候，他自己演出了客西马尼这一幕，他既扮演受害者的角色，也担任攻击者的角色。

（12）另一种解释是凡·高认同被钉在十字架上的耶稣，而哀悼耶稣基督死尸的圣母玛丽亚（Virgin Mary）则代表了凡·高的母亲。“当他把自己身体的部分送给雷切尔（他母亲的替代者）的时候，他象征性地重复了耶稣被钉死于十字架之地（Calvary，又称为‘骷髅地’）的情景”（Lubin，1972：179）。

（13）文森特·凡·高生活在已故的同名兄长的阴影之下，他兄长的名字也是文森特，这位同名兄长一出生也就是在画家凡·高出生前一年就死了。这意味着，凡·高觉得自己不为母亲所爱，母亲不仅将其失去的儿子理想化，而且持续为其感到哀伤。凡·高割掉自己身体的一部分，可能是试图借此赢得母亲的关爱。凡·高自残“代表了一个象征性的死亡，凡·高得以以其死去的哥哥——母亲所宠爱的第一个文森特——的形象重现。被割掉的耳朵是一件特别的礼物，是一个死去婴儿的象征。因此，凡·高通过自残释放了想与母亲合而为一的愿望，并且痛苦地嘲笑他母亲对死去儿子的依恋”（Lubin，1972：182～183）。

## 二、何以造成这些多种可能的解释呢？

关于凡·高为什么割下自己的耳朵并把它送给一位妓女，这里有13种不同的心理动力学（psychodynamic）解释，而且有其他更多的解释不断地被提出来（Lubin，1972；Nagera，1967；Schneider，1950；Schnier，1950；Untermeyer，1955；Westerman Holstijn，1951）。对于凡·高的困扰，也有大量的解释是从生理因素的角度来进行的（Monroe，1978；Tralbaut，1969）。我们应该怎样理解这些不同的解释呢？是否它们全部都是正确的？或者其中一些是正确的，而另一些是错误的呢？又或者说，这些可能都是不正确的？是否这些各种各样的解释都是相互冲突的，所以就意味着选择一种解释就要拒绝其他的一个或多个解释？如果不是互相矛盾的话，那么许多解释之间是彼此互补的吗？是否存在着某个解释，它可以涵盖所有可能的解释呢？还有我们是否觉得已经完全理解了凡·高为何有这些行为而终于可以停止了解他了？

对于以上所提供的这些解释，每个人的反应可能非常不同。第一种取向就像编织挂毯一样，将某个单一事件与凡·高生命中的各个主题、冲突、象征以及潜意识愿望和过程联系起来。根据“过度决定”（overdetermination）的原则，行为本身通常具有多重的原因与意义，这些解释可以看成是对凡·高行为的一组丰富的互补诠释。例如，在讨论了大量可能的解释之后，卢宾（Lubin，1972）提出：

> 有可能这些诠释通通是对的。一个人的动机包括了自己清楚知道的表面因素，也包括了一个人会拒绝承认的、深层的、困扰的因素。人们带着自己的冲突从生命的某个阶段到下一个阶段，而每一个发展阶段都会在下一个阶段留下痕迹。(1972：163)

从“过度决定”的观点看，对于人类的任何行为，想要寻找单一的解释是令人惊讶的，任何事件都不可能只有一个原因或一种意义。在其他地方的说明中卢宾写道，“在这个单一的事件中，反映了凡·高生命的各个层面”（1972：155），他还指出，我们所掌握的是一组“相互关联”的解释（1972：182）。

理解这多种解释的意义的第二个方法是，注意到许多不同的解释其实是与较重大事件的不同层面或特性有关。例如，凡·高之所以选择割掉一只耳朵，很可能与他观看过斗牛表演有关；割耳之事正好发生在圣诞节假期，这一事实很可能与耳朵作为礼物送给他人联系起来；凡·高选择一位妓女作为礼物的接纳者，很可能与关于开膛手杰克的最近报道有关。然而，也有许多的解释是与事件的同一层面有关。凡·高选择耳朵作为割除的对象，很可能同时与下列的事件有关：观看过斗牛，关于开膛手杰克的新闻报道，耳朵作为一种阴茎的象征物，相信幻听是来自耳朵神经的疾病以及凡·高对于客西马尼花园耶稣受难事件的关注。

第三种取向则是假定这些解释之中的几个是正确的而有些解释则是错误的，需要有一个批判评估的程序以评鉴它们的相对可信度。过度决定学说之所以可能是正确的，是因为心理事件常常具有多种原因和意义，但是主张所有可能的解释“都是一个幸福家庭的一分子，就是弃批判性思考于不顾了”（Hirsch，1967：164）。就治疗的目的而言，对于单一事件探索所有可能的意义也许是有用的；但是，就科学研究或解释的目的而言，我们需要批判性地评估这些多重解释的可能性，然后考察这些解释互相补充或互相冲突的程度。

第四种可能的反应是，我们可以认为所有这类象征性的解释都有些武断，甚至是无可救药的武断。如果一个解释只是注意到正被探究的事件与早期的一些事件或经验之间的相似性，进而给出某些解释的话，那么这些连接关系“简直就是太容易找到了”，而且“符合这种条件的解释简直有无穷个”（Spence，1976：377，379）。批评者认为：诠释的过程如此之宽松及有弹性，以至于可以被用来解释任何事情，甚至可以用来解释在各个方面完全相反的两个事件。较温和的批评说法是：心理动力学诠释的历程完全有其合法性，但是在解释这一特殊的案例上则有所不足。

## 三、对解释推论的批判性评估

“凡·高割耳”这一意外事件强有力地提出了心理传记学中有关诠释逻辑的若干基本问题。要批判评估生命事件的多重诠释时，有哪些程序可供使用，或者可以被发展出来？对生命史的某个特定事件或某一组特定事件而言，我们怎样知道有或没有得到一个“满意”的解释呢？凡·高的案例特别有用，因为它更能促进我们注意多重解释的问题，因为这个事件所引发的解释非常多，而且各自都找到一些支持的证据。如此一来，凡·高这一案例就非常清晰地提出下列的问题：关于解释的假设是怎样形成的？如何批判性地评估这些假设？以及如何从各种可能的解释中进行选择或整合？

遵循波珀（Popper，1962）的区别是有帮助的，他区别了推论（conjecture）与反驳（refutation）两个历程的不同，同时也区别了产生诠释推论与对推论进行批判评估这两个历程的差异。凡·高的文献提供了一个极好的案例，不但能说明诠释推论的过程，也可以用来说明对这些诠释推论进行批判性评估的历程。例如，假设凡·高是受到当时报纸有关开膛手杰克的报道的影响。这个解释是基于下述的假设而建立的：凡·高读过记载在当地报纸上的这些故事，也注意到有关割耳的细节，这样的细节在15篇相关报道中只有两篇提及，此外凡·高必须对这些细节一直有印象，并且在他割自己耳朵的当晚对他产生影响。这一解释若要成立必须是这一连串的假定都成立才行，然而这些假设之中没有一个假设能找得到直接的事实证据，这就使得这一推论显得相对缺乏确实的根据。

相比之下，凡·高的行为受到观赏斗牛影响说法的可能性就比较高一点（尽管从一个绝对的标准来看，它的可能性也许还是低了点），因为信件显示他曾在阿尔勒观赏斗牛表演。我们有证据表明凡·高至少目击过这一斗牛情景，而且给他留下了深刻的印象。然而，对于开膛手杰克的相关报道与割耳朵之间的关系，我们就只能臆测。

现在我们来看看另一个解释——他通过把自己的身体视为肉铺里的肉，以表达自己对妓女的认同。“妓女就像是肉店里的肉一样”这一短语出现在1888年6月的一封信里，也就是在割耳之事发生的6个月前。我们没有进一步的支持性证据显示，在割耳之事发生之前的一段时间里，凡·高再度产生这个印象，因此很难相信它在凡·高自残事件中扮演了重要的角色。

支持用恋母情结解释这一事件的部分证据也似乎受到质疑。直到割耳之事发生15年之后，高更才提及凡·高曾用一把剃须刀恐吓过他。事实上，在这件事发生的4天后，高更在向一位朋友解释这一事件时，他并未提及凡·高恐吓他的事。在凡·高自残之后，高更立即离开阿尔勒前往巴黎。里瓦尔德（Rewald，1956）认为高更顾虑到自己的品德形象，所以编造了这一恐吓事件，以合理地辩护他在凡·高危机时刻抛弃凡·高于不顾。

另外一种解释是昂特迈耶（Untermeyer，1955：235）所提出的凡·高“割下一只耳朵，并把耳朵送给与他和高更常会面的一位妓女。这是一个圣诞节的礼物，也是一个回应，回应对其耳朵过大的嘲笑”。关于这一特殊解释，存在几个疑点。据我所知，并没有证据显示这位妓女嘲笑过凡·高耳朵的大小。这个关键事件并没有在原始资料，例如，凡·高的书信或高更的回忆，或者如特拉尔包特（Tralbaut，1969）或卢宾（1972）所撰的完整的凡·高传记中看到，而这些传记对割耳朵事件都做了相当详尽的分析。此外，作出这一解释的同一段文字，在描述这一事件时至少有两个事实上的错误。除非我们能够假设，昂特迈耶在他这本包含92段传记描述的书中，使用了其他学者得不到的资料，否则我们似乎更应该相信这个解释推论缺乏可靠的证据支持，其证据可能只是为了使其说法被采信而编织出来的谎言。不要忘记学者特拉尔包特可是花了50多年的时间来研究凡·高并撰写其传记，不太可能有被特拉尔包特漏掉的资料。因此，我们似乎更有理由得出结论说，没有可靠的证据支持这一解释的推论；相反地，为了给出一个似是而非的解释，有人捏造了这一证据。同样的批评也可以应用在迈耶—格拉菲（Meier-Graeffe，1933：163）的故事上。这一故事说有位妓女早些时候要求凡·高给她5法郎的硬币，但他拒绝了。故事还说，这位妓女随后说，如果他不能给她一枚5法郎的硬币，那么他应该以他的一只大耳朵作为圣诞节礼物来表示对她的尊敬。

现在所要说的解释相对来说不是建立在如上述般不可靠的证据之上：凡·高在事件发生几个月后，在疗养院中说到其他的病人也听到了如他所听见的声音。这也许是因为耳朵神经出了问题所致。这样的信念有可能在割耳朵事件中有一定的影响。

在解释凡·高精神崩溃的诸多因素之中，最有说服力的一个解释或许就是他感到他丧失了弟弟对他的关心和照顾。尤其是割耳之事以及稍后两次的精神崩溃，分别与他得知弟弟西奥将要订婚、结婚以及其第一个小孩将要出生的时间点相符合。在西奥的这些重大事件中，凡·高觉得他可能即将失去来自弟弟的情感支持和经济支持，因为弟弟西奥似乎要把他的关爱和钱财转向他新建的家庭上（Tralbaut，1969）。

因为遭到拒绝，或者在失去爱的情况下作出被虐待的反应，对凡·高来说并不陌生。1881年，他曾拜访过基·沃斯（Kee Voss）的父母，基是凡·高深深爱上的一个女人，但她一直在回避他。当凡·高听说基为了避开他而出门时，凡·高“把他的手放在油灯的火焰之中，并说‘让我见她，否则我的手将一直放在火中’”（Tralbaut，1969：79）。基的父母吹熄了油灯，还对他说，他不可能见到她。这些事件让凡·高的自残归因于失去弟弟的爱的解释更有可能。

没有一个容易的方法能让我们从一系列假设性解释中挑选出适当的解释。而且要寻找历史事件的证据本来就会面临诸多的限制，所以要直接验证每一种解释推论，有时是不可能的。然而，通过识别一些有缺陷的解释以及搜集相互支持的确定证据，我们还是可以取得一些实质性的进展。解释和诠释可以根据以下6个标准来加以评估：①它们的逻辑严密性；②在解释问题事件的各个迷惑待考层面上的周延性；③其能否通过否证的检验，如针对其所衍生的预测或逆测（retrodiction）的检验；④它们与全部已得到的相关证据的一致程度；⑤其与关于人类功能或研究对象的常识的一致性；⑥相对于其他的解释性假设而言，它们的可信性如何，即相对可靠性（Bromley，1977：第八章；Cheshire，1975；Crosby，1979；Hempel，1965，1966；Sherwood，1969）。

对于每个要探究的难题，我们都可以想象所有关于这个问题的解释与假设构成了一棵树，树干代表最初的问题或疑惑，每个树枝代表一种解释推论，而较细小的分枝则代表对某个特定假设或推论的检验。任何一种解释性假设都可以接受各式各样的检验，每次检验都为这一假设提供了部分而非绝对的证实或证伪。

最不完善的研究是只包括一枝树干和一条光秃秃的枝干，它们仅代表了一个很少或完全没有接受批判性验证的单一解释推论。一个完整的解释探究就像一棵发育完善的树，长满了枝杈，代表了多种多样的解释推论，而且对于每个解释假设都有着充分的验证。这个理想的树形图，或者说一个完整合理的解释探究，提供了一个评估架构，能够评估特定解释探究的进展，且能够让我们清楚地了解可以完成到什么程度，而现在又已经进展到什么程度。

## 四、寻找唯一合理的解释

关于个体生命的心理传记学研究经常受到批评，是因为各式各样的理论似乎都能解释个体的生命。例如，弗洛伊德的案例研究（case study）所受到的批评之一就是"主要的缺点是，还有太多其他可能的解释存在"（Liebert & Spiegler，1978：50）。波珀（1962：35）说：

> 对于每个能够想得到的案例，我们都可以依据阿德勒的理论来解释，同样也可以依据弗洛伊德的理论来解释……我想不到人类有什么行为是无法用这两个理论来解释的。事实正是如此——它们总是适用，总是被证实——在这些理论的崇拜者眼里，这些成了偏好此类型理论的最有力的论点。不过，在我看来，这一明显的优点实际上正是它的弱点。

类似地，格根（Gergen，1977：142）也说："多数人的生命事件是富有变化并具多个侧面的，因此几乎任何理论模式事实上都可以被验证接受。而案例研究则允许了研究者选择那些有助于支持他的信念的事实。"

我认为这些批评有些言过其实了，仅能适用于那些不太完备的解释探索之上。人们用任何理论来解释任何生命或许都是可能的，但是这样要付出的代价是经常扭曲证据或者选择性地呈现证据。我们可以产生任何一种解释推论，但是这些解释推论并不都经得起批判性的检验。在法律的诉讼程序上，一名有罪的被告对事件的过程进行有利于自己的辩护时，似乎他（或她）真是无罪的，但是在严谨的交互询问之下，被告的开脱之辞马上变得不堪一击。同样的情况，人们运用某一特定理论来解释某个人的生命史时，也可能经不起批判性的检验。例如，人们普遍认为英王乔治三世（King George Ⅲ）的异常行为是躁郁性精神病（manic-depressive psychosis）导致的，直到麦卡尔平和亨特（Macalpine & Hunter，1969）令人信服地把这些行为重新解释为卟啉症（porphyria）的症状，它是一种遗传性卟啉新陈代谢紊乱的疾病。即便在一个人的生命中能够找到某些证据同时符合多种理论解释，但这也并非意味着所有这些理论对于我们正在探究的事件都能提供一个恰当的解释。

当我们批判性地检验各式各样的解释所提出的主张和暗示时，就可以让我们过滤掉其中许多非常不可能的解释。在理想的情况下，这个过程可以产生具有充分证据的单一解释。然而，在某些情况下，即使在排除了大量的、不满意的解释推论之后，仍然存在一种以上的解释，而它们都与可获得的证据相一致。我们有时面对"许多可能的解释，它们在理论上可能同样有效，也都同样符合所发现的事实。当这一情形出现时，我们就无法知道何种解释是最正确的了”（Pye，1979：53）。

这个问题在日常生活中并不常见。在日常生活中研究资料的来源通常非常有限，而且通常一旦找到一个单一的有可能性的解释时，探询也就停止了。又或者是一旦找到一个与流行的理论相一致的解释时，探询也会停止。然而，如果我们对某个解释性问题进行充分的研究，或是从各式各样的理论视角来切入，又或者是这一问题触及社会和政治利益的冲突，那么各式各样的解释就很可能有机会出场了。

## 五、结论

事实似乎表明，在解释单一个案的生命时，关于理论的选择似乎显得有些随意，只凭借研究者的喜好。毫无疑问，这种情况有时确实会发生，但是任何方法都有可能被拙劣地应用。个案研究法的有效应用不仅要求所形成的解释必须与某些证据相一致，而且其所偏好的解释必须接受所有可以取得的证据的批判性检验。此外，各种解释必须评比其可行性。在难以置信的解释被排除之后，也许还会留下与可取得证据相一致的多个解释，但这远远不等同于“事实可以依任何理论的推论来加以充分解释”这一说法。

当面对一个令人困惑不解的历史或临床现象时，研究者为了使本来迷惑的事件可以理解，有时很容易就接受了第一种心理动力学的解释。凡·高割耳之案例则说明了这一取向的危险，如果进一步探查往往会产生各种看起来可行的其他解释。但这并不是说各种解释同时都是正确的。相反地，当这一情形出现时，我们需要批判性地评估这些不同的解释，并且比较它们的相对可行性。

在某些案例中，批判性地分析一系列可能的解释，可能促使我们排除所有的其他解释而仅保留一种解释；但是，在其他一些案例中，我们可能会留下好几种解释，因为它们与可获得的现有证据一致，而且没有明显的办法可以在它们之中选择一个更好的解释。心理传记学研究这项事业似乎就是处在这样左右为难的境地之中。一方面，我们要面对难以说明或解释的事件；另一方面，我们又要费心地去面对各种可能的解释。

尽管存在着这些困难，但是对个人生命事件逐步形成合理解释这一难题，仍然值得我们批判性地关注。因为在日常生活中，我们不可避免会遭遇到这样的处境，而且在人格学（Personology）、心理传记学以及临床专业中，这些都是至关紧要的任务。而接下来需要更进一步探究的课题有两个。其一是那些令人困惑的认识论问题——对个人生命事件的解释之确定性，我们究竟在多大程度上能够或者不能够获得；另外，则是方法论的问题——我们到底要如何才能产生最佳的解释。

（雷学军　张继元　译）

**参考文献**

Allport, G. W. (1961). *Pattern and Growth in Personality*. New York: Holt, Rinehart & Winston.

Allport, G. W. (1965). *Letters from Jenny*. New York: Harcourt, Brace & World.

Anderson, J. W. (1981). The Methodology of Psychological Biography. *Journal of Interdisciplinary History*, 11(3), 455 – 475.

Bromley, D. B. (1977). *Personality Description in Ordinary Language*. New York: Wiley.

Cheshire, N. M. (1975). *The Nature of Psychodynamic Interpretation*. London: Wiley.

Crosby, F. (1979). Evaluating Psychohistorical Explanations. *Psychohistory Review*, 7(4), 6 – 16.

Elms, A. (1976). *Personality in Politics*. New York: Harcourt Brace Jovanovich.

Gedo, J. E. (1972). The Methodology of Psychoanalytic Biography. *Journal of the American Psychoanalytic Association*, 21, 638 – 649.

George, A. L. (1971). Some Uses of Dynamic Psychology in Political Biography. In F. J. Greenstein & M. L. Lerner (Eds.). *A Source Book for the Study of Personality and Politics*. Chicago: Markham.

Gergen, K. L. (1977). Stability, Change, and Chance in Understanding Human Development. In N. Datan & H. Reese (Eds.). *Life-span Developmental Psychology: Dialectical Perspectives on Experimental Research*. New York: Academic Press.

Glad, B. (1973). Contributions of Psychobiography. In J. Knutson (Ed.). *Handbook of Political Psychology*. San Franciso: Jossey-Bass.

Hempel, C. G. (1965). *Aspects of Scientific Explanation*. New York: Free Press.

Hempel, C. G. (1966). *Philosophy of Natural Science*. Englewood Cliffs, N. J.: Prentice-Hall.

Hirsch, E. D., Jr. (1967). *Validity in Interpretation*. New Haven, Conn.: Yale University Press.

Hogan, R. (1976). *Personality Theory: The Personological Tradition*. Englewood Cliffs, N. J.: Prentice-Hall.

Izenberg, G. (1975). Psychohistory and Intellectual History. *History and Theory*, 14, 139 – 155.

Liebert, R. M. & Spiegler, M. D. (1978). *Personality: Strategies and Issues*. Homewood, Ill.: Dorsey Press.

Lifton, R. J. & Olson, E. (Eds.). (1974). *Explorations in Psychohistory*. New York: Simon & Schuster.

Lubin, A. J. (1972). *Stranger on the Earth: A Psychological Biography of Vincent Van Gogh*. New York: Holt, Rinehart, & Winston.

Macalpine, I. & Hunter, R. (1969). *George III and the Mad Business*. New York: Pantheon Books.

Mack, J. E. (1971). Psychoanalysis and Historical Biography. *Journal of the American Psychoanalytic Association*, 19, 143 – 179.

Mazlish, B. (1968). Clio on the Couch: Prolegomena to Psychohistory. *Encounter*, 31, 46 – 64.

Meier-Graeffe, J. (1933). *Vincent Van Gogh: A Biographical Study* (trans. J. Holroyd-Reece). New York: Blue Ribbon Books.

Meyer, B. C. (1972). Some Reflections on the Contribution of Psychoanalysis to Biography. In R. Holt & E. Peterfreund (Eds.). *Psychoanalysis and Contemporary Science* (Vol. 1). New York: International Universities Press.

Monroe, R. R. (1978). The Episodic Psychoses of Vincent Van Gogh. *Journal of Nervous and Mental Disease*, 166, 480–488.

Murray, H. A., et al. (1938). *Explorations in Personality.* New York: Oxford University Press.

Nagera, H. (1967). *Vincent Van Gogh: A Psychological Study.* London: Allen & Unwin.

Popper, K. R. (1962). *Conjectures and Refutations: The Growth of Scientific Knowledge.* New York: Basic Books.

Pye, L. (1979). Letter to the Editor. *Psychohistory Review*, 8(3), 50–53.

Rewald, J. (1956). *Post-impressionism from Van Gogh to Gauguin.* New York: Museum of Modern Art.

Runyan, W. M. (1978). The Life Course as a Theoretical Orientation: Sequences of Person-situation Interaction. *Journal of Personality*, 46, 569–593.

Runyan, W. M. (1980a). Alternative Accounts of Lives: An Argument for Epistemological Relativism. *Biography*, 3, 209–224.

Runyan, W. M. (1980b). A Stage-state Analysis of the Life Course. *Journal of Personality and Social Psychology*, 38, 951–962.

Schneider, D. E. (1950). *The Psychoanalyst and the Artist.* New York: International Universities Press.

Schnier, J. (1950). The Blazing Sun: A Psychoanalytic Approach to Van Gogh. *American Imago*, 7, 143–162.

Sherwood, M. (1969). *The Logic of Explanation in Psychoanalysis.* New York: Academic Press.

Spence, D. P. (1976). Clinical Interpretation: Some Comments on the Nature of Evidence. In T. Shapiro (Ed.). *Psychoanalysis and Contemporary Science* (Vol. 5). New York: International Universities Press.

Tralbaut, M. E. (1969). *Vincent Van Gogh.* New York: Macmillan.

Untermeyer, L. (1955). *Makers of the Modern World.* New York: Simon & Schuster.

Westerman Holstijn, A. J. (1951). The Psychological Development of Vincent Van Gogh. *American Imago*, 8, 239–273.

White, R. W. (Ed.). (1963). *The Study of Lives*. New York Atherton Press.

White, R. W. (1975). *Lives in Progress* (3rd ed.). New York: Holt, Rinehart & Winston.

第7章

# 多个案的心理传记学研究：理论和方法

凯特·伊萨克森（Kate Isaacson）

自从心理传记学成为生命研究的方法之始（Freud，1910/1957），这一领域就主要聚焦于对单一案例的深度经验分析。在过去的一个世纪里，案例分析的取向与方法已经变得越来越复杂，经验分析时要考虑的变量日益增多，这些变量包括脉络、环境和亲密关系。这一领域已经开始从只有单一案例的分析中走出来。目前，这一领域正超越过去并越来越多地聚焦于人与人之间的互动，同时也关注小团体之间的比较。

几位心理传记学家已经以分析多个案（多传主）作为他们研究的合适行动方针（如 Schultz，本书第 3 章）。一般而言，当心理学领域通常聚焦于亲密关系（如依恋理论）和互动基模（interaction schemas）（如 Baldwin，1995）时，心理传记学家们运用更加复杂的理论工具，采用多个案的比较心理传记学研究，可能会获得丰厚的回报。

如上所述，此类研究的确变得越来越普遍，但是到目前为止，有关多个案分析的精确方法在心理传记学的文献里还是一片空白，还没有文献对这一比较方法进行系统而清晰的描述。因此，在这一章里，我将为两个或两个以上生命的心理传记学研究提供一个模型，这一模型重点讲述了他们作为不同个体的方方面面，更重要的是，这些不同个体的差异如何才能整合起来。我为比较心理传记学的研究提出一些指导方针，包括对多个案研究类型的讨论、这一研究方式的优点、为了增加此类研究可用的理论模型和对多个案研究的经典样例的讨论。

## 一、为何要研究一个以上的人物

心理传记学研究本身有一个共同的目标：通过找出单一个体的特定心理模式以及个体与环境之间的动态关系来理解个体的生命。在单一案例的心理传记里，通过这种分析可以考察某些重要人物在其生命故事中所起的作用，这样可以更好地理解某个个体；或者在多个案例的心理传记里，也可借助某个重要人物的眼睛来实际观察某个个体，能够更深入地理解这个人。主体和客体角色区别的主要标准在于是否需要进行多案例心理传记研究。如果在你的研究里每个人既可以作为主体，也可以作为客体，那么你似乎就有充分的理由进行多个案的心理传记学研究。或者另一种可能是，如果你把每个人物放在“主体”的角色，并针对每个人物进行分析，你也就是在从事多个案的心理传记学研究。例如，在心理传记《非凡时刻》（*No Ordinary Time*，1994）里，多丽丝·古德温（Doris K. Goodwin）在分析罗斯福家族的人物时，她对每个人物都采用比较的方法，先独立分析每个人物，然后进行事后分析。另一方面，如果你想通过阐明某些重要人物在个体生命中扮演的角色来理解你的研究对象，你未必要从事充分完全的多个案心理传记学研究，因为你不必去完成对每个研究对象的独立分析。如果你只是想从其他人物的视角来理解你的主要人物的生命，那么你也无须把你的研究视为一种多个案的心理传记学研究。

多个案心理传记学研究最普遍的类型（下文有更详细的阐述）是要进行比较分析的。政治领域的心理传记学家有时通过比较两位领袖人物，对每个领袖人物进行脉络更丰富的概评。最近，杰罗尔德·波斯特（Jerrold Post，2003）编辑了一本政治心理传记学研究的纲要，书名是《政治领袖人物的心理评估》，这本书涉及的政治人物是萨达姆·侯赛因和比尔·克林顿。在这本书里，不同的研究者从不同的角度对这两位政治领袖进行经验分析。又如，多年前，霍华德·加德纳（Howard Gardner）也同时对许多“创造型人物”与天才人物进行比较研究。还有，在艾伦·埃尔姆斯的《揭示生命》（*Uncovering Lives*，1994）一书中，也有一些章节谈到了这种比较类型的研究。

两个研究案例的心理传记与单一案例的心理传记有何不同呢？一个多个案的心理传记不只是要多搜集另一个或多个案例的资料。其定义的特征是，多个案研究不仅要对每个个体生命进行完整的心理传记学分析，也就是说，在 N =1 时进行“被试内”的评估，而且还需要超越每个人的生命，去进行“被试间”的比较。在统计分析时，我们一般把这一差异称为设计的差异，就像实验设计的分类那样，或者是被试内设计，或者是被试间设计。但是，在不同背景下运用这一模式时，我们会有不同的考虑。多对象研究提供了两个方面的视角，也就是说，既有被试内的分析，又有被试间的比较。每一次分析都要考察一个以上的研究对象，或者是为了把他们进行比较，或者是因为他们有显著的交互作用。因此，虽然不同的研究之间多个案的心理传记在形式上差异很大，但是它们都有两个必要的成分：个体的心理传记分析和研究对象之间的比较分析。后一种成分可能也包括研究对象之间彼此交互作用的分析。

一个多个案的心理传记学研究与一个小型统计研究（在这种小型统计研究中，每个研究对象都有充足的资料）有何不同呢？多个案的心理传记学研究是通则还是特则呢？这的确进入了一个新的范畴。奥尔波特把这种方法论称之为“形态发生学”（Morphogenic），它致力于研究各个研究对象之间的共同元素，以及考察个体在共同元素中所显现的模式结构的发展（有关的样例和讨论，参见《詹妮的信》，1965）。多个案研究同样具有通则研究方式的一些优点，如通过设置一个对比组同样可以发现一般的规律和法则；但是，因为每个研究对象都趋向特定的平均数，并无法产生有意义的数据或了解，反而使研究失去了整个生命。

众所周知，心理传记研究通常运用一种重复迭代的方法。通过这个取向，为了寻找资料与理论之间的最佳“联姻”，在资料搜集和理论检验的整个过程中，一些理论得以形成，并进一步变得精练（关于心理传记更多的迭代性质，可参见 Schultz，本书第1章）。在多个案研究中主要有两种迭代的方法：

（1）序列迭代法（serial iteration）：在这一方法中，要为每个研究对象建立独立的资料库，并为每个对象提出个别的、特则式的假设。先同时进行每个研究对象自身的比较（形成个别的特则式理论），然后才对跨研究对象进行假设交叉比较。

（2）平行迭代法（parallel iteration）：在这一方法中，把若干研究对象的所有资料汇聚在一起，作为一个单独的资料库。然后，研究者通过迭代法产生关于所有研究对象的一个单一的叙事。

总之，多个案的心理传记的主要好处是提供了两个或更多人之间的交互作用分析，可以进行两个或两个以上的重要生命之间的比较，它也能进行效度评估，或者至少提供对某个历史性结果起增强作用的视角（例如，某个科学理论的创立或某种合作写作事业的开展）。在任何情况下，"$N>1$"的研究方式可以让我们更深刻地理解所分析的每个生命。

## 二、决定进行多个案的心理传记学研究

那么，让我们假定你已经决定写了一篇有多个个案的心理传记。为了保证研究的真正有效性，你需要理解到底为何要考察一个以上的人物，你的研究对象之间具有怎样的关系。这将有助于指导你的资料搜集过程、理论（一个或多个）的选择以及分析方法的建立。下面是一些将研究案例彼此配对的普遍做法：

（1）察看两个人共同的作品或成果；

（2）同时考察某种关系的双方；

（3）比较两个人，他们都拥有某些重要的属性（如都是政治家或作家）；

（4）考察历史、政治、社会或文化的运动；

（5）运用比较性的心理传记来建构、检验和发展理论。

除了这五种配对方法之外，还有两种多个案心理传记的主要类型：①分析时与研究对象之间直接/间接的接触；②根据类型或单一维度（面向）进行的配对。这样的区别涉及研究对象之间的关系。为了开展你的研究，你需要问自己，"我为何要将这些个案组合在一起?"同样，你必须澄清为何一个生命可能使另一个生命变得容易理解，或者说，为何一个生命可以增加我们对另一个生命的理解。现在，让我们稍微仔细地考察这两种类型。

1. 直接/间接的接触

这类配对中的研究对象之间有某种动态关系，其中的一人影响另一人。例如，西尔维亚·普拉斯和特德·休斯，或者迭哥·里韦拉（Diego Rivera）和弗丽达·卡罗（Frida Kahlo）。这些研究对象之间可能有直接的接触，就像婚姻或家庭研究中的案例那样［如麦兹利斯（Mazlish，1975）对詹姆斯和约翰·斯图尔特·米尔（John Stuart Mill）的研究］；也可能产生远距离的互相影响，就像老布什和萨达姆（Elms，1994），或者像老布什和米哈伊尔·戈尔巴乔夫（Winter & Herman et al.，1991）的案例那样。

当两个或两个以上的人物直接或间接地交叉重叠时，进行一系列的比较成为可能。我们可以探索上述五种普遍方法之中的任何一种，但是我们也可以用其他同样好的方

法。首先，我们可以比较不同个案对某一个事件的反应和解释。这可以让我们知道，每个人物的信息处理方式及其在认知解释上的偏好或倾向。如果资料的外部来源是可获得的，那么就可在传主所提供的信息的完整性方面来讨论效度的议题。其次，比较可以使每个人物的人际关系风格和人际交往倾向清晰化。借助每个研究对象的眼睛，我们可以直接评估有关“他人”的资料或诠释；借助每个研究对象形成的心理模式和生命理论，我们可以对他们之间的相互作用进行脉络化的分析和强化。此外，通过为理论检验和发展提供一个连续的基础，个案间交互作用方面的资料也有助于进行重复迭代性的心理传记学研究。再次，我们可以运用某个理论模型去具体探索两个人物之间的人际关系。例如，叙事分析、心理社会理论或依恋理论（人际脚本或工作模型），可以使有关的议题（如每个人物在他人生命故事中处于什么样的位置？具有怎样的作用？）变得清晰起来，对于他人视野里的每个对象而言，比较分析可以揭示相似或相异的角色和功能。最后，在某些案例中，研究个案在他人的生命里可以是合作者，也可以是对手。在下文中，我会更详尽地讨论这种更广泛的可能性中的许多情况。

2. 类别配对比较或者单一维度比较

如果我们的研究对象在生命事件上并没有直接或间接的接触，那么进行配对比较是很有可能的，因为每个人在某些重要方面会与其他人一样。这种相似性，无论其相似的程度如何，都有利于进行人物之间的比较。此类研究的基础可能与彼此间的共性或辩证性差异有关，这些比较涉及的方面包括职业（如政治家、音乐家、作家、艺术家或科学家）、社会历史脉络［如20世纪20年代居住在巴黎的美国移民，或当代的信仰疗法专家（scientologist）］、种族（如杰出的非洲裔美国人）、性别角色（如居家的父亲）、经济阶层（如城市贫民），等等。在这些情形下，比较取向的主要好处在于让研究者有能力去评估若干人物在某个变量上的相似性，还可以从比较的角度去探索他们在其他许多变量上的相似性和个别差异。例如，某人可能决定对两名政治家［亚伯拉罕·林肯（Abraham Lincoln）和比尔·克林顿］进行心理传记学研究。经过比较，他（或她）可以考察的主题包括家庭背景、早期教育经验、动机、政治风格、人际关系风格、个人作品、恋爱关系、对政治对手的反应以及对卸任后的追求。比较的基础是研究对象的共同角色，他们都曾是美国总统。在理想的情况下，比较的结果可以整合到对每个人物不断演进的研究中去，也可以为最后的心理传记学之间的比较奠定基础。

如果对两个表面上没有关联的生命进行比较，可以在哪些方面增进我们对他们生命的理解呢？例如，研究两位哲学家甚至是不同时代的哲学家［如萨特（Sartre）与苏格拉底（Socrates）或者孔子（Confucius）与加缪（Camus）］时，怎样深化我们对他们的理解呢？首先，清晰地阐述两个人物的相似性和差异，至少可以充分地达到人格研究的一个主要目标，甚至在某些方面可达到两个目标。人格研究的两个主要目标是，了解一个人在一些方面与另外一些人的相似性，以及在某些方面与其他人的不同之处（参见 Kluckhohn & Murray，1953）。对每个生命不断演进的解释可以为诸多的前后比较提供一个详细的、脉络鲜明的基础，这些比较包括了动机与价值观、发展与变迁、前因与结果以及基本人格与行为模式方面的比较。在某些情况下，这种方法比其他方法，包括单一对象的心理传记学研究以及针对个别差异进行中等（平均数）水平的通则研究更能丰富对人的理解。虽然通则研究也进行研究对象之间的比较，但这种比较通常聚焦于少数去脉络化的生命变量。上述每一类方法——直接或间接的接触、根据类型或单一维度进行的配对，都可能适时地运用比较的方式，增强对每个研究对象的重复迭代性的心理传记学研究。例如，如果某人碰巧正在研究两个研究者［如沃森（Watson）和克里克（Crick）］，他们共同合作提出过一个理论，那么多个案的研究方法就可以为有关的特则比较研究奠定基础，如每个研究对象是如何进入这个研究领域的？每个人后来如何表述这一理论？这一比较的框架也可以包括一些说明，如在共同研究和提出理论期间，一个人如何与另一个人相互交往的。对每个人的生活进行最终的叙述性说明甚至可以使有关著作权和对理论的特殊贡献之类的问题得到进一步的澄清。

如果某人希望澄清一个理论，或者通过把这一理论应用于某些著名的不同案例，以检验这一理论的效用，那么进行多个案的心理传记学研究就特别有用。针对相似的研究对象进行研究时，多个案研究有助于建立该研究的信度，同时对彼此不同的研究对象进行研究时，则可以提供一个视角，让我们更好地理解一种理论的适用范围。例如，在一部分作家和艺术家（他们包括凯瑟琳·哈里森、杜鲁门·卡波特、杰克·凯鲁亚克、西尔维亚·普拉斯以及戴安娜·阿巴斯）的生命中，舒尔茨发现了一些相同类型的创伤性记忆（invasive memories），后来舒尔茨发展出原型情景概念（参见Schultz，本书第3章）。在人格心理学中，理论的检验和发展是一项格外重要和必须的功能，但令人悲哀的是，这样的功能常常被人们忽视了。大多数心理学研究聚焦于宽泛的、去脉络化的局部过程。无论如何，如果研究者希望对他们的结果产生连贯一致（而不是特异性）的解释，以及与这一领域整体方向的发展相关联，将理论谨记在心是十分重要的。在“整体”的背景下对所有的研究发现进行整合或评估的时候应该到了，特别是当这个“整体”是指一个个人的生命时。如果有人计划探索像个体的人格一样复杂的系统，那么整合的理论是绝对必要的。通过把人格理论运用于真实的生命，个案研究和多个案的心理传记研究可以通过理想的方式来检验人格理论，以确保这些理论确实能增进我们对人类经验的理解。

## 三、理论选择的难题：一个还是多个

心理传记学研究包括一系列研究对象、理论取向和研究问题。从本质上看，最恰当的描述心理传记学的方式是把心理传记学说成是一种多样化的、不断演进的方法论，这种方法论适用于考察一个个体或一群个体的生命。心理传记模型的优点之一是具有灵活性，可以包容各式各样的人格—社会心理学的理论和分析取向。正是由于这一灵活性，心理传记学家的理论工具箱总是在不断地与时俱进，并走在研究的前沿。我们可以有效地探索个体的生命并以独特的方式呈现研究结果。人们可以运用不同的理论来解释任何一个个体生命的不同维度。虽然个案的心理传记学研究决不限于某个潜在的理论模型也并非只有依据这些理论模型才能分析资料，但是多个案的心理传记学研究的关键问题可以作为理论选择和运用的指南，而这些理论是将焦点放在人际关系及互动方面。对心理传记学研究的理论和发展而言，研究者感兴趣的理论将会作为实际的理论模型用于考察研究对象的生命。这样的目的可以让我们找出一些少数对多个案研究有用的理论。

1. 客体关系理论（Object Relation Theories）

依恋理论是一种客体关系理论，它是21世纪[①]早期最重要的人格理论取向之一，也是研究亲密关系的基本框架。依恋理论为评估人际关系图式、工作模式以及发展与变迁的事件提供了最有用的理论框架。从依恋理论的基本主题出发，探究研究对象的依恋现象在其生活中是如何表现的，这种取向似乎是合理的。例如，依恋理论涉及母子分离、焦虑—回避、安全基础、连贯性以及探索行为等基本问题，也探讨个体与父母、朋友以及恋人之间的关系。正如鲍尔比（Bowlby，1979）所说，这一理论关系着人们“从摇篮到坟墓”的所有关系。

2. 其他的关系理论

心理学中的关系理论正在复兴。对于多个案研究来说，过去关于人际关系研究所包括的各式各样的模型和变量被证明是有用的。凯利（Kelley，1983）把关系描述为“两个独立个体相互依赖的程度”（包括人际网络联系的频率、多样性和强度）。这一定义使我们将关系理论广泛地用于多种类型的人物配对上，从亲密关系到较正式的涉入关系。在分析关系时，我们可以把比较研究作为关系分析的一种手段，关系本身正好是研究者感兴趣的变量。关系分析可以分为三个层面：宏观脉络（marcocontext），即人物生存的总体环境；中观脉络（mesocontext），即人际关系环境；微观脉络（microcontext），即两个人通过独特的交往而逐渐建构起来的亲密环境（Levinger & Levinger，2003）。在每个层面上，运用从环境到人际关系所建立的特定规则和规范去对人物双方的相互作用进行分析，能获得关于每个研究对象的重要启示。阿伦（Aron，1992）的关系认同理论（relationship identity theory）认为自我包含在他人之中，这对解释关系动力学可能具有特殊的指导价值。

心理传记学家通常疏于系统处理研究对象生活中的环境变量所表现出的复杂动力学因素，这些环境变量包括人际关系、情境、时间和规范。如果心理传记学研究具有叙事性目标，我们就不能把这最后的边界领域排除在外。把研究对象努力或奋斗的脉络与生活条件放在一起具有重要的意义。个体生活中许多相互作用的系统都可以在其心理生态系统内得到解释。

通过一种理论性的系统研究，可以将具有影响力的人际关系概念化。一套真正系统化的思想可以连贯地描述这套原则，也可以呈现这些原则是如何提高了它们的应用效能。通过这样的方式，心理传记学家会运用系统理论来评估两个人之间的关系，他们相互作用或交往的复杂过程和模式。其目的在于理解环境的效应及含义，充分地探究在主要关系中双方人际互动的情形。

3. 互动理论（Interaction Theories）

互动理论提供了对特别复杂现象相对较周全的互动与人际关系的分析，故非常适合分析两个互动的对象。例如，长期相处的伙伴会发展出特定人际关系的规范，以解决彼此相互依赖过程中产生的问题。汤姆金斯（Tomkins，1987）的脚本理论注重分析某些基模（图式）和脚本的发展、保持和演化，以及脚本涉及个人体验与情感之间的人际关系。多数夫妻都会发展出他们自己的人际关系规范，这些规范既约束夫妻双方

① 应为20世纪。——译者注

的人际关系活动，也约束双方在互动关系之外的活动（Bunnk，1987），因此，此类规范对人际关系互动研究应该是一个有效的指引。类似地，夫妻双方都按照关于资源分配的规则（公正、平等或需要）做事，在违反这些规则时，他们会感到不高兴（Walster et al.，1978）。由于许多分配法则都是与特定的人际关系相对应的，因而多个案研究是探究这些法则的理想方式。例如，在人际互动关系之中，指导行为的法则是基于需要而不是贡献（Fiske，1992）。这是用于调整双方互动方式的正常的适应策略，通过提升与伙伴动机相关的特定期望，以及针对特定的相互依赖关系的模式所采取的特殊动机和行为而得以实现的。

4. 当事人（Player）与对手（Counterplayer）

正如埃尔姆斯所解释的那样，“有时，只有同时考察某个人物的对手的活动，心理传记学家才能理解其生命中的关键事件”（1994：207）。在心理传记《圣雄甘地》中，埃里克森（Erikson，1969）最先使用了“对手”这一概念。对手是指在某种意义上为了反对一个人的生活目标的那些人，之所以把他们当作对手，是因为他们的反对行为在一定程度上在这个人物的生命中占据着某种重要的地位。他们实际上成了“复仇者”（甘地的对手是从前的一位朋友，在一次劳资纠纷中他加入了反对方）。对手们“在某段时间内会在他们自己的比赛中，精心扮演他们认为属于我们一方的角色，他们扮演这样的角色，就是为了打败我们”（Elms，1994：206）。虽然这个角色并不一定意味着恶意或者互惠（例如，我的对手可能不是以同样的方式看待我），但双方通常都有这样的感受，就像老布什与萨达姆（Elms，1994）一样。心理学的历史经常是以对手的出现为标志的，心理学史上杰出人物的历史也是如此。他们有时会推动个人在认同或研究取向上的重要转变（如弗洛伊德与荣格），或者像弗洛伊德与奥尔波特（参见Barenbaum，本书第16章）或詹姆斯与冯特（Anderson，1981）那样，引发朝向某个自觉的特定职业或研究路线。对于20世纪的一些伟大的心理学家来说，弗洛伊德往往独自充当了他们的对手。

如果说对手妨碍我们达到特定的生活目标，那么合作者（coplayer）们则帮助我们向生活目标推进。心理传记学研究经常关注合作者，但并没有为他们贴上合作者的标签。例如，在研究维塔·萨克维尔—韦斯特（Vita Sackville-West）与薇拉·布里顿（Vera Brittain）（Paul，1991）之间的友谊时，就是如此。与对手的破坏作用相对，合作者是在前进道路上始终如一地帮助扫除阻碍的人。例如，合作者可能是一位重要的导师，他帮助当事人看清职业发展的机会，甚至帮助他创造职业发展的机会（如弗洛伊德与荣格早期的友谊）。对比之下，对手的出现在心理学中意义显得更为重要，立场相反的人在反对另一方的行动中，倾向于表现出大量他们自身的自我概念、身份认同以及动机。

## 四、结论

心理传记学提供了多种方式来看待生命。因此，在研究人们生命的过程中，多个案的心理传记学研究代表了一种演化的视角，它与这个领域中最常采用的单一案例（N=1）的设计方式不同。心理学的理论家和研究者越来越强调在人类的生命脉络中，人际关系和双方互动作为基本成分的角色。经由多个案研究，通过考察人物之间的互动，心理传记学研究可以探究和反映这些问题。

在本章中，我描述了一种平行迭代方法，用来执行对相互作用的人物的心理传记学研究。与亲密关系理论之中的最新进展相匹配，这种研究（努力）可能具有更多优点，特别是在增进人们对个体生命的理解和洞察上。同样地，使用平行或序列迭代方法所进行的比较案例研究，为单一学科或领域（如艺术或心理学）考察一些重要人物的共同性也提供了一种方法。

这种理论发展趋势与心理传记学发展趋势的联系并非偶然。心理传记学研究的优势在于它以独特的方式平衡利用了多个学科或领域中的理论发展，这些理论发展不仅有心理学领域的，还有历史、政治科学以及批判理论之类的相关领域。心理传记学本质上是跨学科的，它允许我们从最广泛的可能性角度来探索和诠释人类生命的图像。心理传记学不再仅仅采用单一案例分析，它还允许容纳更多关系取向的自我模型，这对于拓宽各种可能的分析范围产生了影响。这种范围的拓展对心理传记学研究只会有积极的影响，不会有消极的影响。

到现在为止，虽然还没有人清晰地给出比较心理传记学研究正式的指导方针，但是埃里克森引入“对手”的概念，应该说是迈出了积极的第一步。在研究个体的生命时，这一概念为如何处理“他人”这个问题至少提供了初步的方向，与此同时，这一概念还概述了“他人”在个体生命中所起的两种重要的作用和所具有的功能。本章试图超越埃里克森的研究范式，探索比较性的生命研究的其他途径。随着这类研究成果的增加，另外的模型和指令性或禁令性的指导原则会逐渐出现，每个模型或指导原则都会对生命研究不断发展的研究取向作出自己的贡献。这种为理解真实而进行的持续努力强化了心理传记学的传统，因为心理传记学研究的根本目标是要理解每个生命所有的独特性、转折点以及细微差别的发展过程。

从某种意义上说，人们分析两个或两个以上互相关联的人物时，可以在许多方面充分加深我们对任何一个人物的理解。因此，我认为多个案研究方式是一种进步［在心理传记学中讲述生命时，如果要产生和批判性地评估其他可能的解释性的猜想和发展，就要有一个连续的程序，并要解说这一连续的程序。有关资料参见鲁尼恩(Runyan，1991)］。在这一章，我首先讨论了人们从事多个案的心理传记学研究的五个主要理由。例如，因为研究对象是某个著名科学理论的共同提出者。其次，我描述了多个人物之间人际关系的两种类型。也就是说，他们或者以一种被认为是十分重要的方式互相影响，或者根据某个共同的维度（如取得成就或恶名的领域）将他们配对比较。我描述多个案研究类型的目的在于，为更具聚焦性、更具严谨性的多个案研究提出某些指导原则，同时为未来的心理传记学家在可能的研究类型上提供路标。

最后，我参考了心理传记学年报中提到的研究。在年报里，多个案研究被认为是一种先进的研究取向，如果缺乏这一研究视角，那么有关的研究可能会大幅度地减弱。这些研究为本章提供了历史的先例以及这个领域的演进进程。在多个案研究中，我们可以探索许多新问题，而且此类研究提出了许多令人兴奋的新方法，我们可以借助这些方法理解人的生命。例如，通过考察伍德罗·威尔逊（Woodrow Wilson）与豪斯上校（Colonel House）之间的关系，乔治等人（George & George，1964）发现了许多有关威尔逊的人格面貌。相似地，通过仔细考察大量复杂、相互的自我界定的关系（如奥尔波特与莫里），我们也可能有类似的收获。从事多个案的心理传记学研究并不新鲜，对于多对象研究与单一对象研究差异的具体分析以及对这一方法的清晰表述才是新鲜的。我希望，本章在描绘这一新的方向上提供了一些新的进展。

（雷学军　张佑维　译）

**参考文献**


Allport, G. W. (1965). *Letters from Jenny*. New York: Harcourt, Brace, Jovanovich.

Anderson, J. W. (1981). Psychobiographical Methodology: The Case of William James. *Review of Personality and Social Psychology*, 2.

Aron, A., Aron, E. N. & Smollan, D. (1992). Inclusion of Other in the Self Scale and the Structure of Interpersonal Closeness. *Journal of Personality and Social Psychology*, 63, 596 – 612.

Baldwin, M. (1995). Relational Schemas and Cognition in Close Relationships. *Journal of Social & Personal Relationships*, 12(4), 547 – 552.

Bowlby, J. (1979). The Making and Breaking of Affectional Bonds. London: Tavistock.

Buunk, B. (1987). Conditions that Promote Breakups as a Consequence of Extradyadic Involvements. *Journal of Social and Clinical Psychology*, 5(3), 271 – 284.

Carlson, R. (1988). Exemplary Lives: The Use of Psychobiography for Theory Development. *Journal of Personality*, 56, 105 – 138.

Elms, A. C. (1994). *Uncovering Lives: The Uneasy Alliance of Biography and Psychology*. New York: Oxford University Press.

Erikson, E. H. (1969). *Gandhi's Truth*. New York: Norton.

Fiske, S. T. (1992). Thinking Is for Doing: Portraits of Social Cognition from Daguerreotype to Laserphoto. *Journal of Personality and Social Psychology*, 63(6), 877 – 889.

Freud, S. (1957). Leonardo da Vinci and a Memory of His Childhood. In J. Strachey (Ed. & Trans.). *The Standard Edition of the Complete Psychological Works of Sigmund Freud* (Vol. 2). London: Hogarth Press. (Original work published 1910)

George, A. L. & George, J. L. (1964). *Woodrow Wilson and Colonel House*. New York: Dover.

Goodheart, W. B. (1994). C. G. Jung's First Patient: On the Seminal Emergence of Jung's Thought. *Journal of Analytical Psychology*, 29.

Karen, R. (1994). *Becoming Attached: First Relationships and How They Shape Our Capacity to Love*. New York: Warner Books.

Karpas, M. J. (1915). Socrates in the Light of Modern Psychopathology. *Journal of Abnormal Psychology*, 10, 185 – 200.

Kelley, H. H. (1983). The Situational Origins of Human Tendencies: A Further Reason for the Formal Analysis of Structures. *Personality and Social Psychology Bulletin*, 9, 830.

Kluckhohn, C. & Murray, H. A. (1953). Personality Formation: The Determinants. In C. Kluckhohn & H. Murray (Eds.). *Personality in Nature, Society, and Culture* (2nd ed., pp.

53－67）. New York：Alfred A. Knopf.

Levinger, G. & Levinger, A. C.（2003）. Winds of Time and Place：How Context Has Affected a 50-year Marriage. *Personal Relationships*, 10（3）, 285－306.

Mazlish, B.（1975）. *James and John Stuart Mill：Father and Son in the 19th Century*. New York：Basic Books .

McAdams, D. P.（1988）. Biography, Narrative, and Lives：An Introduction. In D. McAdams & R. Ochberg（Eds.）. *Psychobiography and Life Narrative*. Durham, N. C.：Duke University Press.

McAdams, D. , Josselson, R. & Leiblich, A.（2001）. *Turns in the Road：Narrative Studies of Lives in Transition*. Washington D. C.：American Psychological Association.

Mendelsohn, G. A.（1985）. La Dame aux Camelias and La Traviata：A Study of Dramatic Transformations in the Light of Biography. In R. Hogan & W. Jones（Eds.）. *Perspectives in Personality*（Vol. 1）. Greenwich, Conn.：JAI Press.

Murray, H. A.（1938）. Explorations in Personality. New York：Oxford University Press.

Paul, E.（1991）. Women's Psychosocial Development：The Role of Marriage and Friendship in Two Lives. In *Perspectives in Personality：Approaches to Understanding Lives*（Vol. 3, Pt. B）. London：Jessica Kingsley Publishers.

Post, J.（2003）. *The Psychological Assessment of Political Leaders*. Ann Arbor：University of Michigan Press.

Runyan, W. M.（1982）. *Life Histories and Psychobiography*. New York：Oxford University Press.

Runyan, W. M.（1991）. "Progress" as an Approach to Epistemological Problems in the Study of Lives. In *Perspectives in Personality：Approaches to Understanding Lives*（Vol. 3, Pt. B）. London：Jessica Kingsley Publishers.

Tomkins, S. S.（1987）. Script Theory. In J. Aronoff, A. I. Rabin & R. Zucker（Eds.）. *The Emergence of Personality*. New York：Springer, pp. 147－216.

Walster, E. , Walster, G. W. & Berscheid, E. , in Collaboration with William Austin, Jane Traupmann, Mary K. Utne.（1978）. *Equity：Theory and Research*. Boston：Allyn and Bacon.

Winter, D. G. ; Herman, M. G. , Weintraub, W. & Walker, S. G.（1991）. The Personalities of Bush & Gorbachev Measured at a Distance. *Political Psychology*, 12, 215－245.

# 第8章

# 戴安娜·阿巴斯的摄影自传：理论与方法再探

威廉·托德·舒尔茨（William Todd Schultz）

我寻找的不是我的童年，而是我艺术的童年。也就是说，妈咪，这些意象是从哪里来的呢？

——霍华德·内梅罗夫（Howard Nemerov），摘自《想象生活杂志》

在光明之下眼睛会看得见，眼睛的所有这些构造，在黑暗之中也在运作。这正是在黑暗中准备，以供在光明中使用。

——霍华德·内梅罗夫，引自查尔斯·谢林顿（Charles Sherrington），摘自《想象生活杂志》

本章是野心勃勃的一章，因为我想尝试同时做两件事，我还希望这两个目标都不折不扣地实现。我关注的焦点是摄影家戴安娜·阿巴斯（Diane Arbus）的生活和艺术。她以奇异的摄影而闻名于世，她把照片中的人称为“怪人”，但这并无恶意。她1971年的自杀事件也让她广为人知。在一些智障者的家中，她为他们拍摄了一组组特别怪诞的照片，其中许多照片拍摄于万圣节前夕。在拍摄完一组智障者化装舞会的照片后不久，她就在浴缸里割腕自杀了。我想用她这个案例从头至尾地描述心理传记的写作过程，从开始到概念，再到完成（并不是任何心理传记都能有结尾）。本章会详细地描述心理传记的典型事例，目的是与读者分享一些与过程相关的策略性的决策，如从哪里开始研究一个人的生活，如何优先选择传记资料以及如何选择理论。与此同时，我还会对阿巴斯的生活和作品进行诠释。在2002年春季的心理传记学的研讨课程中，我已经给出了这些诠释。它是一组混合性的研讨会：部分是方法入门知识，这些内容很大程度上可以概化到对其他艺术家的分析中（虽然作为一种艺术形式，摄影在许多方面是独一无二的）；部分是猜测性的解释，旨在揭示非常神秘的、异常多的个人艺术作品的主观起源。

对阿巴斯的研究令人望而生畏。她的艺术创作的本质是表现复杂性。当波洛克（Pollock）绘画时，普拉斯写诗时，或者莫扎特作曲时，房间里都只有一个人。一个人对着一个物体创作，他（或她）就像对事物施展了魔法一样，把事物视觉化，幻想和弥合事物。无论空空的画布怎样含情脉脉，波洛克的画布都是没有眼睛的。然而，阿巴斯的"画布"是会转过头来看她。她不是孤独的[①]。她的艺术主要是合作——有意识的和无意识的、不同主体间的排列，相互摆出多种姿态，而且，她拍摄的人们有时的确在抵抗，他们甚至会偶尔主动抵制她。他们并不喜欢她一直对他们所"做"的事情。一些人认为，与阿巴斯的摄影相比，他们被拍摄乐趣要少得多。因此，比方说，在观看一张面孔的照片时，准备分析的主题是一种人际关系，拍摄的照片是一次微妙的谈判。至少在某种程度上，这一人际关系就是主题。阿巴斯的女儿杜恩（Doon）回忆说，"无论是与他们（她拍照的人们）相识才几个小时，还是已经认识他们几年了，她都会与他们交换秘密。他们互相告诉对方的事情经常是连亲密的朋友都不曾告诉过的……特别要强调的是，人们从她那里获得的、让人兴奋的事实真相，与她从他们那里获得的事实真相一样多"（Arbus，1972：44）。那些事实真相及其发生过程中表现出的各种特点都需要我们牢记在心。因而事实真相让我们的研究变得十分复杂。

摄影也是一种奇怪的、冒险的艺术形式。人们在观看一些照片时，即使他们根本不了解照片的内容，也经常有人要对照片问起这个问题："一个男人或一个女人在特定的视觉背景下，以一种特定的方式对着相机镜头，怎么就会时不时地而且是不可思议地产生出一件艺术作品呢？为什么能做到这一点呢？"（Malcolm，1997，见"前言"）。风险与机遇因素有许多，摄影家们寻找照片实际上也是在创造它。就像阿巴斯清晰地意识到的那样，摄影家能注意到其他人无法看到的东西[②]。卡蒂埃—布雷森（Cartier-Bresson）谈到"决定性的时刻"，当一种姿势或表情的强度达到最佳状态，这是一个分裂的、迅速消逝的时刻，摄影作品以良好的形式表现了现象。（Malcolm，1997：37）摄影家加里·威诺格兰德（Gary Winogrand）提到了摄影家所理解的可能性（possibilities），他反对装腔作势的摄影，反对固定风格的摄影。当他拍摄一张照片时，他无法知道它是否有用，也无法知道它是否会成为一张照片。他所知道的是，他拥有一次机会。威诺格兰德解释说："我摄影就是要去发现某个看起来像要被摄影的东西。"（Malcolm，1997：33）这里，有这样一个心理传记学问题：为什么一位特定的摄影家可以发现那些照片呢？她是在哪儿发现它们的呢？她是什么时候发现它们的呢？为什么一些时刻是决定性时刻而另一些时刻不是呢？

就传记档案来说，我们手头的资料只有一本《阿巴斯全传》。这本传记是在没有女儿杜恩，也没有丈夫阿伦·阿巴斯（Allan Arbus）合作的情况下完成的，他们两人都是特别重要的证人［阿巴斯的哥哥——诗人霍华德·内梅罗夫确实曾经同意接受采访，她的母亲格特鲁德（Gertrude）和妹妹雷内（Renee）也曾同意接受采访］。因此，在一些关键之处，阿巴斯依然神秘莫测。依据这本传记进行推断，人们甚至无法完全理解她的自杀。作为一名艺术家，阿巴斯对奥秘之事陶醉不已，特别是揭开神秘面纱的

① 即使是肖像画，在基本方法上也不同于摄影。后者面对的是不服从安排的"客体"。比如说，当阿巴斯拍摄一张面孔的时候，如果她想使这张脸不像它本身的话，她能够做的事情就很有限（除非她有意通过某些方式扭曲这一张照片）。而毕加索在描绘格特鲁德的时候，他可以让她朝他希望的任何方向注视；她的可塑性是无限的；与摄影对象不同，她更主要的是一名被动的知觉对象。但是，在阿巴斯的摄影过程中，拍摄对象主要是一名参与主体。

② "我的确感到，事物的品质有时会让我陷入某种困境。我的意思是，有些东西对我来说非常微妙，也有一点令人困窘，但是，我真的相信，有些东西，如果我不把它们拍下来，就不会有人看见"。（Arbus，1972：15）

期望让她十分兴奋。这正是她创作的目标。作为传记的主角，阿巴斯依然十分神秘，她缺乏透明度，甚至她写的东西也具有简洁、省略的特点（如“任何事情从来就不是像一般人所说的那样。事情在我了解之前，我是未曾见过的”或“没有什么东西似曾相识。最好的东西是与众不同的东西。我要保存的是没有人要的东西”。）（参见Arbus，2003）。对于阿巴斯的写作风格，就像她的朋友和情人马文·伊斯雷尔（Marvin Israel）所说的那样，“对不同的人来说，她是不同的”（引自Bosworth，1995）。

作为心理传记学家，我们的研究任务与阿巴斯作为一名艺术家的任务有很多共同之处：哪个面具最真实？她究竟是谁？她有可能被了解吗？如何通过她的摄影作品来帮助我们了解她？

让我们从头开始。

## 一、第一步

在所有的心理传记之中，需要解决的第一个问题一定是：第一个问题是什么？从哪里开始？一旦决定要研究一个像阿巴斯一样的人物——这个人在许多方面都不确定，不仅因为她涉及的主题（行为古怪），而且因为她死亡的方式（自杀），那么该如何以最佳的方式开始对她有更进一步的了解？这一过程可以概括为：（就像麦克亚当斯所说）当我们了解一个人时，我们了解他（或她）什么呢？另外，我们该怎样达到那一步呢？

展望开始可能会让人感到气馁。有人会担忧可能出现的失策，尤其是可能出现葬送整个进程的那种失误。毕竟，我们怎样开始经常可以预测我们在哪里结束。因此，在心理传记学研究中，我们想要选择景色最优美的路线。我的学生的反应提供了直接有用的指南。他们最初的问题让我有点措手不及，虽然他们的质问不应该如此为难我，因为他们的问题所关心的不是阿巴斯，而是我（在所有人当中的我）。他们想知道是什么东西把我吸引到我的研究对象身上，为什么我发现她是如此神秘莫测、如此鼓舞人心。简而言之，对阿巴斯，我个人的感受是什么？在一大堆人面前，我不喜欢谈论太多有关我自己的事情。我的计划是从别处开始讲授我的课程，而这个话题离我个人越远越好。另一方面，我也很高兴有人提出这一问题。这个问题作为美好的回忆，它提醒我要记住某个东西，它经常有可能被悲惨地丢弃在路边，当心理传记家在他人的生命之中迷失自己时，更是如此。在开始分析任何心理传记的研究对象之前，人们实际上必须尽可能深刻地分析自己从事这一研究的个人动机。这些经常被边缘化的或者甚至被忽视的个人动机，无疑指引着探究的路线。我们可能暗暗地希望支持我们的研究对象，批评他们，爱慕他们或者间接地体验他们的名望。我们追寻他们的秘密，可能是我们追寻自身秘密的一种方式，一种解决自身冲突与焦虑的方式。所有这些都可以确保我们能够认真地进行“解密”。我们越是知道自己要什么，越可以控制问题隐藏的框架。这些问题是我们要问的，也是我们想要回答的。在这里，最能说明心理传记学研究者未能尽量小心地“解密”的例子，在某些方面也最令人惊讶的例子，是弗洛伊德对列奥纳多的心理传记学研究。埃尔姆斯（参见本书第15章）已经指出，弗洛伊德怎样在列奥纳多身上看到了自己，他看到的自己比列奥纳多得多。因此，弗洛伊德得出的有关这位艺术家的许多结论似乎更多的是自传性质的，而不是心理传记性质的。

我不能确定第一次看到戴安娜·阿巴斯的照片是在什么时候。我一直被她的怪癖和极端行为所吸引——这是人类经验的少数案例。因此，从某个地方开始探索，我一定能发现她拍摄的双胞胎或三胞胎，发现戴面具的智障患者在黄昏漫步的情景，发现她镜头下穿着异性衣服的人和同性恋者，发现她镜头下的占卜者和表演吞剑的白化病患者。在我的潜意识里，他们都占据着自己特定的位置，他们在那里与其他"怪胎"在一起。我的确记得，上大学时，我和一位摄影爱好者蒂娜·拉尔（Tina Rahr）制订了一项计划——到波特兰市区走走，去寻找"怪人"的肖像。两位颇感荣幸的大学生到处搜索着。她负责照相，我负责编写相应的文本——就像阿巴斯几次为她的杂志发行所做的那样，在这些杂志中，最著名的是《完美圆环》（*The Full Circle*）（参见Arbus，1984）。因此，像阿巴斯一样，我也想象过怪癖，其属于某一类秘密的同谋者，他们是需要出高价才能加入的一伙人。他们知道一些我不知道的东西——他们是我，又不是我。因此，像阿巴斯一样，我觉得，通过某些复杂的"魔法"他们能成功地让自己变得更真实，他们致力于增强自己的人格，全神贯注于他们的伪装，而我和朋友只是去感受这种伪装罢了。

随后，我获悉我最喜爱的一位作家一直把阿巴斯的一本书放在写字桌旁边，那本书是《无题》[1]（Arbus，1995）。我一直觉得，这些照片对阿巴斯来说象征着一次幽灵般旅程的开端，代表着一次风格与主题的转换，可以想象，这种转换蕴涵着她多数早期作品的答案。这位作家也同意我的看法，而且她的这一认同立即让我下定决心行动起来。我感到自己已经发现了一个秘密，它是关于自我的神秘谜团，而这恰是心理传记学的核心。而解释那神秘的谜团是心理传记学研究最有益的目标。

在课堂上，我们的下一步是探索应该怎样使用资料以及怎样更具体地把资料排序。我们首先应该把脚尖探入哪条黑暗的河流——传记还是艺术？如果我们从生命开始，那么我们会对摄影照片产生知觉偏差，我们对作品并不会天真无邪地看。然而，如果我们从艺术开始，那么就会缺乏理解的脉络。而最后，我们的目标是要让研究对象的艺术融入相应的背景之中。有时候，如果我们知道这位艺术家的一两件事，就有助于更清晰地领会她的艺术。

随后，我们会注意到花那么多的时间研究阿巴斯的唯一理由不是她的生命，而是她的艺术创作。阿巴斯之所以是阿巴斯，是因为她引人注目的（甚至是令人不安的）人物摄影。毕加索（Picasso）、普拉斯和莫扎特等人也是如此。艺术是使我们对人格的兴趣达到顶点的东西。正是艺术引导我们去寻找艺术与生命的关系，去探询公众形象背后的那个人。这为我们确定了前进的方向。我们开始的路线正是多数人开始了解戴安娜·阿巴斯的路线：通过考察她的作品，探询其作品最突出的特征来了解戴安娜·阿巴斯。

人们可以把上述做法作为对艺术和艺术家开展心理传记学研究的普遍方法论原则吗？我看不出有什么不可。从作品开始。通过认真分析作品，开始很好地认识作品。例如，从照片开始。用艺术家的眼光去看（这种"眼光"需要人们发挥所有的创造想

---

① 这是一组为智障者拍摄的照片集，拍摄时间是1967年至1971年，拍摄地点是智障者的家里。

象力)。努力去领会阿巴斯观看的角度，去领会为什么她会选择这种角度而不是其他。尽可能地去学习。关注主题与模式以及其不兼容性、边缘性。就像詹姆斯·阿吉曾说的那样，“朴素地感知事物本身所具有的未经加工的光辉”（Agee，1941)。或者，像苏珊·桑塔格所言，实践感知之情欲（erotics of perception)（也就是说，完全利用你的感官，把你的理智放在一边)。然后，转入生命，以同样的方式做一遍，然后再一次返回诠释的作品，如此重复、迭代。在巧妙的循环叠加过程中，作品与生命相互贯穿渗透。观察将整个过程具体化，即让资料本身说话。

另一个“第一步”的问题与理论有关，也就是如何使用理论（埃尔姆斯已经详细地探讨了这一主题，参见本书第5章)。我感到，将其理解成“最后一步”会更好。虽然事情并非总是如此，但是生命多半会指明理论选择的方向。此外，诠释会融入事实中，它不会突然地出现。我们会以自我完整的内隐模型诠释生命——那是情不自禁的。但是，在作出明确的理论选择之前，我们首先要花费较多的时间来分析原始材料，把材料原封不动地放在那里，未曾相互联系地、松散地放在那里。然后，在时机成熟的时候，生命故事会指引理论选择的途径。

莫里斯·森达克算是其中的一个例子。他是一位作家，也是位插图画家，他好像非常巧妙地利用了他在接受精神分析时获得的领悟力，作为发展其作品主题的一种方法；在他的作品里，他探索了治疗期间意识到的一些东西，这些东西有许多与自己深层的婴儿期欲望有关，许多都围绕乳房、吃、口腔期的施虐或吸入、共生（symbiosis）等。事实正是如此——森达克自己也说事情就是如此——一个明显的备选理论似乎就是精神分析，或者说所谓的客体关系理论的某种变式。现在，我感到，谈到理论时人们不应该总是关联到研究对象的愿望。例如，斯金纳似乎适合用精神分析理论进行分析，但是他会否认这一说法。但是，在多数情况下，研究对象的偏好会是相当好的出发点。因此，不要仓促地选择理论，当你觉得某种想法最有道理时，就让传记成为你的向导吧。

## 二、作品

接下来，我们把焦点转向作品。在两次授课期间，我们查看了70张阿巴斯拍摄的照片，这些照片大致上是按年代先后的顺序来呈现的。学生的任务是抽取其中的主题——基于形式或内容。我们注意到了这些事情：所有的相片几乎全都是关于人的。一些照片在这一点上表现得非常明显，另一些照片不那么明显；所有的照片都是黑白的；有许多夫妇的照片，甚至还有许多双胞胎和三胞胎的照片以及面孔照片；照片中的很多人都戴着面具，或者在探索自己的身份。他们的脸上有着紧张、傲慢、隐隐悲哀、反抗的表情，似乎不怕我们的回望；在许多照片里，身体似乎密密地重叠在一起、融合在一起，由此达到身体上的共生。难以明确地区分一个身体与另一个身体的界限。当然，我们也都注意到了阿巴斯对怪异行为的高度执著（obsession)。

执著是关键。[①] 我们一直想知道：一位艺术家会对什么着迷？她正在反复做的最紧

① 需要说明的是，我不是在病理学意义上使用这一术语的。

要的事情是什么呢？我们会由于某种理由而回到主题上，因而重复意味着尚未解决，意味着未完成的状态。此类问题并非总是容易回答的。最佳的艺术会由于它的不确定性和深不可测而让人着迷。当艺术以其神秘性取胜时，艺术最容易抓住我们的心。事实上，就像王尔德所观察到的那样，对艺术家来说，最幸运的事情就是被误解。与此同时，我们不会低估明显的特征，而且阿巴斯似乎是最着迷于怪癖的人，她也是如此称呼他们。她执著于“异常的人，如狂想者、奉献者，他们信仰不可能的东西，他们在身上贴上自己的标志，如果你第一次遇到他们，你就会发现，连纽扣眼上别的一朵康乃馨他们都不需要”（引自 Southall，1984）。

无论如何，就像艺术通常做的那样，它为我们提供了一套有关阿巴斯的秘密。是什么东西把她吸引到这些“怪人”身上呢？她为何关注那些夫妻呢？他们之中的许多人为什么会共生一般地纠缠在一起？是什么让戴面具的人如此引人注目？最后，怎样理解智障者的照片呢？他们真正要前往何处呢？对于他们，阿巴斯的感受如何？关于他们，她说了些什么呢？他们与她的自杀是不是多少有点关系呢？带着诸如此类的问题，我们开始分析传记资料。把艺术加于生命之上，会有什么效果呢？反之，把生命加于艺术之上，效果又会如何？

## 三、生命

在这一点上，我的学生阅读了阿巴斯的传记，传记是由帕特里厦·博斯沃思（Patricia Bosworth）撰写的，他们开始关注她的生活，而且绝对没有预先存在的知识（让我痛苦和惊讶的是，竟然没有一个学生听说过戴安娜·阿巴斯）。至于这一任务，应该指出，在传记中小事有可能成为大事；资料来自访谈、记忆、二手文献、流言、自传、先前治疗家的秘密会谈等。因此，这些资料总是多得可怕。毫无疑问，想要把这些资料集分出好坏来，决定哪个事实优于另外的事实是一项很辛苦的工作。换言之，这一研究领域的资料容量是大且惊人的。因此，应从某种处理超量资料的系统开始着手。对于这一点，欧文·亚历山大（Irving Alexander，1990）的“心理凸显性的文本指标”以及自己的“原型情景”概念是最为适用的（舒尔茨会更完整地描述这里提到的两个概念，参见本书第3章）。

亚历山大建议依据一组指示或线索，它们之中有许多源自精神分析，它们预示着生命事件的相对重要性，其中包括初始性（文本中先出现的事情）、强调（过分重视或者不太重视的事情）、独特（反常的、没有重复的或者精心挑选的事件）、频率（不是直接重现就是隐喻重现的情节）、省略（因遭到质疑而未被提及的关系或事实）、未完成（没有完成的一组思想）、否定（特别急切地否定一件事情的重要性）以及错误或歪曲（弄错某人生活中的事实）。当有人直接分析生命史资料时，上述线索的运用有提高信号噪音比的作用；这些线索帮助我们追索非常重要的事情。从这里开始形成相应的解释。但是，关键在于冒险进行任何一种解释之前，我们首先需要确定值得诠释的事情是什么。换言之，我们需要针对相关的、适当的材料进行长期的咀嚼体味。

人们也可以继续留意观察生命中被我称为“原型情景”的事情。每个生命都有一个原型情景，而且只有一个。整个生命故事的核心参数都被压缩和埋置在这一特定的情景（一个情节或事件）中。原型情景是生活的蓝图：它概述了核心的冲突与人格模式（参见 Schultz，本书第 3 章）。当“看见”原型情景时，我们怎么知道它们是原型情景呢？它们具有如下特征：①它们的“讲述”生动，其中充满了详尽的甚至一字不差的对话；②感情的表达非常强烈；③它们交相渗透，以各式各样的形式和内容不断地重复着；④它们具有发展的重心，这来自标志性的发展危机或遭遇；⑤它们描述了冲突，经常是一种家庭的冲突；⑥它们让作者有机会创造性地复述“拒绝接受”的事情——研究对象遭遇的某件令他（或她）感到意外、困扰或过分的事情，因而需要重复叙述，这是使其经验变得可以理解和同化的一种方法。原型情景并非一定是事实性的，在一定程度上可能是被编造出来的，或者是特意精心制作出来的。尽管如此，原型情景中事实和虚构的混合还是很好、很有效地汇聚成一个人的生命。当我们觉得需要告诉自己或他人我们是谁的时候，我们就会回到原型情景之中，回到叙说的行动上。事实上，他们的主要功能是自我定义。即使它们完全是想象出来的，但也是精确的。

装备了这个系统——就像我所说的那样，在专心分析一个生命的潜在黑洞之前，手头拥有某种系统是重要的。这样，人们就可以开始谨慎地查阅传记了。在阿巴斯的案例里，我们在课堂上发现的事情如下：

（1）她一再寻找奇怪的或反常的边缘人和边缘体验。“我喜欢做的事情就是去我从未去过的地方”，她曾经写道，那个地方“绝对是没有办法控制的”（Arbus，2003）。她对她的导师莉赛特·莫德尔（Lisette Model）说，“我要拍摄所谓邪恶的东西”——她的女儿杜恩说她的照片是“被禁止的……对任何观看这些照片的人来说，（这些照片都使人）感到太危险，太令人恐惧，或者太丑陋”（Arbus，1972：52）。

（2）她始终如一地表达孤立的情感，她在家庭中的孤立感，也有在同伴和同学中的孤立感。博斯沃思注意到，阿巴斯的父母是怎样把妹妹雷内看作“正常的人”的，怎样把霍华德（她的哥哥）和戴安娜看作“另类”的（Bosworth，1995：185）。阿巴斯自己说，“（还是一个孩子的时候）我就有一种不真实感，我只能产生这种不真实感……对我而言，世界似乎只属于世界。我能够认识事物，但是它们似乎从来就不是我自己的经验”（1995：5）。因而，她的孤僻既来自外部的世界，也来自自己的心灵。

（3）恐怖以特有的方式让她兴奋。她把探索恐怖作为她面对恐惧和战胜羞怯的一种方法。她的女儿杜恩写道，“她最美好的时刻是冒险的经历，是经历恐惧的体验。因此，从某种意义上说，她喜欢害怕的感觉，因为害怕中可能存在令人兴奋的东西。”（Arbus，1972：53）她在作品中的目标是去细察那些反常的、疏离的、极端的东西，迫使她去面对令人恐惧的人和情境。她的哥哥霍华德注意到，“她在大部分时间里是恐惧的。”（引自 Bosworth，1995：131）类似地，盖伊·塔利斯（Gay Talese）也说，“她明显是在追求危险。”（1995：234）

（4）她着迷于探索“什么是真实的”、“什么是最真实的”的问题。“甚至在 11 岁的年龄，”博斯沃思（Bosworth，1995：24）评论说，“她就意识到在自己和同学身上的不诚实，在自传里她愤怒地记下了这些事情。”与其他的任何事情相比，她最想看穿人们的面具，用她的照片来捕获某些闪过的时刻，在这些时候人们是无防卫的，具有离奇的真实性——虽然矛盾、含糊，但也是真实的。她花费大量时间为一位留有胡须的高个子盲人照相，他的名字叫“月亮狗”（“Moondog”），是一位主教牧师的儿子。

她敏锐地感到，盲人“不会伪造他们的表情。他们不知道他们的表情是什么，因此不会戴上面具”（1995：164）。在另一个场合，一位朋友曾经要求阿巴斯为他拍摄一张照片。她拒绝了，她说，“在你卸下面具之前，我可能要照500次。”（1995：178）

（5）当然，她与父母和兄妹的早期关系也是异乎寻常的，班级同学关系也是如此。阿巴斯的母亲格特鲁德·内梅罗夫（Gertrude Nemerov），让人感到难以接近，这在一定程度上可能是因为她的抑郁症。博斯沃思（Bosworth，1995：10）说，她在早上大都躺在床上，喝着咖啡，抽着香烟。她的母亲解释说，“我只是无法跟家人谈话。我觉得丈夫和孩子们都不爱我，我也无法爱他们。我难以发挥作用。我就像一具还魂尸。”（Bosworth，1995：36）就像她的妹妹和哥哥一样，照料阿巴斯的工作被委托给一个又一个保姆，一些保姆她喜欢，另一些她不喜欢。

（6）还有，她的父亲——戴维·内梅罗夫（David Nemerov），阿巴斯把她的父亲看作经常假装“正经”的样子。例如，他看上去比实际情况要富裕一些［他是诺斯克第五大街（Russek's Fifth Avenue）的商业主管和区域经理］。但是，这里也有更多的吸引人的话题：朋友们谈论着阿巴斯与戴维之间“轻浮”的关系，因为他们似乎默默地相互吸引。根据博斯沃思（Bosworth，1995：27）的看法，阿巴斯自己就说过一次关于乱伦的幻想。因此，如果说爸爸是一个“伪君子”，那么对于阿巴斯来说，他也是一个奇妙的、有吸引力的伪君子。

（7）所有的学生都认识到了阿巴斯的两面性。有时，她肮脏、头发凌乱、衣冠不整，有时她衣服整洁，极其端庄；她特别害羞，然而她也异常勇敢，富有冒险精神，是一位“探险家”；她性格软弱，充满渴望，尤其是表现在她最重要的亲密关系上，但是她在创作中又表现出强烈的独立见解。在本质上，她似乎过着双重生活：两个女儿的单身妈妈，以及夜间的冒险家或有诱惑力的女人。她巡游于纽约市最黑暗的地狱，为古怪的人拍照，她乘公共汽车到马戏团，为侏儒和患白化病的吞剑表演者拍照；她参观裸体主义者的露营地，为了拍照，她也一丝不挂。这就是一段时间以来我们认真关注的观察报告。因为我们都“有多面性”，因为我们每个人时时都是随着环境变化而不断变化的人，也因为自我可能在本质上就是一个分裂的东西，即使“正常”的心智也是如此。所以，如果我们聪明的话，就不要在研究对象身上寻找看似一致性的任何东西。杜鲁门·卡波特认为我们一致地呈现出不一致性。对阿巴斯来说，也是如此；对心理传记学家来说，也是如此。

（8）最后，我的学生评论了阿巴斯寻求共生体验的倾向（她的作品里也具有共生体验）。她最重要的人际关系非常紧张，具有混合和融合的基本特征。她在他人身上迷失了自我，或者说找到了自我——其中最可能的途径是通过投射性的认同与理想化相结合的兴奋过程（例如，她在其他人身上看见自己，认同这一镜像，然后把镜像理想化）。她最需要的是有一个“安全基地”，当她在情感上需要补充燃料的时候，她可以安全地返回这一基地添加燃料。

从照片的解读回到生活，博斯沃思（Bosworth，1995：12）把戴安娜和她的哥哥霍华德看作“双胞胎”，他们离奇的心理状态决定了这一对“孪生子”的命运。她说，他们兄妹俩是“不可分割的”，他们渴望着一些不可言说的“神秘体验”，正是这些体验把他们紧紧地捆绑在一起。他们“创造了丰富的想象，彼此分享他们的想象，但他们不会再与第三者分享他们的想法”——就像双胞胎经常做的那样（1995：12）。更奇怪的是，在成年期，他们“都很少跟别人说起对方的情况”（1995：13）。因此，无论兄妹的培养具有怎样“最初的、非语言的”联系，都会含有禁忌的品质。内梅罗夫解释说，他们之间的交往特别隐蔽（1995：13）。霍华德曾回忆起一幅他和戴安娜坐在一起的肖像画，那时他 7 岁，戴安娜 4 岁，大约在那个时候，他曾经对妹妹进行了“一个小小的性试验”，他还补充说，“但是，很可能这一记忆仅仅代表了这之前发生的一些事情，在肖像画之前所发生的一些事情” （Nemerov，1965：80）。博斯沃思（Bosworth，1995：277）继续指出，在 1968 年末，阿巴斯渴望拍摄受感应性精神病（*folie a deux*）折磨的一对人，“她在双胞胎、夫妇、兄弟、姐妹以及精神病院的某对病人身上，寻找这一现象”。这一追求反映了她与哥哥秘密共享他们的天赋带来的“疯狂”。在努力探索这种双人疯狂（madness-of-two）时，阿巴斯似乎一直在追问，在没有异性追求幻觉的情况下，一个人还可以强烈地去爱吗？

在 14 岁时，戴安娜·阿巴斯遇见 19 岁的阿伦·阿巴斯，他白天是拉塞克（Russek）艺术系的送稿生，晚上是城市学院的学生。几乎是眨眼间，“阿伦就成为戴安娜生活中最重要的人物，这是她至关紧要的人际关系，”她的妹妹雷内吐露说，“阿伦把美和热情引入她的生活之中。他成为她的向导、导师和她存在的理由。”（引自 Bosworth，1995：34）她把他称为“偶像”，他的话就是指示。亚历克斯·埃利奥特（Alex Eliot）回忆说，“他一直跟她说，‘把你的话说完，姑娘，不要让你的思想悬而不决’。”（1995：44）在他们结婚之后，在他们作为时尚摄影师在一起工作的时候——戴安娜负责创意，摆好模特的姿势，阿伦负责摄影——“任何认识他们的人，都认为他们是一对害羞的年轻恋人，他们似乎有着共生式的亲密关系”（1995：71）。有传闻甚至说，他们有血缘关系，他们是深深相爱的表兄妹（1995：71）。如同霍华德的情况一样，戴安娜和阿伦“像双胞胎一样”，博斯沃思（Bosworth，1995：73）写道，他们“分享秘密，分享被禁忌的乐趣，有些小小的放纵”。到婚姻破裂时，戴安娜都是如此。“我正在变得麻木”，一位朋友回忆起了她带着强烈不祥预感的话（1995：153）。亲密关系的丧失预示着情感的丧失。

阿巴斯与女儿杜恩的关系以及与后来的导师和爱人马文·伊斯雷尔的关系，也被博斯沃思（Bosworth，1995：202～203）描述为强烈的共生关系。蒂娜·弗雷德里克斯（Tina Fredericks）回忆说，“（已婚的）马文陪伴她的时间总是难以达到她的要求……她希望他一天 24 小时都在身边，随时给她安慰和忠告。”她的朋友切奇（Cheech，化名）说，“当戴安娜遇见马文时，她变了……她绝对崇拜他……戴安娜总是说‘马文这’和‘马文那’……马文·伊斯雷尔迷住了她。”（1995：170）至于杜恩，摄影师布鲁斯·戴维森（Bruce Davidson）评论说，“我从未见过如此具有共生性的母女关系。她们非常亲密——互相吸引，彼此着迷”。（1995：216）如果阿巴斯想寻求抚慰性的关系，在她非常热爱的人身上她会诱发出相同的需要，伊斯雷尔回忆说，“凡是曾经关心过戴安娜的人，都会变得非常想占有她。”（1995：205）朋友们间接地谈到围绕着她的性欲气氛，也提到她找到自己想得到的人时所展现的献媚方式。她在街上碰到的一位女人可以大声对她说：“我们立即成为朋友吧，就当我们已经认识很久了……我们的友谊是形而上的，也是非常愉快的。我们共享一切……交换秘密，交流思想和记忆。”

(1995：77) 阿巴斯寻找任何形式的结合，寻找各式各样的结合，她想与尽可能多的人寻找爱欲，"因为她一直在寻找体验的真实性，而(对她来说)想要透过一个人的外在现象看本质，最快捷、最纯粹的方法就是性交"，约翰·帕特南 (John Putnam) 解释说 (1995：206)。

所有的这些心理凸显性，似乎值得以它们自己的方式仔细推敲。它们告诉我们许多有关这个人和她的艺术。它们提示了一些研究策略，可以从一种重迭并置的过程开始，让我们把照片放入其生命之中来看，也让我们将其生命放入其照片中来看。但是，首先，在我们进行诠释(事件的真正要点)工作之前，我们应该先停下来想想，仔细考虑"理论与研究如何才能深化我们对传记资料的理解"这一问题。让生命在我们面前展开，显现其最突出的成分。在这一点上，我们的工作是要了解其生命的意义。这些事实的意义是什么？理论怎样才可以把我们从事实的一端带到艺术的另一端呢？在下一部分我们会搭建起那座桥梁。

## 四、理论

上面提到的大都是表面上的——这不是结束研究的地方，甚至也不是一个好研究的开始之处——我们可以先从诊断开始。阿巴斯是何种类型的人呢？人们可以追问这一问题，但是需要把下列条件牢记在心：诊断从来都不是解释，从来不是诠释，它们只是检验系列特征的简略方法。事实上，当你真正进行诊断时，它们往往容易导致误解。由于诊断的真正性质，它们会省去具体的事情，会过分简化，会把一种复杂的生命转换成一个名称、一个静态的临床意义的实体。这曾经是它们的诱惑，也是它们的危险。约翰·肯尼迪是自恋者吗？玛丽莲·梦露是边缘性人格吗？萨达姆·侯塞因是反社会人格吗？事实上，当我们作为心理传记学家要分析的东西或是我们期待的作品所要成就的东西是传主活生生的情感时，这些问题束缚了对传主人格的认识。诊断正在失效。只有在蹩脚的心理传记里，诊断才被给予各种形式的显著地位。因此，要当心依据诊断撰写的心理传记！(另外参见 Schultz，本书第 1 章；关于这一特殊禁律的更多的信息，可以参考其他蹩脚的心理传记。)

很明显，阿巴斯有时情绪低落、抑郁——在她的早年，在"时尚岁月"里，她从事着让人感到失望的工作(实际上她当时正在思索让她感到烦扰的举止和姿态)，还有她的人生快到终点的时候，当她处在绝望之中时，她打电话向妈妈求助，希望妈妈告诉她怎样可以从忧郁的心境中走出来。当她开始自己的工作、开始拍摄行为古怪的人的时候，她的情绪状态开始处在"轻度躁狂"阶段——积极性、兴奋性和活力增强了。她最终从事的这类工作后来让她成名了。她觉得她"像一名探险者"，博斯沃思(1995：175) 说，她"生活在几乎持续的精神愉快的状态之中"。这份观察资料至多让我们觉得她把工作看成了一种矫正情绪的方法。她的工作是她对仪式化的时尚世界的抵制，是她对重视"面具"和专业模特的摄影模式的抵制。人类中的怪人让她陶醉，让她感觉到存在的独特性，如果结合当时她的生命脉络考虑，这些情况的出现也就不足为奇了。

我们也知道，格特鲁德·内梅罗夫(阿巴斯的母亲)遭受抑郁症的折磨，病情发作时会丧失生活能力，她自己也是这样说的。就像前面所说的一样，在病情发作的情况下，她觉得没有家人爱她，她也不爱家人，她自己就像一具还魂尸。有关抑郁母亲的孩子的研究显示，首先，“在青春时期，实证研究最具支持力的抑郁症的预测指标之一就是有一位抑郁的母亲”；其次，“大多数抑郁妇女的孩子处于儿童青少年时期都会有抑郁障碍”（Hammon & Brennan，2001：1）。更具体地说，抑郁母亲所生的孩子在社交方面会遇到更多的困难，特别是处理与家庭成员的关系上会遇到更多的麻烦。这些孩子发生冲突性的人际交往事件和生活事件的比率也会较高，另外他们在认知功能上会出现更多的紊乱。他们几乎没有朋友，也几乎不参加社会活动。报告说——就像阿巴斯所表现的一样，在人际关系上，他们基本上缺乏安全感，经常遭到他人的抛弃，他们害怕与人交往。有趣的是，抑郁母亲所生的抑郁孩子对于浪漫关系的要求表现得更加积极，这意味着（有人猜测）他们特别急切地渴望这样的人际关系（参见“综述”，Hammon & Brennan，2001）。

在临床领域之外，我们也可以把阿巴斯看作感觉寻求型（sensation seeking）的人。这是马文·朱克曼（Marvin Zuckerman，1971）提出的概念。感觉寻求包含如下四个因素：寻求刺激和冒险、寻求体验、解除抑制以及对无聊的敏感性。在刺激和冒险的寻求上得分高的人，认同诸如“我有时喜欢做有点令人恐惧的事情”之类的陈述。毫无疑问，阿巴斯会同意这一点（就像我们所看到的那样，她喜欢去从未去过的地方，喜欢到危险的地方去）。体验寻求者“更喜欢令人兴奋的、无法预测的朋友”，或者更喜欢同性恋的人，或者更喜欢既是艺术家又是嬉皮士的人。这似乎又一次描述了阿巴斯，也描述了她所追求的朋友和人物的类型。抑制解除的项目包括：“我喜爱真正的性开放者的集会”，“我喜欢放荡不羁的野外聚会”，主要是在聚会上要“一直让酒杯满着”。在这里，阿巴斯不符合这一概念，或者至少背离了这一概念的一些要素。她不喝酒，也不吸毒——对于艺术家来说，这也是罕见的。还有，虽然她寻求数量相对多的性伴侣——这一点包括在抑制解除的另一个项目中——但是，她这样做不是出于感觉寻求，而是出于渴望真实的自我表达。因而，阿巴斯在这一维度上至多是在一定程度上符合。最后，无聊敏感的人更喜欢绘画，因为绘画“可以刺激感官或唤醒感官”，还有，他们“不喜欢例行公事地工作”，他们希望“在睡觉上不要浪费一天中的太多时间”。这一点又与阿巴斯相当符合。

这样看来，如果阿巴斯实际上是一位感觉寻求者，那么问题在于她的人格能告诉我们什么呢？不是很多。有关这一概念的建构效度研究显示，感觉寻求与轻度躁狂、及冲动性存在相关；精神病患者总体而言往往不是感觉寻求者；感觉寻求者一般不是焦虑型的，也不是神经质的；在许多其他的相关分析中，感觉寻求型的个体更多是“场独立型的”，他们有高超的空间能力和形状知觉能力（Zuckerman，1971）。一旦我们知道阿巴斯是一位感觉寻求者，那么这一事实会帮助我们预测一些有关她的事情，这些事情以某些特定的方式与感觉寻求密切相关。

在这一概念的背后，意味着最佳的刺激水平或唤醒需求的个体差异。换言之，阿巴斯的感觉恒温器设定得太低；她的基线状态是一种相对知觉剥夺的状态。为了达到足够的唤醒水平，她需要寻求具有唤醒作用的特殊经验——如刺激、冒险等。阿巴斯为什么会给她称之为“怪胎”的人拍照呢？什么东西使得这些怪人让她感到如此迷人呢？她为什么要如此坚定地探索性欲呢？为了感受，人们可能会说这些驱力起了解毒剂的功用。这些驱力会抵制空虚、麻木，而这正是阿巴斯所惧怕的。这一可能性引出了所谓功能问题——它总是有助于继续探索。也就是说，通过探寻人物在他们所做的具有心理意义的事情上的收获，我们经常可以深化对这个人物的理解。他们的行为会具有什么样的正向效应呢？阿巴斯对这一独特的动力机制可能也有一些感悟。她曾经读过诗人伊迪丝·西特韦尔（Edith Sitwell）的有关“怪人”的书，她对这本书大为赞赏（它对“怪人”的定义在相当程度上是摄影意义上的定义：“从相当高的完美性的角度拍摄到的普通人”）。在书中，西特韦尔建议把对怪人的研究作为治疗忧郁症的一种方法。她写道：

> 在垃圾堆里，我们也许可以寻找某种固执的甚至辉煌的死亡态度，寻找对生命的一种共有的、夸张的态度。这一态度固执、抗议或解释已经被那些骨头太软的人称之为怪癖。但是，这些木乃伊并没有以适当的几何比例投下自己的影子，从这些扭曲的昏暗中，可能会发出冷冷的笑声。（Sitwell，1964：20）

阿巴斯肯定特别注意过这一段过程。可以证实的是，她希望她的作品有助于恢复健康。她不想服用抗抑郁药物。另一方面，对她而言，为怪人拍照似乎是一种更自然的治疗心理阴暗的方法。然而，我们也要注意到，尽管感觉寻求可以解释阿巴斯的部分动机，但是作为理解她的艺术内容的途径，感觉寻求就没有什么用了。感觉寻求难以回答的问题是为什么她总是拍摄一些反常的人，而不是自己去做反常的事（如乘风滑翔或者吸毒）呢？为了理解这些问题，我们需要在别处寻找答案，需要超越纯粹的理论诊断。因而，根据理论的适当性，哪个模型（或哪些模型）似乎最适用于解释阿巴斯生活的那些细节呢？我们应该用哪种理论来诠释她呢？

这里，共生会指引方向（如我前面已提过的，在理论选择上，让生命引导你）。就像我们看到的那样，阿巴斯寻找共生关系，在一些方面她深深陷入与对她重要的人的共生关系之中，如与哥哥、女儿杜恩、丈夫阿伦·阿巴斯、导师马文·伊斯雷尔，甚至更多只是相识的人。她追求两者的合二为一。这一事实为我们提供了某些关于她的自我感觉，更切中要害的是，令她感到安慰的人也具有与她相同的基本人格特性。埃里希·弗洛姆（Erich Fromm，1941）是最早详细地探讨共生关系的精神分析学家之一。他把共生视为“逃避自由”的一种特殊模式。事实上，在弗洛姆看来，共生是“基于既是虐待狂又是受虐狂这样一种状态”的（1941：180）。当个体的自我与另一自我结合在一起时，它导致的结果首先是自我完整性的丧失。“虐待狂”通过“吞下”另一个人来寻找安全感；“受虐狂”通过被吞下来寻找安全感。在一种情形下（受虐狂），自我被解散了；在另一种情形下（虐待狂），通过让另一自我寄生在自己身上，自我被扩展了。弗洛姆解释说：“正是一直无法容忍个体自我的孤独，导致一种驱力，从而进入与他人的共生关系之中。”（1941：180）根据弗洛姆的观点，这一驱力不是积极的自由。与此相反，由于寻找共生关系，也就放弃了自由；有人试图“通过消除个体自我与世界之间的隔阂来战胜孤独”（1941：161）。此外，这种逃避的特殊模式的特点就是它的强迫性；作为逃避“危险的恐慌”的一种手段，个体一次又一次地放弃了个体独特性（1941：162）。把这一连串的思想应用在阿巴斯身上，我们需要在她身上找到她无法容忍孤独的证据。这一证据确实存在。人格学家亨利·莫里称之为“失去依靠”（insupport）的期望会让她惊慌失措。为了度过艰苦的时光，她需要共生性依恋。类似地，我们也就可以解释她对性欲的追求。还有，就像后面我所探讨的那样，她试图与被拍照者合二为一，或者她的摄影投射了她的恐惧和欲望，在一定程度上，这可以解释她的艺术。

共生是一种“客体关系”形式——也就是说，是个人的驱力与客体交互作用的一种方式，与个人认同、理想化或爱恋的那些重要人物相互作用的方式，以及个人从他们身上摄取某种特质（或者使其成为自己的一部分）的相互作用方式。在客体关系理论里，产生心智或人格的基本动力是客体的寻求，是与他人建立和维持关系的需要。

与客体相关的另一种方式——克莱因（Klein）学派最强调的一种方式——被称为“分裂”（splitting）。为了保护人们好的部分不受坏的部分影响，为了避免让幻想的“坏”东西摧毁“好”东西，个体会把客体分成几部分，本质上就是把他们对半分开或者把他们分门别类。这些部分可以被摄取，被内投（introject）——被接回纳入自我之中，以导致自我产生一种分裂感：把坏我与好我分开。人格变成一个分裂的东西。这正是我的学生在阿巴斯身上所感受到的最明显的东西：她的分裂性。她是恐惧的，也是无所畏惧的，或者说就像伊斯雷尔所说的那样，阿巴斯对许多人来说就是许多事，从不同的角度可以看到不同的阿巴斯——同一个形状的多种变幻形式。阿巴斯的艺术也被证明是分裂的。她评论了自己的双胞胎和三胞胎的摄影，她说，“当我是一名青少年时，三胞胎让我想起自己。我把‘女儿、姐姐、坏姑娘’三种意象放在一起，每个都带有秘密的性幻想，它们有着细微的差异”（引自 Bosworth，1995：217）。此外，阿巴斯阅读和欣赏了莱恩的《分裂的自我》（1962），该书从现象学的角度描写了精神分裂症的经历，此后她想拍摄“借助疯人完成的独白作品，在他（莱恩）的指导下，用他的语言来翻译他对疯人言行的感受；拍摄疯人外表或行动的照片”（引自 Southall，1984）。

如果阿巴斯在共生与分裂之间的客体关系上来回游走，如果她在自己和他人身上的面具、“正面”与虚假之间能巧妙地协调一致，如果她更重视的东西是无面具性，那么这些事实结合起来，就可以说明她具有一种核心的自我障碍。对她来说，自我既可以视为有问题的东西，也可以视为使人兴奋的东西。

对另一位客体关系理论家温尼克特（Winnicott）来说，如果个体的照顾者能提供一个安全和反应性较高的环境，这一环境就会促进他（或她）的自我力量感的形成和发展，因为在这样的环境里，儿童可以把自己体验为真实的自我和存在的自我。虚伪的自我代表的是服从和适应他人的标准和期望。毫无疑问，阿巴斯强烈地感受到了所有的东西。就像她所说的那样，她确认她在孩童时“处于不真实的感觉中，我只能感觉为不真实……对我来说，世界似乎只属于世界。我可以认识事物，但它们似乎从未成为我自己的经验”（Arbus，1972：5）。她的问题是去界定自己的困难是什么，去具体表达自己的见识，去发现属于她的东西。摄影好像是具有疗效的，她说，她看到了他人无法看到的或不愿看到的东西，她看到了虽然不存在但能拍摄的东西。这些照片是她关于“事物品质”的“小角落”（slight corner）（1972：15）。这些照片就是她的体验和经历，它们是她单独拥有的东西。她说，“我开始相信，你只有通过触摸某个东西，你才可以实实在在地学习。”（引自 Bosworth，1995：280）

当阿巴斯直接说到自我时，当她写到自己的体验时，她的思想一直飘向一种类似禅宗的无我状态，一种深层隐蔽的、不可知的、匿名的自我。例如，她说：

了解你自己，往往并不会带你到任何地方。有时候，它将会留给你一些空白。很可能，我在这里，我也在那里，我已经成为历史，我已经成为世界上很神秘的东西，我也成为世界上困扰我的东西。但是，在某些时刻，所有这些似乎都是徒劳的。（Arbus，1972：7～8）

她也会谈到在有意的自我与他人眼中的自我之间的这一无法逃避的空隙：

每个人都曾经有过这种经历，他们是以某种方式关注某点，但结果却不是这样，这就是人们看世界的方式。你在路上遇到一个人，你所注意到的他是错误的……我们会伪装起来，好像在向世界发出信号，让别人能以一种特定方式来了解自己。但是，在你希望人们了解的你与你让别人看到的形象之间是有差距的，这就是我所说的意图与效果之间的间隙。我的意思是，如果你能够严密地细察真相，如果你能以某种方式实实在在地接触到真相，那么真相就太奇妙了……世界上有些东西具有讽刺意味，你打算要做的事情，其结果从来都不像是你想要的那个样子……我想要说的是，你无法脱离自己的皮肤进入其他人的身躯中。因而，那正是所有这些（照片）想要表达的。（1972：1～2）

伪装是存在的，但是在别的每个东西都被揭掉之后，就剩下了身份。因而，在伪装与身份之间正是阿巴斯努力插入相机的地方。她到处捕获某种空虚，它可以像禅宗一样达到一种神奇的综合。这些照片“涉及少许”的事实是你永远无法真正转化为别的某个人——虽然在她的生活里，在她的人际关系里，那种形式的转化正是她所追求的。

阿巴斯一直把她的家庭描绘为缺乏某种类似于真实的东西，在她看来，这种缺乏甚至到了令人气馁的程度。她的母亲对孩子们的奇怪行为感到困惑不解，例如，他们埋头于书本中；她“在相当一段时间内，都难以想象他们正在议论什么”，她的抑郁一直使她处在神情茫然的空虚中（Bosworth，1995：10）。她的父亲“在某种程度上是一个伪君子”，他努力装扮自己。“我的父亲是一位重前台行为的人物”，阿巴斯说，“他不得不维持前台的正面形象……我模模糊糊地记得一些家庭讨论会，在紧闭的大门之后举行的讨论会，像协商借贷事宜的讨论会和协商……多年来，我觉得我都是缺席的。我长大以后，感觉已经免疫了……我从未见过一支真正领受救济的队伍。我在电影里看见过这样的队伍”。她还说：“外面的世界距离我们非常遥远，也没有人期望遭遇外面的世界。大门是紧闭的。我猜测外面的世界是天真无邪的，但是我并没有认为外面的世界有什么好：你经历得越少，感受就越好……这种免于参与的感受是痛苦的。”最后，她说，“你长大了，这两件事情也分裂开来——认为你完全是一个普通的、包容一切的人，或者认为人类的每种情绪在你身上都有它的回声”［这些引文摘自 Terkel（1970：88）和 Bosworth（1995：277～280）］。

现在，我们可以更好地理解阿巴斯所面对的挑战：如何改进一种“租来的”体验？如何从分裂中营造出一致性？如何通过捕获他人的真实来栖息她的真实性？在捕获过程中如何确保没有遗失自己？她要获得一种清晰性，那是在不真实出现之前她自然拥有的一种清晰性。就像她解释的那样，“我逐渐觉得我所有的小小的猜测都是真实的。我觉得我一生下来就知道很多事情；我所知道的东西超越了现世，我意指出生之前。我不想放弃关于平凡的知识经历的智慧，因为这是一种手段，它可以证实父母养育我的方式”（引自 Bosworth，1995：279）。这是她生命和艺术上面临的挑战。有关艺术上的挑战，她指出，“总会发生两件事。一件是被人们所认识，另一件是完全表现一种怪异。但是，我也一直感到我在认同（我所拍摄的人们）”（Arbus，1972：1）。这最后的一句话把我们的视线移向本章的最后一部分。问题变成了我们该如何解读相机取景器中的阿巴斯？她在其他人身上看到的东西如何投射了自我？这是怎样一本秘密而隐蔽的自传呢？

## 五、暂时的诠释

1. “怪人”

最好的切入点就是从阿巴斯自己开始切入的地方，也就是她称之为“怪人”的那些人。与丈夫阿伦·阿巴斯合作的时尚摄影在情感上对她来说逐渐变得无法忍受。时尚摄影的合作留给她的是抑郁、挫折以及在艺术上的不满。她开始拍摄自己的作品，她开始努力与骑士风格（esquire）建立关系，当时的骑士风格渴望在内容方面变得更加敏锐且更富有冒险性。在写给杂志的一封长信中，阿巴斯（引自伊迪丝·西特韦尔）推荐了一系列“怪人”的照片。那是在 1960 年 11 月拍摄的。这些怪人有什么共性呢？共性即他们对生命无言的控诉，他们用扭曲的表情或姿势来批判这个世界的安排。他们抗议甚至拒斥“被视为理所当然的正常”。他们的反叛就像：

> 一位愤怒的女士，她在晚上出现，她拖着一架红色的儿童式快捷货车，车上的装饰品是一些铃铛……由神秘的理发师传送到火星。他说，他已去世，他前额戴着一条铜带，带子上布满着天线，会接收火星人发出的指令……（或者）一位极其愉快的男士，他只有半边留着胡须；一个专门收集啄木鸟巢穴的人，还有布朗克斯（Bronx）的一位女士，她已经训练自己能在水下吃睡。（引自 Southall，1984：156 ~ 157）

这些是“成人童话故事之中的人物”［就像阿巴斯在索撒尔（Southall）作品中所描述的那样，1984：157］。《骑士风格》扩展版没有被采用，虽然有一个标题为“完美圆环”的骑士风格版本的确曾出现在 1961 年的《哈珀的集市》（*Harper's Bazaar*）上，与该作品一同刊登的还有阿巴斯亲自撰写的配文——细节精彩，行文优美（Arbus，1961）。

如果我们问，为什么要选择怪人呢？我们需要立即承认，这一问题没有单一的答案。就像弗洛伊德解释的那样，所有的行为，无论是大的还是小的，都是“由多种因素决定的”。比如说，在分析一个单一的梦境时，人们要准备在梦的源头上寻找几种“浓缩”的动机，而从来不是只有一个动机。这一原理也可以应用在艺术的诠释上：艺术家会因为各式各样的动机而作出不同的选择。几种动机可能同时都适用于解释某一种现象，这也许是因为多种因素决定的事实，或者是因为每种动机都解释了艺术作品的一个稍微不同的侧面。

在探讨这类原因时，有时可以发现事件之间的邻近性（proximity）。当阿巴斯形成为怪人摄影的想法时，在她的生活中发生了什么事情呢？她已经和丈夫结束了专业上的合作关系。人类中的怪人意味着反抗，在某些方面，怪人看起来像完美的反时尚者。如果时尚行业都是在树立外部形象，使事物外表美观，贩卖一种梦想——简而言之，是树立“前台”形象，而这正是阿巴斯所厌弃的东西，因为她在父亲身上就看到了这种所谓的“前台”形象——而怪人就是被扭曲的“丑陋”，从中体现了真实性。怪人是快乐家庭梦想生活下的潜在内容。他们是没有表现出来的荫蔽面，同样，他们也是一种解毒剂。他们是与阿巴斯坚信的不真实性相抗争的真实性。在这一背景下，要注意阿巴斯的母亲对《哈珀的集市》所发表的作品的反应。她无法理解为什么戴安娜要为“这类人”摄影（Bosworth，1995：184）。怪人甚至勾起了阿巴斯最早的记忆，她曾有一次非常生动的记忆，在无数场合下她都曾说过的一次记忆。她的保姆把她带到中央公园中一个水库的干涸的洞穴旁边，在那里她发现了棚户区的一处铁皮小屋。这的确是另一个世界。戴安娜很明显要去探究棚户区，尽管她的保姆不让她去（Bosworth，1995：10）。“探究”只是延迟了，成年后，阿巴斯用相机延续了她儿时的想法（关于阿巴斯更多的原型情景，参见舒尔茨所写的本书第3章）。

与此同时，从另一角度看，怪人只是不加粉饰地综合体现了时尚之中同一性质的怪诞。就像阿巴斯在另一个方案中所写的那样，“美本身是一种异常，是一种负担，是一个谜，即使对它自己而言，也是如此”（引自 Southall，1984：168）。既在美之中，又在其对立面之中，阿巴斯都被基本相同的异常所吸引。就像一位评论家说的那样，“她似乎对生活中的怪诞有所反应。即使她的迷人相片……也显得古怪”；另一位评论家发现其中包含了“对隐藏之物的强调”（引自 Southall，1984：165）。这些思想使我们返回“前台”的观念中。阿巴斯对“前台”的反应是极端厌恶的。她的父亲是“前台”的典型。怪人以及看起来邪恶怪异的模特典型呈现了某些要素，意味着对她父亲的批判，也意味着对家庭“前台”形象的批判，因为在阿巴斯看来，共谋制造的肃静和敬重气氛的家庭“前台”形象是极其无聊愚笨的。作为一种原创性的艺术表现手法，怪人摄影是阿巴斯的一种“越狱”行为。

值得探索的另一个促进因素是托德·布朗宁（Todd Browning）导演的电影《怪人》（*Freaks*），它最早于1932年上映。几个星期之后，米高梅电影公司（MGM）收回了这部电影的版权，但是当几十年以后这部电影重新露面时，阿巴斯发现了它，并重复观看了好多遍。电影里的情节和核心人物可以揭示阿巴斯为什么要为怪人摄影。例如，我们发现了阿巴斯在她生命后期拍摄的几个类型的人物：一位吞剑表演者、连体婴、一位有胡须的女士、“活着的躯干”、一位半男半女的人。此外，我们也认识到怪人像是一家人，而且是紧密团结在一起的一家人。这些畸形的和不称职的人，遵从一种严格的伦理法则：冒犯其中一个怪人就是冒犯所有的怪人。电影里的恶棍，一个名叫克利奥帕特拉（Cleopatra）的“高大”的女飞人玩弄了一位侏儒的感情，为的是得到他的遗产（她和她的河马男友密谋凶杀侏儒），怪人们将之严厉制裁，他们因其背叛性的行为而团结在一起。他们一起行动，通过某种人为的魔法，成功地将克利奥帕特拉变成一只小鸡。侏儒的严厉谴责预示了这种情节的逆转："肮脏而假惺惺的怪物"。有人会问我们与谁站在同一边呢？毫无疑问，怪人是真正的精神意义上的家庭。谁是从事诈骗的人呢？是"大女人"和她"正常"的同谋者。布郎宁的态度反映在阿巴斯的作品之中。在她被引用最多的摄影对象的评论中，阿巴斯解释说（Arbus，1972：3），

> 怪人是我许多拍照的主题……我只是习惯于崇拜他们，我确实依旧崇拜一些怪人……他们是让我感觉到羞愧和敬畏的混合体。生活中关于畸形人有不少传奇故事……绝大多数人在生活中具有恐惧创伤的经历，而怪人出生时就带着他们的创伤。他们已经通过了生活的考验。他们是生活的贵族。

家庭世界是阿巴斯个人冲突的源泉，也是她在照片中给予强烈反应的某些东西的源泉——毫无疑问，这是首要的主题。在自己家里，阿巴斯（还有哥哥）被家人视为怪人。他们太聪明，太有天赋。他们的卓越才华莫名其妙地成为一种公然侮辱，一种尴尬的秘密事实。阿巴斯最有名的照片之一——"犹太巨人在家中"，明显地反映了阿巴斯的孤僻。她为这个男人拍照几乎有10年的时间。这一事实证明了摄影对象对她的重要意义。她觉得她从未能"恰如其分地"拍摄过他，直到最后她找到了一直渴望的情景，那是对自己童年的完美捕捉：起居室里的巨人在天花板上弯着头，相比之下，父母成了"侏儒"，他们极其惊恐地抬起头看着他。她解释这张照片说，"你知道为什么每个母亲在怀孕时都会做噩梦吗？如果婴儿生下来会是个怪物她会怎样地担心呢？我想，我在母亲的脸上找到了答案，当她抬头瞪视巨人儿子埃迪（Eddie）时，她心中的想法是'哦，天啊！不！'"（Bosworth，1995：194）。这位凝视的母亲就是格特鲁德·内梅罗夫，而埃迪，这头起居室里的大象，正是戴安娜。

其他的照片也进行了相同的批判性讨论。在一张题为"周日草地上的一家"（A Family on Their Lawn One Sunday）［1968年摄于纽约州威彻斯特（Westchester）］的照片里，父亲掩盖了双眼——又一次"前台"形象的丈夫——母亲茫然地向太阳崇拜；与此同时，孩子无聊地向他们两人露出光屁股，但父母完全忘记了他们的存在。还有，在"周日外出的年轻的布鲁克林一家"（A Young Brooklyn Family Going for a Sunday Outing）（1966年摄于纽约市布鲁克林区）这张照片里，母亲、父亲和戴着无沿女帽的婴儿（手指无意当中形成一个和平符号）都处在正常的状态，但是一位高大的、斜眼的儿子背叛了这一常态，他正试图抓住他的阴茎。在这张相片里，母亲显得极其苍白——神情茫然，往后梳的发型，眉毛像黑色的引号一样下垂。即使阿巴斯最著名的照片——"中央公园里手拿玩具手榴弹的男孩"，在某种意义上似乎也是自传式的，因为在男孩身后站着一位模糊的、险恶的母亲，他好像要在头顶上爆发一场雅典娜式（Athena-like）的保卫战——在某种意义上，这是他的无意识。与此同时，在照片的右上边，可以瞥见模糊的另一家人，他们正外出漫步。［有所感悟地，诺曼·梅勒（Norman Mailer）曾经谈论阿巴斯说，"给她一架相机，就像把点燃的手榴弹放在孩子的手里一样"。］所有这些家庭似乎都隐藏着一个同样会爆炸的秘密。一方面，那儿有他们希望我们相信在他们身上存在的一些东西，也有他们表面呈现的"前台"的东西。但是，另一方面，那儿也有爆发性地展现出来的奇特的、古怪的细节。回忆一下阿巴斯所说的话："两件事总是同时发生。一方面是要被认可，另一面却表现一种完全的怪

癖。但是，我也一直感到我在认同（我所拍摄的人们）。”（Arbus，1972：1）她在这些人身上认同的东西是奇特的，我们在她拍摄的对象身上看到一种需要，那就是，他们需要诚实地表达长期以来被否定的缺陷——他们与生俱来的创伤。阿巴斯正是照片之中的“小猴子”，她母亲生下来的怪物，穿着漂亮衣服的怪物。

怪人作为反时尚和原时尚（protofashion）的东西，作为未曾表达的奇异的象征，作为家庭秘密的投射——所有这些要素构成了阿巴斯意向的一部分。但是，这些怪人也代表着最纯粹的自我实现，就是不计成败地展现自己的人格。“不仅仅是老怪物”吸引了阿巴斯的注意。毕竟，怪人也可以与所谓的正常人一样沉闷和平凡；在怪人的社会里，同样涉及等级差异。生活中有真正的怪人、真正的贵族以及假冒的怪人——怪人们令人难以置信地玩弄着我们。阿巴斯与作家约瑟夫·米切尔（Joseph Mitchell）讨论过这些事情，虽然他们实际上从未谋面，但经常通电话。他们花很长时间谈论这一主题。戴安娜说，在她的想象中，怪人是“连接奇异的、黑暗的世界的桥梁——连接下层社会的桥梁”。在拍摄怪人时，她希望达到那些“无法定义的”东西，也希望拍摄出“在照片中看不见的东西”（Bosworth，1995：177）。根据脱身术专家“令人惊异的兰迪”（“Amazing Randi”）的观点，人们身上特别吸引她的东西本质上不是古怪本身，而是“对古怪的承诺及信奉”（引自 Bosworth，1995：165）。她寻找那些对自己的伪装深信不疑的怪人；最重要的是，怪人必须真诚。因此，在这类作品里，阿巴斯完全把镜头瞄准真实的人格，他们都设法逃避文化和家庭的束缚。他们展示着自己的存在。他们相信自己的本质，而这是阿巴斯无法做到的。他们回答了她的核心问题：怎样果敢地扮演一个角色？如何超越对他人的模仿？还有，不像阿巴斯自己，他们无所畏惧。在他们的不可思议之中——神秘的东西一直是有力的滋补剂——他们开了一剂使人迷惑的药方，它可以治疗空虚的、忧郁的自我。在极端的状态下，濒死的自我反抗着自我，就像隐藏的炸弹一样。

2. 分裂与融合

阿巴斯随身携带着莱恩的作品，前面提到，他是一位叛逆的精神病医师和现象学家。① 很容易猜测她为什么要随身携带莱恩的作品。莱恩写道，“经过我们调整的正常状态，总是放弃了狂喜，总是辜负了我们真实的潜能”，“我们之中的多数人仅仅是非常成功地获得了虚伪的自我，以至于无法适应虚伪的现实”，他也一定以某种特别有说服力的方式跟她说过这些话（Laing，1962：12）。他对她的孤僻进行了诊断。莱恩的多数作品适用于家庭环境，更具体地说，是适用于分析父母将子女置于僵局的境地时所采用的各种方式。在莱恩看来，子女为了适应可能会陷入僵局的处境，唯一有效的选择就是变得疯狂。在莱恩看来，疯狂是子女反抗父母的方式，是表示“我不玩了”的方式。对于莱恩来说，精神病是一种适应策略，为了在无法生存的处境下生存下来，个体采用精神错乱作为适应生活的一种策略。

在阿巴斯阅读和赞赏的《分裂的自我》（1962：195）一书时，莱恩主要关注“虚

① 这一事实让我想起另一种方法上的技巧：读你的研究对象所读的东西，在回答为什么的问题并为之进行探索时尤其要如此。有时，通过这种方式可以获得其他途径无法获得的领悟。在别处（本书第 11 章），我会仔细分析西尔维亚·普拉斯阅读弗洛伊德的一篇论文时的反应。

伪的自我系统”，关注我们真实的自我如何得不到展现，如何变得没有生存安全感。在该书的最后一章，同时也是内容繁杂的一章中，他关注“有精神分裂倾向的母亲”和“家庭”，他们传给病人朱莉（Julie）一种“僵死的生存状态，使之逐渐向混乱的不存在状态发展”（参见下文）。莱恩在一段话中可能是特别针对阿巴斯而提出质问，“如果母亲或家庭对事情的方案不适合孩子生存的要求，那么会发生什么呢？孩子自己要么被迫发展出一种有洞察力的眼光和想象力，并以此生存下去……要么发疯”（1962：189～190）。

一位没有生存安全感的人，采用了一种类似拙劣模仿的虚伪方式。他每一次机械的运动，正好成为他所抵制事物（死一样的状态）的象征。他秉持着最脆弱的身份认同，如果他公开与另一人有所关联，就会冒着失去自我的危险（莱恩称之为“吞噬”）。现实在受到冲击的时候会有一种“内爆”的感受；现实就像发烧一样，危险迫在眉睫。而且，由于他害怕变成被别人目光控制的人，因而抢先形成一种人格的“僵化模式”并以此作为自我保护的一种手段。他的目标不是寻求自我满足，而是寻求自我保存。有讽刺意味的是，这成了生死攸关的事。就像朱莉一样，如果她选择“生命已死”（death-in-life）这一存在方式，那至少是她所选择的，死的状态就是她的自我保存，并非是外部强加的刑罚。

这本书包括了丰富而详细的案例研究，它们都是在存在主义和现象学传统指导下的案例研究，它们特别关注病人生命经历的结构。莱恩说，他的目标就是要说明，精神分裂症患者是可以理解的，在其他人把精神分裂症患者视为纯粹的“症状”而不予关注时，我们要在其中寻找可解释的心理学意义。毫无疑问，阿巴斯在这些人身上看见了自己——她谈到了莱恩“非凡的见识”，谈到了他的“同理心”（empathy）——即认为把她视为精神分裂症患者是错误的，而把她视为“疯子”尤其错误。身份认同可以解释1969年她要给莱恩的病人拍照的期望，她要捕捉他们是如何“表现或行动”的（Southall，1984）。书中有一个詹姆斯的案例：“其他人对他（真实）的存在是必需的”。像阿巴斯一样，他处于“身份完全孤立与身份完全与他人融合”的两个极端（Laing，1962：53）。在书中还有一个D女士的案例：“她非常害怕自己会像母亲，她痛恨她的母亲”。使人极其困惑的是，她做的事情似乎没有一件“曾经使她的父母满意”。“像她所说的那样，她不知道‘他们要她成为什么样的人’。”（1962：59）她的父母“在什么时候爱她或恨她，在什么时候支持或反对她，完全是无法预期的，也完全是不能信任的”（1962：59）。对于父母，霍华德·内梅罗夫指出，“我们家里的每件事都不是基于爱，而是基于认可。这让我们觉得特别无助，因为我们从来不知道爸爸是否会同意或不同意我们所做的事”（Bosworth，1995：12）。霍华德说，他的座右铭是，“做他人吩咐你做的事情，但他们会让你自行负责”（1995：13）。换言之，你会变得完全顺从，毫无真实可言。书中的下一个案例是彼得（Peter），他在父母的生活中并没有产生什么影响。他们“就好像他不存在一样对待他”；他的母亲“几乎从未关注过他”（Laing，1962：120～121）。他的核心问题已经具体化为“是诚实还是虚伪；是名副其实，还是装腔作势的骗子”（1962：124）。就像我们所了解的，戴安娜的父母在本质上也是自恋的。父亲“对他的孩子既没有热情，又没有兴趣”（Bosworth，1995：11）；母亲“要求她只做正确的事情，只做恰当的事情”（1962：25）。

下面是R女士的案例。她的父母“彼此倒是十分关注，对她却是不甚留意”（Laing，1962：54）。长大以后，她渴望弥补生活中这一情感的空白，她希望“在别人眼里自己总是很重要，不可忽视”，要与过去的自己形成鲜明的对照，她对自己过去的持久记忆是，“作为孩子，她在父母眼里真是无足轻重，他们既不爱她也不恨她，既不赞美她也不羞辱她”（1962：54）。奇怪的是，她与阿巴斯的经历特别相似，她也是在17岁跟第一个男人结婚，她真正注意到了情感缺失，在丈夫温情的关注之下，她感到满足和自信。但另一方面，当丈夫离开之后，她却感到严重的恐慌。莱恩总结说：

> 她整个生活的根本问题在于她缺乏存在的自主性。如果没有了解她的人在场，如果不能在这个人不在时感到他仍在身边，她就会感到自己身份的消失。她的恐慌是因为自我存在的消失。（1962：56）

莱恩以朱莉的案例结束全书。在这一案例里，她觉得自己“不真实”，她的父亲收回他的情感，只有当她虚伪地表现自己或表现“良好”（例如，仿佛存在性死亡一样）时，她才是被接受的，她要在融合/共生与疏离的、比喻式的疯狂之间作出选择。最后，朱莉“分裂”成莱恩称之为“小单元”（molar unit）的东西——若干零部件或子系统，每个子系统都有自己的刻板人格。由于害怕因整合引起的强烈焦虑——自身的感应性精神失常，她宁愿在“不真实的状态里”寻找避难所（1962：197）。

所有这些案例，都反映了我们在阿巴斯身上的发现：自我关注的父母、不真实感、讨厌掩饰、嫌恶虚伪、厌恶“前台”的东西、害怕孤独、恐惧与他人融合的需求，担心分裂的自我意象——实际上是“分裂的自我”。用莱恩的话来说，这些是她整个生活的根本问题。还有，这些核心问题自然地找到了深入她艺术创作的道路；她寻找自己具有洞察力的眼光和想象力，寻找她可以生存的世间图景，寻找对真实更有效的诠释。

我们可以从“同卵双胞胎”（Identical Twins）（1967年摄于新泽西州罗塞尔镇）开始分析。这是她最著名的照片之一［它被作为以她自己名字命名的影集的封面（Arbus，1972）］。根据我的学生的归纳总结，大多数人都首先注意到这张照片的一个方面，那就是一对少女（虽然她们是同卵双生子）更为彻底地表达了莱恩称之为零部件的东西——两种对立的人格。照片右边的少女显得愉快、乐观、自信和自我迷恋——具有一种整合的统一性——她的白色长袜紧紧地拉起，头发好像光环一样环绕着，她无忧无虑的凝视显示了无穷的开放性。照片的另一边是“左边的”自我：她的双唇挤压成近似愁眉苦脸的表情，眼皮非常脆弱地往下低垂着，头发散乱，长袜无力地下垂着。这两位少女在身体上相互重叠——她们中间的一只手臂是重叠的；但是，她们在心理上是分开的，右边的是“前台”形象——一个好女孩，而左边的是坏女孩的阴影。

“卧室里的三胞胎”（Triplets in Their Bedroom）（1963年摄于新泽西州）给人同样的印象。人物的躯干又一次重叠在一起。手臂是“共同的”，几乎看不见围裙之下的双腿。三位姑娘就像地狱看门犬一样糅合在一起；她们是守卫地狱的、三位一体的一个个体。左边的姑娘看起来好像充满困惑、好奇、疑问（尽管她的行为表现极其有礼），而坐在右边的姑娘显得目中无人、冷酷，挑衅性十足。中间的孩子——妥协的自我，展现出自我满意的柔韧性，她的双唇好像在微笑。这里，我们看到了弗洛伊德的三重人格结构：本我（id），自我（ego）和超我（superego）。我们很想知道，中间的这位姑娘何时才能调停左右两个姐妹相互矛盾的需要。上述两张照片在主题上明显相似，它们也共有其他的一些次要特征：五位姑娘似乎都穿着看起来相似的白色缎带。因此，即使在次要的层面上，我们也会倾向于把它们视为同一类照片，它们表达的可能都是同样基本的心理真实。阿巴斯说，“三胞胎让我想起我自己”，毫无疑问，双胞胎也是如此。就像所有艺术家所做的一样，在这些照片里，阿巴斯先排除了自己，然后操控自己内心的戏剧，以便允许这个内心戏剧能够回观自己。但是，有人会猜测，她自身的戏剧也相当讽刺——这种投射聚合了多种角色，因为整合似乎至多是一种充满问题的、不太可能的结果。

阿巴斯顽强地围绕这一主题创作——完全相同的对立面、二元复合体（binaries）、瓦解的融合体。她的禅宗公案正是她始终感到特别矛盾的难题，直到那些智障患者的照片（下文将会讨论）为她提供了可以理解但尚未接受的一种解决方案。“年轻男人和他的女朋友”为他们完全相同的热狗称重量。午餐时她与他们在一起吃热狗，虽然她已经冒险咬了一大口。“穿着配对游泳衣的两位姑娘”生气地炫耀着她们穿得一样。她们是一个人还是两个人呢？成双成对的人整齐地出现——裸体、跳舞、坐在公园长椅上。在每一种情形下，她们都缠在一起，或者手挽手，或者双腿交叉在一起，或者胳膊搂着肩膀。此外，面具也突出显示了阿巴斯的核心意图——她想要“了解”人，她想要毫无隐瞒地理解人们，但只是凭直觉，就像王尔德在她之前所说的一样，面具有时比面孔能告诉我们更多的东西。“戴着天鹅太阳镜的裸体女士”出现了相同的分裂现象。这里是一位赤裸的女人，不过，她试图隐藏自己。她是自然的，同时也是虚假的。一般而言，谈及裸体主义者时，阿巴斯总是特别激动，“过一会儿，你就会惊奇地发现……他们似乎比其他人穿的衣服更多”（Arbus，1972：5）。他们自我表达的纯洁性被室外的厕所、“脏乱的森林”、“以特别令人讨厌的方式”（1972：5）流出的湖底泥浆所掩饰。也就是说，即使是裸体主义者也有非常多的隐藏的地方。王尔德的话又一次可以派上用场了，“自然状态是一种故作姿态”。

如果我们回到阿巴斯的“完美圆环”（1961），自我扩散（self-proliferation）就会再次发挥它的解释功能。她在照片和文章里记录了五个特立独行的人，他们会问，“我们成为什么样的人又有何妨？”他们都是“有特权的流放者”（像阿巴斯自己一样），这些活生生的比喻远远超出了它们表面的现象——块头大、疯狂、无惧、强壮。他们在文身、穿山姆大叔（Uncle Sam）套装等方面相互模仿，他们变成了双胞胎、三胞胎、四胞胎，他们使自己的人格多样化。阿巴斯引用其中一人的话说：“一个人生活的层面如此多样化……以至于他像一连串人物——在不同的戏剧之中，体验着他的生活……还有，他内心最深层的秘密就隐藏在时光之中……任何人的个人生命史只是一个传奇，是无法完全理解的传奇。”（参见 Southall，1984：20）山姆大叔断言：“去年这个时候我谁也不是，现在我是个重要人物……我是一个‘人格’……我为你提个建议：我可能是另一个人。”（参见 Southall，1984：20）科拉·普拉特（Cora Pratt）小姐也就是冒牌女士（Counterfeit Lady），就像这篇文章的核心一样。如同阿巴斯一样，科拉女士的母亲也无法忍受她，不过她的哥哥觉得她很可爱。科拉的“真我”是波利·

布尚（Polly Bushong），但是，波利这位新英格兰社会名流绅士的女儿，无法抗拒“偶尔（成为）另一个”的欲望。因此，这位长着龅牙、戴着假发、大嗓门的科拉，一般经过与她的主人预约之后，就会浮出水面，“犯下最不算错误的错误”，践踏连天使都害怕践踏的地方。波利或者说科拉似乎让戴安娜心神不安。布尚以矛盾修辞的方式回忆说：

> 对我来说，戴安娜·阿巴斯太友好了，温馨甜美。她整天都在花园里为我摄像……但是，在她离开之前，她曾多次问我，我是否确实真正感到有两个人在我之内存在？我一直告诉她，我是真的如此。但是，我猜她不太相信我……事实上，我并不太介意，因为我无法理解你是如何在我身上贴上“怪人”标签的。（转引自 Bosworth，1995：180）

分裂——自我作为分离的实体，融合——专门应对分裂的解药，这构成了阿巴斯的沉重负担。面具、前台伪装、裸体、共生、“非现实”、人格的扩散——如此众多的取证方式在生活和作品之中都会找到的证据，明显地围绕同样的主题展开：如何去拥有个人的生命体验？或者就像莱恩所说的那样，如何去体现和（或者）整合个人的生命体验？如何同时成为一切事物或人？弗洛伊德（Freud，1964）在达·芬奇心理传记中曾警告未来的心理传记学家，不要从孤立的事实中得出精心制作的结论，尽管在达·芬奇的案例中弗洛伊德并没有遵守自己的准则（参见 Elms，本书第 15 章）。但这还是合理的忠告。就拿阿巴斯来说，我们幸运地搜集到了各个方面的资料。我们要高度注意这一点：在搜索研究对象所关注的核心问题时，我们必须关注事实能够揭示的整体性，或者说，应关注多种来源的资料（从来就不是只有一种资料来源）怎样才能形成一个引人入胜的格式塔（gestalt）整体。在心理传记中，当这种格式塔出现时，证据来源越多越好。

3.《无题》

接下来要分析的可能是对我们最有启迪的作品。这些照片是阿巴斯在 1969 年和 1971 年期间为智障患者拍摄的。对于阿巴斯来说，似乎毫无争议的是，这一系列作品是一个新的起点。就像珍妮特·马尔科姆（Janet Malcolm）在她的名著《戴安娜与尼康》（*Diana & Nikon*）中所评述的那样，最先收录在《戴安娜·阿巴斯》（1972）之中的这些照片（尽管并非全部收录在这本摄影集之中），“制造了一种特别的气氛：阿巴斯正在尝试一些新的东西，而且由于某种原因，她已经加大了赌注”（1997：183）。杜恩·阿巴斯在《无题》（*Untitled*）的编后记中得出相同的结论：“几乎从一开始，（阿巴斯）就认识到一些新东西……这一发现使她获得了自由”。此外，“她的其他照片，似乎根本无法起到这些照片所能超到的作用”。阿巴斯自己也不会否认这一说法。在给她前夫阿伦的一封没有写明日期的信里，她写道：“我拍摄了世界上最好的一些照片。在万圣节前夕拍摄的那些照片……智障女人的照片……最关键的是，这些是我一直在寻找的东西……我想编辑一本有关智障人士的书……我第一次遇到一个拍摄对象，而多元性是这一对象的本质”（转引自 Southall，1984）。

这些是非常令人感兴趣的评论。首先，他们强调阿巴斯作品的不和谐性（incongruity），这些作品似乎与她以前的作品都不同，是个孤立现象。用亚历山大

(Alexander) 的话来说，这一事实意味着凸显性（参见本书第3章)。这一事实告诉我们，我们需要特别关注阿巴斯的作品。其次，阿巴斯有关其作品的一些说法提出了一些令人着迷的问题。准确地说，是什么东西使这些照片变得如此非比寻常呢？她在这些照片里发现了什么呢？她“一直在寻找”的东西又是什么呢？

马尔科姆以为，就《无题》来说，“背叛新闻”的负担在阿巴斯的身上早已不存在。她情不自禁地使这些人物恢复“正常”。马尔科姆写道，这些“头脑简单的人”，“具有纯洁的心，他们不会背叛自己，因为他们没有可以背叛的东西”。他们就是他们，简朴纯真。他们“无须担心自己无知”。就像马尔科姆想象的那样，这一新发现肯定给阿巴斯带来巨大的“安慰”(1997：187)。但是，这是真实的吗？马尔科姆继续谈到，阿巴斯是如何一直以一名参与观察者的身份工作的。对她来说，最重要的是她开始理解她的拍摄对象，开始跟他们建立良好的关系，开始倾听他们的“生命故事”。如果她为裸体主义者摄影，她也要赤身裸体（相机就挂在她的脖子上)。这使马尔科姆提出了在我看来是《无题》系列作品的核心问题是：“在智障人士的机构里，你如何成为一名参与观察者呢？你要怎样降低自己的身份呢？”(1997：187～188)。在艺术上，在摄影时，人们可能会觉得自己对摄影一无所知——“就好像小孩子用颤动的双手拿着照相机一样”(1997：188)。或者说，对照片进行“有意的正面拍摄”，可能会“显示坦率的品质，(阿巴斯）与智障人士的相遇恰恰表明了这种品质”(1997：188)。此外，除了艺术策略之外，阿巴斯对这一主题的变换产生了怎样的心理反应呢？在认同这些人物时，在从这些照片中看到她自己时，她发现了什么？她又是如何适应的呢？那些行为古怪的人，他们是另类的贵族家庭，重现了自己童年的怪异；双胞胎、三胞胎等诸如此类的东西描绘了她自己的分裂。那么心智障碍的人又如何呢？他们又传递了什么样的信息呢？

有个事实可以帮助我们进一步分析阿巴斯的内心冲突。起初，真实的情况是阿巴斯发现她的拍摄对象“极其天真无邪”，他们完全缺乏自我意识，这让她兴奋不已。博斯沃思（Bosworth，1995：299）说，“他们完全沉浸在他们正在做的事情之中……这让她感到快乐，让她感动。她一次又一次地回去为他们摄影”。一位朋友哈特韦尔(Hartwell）说，“显然，戴安娜完全被这些照片感动了。‘这些人非常像天使’，她一直这样跟我说”（转引自Bosworth，1995：306)。然而，在1971年6月，大约在她自杀之前的一个月，阿巴斯把自己的位置又颠倒过来。就像她对导师莉赛特·莫德尔所说的那样，她开始讨厌这些照片。跟她以前的拍摄对象不同的是，在拍摄这些照片时，那些智障人士不太跟她合作——“他们的眼神不会看着她，他们没有意识到她的存在，她也无法让他们对她着迷，无法引导他们”(Bosworth，1995：312)。7月10日，阿巴斯参观了南希·格罗斯曼（Nancy Grossman）和阿妮塔·西格尔（Anita Siegel）的阁楼。很明显，她“内心极其烦乱”。她说，她的作品并未给自己带来任何回报：“我的作品对我一点意义也没有”。格罗斯曼说：

> 她已经花了数个月时间为这些智障的人摄影。因此，她已变得筋疲力尽，为他们拍照逐渐耗尽她的精力，而且这些照片也不怎么好看——完全处于失控的状态。她无法像过去一样面对这些人物——那时他们对她来说完全是新鲜事物。她不知道这意味什么。(Bosworth，1995：318～319)

解决自我问题的一种办法就是创造一个崭新的自我，就是构建自己的“传奇”。你可以脱掉你的衣服，就像阿巴斯拍摄的裸体主义者一样，你可以脱掉常态的服饰；你可以创造另一个我，就像波利·布尚一样；你可以像女人一样穿衣打扮，就像阿巴斯拍摄的有异装癖的人一样；你甚至可以戴面具，把自己的面孔遮住，就像她拍摄的许多其他人物那样。分裂是另一种选择——可以大声说出一个人的分裂，就像双胞胎和三胞胎一样。或者说，共生关系是阿巴斯在生活和工作中努力探索的一种可能性。所有这些策略，最后的目标都是恢复最初的人格，甚至在分裂时也要重建人格。他们代表着一种对真实性的探索，努力使自己成为更真实、更真诚的代表。那些智障的人展示给阿巴斯的东西起初让她激动不已，那是真实表现出来的东西。但是，后来又成为她根本无法容忍的东西——完全不是自我意识的东西。他们是无法创造出来的。在专心致志时，他们处在无我的状态。就像禅宗所说的那样，“色即是空，空即是色”。自我是一种幻觉。在这一情形下，镜子清澈光亮；或者更准确地说，根本就没有镜子——没有东西被要擦干净，灰尘根本也不存在。我相信，如果阿巴斯的作品是对自我的一种探索，如果通过认清自己的存在，认清她自己的困境，她拍摄的人可以让她变得充实的话，那么她最后的作品所召唤的东西应该是遗忘。当她告诉她的朋友，她的作品对她“一点意义”也没有的时候，她正想表达这样一层意思：她的作品并没有让她变得完美。她不再是一位合作者，反而不自觉地成为一名见证者。我猜想，有人也许会说，如果她拍摄的人对她视而不见的话，她也就不复存在了。

**图 8.1　1970 年 11 月的戴安娜·阿巴斯**

（在她身后，可以看见从《无题》系列节选的几张照片，它们都是阿巴斯在智障者的家里为他们拍摄的照片。）

奇怪的是，所有这些似乎都是命中注定的。通向自我的每条道路，具有相同的终点：幻想、神话、故事。那些智障的人，把通向自我的道路又向前推进了一步。就像马尔科姆所解释的那样，他们没有可以背叛的东西。这里没有故事，也没有传奇。他们纯洁无邪。无论出于什么样的理由，无我作为解决自我问题的一种途径，都不是阿巴斯乐意接受的东西。意图与效果之间的差距一直吸引着她。就智障的人而言，意图与效果之间的差距不复存在，因为他们没有意图。

这些最后的照片让人想起阿巴斯最初的照片，从而构成了一种循环，从某些方面来看这是一个隐藏在不连续之中的连续性。阿巴斯最初拍摄的照片之一是一只狗的照片。在玛莎葡萄园（Martha's Vineyard）的夏天，这只狗每天黎明都会出现；智障者的照片同样也是微微发光，就像浮在拂晓之中。她曾对那只狗说“我只记得，它常浮现于脑海之中。它会出现，而且它以一种似乎非常神秘的方式紧紧盯住我……就好像要看穿我一样。我认为，它不喜欢我。我确实拍了一张照片，但并不很好”（Arbus，1972：8）。这种时常出现的“要看穿你”同样也可以描述智障的人。他们看你，但是他们不会回头看。

## 六、新进展

就在写完本章之后不久，我得到消息说，在圣弗朗西斯科的现代艺术博物馆，将会有阿巴斯的一次新展览会（从2003年10月25日到2004年2月8日）。在这次展览会上，既展出大多数旧照片，也展出大量以前从未发表过的照片。就像现在通常的做法那样，在展览会上也会展出刚出版的一本新书，书名是《揭露》(*Revelations*)(Arbus，2003)，书名对我而言不是个好兆头。为什么说不是好兆头呢？因为我觉得，根据这本书，我的"揭露"需要进行认真的修改。可能需要增加许多东西，重新考虑许多内容，甚至许多内容需要重写。我似乎马上就必须全面地修改我所有的思想了。

另一方面，这一新进展在某些方面也是一件好事，至少它描述了一个有趣的方法论特点：新材料的出现有助于检验假设。新的事实可以被视为证实性的，也可被视为证伪性的。在形构一些想法时，对这些想法可以与综合评论时难以获得的资料进行比较。

因此，很自然，我立即买了这本书，并且在忐忑不安之中浏览了这本书。我是对的还是错的？

博斯沃思在1995年出版的传记没有权威性，因为阿巴斯的遗产代理人否定了书中的许多说法，这是众所周知的秘密。事实上，就像马尔科姆（Malcolm，2004）最近评论《揭露》时所解释的那样，博斯沃思的书"几乎是普遍不受欢迎"的。许多人认为，根据这本书的描述，"当阿巴斯跑去查问她的朋友以寻找要拍摄的任何'受虐狂'或'怪人'的时候，她是沮丧的、病态的，在性关系上是堕落的，而且是有些荒谬的"。就像是为了弥补这类负面的影响，《揭露》一书收录了阿巴斯自己写的书信、日记条目和文章，这些资料中有些博斯沃思看过，有些则不曾看过。马尔科姆对第一手材料的"金条宝库"的看法跟我一模一样。"猜猜是什么呢?"她问道。"阿巴斯自己公开展示的形象是垂头丧气的、病态的，在性关系上是堕落的、荒谬的。"（Malcolm，2004）更可笑的是，虽然这本新书明显是想矫正博斯沃思让人悲哀的笨拙笔触，但是它实际上却基本证实了博斯沃思的观点。崭新的阿巴斯形象并未出现；相反，我们遇见了更多相同的阿巴斯。

尽管如此，一些细节还是值得考虑的，因为这些细节为本章描述的阿巴斯形象提供了更好的佐证。在这些细节之中，最有趣的材料如下：

(1) 在1950年，阿巴斯为女儿杜恩拍摄了一张两次曝光的照片（Arbus，2003：130)，这奇怪地预示了她后来在新泽西拍摄的双胞胎照片。右边的杜恩，兴高采烈、愉快、放松、满足；相反，左边的杜恩，则面无笑容、不安、心不在焉、心事重重。如果把双胞胎作为一个心理主题的话，那么这一主题在早期就已经出现了。而且，阿巴斯创作了一张女儿自我分裂的图像，这一事实根据人物明显的共生性，似乎证实了她的自我分裂感。本章已经详细讨论了这一点。同样，强调阿巴斯对双胞胎的好奇心是对拍摄"双胞胎大会"(2003：159）这一作为"怪异事件"缩影的解释。

(2)《揭露》一书同样高度突出了"怪人"主题。阿巴斯写道，这一主题"令她着迷"(2003：154)。据说，就这一主题，她用了三个笔记本来记录她的思想（总计有

39个笔记本，一些是她的阅读笔记，一些是工作计划，还有一些是约会安排，等等）。对于这一拍摄方案（这后来成为“完美圆环”，1961），她谈到了自己的感受：“在一种奇怪的、空虚的、兴奋的状态下”（2003：156），“时而萦绕心头，时而感到神圣”（2003：157）。

（3）在本章，我分析了一个怪人的案例，这象征着阿巴斯在家庭中的感觉。在许多方面，阿巴斯感觉自己就是家里的怪人。例如，“犹太巨人”与他年迈的父母在房间里的照片，在许多方面描述的就是阿巴斯本人。引用阿巴斯的话就可以直接证实这一说法。她记述了她为什么想要拍摄“被企业大亨的条件过分宠坏的孩子们（就像阿巴斯一样的孩子），他们几乎与怪人一样，生活条件过于优越（原文如此）”（2003：160）。这句话成了一个方程式，而直到现在，这一方程式都是隐而不显的。

（4）阿巴斯对“虚伪”这一主题的迷恋也浮现出来了。她想要拍摄“虚假之地”——“伪造的沙漠”与“真实的海市蜃楼”。

（5）它还触及“共生”这一主题。例如，她谈到与哥哥霍华德·内梅罗夫之间“终生都在进行一种无声的对话”。

（6）最后，她与拍摄对象关系的性质还有更多的东西值得探索。我是“一面魔镜”，她说，“我反映任何人想要相信的东西，因为我不相信他们会相信它”（2003：169）。

当然，就她的许多著名照片（如“双胞胎”、“中央公园里手拿玩具手榴弹的男孩”）而言，这本新书更多地收录了可以揭露内情的往来信笺，也收录了她对人际关系（特别是她与马文·伊斯雷尔的关系）的领悟，甚至还收录了一篇对她进行尸检的临床病理报告的复印件。对于阿巴斯的死因，这本新书的说法是，“手腕的切入式伤口，伴随外部出血。急性巴比妥酸盐中毒”（2003：225）。该书以“编者注”的形式表达了对她遗产的态度，书中肯定地认为，她的自杀似乎“既不是不可避免的，又不是自然发生的，既不是令人困惑的，又不是可以理解的”（2003：225），对于她的生与死似乎都是如此。在过去，人们一直难以理解她；在将来，人们依然难以理解她。当然，这只是杜恩的观点。就像她在该书编后记中解释的那样，“这些照片需要我……记住它们，捍卫它们……从理论和诠释的角度进行分析，似乎把这些图片转译成文字，才是让这些照片变得明白可见的唯一途径”（2003：299）。

这些照片很清晰，以至于无须任何解释，不需要说明如何观赏它们，也不需要任何传记去支持它们。总之，她的事迹就在这些照片之中……她模糊的形象最好留在我们自己的错误回忆之中，就看到这些照片的任何人来说，“她是谁”并不重要（2003：299）。

在2004年的书评中，马尔科姆认为这类想法“惊人的愚蠢”。“理论与诠释，非但不会对艺术作品构成危险，而且会保持艺术作品鲜活的生命力”，她写道。在理论分析与诠释的过程中，我当然同意马尔科姆的看法。与任何其他人相比，阿巴斯不再是无法了解的。事实上，与大多数人相比，她更容易理解一些，这一结论所依据的事实就是，她如此生动地把思想展现在创作的照片上，传达在她创作的艺术作品中，由于大多数人不是艺术家，他们完全不会这样做，也就无法借助艺术来理解他们。而且，她说自己如此强烈地认同她所拍摄的所有人物，她说她是他们的魔镜，对于这样一位艺术家，认为她的生活对于理解她的艺术创作在某种程度上是越界的或者说是“没有用”

的，这种论点简直是荒谬可笑的。

除了让人们知道她的母亲置身于“照片之外”，杜恩·阿巴斯似乎想阻止人们对母亲的理解。她似乎把这类分析母亲的企图都视为卑鄙的、简化的、庸俗的、残酷的或无礼的。然而，寻求理解还有另一种方式，那就是想要探索他人生活中神秘的一面。理解阿巴斯，与其说是侵犯的行为，不如说是一种爱的表现。至少对我来说是如此。毕竟，心理传记学家的工作就是同情。

作者注：我们想在本章影印阿巴斯的照片，但是戴安娜·阿巴斯的遗产代理人对我的多次请求未作任何反应。我在前面提到的多数照片在阿巴斯（1972）的书中都可以找到。

（雷学军　丁兴祥　译）

### 参考文献


Agee, J. (1941). *Let Us Now Praise Famous Men*. Boston: Houghton-Mifflin.

Alexander, I. (1990). *Personology: Method and Content in Personality Assessment and Psychobiography*. Durham, NC: Duke University Press.

Arbus, D. (1972). Diane Arbus, Photographer. *Ms Magazine*, 44, 52 – 53.

Arbus, D. (1961). The Full Circle. *Harper's Bazaar*, November. pp. 133 – 137, 169 – 173, 179.

Arbus, D. (1995). *Untitled*. New York: Aperture.

Arbus, D. (1972). *Diane Arbus: An Aperture Monograph*. Millerton, NJ: Aperture.

Arbus, D. (1984). *Magazine Work*. Doon Arbus & Marvin Israel (Ed.). New York: Aperture.

Arbus, D. (2003). *Revelations*. New York: Random House.

Bosworth, P. (1995). *Diane Arbus: A Biography*. New York: Knopf.

Fromm, E. (1941). *Escape from Freedom*. New York: Holt, Rinehart, & Winston.

Hammon, C. & Brennan, P. A. (2001). Depressed Adolescents of Depressed and Non-depressed Mothers. *Journal of Consulting and Clinical Psychology*, 69(2), 284 – 294.

Laing, R. D. (1962). *The Divided Self*. New York: Penguin.

Malcolm, J. (1997). *Diane & Nikon: Essays on Photography*. New York: Aperture.

Malcolm, J. (2004, January15). Good Pictures. *New York Review of Books*, 51(1), 4 – 7.

Nemerov, H. (1965). *Journal of the Fictive Life*. New York: Rutgers University Press.

Sitwell, E. (1964). *Taken Care of*. New York: Atheneum.

Southall, T. W. (1984). The Magazine Years, 1960 – 1971 (152 – 175). In *D. Arbus, Magazine Work*. Doon Arbus & Marvin Israel (Ed.). New York: Aperture.

Terkel, S. (1970). *Hard Times: An Oral History of the Great Depression*. New York: Pantheon.

Zuckerman, N. (1971). Dimensions of Sensation Seeking. *Journal of Consulting and Clinical Psychology*, 36(1), 45 – 52.

# 第二编

# 艺术家的心理传记学

第9章

# 生命不可预测：艺术家的心理传记学研究

威廉·托德·舒尔茨（William Todd Schultz）

对艺术家们进行心理传记学研究，人们主要持两种不同的态度：一些人认为，对艺术家进行心理传记研究没有什么不对；而另外一些人则认为，进行这种研究做什么都不对。我的立场倾向于前者，但是针对后者的想法，我也是一直有所考虑的，在我的研究过程中我也曾面对过几次。对于那些反对对艺术家进行心理传记学研究的人来说，首先同时也是首要关心的议题是视框（framing）问题。也就是说，他们认为，关于艺术家们的深层动机或者艺术家们的传记资料如果知道得太多，将干扰人们对艺术本身的认识。他们认为，这些资料不仅是多余的，而且让艺术本身受到玷污，降低了高度纯粹艺术的内在属性。一言以蔽之，艺术应该保持它原有的属性。人们所需要的是直接面对艺术品本身。要了解艺术家都应该从他们的作品开始，从他们的摄影作品、绘画或诗歌开始。在他们看来，添加则意味着减损。

我总是觉得，上述的论辩主要是基于哪种“视框”拥有特权。欣赏一幅摄影作品，先了解相关知识是很有用的，比如取景、用光和色彩，通过特殊镜头的特殊处理，以及暗室技术的发展，甚至摄影史。这些可以说是纯粹艺术相当核心的视框，很少受到人们的抨击。然而，心理学或者传记学的视框则与此完全不同吗？为什么单单心理传记会被视为一种滥用？也许是因为艺术家本身也无法完全掌控其作品，被某种不自觉的力量所摆布，或者是因为某些心理传记的确做得很拙劣，它们将艺术化约为某种疾病，将艺术作品看作一种症候，看作对抗自身病适感所做的一种心理防御的形式。更简单地说，正如另外一些人所认为的那样，任意翻找一个陌生人的心灵世界，不友好且不得体，也是相当不礼貌的。心理传记只是一种修饰过的八卦。

这些说法有些道理。心理传记学家们有时的确给人这样一种印象，他们过分关注困扰传主的一些症候。对于那些从未要求被了解或被研究，甚至根本就憎恨这种事的人，心理传记学专业虽然花了很多时间对其进行刻画和理解，但仍不能自以为是。另外，就我自己的经验而言，我从来就不会因为知晓了艺术家的生平和心理世界，就减损我对该艺术的欣赏与敬仰。事实上，正好相反。就某种现象而言，这似乎表明存在着两种不同的知晓形式（types of knowing）：一种是作家苏珊·桑塔格所谓的“感知之情欲”（erotics of perception）①，亦即对所见所闻不采取额外的步骤去“思考”（thinking）。另一种则是像我一样，我首先是直观（see）作品。然后直到想要时，才会渴望去理解此作品的作者，我会依照我的心情来来回回地感受这个过程。当我留神于艺术作品时，至少并不会因为对艺术品进行解释或诠释而有所分心。同时，对我喜欢或不喜欢的作品，我都应试图去了解它。在此，我再次表明自己的观点，喜欢一个艺术家本人同喜欢他的作品没有任何关系，虽然有些人对此会感到不一致。

艺术家的心理传记对我们会有什么好处呢？首先，我们因此能更加深入地理解那些让人困惑的艺术心理。艺术的意境可以说是一种心理状态，毕竟没有心理学家会对超出他们力所能及的领域感兴趣的，如濒死经历。其次，艺术家的心理传记能帮助我们进一步了解某种特殊类型的人，这群人具有非凡的创造力，他们能给原本无形的事物赋以形体。正如某些心理学家所说（如马斯洛），创造性地标记出那些机能得到最佳发挥的个体。因此，探索一些艺术家的生命史，可以说是为了探求如何让人们的心理更加健康，至少某些案例是如此。我觉得艺术在很多方面和梦或者白日梦差不多（不完全等同，但相似）。研究艺术是如何发生的，以及其特性和机制，可促使我们更进一步了解幻想（fantasy）的本质和功能——幻想内容是如何组合、浓缩和被替代的，象征符号是如何获得其意义的，个人的经历又是如何具有普遍性的？最后，当人格理论能兼容以上所述时，才可能说是臻于完备。毕竟，人格理论要致力于涵盖更大的视野和范围。艺术家在某种意义上可以说是典型的“局外人”（outlier）——即具边缘性的人格特质。因此，他们的生命史将能够揭示那些人格教科书尚未揭示的真理，诸如其特殊人格、展现之形式及其发展动力等。

我们可以继续往下走。然而，当我们以为正走向康庄大道时，学术上对此的争论却愈演愈烈。纯粹主义者（purist）依然为艺术的纯粹性辩护，认为心理学家有必要管住自己，不要只为了满足大众想探求更多东西的饥渴需要就随便闯入艺术家的生活。然而，有些对某些艺术品表现出特别兴趣的人，尤其是那些让人颇为费解或具某种典型意义的艺术品，他们首先最想了解的是这些艺术家们一个个到底是怎样的人。谁能够拍摄出这样的照片，画出这样的画，抑或写出这样的诗？他这样的想法从哪里得到的？他的生活怎样？他想表达什么？同我相比有何异同？这些就是心理传记学家们需要面对且试着回答的问题。况且，更多样的问题会被不断提出。心理传记学家们最有用的方式是不断地完善自己的诠释（艺术），通过不断提出明智而又大胆、全面而又深刻的见解，来给这些问题予以充分的解答。也许，纯粹主义者最大的指控是针对那些拙劣的心理传记研究。事实上，这也正是我们这些心理传记学家们面对的最大谴责。然而，随着这个领域的发展，这种抗拒会慢慢减弱。正如艾伦·埃尔姆斯（Alan Elms，

① “感知之情欲”为直译，其约略意思是指读者去感受、体验作品。而非使用分析或挖掘知识的理智，若要详细理解，读者可直接阅读其作品。——译者注

1994）所说的，做出更好的心理传记就是对这些批评的最好回应。当然，不是做得更少，而是做得更多、更好。

现代心理传记学最早可以追溯到弗洛伊德关于达·芬奇的那本书（1964）。那是针对艺术家的生命史与其作品所做的一个规模不大但却广为人知的研究，其中弗洛伊德还指出心理传记学研究应当遵守的标准——什么该做，什么不该做（详见埃尔姆斯写的本书第15章）。迄今，关于艺术家的生命史研究，弗洛伊德主义的研究取向是相当知名的。艺术同梦境一样，都展现出某种深层潜在的内容，可以视之为一种秘密的故事。艺术常常使用浓缩（condensation）、转移或替代作用（displacement）、主题类同（thematic affinity）、象征（symbolism）以及其他的一些梦派生机制。艺术似乎清晰地明白自身是在梦境中——自觉梦境①（lucid dream）。因此，艺术是需被解释的。如果我们能够恰当地解开艺术之谜，那么这将会释放潜意识的意涵与能量，而这些往往可追溯到童年时期。就像我们并不一定能够立即明白自己梦境的含义一样，艺术家们也不一定知道他们所创作出的作品的真正来源。尽管一些人可能知道得多一点，但依然难以完全清楚地知晓。甚至有少数艺术家不愿意知道这些。他们认为，对他们的创作驱力知道得太多反而会对创作产生负面影响。

将弗洛伊德的思想应用于艺术是基于这样一个假设，即作品本身所传达的信息比我们从表面直接感受到的要多得多。我们应该超越这种表面认识，使那些隐藏的意义显露出来。艺术作品的旨意常常是隐藏和揭露同时并行的，而对艺术的研究就是企图寻找其内隐的连贯性。正如弗洛伊德所说，忽略表面的随机性，表层内容之下总是富含深层含义。关键要穿透表层的面纱。在弗洛伊德的世界，每天都是万圣节，我们只有剥去伪装的面具才能看到本来的面目。

在关于西尔维亚·普拉斯的那一章（见本书的第11章），我将会举例说明如何运用上述方法。当普拉斯还很小的时候，她的父亲奥托就去世了。弗洛伊德断言，“本我”对于失去所爱的对象是深恶痛绝的，因此当一个他所爱的人去世时，他所爱的人会成为自己的“本我”的一部分，在幻想（fantasy）中和他所爱的人之间始终保持着某种联系。普拉斯深爱着这种潜意识的父亲意象（father-imago），但普拉斯亦痛恨它（it）——奥托，因为他离开了她。普拉斯企图杀死自己，这件事情被视为作自杀行为，但是她并不是那么想死的，她要杀死的对象是那始终围绕着她的痛苦的根源——那个意象。那些诗歌——至少关于她父亲的那些诗（数量是相当多的），总是充满杀气。普拉斯希望能艺术般地杀死父亲那个模拟意象，而自己想要活着，但结果却适得其反。杀死了父亲在她内部的那个投射，也就杀死了自己。父亲在普拉斯身上的那部分，并不是彼此分离的，它就是普拉斯本身。

这些诗歌的诞生，是由作者内心纠结的冲突转化编码而形成的一种深具蕴涵的产物。父亲的意象事实上是一种被转换成为潜意识冲突的个人神话。而诗歌的目的就在于揭示这种象征性的潜在意义和动机。

客体关系理论是从弗洛伊德的思想中发展起来的，该理论强调回到艺术家的早年

① 自觉梦境：一个人在睡眠状态中，有意识地觉察和识别出自己是在梦境之中。这种当下的觉察可以导致对梦境的掌控，从而驾驭梦境的走向，并可以有意识地对梦境随意幻化。——译者注

生命期。与个体产生“关系”的内部“客体”代表着从孩童开始的一些重要人物，主要是指父母亲。这也可称作一种形成与模塑自我（self）的内投：自我是一具关系性的实体（a relational entity），是一主要在潜意识里具幻想性质的多种成分互动的集合体。这些成分有时候相互分离，有时候又聚合成一个完形体（见本书第8章分析戴安娜·阿巴斯摄影作品的主观根源的例子）。艺术是这种内在世界的一种投射。理论家温尼科特、科胡特和科恩伯格在心理学界的客体关系阵营中影响很大。温特和安德森（Winter & Anderson，2003）曾写过关于这些理论家的理论如何被用以理解生命的优秀评论文章。

对艺术家进行心理传记学研究的另一途径是以“生活就是故事”（lives are stories）这个假设为基础的，我们运用情景脚本（scene-enhancing scripts）来讲述其认同或同一性。这样的方式试图发现人们是如何通过借助许多个人的故事或者一连串前因后果式的故事（情景由好转坏，或由坏变好）来组织个人的经验，以促使自我实现或自我聚合。对弗洛伊德而言，外显的内容只是通往隐性内容的一条路径，但叙事心理学家（narrative psychologists）对这个观点并不赞同。他们注重表层信息，试图在其中发现具有重复性的典型脚本模式（而并不理会它们为什么会重复）。他们并不想对故事所可能内含的一切做过多的推断，而是希望能够获得更清晰的故事描述，发现典型脚本模式、偏爱的意象（imagoes）（一种内在的特质）以及频频出现的隐喻，并且特别重视上文所提到的一连串前因后果的故事。简而言之，他们旨在找出人们的生命脚本（life script），就如同小说或戏剧里的主角，往往是作者自己（主体）的展现。这个领域的主要代表人物有丹·麦克亚当斯、拉瑟琳·乔塞尔森（Ruthellen Josselson）、杰斐逊·辛格（Jefferson Singer）等以及早期脚本理论的创立者西尔万·汤姆金斯。

奥格尔维（Ogilvie）的研究（见本书的第12章）就是这种方法的典范。他在巴里的生命中找到了一个特别的事件——巴里的“原型情景”，然后又澄清巴里是如何把这个情景移植到他的小说中的，特别是关于彼得·潘的小说。这个情景反映了巴里生命的主要面向，换言之，成了他的作品。汤姆金斯可能会把它称为事件的“核心”，在这个核心中，许多潜在的好事物在变坏，而且变得特别坏。因此，巴里花了大量的精力试图让它重新变好。他能成功吗？可能不会。在绝望中，他渐渐地不再是他自己，而更像他死去的哥哥，甚至也表现出他母亲自传中的某些特征。有趣的是，奥格尔维（Ogilvie，2003）最初采用弗洛伊德的理论去分析巴里，但后来他放弃了精神分析而采用了性质上更为叙事（narrative）的方法，因为这是目前所有心理传记学者的一个共识——脚本取向的方法（script-based approach）似乎更为合适，我们会看到理论随着时间的推移而逐渐呈现。

还有一种对艺术家进行心理传记分析的方法，它要求同时采用共时性（synchronic）与历时性（diachronic）的方法分析，即同人格学家亨利·莫里强调的“进程”（proceedings）和“系列”（serials）相类似。这种方法往往从一件单独的作品开始，例如，猫王具原创性的歌唱表演——《今夜你是否寂寞?》（*Are You Lonesome Tonight*?）（见本书第10章）。那么此时有人就要问，在猫王的例子中，这段时间他还录制过其他的哪些歌？这些歌曲是否表达出相似的主题或者相似的冲突？猫王的生命是否也可采用共时性的评估？当猫王第一次录制这首“寂寞”的歌曲时，他的内心体验是怎样的？

共时性的评估完成后，我们可以转入下一个历时性问题：若将猫王先前的录音和后来的录音相比较（先后一共录制了11次），其结果怎样？是否有任何模式浮现了？这些录音存在着某种类似的失误吗？歌曲中的某部分与其他部分比较在失误上是否有其一致性？这些失误的地方有什么心理意义？它们是否反映了某种心理动机？正如埃尔姆斯和赫勒（Elms & Heller，见本书第10章）所说的，去除脉络和时间确实可以揭示单一事件情境，但贯穿于个体生命历程的“长期事业”（long enterprises）以及那些在心理上与事件相关的断断续续的时间序列，则往往蕴涵着非常丰富的内容。埃尔姆斯和赫勒认为，通过“把此‘单一事件情境’当作构成（个人）生命的一系列事件中的最后一个，然后再通过比较该系列中先前的各个事件，以此试着去寻求它们可能具有的某个共同主题”，如此便可能获得对此单个事件情境的全面理解。

在众多的心理传记中，我们通常都是以一个神秘而几乎难以理解的某种典型事例（paradigmatic instance）作为开篇。然后我们对贯穿整个生命历程的谜样事例所展开的东西进行探索，而这些展开后的细枝末节之间似乎是相互贯通的，它们奇异地刻画着生命的主题和冲突。此刻的我们即将面临两个必然的挑战：其一是辨认（identified）出这谜样般的事例，而这总是那么不容易；其二是必须谨慎地描绘考查其“弧线”（arc）。而如此的探索就像去寻找一颗流弹，你需要探索它的发射环境和飞行弧线，并且这是在没有任何参照标志的情况下进行的。

对艺术家进行心理传记学研究也可能采取机能主义者（functionalist）的行动步骤。采取这项行动的研究者会问道：这些艺术家想通过艺术作品说些什么？对艺术家本身的心理世界而言，其艺术扮演着什么角色，艺术又是如何帮助艺术家应对或者逃避冲突的呢？毫无疑问，艺术在很多时候确实具有防御性质。如同混沌的梦境，冲突总是以某种隐喻的方式（metaphorically）呈现，而人们又很难以客观且准确的方式描述这些含义。从事艺术方面的工作可能会给艺术家们带来麻烦，因为艺术有时不停地回归，而这些令人担忧的主题和经历则被反复地重复着却又得不到及时的解决。很多人认为艺术本身具有治疗意义，实则不然。当然，如果艺术创作本身是以疗愈为目的的话，还确实是可能的。但问题是，通常大多数艺术家是不把他们的创作作为一种自我认识的渠道。他们只希望作品能尽善尽美。然而，确实有极少的案例，其艺术作品的确是被视为具有某种试图去“面对与修通”（working through）的精神分析意涵。举例来说，艺术家们有意地通过小说来描述他们本身的生命历程，并且通过写作（writing）学会如何克服生命中的难题。安德森（Anderson，本书第13章）的研究就是这里所说的“补偿”的实例。伊迪丝·沃顿的童年生活是孤独的，她的生活中缺乏能够与她分享天赋和思想的人。后来她又发现，她的婚姻生活更加剧了这方面的挫败——丈夫反复无常，而且根本不懂得欣赏她的才能。她再一次地陷入情感疏离与孤独。《伊桑·弗罗姆》（*Ethan Frome*）这本书的写作使她的挫折得以表达，并最终导致了她选择离婚。这本书对她的真实生活有所披露，她积极奋发，艺术为她提供了一条金光大道，也提供了解决某些生命难题的方法。

因此，我们应该密切关注艺术的功能。在研究中，我们应该常常问自己这样的问题：艺术家究竟想在艺术作品中表达什么？艺术对他们产生了哪些作用？它又是何时停止对他们作用的，原因何在？艺术是否是一种逃避（或防御）形式？抑或它是否算得上是一种寻求面对并解决生命难题的手段？关于这方面的更多内容，请参阅埃尔姆斯（Elms，1994）的研究。

现在介绍对艺术家进行心理传记学研究的最后一种研究取向，这种取向在前面的章节中已经讨论过（见本书的第1章）。愈来愈多的研究者似乎仅仅满足于使用某种心理“疾病”（大部分都是情绪性障碍）的诊断，以此来标识其研究对象。例如，凡·高（Van Gogh）被视为“双向抑郁障碍”（bipolar disorder），西尔维亚·普拉斯是“边缘型人格”（borderline personality），而且这些名单仍旧持续地开列着（这真是一件令人伤心的事）。有足够的理由来说明这种研究思路是没有任何价值的。首先，这种研究对我们认识艺术本身没有任何帮助。得出凡·高有双向精神障碍的结论，对于解释他为何创作某件绘画作品没有任何帮助。其次，这是一个纯病理的视角，这样的标签化完全忽略了研究对象的正向优点及能力。再次，如此的“疾病诊断”结果并不具有任何的解释意义，而只能简单地将某个人的一组行为贴上自以为已经涵盖了或者是取代了一切行为的“综合症状”（syndromes）的标签。

在本章，我主要考察了在对艺术家进行心理传记学研究过程中反复出现的两个问题。第一个是媒介（medium）的问题。对于心理传记学家而言，每一种艺术形式都有其自身的复杂性。有些媒介要比其他的更具透明性。作家们提供了大量的语言资料。我们不仅可以探究他们的作品——诗歌、小说和戏剧，如果这个作家比较出名的话，我们还可以获得他们的日记、书信、自传以及来自朋友和爱人的回忆录等。换句话说，作家们都留下了非常完整的关于他们思想和交流的记载。有时让人感到资料有些过剩，但过剩是件好事。我曾经说过，资料越多越好。因此，毫不奇怪，大部分关于艺术家的心理传记都是关于作家的。语言是相当具有优势的可解释材料，它也是我们过去常常处理的资料。毕竟，我们生活在一个以字词为中心（logocentric）的世界上。

但是，如果所涉及的艺术家是音乐家或者是抽象派的画家时该怎么办呢？这样的话难度就大了。埃尔姆斯和赫勒（Elms & Heller，本书第10章）在关于猫王的那一章中介绍了一种分析音乐内容的方法。他们追踪音乐中的错误之处，但这仅限语言用词方面。当然，也有人会去关注某一节曲调中充满感情的音符，或者音乐组合的脉络，甚至音乐中的心理动力关系。正当约翰·列农（John Lennon）在20世纪70年代早期录制完第一张个人专辑《塑料洋子乐队》（*Plastic Ono Band*）时，列农突然对原生疗法[①]（Primal Scream Therapy）产生了兴趣。可想而知，在他的许多歌曲中，特别是这专辑中的第一首题为《母亲》（*Mother*）的歌曲中，你总可以听见他的怒吼。列农幼年就失去了母亲，因此，从心理学的角度而言，早年失母之痛使得他格外敏感。另外，当着手有关自杀的探究时，我们得细致谨慎。就如同“涅磐乐队”（Nirvana）的库尔特·科班，关于他的死，其众多的抒情歌曲里蕴涵着令人不安的具有重要性的东西。举例来说，我们都希望能够从他的口中得到真相，尤其是当他在《一如既往》（*Come as You Are*）这首歌中反复吟唱“我没有枪”（I don't have a gun）时。

在我开设的心理传记学课程中，我对杰克逊·波洛克（Jackson Pollock）一连关注了几个星期。在波洛克的事业刚刚起步的时候，很多人并没有注意到他的作品。他的那些作品主要是具象类型的（figural），这些作品令人觉得有些古怪。然而，其中像

① 心理治疗的方法之一，就是利用催眠或是回溯导引的方法，让患者重新回到造成创伤的情境。——译者注

《月女裁圆》(*Moon Woman Cuts the Circle*)、《机密的监护人》(*Guardians of the Secret*)以及《男人和女人》(*Male and Female*) 都能基于波洛克的生命内涵对其进行心理学的解释。其实，荣格学派的学者们早就发现了这些作品富含大量的象征意义，然而存在于波洛克作品中大量的象征符号都被艺术史学家们所忽视（波洛克曾接受过荣格学派的精神分析，尽管据说他在这方面并没有深入发展，但至少可以确定的是，他阅读过荣格的相关著作)。当然，这并不是说，应用其他的研究取向就不能从中获得满意的探究结果。后来，在他所谓的“滴洒”（Jack the Dripper）作画期间，波洛克的画风彻底大改。此时，具象已无处可寻，或者至少难以发现（见图 9.1)。形式上不拘一格，追求纯粹的技法，波洛克弓着背滴洒着颜料，颜料飞溅于平躺在地板的画布上。就如同库尔特·冯内古特（Kurt Vonnegut）对这些作品的评论——它们缺乏某种“观看视野”(horizon)。这些作品说明什么？是否传达着某种心理方面的信息？坦白地讲，我也不清楚。有人会对波洛克画风的转变作出心理学的解释，但要通过艺术作品对他作出某种心理学的推论，却让人感到无从着手。不是不可能，而是非常困难。

**图 9.1　杰克逊·波洛克，嘴中叼着一支香烟，摆着姿势站在他的画作之前。1949 年 1 月 3 日于纽约**

（图片来源：Getty 图库）

心理传记学家对艺术家进行研究所面临的最关键的问题是心理学对于艺术作品的解读是否必不可少呢？对于这个问题的任何回答，都要看他如何定义“解读”。另外，似乎是受到雷·蒙克（Ray Monk）所出版的维特根斯坦（Wittgenstein）和罗素（Russell）的传记的影响，同样的议题也在哲学领域中激烈地争论着。科南特(Conant，2001）对此讲得很清楚：

> 有人断定“对于哲学家作品的恰当理解，基本上要来自他们所留下的字里行间”。若我们企图越过这些作品去寻找他们所记录下的任何“私人”信息，诸如同朋友的交谈、日记和书信，并借此探究有关这些哲学家所著作品的内容的话，基本上都是徒劳无功的。(2001：19)

我们对伟人的生命很好奇，我们也希望知道他们的生命是如何成就其伟业的。但我们不能把以下这两件事混淆：理解他们的生命和理解他们“关于那些在生命中所完成的哲学作品”（2001：19)。这两件事情——认识他们的生命和认识他们的作品应该完全分开，不能混淆。这两者本身就该是“壁垒分明”（科南特语）的。

在这方面，我并不同意这种分隔主义者的观点，当然也包括上述的科南特。至于为什么不赞成，安德森给予了很好的解释（本书第 13 章)。当然，排除了对理论家或者哲学家们生命的理解，对他们的理论和哲学作品也能获得智性的理解，这完全讲得通的。思想有意义、有说服力、具洞察力，基本上，这是无关乎某人是怎么去表述它的；就如同我在此的论述，读者不需要去剖析我的自传，便可以靠自己来判断我的论述是否有效。当然，如果某人碰巧从事心理学研究，上述的这些思想可以作为一种清晰理解他人的手段而被分解开进行仔细的研究。然而，艺术从根本上来说不是哲学或者知识上的理论。它就像梦一样，完全是心理（精神）的历程。艺术是存在（reality）的一种个人解释，但是若在最理想的情态下，艺术是能够达到普遍性的存在的。因此，艺术是某一种看待事物的方式。然而，我们也得明白，确实也有一些艺术家要比其他艺术家在情绪上更透明易解，但是在原则上断然拒绝心理传记学作为理解艺术的一种方式，这将会是一场争论的开始。

接下来的章节，会使读者更易明白这事实。要是你不知道普拉斯的父亲是位养峰专家，当你读到她的"蜂系"（bee sequence）诗时，你有可能从这些诗中获得最大限度的深刻理解吗？还有巴里，你是否会从他哥哥的死和他同母亲的关系中获得对《彼得·潘》的更多理解吗？

这里，我再以画家马克斯·厄恩斯特（Max Ernst）为例。在他 14 岁的时候，他因为那只心爱的鹦鹉之死而"非常伤心"，而这天正是他妹妹出生的日子（Chilvers, 1998）。后来，他用第三人称的方式写道"在他的想象中，马克斯已经将这两件事视为同一件事，并把鸟儿生命的落殒怪罪在出生的婴儿身上"(1998：196)。奇尔弗斯（Chilvers）写道，"对人与鸟的错乱在他的心中已经固着，并表现在他的画作中"（1998：196）。他甚至将自己和"洛浦洛浦"（Loplop）——在他的诸多作品中被刻画成像鸟儿一样的生物——相等同。此时，你在对他的传记内容一点儿都不了解的情况下去看他的作品，你也能够发现它们是那样有趣、美丽、成功等。但有一点我得指出，如果我们对自己视域之外的东西知道得越多，我们就会对所看到的东西越了解，就会对那些令人生畏的"洛浦洛浦"有更好奇的视框。专注于艺术背后的脉络经历是不会减损任何与艺术相关的东西的，反而会添加更多的丰富性。分离主义者们的"通过添加得到减损"的法则是站不住脚的。

认识艺术（至少）存在着两种不同的方式，也就是桑塔格的"感知之情欲"以及需要一定智性（intellectual）投入的解释（interpretation）方式。心理传记学家显然需要在"感知之情欲"上下工夫。所有的艺术都始于体验，也就是融入（immersion）到艺术作品这媒介之中。但是，紧跟在这之后的深度解释则要求更深的涉入。将它们剔除或者置之不顾，都是对"艺术家是被驱动着而有所表达"的基本事实的否认。我们要知道，这些艺术家所表达的正是他们所深切关注的事物（在大多数例子中）。阿巴斯曾提及意图（intention）和效果（effect）之间的差异，而她意在这两端搭建一座桥，而不是扩大这个缝隙。其实，这就是心理传记学的目的的最佳表达！

（舒跃育　张继元　译）

**参考文献**


Chilvers, I. (1998). *Oxford Dictionary of 20th Century Art*. New York: Oxford University Press.

Conant, J. (2001). Philosophy and Biography. In J. C. Klagge (Ed.). *Wittgenstein: Biography and Philosophy* (pp. 10–39). Cambridge: Cambridge University Press.

Elms, A. C. (1994). *Uncovering Lives: The Unesay Alliance of Biography and Psychology*. New

York: Oxford University Press.
Freud, S. (1964). *Leonardo da Vinci and a Memory of His Childhood.* New York: Norton.
Ogilvie, D. M. (2003). *Fantasies of Flight.* New York: Oxford University Press.
Winer, J. A. & J. Anderson (2003). *The Annual of Psychoanalysis* (Vol. 31): *Psychoanalysis and History.* Hillsdale, N. J.: Analytic Press.

第10章

# 十二种表达“寂寞”的方式：猫王音乐中的失误与控制评析

艾伦·埃尔姆斯 & 布鲁斯·赫勒（Alan C. Elms & Bruce Heller）

在最近出版的牛津英语词典（2002）中，有22个词条涉及埃尔维斯·普雷斯利（Elvis Presley）①这个名字。如果从1956年算起，“摇滚乐”当是最早涉及这个名字的术语。而出版于1981年的英国杂志《聆听者》（*The Listener*）则当属该词条的最新引证，它在讲到“纪录片”这个词时这样说：“在那部优秀纪录片《我是猫王》（*This is Elvis*）中，有一个令人心痛的片断……那就是埃尔维斯……努力演唱那首《今夜你是否寂寞》”（省略号是牛津词典原有的）。

《我是猫王》被视作“纪录片”的根据是在这部影片中，用专业的演员重新演绎了埃尔维斯从童年到成名之前的生命经历，大部分采用了文献纪录片方式。《聆听者》杂志和牛津词典所提到的“令人心痛的片断”，是指影片结尾时的一个音乐演唱会表演，那是埃尔维斯晚年的一场演出。场面让人看了辛酸：埃尔维斯脸面浮肿、汗泪交织，精美的连身舞蹈服在缝棉处裂开了，他正努力地演唱着自己的一首著名歌曲。他屡屡忘词，或几个字，或整段词，而代之以一些粗鄙的自嘲式笑话。

人们对这次特别的表演评议颇多，这不仅体现在1981年这部电影发行的当时，甚至出现在后来传记学家们对埃尔维斯的分析中。以著名评论家保利娜·凯尔（Pauline Kael，1984）的一篇影评为例（当然是在对埃尔维斯这位年轻有为的艺术家表达了敬意之后）：

---

① 埃尔维斯·普雷斯利（Elvis Presley，1935—1977），全名叫埃尔维斯·阿伦·普雷斯利（Elvis Aron Presley），绰号“猫王”（The Hillbilly Cat）。他于1935年1月8日出生在密西西比州的一个贫穷的农场工人家庭里，从小就沉迷于福音音乐。同时，贫民窟里流行的节奏强烈的黑人音乐以及蓝调、民谣亦深深打动了年幼的猫王。教堂的唱诗班演唱给予了猫王音乐启蒙，教堂里教徒们充满激情的歌舞对猫王影响至深。诸多因素共同造就了这位“摇滚之王”。1977年6月，猫王因心律严重失常（也有人说是用药过量）导致心脏病突发过世，年仅42岁。猫王被誉为20世纪美国流行音乐中最重要的人物。他虽然不一定是最优秀的，但无可争议的是，他使摇滚乐在世界范围内流行并普及化。据估计，猫王是唱片业历史上销量最大的歌手。仅在美国，猫王就已经拥有美国广播唱片公司和美国录音工业协会（RIAA）追颁的131张黄金唱片及白金唱片。在猫王的唱片总销量中，40%是在美国本土以外创造的。同时，他在摇滚史上的地位也是无可替代的。他借助自身的魅力站到了开创者的神坛上，以白人身份把带有种族色彩的黑人节奏布鲁斯介绍给了白人，所承受的压力和获得的成就都是非凡的。——译者注

在 1977 年所拍摄的影片的结尾，这位体型粗壮、大名鼎鼎且已年满 42 岁的埃尔维斯·普雷斯利发音含糊、吐字不清，在《今夜你是否寂寞》的字里行间犹豫徘徊……汗渍浸透了他的脸庞……那张被汗水浸透的脸……让人不禁想起德·帕尔马（De Palma）那部很受欢迎的恐怖片《天国幽灵》（*Phantom of the Paradise*，1984：201）。

以传记学家的评论为例，艾伯特·戈德曼（Albert Goldman，1981）在他那部畅销书《猫王》（*Elvis*）中，也同样描述了这一情景：

他虽然微笑着却大汗淋漓，脸像被泪水洗过一般。歌中那段说话的桥段（talking bridges），他表现得异常艰难。他似乎陷入一种古怪的自由联想独白之中，这难免让人想起因吸毒致狂的伦尼·布鲁斯（Lenny Bruce）……经过三、四十秒的自由放纵，当埃尔维斯把被毒品侵蚀的怪异想法通过歌声表达时，你似乎会觉得站在雅园①顶端的小房间，观望着那紧闭着双眼喃喃自语的埃尔维斯。（1981：591）

其他评论家和传记学家也支持这样的观点：埃尔维斯在这首歌中的艰难表现源自过量服用毒品，即吸毒导致了他大脑的损伤。其实，当时他已临近死亡，就在那次表演后还不到两个月，他就离开了人世。

然而，如果仔细研究这次表演，会发现埃尔维斯对这首歌词的遗忘和替代不仅仅是因为毒品损伤了记忆，而主要是受心理因素的驱使。结合他早期对同一首歌或相关歌曲的表演，那首最后录制的《今夜你是否寂寞》可以提供佐证：那就是，早期生活中的一些关键事件对他心理发展有着重要影响，而这种影响贯穿一生。

## 一、埃尔维斯的早期歌曲：一种共时性研究取向

对音乐家进行心理传记学研究还存在一些特殊的问题。心理传记学主要是对传主所写或所说出的话进行深入研究。音乐作词家的许多话语可供研究者选择。因此，对诸如鲍勃·迪伦（Bob Dylan）或斯蒂芬·桑德海姆（Stephen Sondheim）这类人物的研究和对非音乐创作者的研究没有本质区别。但是心理传记学家如果没有同时考虑鲍勃·迪伦和斯蒂芬·桑德海姆的音乐是与歌词相配合的，就会忽略了他们的创造力，而这些创造力不但使其获得公众欢迎，可能是他们个人心理的核心。对于作曲家而言，音乐是不用语词的，因此存在的问题就更多了。有些心理传记学家对音乐作曲家的研究让人印象深刻。比如梅纳德·所罗门（Maynard Solomon）（1995）对莫扎特、贝多芬（Beethoven）（2001，2003），还有彼得·奥斯瓦尔德（Peter Ostwald）（1985）对舒曼（Schumann）的研究。在已有研究中，对于那些非言语、非标题音乐（nonprogrammatic music）②的个人创作动机，大部分可能是猜想的，因为传主所表演的音乐大多由别人所

① Graceland，猫王的居住地。——译者注

② 非标题音乐：这类器乐作品没有反映乐曲具体内容的文字标题，而只有曲式名称如：奏鸣曲、变奏曲等作为曲名，或用乐器体裁名称，如前奏曲、练习曲、小步舞曲等作为曲名。由于同名的乐曲很多，为了有所区别，就加上乐曲的开始调名，如“C 大调奏鸣曲”、“E 小调交响曲”，或者再加上作者创作此种体裁的作品编号，如莫扎特的《第四十交响曲》、李斯特的《匈牙利狂想曲第二号》等。——译者注

创作。因此，心理传记学家在研究过程中总是困难重重。在为数不多的这类研究中，奥斯瓦尔德（1997）对格伦·古尔德（Glenn Gould）的钢琴技艺进行了深入分析。而他主要依靠与格伦·古尔德之间长期而且亲密的私交以及以格伦已出版的文字和访谈为依据，来阐释格伦在钢琴方面特异表现的心理基础。

而埃尔维斯·普雷斯利则属于中间那一类，尽管他的表演方式异常独特，但他主要是演唱别人的歌曲。他自己从来没有写过一首完整的歌曲，虽然有时也会在创作方面给别人一些建议，或者鼓励他们写一些能够表达他当时情绪状态的歌。不仅如此，每次所要录制或者在舞台上演唱的歌曲都由他亲自挑选（尽管影片中的歌曲并不是他亲自挑选的）。他的经纪人和唱片制作人总是尽可能设法限制他的选择，因为他们和埃尔维斯都拥有这些歌曲的版权。但埃尔维斯还是常常坚持录制自己能回忆起的那些早期听过的歌，这些歌曲有的甚至可能是他童年时听过歌曲的回忆，而这种选择最终还是他说了算。

尽管埃尔维斯所录制的歌曲并不是他自己谱写的，但有时他会为了表达自己的意愿而对某些现成的歌曲进行调整。他会故意对歌曲中的词、短语，甚至整句歌词进行改编，而且有时还会删除不太适合他的句子或整段歌词。对歌曲的选择或者对歌词的改编能够提供一些个人信息，正是这些信息使心理传记学家对创造型艺术家的研究成为可能。例如，在他刚步入歌坛时，他就主动选择了阿瑟·格鲁德普（Arthur Crudup）的跳跃布鲁斯舞曲（jump blues）《妈妈，一切都好》（*That's All Right*，*Mama*）进行激情演唱并录音。这首歌词表明歌者想摆脱父母（尤其是母亲）对他性行为的控制，而歌中对母亲和情人的角色并没有明显区分，因为两者都被称为“妈妈”。恋母情结和自我控制在同一首简短的歌中表现了出来。这首歌虽然在录制之前鲜为人知，但埃尔维斯认为是他个人喜欢的一首歌，暗含了他的内心动机和冲突，而这种动机和冲突一直伴随着他的一生。

分析埃尔维斯在他生活的同一时期所录制的其他歌曲——这在心理学上可以被称之为共时性取向（synchronic approach）（参照 Saussure，1916）——可以拓宽并加深我们对当时他身上所发生的事件的了解。在两年的时间里，他录制了 10 首歌，孟菲斯的唱片制作人萨姆·菲利普斯（Sam Phillips）认为这些歌可以通过太阳唱片公司进行商业发行。同期，就在埃尔维斯才 19 岁还不满 21 岁时，还有另外一些没有发行的录音带都被菲利普斯连同与他签订的合同一起卖给了美国广播唱片公司胜利者（Victor）分公司，这之中的多数歌曲后来都被贴上 RCA（即美国广播唱片公司）的标签。这套在当时还不起眼的由太阳唱片公司录制的埃尔维斯早期唱片（被冠以“旭日东升”之名的 CD 珍藏品还可以见到），现在被许多音乐评论家以及在行的“追星族”认为是埃尔维斯唱片中的精品：无论是从音乐的震撼效果、情感表达，还是从开创摇滚乐的先驱来看，都堪称经典。

在由太阳唱片公司发行的这 10 首歌中，有两首歌曲调轻松，但还是明显反映了成熟男性在性方面的威猛——正如当时的埃尔维斯一样。有五首歌是与遗弃有关的，这其中的三首表达了歌者的胜利：要么让他的女人回心转意，要么得到另一个女人的爱，或者报复成功。其余的三首歌均为情歌，包括《妈妈，一切都好》。在这些歌中，妈妈和情人无论从象征意义还是从语言上来说都混为一体。例如，在那首《宝贝，让我们玩过家家》(*Baby, Let's Play House*) 中，歌者一再请求他的“宝贝”回来一起玩过家家。也就是说，一个当妈妈，另一个当爸爸。这是一首反映恋母情结的典型歌曲，因为宝贝是他对妈妈的昵称。对于那时只有三岁的埃尔维斯来说，让他在俄狄浦斯冲突方面突然获得成功还是轻而易举的，因为当时他的父亲在监狱里呆了一年多，母亲把她全部的爱与关心都转移到了埃尔维斯身上。当然小埃尔维斯的胜利只是暂时的，他的父亲最后还是回来了，尽管从此他一直扮演着曾入狱者和失败者的角色。而且，对年幼的埃尔维斯来说，那段短暂胜利中自己所扮演的角色不一定让他那么坦然，因为他内心一直存在一种隐忧，那就是如果自己不做个好孩子，母亲总有一天会像父亲一样离开他。

太阳公司发行的另一专辑《奶牛布鲁斯摇摆舞》(*Milkcow Blues Boogie*)，似乎就特别表达了埃尔维斯的情感困惑。这首古老的布鲁斯舞曲最先是由科科莫·阿诺德(Kokomo Arnold) 演唱。它一开始就把母亲和性伴侣的形象混淆了：“如果你看到我的奶牛，请把她驱赶，让她回家，自从她不在我身边，我就再也享受不到牛奶和奶油。”这首歌传达了被人遗弃的哀伤，比如“当你的宝贝不在身边，难道古老的月亮看起来不会有些孤单?”随着遭人遗弃的愤恨在歌中出现，歌者又一次将性伴侣和父母的角色混合起来：

> 我努力尝试好好待你，直到天荒地老，
> 拿开你的《圣经》，趴在你膝上祷告，
> 因为你需要我，
> 总有一天，你会需要你所爱的爸爸，
> 你也会后悔，曾经这样伤害我。

在这两段歌词中，歌者有时像被人遗弃的孩子，有时像怨恨父母管制的少年，有时又像一个失意的情人。这就是埃尔维斯在《别碰我》(*Don't Move Me*) 那首歌中用舒缓的布鲁斯曲调倾诉的感情。而当他把这首歌转换成一首节奏明快的摇摆舞曲时，一种报复的快感似乎直指他的灵魂深处。

一些评论家声称，当埃尔维斯服务于美国广播唱片公司时，他的音乐就开始发生了很明显的变化——商业化而且情感也不再那么强烈了。事实上，在接下来三年多的时间里，他还是以在太阳公司工作时的相同热情继续演唱并录制歌曲，所选的歌曲表达的也是相似的情感。为 RCA 公司录制的第一首最具影响力的歌曲——《伤心旅店》(*Heartbreak Hotel*) [由梅·阿克斯顿(Mae Axton) 和汤米·德登(Tommy Durden) 创作]，就是一首厌弃、抑郁和孤独至极的悲伤挽歌。在第一部分中，歌者引入了一个强有力的比喻，这个比喻一直贯穿在随后的段落中：他居住的地方位于“孤独街”的“伤心旅店”，这是对他内心的写照，这些比喻更多表达的是自己的心境，而不是反映地理环境。在第二部分中，他描写了其他一些像他一样伤心欲绝、为爱所伤的人，在黑夜中独自饮泪，痛不欲生。第三段把旅馆的服务员、接待员也列入了被爱和希望抛弃的行列之中（在 1956 年 2 月 11 日他在这首歌的首次电视转播演唱中，埃尔维斯用“他们祈求死亡”代替了已经录制出的歌词中所用的不太生动的“他们可能死了”，以此来强调酒店员工内心的抑郁)。在最后一段中，歌者直指听众，邀请他们“沿着孤独街漫步，如果他们的宝贝也离开了”。

埃尔维斯更喜欢《伤心旅馆》唱片背面的那首结构规整的《我独自一人》(*I Was the One*)［由艾伦·施罗德(Aaron Schroeder)、格劳德·迪米特里厄斯(Claude DeMetrius)、哈尔·布莱尔(Hal Blair)和比尔·佩珀(Bill Pepper)共同创作］。这首歌也是关于孤独寂寞的情感的，同时也不乏对爱情的浪漫旅程的描述。在歌中，歌者教他的爱人怎样接吻，怎样爱抚，怎样哭泣，直到他使她“表现得非常棒，她活过，她爱过，她笑过，也哭过，所有这一切都是因为我”。然而，在歌曲的最后，有人教她撒谎。而后，她伤透了他的心。这首歌中明显地夹杂了埃尔维斯与普丽西拉·比利(Priscilla Beaulieu)两人后来延续四年的那段情感纠葛的开始，不过直到1956年，埃尔维斯也没有什么伤心的经历。有人可能会奇怪为什么埃尔维斯如此偏爱这首歌，甚至埃尔维斯曾告诉采访者那是他所录制的歌曲中他最青睐的一首(Osborne，1999：10)。至于那首《妈妈，一切都好》所表达的中心意思就是控制与逃避控制。对埃尔维斯来说，歌中的“我”并不一定指他本人，而可能是指他的母亲格拉迪丝(Gladys)。她的确努力按照自己的标准来规范儿子的行为——她的这些标准，除了让儿子对自己的性行为和愤怒感采取撒谎的方式来遮掩外别无选择，让他觉得只有秘密地或者站在面对着千百万人的舞台上才能把这种情感宣泄出来。

在埃尔维斯为RCA公司录制的第一部唱片集中，收录的大多数都是太阳公司的“残羹剩饭”或者翻唱当时其他歌手的成名歌曲。当他有机会完全从头开始录制第二套唱片集时，就特意根据自己的喜好精心选择曲目。当他从摇滚乐中的叛逆形象急速转变的时候，他极力主张把雷德·福利(Red Foley)的《老夏普》(*Old Shep*)收录在内，那是一首忧伤的乡村歌谣，内容是关于一个男孩和他忠实的老狗之间的故事。埃尔维斯是在10岁的时候首次公开演唱这首歌，而且很显然，在初高中阶段的各种场合都一直唱着这首歌。它表达了男孩和老狗之间的相互依恋、不可分割的情感。而当狗年老体弱的时候，不可避免的失落摆在他们面前。歌者想让他的狗永远从痛苦中解脱，但还是不忍心扣动扳机而是颓然撂下了手中的枪。不过，这只狗还是去了“所有好狗去的地方”，也就是狗的天堂，歌者把那里想象成了“美好的家园”。

这首歌最初发行的时候(福利于1940年录制)，对年轻的埃尔维斯的强烈吸引力是可以想象的。不仅仅是因为他拥有了一个在现实生活中不曾有过的忠心耿耿的朋友——老夏普，更重要的是，歌中的他们可以自由地在田间漫步，因为他的很多行为在现实中为严厉的母亲格拉迪丝所不允许［小时候，埃尔维斯有过短暂的养狗经历，那只叫泰克斯的狗后来因患疥癣病死了(Osborne，1999：84)］。但是，很明显，这首歌原来的歌词并不能完全表达埃尔维斯的情感。当他21岁重新录制这首歌时，他对福利的原词做了几处大的改动。在那首歌的末尾，当歌者即将驾驭不住这种关系时，埃尔维斯重申了这种控制：当这条狗奄奄一息，他让它来到自己身边，而不是他去它身边(最初的歌词是“我到它身旁，坐在地上”，埃尔维斯改成“它来到我身旁，抬头望着我”)。但是令人奇怪的是，后来埃尔维斯对这种改编感到内疚。当这只即将离世的狗将它的头靠在歌者的腿上时，原来的歌词是“我抚摸着这位曾经最亲密的朋友”，而埃尔维斯却代之以“我用枪瞄准了这位曾经最亲密的朋友”。也就是说，他用枪瞄准老夏普的头，尽管他后来并没有开枪。最后，埃尔维斯省略了整段对老夏普濒死心理的描写，没有任何过渡，想象中这狗已经在天堂了。

这些改编和省略比原始歌词更能体现埃尔维斯和母亲格拉迪丝之间的复杂关系。从心理动力学的角度分析，可以看出，老夏普不仅是一个男人或者男孩最好的兽类朋友，也代表了他的母亲（他时常将母亲称为“我最好的女朋友”）。那自由漫步于“山间与草地”的幻想不仅可以解释埃尔维斯为何想挣脱母亲的掌控，同时也反映了他未解决的恋母情结。他早期在太阳公司对歌曲的选择与他的人生发展经历是一致的。这首歌从象征意义上把母亲的形象与某个他所爱慕的客体对象混淆（或融合）在一起，而且歌者也一直在分手与眷恋（一起在田间漫步）之间的冲突中挣扎。

## 二、《今夜你是否寂寞》开端

我们可以很轻松地继续用共时性取向的研究方法来分析埃尔维斯在他早期生涯中对歌曲的选择，但同时我们还想借助于历时性取向的（diachronic）研究方法（Saussure，1916）来看看在不同的时间里他对同一首歌的演绎，也想看看这种方法是否能给我们提供一些埃尔维斯人格中更深层的东西。或许这方面的最好例证当属我们一开始提及的，也就是他曾断断续续演唱的那首《今夜你是否寂寞》。埃尔维斯时常会唱起这首歌——虽然并不见得每场演出都会唱到，但是在他职业生涯的某些关键时刻，这首歌总是少不了的。他的许多唱片都录有《今夜你是否寂寞》，这似乎展示了他是怎样选择自己所要唱的歌，有意地篡改原始歌词（从他第一次演唱这首歌时就开始这样做了），无意或一时冲动地改变歌词的其他部分（要么忘词，要么自作主张地替换某些字词），以及通过注解来对这首歌进行构架，以展示自己对这首歌词的感觉、表演效果、自己的内在情感状态或者当时更广阔的生活环境。

《今夜你是否寂寞》是卢·汉德曼（Lou Handman）和罗伊·特克（Roy Turk）于1926年创作的。词作者特克借用了莎士比亚的几句词，然后又从列昂卡瓦诺（Leoncavallo）的《丑角》（*I Pagliacci*）中得到灵感。这首歌在当时来讲采用的是一种不同寻常的表现形式，前三段是唱词，接下来是很长的一段独白桥段，之后又是重复的演唱。在1927年，就至少有三位歌手录制了这首歌的唱片，此后长盛不衰。卡特（Carter）家庭乐团在1936年就以乡村歌曲的形式演唱了这首歌（对歌词做了大幅度的改写，而且省去了独白部分）。接着，以那首《我的蓝色天堂》（*My Blue Heaven*）闻名的吉恩·奥斯汀（Gene Austin）于20世纪30年代又让这首歌重新唱响舞台。仅1950年，这首歌就录制了三次：唐·康奈尔（Don Cornell）（再次省略了独白部分）；布卢·巴伦（Blue Barron）乐队［由乐队的主唱博比·比尔斯（Bobby Beers）演唱，芝加哥音乐节目主持人约翰·麦考密克（John McCormick）朗诵独白部分］；还有阿尔·乔尔森（Al Jolson）在他最后的某张专辑中也曾唱过［尽管有各种不同的说法，有人宣称，乔尔森是第一位录制这首歌的人，同时也是20世纪20年代第一位在影片中演唱这首歌的人，但是，在1950年4月28日以前并没有关于他的演唱录制历史的确切证据（Kiner & Evans，1992）］。

简短地回顾这首歌的演唱史具有两方面的重大意义。首先，这首歌是在埃尔维斯的经纪人汤姆·帕克上校（Col. Tom Parker）介绍下才引起他的注意，而通常情况下，汤姆·帕克上校并不介入埃尔维斯对所唱歌曲的选择。帕克极力推荐这首歌，是因为这首歌深受他妻子玛丽（Marie）（Jorgensen，1998：127）的喜爱。她是通过吉恩·奥斯汀在舞台上的演唱而知道这首歌的；帕克在20世纪30年代末期曾做过剧团代理人，同时也做过奥斯汀的准经纪人［与其说是上校的推荐，还不如说是玛丽对这首歌的喜爱更能引起埃尔维斯的兴趣。据说，埃尔维斯很喜欢玛丽，以至于后来给自己女儿取名莉萨·玛丽（Lisa Marie），就是为了表达这种情感］。其次，由于奥斯汀从来没有录制过这首歌，所以，埃尔维斯可以通过借鉴别人对这首歌的演唱来表现出自己的风格：无论是阿尔·乔尔森通俗剧式的表演（Spedding，1986；Leavey，2000），还是布卢·巴伦乐队的类似表演（Worth & Tamerius，1990：351；Escott，2002）。埃尔维斯后来在表演间隙的闲聊中开玩笑说（参见下文的"版本7"）他在1927年就已经录制过这首歌了，所以他似乎了解一些关于这首歌的早期历史。但1927年录制的歌长期以来一直绝版，直到1960年才得以重现。不管他是否从乔尔森或者布卢·巴伦那里得到借鉴，当他自己开始演唱这首歌时，对歌词还是有意地做了几处大的改动（下文的"版本1"中将会提及）。

埃尔维斯开始非正式演唱这首歌是在德国服兵役期间（Jorgensen，1998：117）。据普丽西拉·普雷斯利（Priscilla Presley）所说，他们两人在一起的第一个晚上他就唱了这首歌，也就是在录制这首歌的半年前（Presley & Harmon，1985：29）。他在录音棚里演唱这首歌是在从部队退役回来后录制第一张唱片期间，时间是1960年4月4日凌晨4：30左右，地点是纳什维尔市（Nashville）美国广播唱片公司的B工作室。此前，埃尔维斯还录制了他最畅销的那首《是现在，或永远不》（*It's Now or Never*），这首歌把英语歌词置于准歌剧的乐曲之中，使它具有了《我的太阳》（*O Sole Mio*）的歌唱水准，体现了埃尔维斯对自己嗓音的一种全新的把握。就在录制这首歌的那个晚上，他以极高的效率和最不同的风格录制了他最畅销的专辑之一《猫王归来》（*Elvis Is Back*）。

埃尔维斯坚持要为录制《今夜你是否寂寞》做一些特别的准备：关掉录影棚里所有的灯光，他坐在黑暗之中，只用原声吉他和贝司伴奏，让约旦乐队（Jordanaires）的声音从幕后传来［古拉尔尼克（Guralnick，1999：65）认为，除此之外，还伴随着鼓声，但鼓声在近处却是听不见的］。埃尔维斯只录了五次，花了半小时的工作时间，就完成了这张销量高达数百万张的唱片。正是为了这张他在录影棚中所录制的最完美的唱片，埃尔维斯曾愤怒地拒绝了RCA公司最初想对这首歌进行混音处理并进行单曲发行的要求。他认为，如果对这首歌进行混音，那就会模糊他的特性，因为他的"声音是不需要任何背景音来衬托的"（Guralnick & Jorgensen，1999：157）。

这些背景信息表明，这首歌对埃尔维斯的意义远大于他在《猫王归来》中精心挑选的那些歌曲，尽管正是由于那些歌使他重返歌坛。对演唱生涯的进一步研究表明，《今夜你是否寂寞》对他来讲有着非同寻常的意义。在他对这首歌的多次"现场"或者公开的演唱中，其中有10次演唱在公开发行的长时演唱唱片、CD集以及录影带中能够听到或者看到（虽然其他的演唱通过非法网络传播可能看到，但在本章中我们没有必要去费力搜集）。下面列举的这些就有对两次录音棚中完整录音后正式发行唱片的描述，也有对他的10次现场演唱会的描述。每一次都提及录音的环境，同时还会涉及录制这首歌时，埃尔维斯生活中所发生的比较凸显的事件（参见表10.1）。

## 三、《今夜你是否寂寞》：历时性资料

版本1：1960年4月4日，纳什维尔市美国广播唱片公司的B工作室，第一次录音和第二次录音。

在第一次录音中，埃尔维斯第一行才唱了一半就被打断了，很显然，是制作人或技师打断的（这次不算埃尔维斯的失误，没有被计算到我们的表格中）。在第二次录音中，埃尔维斯无论是演唱还是独白，只有一处小小的失误：在独白部分，“宝贝，当你说曾经爱着我时，我知道你在撒谎”，他在“你”和“撒谎”之间有片刻犹豫，而他的声音在唱到“撒谎”一词时有点轻微的中断。在以后（包括这次）对这首歌的演唱中，他曾多次对独白部分的歌词做了不同程度的修改。有两行完全被他省略了：“你离开的时刻到了/只留下我独自一人”。除此之外，还有两个短语也做了改动：“命运让我成为情人”变成了“命运让我游戏于爱情中”，另一处是将“只有伤心的小丑”变成了“伴着四周的空旷”。这些很明显都是有意而为，因此也不能算做失误，尽管它们也可能显示了埃尔维斯内心情感的敏感。

版本2：1960年4月4日，纳什维尔市美国广播唱片公司的B工作室，第五次录音。

据厄恩斯特·乔根森（Ernst Jorgensen）（1998：125）记录，这次录音是通过对先前录音的最终拼接而成的，被放在了正式发行的单曲唱片中。这张正式发行的唱片为后面研究埃尔维斯的失误提供了基准线——就是他对这首主打歌曲的偏离程度。

版本1和版本2的录制时间是埃尔维斯两年兵役期满回国后的一个月内，他服役的大部分时间都在德国，这期间他没有录制过任何唱片。在这之前的一周，他作为一名备受瞩目的嘉宾，出现在名为弗兰克·西纳特拉（Frank Sinatra）的全国性音乐专题电视节目中。就在埃尔维斯刚开始服兵役的时候，他的母亲突然去世了，这是他始料未及的。而在兵役快结束的时候，他与当时只有14岁的普丽西拉·比利相遇，并且迅速展开恋爱并走向婚姻的殿堂。

版本3：1961年3月25日，夏威夷首府檀香山的布洛克剧院。

这次演出是为美国亚利桑那建立纪念珍珠港事件的纪念馆筹集资金，也是埃尔维斯从1958年服兵役到1969年回到拉斯维加斯演播室期间唯一的一场演出。就在这周的早些时候，埃尔维斯还为他最成功、最具吸引力的电影《蓝色夏威夷》(*Blue Hawaii*)录制了配乐专辑。那次为纪念珍珠港事件而进行的义演录音效果很差，女歌迷们的尖叫声常常淹没了埃尔维斯的声音。因此，在这种环境中，他在《今夜你是否寂寞》的独白部分加进一些笑话就不足为奇了。他用“你好像变了，你变胖了”（代替了“你行为古怪”），用“你失去了头发”（代替了“我站在这里”）。除此之外，他还将独白部分的两行词完全省略了。

版本4：1968年6月27日下午6点，加利福尼亚伯班克市NBC演播室。

这次表演面对的是一小部分应邀参加的听众，随同埃尔维斯的是原乐队中的两个

成员和几个朋友，主要为全国性的电视节目“归来专题”录制节目。当乐队开始演奏《今夜你是否寂寞》的前奏的时候，埃尔维斯说道“严肃点，伙计们”。唱到第三段时，他打断调侃道：“你知道吗？仍然再说无礼的话，男人，你知道吗？”当独白的时候，他把第一句分割成：“我想知道——今夜你是否寂寞？”乐队的成员都笑他，之后他转而唱到：“你是否遗憾我们的分离？”这一句也被他玩世不恭的玩笑打断了。之后一直是对歌中其余部分的重复，再也没有回到独白。

版本5：1968年6月27日晚上8点，加利福尼亚州伯班克市NBC演播室。

依然是为“归来专题”录制节目。这一次，当他刚唱出第一句“今夜你是否寂寞”时，就听到了观众的尖叫声，他随着尖叫声唱道：“你的头发看起来吓人吗？”然后他自己也笑了。到了第四句，他省略了“你的记忆是否迷失”中的“迷失”一词，而代之以（显然是对身旁的观众说的）“伙计，她很迷人”，接着还吹了一声口哨。到了独白部分，他没有说话，以唱“哦、哦、哦、哦”代之，然后唱“啦、哒、哒、哒、哒”。乐队的几名成员也在笑着。他又唱回到了“你的记忆是否迷失”和这首歌剩下的部分，这次对独白部分的省略甚至比版本4中的更多。

版本4和版本5中的那种演出环境对埃尔维斯来说想要表现自如确实有难度。自七年前那次珍珠港义演后，他就再没有进行过现场表演。尽管帕克上校曾特意召集一批埃尔维斯的支持者（他们大多是美国国家广播公司的员工和歌迷俱乐部的成员），他们在小小演播室中因与埃尔维斯离得太近而不安。除此之外，这次演出同时还被拍成重要的电视专题节目，节目名为“歌星推荐——埃尔维斯”，此节目由重要的赞助商——缝纫机公司提供赞助。但这节目事实上依然算“归来专题”的一部分，它表明，在经历了几年档次不高的音乐电影拍摄和已阔别10年的音乐演出后，埃尔维斯依然被看成是一位歌唱明星。在拍摄这次音乐专题时，埃尔维斯显得异常紧张，尤其是面对少数观众的现场。节目的制片人鼓励他在表演时与昔日的乐队成员逗笑，以此来缓解他的紧张情绪。

版本6：1969年8月24日晚间，拉斯维加斯国际酒店演播室舞台，晚间专场。

埃尔维斯在一开始这样介绍《今夜你是否寂寞》这首歌：“我特意把这首歌献给帕克上校的妻子。她刚刚做完手术，今晚也来到了演出现场。我很高兴，她已经康复，而且来参加我的演出。帕克夫人，非常高兴你今晚能来，我把这首歌献给你。”在他随后表演这首歌的时候，没有一点失误，除省略了那句“我爱上了你，当我第一眼见到你时”。

版本7：1969年8月24日午夜，拉斯维加斯国际酒店演播室舞台，午夜专场。

埃尔维斯这样开始了演唱《今夜你是否寂寞》的开场白：“晚上好，（观众的尖叫），嗨，伙计们，（更猛的尖叫，他笑了笑），女士们，先生们，晚上好。这是我九年以来第一次现场演唱。（掌声）谢谢大家。这首歌我以前都是录音演唱，但这次是我第一次现场演唱，这首歌是我所录制的第一张唱片中的一首——感觉好像又回到了1927年。”他低声轻笑，然后开始演唱。就像版本6那样，除了省掉独白中的“我爱上了你，当我第一眼见到你时”之外，别无失误。

版本6与版本7并非埃尔维斯九年来的第一次现场演唱，从音乐表演的角度来说，版本4和版本5也应算作现场演出。而他在拉斯维加斯国际大酒店为期四周的连续演出（这次晚间公演从 7 月 31 日开始，只有受到邀请的听众才可以参加，之后又接着演出了两场）是继 1961 年珍珠港事件纪念义演后，他在大批观众面前的第一次公开演出。在拉斯维加斯观众面前的演出成功对埃尔维斯来说意义非同小可。因为连他本人（包括别人）都认为 1956 年在那里的那场演出是失败的。就像在制作《归来专题》节目时的失败一样，1969 年在拉斯维加斯的那段时间，刚开始的几个晚上他也很紧张。但是在演出快结束的时候，他已经（据 Guralnick & Jorgensen，1999：262）“在舞台上彻底放松了”。他开始每晚给观众一些额外的待遇——在唱歌的间隙对自己进行一番带调侃色彩的自传式评价。而对此，帕克上校却认为玩笑开得有点过分，传纸条警告他要注意自己的言行，尤其是在这种“有许多孩子在场的宴会表演中”（引自 Guralnick & Jorgense，1999：262）。玛丽·帕克 7 月 24 日那天也在宴会表演现场，埃尔维斯很清楚，她也可能会观看午夜的演出，正如我们先前提到的那样，最初录制这首歌是因为它深受玛丽喜欢。所以，不管他对帕克上校的警告作何感想，都不妨碍他对这首歌的发挥。

版本 8：1969 年 8 月 26 日午夜，拉斯维加斯国际酒店演播室舞台，午夜专场。

这首歌的好几处都被埃尔维斯含混地哼着《放弃》（*Surrender*）这首所替代（比如用“啦、哒、哒、哒、哒”等），然后说“我不准备唱这首歌了”，突然又唱起了《今夜你是否寂寞》。在歌中，他先把“你是否凝视你门前的台阶，想象我就在那里”改成了“你是否凝视你的光头，希望头发重新长出”。当他将“你的内心是否充满痛苦”这句词唱到一半时，就开始大笑。在下面每两句词的结尾时，都会发出笑声，而且省掉了每句的最后一个词，然后说（笑着）“哦，上帝，上帝”。这种对唱词的不寻常的中断也反映在独白部分——事实上，当一开始独白“我想知道 ”的时候，他就开始发笑，随后时常省掉一些短语和句子，那句“今夜你是否寂寞”完全被他的笑声淹没。实际上，整个独白的其余部分都淹没在他的笑声中了。唯一一句完整的词就是“我没有理由怀疑你”，但是他笑得还是很开心，偶尔来几句“噢，上帝——噢，伙计，我告诉你——噢，上帝”，或者是“噢，上帝，噢，宝贝，一起唱”。直到独白的最后他一直在笑，最后回到那句“当我又将回来（笑着）的时候，亲爱的，告诉我，你是否寂寞（笑着）”。他一直完整地重复着后面的这部分，唱到最后一句时，仍然笑着，然后说到“哦，就这样吧，伙计，14 年的岁月就这样流走了，伙计，我告诉你，14 代年的时光其实很短暂”。

这次演出被埃尔维斯的歌迷冠名为“今夜你是否笑了”，后来作为一首新奇的热曲，在英国广播电台广泛播出。一些报道说，对于这首歌在这次演出中完全被破坏的事实表明：埃尔维斯通过那些无言的伴唱而进入了一种欢闹状态，那些伴唱乐手是他先前邀请的锡西·休斯敦（Cissy Houston）（Guralnick，1999：354）或是米莉·柯卡姆（Millie Kirkham）（Jorgensen，1998：285）——在拉斯维加斯演出期间为这首歌伴奏的人。但是，乐手伴唱并没有在埃尔维斯心里引起相同的反响——再没有像前两夜在版本 6 和版本 7 中的那种近乎完美的演出。还有一种让埃尔维斯发笑的可能，就是帕克上校要求埃尔维斯注意控制他在台上的言语，这些言语包含一些专横的暗示。由于他妈妈曾经一直想让他表现得像个好孩子，所以表面上埃尔维斯似乎听从了帕克上校，但是（在尽力取悦了帕克夫人之后），他在舞台上依然我行我素地挑衅。

版本9：1970年8月12日午夜，拉斯维加斯国际酒店演播室舞台，午夜专场。

埃尔维斯刚唱出第一句，然后喊道："阿蒙德（Armond），唱啊"（他指的是阿蒙德·莫拉莱斯（Armond Morales），帝国乐队福音四重奏部分的男低音，埃尔维斯请他到这次音乐系列节目中来伴唱）。埃尔维斯继续唱下面的词，然后又开玩笑般唱道："你是否凝视你的光头，希望头发重新长出？"乐队成员都笑了，埃尔维斯接着歌词继续唱。当唱到了"亲爱的，告诉我"时，在中间部分他用了一种急速的颤音"喔、喔、喔、喔"，然后在末尾又加进了"哦、哦、哦、哦、哦"。他笑着，观众鼓掌，然后他说："谢谢，我们有点跑题了，现在演出继续进行。（他再次笑了），什么？（台下有观众要求唱某首歌）噢，是的。还有26首我都忘了。让我想想。对了，还有赌博，我们来赌"。他完全省掉了独白部分，再没有回到演唱着的歌曲上来；反而严肃且激昂地唱起了西蒙（Simon）和加丰科（Garfunkel）名曲——《恶水之桥》（*Bridge over Troubled Water*）。

埃尔维斯在8月进行了为期四周的连续演出，也就像1970年在拉斯维加斯的那次演出一样，是给好莱坞众多制片演职人员安排的，为埃尔维斯的大型音乐电影《那条路》（*That's the Way It Is*）影片彩排和走台提供机会。埃尔维斯排练的许多歌曲都为这部电影所用，有些歌曲在他以前演唱的曲目中从未出现过，有些可追溯到他在太阳公司录歌的时候。那时候的他，就像片中所出现的那样，完全是夜总会鼎盛时期的风格，消瘦但充满活力。《今夜你是否寂寞》很显然不是影片中的重点曲目，他几乎是随手把它弃之一边的，而且这首歌在影片中一直没有出现。

版本10：1972年4月9日，弗吉尼亚州汉普顿路的圆形剧场。

这次演出基本上是成功的。在独白部分一开始，埃尔维斯就含糊不清地说了几句，显然是对乐队成员说的，"跟我说些什么，宝贝"，或者诸如此类的话。当唱完"当我们相逢时，我们融为一体"时，他很响地吸了吸鼻子。后来刚开始那句"宝贝，你在撒谎"时，他在"你"和"撒谎"之间稍事犹豫，就像在版本1中的那样。唱完这首歌时，他只是对观众简单地说了句："谢谢，感谢大家来听我唱歌"。

这次音乐会按计划是从纽约的布法罗到新墨西哥的阿尔伯克基为期两周的演出的一部分。这次演出的主要目的是拍摄另一部音乐电影《旅途中的猫王》（*Elvis on Tour*）。受这个原因，埃尔维斯在此过程中可能非常注意自己的表现，尽管这次表演不一定会像版本9中表演得那般完整。生活事件也影响到了他的表演：三个月前，普丽西拉跟他提出了分手，在离汉普顿路音乐会演出还有六周的时候，她告诉埃尔维斯，因为她爱上了自己的空手道教练，所以要跟埃尔维斯离婚（Guralnick & Jorgense, 1999：304～305；Nash，2003：270）。就在这次音乐会之前不久，由于这些事情的影响，埃尔维斯录制了一些表达感伤和分手的歌曲，包括《分道扬镳》（*Separate Ways*）［他的一位老朋友雷德·韦斯特（Red West）应他的邀请而写的］，《那些好时光》（*For the Good Times*），还有《难以忘怀》（*Always on My Mind*）等。他在台上低唱着《今夜你是否寂寞》，在"你在说谎"之间稍有停顿，这些都合乎他当时的心境。

版本11：1976年12月31日，宾夕法尼亚州匹兹堡市中心剧院。

这次表演是一位观众录下来的，在录音机附近，一名女歌迷的尖叫声同埃尔维斯唱歌的声音一起被录了下来。埃尔维斯的这场演唱整体来说还不错。这位歌迷的录音

（这是唯一的一盘录音）被贴上 RCA 分公司的标签而正式发行，表明此片由收集者录制。在这盘录音中，当埃尔维斯刚唱出第一句“今夜你是否寂寞”，那个尖叫的女人（与其说她热情不如说她过于狂热）就大声喊“我很寂寞”。她的喊声似乎正是对整首歌中问题的巧妙应答，此外还伴有其他观众的笑声。埃尔维斯还是继续着演唱和独白部分，直到“当我们相逢时我们融为一体”，唱完“融合”时，他笑了。接下来演唱时，他又把这个词重复了一遍，很随意地笑笑之后继续独白，直到“扮演两个角色”。“你似乎在改变，查利（Charlie），你的表现如此陌生。为什么（省去了‘我却未曾知道’）。亲爱的，你在说谎，当你说你爱我的时候，你一直在骗我（省去了‘我没有理由怀疑你’），但我宁愿继续听你的谎言（省去了‘而不愿没有你而活着’）。你想在某个男人面前放纵（语音不清楚）。此刻舞台空空荡荡，只有我站在那里。（省略了‘伴着四周的空旷’），只有查利和我——祝大家好运。”他接着唱完了整首歌，再没有其他的改动。

埃尔维斯与之开玩笑的查利是指查利·霍奇（Charlie Hodge），他是埃尔维斯的舞台助手，也是位合音歌手。他除了为埃尔维斯提供吉他伴奏外，还给他取水和递毛巾（让埃尔维斯擦汗，免得他把汗珠子甩给观众）。这些玩笑也部分地影射了那个令人反感的女歌迷以及她对演唱的干扰（当然，埃尔维斯对女歌迷的尖叫还是习以为常的，但是这一位却如此执著，而且引起了那么多观众的注意，他明显有点愤怒了。后来，当他要开始介绍另一首歌时，另一位歌迷喊道：“唱啊。”埃尔维斯对此的回应，既不失幽默又带点威胁的意味：“不要教我怎么做，我准备好了就会唱，你懂什么”。）除了回应女歌迷的尖叫外，埃尔维斯对这首《今夜你是否寂寞》的歌词的增加和删减，依然可被认为是受到最近发生的生活事件的影响。琳达·汤普森（Linda Thompson），是他自离婚后用情最深的人，但最近琳达也断绝了和他的交往，而另外一个让他很头疼的新女朋友金杰·奥尔登（Ginger Alden）也在观众席里。在录制版本 10 的那段时间，似乎正是埃尔维斯对自己的失败婚姻感到“悔恨，郁闷，茫然”的时候（Guralnick，1999：459）。1976 年岁末，他与那个女人分离在即，这让他焦头烂额。

版本 12：1977 年 6 月 21 日，南达科他州拉皮德市的拉什莫尔中心剧院。

正是那部名为《我是猫王》的影片，让他有幸在内布拉斯加州首府林肯市的大礼堂演出，时间是 6 月 20 日晚间。而这只是埃尔维斯演唱《今夜你是否寂寞》之前的一次表演，虽然埃尔维斯在这两场表演中都穿着同样的舞蹈装（Ernst Jorgense，1998：406 ~ 407），但是相关记录却表明，这首歌是在拉皮德市的第二天晚上拍摄的。开始部分埃尔维斯还是唱得很不错，但是到了第四段的独白部分时，他说：“命运让我支付了——付出了——pl - pl - pl ——bl - bl - bl - bl——附加税”。（无意识的结巴，接着是有意识的结巴，最后用玩笑代替）。他省略了后面的三句，然后说：“你的台词如此——机敏（笑着），从来没有错过一个暗示。然后到了第二幕。你忘了台词，你似乎在改变，你个傻瓜，并且你的表现如此奇怪而陌生，而我为什么都不知道。哦，为什么我会那样做。亲爱的——我将说与谁听？你在说谎，当你说你爱我的时候。你一直都这样——而我没有理由怀疑你。但是我——l - wl - wl - wl - r r r——宁愿继续听你的谎言（笑着），而不愿没有你而活着。此刻舞台空空荡荡，只有我站在那里，没有一根头发，噢，不。噢——（笑着，省略了“伴着四周的空旷”），如果你不愿回到我身边，噢，啊，那就是我的地狱!”（省去了“那就请他们把帷幕降下”）。然后他完整地唱完了后面的部分。

## 四、埃尔维斯的失误分析

版本 12 中的表演，也就是本章一开始时提到的那次表演，通常被看作埃尔维斯衰落以及他表演形象彻底坍塌的象征。由帕克安排的埃尔维斯最后的两场音乐会，都被录制在哥伦比亚广播公司的电视专题节目中。影片《我是猫王》的导演安德鲁·索尔特（Andrew Solt）和马尔科姆·利奥（Malcolm Leo）显然是想通过这场特意安排的《今夜你是否寂寞》的演出来证明埃尔维斯演艺生涯的衰退。为了强调（但愿不是言过其实）这个效果，他们将以前埃尔维斯演唱介绍这首歌的录像与他那两晚上糟糕至极的表现结合起来。正是这种结合介绍与拉皮德市的那场《今夜你是否寂寞》的表演成为埃尔维斯后期生活的具体例证——吸毒而且几乎致死。在后来再次发行《我是猫王》时，这场演唱就被去掉了。RCA 公司也停止了那套电影配乐唱片集的销售，而 CBS 电视专题片中的配乐只有在 CD 上才可以听得到，没有正式发行的录像带。对此，普雷斯利公司是这样向歌迷解释的：

> 在拍摄专题片的时候，由于埃尔维斯健康方面存在严重的问题。事实上，埃尔维斯的身体状况比看上去要糟糕得多，而且他的表演也未能得到很好的发挥……真正的歌迷应该能以仁爱、尊重和理解的态度看待这一切……但是，情况也非大众和媒体所传得那么严重……他们过分强调并且夸大了埃尔维斯后面这几年生活中的不幸和悲伤。现在，重要的是让他们想起他以前的岁月。（Elvis Presley Enterprises，2004）

在最后那段时间的演出中，42 岁的埃尔维斯显得大腹便便、精神倦怠、神情抑郁，简直就是一个不折不扣的中年人。此时他的头发已经花白，尽管他还是极力想把它们染黑。他已沦落为一个大量吸食毒品的瘾君子，身体状况明显下降，实际上已经离死亡不远了［事实上，这一切与当年他 46 岁的母亲临终前几个月的情况非常相似。她母亲当时也是肥胖、抑郁，滥用减肥药并且还酗酒（依据 Dubdy，1985；Hopkins，1980；Nash，2003），而且也把头发染成黑色］。但是在所录制的最后的影片和《今夜你是否寂寞》的那场演出中，他所忧虑关切的事情与他当时所面临的情况是不可分割的，他利用生命中的大部分时间去与这些事情抗争。他善变的情绪（有时笑着笑着又哭了），用与人的衰老有关的玩笑糟蹋歌曲，无意识的含糊漏词、记忆的失误，这些现象在他以前演唱这首歌的时候就已出现——只是与这次演唱相比，没有那么多令人难以忘怀的明显细节而已。

正如在《我是猫王》中（即版本 12）显示的那样，在唱这首歌之前，他这样贬低自己的吉他水平：“我现在开始真正弹吉他了，不管诸位是否相信，我只熟悉三根琴弦，但我还是一直假装很在行。”［事实上他的吉他弹得的确很不错，而且在这之前，他也这样贬低过自己的吉他水平。当他服兵役就要结束的时候，在一次访谈节目中，当时他父亲也在场，他说：“我的吉他从来就弹得不咋样，对吧？爸爸。”他爸爸说：

“但是你却骗了一批人呀。”（Fort Worth，*Star Telegram*，1960 年 2 月 20 日）］然后埃尔维斯开玩笑似的——或许不全是开玩笑——表达了被人当成骗子而遭揭露的恐惧：“他们可能今晚就会发现我。”有一些观众听出了他这句双关语的含义，开心地尖叫起来。他接着坦率地承认：“如果你们觉得我很紧张，你们是对的。”之后他又袒露了一系列的内心情感。最具披露性的应该是，他认为个人生命事件与歌中所描述的是有联系的：“后来录了那首《今夜你是否寂寞》，我是的，我一直是这样。”然后，很显然是想摆脱刚才表达的那种孤独感，他看着那断掉的指甲，捡起来说了句：“他妈的！”又改口为：“该死”，最后结束做个妈妈的乖宝宝。紧接着为自己不够文雅而道歉，然后开始唱歌。

在创作这首歌的时候，歌词中所涉及的事件与独白中的事件是一致的：拒绝、失去控制，以及被遗弃的痛苦。但是所有这些事件的焦点是不同的。歌曲一开始表达的是一种幻想，那就是他的昔日恋人是因为他而感到孤独，内心充满痛苦，在家期待着与他复合。而独白部分呈现的却是无情的现实：是歌者在“第一次见到”对方的时候，就一相情愿并傻乎乎地陷入爱河，然后听信对方的谎言直至被抛弃。然而他却宁愿维持这种关系，即使继续被欺骗，也不愿失去他昔日的恋人而独自生活。她对他如此重要，尽管他为此也很矛盾，但他不能失去关于她的记忆——正如埃尔维斯从来都不曾摆脱母亲格拉迪丝对他的情感羁绊一样，虽然她已弃他而去。歌者说，如果没有这个女人，他是生不如死；这实际上最终也在埃尔维斯身上应验了。独白部分所描述的残酷现实，后来又被歌者的想象所否定，他想象着他的爱人也期盼着他，等他归来。最终通过这种想象，他体验到因遭自己昔日的恋人遗弃而经历的痛苦，而这种感觉对他来说，是在现实生活中也经常能体会到的。通过设法把这种感觉投射到另一个女人（或者一些女人）身上，来摆脱（至少可以部分地摆脱）自己的这种痛苦体验。通过转换角色之间的关系，他想象着，是他在控制别人，以此避免承认自己的弱点以及被遗弃的痛苦，在独白部分他也一直表达这样的情况。

将他后期演唱中的省略、改编、替代同先前在录音棚中的演唱进行比较，我们会发现，在他能控制的时候，他的唱词非常完整，无一失误。但是在独白阶段（这里显示出歌者的脆弱，表达他的失落），埃尔维斯却出现了几处重要的但大多是无心的失误。他把那句“命运让我爱上你”切分开来，而且省略了下面三行歌词：“并把你当作我的挚爱/当我们相逢时我们融为一体/当我第一眼见到你时就爱上了你”。然后他轻轻地，但又很明显地跳转到下一行：“你的台词如此机敏”。在创作这首歌的这部分时，歌者从他最初的幻想中，即分手的恋人仍旧翘首期盼他回去的幻想中，转向描述自己被抛弃的痛苦。埃尔维斯在朗诵阶段失控的感觉与歌中所描写的歌者失控的感觉是一致的。加之，在对这些词进行省略和筛选时，埃尔维斯也是无意识地用了“付出”代替“支付”，而后为了挽回这种场面，他玩笑般地用“附加税”代替了“爱”。这种想重新找回掌控的尝试，更加证明了他在遭到拒绝之后难以把握自己的情感。同时也反映了埃尔维斯用财富来填补内心空虚的事实，通过给对方买贵重的礼物来换得情感的忠贞，并以此来满足自己对爱的渴望，并且一再地让自己相信，至少有几个人爱着他，而且这些人并不在乎他是否有钱。

在接下来的独白部分，他无意识地加进了一些内容。当他在歌中玩笑般地、生气地指责他的爱人忘记了曾经说过的话时，其实他自己又何尝不是如此。他继续愤怒地演说，并插进了一句：“你个傻瓜!”其实这并不只是在骂他的爱人，也在骂他自己。在自我指责的过程中，他的声音夸张得让人发笑，但是他还是控制不住地泪流满面。随后在承认了自己没有注意到爱人已经变心之后，埃尔维斯就开始直接谴责自己，就像他不知道“当初我为什么要那么做”——为什么当初会爱上她，为什么选择了一条站在舞台上对着一群健忘的观众表演的生活道路。最后，当意识到自己只是口头上的感慨后，他试图通过现实的验证来重新找回控制的感觉。他问：“我将说与谁听?”不幸的是，即使他置身于成千上万的歌迷之中，受到他们尽情的赞美与瞩目，却没有人回答他。他还是深深地感受到了自己孤身一人，没有了格拉迪丝，没有了普丽西拉，没有了琳达·汤普森，他真的是一无所有。当一位采访者问及他的婚姻时，他也曾提到过这种感觉。他希望很快能找到一个合适的女孩。他说，因为“我感到很寂寞，尤其在万头攒动的人群之中”（Farren & Marchbank，1977：65）。（他的现任女朋友，金杰·奥尔登，当时被认为是靠不住的伴侣，因为她对自己家人所能得到的好处比对埃尔维斯本人更有兴趣。他唱完歌之后，把她向观众做了介绍，而当观众为她鼓掌时，他却说：“请坐，金杰——这对她来说已经足够了”）。

而后，埃尔维斯又回到独白上来。他把先前中断的那句话补充完整了：“你在说谎，当你说你爱我的时候。”他还对后面那句中的第一个词做了一点修改，好像他想诅咒那个想象中的爱人：“你一直……”，然后他极力控制了一下，把那个词正确地表达了出来，只是到下面一行的第三个字上含混了一下，“但是我宁愿继续听你的谎言”。他试图有意地透过含混的“r”音来控制这个失误。其实，他无意的失控也正是他内心情感在歌中的反映：他因被别人欺骗而感到异常愤怒，包括被他所信任过的每个女人。

在接下来的部分，他避免提及与寂寞有关的词（因为那是让他深感恐惧的），而代之以与衰老有关的笑话，也是他在演唱会上经常提到的“没有一根头发”代替了“伴着四周的空旷”。然而考虑到他的心理状况、外表、身体情况，这个“笑话”比“幽默本身”更让人辛酸。最后，为了避免最后的失控——死亡，他省略了独白的最后一行“那就让他们把帷幕降下吧”。最后在美妙的、充满热情的演唱中结束了这首歌。尽管在独白的大部分时间里，他都无法控制自我，但现在他通过对歌词的想象重新找回了这种控制，他昔日的恋人今夜事实上也很寂寞，而且为他而寂寞。

为什么这首歌对埃尔维斯而言会有如此强烈的感受呢？我们认为，歌曲的内容正是埃尔维斯生命故事基调的重复，是他早期和此后情感历程的概括，它表达了歌者对一个背叛且遗弃他的女人强烈而又矛盾的依恋情结，而他却一直没有完全弄清楚她为什么会这样。他被愤怒和思念折磨着，无法重新找回失去的爱，或者无法建立新的依附关系。他变得孤独、抑郁，而且身体越来越糟（“没有一根头发”）。就这样，他迎来了第二幕中最后的落幕：死亡。

我们从心理学意义上对埃尔维斯失误的分析可能会让人觉得没必要，或者压根就不切实际，但是这种分析是有历时性证据支持的。通过分析从1961年到1976年他关于《今夜你是否寂寞》的其他九次录音或演唱录像的结果表明，这些表演大都存在诸如记忆“失误”、替代、改编或者用歌词逗笑的情况，通常包括了有关遗弃、失落和颓废的意象。表10.1就列举了这种失误模式，他经常改编或者省略的独白部分也被列举在内

（每一行中失误的总次数也包括了版本 12 中的失误，但只有将版本 3 到版本 11 中的失误列成表格并与版本 12 中的失误进行对比时，才会出现同样的模式）。

**表 10.1　在 10 次演唱《今夜你是否寂寞》的音乐表演会中的累积失误次数**[*]

| 版本编号 | | | | | | | | | | 每行失误数 | 歌词行数 | CD 经历时间（单位：秒） |
|---|---|---|---|---|---|---|---|---|---|---|---|---|
| 3 | 4 | 5 | 6 | 7 | 8 | 9 | 10 | 11 | 12 | | | |
| | | | | | | | | | | | ［演唱］ | |
| | | | | | | | | | | 0 | 第 1 行 | 0：13 |
| | | * | | | | | | | | 1 | 第 2 行 | 0：18 |
| | * | | | | | | | | | 1 | 第 3 行 | 0：22 |
| | | * | | | | | | | | 1 | 第 4 行 | 0：31 |
| | | | | | | | | | | 0 | 第 5 行 | 0：36 |
| | | | | | | | | | | 0 | 第 6 行 | 0：41 |
| | | | | | | | | | | 0 | 第 7 行 | 0：50 |
| | | | | | * | * | | | | 2 | 第 8 行 | 1：00 |
| | | | | | * | | | | | 1 | 第 9 行 | 1：09 |
| | | | | | * | | | | | 1 | 第 10 行 | 1：14 |
| | | | | | * | * | | | | 2 | 第 10 行 | 1：19 |
| | | | | | | | | | | | ［独白］ | |
| | | * | | | * | * | | | | 3 | 第 12 行 | 1：31 |
| | * | * | | | | * | | | | 3 | 第 13 行 | 1：36 |
| | * | * | | | * | * | | | | 4 | 第 14 行 | 1：39 |
| | * | * | | | * | * | | | | 4 | 第 15 行 | 1：42 |
| | * | * | | | * | * | | | * | 5 | 第 16 行 | 1：44 |
| | * | * | | | * | * | | * | * | 6 | *第17 行* | 1：46 |
| | * | * | * | * | * | * | | * | * | 8 | **第 18 行** | 1：50 |
| | * | * | | | * | * | | * | * | 6 | *第19 行* | 1：52 |
| | * | * | | | * | * | | | | 4 | 第 20 行 | 1：55 |
| | * | * | | | * | * | | | * | 5 | 第 21 行 | 1：58 |
| * | * | * | | | * | * | | * | * | 7 | **第 22 行** | 2：00 |
| * | * | * | | | * | * | | * | * | 7 | **第 23 行** | 2：04 |
| | * | * | | | * | * | | * | * | 6 | *第24 行* | 2：09 |
| | * | * | | | * | * | | * | | 5 | 第 25 行 | 2：14 |
| | * | * | | | * | * | | * | * | 6 | *第26 行* | 2：18 |

（续上表）

| 版本编号 | | | | | | | | | | 每行失误数 | 歌词行数 | CD 经历时间（单位：秒） |
|---|---|---|---|---|---|---|---|---|---|---|---|---|
| 3 | 4 | 5 | 6 | 7 | 8 | 9 | 10 | 11 | 12 | | | |
| * | * | * | | | * | * | | | | 5 | 第 27 行 | 2：22 |
| | * | * | | | * | * | | | | 4 | 第 28 行 | 2：27 |
| * | * | * | | | * | * | | | | 5 | 第 29 行 | 2：30 |
| * | * | * | | | * | * | | * | * | 7 | **第 30 行** | 2：32 |
| | * | * | | | * | * | | | | 4 | 第 31 行 | 2：37 |
| | * | * | | | * | * | | | * | 5 | 第 32 行 | 2：40 |
| | | | | | | | | | | | ［演唱］ | |
| | | | | | | * | | | | 1 | 第 33 行 | 2：46 |
| | | | | | * | * | | | | 2 | 第 34 行 | 2：49 |
| | | | | | * | * | | | | 2 | 第 35 行 | 2：54 |

* 与埃尔维斯·普雷斯利的录音棚录音（右列）的比较

埃尔维斯在这首歌需要演唱的部分几乎没做过什么改动，也没出现过什么失误（这时，他是一位控制中的歌手）。然而在独白部分，他却屡屡失误（这时，他又是一名脆弱的歌手）。此外，表 10.1 中用黑体字标示的行数（在现场表演的时候，这些行中有三分之二甚至更多的歌词被改编或省去）讲述了一个令人心酸的故事，同时这也符合我们的解释。

“我爱上了你，当我第一眼见到你时”（第 18 行），体现了埃尔维斯最初强烈的依恋；
“你似乎在改变，并且你的表现如此奇怪而陌生”（第 22 行），他遭到了背叛和遗弃；
“而我为什么，都不知道”（第 23 行），他被愚弄后的明显愤怒；
“伴着四周的空旷”（第 30 行），他的内心苦闷和深感孤独。

此外，剩下的那部分词在现场演唱中有一半以上的内容被改动或省略（见表 10.1 中的第 17、19、24、26 行，用斜体标出的部分），这些也可反映出与埃尔维斯有关的或者触及埃尔维斯情感的事件：对他的爱人撒谎或者被他的爱人欺骗。早在 1956 年，他在演唱《我独自一人》（*I Was the One*）的时候，就已经提及撒谎带来的负面影响。他对撒谎必要性（至少可以减少一些潜在被牵连的危险）的认识应该追溯到早期与母亲之间的关系，甚至更早的时候，当他父亲因伪造证件被判入狱而使他感受到撒谎的危险。因为普丽西拉对她婚外情的隐瞒，使他遭受到被别人欺骗的痛苦，尽管当他向她求爱时以及在后来的婚姻中，他自己也曾对她撒谎。因此，他就可能很自然地认为金杰也在以同样的方式在欺骗他。

我们在别处（Heller & Elms，1994）也曾提到过，童年时期家庭的不健全对埃尔维斯母亲格拉迪丝的性格产生了非常不利的影响。另外，她的第一个孩子（埃尔维斯的孪生哥哥）刚生下来就离开了人世以及丈夫因犯罪而判刑，这些都对她的性格有很大的影响。格拉迪丝所经历的恐惧和长期的心情抑郁肯定会影响到后来她对埃尔维斯的感情。对于依恋方面的研究表明，在充满矛盾的家庭关系中长大的母亲，她抚养出的孩子会缺乏安全感或者情感紊乱（Ainsworth et al.，1978；George & Solomon，1999）。如果负责照顾孩子的母亲一直处于一种无法缓解的压抑状态，那她的这种情绪会增加孩子的不安全感，同时也会阻碍孩子的“分离—个体化”（separation-individuation）的正常进程（Main，1988）。

作为格拉迪丝的幼子，埃尔维斯似乎内化了母亲未实现的梦想和愿望。等他到了青春期，这种内化越来越强烈地影响到他的行为。他渴望成为“了不起的人”，能够给予母亲一种他父亲弗农（Vernon）不曾给过的生活。但是，当他这样做的时候，在最初“分离—个体化”阶段未能解决的冲突又以报复的形式呈现。变得成功、独立的同时，也意味着成为一个强有力的成年男人，具有完全根据自己的意愿选择配偶的权利。要这样做，埃尔维斯就不再是格拉迪丝的“宝贝”，不再是那个只依赖她并像小时候那样只爱她一人的“宝贝”了。这些也就构成了对埃尔维斯·普雷斯利的双重束缚：一方面，他想成为一个成功的成年人，有一种自主而成熟的依附关系；而另一方面，又想永远是格拉迪丝长不大的孩子。如果他真到了该独立的年龄，他在担心伤害母亲的同时也担心被她遗弃；如果他仍旧是她的宝贝并且依赖她，他又会害怕因失去自我而感到窒息。由于内心的这些冲突一直存在，才使埃尔维斯在演唱的时候常常表现出空虚、压抑、自我谴责甚至愤怒等多种情绪，这些情绪明显反映在他最后演唱《今夜你是否寂寞》的时候。

## 五、其他的研究取向

但是在解释埃尔维斯为什么会一再破坏他对那首歌的演绎时，我们一定要从心理学的角度来解释吗？或许还有别的更简单的解释。有人可能会提出下面三种解释：

（1）或许他平时就记性不好，或者与所唱的歌词相比，至少是不容易记住要说的台词。

这个假设的第一部分显然是不成立的。在埃尔维斯职业生涯的各个时期，凡是与他共过事的人，都无不惊讶于他对几千首歌词和旋律的惊人记忆力。而假设的第二部分也同样不能成立，因为他对整个剧本——无论影片中他自己的台词还是别人的台词，以及他所喜爱的影片中的大段的对白的记忆，常常令导演们惊诧不已。

（2）或许在他再次演唱这首歌的时候，观众的笑鼓励了（或者强化了）他在独白部分重复相同的错误。

从某种程度上来讲，这或许是对的。但是在演唱其他歌曲的时候，他似乎并没有这样经常重复这种偶发的失误，即使在歌迷们笑着以及在他回神过来鼓掌时也不会，而且他对独白部分忘词（见表10.1）的特殊模式清晰地反映了他个人生活中的某些事件。可见，这并不是因为得到歌迷的笑或者掌声而强化的结果。

（3）正如评论家或者传记学家所说的那样，他可能因吸毒而处于晕乎的状态，而且或许大脑被毒品严重损伤，尤其是在最后一场录像表演时，以致他记不得很多事情，独白部分的词就更不记得了。

对于这种解释也不能说完全没有道理，不过这种解释并没有把以前现场演唱《今夜你是否寂寞》时的整个错误模式考虑在内，也没有考虑到他在相关音乐会上的其他表演。在那场音乐会中，就像在电视专题节目《电视音乐会上的猫王》(*Elvis in Concert TV*) 和电影《我是猫王》中演出的那样，埃尔维斯演唱了许多不同的歌曲，在演唱这些歌曲时几乎没有出错。一个有趣的例子，就是他唱完几首歌后开始演唱那首《我的路》(*My Way*)，那首歌的歌词很长，而且几乎没什么重复。他是不久前才开始演唱这首歌的（一首刚进入他歌唱曲目的歌），埃尔维斯开始唱的时候手里还拿着歌词，但是快速地把这页歌词扫了几遍后，他就把歌词放到了一边，信心百倍地唱完了这首歌的其余部分而且竟然无一失误。此外，他在那次巡回演出中的其他音乐专场——真正是他生命中最后的音乐会，虽然未曾被录制——被许多媒体所报道，尤其是最后一场（显然不包括《今夜你是否寂寞》)，均无失误。他的健康状况依然很差，毫无疑问与他服用超剂量的毒品有关，但是只要他所唱的歌没有涉及诸如背叛、失落、控制和失去控制这样的内容时，他都会唱得激情迸发、魅力十足，正如大多数歌迷所见证的那样。

我们借助语言理论学家费迪南德·德·索绪尔（Ferdinand de Saussure，1916）的观点，想以此给我们的研究带来一些启示。他指出，既要通过共时性的（在相同的时间内）又要通过历时性的（跨越时间）方法来研究相关的事件。我们提到的亨利·莫里（Henry A. Murray，1981：32～33）就是属于那种让自己的心理传记学研究从心理学理论中获得启发的人。莫里指出，人格心理学家不仅仅要研究“行为程序”(proceedings)（单一的具心理学意义的事件)，而且还应研究“序列”(serials)，即贯穿一个人一生的“长远事业”(long enterprises)，可视作心理相关事件的断断续续的时间序列组合。正如莫里所强调过的，对一个单一的“行为程序”的观察，就像埃尔维斯对《今夜你是否寂寞》的最后演唱，能让我们透视埃尔维斯的心理状态。显然，这些与电影评论家凯尔、传记学家戈德曼，还有纪录片导演利奥和索尔特所说的也是一致的。但是莫里还说，通过把某个单一事件看成构成他人生长篇序列中的章节，通过研究他人生长卷中的其他章节来确定共同的主题，也就是达成共识，这样我们才可能更加充分地认识到这一事件对埃尔维斯来说意味着什么，进而揭示他的人格。当把埃尔维斯所犯的错误、他的犹豫，以及他在最后演唱这首歌时的表白，当作他一生潜在的情绪创伤的证明时，这些就不会过多地被看作是他当时意识混乱和身体状况不佳的显露。

## 六、唱片目录

这里谈及的12次《今夜你是否寂寞》的演唱均出自商业发行的唱片，主要都由RCA/BMG公司录制。版本1出自CD唱片集《永远的猫王》(*Elvis Today，Tomorrow & Forever*)。版本2在许多唱片集中都可以看到，包括《猫王的30#1金曲》(*Elvis 30#1 Hits*)。版本3出自盒装的《埃尔维斯·阿伦·普雷斯利》(*Elvis Aron Presley*)。版本4出自名为《记忆：归来专题》(*Memories：The Comeback Special*) 的CD集。版本5出自CD唱片集《传奇歌唱家猫王·第1集》(*Elvis：A Legendary Performer*，Volume 1)。版本6出自CD集《猫王在拉斯维加斯》(*Elvis Live Las Vegas*)。版本7出自《猫王亲临国际酒店》(*Elvis in Person at the International Hotel*)的两部盘片中的其中一部《从孟菲斯到维加斯》(*From Memphis to Vegas*)。版本8出自盒装的唱片集《埃尔维斯·阿伦·普雷斯利》(*Elvis Aron Presley*)和《收藏者CD金曲》(*Collector Gold CD*)。版本9出自CD《那条路·特辑》(*That's the Way It Is, Special Edition*)。版本10是只能通过录像带或者DVD看到的名为《猫王:迷失的表演》(*Elvis: The Lost Performances*)。版本11出自一场完整音乐会的一部分,关于这场音乐会有两套CD集被冠以"那场梦"的标签,唱片名为《猫王:新年前夕》(*Elvis: New Year's Eve*)。版本12出自埃尔维斯对前期和后期的歌曲评论,有出自CD《演出中的猫王》(*Elvis in Concert*)的,也有一些出自电影《我是猫王》(*This Is Elvis*),以及出自已经绝版的配乐影片集《我是猫王》(*This Is Elvis*)。

(舒跃育　丁兴祥　译)

## 参考文献


Ainsworth, M. D. S., Blehar, M. C., Waters, E. & Wall, S. (1978). *Patterns of Attachment*. Hillsdale, N. J.: Erlbaum.

Dundy, E. (1985). *Elvis and Gladys*. New York: Macmillan.

Elvis Presley Enterprises, Inc. (2004). *Frequently Asked Questions: Status of the TV Special Elvis in Concert* (1977). Retrieved September 7, 2004, from http://www.elvis.com/elvisology/faq/faq.asp? qid = 27.

Escott, C. (2002). *Elvis Today, Tomorrow & Forever* [*Liner Notes for CD Set*]. New York: RCA BMG Heritage.

Farren, M. & Marchbank, E. (1977). *Elvis in His Own Words*. London: Omnibus Press.

George, C. & Solomon, J. (1999). Attachment and Caregiving: The Caregiving Behavioral System. In J. Cassidy & P. R. Shaver (Eds.). *Handbook of Attachment*, pp. 649 – 670. New York: Guilford Press.

Goldman, A. (1981). *Elvis*. New York: McGraw-Hill.

Guralnick, P. (1999). *Careless Love: The Unmaking of Elvis Presley*. Boston: Little, Brown.

Guralnick, P. & Jorgensen, E. (1999). *Elvis Day by Day*. New York: Ballantine Books.

Heller, B. & Elms, A. C. (1994). Elvis Presley: Character and Charisma. In G. DePaoli (Ed.). *Elvis + Marilyn: 2 X Immortal*, pp. 73 – 97. New York: Rizzoli.

Hopkins, J. (1980). *Elvis: The Final Years*. New York: St. Martin's Press.

Jorgensen, E. (1998). *Elvis Presley: A Life in Music*. New York: St. Martin's Press.

Kael, P. (1984). *Taking It All in*. New York: Holt, Rinehart & Winston. (Originally published [Review first published June 1, 1981.])

Kiner, L. F. & Evans, P. R. (1992). *Al Jolson: A Bio-Discography*. Metuchen, N. J.: Scarecrow Press.

Leavey, M. I. (2000). *Al Jolson—the World's Greatest Entertainer*. Retrieved September 10, 2003, from http://www.jolson.org/stage/voice/ep/ep.html.

Main, M. (1987, June). *Lack of Resolution of Mourning as Related to Disorganization in Infancy*. Paper Presented at Conference on Attachment, King's College, University of London.

Murray, H. A. (1981). *Endeavors in Psychology*. E. S. Shneidman (Ed.). New York: Harper & Row.

Nash, A. (2003). *The Colonel*. New York: Simon & Schuster.

Osborne, J. (1999). *Elvis Word for Word*. Port Townsend, Wash.: Osborne Enterprises.

Ostwald, P. (1985). *Schumann: The Inner Voices of a Musical Genius*. New York: Orion.

Ostwald, P. (1997). *Glenn Gould: The Ecstasy and Tragedy of Genius*. New York: Norton.

Simpson, J. & Weiner, E. Y. (2002). *Oxford English Dictionary* [CD-ROM] (2nd ed.). Oxford: Oxford University Press.

Presley, P. B. & Harmon, P. (1985). *Elvis and Me*. New York: Putnam.

Saussure, F. de. (1916). *Course in General Linguistics* (trans. R. Harris). New York: Open Court Press.

Solomon, M. (1995). *Mozart: A Life*. New York: Harper Collins.

Solomon, M. (2001). *Beethoven* (2nd rev. ed.). New York: Schirmer Books.

Solomon, M. (2003). *Late Beethoven: Music, Thought, Imagination*. Berkeley, Calif.: University of California Press.

Spedding, C. (1986). The Spedding Tapes: Robert Gordon. *Details*, November.

Worth, F. L. & Tamerius, S. D. (1990). *Elvis: His Life from A to Z*. Chicago: Contemporary Books.

第11章

# 悲痛、抑郁与西尔维亚·普拉斯

威廉·托德·舒尔茨（William Todd Schultz）

完成一篇关于西尔维亚·普拉斯[①]（Sylvia Plath）的论文，跟研究玛丽莲·梦露或希特勒差不多。感觉就像是去参加一个人数众多的聚会，迟到了之后才发现自己根本没被邀请，那种情形真是让人尴尬至极。此时，除了做些弥补工作之外，别无他法。然而，问题的关键是，哪些是没有考虑到而又必须梳理的？而且，在梳理过程中，随着进展的深入，问题会越来越多。事实上，目标越限制，问题越精确，整个工作就会越不成熟。换言之，在这种情况下，要得出重大的结论是不容易的。

人们也对此提供了大量的意见和建议，这些意见和建议，有的对我们的研究有着十分重要的意义，而有的则毫无价值。人们还提供了一些参考书目的清单，这些必读书包括普拉斯的一本日记（1993），在这本日记中，大量不利于主人公名声的内容被省略（由编辑删除的）；最近出版了该日记完整版（2000），在这个版本中，省略的部分被重新补充完整；普拉斯写给母亲的“一些家书”（省略更多）；当然还有普拉斯的诗集（Plath，1999；1981b）；小说《钟形罩》（1981a）；特德·休斯的最后一本诗集《生日信札》（*The Birthday Letters*，1998）也列在其中；还有由亲朋好友执笔的回忆录和一些生活经历，不过其中一些人仅仅认识普拉斯而已，对她的了解少之又少；此外还有大量的传记，但是这些传记都很少签订代理。这些书中，最出色的也许要算珍妮特·马尔科姆的《缄默的女人》（*The Silent Woman*，1995），这是一部带传记色彩的非传记

---

① 西尔维亚·普拉斯（1932—1963）是20世纪美国文坛上一颗耀眼的新星。她出生在波士顿，分别在当地的史密斯学院和哈佛大学受到了良好教育，同时开始在诗坛上崭露头角。毕业后，她获得了丰厚的奖学金，去英国剑桥大学深造，并在那儿跟英国著名诗人特德·休斯相识并结婚。后来又被史密斯学院聘为教师，重新回到了美国。直到1959年，她才随丈夫和两个孩子正式移居英国。她的诗集包括《巨神像》（*The Colossus*，1960）、《阿里尔》（*Ariel*，1965/1999）和《冬树》（*Winter Trees*，1971），大多都是描写孤寂、没落、死亡和自杀等题材，整个基调比较忧郁和压抑。她的小说《钟形罩》最早是以维多利亚·卢卡斯的笔名于1963年出版的。作品描写一位女大学生因精神错乱企图自杀，但最后获救的故事。同年，普拉斯因丈夫移情别恋而真的精神错乱，在家里打开煤气开关自杀身亡。本来她的小说出版后默默无闻，但当它于1966年以她的真名重新出版后声名鹊起，获得巨大的成功。她在1950至1963年间写给母亲的信也于1976年结集出版，题为《家书》（*Letters Home*）。《阿里尔》在她去世后由特德·休斯整理再次出版，获得读者和评论界极大的肯定。直到此时，普拉斯的才华才被人们广泛承认。后来，她的遗稿《渡湖》（*Crossing the Water*，1971）和《冬树》的出版渐渐把她归类为自白派诗人而推向荣誉的制高点。1981年，由休斯编辑出版的《普拉斯诗全集》获得了当年美国诗歌的最高成就奖和普利策奖。——译者注

体著作，这本书在综合早期其他多个版本的基础上又有进一步的发展。

课堂上，我让学生仔细搜索有关詹姆斯·迪恩斯（James Deans）、查利·曼森斯（Charlie Mansons）、卡夫卡斯（Kafkas）、坡（Poe）等人心理传记方面的文章。起初这是件好奇的事，久了，让他们感到无奈又厌烦。我总是在强调，试着去找一些更好处理的，或找些躲避大众视线的人物。这次，我试图突破原来的研究方式。幸运的是，从众多琐碎的事件中，我突然发现了就我的知识而言尚未充分挖掘的（或者说只瞥了一眼）有关普拉斯的一个问题。这个问题看起来只是边角料，但实际上非常关键。它不仅涉及普拉斯的艺术，也对揭示她的人格形成和自杀有着十分重要的意义。

1998 年，《死亡研究》（*Death Studies*）出版的特刊对诸如艺术、人格和自杀等主题进行了深入的论述。莱斯特（Lester）（1998）应用 15 种理论探讨了普拉斯的自杀，发现施耐德曼（Shneidman）、莫里和贝克（Beck）的理论对普拉斯很适用（其中，贝克的理论是最成功的，成功率高达 85%）[①]。但令人惊奇的是，尽管在莱斯特的大量自杀案例中，自杀者都经历了“在 15 岁之前失去双亲或者其他重要亲人之类的事件”（1998：663），但对于普拉斯，莱斯特却将弗洛伊德和他的重要缺失理论搁置一旁，虽然“普拉斯在童年也经历了最重大的创伤性事件——她父亲奥托·普拉斯（Otto Plath）的去世”。但他仍在避免直面弗洛伊德的思想，他这样写道：

> 普拉斯似乎能够意识到很多人都无法察觉到的心理动力过程。比如，她通过嫁给一个父亲的化身来解决自身的俄狄浦斯冲突。普拉斯的诗（还包括小说、日记）为揭示她的心理动力过程提供了丰富的线索，诸如对她父亲的认同等。(1998：659)

莱斯特文章的缺点之一是对普拉斯武断的定论。在普拉斯生命的最后几个月里，她“狂乱写作”，大概处于“狂躁不安的状态”，“若在今天，她可能会被诊断为躁狂和抑郁交替的双相情绪障碍”（1998：659）。现在已经很容易驳斥后一种“可能性”，因为疯狂地写作毕竟不同于精神躁狂，而且实际上她并没有出现精神躁狂的主要症状——扭曲现实。但莱斯特告诉我们，“正是躁狂性抑郁，刚从最近的一场躁狂状态中走出来的普拉斯似乎已经预见了她即将经历一场真正严重的抑郁”（1998：660）。但这种推测是缺乏根据的。我们应该反思这个事实——给事物冠以本不属于它的名称。依靠诊断完成心理传记，只能标志某种“状况”[②]。作为一种研究取向，这种处理方式必须被辨认出并予以拒绝（关于更多的用诊断做心理传记的陷阱，请参阅本书的第 1 章）。

在同一特刊，朗可（Runco）（1998）应用了“心理经济学”（psychoeconomic）假

---

① 理论越浅薄，分数越高。施耐德曼无疑是当今国际自杀学领域的顶级权威。炮制他的原发性动机因子——逃避心理创伤，或者躲避难以忍受的心理伤痛——这不亚于发现了一群现实中不大可能存在的快乐的自杀者。有时，他的论断“不幸福的人比幸福的人更可能自杀”更像事实，而不是假设（被我简化）。贝克的高分得益于他模糊的结论。举例来说，这些天普拉斯思维的理性抑制着自杀，这是难以想象的。由于缺乏足够的证据，莱斯特认为，“就像认知学派的治疗师判断出她的非理性思维，却作出毫无用处的结论一样”（1998：661）。可以说，这至少是个明显的过度决定论（generous determination）。

② 在病人或家人与精神科医生的对话中，我曾听到过这样可笑（或令人生气）的一段对话：“医生，你能告诉我 X 为什么会有幻听和异常行为吗？”医生：“是这样的，因为他患有精神分裂症。”家人：“哦，我明白了。但你是怎么知道他患有精神分裂症的呢？我的意思是你是通过什么确定的？”医生：“因为他有幻听和异常行为。”

说来解释普拉斯的艺术和自杀，提出运用“时间和精神投资”以预测创造者的行为。确切地说，个人对某项事物的投入越多（例如写诗），就丧失得越多，同时也就更难以保持她的灵活性和创造性。普拉斯在9岁时从她父亲的去世中醒悟并开始写作，在自杀前，她专心一致，坚持不懈地为艺术努力，“很明显，她在这上面投入了太多的时间和精力”（1998：641）。这种投资正反映了她独特的个性——体现在她的诗集和小说《钟形罩》（及其他同类小说）中的那种忏悔特性。令人有些不解的是，朗可引入了“贴现率”的概念，或“用个人在未来的收益中所扣除的利率（从创作中）”（1998：641），来说明一个对未来持怀疑态度的人“可能不愿意现在花费太大的代价去换取只能在将来逐渐获得的收益上”（1998：641）。简言之，缺乏延迟满足的能力，即因为不能兑现许诺而不愿继续工作。但这与我们所知的普拉斯并不相符，如果她认为“未来毫无价值”，那她为什么在自杀前像着了魔一样整天写作？朗可对这个问题作了如下说明：“她明显不愿意对她的创造投入更多了。”（1998：641）这明显不是事实，她每天早上都在做着这样的投入，当孩子还在酣睡时，她就早早起来去写一部叫做《阿里尔》的诗集——她的一部成名之作，这种艰辛的努力投入一直持续到她死去的前一刻。跟莱斯特一样，朗可也注意到了失去亲人和创造力间的相互关系（在富有创造力的名人中，早年失去父亲或母亲是非常常见的）。但他更关注普拉斯对写作的专心与投入，也即她在工作中投入的程度和因投入而感觉到的失落，朗可提醒我们这个代价是巨大的。

舒尔曼（Shulman）（1998）曾采用精神分析的思路去评价普拉斯的自杀。他认为，“8岁时父亲的去世对她一生有着重大影响，由此引发了一连串的事件（最值得注意的是，她对母亲的依恋与对成就和赞扬的强迫动机间存在着某种关联），并最终导致了她的死亡”。他还充分论述了早年双亲的亡故同后来的自杀行为也存在明显的关联，但他还是仅仅停留在重新确立哪些事情对普拉斯有着微妙意义的层面上。尽管他在文章中已多处暗示，这个意义究竟意味着什么。他罗列了预示她自杀的因素，包括想与亡故的父亲会合、情感疏离、完美主义、过度自责以及和特德·休斯婚姻的失败。

在这篇需要缩短篇幅的文章里，我将花以更大的努力去品评普拉斯的艺术和自杀。一方面是为了展示存在于这个课题中意见的广度，同时也为了揭示那些劣质的心理传记到底有多糟。我的确发现了一些对个案的简化和不负责任的推论。汤普森（Thompson，1990：221）在仔细阅读普拉斯的诗歌、日记和信件时发现“她显然遭受了一场严重的荷尔蒙分泌失调，这在今天会被称之为经前综合症，即PMS”。这个总结性的论断紧跟在早先传统心理学认为的“恋父情结”影响了普拉斯的主张之后，但这个观点依然不足以解释普拉斯。事实上，这正是普拉斯自己的假说（虽然我们不一定能立即看出），不论那意味着什么，都无须传统心理学强加于她身上。而且如果“恋父情结”的假说并不是恰当的解释的话，汤普森的论文也没有告诉我们事情的原因和过程，当然这并不排除一些读者会把她的话当真。

在一些正式的研究中，我们发现PMS产生的生理和心理症状不会少于150种（1990：222）[①]。普拉斯的易怒、紧张、焦虑的症状只是偶尔出现吗？事实确实如此。

① 很显然，汤普森并没有意识到这样一个事实，那就是同一种紊乱可能有多种症状，发现的症状越少，产生紊乱的可能性也就越小。如果想要了解更多关于PMS的症状，请参阅卡普兰（Caplan，1995）的著作。

因此，她遭受着PMS“所有主要症状”的折磨，那么咽喉痛、迟钝、背疼、发痒以及令人难以忍受的耳鸣呢？都是因为PMS？正如我们所知，“月经前的症状反映了抵抗传染病的能力下降”（1990：223）。汤普森好像拥有一种异常神奇的能力去清楚地洞悉普拉斯什么时候会进入月经周期的黄体分泌阶段。当普拉斯写信给她母亲，那些信件都传达着假装的愉快——就像大多数人写给父母的家书一样，而此时，当然是她的“症状并不明显”的时期（1990：226）。而当她担任《女士》（*Mademoiselle*）杂志的客座编辑时，这段时间她异常艰辛——这在《钟形罩》中有详细的描述——这时“普拉斯的激素分泌已经处于十分严重的紊乱状态了”（1990：226）。当她发现特德·休斯与一位女学生的交往十分可疑时，她迸发出了嫉妒的狂怒（在日记里记载这个事件时，她可能正处于月经的前一周）（1990：229）①。由于这样的说法经常在劣质的心理传记中出现，那些“可能性”就逐渐丧失了解释的资格。普拉斯在诗中经常拿月亮做隐喻。对于汤普森，“因为月经周期控制了普拉斯的心理状况是个绝对的事实”（1990：232）。同样有趣的是，汤普森认为诗人阿尔瓦雷斯（A. Alvarez）那公认的对普拉斯的“正确评价”被一个事实彻底颠覆了，即“他不可能知道普拉斯的事件是有着生物化学基础的”（1990：231）。简言之，如果普拉斯在作品中提到她的红发，祈求月亮的保佑，注意罂粟的花瓣，黎明的风景被一片片红云所扰乱……那么这些意象和比喻都足以证明，这些诗作都是“月经期的诗”（1990：237）。

这篇文章最麻烦的部分是结尾。我们都知道，普拉斯在给母亲的最后一封信中提到一位在当地非常有名的“女医生”。当然，至今也没有人知道这个女医生究竟是谁。汤普森猜测她是一位心理医生（这种说法也有一些证据的支持）。甚至还有暗示表明，她的名字叫凯瑟琳娜·多尔顿（Katharina Dalton），是一名伦敦的内科医生。据说她“曾使用黄体酮疗法成功地治愈了一些严重的PMS案例”（1990：244）。普拉斯，无须多说，并没有见过她所提到的医生。2月11日，她自杀了。但汤普森十分自信地下定论，她在对普拉斯先前的治疗师们做了一翻评判之后，自负地在文章中写满了完全没有把握的“可能性”，还一本正经地告诉我们“普拉斯就是死在这个她本可以接受有效医药治疗的城市里”（1990：244）。就好像依靠汤普森的特殊知识是可以拯救西尔维亚的生命似的。

在本章，我想做的是仔细分析普拉斯的话语并探究它的深层含义。我同意莱斯特的观点，普拉斯对自己的情绪及其来源有着不同寻常的洞察力，她的医生称她为“模范病人”，因为她有着“理解自己在与自杀和抑郁抗争”时的罕见能力（Stevenson，1989：297）。她的日记表明，她极其认真地工作，并带着那种与生俱来的勤奋，试图从心理治疗中获得内省。总之，她的所有努力都是为了使她自己、她的人生和思想更有意义，尤其是为了改善她与母亲和父亲之间的关系。她在1958年12月末提出的事实和意见将为本章提供思考的方向，她写到“在特德离开家去图书馆后，我读了弗洛伊德的“悲痛与抑郁”，它精确描述了我的感受和自杀的理由（Plath，1993：279）”。现

① 关于她的月经期主要是依据日记内容中诸如痉挛和昏厥之类的线索，此外，普拉斯也会不定期地谈及她的月经期。我们还能提供一些材料来证实，诸如“如果以4月21日为她月经周期的第1天，那么5月22就该是她周期的第32天。她可能在此后不久开始行经（日记内容暗示她的周期在30~40天）。这次事件发生在6月11日，很可能她刚排卵不久”（1998：247）。同样也“很可能”，这些论断都是错误的。

在，我同意珍妮特·马尔科姆的观点了，她确实很聪明。普拉斯在她的日记中倾向于把自己塑造成“一场伟大戏剧的女英雄”——属于俄狄浦斯王的那种戏剧，当然，这的确是史上最伟大的戏剧之一（Malcolm，1995：100）。不管怎样，普拉斯发现弗洛伊德的抑郁理论如此地适用于她——一种几乎精确的描述——这个事实特别显著（普拉斯在某些地方错读了那篇文章，原因将在后文讨论）。因此，正如我所说，我建议去倾听普拉斯自己的话，并去发掘在她的文章和诗作中所引用的弗洛伊德的话究竟在多大程度上揭示了其抑郁和自杀。普拉斯在哪里提及上述文字，这将是最好的研究起点。而问题在于，弗洛伊德的“悲痛与抑郁”究竟表达了什么呢？

## 一、客体的阴影

首先，普拉斯选择弗洛伊德这篇文章本身就是一件奇怪的事情，除非这是心理医师鲁思·博伊修尔（Ruth Beuscher）向她推荐的。企图结束生命未遂后，她在麦克莱恩（McLean）待了三个月，并在那里接受心理治疗（Malcolm，1995：151）。不可否认，弗洛伊德的确是位优秀的作家，但这篇短文承载着他最难懂的元理论性议题，他努力在抑郁症和性心理发展过程中的口腔期之间建立某种联系。他认为，在人生的那个阶段，个体会选择目标物并野蛮地将其吞食（这篇文章更关注前俄狄浦斯冲突而不是俄狄浦斯冲突，这和汤普森所诋毁的恋父情结假设毫无关系）。

弗洛伊德像往常一样，把悲痛作为抑郁症的原型来对待（正如他将歇斯底里当作梦的原型，把梦当作人的全部精神生活的原型一样）。他没有对文章结论的普适性做任何声明，只是说抑郁症是“无可争议的心因性的”（1915：243）。但他为什么把悲痛和抑郁做比较呢？那是因为这两者有着相同的情绪原因：失落。对于弗洛伊德来说，悲痛并不是病理性的（但可期待），并且一般都会随着时间流逝慢慢减退。此外，同抑郁相比，悲痛中没有自责的成分。当人们悲痛时，“世界会变得空虚乏味”，而当人们抑郁时，不幸的则是“自我本身”（1915：246）。

悲痛是如何产生作用的呢？爱人的失去，使得个体内心必须放弃所有对爱人的依恋，这并不是一件容易的事。心灵的天性是永远不愿放弃任何“力比多（Libido）定位”（或称“感情固着”），即使这时有另一个爱的替代者在召唤，本我仍然不愿放弃原来的爱人，这样前后的力比多就发生了固着。然而，最终“现实会战胜一切的”（1915：244），但这需要很长时间。慢慢地，我们终将与我们失去的爱人疏离，现实终将击碎浪漫的幻想。

弗洛伊德（1915：248）发现，“在道德层面上，对自我的不满意是抑郁症最显著的特征”。心灵的一部分将会盘踞在另一部分之上，换句话说，它将它们看作客体并对其作出批判性评估。弗洛伊德大胆地将这个推测应用到文章的其余部分。他的论点是：在抑郁中频繁出现的自责不是针对病人自己的，而是针对病人所爱的人或者应该去爱的其他人。那些看起来似乎属于自责的行为，实际上是对喜爱的人或物的指责（尤其是人）。以普拉斯为例，普拉斯爱她的父亲奥托。而当父亲去世时，这份爱就被破坏了（后文将有详细的论述）。8岁时，普拉斯以认同他的父亲作为回应，她内化了父亲的形象，而不是让其他人来取代她对他的爱恋。弗洛伊德解释说，客体的阴影控制着自我，虽然它是个被放弃的客体，但自我从今以后就会被一个特殊的机制评判着（弗洛伊德称之为“超我”）（1915：249）。再者，客体通过飞入自我，将建立一个已经逝去的人的形象，爱——作为一种寻求快乐的方式——“就不会消亡”（1915：257）。从精神病学的角度来看，她坚持去爱一个已消失的事物。

一般的悲痛过程都具有下列特征。首先，对所爱客体特殊而强烈的固着；其次，对具有自恋客体的选择倾向（如对客体爱的认同的逆向替代）。第一种情况是显而易见的。那弗洛伊德所说的第二种情况是什么意思呢？一些人从来不放弃早期（如口腔期）从所爱慕的人那里同化来的特征，他们会带着这些特征走向心灵的陵墓——爱恋的心灵汇集。爱人的离去致使想象诞生，但这些想象中的形象（他们称之为“内投”），并不仅仅用作纪念。爱恋关系的两面性特征使得恨也由此产生——原本潜藏在精神生活中的恨，现在全部涌出。而我们所设立的内心客体的替代物又是不确定和不可靠的。通过这样迂回反复的自我惩罚，抑郁最终报复了那个因为死去而拒绝了他的爱的人。

对于弗洛伊德来说，施虐是解决自杀问题的一种有效的方法（无限的自怜可以消除自我毁灭，但其机理一直是个谜）。只有当我们把自己当作一个客体时，我们才可能成功地完成自杀。换句话说，我们杀死的并不是我们自己，而是我们所怨恨的内投。在这种理论构想中，所有的自杀实际上都具有谋杀的性质。谋杀是主要目的，而自杀只是谋杀的副产品。内心形象已经变成了我们自身的一部分，当我们杀掉它时，也就必然杀死了我们自己。确实如此，在弗洛伊德看来，自杀并不是个体确实想“死”，而只是想“杀”。

那么，是什么带来这种怨恨的呢？有三种可能：其一是抑郁；其二是报复心理；其三是力比多对客体的固着，而力比多是通过贬低和诽谤来得以释放的。在最后一种情形中，客体“因其不再具有意义而被舍弃”（1915：257）。弗洛伊德对抑郁症的处方是：让痛苦继续下去，通过遗弃这种毫无价值的客体而使自己摆脱客体的掌控。普拉斯在《父亲》这首诗［这首诗被一些人称为现代文学中的《格尔尼卡》］[①] 中写道：“父亲，我必须结束你的生命”，这意味着她听从了弗洛伊德的建议。而听从这个建议的事实将指明我们下一步该怎样做。弗洛伊德的理论模型到底在多大程度上适用于普拉斯的案例呢？普拉斯说它十分准确地描述了她的感受，那么这到底在多大程度上描述了她的感受呢？在我看来，它的准确度确实是很高的（除了有一个重大的漏洞）。

## 二、想要成为上帝的女孩

试问，通过阅读这篇文章，我们对普拉斯能知道多少？首先，我们需要考察一下普拉斯与父亲的关系。这有必要回顾一下她 7 岁前的一些情况，事实上，这项任务十分艰巨。由于资料不足，加之资料的准确性难以确定，甚至事实表明这些资料几乎不存在。在介绍《家书》的漫长谈话过程中，普拉斯的母亲奥雷利娅·普拉斯（Aurelia

① 《格尔尼卡》是毕加索作于20 世纪 30 年代的一件具有重大影响及历史意义的杰作。此画是受西班牙共和国政府的委托，为 1937 年在巴黎举行的国际博览会西班牙馆而创作的。画中表现的是 1937 年德国空军疯狂轰炸西班牙小城格尔尼卡的暴行。作为一个具有强烈正义感的艺术家，毕加索对这一野蛮行径表现出无比的愤慨。他仅用了几个星期便完成这幅巨作，作为对法西斯兽行的谴责和抗议。——译者注

Plath）告诉我们，奥托希望他的第一个孩子是女孩，因为他认为“小女孩总是比较温柔体贴的”（1976：11）。而当西尔维亚这个小女孩悄然降世的时候，奥托正在努力工作，他想把博士论文扩充成一本书。1934 年，这本《大黄蜂与它们的生活》（*Bumblebees and Their Ways*）出版了。后来，有人邀请他写一篇关于“昆虫社会”的文章（奥雷利娅写了初稿）。奥托对工作如此的投入，对女儿的照顾却也没缺少，西尔维亚十分依赖父亲，成了他的“心肝宝贝”（1976：13）。在母亲奥雷利娅的眼中，西尔维亚是一个健康快乐的孩子，“西尔维亚醒着的时候，总能得到无微不至的关照”（1976：13）。

在西尔维亚弟弟出生后的第二年，奥托病了。他的体重严重下降，一直咳嗽并患上了鼻窦炎，而且“总是感到筋疲力尽”（1976：15）。然而，他坚决拒绝去看内科医生，因为他害怕被诊断出肺癌。腿部肌肉痉挛使他在痛苦中呻吟。因此，无论是他的身体还是情绪，都在逐渐变坏。孩子们害怕见到病中的奥托，因此很少接近他。西尔维亚只会在睡觉之前，为父亲弹奏几首钢琴曲，跳一段即兴舞，给他看她的画，或者给父亲背诵诗歌。从一开始，文字就成为普拉斯为父亲疗伤的镇痛膏药，诗歌就成为父亲的内服药。

最终，奥托的诊断结果出来了：糖尿病晚期（1976：19）。面对突如其来的不幸，西尔维亚依然用心照料父亲，有位看护为西尔维亚改了件旧制服，让她当帮手。她不时地给父亲拿冷饮料，和以前一样，也不时地给父亲看画。10 月，就在西尔维亚 8 岁生日的前几周，父亲的一条腿因病毒感染而被截肢。11 月 5 日，父亲因肺功能衰竭而与世长辞。

一天之后，母亲奥雷利娅·普拉斯才把消息告诉给孩子们。一听到这个消息，西尔维亚呆呆地看着母亲，一会儿之后大喊道：“我再也不跟上帝说话了”。（1976：22）（结合普拉斯在许多诗中对父亲的刻画，可以看出，在这句话中上帝等同于父亲）紧接着，她让母亲答应她不再改嫁。当母亲看着将要下葬的丈夫就像一个“人体解剖模型”一样难以辨认时，她决定不让孩子们参加葬礼（普拉斯后来在母亲的书信中看到这个决定）。在 1942 年 10 月 26 日之前，也就是西尔维亚 10 岁生日的前一天，母亲奥雷利娅卖掉温思罗普（Winthrop）的房子，又在马萨诸塞州的韦尔斯利（Wellesley）买了一套白色的小房子。为此，普拉斯曾写道，她在海边伊甸园式的生活就这样结束了。“这就是她海边童年时光的终结。父亲死了，我们搬到了内地。在那里，前九年的生活就像被装在瓶子里的小舟——美丽、不可企及、与世隔绝，只是一个美好而又虚无的神话。”（1976：272）在这块神话的地方，诗歌成了普拉斯理想世界的替代物。“我心中有个声音在呼唤”，她在 1948 年写道，“这种声音将不会停止”（1993：31）。她希望自己能成为上帝，成为一个无所不知的人，这个愿望在她 1948 年及以后的日记中经常出现。她说，“我愿把自己比作‘想要成为上帝的女孩’”，这或许比那些把神圣的父亲从她身边带走的人要仁慈得多（1976：37）。

以上是普拉斯母亲对女儿西尔维亚早年生活的描述，和《家书》同时出版，在此不再赘述。珍妮特·马尔科姆（Janet Malcolm，1995：33）曾说过，这本书背后的意图“是向人们展示普拉斯并不是那么可恨和忘恩负义，她并不是《阿里尔》与《钟形罩》中所描述的被调包的丑小孩，而是一个活泼可爱而又孝顺的女儿”。母亲经常做这样的补救性努力，但却事与愿违。那个时期普拉斯对母亲的印象是一个恶妇人（harpy），就像普拉斯后来在诗歌《美杜莎》（Medusa）中描写的："老藤壶似的脐带"和母亲麻痹的胎盘，抓住跨越大西洋的"鳗鱼似的触须"。而母亲奥雷利娅·普拉斯也说过同样的话，"在女儿西尔维亚和我之间（就如同在母亲和我之间一样），存在着一种心灵的渗透。有时，这种渗透作用能给彼此极大的安慰，而有时，又让人感到隐私受到侵犯"（1995：28）。这里似乎暗示，这种世代衍生的自恋共生关系不久还会重演。

回到普拉斯父亲这一话题上，我们通过西尔维亚的日记看到母亲以前对西尔维亚的认识，这些认识被深入分析了很多年。但是，在进行心理治疗之前，普拉斯的内省能力并不差。她时常想起母亲说的"已故的父亲就在你（指普拉斯）身上的某个地方，你的身躯就是父亲的精子和母亲的卵子在子宫中交织孕育而成的细胞体"，"还记得吗？你从小就是他的最爱，晚饭后，你常常为躺在起居室沙发上的父亲翩翩起舞"（1995：25～26）。她想，要是父亲还活着的话，她肯定会涉足植物学、动物学以及更多自然科学方面的知识。而现在，她却不寻常地靠向了母亲那种人文色彩的人格特征，觉得"她对你（指普拉斯）说过的话，时常在耳边回荡"（1995：26）。

联系弗洛伊德在病理学中提出的关于悲痛的两个前提条件：一个是对所爱客体的强烈固着；一个是对具有自恋客体的选择倾向。普拉斯以自己的方式照料着父亲，她想到自己是父亲的最爱，母亲称她是整个家庭的焦点，她将父亲同自己在海边田园般的童年生活联系在一起，她的这种美好生活正是因父亲的去世而终止。正如马尔科姆（Malcolm，1995：34）所说的那样，父亲的死亡是"普拉斯的生活阴影，是她无法愈合的伤口"。普拉斯后来急切地想要看到父亲坟上的墓石，进一步证实了她对父亲记忆固着的事实。我把墓地之行称为她生活的"原型情景"，也看作是一张生命史核心指标的蓝图（Schultz，2003；见本书第3章）。这在《钟形罩》中，在她的日记中，在她的诗歌《走在杜鹃花小径上的厄勒克忒拉》中都有着真实的记录。而在《走在杜鹃花小径上的厄勒克忒拉》这首诗歌中的描述则更加透彻。此外，普拉斯还有这样的描述："你（指奥托）走的那天，我也入土了"，"如同露宿于暴风雪中的蜜蜂"，"如同圣殿前的石头"。的确，奥托的死亡也就是普拉斯的受难日。她的固着形成了认同。她就像一个玩具娃娃般微小，在父亲的梦想中彷徨，浮想联翩，而又极端苛求。她自言自语："我忍受着爱的痛苦，而你却离开了人世"，"你不是神，而只是个普通的人"，"是我的爱让我们两人双双走向死亡"（Plath，1981b：116～117）。

一般而言，父亲成为女儿强烈固着的客体（对象）是非常自然的。父母是我们第一个所爱的客体，而后来的那些对客体的固着，只不过是在亲子关系之上的简单推进罢了。但弗洛伊德所说的第二个前提条件，即自恋客体的选择，究竟指的是什么呢？有理由相信自我就是普拉斯问题的症结吗？她和重要他人之间的界限会趋于模糊吗？这两个答案都是肯定的。舒尔曼（Shulman，1998：604～606）在他的一篇论文中，将普拉斯的自杀归咎于自恋，说她的日记纯粹就是对她保护性自尊的夸大；日记不仅表明，奥雷利娅·普拉斯更多地把女儿看作依附者，而不是独立的个体（就像奥雷利娅的母亲对待她一样）；而且感觉到她对完美的需求伴随着因软弱相应而产生的耻辱感。然而，无论普拉斯的日记，特别是早期的日记是多么的夸张，多么的伤感，多么的做作，无论她怎么将其作为不受遏制的自我神话的一种手段来使用，日记中集中反映其认同及其各种危机的少数几段，都暴露了她对夸张的拒斥。休斯无疑是正确的，他曾把妻子描述成一个“戴着多个面具的人”，常常“以华丽的外表掩盖着内心的陈腐”，不时表现出“无意识的防御机制”。而当他对这些日记故事有了一定的了解之后，她在丈夫的笔下就变成了一个“陈旧而又虚伪的自我死亡后诞生的全新真实的自我”（见有关普拉斯的介绍，1993：xiv）。那种空洞之感和自恋下的矫揉造作在她的日记中随处可见。普拉斯在1950年曾写道：“我坐在这儿，没有任何个性”，“我现在明白了什么是孤独，我想……它来自于一个人模糊的内心……我非常迷茫……生活是孤单的……尽管我们都披着一张张伪装的笑脸”（1950：17~19）。此外，在其他资料中，普拉斯还这样讲述自己：

> 我没有爱，我不爱任何人，除了我自己。承认这个事实是一件相当令人震惊的事情……我很愚钝，除了我自己谁也不爱，我很瘦小，仅有小小的胸部，才能也不足。我会为那些映射到我内心世界里的人动情。但我对他人的关心究竟有多少是真实和真诚的，在社会的影响下，我自己的伪装到底有几分，我不知道。我害怕面对自己。（Plath，2000：98）

她想知道这些问题的答案。所以，她一次又一次地问自己：“为什么我的内心世界如此封闭？我如何才能释怀？我如何才能发现自我并且确定我的身份呢？……我又如何知道我是谁呢？”（2000：288~289）

普拉斯用荣誉、奖章、奖学金、成绩来填补着内心的空虚。然而，这些实实在在的成绩从来就不能安抚她那无底的空虚（普拉斯也强烈意识到她追寻完美以及处于绝境的根源）。奥雷利娅将自己母亲心灵的渗透作用也常常蔓延给女儿。第一部日记（1993）的编辑弗朗西斯·麦卡洛（Francis McCullough）就曾这样评估普拉斯内心的挣扎：“西尔维亚常常和母亲的生命交缠在一起”，她写道，这却使得她常常去努力使自己成为“一个单独的人，一个分离的自我”（1993：264~265）。她和丈夫之间存在的也是一种共生关系：“我们两个中的某个，特别是我自己，似乎没有皮肤，或我们之间没有皮肤”，探触自己的力量前，她需要“打破这种共生关系”（Plath，2000：264~265）。

事实上，现在无论是普拉斯对父亲形象的挚爱，还是像弗洛伊德在他论文中所提到的对自恋客体选择的退化趋势，都已经非常清楚。在感情上，普拉斯寻求并专注于内省［这和戴安娜·阿巴斯有些相似，见本书第8章］。她既内投也融进所爱的对象——如父亲、母亲、丈夫。在她心理治疗期间（她指出在弗洛伊德论文中，隐含但却精确地描述了她自杀的感觉），她最关注的是该如何看待内投以及如何控制它们。

在她日记的最后一章，记录了这种抗争——她努力把在治疗上学到的东西应用到具体生活中。据猜测，大约从1958年11月份开始，由于受到治疗师的首肯和鼓励，她表达出了对母亲强烈的痛恨。在这期间，她感觉“太棒了”。她无法去爱那个“人面吸血鬼”妈妈，只是可怜她。她——奥雷利娅，曾为了孩子们奉献，现在又希望孩子们回报。在普拉斯看来，是母亲杀死了她的父亲，杀死了那个“唯一一生都挚爱我的人”（Plath，2000：431）。为此，她确实痛恨母亲。父亲是个怪物，他老了，但“她却应该为他的死负责任”。因为这些，她是一个“敌人”，一个“男性杀人狂”（2000：433）。

躺在床上，普拉斯都在想："杀了她，勒死她"是一件多么惬意的事（2000：433）。涉及杀人，她又如此和善，"为了不让我所爱的人为难，为了不让自己被打入万恶的地狱"，她想，"我设法弄死我自己算了"（2000：433）。关于她母亲的自恋，普拉斯毫不怀疑："我想从她那既热又痒的手掌下挽回我的生命，我的生活，我的写作，我的丈夫以及我未来的小孩。她是个杀手。当心……她想成为我，想让我成为她，她想爬进我的身体，成为我的小孩"（2000：433）。在尖刻的讽刺下，她一直在想："如何对待对母亲的恨……如何能有创意地表达愤怒？"（2000：437～438）

她有时候在丈夫或者自己的督促下会写一些文章。对她而言，日记的许多内容都包含着同样的感情，这些感情总让人觉得她是在完成写作任务一样（情景：你恨你的母亲；现在需要回答的是，你将会怎样报复她以及这样做的原因是什么）。对母亲的憎恨驱散了所有的悲痛。若采用倒金字塔的形式分析，就会发现所有的一切都可以最终归结到底端的结点——吸血鬼上。根据普拉斯后来对阅读情况的记录，这就是她对弗洛伊德的论文误解的原因。正如我前面所说，这是一篇很难理解而又内涵丰富的元理论性文章。除了对已失去的所爱客体的内投，除了自我憎恨，从本质上讲，它还涉及了遗弃。然而，普拉斯的内心充满对母亲的憎恨，她忽略了这篇文章的主要论点。关于这条关键的线索，她没有将其同父亲的遗弃联系起来，她误解了这篇文章的寓意，解读成"这种谋杀的冲动从母亲身上传递给了我"（2000：447）。她引用了弗洛伊德的"吸血鬼"隐喻，这个隐喻在弗洛伊德的作品中随处可见。但这篇论文并未出现这个字眼。她所失去的并不是父爱，而是母爱，但这却被她误解了。她痛恨母亲，而不是痛恨父亲的死以及对她"永远的遗弃"（2000：447）。

普拉斯犯了错误，依据自己的特殊需求扭曲了文章的含义。事实上，她是在用一个深奥的推断来代替一个显而易见的结论，这些推断思考导致了错误动机这个问题。[①]在她讨论弗洛伊德文章的那部分日记中，充满了关于父亲的想法——她如何从奥托中

---

① 其实还有另外一种可能性，虽然仍然可能是一种误读，甚至这种误读更加明显。弗洛伊德唯一一次在他的整部作品中谈及"吸血鬼"，是在《图腾与禁忌》这本书中。在这本书中，他专门讨论了原始人群中"禁忌高于死亡"的错误理念及其危害。他还讨论了某些地方禁忌触摸死尸和说出死人的名字。他也谈及关于送葬者的禁忌，"他们的出现是非常不幸的，如果他们的影子投到某人的身上，某人不久就要生病"（Freud，1950：53）。弗洛伊德说，在某些文化中，谁要是见到寡妇就会猝死，为了避免这个致命的灾难，"寡妇外出时一定要敲击树上的木栓，以告诉人们避免潜在的危险"（1950：53）。

弗洛伊德认为，禁忌的关键是对死尸的恐惧，他认为，深爱的人在离开人世的那一瞬间，"就变成了死尸，他留给遗族的只有敌意和邪恶的欲望，而遗族们必须不择手段地保护自己"（1950：58）。[（这点可以直接应用到那篇评论中，普拉斯在1959年5月作出了一个决定，打算把她诗集的题目改为《楼梯上的魔鬼》（*The Devil on the Stairs*），认为这样能更好地"包含我的书和解释我绝望的诗歌"（Plath，2000：482－483）]。死者充满了谋杀的渴望，他企图把生者拖上死亡的列车。所有的死者都是"吸血鬼"。事实上，他们都心怀对生者的嫉妒，都希望伤害生者，"剥夺他们的生命"（Freud，1950：59）。死者为什么会变成死尸？弗洛伊德认为，"真正的决定因素，是无意识的敌意"（1950：63）。死尸是遗族心怀的对死者敌对情感的投射，这个投射最终"将死者变成一个邪恶的敌人"（1950：63）。

也许普拉斯真的读过弗洛伊德的上述（或者与之相关的）作品，无论是"悲痛与抑郁"，还是《图腾与禁忌》都采用了首韵法。如果是这样，那就可以提出两个有关错误的假设：一是普拉斯对她所读作品进行了错误的命名；二是她错误地将弗洛伊德的投射、无意识敌意和悲痛方面的思想运用到了母亲身上，而不是父亲。但无论怎样，有一点是可以确定的：普拉斯之所以用一个晦涩的结论去代替一个明晰的结论，之所以出现错误，都是源于防御性动机。

区分出休斯，奥托又是如何遗弃她的。还有，当谈到文章的意义时，她又多次将笔锋转移到母亲身上，而将父亲搁在了一边。这是一种心理防御，其目的是用另一种痛恨来替代那种较易识别的痛恨。在普拉斯日记的早期部分，她甚至问到“何谓悲痛？我所爱的人都健在”（2000：33）——一句她无法纠正而又非常奇怪的评述，其怪异性揭示了一个很明显的心理盲点。

尽管她对“吸血鬼”母亲十分在意，但事实上，在她的日记中还是萦绕着父亲的阴影，这些章节大都与治疗相关。父亲时常出现在她的梦里。其中，有这样一个梦（这是她母亲的一个梦，被普拉斯详细记录），在梦中，普拉斯被打扮成一个合唱团妓女，奥托又表现出“生前的愤怒”，他愤怒地出门，要当众把她带回家。盛怒的父亲把车从桥上开到了海里，只看见“漂浮的尸体，脸朝下而且肿胀，在海水中晃动”。这一幕，“码头上的人都看见了，每个人都明白所发生的一切”（2000：432）。普拉斯的意思在她后面的晦涩言语中有所揭露，她承认，她的梦是对“杀死和阉割父亲”的“内疚或者惩罚性恐惧”（2000：476）。奥雷利娅的梦告诉我们，是普拉斯的鲁莽和她的性欲望促成了父亲的溺水身亡。在另一个梦里（这是一个普拉斯的梦），普拉斯用绳子拉开墓碑，发现自己身处一个满是尸体的走廊里，尸体大多虽已腐烂，然而却依然衣冠俱全。她站在“一堆堆污秽、腐烂的尸体当中”，从那“残缺恐怖的尸体的画面”中惊醒了（2000：459）。她注意到“一具冰冷的尸体时刻都在纠缠着她”，那分明是她已故的父亲。

下面还有更多的梦的例子。在另一个梦里，父亲做了一个很逼真的铁鹿雕像，虽然鹿脖子已被打碎，它显然受过枪伤。她写道：“透过残缺的艺术品，责怪父亲枪杀了它。”（2000：510）另一个梦里，有一群穿着戏装的男人，他们的身后都站着一个手握像阳具一样的利剑的人，他们用刀将这些男人的双腿连膝砍断，“男人们就像九柱戏中的柱子一样纷纷倒地，被砍下的双腿横七竖八地躺在那儿”（2000：470）。失去双腿意味着他们得拖着残躯来为自己挖掘坟墓。她自言自语：“这太过分了。”这些残躯象征着父亲，因为父亲在去世之前失去了被病毒感染的双腿。在梦中，父亲敲击着她的意识之门，而她却将注意力转移到“吸血鬼”母亲身上，不给父亲开门。只要她先入为主地将母亲拉入她的视线，父亲在此就是多余的了。这时，她的日记中的所谓的“父亲崇拜”也就没有探索的价值了。

如果说父亲在梦中的反复出现就像一张催债单一样不停地提醒着普拉斯的话，那他肯定也会出现在普拉斯的艺术作品中。在1958年新年前夕，她讲述了一部她正在创作的小说，这就是后来的《阴影》（*The Shadow*）。这部小说讲述的是关于“通过德国人在犹太人和天主教徒社区中的经历，以替罪羊的形式，去感受犹太人在德国遭受的无端精神伤害，从而表现出复杂的内疚”的故事（2000：453）。她想知道，“她的父亲为何会出现在这个故事中？她又是如何因父亲被放逐到集中营而感到内疚的”？在这部小说中，一个名为莎蒂（Sadie）[根据普拉斯的解释，这个名字有虐待狂（sadism）的含义]的女孩因自卫而咬了一个男孩子的腿。这原本只是一场失控的打闹，但从此以后，莎蒂和家人却遭到了邻居的轻蔑。不仅如此，所有的学生都不再同她家的任何人讲话了。根源最终落在莎蒂那无神论者的德国父亲身上。被咬男孩的妹妹在上学途中告诉莎蒂说：“我妈妈说，你咬勒罗伊（Leroy）并不是你的错，是因为你爸爸是德国人。”她听到这个消息后，呆呆地看着母亲。母亲告诉她说，爸爸“或许不得不离开一段时间”，因为在战争期间，人们会因为他们中间存在敌人而感到恐慌。“在战争期间，有好些地方可供德国居民居住……你父亲曾被要求去这中间的某个地方。”（Plath，1980：150）莎蒂大喊道：“上帝不会让这件事发生的。”而她的母亲却以更大的声音回应道：“上帝会的。”莎蒂无精打采地说：“我以为，本来就没有所谓的上帝，因此……这件事情不会发生……”（2000：151）

这部小说几乎没有掩饰奥托的死亡。放逐在这里就意味着死亡，正如她在有关合唱团妓女的那个梦中所表现的一样，普拉斯并不需要对此承担责任。关于上帝的最后几行，是对普拉斯听到父亲死讯后反映的模仿，即“我再也不跟上帝说话了”。普拉斯知道，她的内疚是整部小说的真正动力。但在日记中，她从未把《阴影》一书的表层含义和深层含义结合起来。事实上，她只把它当作政治寓言罢了。

《钟形罩》（1981a）一书也是在这期间写成的。在该书中，父亲的阴影时常隐约出现。该书的核心是去参拜埃丝特（Esther）父亲的坟墓，此次墓地之行是这样开场的：

> 我认为世界上最美好的事物当属阴影了。那成千上万形状各异而又时时变化的阴影，随处可见。在办公室的抽屉里、壁橱里、箱子里，在房屋边、树旁以及石头下，在人们眼睛和微笑的背后，在夜晚地球遥远的另一边，都会有阴影出现（1981a：120）。

在墓地里，她想着如果父亲没死的话所能教给她的一切（事实上，这些她已经通过自学学会了，包括植物学、德语以及稍后学会的与蜜蜂有关的知识）。她莫名其妙地说：“最近，我有一种强烈的渴望，去弥补多年来对父亲的忽略，我应该去他的坟前看看。”（2000：135）其实，普拉斯自己才是真正被忽略的人，而不是坟墓。她的父亲不需要弥补，需要弥补的是父亲的死和对她的遗弃，而不是那块墓碑。她记得，自己从未为父亲的过世而哭泣过，她母亲也是，母亲只是微笑着说了句“这是多么仁慈的一件事啊”（2000：137）。她将脸颊“靠在光滑的大理石墓碑上，为自己在冰冷的盐雨中痛失亲人而失声痛哭”（2000：137）。文章页面上的最下一行清晰地显示：“我知道我该怎么做”，“做”是指自杀。文章似乎暗示着她心理上的某种因果关系，即父亲的死亡导致了她的必然自杀。墓前祭奠，直接引发了后来对完全类似于最初设想的自杀方式的尝试。正如普拉斯在《父亲》这首诗中所写的一样：“20 岁那年我曾试图去死/回到，回到，回到你的身旁/我想哪怕你已成为一堆骸骨。”（Plath，1981b：224）

另外，与该情节无关紧要的某些信息也应该引起注意。关于阴影之后的那几段叙述，即几种自杀都失败之后（其中一种是割腕），她在想，“好像我想杀的不是在皮肤或在我大拇指下跳动的“薄蓝色”脉搏那里，而是在某个更深、更隐秘的地方，整个很难去达到的地方”（2000：121）。这之后，她想到了枪杀。她想，“我不会留下任何枪杀的蛛丝马迹的”（2000：127）。我觉得这两件事对我们的分析特别重要。她自我憎恨的初衷与每件事都有关联，这些事件触及她的内心深处，并渐渐地影响着她必死的信念。现在，我们再回到弗洛伊德的文章中去。这篇文章的很多内容被普拉斯误解，但她对另一些内容的理解却相当透彻。自杀也是一种谋杀，自我间接地死亡。我们真正想去杀死的目标是内投，只是投射在内心已亡失的客体，我们将其作为一种对遗失的东西的抚慰。瞄准的目标不是母亲，而是她死去的父亲，是在她的梦中穿梭的那个人。他是她艺术的焦点，是那石头下的阴影，他就藏在她微笑的背后。

日记在慢慢地向这种思想靠拢，尽管作者还没有清楚地意识到这一点。普拉斯曾一度这样推理："当你对别人发怒的时候，你将会压抑自己，从而使自己变得非常抑郁。我对谁发怒？我自己。不，不是我自己。可那又会是谁呢？"（2000：437）（她的回答是针对母亲而言，虽然也可能同样针对父亲）她想起和丈夫争吵的情景——一个当她需要他的时候，他却不在的例子——她"以愤怒的方式"回应着。"这个情景难道不是父亲曾对我的那种感觉吗？……这个偶然事件引起了我的回忆，我对遗弃我的父亲并没有完全忘怀。"（2000：447）（这种伤痛在普拉斯阅读弗洛伊德的文章时也曾出现过），她意识到，她的整个一生都在她深爱着的人的情感中苦苦挣扎："父亲死了，留下我……为什么我现在感到内疚和不高兴呢？"（2000：455）随后，她又写道："用内疚来惩罚，那是荒谬的……"（2000：468）多数时候，她都在想："谈论我父亲有何好处？或许，我是想持续一两天来宣泄忧郁，但对此我并没有更清楚的领悟。什么思想才能让我释怀呢？……或许，在我内心深处藏着全部问题的答案，但我需要一些催化剂来让它们进入我的意识。"（2000：474）最终，她记录下了我认为最关键的问题，这些问题对于认识她的艺术极其重要。她对这些问题时而清楚，时而糊涂："如果我想通过写作来表达我心灵深处的呼声的话，那么，什么是我内心的决策？什么是我内在心理的谋杀或我必须要承担的罪过呢？"（2000：496）

继续有关"心理谋杀"的话题。但在叙述之前，我们先简单地回顾一下，自从2000年普拉斯的那本完整日记被发现开始，我们就可以更加全面地搜集她的信息了。但在前面的版本中，许多内容都被休斯删改。从这两个并存的版本中，我们可以清楚地看到，删改的目的是为了保护普拉斯的母亲奥雷利娅·普拉斯。我们先暂时忘记前面了解到的有关她母亲的那些形象，正是她，这个普拉斯幻想世界中的巫婆，出现在她濒临崩溃之时。尽管她如此痛恨母亲，尽管她因误读弗洛伊德的文章而使得她对母亲的痛恨变本加厉，但父亲还是穿梭在普拉斯所谓的希腊剧中。我们知道，自1959年以来，她经常梦到父亲，并认为这些奇形怪状的梦是对她的一种惩罚，因为是她的爱杀害了父亲。她把这些写进了她的诗歌《走在杜鹃花小径上的厄勒克忒拉》中。她写了部名为《阴影》的小说，以描述父亲的离去和她对此的反应。她参拜了父亲的坟墓，并把这一经历和她的小说诗歌融合在了一起。在她的所有作品中，她都在想，她痛恨谁？为什么她要跟自己过不去？她究竟想毁掉什么？她必须要攻破自己的心理防线吗？事实上，"我想通过领悟什么来让自己释怀呢？"

本章一直在探讨，通过阅读弗洛伊德的文章，如何才能帮助普拉斯了解她的自杀情感和她的艺术。有很好的证据表明，普拉斯固着于父亲形象，因此，她倾向于选择自恋的客体。在普拉斯的精神生活中，父亲的内投是异常活跃的情结——在这方面，正如我所说，她真的是要设法去死，因为她想"摆脱像荆棘一样围绕在她身边，只会严厉指责而从未让她感到满意的神灵"（Plath，2000：502）。从所有这些既定的事实中，我们现在可以看出，普拉斯的诗歌实际上采纳了弗洛伊德的建议，这些建议出现在弗洛伊德论文的末尾，即内投和哪些因素有关以及如何克服抑郁症。或者，用普拉斯的话来说：只有弗洛伊德看到了，存在于抑郁症里的"心理谋杀"需要。

## 三、弑父

通过写于1958冬到1959年冬的诗集我们可以了解到，在这段时间，普拉斯接受了心理治疗（1958年12月，普拉斯读过弗洛伊德的文章）。在1959年2月19日，普拉斯开始了《涅盘》（*Suicide off Egg Rock*）的写作，这首诗讲述的是关于一个男人走到水里淹死的故事。“他的血沾满了身上的文身/我是，我是……”（Plath，1981b：115）火辣辣的太阳像诅咒一样照在水面上，一切都在太阳光的强烈照射下，他发现“没有地方可以庇荫”。

一个月后，普拉斯完成了《走在杜鹃花小径上的厄勒克忒拉》的写作。这首诗是题给亡父墓碑的（由于辞藻过于华丽，这首诗最后没有被采用）。这首诗讲述了一个认同和内疚的故事。20年来——从普拉斯父亲去世的那一天起，她“也入了土”，与蜜蜂一起蛰伏进“冬眠的洞穴”，潜藏在母亲的内心深处。在她的记忆中，她曾梦见了父亲奥托史诗般的故事，也就在那一刻，她也梦见了生前的父亲。普拉斯也曾在诗中提到过这个梦（关于合唱团的一个女孩卖淫的事），诗中写道，“母亲梦见你正面部朝下于海水中”（2000：117）（这个梦记载在1958年12月12日的日记中）。如上所述，这首诗的最后一节是关于普拉斯祈求亡父，希望获得他原谅的事。她之所以觉得祈求是必要的，是因为她认为，当她还是个孩子的时候，她就神奇地杀死了父亲。“宽恕一个请求你宽恕的人/你的门，父亲——你的情人，你的女儿，你的朋友/是我的爱让我们双双命赴黄泉。”（2000：117）这首诗的最后一行很有趣，在这一行中，作者认为是她对父亲的爱，导致了她和父亲双双命赴黄泉，她对父亲的爱正在或者已经杀死了她。并且，在她后来的那首诗《父亲》中，也有相同的表述（如我以死来向你回归）。

三月初，她就完成了《黑衣人》（*Man in Black*）。接着又完成了《养蜂人的女儿》（*The Beekeeper's Daughter*），这是一个有关恋母情结的寓言，在这个寓言中，普拉斯写道，“我的心在你脚下，是石头的姐妹”（2000：118）。前一首诗为后一首诗设定了物象，那就是：奥托通常身着黑衣，身影朦胧，他步伐沉稳而凝重，“身着黑衣，脚穿黑色靴子”，满头“黑发”，走向大海。“你仍然站在那里”，她写道，“站在远处/站立在石头上，空气中/所有的一切，都凝聚在一起。”（2000：120）在普拉斯的日记中，她把这首诗定性为“情诗”。她也认为，诗中的“死亡般的黑”是“那次去坟前参拜亡父的移情”（2000：478）。

《巨神像》把普拉斯和父亲连在了一起。他们头顶着“同一片蔚蓝的天空”（2000：129）。他是个神的使者，还是某些死去的人或者神仙的化身？不管是哪一种，都让她辛苦了30年。而她自己“绝非智者”。她做了一个恰如其分的描述：“我是在阴影中度过的”［阴影是指由十指构成的穹庐，如同她在《生日颂》（*Poem for a Birthday*）中所描述的那样］。

黑衣人在这些诗中发出了如雷鸣般的节奏声，在被普拉斯称为“蜂系”① 的诗中，他如愿以偿地回来了——这是五首关于她父亲的诗，紧跟在她那首最著名的《父亲》之后。《峰会》（*The Bee Meeting*）是蜂系诗的第一首，作于1962年10月，也就是普拉斯生日的当月。在这首诗的描写中，普拉斯参加了一个由一群“村民”发起的黑暗仪式。早在《父亲》这首诗的结尾，村民们就已经表露出腾腾的杀气——包括教区长（教堂里的宗教首领）、产婆、教堂执事（教堂维修工，或者“掘墓人”）、养蜂人、“黑衣人”。而普拉斯变成了教区长。所有的人都在黄色的豆科花的田野里，戴着“黑色方形面罩”，点着头（2000：211）。有人给了普拉斯一顶意大利草帽和一条围巾，“让我成为他们中的一员”，她心怀疑虑。深思熟虑之后，她欣然接受，“纵然是刀山火海”，她也在所不辞。

在《蜂巢箱来临》（*The Arrival of the Bee Box*）中，她把奥托放在了一个重得不能举起的棺材中——就像在《父亲》中，他像“大理石般沉重”，是“一个装满上帝的袋子”（ 2000：222）。透过蜂巢箱上的网格看天——蜂巢箱紧锁，充满危险，“一片漆黑”，没有出口——感觉就像是被绑着手臂等待出口的非洲劳工，“黑压压的一片”。吵声震天，就像一群罗马的暴民——在《巨神像》中，普拉斯曾将她父亲比作一个“罗马广场”——但普拉斯“不能离开”。她决定管理“这盒狂人”。然而他们必将死亡，所以不需要给他们添加任何食物。她是一个身着麻衣素服的物主（后面她还有更加复杂的论断）。

在另一首“蜂系”诗——《蜂群》（*The Swarm*）中，蜜蜂飞出了蜂巢，但这只是“暂时的”。蜜蜂在一个高达70英尺的“黑色松树旁”，在它们“黑色而又笨拙的头脑”的支配下，爬进了一个“黑色的球体”中。它们将被击落，“这些刀就是为它们准备的”。最后，它们散落在一簇长青藤上，“坠落进一座新的陵墓”（在德语中，tod意味着死亡）。

蜂系诗的最后一首是《过冬》（*Wintering*），在一个没有窗户的屋子里，放着普拉斯的六罐用以过冬的蜂蜜，旁边是发霉的果酱和闪闪发光的空瓶子——在没有光线的储藏室里，普拉斯想起了她像“过冬”一样熬过的那段日子，那时父亲刚不久于人世。屋子里满满的“黑色”就像一只蝙蝠。在《父亲》那首诗中，她不敢呼吸或发出喷嚏声，30年来，她一直生活在奥托的“黑色鞋子”里，同样，在这个放满蜂蜜的屋子里，她“难以呼吸”，这里满是恐怖的事物，“黑色的愚钝”和腐化（2000：218）。她强调说，“是它们（那些恐怖的黑色事物）拥有我”（否定了她前面的说法）。当寒冷来临时，蜜蜂，所有的女人和那团“黑色的心灵”，一起走向死亡。她们“摆脱了男人”。问题是“蜂群能否活到来年”。

---

① 蜜蜂的意象对于普拉斯的存在是如此重要，这五首诗具有内在的联系，组成一个小系列，被认为是普拉斯最重要的成熟诗作。蜂系诗包括《蜂会》、《蜂巢箱来临》、《蜂蜇》（*Stings*）、《蜂群》《过冬》五首，写在1962年10月3~9日，此时普拉斯和丈夫的感情已经破裂。蜜蜂和普拉斯的关系十分微妙，诗人的父亲生前是波士顿大学的生物学教授，一位小有名气的昆虫学家，著有《大黄蜂及其生存方式》一书，所以诗人常常把他看成一个养蜂人。蜜蜂在她的诗中也许还有别的寓意。在一个蜂群里，统治者是雌性的蜂后，和她交配的工蜂在交配后都得死去，而她的对手只有那些处女蜂。当她衰老后，要么杀死她们，要么被她们中的某一个杀死，然后产生新的蜂后。蜂巢正象征一个女性主宰的社会，这里在权力上彻底排除了男性，在性方面完全统治着男性。——译者注

普拉斯依然执掌着这个黑暗的世界。这个黑衣人是笼罩在普拉斯婚姻生活中的一个阴影——我指的是奥托，而不是休斯——已经变成了一团蜜蜂，一团黑色的思想，一群黑色的眼睛，飞向一棵高达70英尺的黑色松树。普拉斯拥有这些黑色。它们会因为缺乏食物而死去，也可能被击落或者被算计，但也可能什么都不发生。而在诗的结尾，黑色拥有了她。在自杀前的那一个月，她一直在思索是否应该继续活下去。

除了对父亲的内投，很难再对普拉斯关于那群若即若离的黑色蜜蜂的隐喻作出更为恰当的解释了。在《父亲》那首诗中，他是一尊恐怖的雕像，他那灰色的脚指头跟圣弗朗西斯科的海豹一般大。此前，她曾试图从他曾跨过的那条水域中将他找回，在梦中，他就是在这条水域中溺死的。“我对你一直都是战战兢兢的”，她说，他那双亚利安人的眼睛，“不是吉祥而是纳粹的徽记/黑得笼罩着整个蓝天”（2000：223）。她想象着，他就站在黑板前面，“把我的心咬成了两半”。她告诉我们，20岁时，她是如何试图用死来寻回她的父亲的：“我想哪怕你已成为一堆骸骨”，然而她没有死，“他们把我从袋子里拽了出来/然后用胶水把我粘在了一起”。

诗中接下来的内容意义更为重大。普拉斯说，“而后，我明白了我该怎么做！我做了一个你的模型/一个看起来就像带着《我的奋斗》的黑衣人/对刑台和监狱看守的狂爱/我只能招供”（2000：224）。在大多数评论家看来，普拉斯塑造的这个模型，同普拉斯的丈夫特德·休斯没有任何关系，就像她所说的那样。但通过普拉斯在蜂系以及以前的诗歌中所塑造的父亲的模型，以及她曾阅读过弗洛伊德著作的信息来看，仍然存在另外一种可能性。她所塑造并与之结婚的“黑衣人”不是休斯，至少不仅仅是，而是对她所自白对象（父亲）的内投。正如在《巨神像》——一首创作于《父亲》之前的诗中所说，“我的岁月和阴影互相结合”。而且，后来普拉斯直接将这个模型称为“黑衣人”。这就涉及她从那次参拜父亲坟墓时移情所形成的一个形象，普拉斯再次向我们提供了这样的信息。

她说，“爸爸，我算完了”，“要是我杀了一个人，也就等于杀了两条命——那个吸血鬼，他谎冒你的名/饮吸我的血已有一年/确切地说，是七年”（2000：24）。和其他几首诗中所提到的一样，这里的两次谋杀分别涉及奥托和休斯。也许，我们应当对这行诗进行另类解读。我们已经知道了普拉斯为什么会认为是她杀了父亲——是她对父亲的爱害了父亲——而她梦中的伤残和死亡就是对她自己行为的惩罚。也就是，通过这种不合理的自我中心的超能力幻想，儿童会将其同死亡联系在一起，普拉斯就是这样，并认为是自己杀死了父亲。他一直在吮吸着普拉斯的血液，在普拉斯7岁那年，他就离开了人间，变成了吸血鬼。普拉斯杀死的其他人——她通过饥饿、射击和刺杀杀死的那团蜜蜂——并不完全指休斯，也包括她父亲，那是她自有生以来对亡失的内投。事实上，这一点是很清楚的。在第一首蜂系诗中回归的村民，这次却在父亲身上践踏，在他身上跳舞。而他，正仰卧在那里，一根尖木桩插在心脏上。

“爸爸，爸爸，你这个混蛋，我和你已经完了”，普拉斯以这样的话作为诗的结尾。这表达了什么？就像普拉斯所说，她在准备为BBC（英国广播电台）朗诵一首诗时，在她“走出这种情绪之前”，她“不得不呈现出”一种“令人恐怖的寓意”（Plath，1981b：293）。普拉斯在《父亲》中所想表达的，在一定程度上也是她在其他的蜂系诗中所想表达的，就是弗洛伊德在“悲痛与抑郁”的最后一页所提出的“抑郁”。她憎恨那个内投的客体，因为内投会使其失去价值。因此，她“结束了这种内投”（如遗弃）。自我憎恨让她决定，应该结束这种被谋杀的想象。

不同的是，在完成《父亲》的四天后，普拉斯对母亲也同样玩起了心理魔术。她在《美杜沙》中又一次描述了谋杀。像海上的潮水，又像一株晚樱科植物倒挂的血色铃铛挤压着呼吸，她的母亲让她苟延残喘，生活在死亡和贫穷的边缘，如同过渡曝光的胶片。“如太监般青涩”，而母亲又希望掩盖自己的过失。“滚开，滚开，蠕动的触角”，她写道。而这次母亲的结局并不明朗（在《父亲》中，父亲的确是死了）。当普拉斯写道，“我们之间已没有任何关系”，我们不知道她是否意味着两人的关系总算结束了，抑或她们不需要继续生活在一起了。但不管怎样，《美杜沙》和《父亲》一样，都是在普拉斯的“心理谋杀”之后，逃离内投客体的束缚。

普拉斯完成《父亲》五天后，她又完成了《看守人》（*The Jailer*）。在她才思敏捷、激情迸发的几个月里，普拉斯曾告诉母亲自己是一个天才。她写道，她曾被“灌麻醉药后强奸”，被打疯，“躲进黑色麻袋里才感到轻松，如胎儿或猫”（2000：226）。她有“很多种方式”可以死亡，“上吊、饿死、烧死，用钩子钩死”，停尸台已经预备好了。如果在她射杀、饿死和刺杀“黑色的蜂球”前，盒子里的疯子意味着父亲的内投，那么，现在躲进黑色麻袋里的普拉斯就会被灌麻醉药、被强奸、被吊死、被饿死、被烧死和被钩死了。她能够杀死这个内投了——那个隐蔽的部分——但同时内投也可以杀死她。

这首诗中涉及两个人：一个是题目中的看守人，他拿着一串叮叮当当的钥匙；另一个人按照心理谋杀的任务则显得更为有趣，她把这个人想象成“就像远方的雷声那样虚弱/在他的阴影下我吃掉了自己阴魂的配额部分”（2000：227）（在《走在杜鹃花小径上的厄勒克忒拉》中，普拉斯将自己称为“声名狼藉的自杀者的阴魂”）。接着，普拉斯通过两行诗来暗示，“父亲”可能还活着。村民们在他身上舞蹈，而她也许不能将他抛弃，“我希望他死掉/这似乎不可能”（2000：227）。另一方面，她又这样发问，“如果没有我，他又能干什么”，来作为《父亲》中“你不行了，你不行了”的照应。此外，此处似乎表明：内部客体连同蜜蜂，有时为她所拥有，而有时，却又掌控着她。

《拉扎勒斯夫人》（*Lady Lazarus*）写于1962年10月末，也就是普拉斯生日的那个星期。这首诗列举了普拉斯的自杀史，那句著名的“死/是一门艺术，正如其他一切事物一样”也出自这首诗。该诗涉及一个不知名的对手，一个乍看与芸芸众生毫无二致但很快又变成一名男性“博士、上帝、魔王”的“敌人”。由于奥托·普拉斯曾是一名具有博士学位的教授，普拉斯在早期的诗中也曾多次将其比作上帝和魔王，因此在这首诗中，她那看不见的会话者无疑就是她的父亲。就是他，在诗的末尾，她告诉他要“小心”。她通过运用自恋吞噬——吞噬那死去的爱的客体所含的暗示性隐喻，来告诉他，“我吃男人犹如呼吸空气”。

如果奥托在普拉斯诗歌的意象中占着主导地位的话，那么他也自然是特德·休斯的那本有关妻子的诗集《生日信札》（1998）中的关键人物。这本书大约花费了他25年的时间，除了其中的两首诗外，其他的都直指妻子普拉斯。正如这本书的封面所说，休斯重点关注的是“普拉斯从事诗歌创作和自杀的心理剧”。事实也的确如此，休斯的这本书其实就是用诗歌的形式为亡妻写的心理传记。可以认为，休斯一直在守护着妻子的资料，严防一切传记诱拐者［但也有例外，比如珍妮特·马尔科姆（1995），他是第一个获得休斯的同情，也是第一个从休斯口中获得第一手关键信息的人］。

《射击》（The Shot）为此提供了一些早期信息。休斯告诉妻子，“你的崇拜需要一个神……你的父亲曾将你指向神灵/当死神正向他扣动扳机的时候”（Hughes，1998：16）。休斯说，在离开人世的那一瞬间，普拉斯回望了自己的一生，她“迅速掠过……如同飞速掠过的弹头”。但休斯知道，自己并没有看清弹头所指，这一点，我也深信。但至少，他不是普拉斯想杀死的人。休斯认为，她的真正目标“就潜藏在我身后。你的父亲，带着确凿罪证的神灵。一直以来/扑朔迷离，我自己都不清楚/我被击中。/或许，你已完全接受了我。/最终，将自己埋葬在神灵的心中”（1998：17）。在其他诗中，休斯谈到关于普拉斯鲜为人知的仇恨，以及她为父亲跳舞“来减轻他临死前的苦痛，却把自己也掺和进去的事情”（1998：26）。

《梦境人生》（Dream Life）提示着普拉斯对夜晚的恐惧。如上文所述，她的梦“如同漂满尸首的大海/残暴的死亡集中营，大规模地肢解。”（1998：141）休斯写道，在每个睡梦中，普拉斯不畏恐惧，怀着真实而又迷人的伤痛，去造访父亲的坟墓，带着一种奥尔菲亚（Orphean）的悲叹，她时刻克制着自己回头的冲动。“你的睡梦是一个血腥的神龛/里面放着神圣的圣骨/你父亲因坏疽而被截肢的腿。/不要在你恐怖的睡梦中游荡。”（1998：141）追思《看守人》，如上所述，休斯说，“你就是你凶手的看守人——/那里羁押着你”，“你想跟随着你父亲，无论他走到哪儿”，“你走进你父亲的爱”。

在这本书的最后一首诗《奥托的画像》（A Picture of Otto）中，休斯勇敢地来到阴影的前面。这个阴影不仅一直萦绕着亡妻——他的体内“满是（她的）箭头”，尽管她的血液“在他体内枯竭”也纠缠着他的生活。他们在漆黑的洞穴中相逢，一个近乎水平的入口，通往奥托家族祖坟的墓穴。“无论怎样，我从未期望，去掩藏我们的罪疚/你的阴魂不能从我的阴影中分离/只要你女儿的言辞可以煽动蜡烛。”（1998：193）“我知道”，休斯说，“你从未释出她。/我是那部神话，已无法替代你。”（1998：193）

这些诗在向我们讲述这样一个故事：普拉斯把自己和父亲的死以及被囚禁的她的凶手的看守人等诸多事物相“混合”，她崇拜父亲的一生，需要发明神灵来替代。这些神灵太过庸俗因而承载不了她那汹涌的爱意，“她的死或多或少是因为……她封闭的人生历程”（1998：16）。但父亲是她自杀的直接原因，父亲躲在其他所有男人的背后。只有当看守人杀死了她的凶手，他才会向普拉斯现身。当休斯论及《父亲》这首诗时，他清楚地知道，普拉斯的康复和她的死亡是一体的：“治愈逝去的你/从你的墓碑里/不朽的形式/你的伤痛：你的父亲/身体里满是你的箭头/虽然它是/你的血液在他体内枯竭”（1998：180）。当我们杀死了内投的客体，当我们谋杀了凶手的时候，因为是一体的，而我们是他的主人，因此后来我们也死了——谋杀变成了自杀。我们的血液在客体上干涸。

## 四、总结与结论

普拉斯生与死的冲突涉及心理客体与内投，同时也与她的父母有关。作为一位作家，就像大多数作家那样，她善于自我神化和自我改编，她使自己具有让客体更加强大、更具有破坏力的能力。她的母亲，正如我们所看到的，是一位巫女、吸血鬼、鳗鱼，是一个“藤壶的脐点”；而父亲则是神灵，是魔鬼，是黑色的蜂团，是“黑衣人”，是“阴影”。仇恨控制着普拉斯，她是一位充满愤怒的作家。她曾在日记里面问自己，是什么引发了她对母亲的恨，她该如何创造性地去运用这些愤怒，这些问题有着非同寻常的意义。因为，普拉斯的生活就是围绕着这些问题展开的。然而，直至最后，用她生活中所发生的一切，都不足以回答这些问题。

虽然存在一定的误用，但普拉斯是弗洛伊德论文活生生的写照。早年的遗弃引发了对失去的所爱客体（奥托）的内投；在对客体矛盾心理的驱动下（就在一刹那间），内投又产生了自我憎恨；谋杀客体的努力（普拉斯竭力要为此客体命名）导致了她最终的自杀行为。在我个人看来，普拉斯也曾试图采用弗洛伊德的方法去解决自己的抑郁。也许接受他的建议正是阅读他论文的首要原因，至少，她试图通过阅读来寻求解释自己困境的更好方法。在她的许多诗中，普拉斯明显表现出对父母毫无意义的恨。与此同时，愤怒也在折磨着她自己，这在《父亲》和《美杜莎》中表现得尤为明显，尽管这两首诗写于不同时间。在《父亲》的结尾她大声呼喊，“爸爸，爸爸，你这个混蛋，我和你已经完了”，仿佛模拟父亲形象的死亡——创造性谋杀可以永远清除内投，或者让其休眠（在不久后的《看守人》中，普拉斯发现这是不可能的）。普拉斯憎恨父亲是有充分根据的，主要是由于父亲的死。简而言之，奥托不应该死，他本来可以更加理智和勇敢地应对新出现的症状——如果他去看医生的话完全有生还的机会，至少存在很大的可能性。他的死亡是间接的，用自杀学家施耐德曼的话说，叫“亚故意死亡”（无为或者无节制引发的死亡）。对普拉斯而言，这是难以理解的，也是不可原谅的。因此，可以认为，奥托是因为不够爱普拉斯，否则他是不会死的，或者他的死是有目的的。在谋杀他时——“爸爸，我必须杀死你”——在向父亲告别时，起初是怀抱崇拜的，但她后来决定这是不值得的，是令人失望的，不值得努力的。

1963 年 2 月 11 日，当普拉斯打开煤气开关，头靠烤炉躺着的时候，她的两个孩子正在隔壁的卧室里熟睡——普拉斯必须密封周遭弥漫着的毒气——她将头枕在“一小叠衣物”上（Stevenson，1989：296）。在《蜂蜇》中——蜂系诗中的一首，写于 1962 年 10 月——普拉斯在整理着她的蜂蜜机器。在这首诗的中间，她突然停下来写道，“第三者在观望。/他同卖蜂人或者我都没有任何关系。现在，他走了/大跳了八步，一只替罪羊”（1998：215）。蜜蜂似乎发现了替罪羊并蜇了他，“他嘴唇的形状好像在说谎，/他的表情难以捉摸”。普拉斯说，“它们（蜜蜂）虽死，我仍然珍惜/有一个可以重新找回的自我，一个王后”。此时，普拉斯认为用自杀来谋杀代价太高了。这令我突然想到所谓的第三者，这个替罪羔羊，他头靠着“一块白色亚麻布，而不是帽子”。这特别涉及普拉斯临死前放在头部的那“一小叠衣物”。在普拉斯死的时候，也这样做了。

（舒跃育　吕政达　译）

**参考文献**


Caplan, P. (1995). *They Say You're Crazy*. New York: Addision-Wesley.

Freud, S. (1915). Mourning and Melancholia. In J. Strachey (Ed. & Trans.). *The Standard*

*Edition of the Complete Psychological Works of Sigmund Freud* ( Vol. 14, 1914 – 1916 ). London: Hogarth Press. ( Originally published 1915 ).

Freud, S. (1950). *Totem and Taboo*. New York: Norton.

Hughes, T. (1998). *Birthday Letters.* New York: Farrar Straus Giroux.

Lester, D. (1998). Theories of Suicidal Behavior Applied to Sylvia Plath. *Death Studies*, 22 (7), 655 – 666.

Malcolm, J. (1995). *The Silent Woman: Sylvia Plath and Ted Hughes*. New York: Vintage.

Plath, S. (1976). *Letters Home: A Correspondence 1950 – 1963*. New York: Harper/Row.

Plath, S. (1980). *Johnny Paris and the Bible of Dreams.* New York: Harper Colophon.

Plath, S. (1981a). *The Bell Jar.* New York: Bantam Books.

Plath, S. (1981b). *The Collected Poems*. New York: Harper & Row.

Plath, S. (1993). *The Journals of Sylvia Plath*. New York: Avon.

Plath, S. (1999). *Ariel.* New York: Harper-Perennial.

Plath, S. (2000). *The Unabridged Journals of Sylvia Plath.* New York: Anchor.

Runco, M. (1998). Suicide and Creativity: The Case of Sylvia Plath. *Death Studies*, 22(7), 637 – 654.

Schultz, W. T. (2003). The Prototypical Scene: A Method for Generating Psychobiographical Hypotheses. In R. Josselson, A. Lieblich & D. P. McAdams (Eds. ). *Up Close and Personal: The Teaching and Learning of Narrative Research* (pp. 151 – 176). Washington, D. C.: APA Books.

Shulman, E. (1998). Vulnerability Factors in Sylvia Plath's Suicide. *Death Studies*, 22 (7), 597 – 614.

Stevenson, A. (1989). *Bitter Fame: A Life of Sylvia Plath*. Boston: Houghton-Mifflin.

Thompson, C. (1990). "Dawn Poems in Blood": Sylvia Plath and PMS. *Triquarterly*, 80, 221 – 249.

第12章

# 玛格丽特的微笑

丹尼尔·奥格尔维（Daniel M. Ogilvie）

我在做个案研究的时候，一般会有这么几条原则指导我的行动：①允许研究对象作引导，他或她能引导多远就多远；②质疑任何有关研究如何开展的想法或理论；③随时准备迎接意外和惊喜；④将产生的问题当作学习的机会加以利用，并且欢迎相邻学科的介入；⑤预计完成研究项目所需要的时间，把这个时间延长为原来的三倍，并且准备好再延长三倍。

当启动对詹姆斯·巴里（James M. Barrie）[①] 的研究时，我觉得没有必要使用这些原则。我计划将此研究做成一个简单的研究，重点探究巴里在著名小说《彼得·潘》（*Peter Pan*）中可能体现的恋母情结及其根源。我最初的目的不过是查找、组织一些新材料，并将其放进我已教了多年的人格心理学课程内。在一个深受心理测量的科学传统影响的领域中，变量往往才是研究分析的首选单位，而不是人。我觉得，让学生以“旧”式思维去思考人格发展并没有坏处，只要他们将测量方式以及研究设计处理好就可以了。

弗洛伊德认为，潜意识没有时间感，并且童年时期的冲突到了成年仍然活跃。我倒很希望能为这个命题找出一个具体的例证来。梦和幻想的内容大多是由童年期的冲突在不间断寻求表达的过程中形成的，所需要的例子当然越生动越熟悉越好。尽管时间会使一些细节变得模糊，但我仍然记得詹姆斯·巴里对彼得·潘最早的描述，存在一些恋母情结，所以我打算更新我的记忆。

## 一、创新彼得·潘

参考了我多年前的笔记，我发现《彼得·潘》（Barrie，1911/1967）的出版时间比

---

① 詹姆斯·巴里（1860—1937），英国小说家、剧作家。他生于英国东部苏格兰农村的一个织布工人之家。自幼酷爱读书写作。1882 年在爱丁堡大学毕业后，在诺丁汉从事新闻工作两年。1885 年移居伦敦，当自由投稿的新闻记者，开始创作反映苏格兰人生活的小说和剧本。1919—1922 年任圣安德鲁斯大学校长。1928 年当选为英国作家协会主席。1930—1937 年受聘为爱丁堡大学名誉校长。他的小说属于“菜园派”，擅长以幽默和温情的笔调描述苏格兰农村的风土人情。他一生为孩子们写了许多童话故事和童话剧，而《彼得·潘》，又译作《小飞侠》则是他的代表作。彼得·潘是巴里在剧中虚构的一个会飞的、不愿长大、也永远不会长大的小男孩。他天真活泼、疾恶如仇、勇敢而富于牺牲精神。——译者注

巴里的另外一本书《小白鸟》（*The Little White Bird*，1902）晚九年。《小白鸟》这本书包含了这样一个故事，一个叫彼得·潘的人被困在伦敦肯辛顿公园的一个小岛上。这是彼得·潘第一次出现在印刷品上，请容许我对故事的其中一部分进行简要的介绍。

《小白鸟》的前几章向读者介绍了一个四十多岁的神秘海军上尉 W. 以及他 6 岁时的玩伴戴维（David）。在其中的一个情景中，上尉指着肯辛顿公园里的小岛——所有变成男孩女孩的鸟儿都在这里孵化，他告诉戴维说，除了彼得·潘，任何人类都不可能在这个岛上出现，这就是我们后来熟悉的彼得·潘的原型。彼得·潘可以居住在这个岛上，是因为他只能算是半个人而已，“并且他一直都这么大”，“永远处于同样的年龄”，还保留着每颗稚齿。他在很久前就出生了，却保持着一周大的模样，永远不过生日，“他根本就没有一丁点儿过生日的可能性”。有人猜测造成这种情况的原因可能是他的父母粗心大意，警惕性不够，让他从保育室的窗户飞回了肯辛顿公园。

彼得·潘生活在这个小岛上，是个谜一样的人。当他靠近时，精灵们四散逃跑，小鸟们也看不起他，认为他很古怪。每一种生物都躲避他，因为他没有羽毛，他认为自己不是一只鸟。然而在他肩上有两处生疥癣，这里曾经连接过翅膀，他也认为自己不是人。

然而，一段友谊还是产生了，是和岛上一个叫所罗门·考（Solomon Caw）的老头，他主要的任务是引导其他的鸟找到能够照顾它们的妈妈。所罗门提到彼得是一只可怜的人鸟。当彼得说他想给自己找妈妈的时候，聪明的所罗门就立即向他说再见，这话让彼得·潘意识到他将永远不可能找到妈妈。“你将永远不能再飞行了，即使在刮风的时候。你必须永远待在这个岛上”，所罗门告诉他。“你将永远是一个非人非鸟的东西”，所罗门说。事实上，故事的“最终结局也是这样的”（Barrie，1902：166）。

所罗门说错了一件事情。事实上，彼得·潘还是成功地飞行了一次。小精灵们回报他的协助，精灵女王答应实现他的两个愿望。他的第一个愿望是找到妈妈，但是若发现她很失望的话他就得回到花园。女王说，她可以让他具有飞回家的能力，但是她不会开门。彼得·潘向女王保证，他母亲会永远为他留着一扇窗，期待有一天他能回家。所以，精灵们在他的肩膀上安插了一对翅膀，并且使他重新具有了飞翔的能力。他决定直接飞到母亲家里。但是，当他飞过房顶、水晶宫、皇家园林和其他的标志性建筑的时候，他突然觉得，他的第二个愿望应该是变回一只鸟。在彼得结束飞行快要到家的时候，巴里写道：

> 窗户大开着，就像他想象的那样。他振翅飞入，看见母亲正熟睡，彼得轻轻地落在床尾的横梁上，仔细地看着她。她枕着自己的手，凹进去的枕头就像她那棕色卷发形成的鸟巢。尽管已时隔多年，但他仍然依稀记得，她总是在晚上的时候给头放一个假（散开头发）。她的睡衣多可爱啊。他十分庆幸自己有这样一位漂亮的母亲。
>
> 然而，她看上去有点悲伤，彼得知道她为什么这样。她的胳膊动了一下，似乎想抱住什么东西，他也知道她想要环抱的是什么。（Barrie，1902：202）

当彼得正在他的旧抽屉里胡乱摸索的时候，突然，吱嘎一声，惊醒了母亲。他似乎听到她在呼唤他的名字。他决定，如果她再次呼喊他“彼得”的话，他一定大声喊着妈妈并跑向她。但是，之后她什么都没说，又一次睡着了，脸上挂着泪珠。她的伤心使彼得非常痛苦，所以，他坐在床尾的横梁上，用笛子奏起了催眠曲。“直到妈妈看起来高兴些，他才停止演奏。”（Barrie，1902：204）

彼得晚上多次重新回到母亲的床边，他用轻柔的笛声环绕着她。这时，他决定放弃永远做一只鸟的第二个愿望，并且告诉小精灵们，他现在就想回到母亲身边并且永远和她在一起。她们挠了挠他的肩膀，于是他立即飞向那扇窗户。那扇窗户关上了，上面还安装了栅栏。他朝窗户里面看去，看到母亲安详地睡着，怀里正搂着另外一个小男孩。

> 彼得喊到：“妈妈”，“妈妈！”但是她没有听见，他徒劳地用自己的双翅拍打着铁栏杆。他哭着，抽泣着，不得不飞回肯辛顿公园，并且从此再也没有见到过亲爱的母亲。对她来说他是一个多么可爱的孩子啊。啊，彼得，到底是谁造成了这个失误？面对第二次机会的时候，我们的反应又将怎样呢？所罗门说得对，不可能有第二次机会了。我们大多数人都没有第二次机会。当我们到达窗户时，已被锁在外面；铁栅栏隔开了生命 。（Barrie，1902：208）

## 二、靠得够近吗？

彼得·潘第一次亮相的故事跟我记忆中的略有不同。应该给这个故事添加一些理论的解释使其成为一个恋母悲剧，尽管存在一些批评的因素。

写这部小说的时候，巴里正四十出头。从心理动力学角度来讲，一个小男孩被锁在母亲卧室外面的主题，可能会被作为早期记忆在中年人的幻想小说中寻求表达途径的产物来讨论。我猜想，这反映出巴里有过这样一个经历，他的地位曾经被另外一个男孩的出生所取代。就像故事中描述的那样，母亲安详地睡在床上，那个小男孩睡在母亲的怀里。而小巴里，他们叫他杰米（Jamic），曾经被一个弟弟代替，他的痛苦郁积了很多年，詹姆斯·巴里的故事恰好证明了我的猜测。

一些调查使我的猜测得到了证明。巴里的妈妈在他 3 岁的时候生了另外一个孩子——尽管这是个女孩，却依然能说明问题。我们就没必要在细节方面过分苛求作者。

在前面成功推断的基础上，我现在可以断定，当妹妹出生时，杰米正处在性心理发展中的生殖器期（the phallic stage）。我们知道，在这一阶段，男孩会对母亲重新产生兴趣，并且这个兴趣跟性有关。可以想象，父亲巴里先生在靠近母亲方面比当时的小杰米更加有竞争优势。正当杰米痛苦地想象怎么除掉父亲的时候，另外一个孩子出生了，竞争变得更加激烈。

唯一的问题是，怎样解释和飞行有关的内容？弗洛伊德在他所写的列奥纳多·达·芬奇的心理传记中直接回答了这个问题，“飞翔的渴望，应当被理解为一种对性行为的渴望”（Freud，1910/1964：76）。所以，在卧室外面挥动翅膀的男孩，代表着一个晃动的阴茎试图去紧贴其母亲。

洞悉了巴里小说的潜在内容后，所需要的仅仅是增加一些修饰。值得一提的是，在这部《小白鸟》出版几年之后，巴里增加了几个新的角色，最著名的是胡克

(Hook）船长。彼得·潘不断地挫败和羞辱胡克，并且占领了他的船。直到穿着海盗服的父亲出现，恋母三角终于形成。

## 三、一个心理传记学的陷阱

我在其他地方写文章探讨这个问题时，往往是受个案研究中的理论推断的引导（Ogilvie，2003；另见本书的第6章和第8章）。有些心理传记学家在通过研究传主生命来支持自己喜好的理论时，特别容易掉入这个陷阱。这也正是我曾做过的，我找出一些证据来证明在原版的彼得·潘的故事中存在一些俄狄浦斯两难处境的成分，并找到了一些我希望找到的因素，做了些推论，按照我的目标编写故事。作为一项一个下午可完成的研究，这完成得算不错。我的这个讲稿存于心中，从未发表过。

## 四、回到最初

当我去寻找证据证明关于巴里小时候妈妈曾生过另一个孩子的猜测时，我开始失去了目标。我所查询的图书馆的书架上有很多巴里写的或者与巴里有关的书，我逗留了很久很久。当读到一本巴里为纪念母亲而写的《儿子巴里眼中的玛格丽特·奥格尔维》（*Margaret Ogilvy by Her Son J. M. Barrie*，Barrie，1901）时，才知道这个短时间即可完成研究的想法可以告一段落了。这本书里面包含着一些可以解释彼得·潘被禁止进入妈妈卧室的线索。如果进一步追查，就可以发现，运用恋母情结解释是致命的错误。我将近两年的研究，结果却大相径庭。

詹姆斯·巴里于1860年出生在苏格兰基里谬尔（Kirriemuir）的一个小木屋里。在他3岁之前，他是家里七个存活着的孩子中最小的。另外两个孩子都是女孩，幼年夭折。他的哥哥阿利克（Alick）就读于阿伯丁大学。在家里的四个姐姐中，玛丽（Mary）当时15岁，简·安（Jane Ann）13岁，萨拉（Sara）6岁，伊莎贝拉（Isabella）2岁。戴维（David）7岁，夹在四个姐妹当中。玛格丽特（Margaret）是这个家庭里面最小的孩子，于杰米出生三年后才来到人间。

杰米的父亲戴维·杰米（David Jamie）是一个很出色的编织工，靠一技之长养活了全家。他27岁的时候娶了巴里的母亲玛格丽特，当时她21岁。18年后，杰米出生了。

包括这些信息的很多事实证据都很容易找到，因为巴里在很多人的文章中都出现过。在19世纪末20世纪初的世纪之交，他是大不列颠最成功的文学家之一。他最初只是一名记者，为多家报纸撰写专栏。渐渐地，他开始写一些书和戏剧。他的很多作品被搬上伦敦和纽约的戏剧舞台，后来就不当记者了。《彼得·潘》的小说和剧本给他带来了名望，然而在他一生中，还有许多其他作品也被人们津津乐道。

上面提到过他的一部作品《玛格丽特·奥格尔维》（*Margaret Ogilvy*）。玛格丽特·奥格尔维是他母亲的名字，在苏格兰，保留自己少女时期的名字是妇女们的习惯。这本书写的是巴里的母亲，而她就在这本书完稿的前一年去世了。但这本书重点写的是巴里和妈妈的关系，与其说是一本传记，更像是一本自传。

据巴里讲述，他出生的时候，家里买了六把新椅子，这是他妈妈的一大笔投资。他想象，母亲在耳边低语说："这些椅子只是个开始"。她心里还有着更宏伟的想法，她面孔的背后的野心在不断燃烧。巴里还想象自己大声说将随时帮助她。那些日子她是快乐的，像是被上帝降下人间去启发那些搜寻美好想象的人。他最初几年对母亲的记忆基本上都是从别人那里听来的。直到6岁，他才对母亲有了一个完整的认识。那是1866年，一个消息说她的儿子戴维在一场滑冰事故中丧生，戴维比杰米大七岁，平时不怎么和杰米在一起。从那时候起，杰米写到"从此，我认识了我的母亲"。

玛格丽特·奥格尔维从来没有从这场悲剧中恢复过来。虽然她还有其他好几个孩子，但戴维是最特别的一个，他英俊、健康，有很多能力让母亲每天都开开心心，没有人可以代替他。玛格丽特的伤心成了这个家庭关注的中心，杰米的大姐玛丽承担了照顾母亲的职责。戴维死后不久的一天，她突发奇想，让杰米来到母亲床前去提醒母亲，她还有另外一个儿子。当他走进那个黑乎乎的屋子，紧张地站在那，床上没有一点动静。突然他听到一声倦怠的声音："是你吗?"这声音吓了杰米一跳，又一次，"是你吗?"当确定她是在对死去的儿子说话时，杰米回答道："不是他，是我。"他看到母亲转过身去，开始哭泣。

在接下来的几天、几个星期、几个月，甚至是一生，杰米花了大量的时间试图让母亲忘记戴维。《小白鸟》中有这样的记载："所以，他坐在妈妈床头的横梁上，（彼得·潘）不停地用笛子演奏催眠曲，直到母亲脸上露出笑容。"这很显然就是出自于这段生活经历。为了让母亲高兴，他可以去做任何事情，此后，他都一直在努力。正如他在书里说的那样，他的所有作品都是献给母亲的。他还很在意获得的荣誉能否得到母亲的赞许，甚至她读到自己作品时露出的一个笑容。

但6岁的杰米还不会写作，他取悦母亲的方式就是来到她的卧室，演出一些在其他地方给别人逗乐的节目，借此来博得她一笑。巴里写道，她确实有时候会笑，每到这个时候，他会一溜烟冲到楼下找到姐姐，央求她来看看所发生的一切。但是，当姐姐来看的时候，"母亲的脸上又挂满了泪水"。在他的记忆中，只有一次把母亲逗笑的时候有人在场。这样的成就对他来说是如此的不容易，以至于他专门准备了一个本子和笔，来记载他使母亲快乐的次数。

玛丽鼓励杰米，在妈妈思念戴维的时候试着跟她谈论戴维，玛格丽特的确常常很乐意谈起他，谈论得太多以至于杰米有时候会打断她快乐的回忆，大声喊："你了解我一丁点儿吗?"

后来，他开始实施另外一套方案，他试图让玛格丽特误认为他就是戴维。他扮演的角色全都来自于玛格丽特对她死去儿子的回忆。每当她说起戴维吹口哨时，总是很欢快，她还向坐在她床边的杰米描述，戴维是如何双手插在裤兜里咬着嘴唇分腿而立的。随即，杰米练好了口哨之后，穿上戴维那不合身的衣服走进母亲的房间。"听!"他像是得胜一样大喊。他张开双腿把手塞到裤兜里开始吹口哨。

杰米如此急切地想吸引母亲的注意力，他假扮了另一个人——他去世的哥哥。除了他后来英雄式的行为之外，在他母亲的一生中，"我没有使她忘记她失去的孩子，在29年里，他（戴维）从来没有一天远离过她"。他仍然继续努力，想要移开横在母亲和自己之间的用来保护育婴室的铁条，想要得到却得不到的母亲的吻。杰米发誓要让母亲以他为荣。"等到我变成男子汉的那天，"杰米对母亲说，"你就再也不会伤心了"。

事实的真相是，巴里对长大充满畏惧。"我孩童时期一直害怕，有一天我必须放弃这些游戏。"看看戴维长大后发生了什么，他放弃的可不只是游戏。巴里最害怕的还是如果不能去掉母亲脸上那些讨厌的泪水，他该怎样活下去。那些泪水和持续的伤心，成为证明母亲不认同他存在的证据，不认为他是值得付出的。在母亲那里，他没有价值，在这样阴影下的成长经历是难以想象的。

玛格丽特跟杰米针对这个问题达成了暂时的解决方案。他们共同发现了一个定时解决家庭悲剧所引发的情感危机的办法。在母亲床边的那些天里，杰米开始了一个安全的话题，那就是让母亲回忆自己的童年。那些谈话让母亲的情绪好一些，并且同时提供了一个让杰米靠近母亲的机会……或者，至少，使他进入一个后来成为他母亲的小女孩的故事里。

在成为母亲童年出色记录的爱好者的同时，杰米也成了一个贪婪的书籍和诗歌读者。他对这个爱好如此痴迷，以至于他开始收集一些诗人的照片。一天，他向一个做裁缝的老朋友展示他收集的相册。在看这些图片的时候，裁缝引用考利（Cowley）这样的诗句："我如何能被永远记住，使将至的时代成为我的？"受这句话的启发，杰米跑回家，冲到被几个顺便来访的客人包围的妈妈的身边，把这个句子念给她听。有趣的是，他问妈妈是否愿意成为这样的人，玛格丽特回答说："不，但是成为这样的人的母亲，应该是一件值得骄傲的事情"。希望终于出现了。当他知道自己已经能够编写一些不错的故事让她开心时，他下定了决心要做一个作家。"做他的母亲我会比较骄傲。"她重申。杰米理解这句话的意思是，"如果你变得有名，做你的母亲我会感到骄傲（windy）"。他发现了一条进入她内心的道路，巴里用笔来代替彼得·潘的笛子，来为母亲驱除脸上的悲伤。

## 五、原型情景

巴里回忆母亲对戴维去世的反应的事件，可以当作托德·舒尔茨原型情景的"候选"（请参阅本书第 3 章）。舒尔茨把原型情景看作是一种"锚定"一生的情景（Schultz，2003）。这是一个"超级凸显"的情景，由于它的地位、修饰及对其他记忆的渗透而时常被提起；此外，它的主题可以刻画和贯穿一个人一生的特征；原型情景是一个基础或原初的情景，它支持和引导其他有关自我定位的记忆粘合到其基础形式中；它把个人的利害及关怀压缩在一起，并且在个人的主要故事中，为寻找其他有意义的记忆提供了所需的场所；它主要集中在家庭冲突上。就像舒尔茨所说，在某种情况下，可以是事实，也可能纯属想象。

因为我是让巴里引导我的想象，而不是用理论来限制我的思考——建议心理传记学家也如此做——他让我考虑玛格丽特对戴维去世的反应及其对与杰米的关系的影响，这也许会为他的生活提供一个蓝本。在构建巴里心理蓝图的全新背景下，我也看到了与其将生命故事化简为一套反复使用的主题，还不如以原型情景即兴理解过去的事件和现在的"热情"，反之亦然。

在此基础上，努力将彼得·潘被挡在母亲卧室窗户外面的情节，归到恋母模式中相对容易一些。玛格丽特和杰米关系戏剧性的变化，以及她在他生命中所占比重无不标志着原型情景，这又给人提供了一个更加吸引人的探索路线。但是我知道，个案研究中会出现研究者和研究对象之间界线模糊的现象，有时候会变成到底所研究的对象是谁这样一个问题。或许，我选择杰米的关键在于，它可以反映出我个人的一些经历，这可能为研究巴里开启了一扇门，如同借口宣称某些“事实”发生在我的生活上应比发生在他的生活上更恰当一样。这不是一个容易避免的困境，但是却可以采取一些措施来应对。幸运的是，其他三个研究巴里的作家已经确认玛格丽特与杰米关系的转变是杰米生命的重要转折点。

这三个人分别是丹尼斯·麦凯尔（Denis Mackail），巴里主要的传记作者；罗伯特·萨波斯基（Robert Sapolski），一个生物学家兼神经科学家；还有杰基·伍尔斯拉格（Jackie Wullschlager），一位英国文学研究者。

1. 丹尼斯·麦凯尔

应巴里的两位遗嘱执笔者之邀，丹尼斯·麦凯尔被允许查阅巴里去世后留下的所有资料。这些材料包括几大箱笔记本、日记、手稿、小说、修改后的戏剧副本、写给妈妈的信、与其他作家的往来信件以及一些与巴里熟悉的人的访谈稿。麦凯尔把所有的信息组织成一部冗长枯燥的传记——《巴里的故事》（*The Story of JMB*，Mackail，1941）。这本书里面，除了描述巴里一生的一些事情之外，还包括了一些诸如板球比赛得分和戏剧开演与结束的日期，以及在社交场合与巴里结伴者的传闻。

在麦凯尔关于巴里生活事件的点点滴滴记述中，他创造了包含以下性格特征的巴里的形象。巴里很矮而且非常孤独，他不到五英尺高，而且他对自己的身高还非常敏感。纵观其一生，他忍受了长期的抑郁。他几乎天天头疼，每个季度都感冒，麦凯尔常用情绪化和紧张来描述巴里。但同时他又非常幽默，不论是在私下还是在作品中，他总是能为大家带来快乐，随后就会退回到自己充满烟雾的住所，来回踱步。经历了所有抑郁、头疼、发烧，尤其在他早年至中年时期，巴里几乎葬送了自己。

麦凯尔把巴里对工作的投入归因于受戴维去世打击的结果。麦凯尔（Mackail，1941：51）写道：“他愿意做任何事情，不论是上天还是入地，只要能看到妈妈不再（伤心）的脸。”麦凯尔经常提到玛格丽特对戴维去世的反应，以及亡魂控制了她的心灵。他强调，她在世的儿子杰米发誓不再让她失望。杰米早期为取悦玛格丽特所做的尝试，标志着“29 年矢志不渝地对她奉献”（1941：23）。麦凯尔重复了巴里自己所观察到的。他所有的作品都是为母亲而写，并且写作的最主要目的就是为了让母亲有一天能以他为荣。

2. 罗伯特·萨波斯基

萨波斯基是斯坦福大学的生物学教授兼神经科学家，他是国际研究压力致病领域的权威。众所周知，压力可以毁坏身体健康，但是萨波斯基从大脑中枢、荷尔蒙、神经传导物质和酵素的层面认识压力、健康和神经活动的关系。除了作为一位优秀的科学家，萨波斯基在不牺牲科学原理完整性的前提下，还擅长为大众的消费传递科学上最新的进展，其中一个重要的作用就是为大家所关心的话题提供常见事例。在此过程中，萨波斯基在《为什么斑马不患溃疡》（*Why Zebras Don't Get Ulcers*，1998）一书中提到巴里，标题是“侏儒症与母亲的意义”。

这一章描述了在压力中成长儿童是如何受到抑制的。里面列举了许多英国孩子成长的例子，这些孩子在成长中都有良好的营养，但是很多孤儿没有得到足够的关心，尤其是几次大战期间那些无家可归的孩子。在一些机构里，许多孩子由于是弃儿，虽然他们的饮食还算健康，但是没有人向他们提供足够的心理安抚。萨波斯基还写到一些非常严重的儿童虐待与由此引发的严重的“压力侏儒”（stress dwarfism）现象。在器官层面上对这种情况进行描述时，萨波斯基提到在成长内分泌学书中偶然发现的涉及彼得·潘和廷克·贝尔（Tinker Bell）的事。受到这些事例的启发，他发现了深藏在教科书中的某一章的一种解释，也就是非常严重的心理压力可能导致心因性侏儒现象。萨波斯基在那一章这样写道：

> 提供了一个发生在英国维多利亚家庭的事例。一个13岁的儿子是母亲的最爱，却在一次滑冰事故中丧生。母亲十分伤心，甚至已经绝望。此后的数年她一直卧床不起，终日痛苦不堪，以致完全忽视了另一个6岁的儿子。恐怖的情景于是开始了。偶然一次，这个小男孩走进了她黑洞洞的房间，这个母亲处于不清醒状态，她以为这个孩子是她已经去世的儿子，——“戴维，是你吗，真的是你吗?”——在意识到实情之后，“哦，是你啊。”在不多的几次与小儿子交流的过程中，她总是不断地表达着她那着了魔似的相似想法：唯一的安慰就是她感到戴维死的时候是最完美的，他仍然是个小孩子，这种安慰从来没有因他长大或者离开母亲而破坏过。(1998：91)

图12.1　巴里与母亲在一起

萨波斯基认为，詹姆斯·巴里坚持了一个信念，要永远做一个小男孩，“只要不长大，他就有机会让母亲高兴并且得到她的爱。尽管没有证据表明在这个环境良好的家庭里他生过病或者营养不良，但是他停止了成长。作为一个成年人，他不到五英尺高，甚至没有结过婚”（Sapolski，1998：92）。以此为例，萨波斯基认为由压力引发生长停止的生理机制可以导致罕见的压力侏儒状况。

我被萨波斯基的猜想震惊了。他认为，巴里是因为被隔离在母亲生活之外而形成的压力侏儒。依据内分泌学的相关知识，萨波斯基认为，巴里是一个因严重创伤性经历而致使成长终止的典型个案。然而，我认为没有足够的信息表明巴里和奥格尔维家族成员的平均身高能够容许一个人下定论认为巴里的身高不足完全是压力所致。巴里和母亲的合照显示他高于玛格丽特（见图12.1）。因此，关于巴里身高的遗传学解释也不是完全不可能的。

3. 杰基·伍尔斯拉格

伍尔斯拉格的《创设仙境》（*Inventing Wonderland*，1995），主要涉及一些作家的生活和文学作品，巴里也在其中。巴里写给孩子们的书反映了从19世纪末维多利亚时代逐渐转换到1914年爱德华时代这个过渡时期英国文化发生的变化。这时候，第一次世界大战爆发，孩子们的理想烙上了维多利亚和爱德华两个时代的印记，所以巴里的作品中永远长不大的人物是对时代精神的一个绝好映衬。巴里观察到，“12 岁以后发生的事都无关宏旨”，这与《金银岛》（*Treasure Island*）、《历劫孤星》（*Kidnapped*）和《汤姆索亚历险记》（*Tom Sawyer*）中出现的儿童历险主题一致。而且，19 世纪末，在其他儿童历险小说中出现的儿童角色都比大人更智慧。巴里个人对于孩童期的痴迷恰好集中地反映了爱德华时代的特点，淘气的小男孩巧妙地代替了玛格丽特·奥格尔维的儿子。

1922 年，62 岁的巴里写道：“在写完彼得·潘之后很久，它的真实意义才渐渐清晰，极其渴望长大但却做不到。”（Wullschlager，1995：131）伍尔斯拉格指出了巴里矛盾感情的源头——想要长大和不愿意长大愿望之间的矛盾对抗，这在麦凯尔和萨波斯基研究中都出现过。当他站在门阶上哭泣的时候，他被姐姐玛丽送到母亲的卧室，提醒母亲她还有另一个儿子，以抚慰母亲。“是你吗?”母亲在杰米走进黑洞洞的屋子时用微弱的声音问道，他没有回答，但是声音更加急切地问道：“是你吗?”我想她是对着死去的儿子说话。他低声对她说：“不，不是他，是我”。紧接着听到一声大哭，妈妈在床上转了过去，尽管很黑，但他知道，她不会伸出她的双臂（Wullschlager，1995：118）。

总的来说，三个学者虽然都出于各自不同的目的，但他们都十分重视由戴维的去世引发的事件对巴里所造成的持续影响。我个人认为，在提到“典型”情景的时候，对于巴里那一段经历我和他们达成了共识。然而，当典型情节（prototypical episode）被指认出时，是没有什么时间去满足于已取得的成就的。接下来就要探究这一事件造成的最终结果。当然，最好的办法仍然由巴里自己主导。

## 六、在妈妈身边

先前，我提到杰米小时候日复一日地坐在妈妈的床边，听她讲小时候的故事。这成为她从戴维死亡的悲哀阴影中解脱出来的有效途径，这个办法可以使她暂时忘记那个悲剧给她的身心带来的打击。玛格丽特的故事也让杰米得到一时的解放，这可以使他的思想远离那些母亲不断提到的已故戴维的故事。她的故事都发生在杰米出生前二十到三十年。

传记学者麦凯尔（Mackail，1941）写道：杰米“感到安全一些，因为在母亲幼年的故事里不会发生那样的悲剧，母亲也不会抛弃他”。他不仅仅是在听故事，他还努力进入这些故事。事实上，他最终是成功了，下面段落中一个短语能更好地说明这个问题。“我的书只讨论过去而不涉及我所了解的生活。因为我马上开始厌烦写故事，除非我能见到一个小女孩，就是妈妈提起过的那个小女孩，她自信地出现在我文章的各个角落。她记忆中的童年故事从我 6 岁起就一直在支配我。”（Barrie，1901：25）

玛格丽特给儿子讲的故事中，非常突出的一段就是妈妈的去世。这件事发生在她 8 岁的时候。从此以后，她承担了做饭、打扫屋子以及处理一些家庭琐事的重担，她还要照顾两个“戴维”，也就是她的父亲和弟弟。她的父亲戴维是一个石匠，为了养家他不得不夜以继日地干活。玛格丽特最喜欢回忆起的事情是，她经常仔细地为父亲准备好饭菜并送到他工作的地方。那时，她经常穿的是一件白色的围裙和绛红色罩袍。

玛格丽特经常在她那黑洞洞的屋子里给杰米讲这些故事。等她的身体状况好一点了，可以下地出去散步的时候，她总会带着杰米去她小时候居住过的小茅屋，向他介绍那些风景、声音、建筑、房屋、街道和小径，这些似乎使她进入了无尽的回忆当中。她提到父亲常去的教堂、牧师、教区居民、教堂助理、长老们，还有社交聚会。该地流传的鬼魂幽灵的传说，也是这个地区区别于其他地区的典型特征。杰米从他妈妈那里了解到了许多关于这所教堂的特别之处，以及什么使它与其他三个分教会有所不同，在多年前它们都是以原初脱离者（Original Secedes）的名义联合在一起的（都坐落在基里缪尔小镇的不同地方）。戴维·奥格尔维（David Ogilvy）教派以古老的教义著称，在20世纪之交，这个教派在英国十分有名，因为他们出现在了巴里的成名之作《旧教集》（*Auld Licht Idyls*，1888）的标题里。

杰米不只是被动地聆听玛格丽特的故事，他活在故事里，他想象自己就是那个穿着整洁干净、修补过的罩袍的小女孩，紧紧地抓着盛有父亲午饭的容器，轻轻地走在小路上。在他的内心中，他就是那个悉心照料弟弟，那个听到鬼魂在山野里游荡，并且对苦痛及贫穷的人施行秘密而神奇帮助的小女孩。

在他41岁的时候，巴里想知道当他老了时，什么样的记忆能保持在他头脑中。后来他得出结论，不是他自己过去的生活，而是母亲——“一个身穿绛红色罩袍和白色围裙的小女孩，她一路唱着歌，手里提着装有父亲晚餐的大壶”（Barrie，1901：207）。

玛格丽特向儿子讲的故事，多年来让他一直坚信，他可以追求“永恒闻名”。这些故事使这个年轻、勤奋且聪明的作家开始写书，并且开始成名。

接下来将要发生的事情起因于一次失败的尝试。在上大学的前一年，巴里写了三部曲小说，他把其中比较好的一部寄给一个出版商。然而，要求用来出版手稿的费用远远超出了巴里可以担负得起的数额。他不得不接受这个现实，随后自我安慰说，这部小说永远不会出版了，甚至说，这部小说实在很无趣（Barrie，1901：51）。更难解释的是，那个出版商竟然称写了这部小说的作者是“聪明女士”，还写了鼓励信，虽然这种误会其实并不意外。

在爱丁堡大学取得文学硕士学位后，大家都预测他会像哥哥阿利克一样去大学教书或者去做牧师，因为这是全家人都认为戴维注定要做的事情。但是巴里从来没有忘记过自己许下的要做一个让母亲“威风”的作家的诺言。他在爱丁堡大学的那些年很孤独，在他的日记中，最常见的文字是“坚持、坚持、坚持”。所有的坚持以及在作品中投入的大量的精力，使他成功地应对了最初在《诺丁汉杂志》（*Nottingham Journal*）工作时每天至少写两篇文章的压力。

尽管他是一个非常害羞的人，并且时常犯头疼，巴里还是接受了姐姐简·安的推荐，担任了《诺丁汉杂志》的首席作家。从一到达诺丁汉，他就开始坚持每天至少写1 200字的散文。每天都是这样，从来没有停歇过，他整整坚持了18个月。为了实现许给母亲的诺言，这个勤奋的作家在每个星期一都以希波墨涅斯（Hippomenes）为笔名发表小说。星期四的专栏则署名“现代逍遥派”。

在此阶段，认识他的人在他面前都不得不小心说话，以防自己的言论出现在第二天的日报上。巴里需要题材去充实自己的作品，连最世俗的事情也能被他编织成一个精彩的故事。精确对他来说并不重要，他也不理睬故事主人公的观感。故事精彩就是一切，真实发生的事情与有可能发生的事情之间的差距也不是什么问题。

在一年半里，巴里写了大量的小说、评论、书评以及戏剧评论。24 岁的他突然回到了基里缪尔。由于收支方面的原因，《诺丁汉杂志》解雇了这位雄心勃勃的作家。

这个发表了上千篇文章，成果卓著的作家没有一篇文章署自己的名字，巴里仍然默默无闻。他不但要和自己的孤独、头痛和抑郁斗争，还要和家人的怀疑抗争，因为家人怀疑他所选择职业的自立能力。但是，他仍然继续写着，不停地写着。他的大多数作品都是以第一人称叙述，很多旧的人物继续被使用。他把自己的作品寄给报纸和杂志的编辑，并且对没有任何回音的状况已经习以为常。

情况在 1884 年 11 月 17 日发生了好转，他收到一封来自伦敦一家知名报纸《圣詹姆斯公报》（*St. James' Gazette*）的来信，说刊登了他的作品，稿酬随后寄到。文章的标题是“旧教社区”“An Auld Licht Community”，标题已改过，然而作者的名字依然没有署上。成功地踏进了这个门槛，他继续不断地把作品寄给公报的格林伍德（Greenwood）编辑，其中一篇遭到了拒绝，但是里面夹着格林伍德的留言，“我喜欢苏格兰的东西，还有更多的吗”？

他的作品源源不断。在妈妈的帮助下，他记录了她对过去的记忆，钢笔帮他完成了剩下的部分。紧接着，“旧教葬礼”“*An Auld Licht Funeral*”发表了，随后又是“旧教恋情”“*An Auld Licht Courtship*”、“旧教丑闻”“*An Auld Licht Scandal*”、“旧教婚礼”“*An Auld Licht Wedding*”以及其他，这次，他的名字被署上了。

尽管格林伍德编辑很乐意收到他从苏格兰寄来的文章，但巴里认为，只有住在伦敦才具有成名的先决条件。玛格丽特很担心他的搬迁，因为儿子的实际外表（瘦的跟麻秆一样，而且看起来比本来年龄小很多）与根据其文章想象的外表之间有差异。然而，巴里于 1885 年春搬到了伦敦。编辑们怀疑地凝视着这个焦虑的年轻人，这个折磨他们去阅读其稿件，又不愿接受退稿的人，巴里不怯于出版人这种好奇的眼神，一次次地回到被拒绝的门口，直到作品被接受一些，而后很多作品被接受，编辑们对这个男孩般的男人所创作的幽默作品产生了兴趣。

当巴里把文章一一发给报纸时，他开始将一些发表在《圣詹姆斯公报》上关于旧教的故事汇编成一本书，叫做《旧教集》。这本书于 1888 年面世，他一下子取得了成功，巴里在怎样成名这一方向上迈出了大大的一步。一年之内，他的第二部小说《缨窗》（*A Window in Thrums*，1896）问世。这本书被刊登在《国民观察员》（*National Observer*）的封面上，受到好评，被称为一部天才之作。

我们都知道，这些作品是共同创作的，巴里是当之无愧的作者。但是，年幼时母亲所描述的那个小女孩的生活导引了他的文章。曾经，为了暂时逃避戴维去世所带来的痛苦，巴里进入了母亲童年的梦幻岛。正像他努力地想要把自己变成戴维一样，只是为了得到母亲的爱。他进入了那个生活不断地被母亲的记忆所修饰润色的女孩的身心。他看到了那些描述给他听的情景和剧情，他“见到了”构成她生活的那些人。他分享她做家事的经验。他参观了婚礼和葬礼，听到了来自不同教派的辩论和冲突。他如此生动地想象人物，以至于他甚至知道他们胡子的长度、风度，以及不同的怪癖和弱点。他想到了那个小女孩的想法，想到了她走在路上冷得发抖。“我甚至看到了雪花纷飞。”巴里写道：“我最好的记忆似乎来自我出生前的 20 年。”（Barrie，1901：32）

## 七、客体融合

记得几年前，我在精神分析文献中遇到一个“把客体融合在一起”的概念。我曾打算忽略那些错综复杂的概念，因为我觉得那是精神分析学家用来蒙蔽外行的东西。同时，让我不快的是，一种故作神秘的语言正在形成。我不知道得用多长时间才能使说话者意识到，这其实只是交流中的一种伪装而已。我也知道多数人从来没有想过要为此做些什么。那么，我何必干涉这种无聊的游戏呢？算了，就这样吧。他们有自己的一帮人，只要他们对自己的孩子好，对病人悉心照料，也没有用诸如“客体融合”之类的东西来烦我，那我就不用多管闲事。

被迫认错是我的一个特点，巴里让我重新思考我的偏见。

但问题是，杰米想要融合的客体到底是什么呢？很明显，他并没有尝试“成为”他的母亲。而是通过渐进的、日复一日的想象，去想象母亲向他描述的那个孩子将会成为什么样，然后自己最终成为那个孩子。他似乎正是通过这种方式来吸收或者“吞下”母亲的那些记忆。玛格丽特，或者更确切地说是杰米未曾意识到的主观的玛格丽特，成为了下一个最佳客体，被一片一片地、一个故事一个故事地内嵌进一种想要逗笑她的失败尝试之中。

在那本《飞翔的幻想》中，我更能深刻地体会到当玛格丽特去世时，杰米的自我感几乎到了崩溃的边缘。他心目中如此重要人物缺失了，让他有一种被掏空的感觉。玛格丽特快乐的面庞，尤其是她的笑容已经被内化为与他自己的健康息息相关的一种暗示。当她沉浸在巨大的悲痛中时，他就会竭尽全力地让那些快乐与微笑回到她身上。在他的生命历程中，能让他为之喜忧的人不在了。也就是在那时候，他设置了一种新的自我感——一种被替代的自我感。如果你仔细观察，透过那个提着篮子给父亲送午饭的小女孩的眼睛，你就能了解这一切。

虽然这个“新的”主观的自我几乎左右不了他的感情，但是对他早期那些作品的写作还是起到了举足轻重的作用。如果这个自我的替代品一旦与挥之不去的玛格丽特的形象遭遇，那么这个替代品在他的自我感面前还是不堪一击的。海因茨·科胡特（Heinz Kohut，1977）有关儿童的夸大感的镜像理论可作为参考。当母亲离他而去时，杰米就像失去了自己的一面镜子。那面镜子是玛格丽特的微笑，而唯一能让他恢复先前自我感的是母亲的微笑。

童年时的杰米和成年期的詹姆斯都会不断地来到母亲的床边，就是想看看母亲的微笑可曾回来，这一行为一直持续到玛格丽特生命的终点。巴里从未停止过这种努力，那就是，让自我感的核心感觉回到自己的生命中，从而让它待在它应该待的地方。而能够达到这一目的的唯一途径，就是复原这个表层的暗示，正是这个暗示，一直刺激着他的感觉，让他觉得，自己与那个与他生存有关的客体能融合在一起。

## 八、彼得·潘归来

在他的成年生活中，巴里一直都随身带着一个记事本，用来记录戏剧或小说的素材，或者记下闪念而过的一些思想火花。记事本中记录的许多东西有幸被麦凯尔读到，当时他正在写那部很有纪念意义的作品《巴里的故事》。其中的一个记事本就记录着巴里所提到的“我体内的一个小盒子，始终没有打开，直到后来它自己开了。里面都是些无足轻重的琐碎对象，但是我却与他们相伴了多年”（Mackail，1941：77）。这一记录写于1926年，当时巴里已经66岁。这一记录与25年前彼得·潘在《小白鸟》中的首次露面有关。

我对这个小盒子自行弹开的说法表示怀疑，它应该是借助了外力的。通过了解巴里成年早期生活的一些情况，我们就可以找到开启这个盒子的钥匙。

在他20岁后期至30岁初期这段时间，巴里因为他的几部小说和几本轻松、滑稽的剧本，在伦敦的文学界已经小有名气。由于他要参与剧本的试演和正式演出，于是和那些年轻、迷人而又渴望成名的演员也混得很熟。他为她们的美貌而倾倒，也用自己的聪慧来吸引她们，恭维她们的美貌，同时也通过多愁善感的情书来打动她们的芳心。收到这些饱含相思的情书时，只有几个人对此给予回复。无论是给他回信的人，还是对他的怪诞进行嘲笑同时又被他的故事以及他的说话方式逗笑的人，都会因为他突然缩回到那个阴暗而杳渺的思维世界而感到迷惑。信中表现出来的大胆开放和他本人自我封闭之间的差异令人困惑。对母亲的牵挂以及对她时好时坏的健康状况的担忧是他生活的重要组成部分。在姐姐简·安每天写给他的信件中，只要有哪封提到母亲身体状况不好，巴里都会撂下手头的工作，然后从伦敦直奔基里缪尔，守候在母亲的身边。

34岁时，有一次巴里探视母亲的时候病倒了。先是患感冒，后来转成了肺炎。他在为自己的生命挣扎。在他生病的前两年，玛丽·安塞尔（Mary Ansell）一直陪伴着他。她是一位很有抱负、漂亮出众的演员，曾在出演巴里所写的剧本时一举成名。玛丽去了巴里在苏格兰的家，而且在他生病后漫长的康复期一直与他在一起。1894年仲夏，英国的报纸报道了詹姆斯·巴里与玛丽·安塞尔在新郎的家乡秘密举行婚礼的消息。

从巴里的日记中可以证实一件事，那就是，巴里要么对做爱不感兴趣，或是无法做爱。而性又是成年人的权利，正如巴里先前经常提到的那样，他不愿意长大。一个不争的可能性就是，他想让玛丽代替那块在他哥哥去世时被打碎的镜子。不管这些原动力是否是他们纠缠不清关系中的一部分，反正15年后玛丽因为与另一个男人相爱而终止了他们的婚姻关系。

有人可能认为，巴里从照顾母亲的责任中解脱出来时，他们曾经有过挽救婚姻关系的举动。玛格丽特是1899年去世的，也就是巴里结婚5年以后。一年后，巴里写了一本《玛格丽特·奥格尔维》（*Margaret Ogivy*）来纪念自己的母亲。这本书展示了他那漫长的生命篇章的种种迹象。例如，他写道：“这一生，从孩童起，我就一直在为她做自己力所能及的每一件事：回首往事，我没有发现自己未曾做到的，哪怕是一件微小的事。”（Barrie，1901：203）

但是，对玛格丽特的面部表情进行强迫检视并未停止。游戏也远未结束。幸运的是，对那些喜欢彼得·潘的孩子们来说，玛格丽特的死促成了一部充满幻想的剧本的产生。这部剧本让巴里在她的床前守候了29年。在纪念完玛格丽特的一年之后，彼得·潘，这个半人半鸟的家伙来了。他的第一站就是飞进母亲的卧室，试图通过给她演奏催眠曲而让她快乐。那个孤独的中年人心中的“小盒子”打开了，而且一开就是多年。

（舒跃育　吕政达　译）

## 参考文献

Barrie, J. M. (1888). *Auld Licht Idyls.* New York: International Book Co.

Barrie, J. M. (1896). *A Window in Thrums*. New York: Dodd & Mead.

Barrie, J. M. (1901). *Margaret Ogilvy by Her Son J. M. Barrie*. New York: Charles Scribner's Sons.

Barrie, J. M. (1902). *The Little White Bird.* New York: Charles Scribner's Sons.

Barrie, J. M. (1967). *Peter Pan*. New York: Puffin Books.

Freud, S. (1964). *Leonardo Da Vinci and a Memory from His Childhood* (Alan Tyson, trans.). New York: Norton. (Original work published 1910).

Kohut, H. (1977). *The Restoration of the Self*. New York: Internation Universities Press.

Mackail, D. G. (1941). *The Story of JMB*. New York: Charles Scribner's Sons.

Ogilvie, D . M. (2003). *Fantasies of Flight*. New York: Oxford University Press.

Saplski, R. (1998). *Why Zebras Don't Get Ulcers: An Updated Guide to Stress-related Diseases, and Coping*. New York: Freeman.

Schultz, W. T. (2003). The Prototypical Scene: A Method for Generating Psychobiographical Hypotheses. In D. McAdams, R. Josselson & A. Lieblich (Eds.). *Up Close and Personal: Teaching and Learning Narrative Methods*. Washington D. C.: APA Press.

Wullschlager, J. (1995). *Inventing Wonderland: The Lives of Lewis Carroll, Edward Lear, J M. Barrie, Kenneth Graham, and A. A. Milne.* New York: Free Press.

第13章

# 伊迪丝·沃顿和《伊桑·弗罗姆》：一种心理传记学的探索

詹姆斯· 威廉· 安德森（James William Anderson）

## 一、孤独的童年

小说家伊迪丝·沃顿（Edith Wharton）① 所出版的自传，其陈述的内容仅止于表面而未深入。尽管如此，她还是在其他未付梓的书信之中留下了一些自我披露性较高的文字。如下所示：

> 我最早的记忆是在第五大道上被表哥丹·费林（Dan Fearing）索吻。那是一个冬天，我正和父亲一起散步，这令人印象深刻的事件发生时我还不到4岁。我表哥是一个肤色红润、圆滚滚的小男孩，比我大两三岁，当时他也正和他父亲一起散步。我清楚地记得他向我跑过来，亲了我一下，也还记得他当时的绅士模样给人一种极其愉悦的感觉。我同样清晰地记得，当时我为自己正戴着那顶最漂亮的小绒帽而感到很满足……因此我必须诚心地说，我最早意识到的感觉是由我本性中两种深埋的本能所交融成的——渴望爱以及渴望看起来美。（Wharton，1990：1071）

我会在此处指出，这里的亲密经验指的是在那个冬天她能独自占有一个男性的亲密经验，不只是和小表哥，也包括她的父亲。她原初的性意识被唤起，那个吻引出了一种“极其愉悦的感觉”。这个重要的回忆——她能想起的最早的记忆——既是她生命的中心主题（central themes），也是她小说的主旋律：渴望爱和渴望被爱，渴望与男性有亲密关系，通过性亲密而提升的亲密感，以及渴望被称赞与被欣赏。沃顿童年的经

---

① 伊迪丝·沃顿（1862—1937），美国女作家。出生于纽约名门望族。她在家中接受了良好的教育，后来多次出国旅行。1885年她和一个比她大13岁的波士顿人爱德华·沃顿结了婚。此人性格虽好，但他们却很少有共同之处。几年以后，爱德华患了精神病。后来，他们离了婚（1913年）。从此以后，伊迪丝长住巴黎，并参加了红十字会。“一战”后仅回过美国一次，直到1937年去世。伊迪丝·沃顿起初是为了排遣上流社会家庭生活的苦闷而开始写作的。她从1880年开始发表小说，1889年第一部短篇小说集问世，获得了意外的成功。1905年长篇小说《快乐之家》出版，使她成了20世纪前20年代最受欢迎的美国作家。1920年出版的《纯真年代》为她赢得了普利策奖。伊迪丝·沃顿的小说大多数都是描写她所熟知的纽约上流社会，有《快乐之家》、《纯真年代》、《老纽约》这样的杰作，也有写农村生活的《伊桑·弗罗姆》那样的名篇。——译者注

历促使她实现这些愿望，但童年经历也使这些愿望在实现时遇到重重障碍。

她出生于1862年，原名叫伊迪丝·纽博尔德·琼斯（Edith Newbold Jones）。她是家中最小的孩子，她出生时双亲当时年纪已不小，父亲乔治·琼斯（George Jones ）41岁，母亲柳克丽霞·琼斯（Lucretia Jones）37岁。她的两个哥哥弗雷德里克（Frederic）和亨利（ Henry）分别比她年长16岁和11岁。她的童年生活也因此更像是独生女。

若美国存在着欧洲式贵族的话，那么伊迪丝所出身的琼斯家族就属于这样的精英阶级。她的父母都出身于纽约上层社会的老字号权贵家族，以褐砂砖屋为家、拥有避暑别墅（通常在罗德岛的新港），且只和圈内特定的成员交往。伊迪丝的父亲从不工作，他仅靠继承家族的房地产便足以生活。

在未付梓的自传资料里，她把自己描述成“一个多病、谨慎自制且不开心的孩子”，她难以和父母、哥哥以及其他孩子交往，她只对保姆汉纳·多伊尔（Hannah Doyle）有好评，她说保姆让她在早年的生活中感受到“安全和被保护”（Wharton，1990：1091）。

伊迪丝从很小时就开始各种可以独自进行的活动，特别是编故事和在父亲的图书室里广泛阅读。她感到自己和别人合不来，周遭没有人能够和她分享这些追求和兴趣。母亲会安排其他小女孩们来和她做伴，但伊迪丝认为这些孩子没法和她探讨一些“真正重要的事情”。不过一会儿，她就找借口脱身，去找母亲并恳求她：“妈妈，您去逗这些孩子玩吧”。她想独自一个人呆着，以便可以编故事。她后来写道，她生活在一种“精神完全孤立”的状态下，相信“没有一个我认识的小孩知道我的迷宫是怎么一回事”，她的“迷宫”是指她细腻的内心世界（1990：1076～1077）。

**图13.1　童年的伊迪丝·沃顿**

［图片来源：耶鲁大学贝尼克（Beinecke）珍本书图书馆］

在她孤独的生活中，却有一项例外，那就是与男性产生亲密关系，这是她与生俱来的兴趣。在她才五六岁的时候，父亲的一个朋友于周日晚宴后会把她抱到自己的膝上，然后说：“给我讲个神话故事”。伊迪丝早已知道希腊神祇，她整个星期都在期待这个活动。“我们周日傍晚的客人，”后来，她回忆说，“是唯一一个对我的神秘世界显示出有些理解迹象的人”。（1990：1077）

回想往日情景，她觉得父母既怕她变成，却又把她看作是“那种天生就苍白的小孩，会在晚间消失去和小妖精们跳舞”。她是一个爱活动的人，喜欢骑小马和远足，喜欢在户外玩耍，尤其喜欢和男孩们玩，但她只是把这一切描述成“她外在的生活”。

"我常常在想，"她写道："在其他孩子之中是否有人也拥有像我如此孤独的另一面。"她想象着总会有机会和那些和她一样的人分享内心世界的时候，但是，她提到："直到我满20岁，我才同一个真正的聪明的人有过交往的经验。"（1990：1076～1077，1083）

她对父亲保留了一些一往情深的回忆，但在这些回忆中她都无法为父亲做些什么。中年绅士的世界和其小孩的世界很少有交集。她回忆起父亲很喜欢阅读，尤其喜欢阅读北极探险的故事。她喃喃地回想道："我既对他萌芽于内心而后又被压抑的渴望感到困惑，也对他到底想要变成怎样的人感到困惑。我可以确定的是，他是个孤独的人，饱受了某种表达不出且无法得到的事物的困扰。"（1990：813）她可能有过这样一个幻想：如果她和父亲曾彼此贴近的话，她可以帮父亲的忙，而他们也可能彼此了解。但事与愿违，父亲在她20岁时就去世了。

她和母亲之间则关系不良。她感到母亲是透过一套令人无所适从又专制的规则来掌控她的生命。举例来说，母亲并不允许她阅读小说，对其他的书却不明令禁止。母亲期待她做对的事，却禁止她提问，而这些提问也许能帮助她发现什么才是对的事。

伊迪丝感到冲突的还有，她一方面受到母亲耳提面命的教诲，要她小心不可伤害别人的感情，但一方面她又将不可说谎视为宗教戒律。有一次在舞蹈课上，她相信她必须实话实说，于是告诉老师，她觉得老师的妈妈看起来像头山羊。当老师狂暴地责骂她而非称赞她的诚实时，她感觉到惊讶（1990：1073）。晚年她忆及母亲时，说她总是直觉地感到母亲有"一种无法穿透性的神秘，是一个满是蝙蝠和黑暗的上锁房间"（Benstock，1994：378）。

童年时代，伊迪丝很少从家人那里得到赏识，也不觉得自己受到他们的重视。她母亲相信，孩子们不应因其漂亮或聪明而得到赞扬，她认为对孩子气的缺陷和造作加以嘲弄才有助于身心发展。伊迪丝就经常因为红发、粗脚、大手、使用过长的单词和太关注衣着打扮而被取笑。她成了一个"痛苦、害羞、局促不安的小孩"（Wharton，1990：1087～1090）。

由于内战后美国经济状况的恶化，伊迪丝举家迁到生活压力相对较小的欧洲，并在那里住了六年。伊迪丝因此对欧洲与外国语言有了一些早期的知识。就在她6岁到10岁间，她们一家在罗马、巴黎、德国、佛罗伦萨都曾延长过居留的期限。伊迪丝写道，在欧洲居住的岁月里，她长年感受到的是"美的飨宴"。她稍后回忆说，回到纽约后"我的第一反应就是：'多丑陋啊！'此后，我就认定自己是在美国流浪的人了，别无他想……我总是隔三岔五地梦到我们正要回欧洲，而且常常从这样愉快的心情中醒来，但现实又把人拉入深深的忧郁里"（Dwight，1994：20）。

她的童年沉浸在强烈的焦虑之中。伊迪丝写到在9岁的一场几乎夺去她性命的伤寒热后，她体会到世界像"被无形的恐惧所缠绕"。她解释道：

> 我活在一种长期的恐惧状态下。恐惧什么？我说不上来——即使是现在，我也无法说清楚我的害怕。它像黑暗中某种无法辨认的威胁，无止境地缠绕住我的脚步，隐伏而使人胆寒。白天，不论走到哪我都意识到它，而晚上，要睡得安稳是不可能的，除非有灯亮着或有保姆在房内。但，不管它是什么，当我每日散步回来时，才是它最可怕与最压迫人的时刻……最后几码的距离，以及当我在台阶上

等候大门被开启时，我可以感觉到它就在我的身后。如果大门再迟迟不开，我就要被那令人窒息的痛苦的恐惧所掳获。不管是谁陪着我都无济于事，没有人能保护我；但，噢，被解救的狂喜，若我的同伴拥有一把大门的钥匙，我们可以在它抓住我之前闪入门内！

她提到，直到16或17岁时她仍然被这种恐惧侵袭。甚至直到二十七八岁，“我都无法在有鬼故事书的房间里入睡……我时常需要把这类书烧掉，因为当我想到它们就在楼下的书库时，我就感到害怕，”她回忆道。(Wharton，1990：1079～1080)

这样的焦虑是她孤独情感如影随形的一部分。由于未能获得令她感到安心的人际关系、抚慰和了解，她察觉到这个世界是不安全的，而她自己亦缺乏自我抚慰的能力。

作为一个女孩，她脱离了正规教育，在她的社交圈内，男性上了大学但女性没有。她是由家庭教师进行教导，但她后来总结道：除了学习语言外，她并没有从这些人身上学到太多有用的东西，她持续广泛地阅读，却不包括小说，因为她母亲对此明令禁止，因而她让自己沉浸在诗歌、历史和哲学书里，作品从英文、德文、法文到意大利文都有（1990：820）。

## 二、成为一位作家及结婚

伊迪丝编故事的老习惯使她很快走上了小说创作之路。她的创作开始于11岁，在故事里，有个人谈到要把她的客厅打扫干净。伊迪丝的母亲挑了她小说的毛病，她说“客厅总是很干净的”。14岁时，她又完成了另外一部小说《朝三暮四》（*Fast and Loose*），这部小说的原稿还能找到。伊迪丝自己对这些作品也做过模仿性的评论，其中有一段评论是这样写的：“每个人物都刻画失败、情节空洞、风格沉闷、对白含混、感情脆弱、整件作品惨不忍睹。”(Benstock，1994：135)

她也从事诗歌创作。家族的一个朋友曾把她的五篇诗稿寄给著名诗人亨利·沃兹沃斯·朗费罗（Henry Wadsworth Longfellow）。这些诗歌让朗费罗印象深刻，他把它们推荐给了威廉·迪安·豪厄尔斯（William Dean Howells），并附上一封推荐信。豪厄尔斯是著名杂志《大西洋》（*The Atlantic*）的编辑，他在杂志上刊登了这些诗歌，那时伊迪丝才18岁。

她在全国性杂志上初露锋芒时也是步入社会的一般年龄。但早在一年前，出于对她的害羞和书生气的担心，她的母亲已为她进入上流社会做了大量的准备。

身为一个拥有良好家庭背景的名媛，又有两个广交朋友的哥哥，她发现很多男性密切注意她。她写道：“我品尝到了受人欢迎的甜蜜，啊！我多么喜欢这一切——我漂亮的长裙、鲜花、音乐以及众星拱月的感觉，每个人都喜欢我，想和我说话，想和我跳舞！”(Dwight，1994：27)

接下来的几年，她投身于社交活动中。她有好几个男伴，其中一个已订了婚，但只持续了两个月。在22岁的那年夏天，她遇到了名叫沃尔特·贝里（Walter Berry）的年轻律师，在她的社交圈里，他是少数几个能与她共享阅读雅兴的人士之一。这场夏日的欢愉本有可能以求婚而开花结果，但事态发展却并非如此。不过，几年后她和贝里重新开始认识彼此，他成了她最看重的朋友。她在自传中关于贝里的部分是这么写的："我们每个人的生命里会出现一个不可分离的朋友，无论和他是多亲密或多深爱的关系，他就是自我的一种延伸扩大，是自我的另一种阐释，也正是我的灵魂。"（Wharton，1985：115）

走进她生活的下一位男士是爱德华·沃顿（Edward Wharton），昵称特迪（Teddy）——一位出身名门的哈佛研究生，也是伊迪丝哥哥的朋友。特迪不工作，也没想去工作。他帅气、令人愉快而又具有幽默感。1885年伊迪丝和特迪结婚了，那年伊迪丝23岁，特迪35岁。

伊迪丝告诉我们她那时对性一无所知。早在七八岁的时候，她的一个表哥告诉她，"婴儿不是从花朵里找到的，而是由人生下的"。她就这事询问了母亲，结果她回忆道："我被狠狠地责备了一顿……这差不多就是我对生殖所理解的全部，直到结婚后一段日子仍然如此。"（Wharton，1990：1087）

"就在结婚前几天，我被一片全然神秘而黑暗的恐惧掳获了，我鼓起勇气向母亲诉说，并在让人感到窒息的心跳声中向她求助。我恳请她告诉我'婚姻到底是怎么回事'，她漂亮的面孔立刻冷峻如霜，变成我最恐惧的模样。她不耐烦地说道：'我从没有听说过这么荒谬的问题！'我马上感到自己在她的眼里是多么的低俗。"伊迪丝宣称，在婚姻生活开始的时候，她相信生殖是上帝把婴儿放入母亲的子宫，而非性行为（1990：1087）。

在婚后的最初几年，伊迪丝和特迪住在新港（Newport）和纽约，经常外出旅游。他们彼此喜欢，且友好和睦，但在性、情感和知性方面难以交流互通。

图13.2　伊迪丝·沃顿

（图片来源：耶鲁大学贝尼克珍本与手稿图书馆）

身为一个漂亮、害羞又年轻的女性，二十来岁的伊迪丝曾两次出现在小说家亨利·詹姆斯（Henry James）的面前，却都没有引起他的注意。一些朋友知道沃顿喜欢和詹姆斯见面，就邀请了双方共赴晚宴。沃顿戴着很迷人的帽子，希望能够引起对方注意。她想象着他会赞美她的帽子，然后"我最终会鼓起勇气说出对《黛西·米勒》（*Daisy Miller*）和《淑女画像》（*The Portrait of A Lady*）的仰慕之意。但他既没有注意到这顶帽子，也没有注意到帽子的主人"（Lewis，1975：24～25）。她原以为她的可爱可以吸引这个比她大19岁的男人的注意，但她不知道詹姆斯对女性几乎没有兴趣。研究了詹姆斯的生活后，我所下的结论是：他是个同性恋者。我们不知道他是否曾和谁发生过性关系，他也从未公开表示过他的性取向，但有足够的证据显示，他赞赏的是年轻英俊的男士，而非年轻漂亮的女孩。

沃顿和中年的埃杰顿·温思罗普（Egerton Winthrop）关系友好。他在知性上与沃顿能交流，他向她介绍了科学，尤其是达尔文的理论。沃顿系统地阅读了进化论，进而对文学、历史和建筑进行了更广泛的涉猎。

沃顿的诗歌和短篇小说发表在最重要的杂志上，诸如《哈珀月刊》（*Harper's Monthly*）和《斯克里布纳月刊》（*Scribner's*）。她不怎么出名的故事中有一则提供了她对婚姻本质的洞见：一个女人死了，并在死后向一个幽灵如此描述着她的丈夫："他的靴子破旧不堪，出门时总是很用力地甩门，除了铁路小说和有关运动的报纸广告外，他从不读其他东西。简单来说，我们一点也不了解对方。"有好几次这个女人都流露出一种"细致的情感"，但她并未和她的丈夫分享过（Wharton，1893/1968：18）。她遇到真正的精神伴侣时却不选择和他一起走，她选择的是等候她先生。她并不爱她的丈夫，但是她这么解释："没有他，我会感到不自在……还有，除了我之外没有人知道如何去照顾他，他是这么的无助。他的墨水瓶会被晾在那里……他永远不会记得要把他的雨伞收起来。为什么他从来都不知道该读哪些小说呢？我总要帮他找他爱读的那类小说，诸如有杀人凶手，或是伪造品以及成功的那种侦探小说。"（1893/1968：19～20）

她在这段时期几乎所有的作品都反映了生活中的不愉快和沮丧。后来，她把自己说成是在"最美好的青年时代"处于神经衰弱的状态（Benstock，1994：96）（神经衰弱在前弗洛伊德时代被认为是源于神经的虚弱，这种状态会出现疲惫、焦虑及烦躁等症状）。就物质方面而言，她的生活是很舒服的。但就像她短篇小说中的女性一样，没有人能分享她丰富多彩的内心世界，她感受到的这些孤独是与她童年时的孤独感彼此呼应共鸣的。

沃顿与一位建筑师共同合作的第一部非小说作品《让家更美》（*The Decoration of Houses*）在1897年出版，那年她35岁；她第一部短篇小说集于1899年出版；第一部小说《试金石》（*The Touchstone*）于1900年出版。这三本书的销售都尚佳，也获得一致好评。

《试金石》（Wharton，1900）讲述了一个男人的故事，这个男人过去曾和一个名叫奥宾（Aubyn）的夫人，一个拥有文学天赋的女性有过一段浪漫史。女主角离世时，已是著名作家。而男主角尽管是一个好人，却无从感受到她的才华。他遇到一个现实问题：他想和一个他所爱的传统女性结婚，却囊中羞涩。于是，他将在他俩人年轻时奥宾夫人写给他的情书以匿名的方式出版了。由于情感真挚，加上奥宾夫人的盛名，这些情书带来的利润成就了他的这段婚姻。小说表达了沃顿对于丈夫以及生活中其他人没有珍视她的才能所发出的感慨。同时也表明了，她意识到自己是个天赋异秉的小说家，奥宾夫人的文学生涯就是她未来的预兆。

《试金石》里充塞着隐伏的悲剧情节。这位文学艺术家是一个感觉敏锐而情感细腻的女人，却从未有过能够分享内心世界的亲密伴侣；她的爱人对她虽好，但并不懂得欣赏她。

她的第一本小说出版后，一些评论家观察到她与亨利·詹姆斯写作风格的相似性（Benstock，1994：99～100）。作为一个在世的用英文写作的作家，詹姆斯是当时所公认的佼佼者。1900 年，伊迪丝把短篇小说中的一篇寄给了他。他在回信中给予赞扬和建议，并且提议伊迪丝来拜访他（Lewis，1975：125）。

詹姆斯在这时已开始转向他的“第三类风格”。他稍后的小说被某些人认为是晦涩的，而有些人则认为是最伟大的创作，仰慕詹姆斯早期风格的沃顿也对他的第三类风格感到坐立不安。读了他的一本小说后，她写信给一位朋友说：“我为这样一个天才的毁朽而哭泣”。（Lewis，1975：125）她甚至模仿詹姆斯的这种风格来写一些句子。例如，一个男主角担心他的帽子被天气弄坏：“任何头部的装备若在午后五点仍暴露在外而受气候无阻挡的行动之摆弄，则必得要在时针的臂膀旋转回的时限之内还原成正常的状态，如果不是成为必然的状态……那么就暂时性地恢复了制帽者的操控。”（Lewis，1975：126）

读了她的第二部以 18 世纪的意大利为背景的小说《空谷芳草》（*The Valley of Decision*）后，詹姆斯说它“以文学观点来看，有才华且有趣”，但他极力主张她改写“以美国为背景的文章”。“别错过瞬息万变的真实世界……把它抓着，紧紧抓住，任凭它把你拉到任何地方……写纽约吧！第一手的文件是珍贵的。”（Power，1990：34）没有人确切知道这是否是沃顿对詹姆斯建议的响应，但她随后的突破性小说《欢乐屋》（*The House of Mirth*）描写了身处于纽约社会的一位妇女逐渐堕落的过程，沃顿对纽约社会知之甚详。《欢乐屋》于 1905 年出版，曾营造出一种氛围，且使该书成为最畅销的商品。今天它被公认为是她最早的杰作。评论家们强调了这部小说是如何揭露了纽约上层社会的冷漠和不近人情。社会本来对主角莉莉·巴特（Lily Bart）青睐有加，但随着时间的推移，尤其是当她出现道德问题后，她就被弃置一旁。而小说的心理主题则不同，这部小说虽在社会批判方面起了积极作用，但它的心理维度才是真正的核心。小说表达了一种对孤独的体验。莉莉总认为自己与众不同，且当人们对她的外在条件、美丽和优雅给予大量关注的时候，她就感到格外兴奋。这使她无法与任何人进行更深层的交流，尤其是和那些追求者之间建立深层关系。因此在小说的最后，她陷入孤单，绝望地崩溃了。

1903 年，沃顿和詹姆斯终于如约相见了。他们在伦敦共进午餐，彼此更深深地被对方所吸引。詹姆斯说她“真的很健谈”（Benstock，1994：139）。他们发展出彼此珍视的亲密友谊，虽然生活在不同的国度，却仍频繁往来，直到 1916 年詹姆斯逝世。然而他们的亲密还是有限的，根据我的解释，部分原因是因为两人之间在性方面并无火花。他们的接触总是循规蹈矩式的，沃顿仍没有找到一个能和她分享生命中最重要事物的人。

她和丈夫之间体验到的亲密感甚至更少。两则逸事能捕捉到他们之间关系的本质。伊迪丝·沃顿是个迷人的女性，长着红发，貌美，拥有她引以为傲、令人喜爱的苗条身材。有一次，在马萨诸塞州（麻省）的伦诺克斯（Lenox），他们打造的房子“大山”（The Mount）外头，丈夫特迪和一个朋友在她身后几尺散步。话题谈到了伊迪丝已成功地出版了的诗与散文等作品。特迪品头论足地说：“看那个腰，没有人会猜到她能写出一行诗来。”特迪继续对客人提到他们需要一个新的猪圈，所以伊迪丝需要写首诗来支付这笔开销（Lewis，1975：272）。尽管特迪的谈吐可能是迷人而又幽默的，他的言论同时也透露了伊迪丝的文学表现远在他理解的范围之外。

另一个情景则是伊迪丝被一篇遗传学论文的某段内容所吸引，她把它拿给丈夫看，丈夫说道："这类东西真的让你感到着迷吗?"这次，比起结婚二十多年来的日子，她陷入更深的沮丧。她在日记里写道"我发现这就是将我锁紧的钥匙……噢！上帝的嘲笑呀！你二十多年来都是这样对我！"（Lewis，1975：228~229）

虽然特迪多年来不能和伊迪丝交流沟通，但至少他还是个令人愉快且有良好教养的伴侣。但在20世纪初，他开始退化。他似乎为双相抑郁障碍，又称为躁郁症（manic-depressive）的疾病所苦。虽然并非主因，且伊迪丝也试图隐藏她的反应，但她对特迪与日俱增的失望以及随之而来的轻蔑态度无疑加剧了丈夫的病情。

## 三、一段充满激情的韵事

伊迪丝·沃顿逝世13年后，一位名叫威廉·莫顿·富勒顿（William Morton Fullerton）的人听到有人提议为这位著名的作家立传。也许沃顿是以后来的文学成就而出名的缘故，死后她被认为是严苛、没有激情而冷漠的，她被认定为既没有美满的婚姻，也没有过爱情。富勒顿强烈要求将要提笔写传的传记作家"无论问题多么棘手，都应据实推翻女主人公对情欲冷淡的传言"。他声称，沃顿在生活中对于爱情是"毫无畏惧，甚至不顾后果的"。如果作家对他的话语质疑，他会拿出沃顿曾经写给他的一首爱意绵绵的情诗的复印稿来证实此观点，这首诗足以反映他们之间的韵事（Benstock，1994：226）。

图13.3　沃顿的情人威廉·莫顿·富勒顿
（图片来源：耶鲁大学贝尼克珍本与手稿图书馆）

富勒顿是伦敦《泰晤士报》(*The Times*)驻巴黎的记者，是一位爱冒险、英俊而又善变的美国人。他引人注目的爱情经历包括了和一位女演员的短期婚姻生活及与一个巴黎女子的风流韵事。这女子握有一些令他颜面扫地的信件并借此勒索他长达数年之久。此外，他还和不同的男性成为性伴侣，甚至可能包括了亨利·詹姆斯。正是通过詹姆斯，富勒顿和沃顿才得以相识。当时是1907年，富勒顿去美国旅游，詹姆斯敦促他和沃顿联络，说不定沃顿会邀请他前往大山（The Mount）这栋别墅和他们夫妇俩人相处一阵子（Lewis，1975：182）。

就在这首次造访期间，沃顿很快迷恋上了富勒顿。虽然释放的感情较少，但富勒顿似乎对与这位45岁（比他大3岁）、风韵犹存的知名女作家调情也感到兴致勃勃。两人相遇使得沃顿再也忍受不了婚姻生活所堆累出的挫折和孤独感。富勒顿是一个聪明的男人，她能够同他进行深层次交流，就像她早期短篇小说中的女主角在死后幽冥处才遇到的灵魂良伴一样。他离开“大山”后，她开始为他写日记（后来她把这些日记给他看）。她在日记里这样写道：“我发现自己——在这么久之后！——可以和某个人说话，我拿出这本空白的簿子，许久以前，我写过一两次尝试性的短暂日记。那时我除了自己之外没有别人可以倾诉，写下这些自言自语的东西是荒谬的事。”（Benstock，1994：175）

1980年，就在沃顿逝世后的43年，富勒顿逝世后的28年，大约300多封她写给他的书信被拍卖。这些书信是详细的文件，饱含了她在他们相爱期间及其后的情感。她频繁地告诫对方要把这些书信烧掉，但他仍然完整地保留了下来。她早期小说《试金石》的情景萦绕在心中，富勒顿不像小说中的男人，他没有把这些书信卖掉换钱去和另一个女人结婚，但其中仍然存在的暗合之处是一批留传下来的书信见证了一个伟大作家对似乎不值得她献身的男子的情爱。

富勒顿喜欢沃顿的陪伴，也能和她短暂地亲密交往。有时他像个许下诺言的恋人一样热情地和她谈话、给她写信，但很明显的是，他从未打算要把她当成他唯一的交往对象。事实上，在与沃顿交往的同时，他背着沃顿和他的大表妹凯瑟琳·富勒顿（Katharine Fullerton）约会。凯瑟琳比他小14岁，不仅是他的大表妹，对他来说，她更像是个亲妹妹，因为他的父母在表妹还是丧母的婴儿时就收养了她。当她长大时，凯瑟琳和富勒顿甚至把彼此当作兄妹，尽管他们知道血缘上他们只是表兄妹关系。

沃顿对富勒顿的热恋在1907年12月两人双双来到巴黎后开始。1909年底，这种浪漫关系就结束了，他们成了朋友，或者用沃顿的话说，他们成为“同志”。对他们来说这两年过得并不平静，各有各的难处。沃顿的情感时喜时悲。有时他们会频繁地旅游和外出；1909年6月，这种感情达到了高潮，关系融洽。后来那年夏天他们在英国旅游期间又度过一段缱绻时光。其他的日子里他们是分开的，或是富勒顿避而不见，或者是他看见了她，但没有关心她的感受，沃顿最好的反应就是按捺情欲，最糟的反应则是惆怅失落。而在此期间，富勒顿则忙于与表妹订下婚约，虽然后来婚没有结成；忙于周旋在藕断丝连的旧情人之间以及忙于公务。

沃顿在写给他的书信以及为他写的日记中说得很清楚，对他的情爱是一个改变生命的体验，尤其是因为它实现了她一直想追求的东西以及对抗长年的孤独。关于她自己，她写道：“因先前的自我麻木而失语，那个自我从未相信过它能够有机会像其他较幸运的人那样拥有任何温暖的人生”（Lewis & Lewis，1998：138）。她在另外一封信中说道：“你把我从长期的低潮、从传统束缚的沉闷、顺从以及从无谓的自我萎缩中唤醒了。”（1998：161）她写道，在他们建立关系之前，“我不曾有过属于个人的人生。自此之后，你带给了我所有可能想象的欢乐”（1988：189）。

有时对她来说，体验过爱情后的未来生活似乎会变得更糟糕。有一次，他们分开后，她在日记中写道：“这些年我承受了它，而且几乎感觉不到它的存在。因为我建立了一个属于自己的世界，在这个世界里可以无视外面的变化。但是，当我知道有人走进这世界并与我相伴是怎样的滋味后，再回到那致命的孤独中将会变得可怕。”（Lewis，1975：229）她用同样的口吻写信给他，说到自从他给了她“我所知道的真正活着的唯一时刻”，她怎么能学着没有欢乐地活着呢？“我曾一度知道过那课程，但我已把它遗忘——是你吻去了那些记忆。”（1975：229）

正当沃顿和富勒顿的恋情将要结束时，她写道：当自己发现“某天，对方索求的是自己全部的热切温柔，而第二天对方却又毫不在乎”时，是件多么痛苦的事。她又继续伤心愤怒地说：“我在认识你之前还过得比较好。”（Lewis & Lewis 1988：208）一个月后，她修改了陈述，“我曾经说过，在认识你之前我的生活比较好”。她写道：“不是这样的，实际活过一遭便是美好，即使仅如朝露。”（1988：216）

1910 年的夏天，在她意识到他们至多只是普通朋友后，她把自己的精神状况向他描述了一下：“我面前的一切是如此的黑暗，亲爱的，保留住那些你对我而言的意义，或是我对你而言的意义。那真是少得可怜，大概只有天知道吧”（1988：219）。正好是在这时沃顿开始认真地写《伊桑·弗罗姆》。她和富勒顿恋情的结束并不是影响她情绪的唯一因素，婚姻生活也给她罩上了阴影。

以前她丈夫特迪虽然乏味，但还彬彬有礼，如今却变成了一个不能正常生活的人了。他的躁郁症使他不是一个安静的病人，一旦躁狂发作，他会惹出许多麻烦而且很难伺候。当他抑郁的时候，就面临自杀的危险。特迪和伊迪丝通常是分居的。1909 年夏天，伊迪丝在法国，特迪回到美国，他逐渐变得失控。他在波士顿的公寓里弄了个情妇。从伊迪丝的角度来说，更恶劣的是他从伊迪丝的托管基金里偷去了大量金钱，并将之挥霍浪费和滥加投资。伊迪丝于 1910 年初得知他品行不端后，特迪又花了很多时间与同伴一起旅行，并在温泉及疗养院中进行了没什么效果的治疗（Benstock，1994：226～229）。

就一方面来说，特迪的状况似乎在有伊迪丝相伴时最好，他的家人请求她履行妻子的义务，好好照顾他。1910 年 5 月，她在给富勒顿写的信中说道：“他只有一个想法，就是整天和我待在一起。如果我试图逃走，他会跟着我”。她继续写道：“你若知道的话，这些日子，这些时刻和这些谈话的内容，都是以空洞、幼稚等令人厌烦的过程没完没了地重复着。医生们还专业地说我这样做还不够，这简直是要了我的命。”（Lewis & Lewis，1988：15）

## 四、《伊桑·弗罗姆》

沃顿在 1910 年夏天的记忆是五味杂陈的，有着与富勒顿相处时的欢愉，也有心碎，还有对丈夫尽看护责任的重担压在她身上。她回想起一个这种主题的故事（这个故事于多年后被发表时仅有八页），这个故事是三年前她上课时为了加强法文而做的练习作品，在这个主题故事的基础上，她开始了《伊桑·弗罗姆》的写作（Wolf，1994：157）。一些耽搁使她在几个月后才接着写下去，那时特迪不在，旅行去了。1911 的新年刚过，她给一个朋友写道：“我对那部荒唐的小说越来越认真。”当时，她几乎完成了一半，正全力以赴（Lewis & Lewis，1988：232）。创作《伊桑·弗罗姆》的大多数时期里她的好朋友沃尔特·贝里就住在她的客房里，每天傍晚，她都会把当天完成的作品读给他听（Benstock，1994：247）。

小说中的叙事者是一位知识分子。他的雇主派他去马萨诸塞州西部的发电厂工作，受困于冬天常见的风雪而滞留小镇时，他对一名叫伊桑·弗罗姆的人产生了好奇心。伊桑是如此的呆滞和苍白，他显得十分苍老，尽管他只有 52 岁。讲述者从一个当地人那里得知，自从那场“撞击”后，伊桑一直处于那种状况。而和伊桑相处了一段时间后，叙事者把他看作是“沉默、忧郁景色中的一部分，是苦闷的化身，然而在外表底下却有着温暖与情感”。总之，他认为伊桑活在“心灵上的孤独深井里”（Wharton，1911：16～17）。把发生在伊桑身上的事情拼凑后，叙事者说出了以下的故事：28岁的伊桑和比他大7岁的妻子吉娜（Zeena）在一起生活着。吉娜比她的表妹马蒂（Mattie）也大7岁。表妹的父亲过世了，留下穷困的她，她别无选择，只得来和伊桑一起生活。在这里她充当吉娜的女仆以解决温饱和住宿问题。伊桑和妻子的关系是徒有虚名的，他们从不谈心，吉娜已失去了年轻的状态，她不断地挑剔他，她病弱且为了许多杂症而频繁就医。

伊桑发现，自从一年前马蒂走进了他们的生活后，“就如同冰冷的壁炉里燃起了一团火”。“他可以带她体验许多事，对她讲述许多事，这些经验萦绕于心并一直回响着，让他沉浸在随手可掬的幸福感中。”当他们在晚上从小镇回到农场时，他特别感受到这种“心灵相通的甜蜜感”。在遇到马蒂之前，他已着迷于大自然，但这种情感“只以一种沉默的疼痛停在他身上，并将这种美罩上了悲伤的面纱”。他并不知道世界上是否有其他人会像他这样，但他现在却“察觉到有另一个灵魂也对这种奇特感觉感到激动颤抖”（Wharton，1911：36～37）。

吉娜决定，身为一个病人，她需要一个合适、带薪的佣人来让她得到比马蒂所能做的更有效的帮助。她出城去看医生时雇了一个新的佣人，并对伊桑和马蒂表态说表妹必须马上离开。伊桑试图找出一个让吉娜的命令得以圆通的方法，但是他最后还是得听她的。她不会站在他这一边。“没有别的路可走——没有。他这一生都是囚徒，现在他的一丝希望也要被灭绝了。”（Wharton，1911：146）他想去借钱好让他和马蒂一起逃走，但是，他又不能置生病的妻子于不顾。

于是他自己开车载着马蒂去火车站，并要在那里把即将抵达的新佣人接回来。伊桑和马蒂坐在马拉的雪橇内谈话，马蒂仿佛爱上了他，而他也爱着马蒂，但她同时也感到没有希望。当他们来到一处向着城镇方向的陡峭斜坡时，伊桑向她提到，以前他们曾说过有机会的话想坐在雪橇上从这里滑下去。他看到树下就有个雪橇，于是提议他们可以现在就滑；他们从山丘上滑下来，且感到刺激。当他们走回山丘上后，马蒂提议两人殉情。他们可以坐雪橇再次滑下去，而这次只要雪橇撞到山丘底下的榆树，伊桑就能了局。伊桑已经“对他即将要回去看到的那栋房子感到厌恶……有一个女人会在那等他”，他意识到和妻子在一起生活已是“无法忍受”（Wharton，1911：180）。他同意了马蒂，“她是正确的”。他们走到雪橇上后，他想，“这么做总比分离好”（Wharton，1911：183）。

但是，他们的自杀并没有成功。撞击使伊桑瘸了，马蒂的伤势更重，她伤到了脊椎导致半瘫。叙事者在和一个城里的女性聊天时，这个女性讲到了自事故发生后的24年中，弗罗姆的农场里是怎样的光景（Wharton，1911：194～195）。伊桑、马蒂和吉娜三个人继续住在一起，几乎是吉娜在照顾他们两个人。马蒂变得刻薄起来，吉娜仍旧性情古怪。“有时候她们相处好了点，但随即伊桑的神情又会让人心碎。”小说用这女人的结论作为结尾，“他们现在的样子，我不认为弗罗姆在农场里和埋在墓园内有多大差别，除非在墓园里，大家才会静下来，那些女人才会停下她们的舌头”。

然而，伊迪丝·沃顿和伊桑·弗罗姆两人之间的生活是有所呼应的。从字面意义来看，这部小说并不等同于自传（见 Anderson，2001）。沃顿从没有住过马萨诸塞州，也没有爱上过佣人，更没有试着双双殉情。但在这部小说中，她却表达出她写作时所挣扎的那个生活氛围。她曾经评论道："小说的灵魂应该是作者自己的灵魂。"（Wharton，1985：115）小说家在小说中表达出对她影响最深的情感，一个人在创作想象的故事时，怎么能够去关注并非自己深深在意的事情呢？这些情感以及引发这些情感的冲突和关注点，若不是从一个人先前的经验中来，又是从何处来的呢？小说家约翰·诺斯（John North）最近评论道："我希望你能像接受真实事件一样接受我的新小说，它就像真实事件的姐妹一样，只是在某种意义上带着自传的性质：它是从我生活中沉淀的素材里打造出来的。"（Brisendine，2003：4）

《伊桑·弗罗姆》不但紧紧抓住了读者，而且也唤醒了读者，能让他们感受到沃顿在生命中的种种情感。她很早就渴望与另一个人保持一种亲密关系。她的婚姻是干涸且令人失望的，就像伊桑的一样。她感到自己被囚禁在那里，而伊桑也是。自从爱上富勒顿这样一个能够让她分享内心世界的人后，她感觉到自己活过了一遭，性吸引力在她和富勒顿之间的交流是不可分割的部分，这与伊桑和马蒂两人的经历又很相似。最后，沃顿在写这部小说期间是抑郁的，她仍被困在婚姻里，而她知道自己与富勒顿没有未来。虽然伊桑感到郁闷的情况与沃顿不一样，但他也陷在婚姻里，而那个他深爱的、年轻而充满活力的马蒂不在了。

《伊桑·弗罗姆》的写作帮助沃顿能继续过日子。能够表达情感并和他人分享，这让一个人得到某种疏解。对于大多数小说作品而言，作者都在和广大的读者一起分享。就《伊桑·弗罗姆》而言，这个分享是以更直接的形式进行的，意即在沃顿写稿的过程中，她每天傍晚都对沃尔特·贝里大声地朗读她当天所完成的内容。对一个作者来说，打造出一个能够承载她情感的想象世界，会让她对先前可能曾彻底威胁过她的事物感到有掌控的能力。作者从对他们影响深远的事物中所创造出来的作品来发现解决之道，或至少是发现一种处理的方法，并非不寻常之事。在小说中沃顿勾勒出了她未来的愿景：她曾像伊桑一样不愿意离开配偶，但在完成《伊桑·弗罗姆》的几个月后她便和特迪分居，1913 年他们离婚，她拒绝像小说中的伊桑一样生活在不幸的生活里。

《纯真年代》（*The Age of Innocence*）是一部可与《伊桑·弗罗姆》相媲美的杰出作品，展现了她的策略。两部小说所隐伏的情绪有着相同的轮廓。《纯真年代》出版于 1920 年，比《伊桑·弗罗姆》晚九年。在这本书中，主角也是男性，爱上了一个他真正能够与之沟通的人，但在各种因缘际会之下他不能和她结婚，取而代之的是展开了另一段缺乏热情与亲密分享的婚姻。它们的差别在于，在《纯真年代》中，尽管主人公从来没有忘却他失去的和缺乏的东西，却在隐藏内心的悲伤之下过着充满活力的、满足的生活。我相信沃顿一直有一些隐伏的后悔和悲伤，但是她避免了伊桑那种被抑郁缠裹的命运，她忙碌、专注而又充实地继续生活下去。

## 五、心理传记学和文学研究

我将以沃顿和《伊桑·弗罗姆》为例，对心理传记学和文学研究两者之间的关联用几句话来结束本文。在我看来，两门学科对彼此都有着重要的价值。心理传记学为我们了解作者内心世界的样貌提供了一种潜在的可能，这种了解又能为我们在审视作者的作品时提供帮助。我们会敏感于作品的情感核心，会对蕴涵着作者情感挣扎的主题有所共鸣。我要这么说，对沃顿的内心经历有所认识，能帮助我们看到《伊桑·弗罗姆》说的是围绕亲密感的渴求以及失去亲密关系后的孤寂感打转的故事。

研究作者的作品，同样是在对作者进行心理传记式的探索时所不可或缺的。从沃顿的例子中，我们有好几次都会在信件和日记这类直接的证据中发现作者的内心挣扎，但是去看她在小说中如何表达这些关注时，能够从更深和更细致的程度上增加我们理解这些关注对她的意义。

比起沃顿的其他作品，亨利·詹姆斯最欣赏《伊桑·弗罗姆》。“我极度推崇……《伊桑·弗罗姆》，”他在给沃顿的信中写道，“一件优美的艺术作品、一种优美的语调以及一串优美的真实，美丽巧妙地隐伏着累积的情感。这是一颗‘宝石’。”（Power，1990：195）《伊桑·弗罗姆》在很多地方都是成功的，但我相信詹姆斯特别关爱的是这部小说的情感真挚之处。

（舒跃育　李佳欣　丁兴祥　译）

**参考文献**

Anderon, J. W. (2001). Is Fiction Autobigraphical ? *Clio's Psyche*, 8, 134 – 136.

Benstock, S. (1994). *No Gifts from Chance: A Biography of Edith Wharton.* New York: Charles Scribner's Sons.

Brisendine, S. (2003, December 8). "Shipwreck" Is all About the Write Stuff. *Chicago Tribune*, Sec. 5, p. 4.

Dwight, E. (1994). *Edith Wharton: An Extraordinary Life.* New York: Harry N. Abrams.

Lewis, R. W. B. (1975). *Edith Wharton: A Biography.* New York: Harper & Row.

Lewis, R. W. B. & Lewis, N. (Eds.). (1988). *The Letters of Edith Wharton.* New York: Charles Scribner's Sons.

Powers, L. H. (Ed). (1990). *Henry James and Edith Wharton, Letters: 1900 – 1915.* New York: Charles Scribner's Sons.

Wharon, E. (1893). The Fullness of Life. In R. W. B. Lewis (Ed.). *The Collected Short Stories of Edith Wharton* (Vol. 1, pp. 12 – 20). New York: Charles Scribner's Sons, 1968.

Wharton, E. (1900). *The Touchstone.* New York: Charles Scribner's Sons.

Wharton, E. (1911). *Ethan Frome.* New York: Charles Scribner's Sons.

Wharton, E. (1985). *A Backward Glance.* New York: Charles Scribner's Sons.

Wharton, E. (1990). Life and I. In C. G. Wolff (Ed.). *Novellas and Other Writings* (pp. 1069 – 1096). New York: Library of America.

Wolf, C. G. (1994). *A Feast of Words: The Triumph of Edith Wharton.* Reading, Mass.: Addison-Wesley.

# 第三编

# 心理学家的心理传记学

第14章

# 心理学家的心理传记学研究

詹姆斯·威廉·安德森（James William Anderson）

长期以来，敏锐的观察者都会发现，心理学家的个人生活——包括他们的经历、困惑、专注之事和冲突——与他们提出的心理学思想和理论有着密切的联系。这种联系经常被当作让人惊讶或诙谐有趣的事情进行谈论。亨利·莫里（个人交谈，1975）是个很有影响力的心理学家，他曾经跟我谈起过大家多年来所熟知的埃里克森。他说埃里克森关于人的发展理论并不适合每个人，而非常适用于他自己以及和他相像的人。他笑着，就一般的人类发展理论评论而言："每个心理学家提出的关于人类发展的理论都是自传性质的"。

我在芝加哥工作，提出自恋理论的杰出学者海因茨·科胡特也曾经生活在这里。我经常听到他自恋的传闻（需要说明的是，人们也经常说起他的才华）。在60岁生日庆典上他被授予荣誉的时候，他会自恋；他向他的亲友宣读新作，却不愿听到任何批评；年轻时，为了保持向后梳起的发型，他就戴着一个发网睡觉。大家都说："他当然要研究自恋了。"

有两本著名的著作探讨了理论提出者与他们提出的理论之间的联系。下面是他们对于这种联系的描述：

埃米·德莫雷斯特（Amy Demorest，2005：4）提及西格蒙德·弗洛伊德、斯金纳以及卡尔·罗杰斯时，认为"在建立理解人生理论的过程中，他们都曾以自己特殊的生活经历为参照。在作出适用于所有人的客观结论时，这些理论家都受到了他们个人的主观经验的影响"。她接着阐述了这三种理论的差异"来源于三位作者生活经历的差异以及从他们的经历中衍生出的不同的关注焦点"（2005：4）。

乔治·阿特伍德和罗伯特·斯托洛若（George E. Atwood & Robert D. Stolorow，1993：5）认为，"理论家的主观世界不可避免地会转化为他们关于人性的元心理学的（metapsychological）理论和假设"（"元心理学"这个术语是指理论家的核心理论观念）。阿特伍德和斯托洛若考察了四位心理学家——弗洛伊德、卡尔·荣格、韦尔海姆·瑞奇（Wilhelm Reich）和奥特·兰克（Otto Rank）后，总结指出：通过这些元心理学的理论，“每个心理学家解决自身困惑和核心危机的过程被固结为某种静态的知识体系，在他们自己看来，这是解释客观事实不容置疑的正确知识”（1993：175）。

在这里，我想澄清一点，我并不是认为心理学家的个人生活是他们心理学理论的唯一来源，任何一个心理学家的著作都是在与他所处时代的知识进行密切互动的过程中产生的。例如，在弗洛伊德提出他的理论时，已经有很多关于潜意识、性欲以及决定论的讨论和文章［参见本卷第17章阿诺德和阿特伍德（Arnold & Atwood）所写的关于弗里德里希·尼采（Friedrich Nietzsche）的内容，他独立地提出了与弗洛伊德相似的理论，对心理的工作机制提出了类似的观点］。此外，心理学家们不只是依据他们个人的生活经历提出理论，他们通常还会观察到其他的现象，并用他们的理论来解释这些现象。如果弗洛伊德没有遇到那些被潜意识力量所带来的症状所困扰的癔症患者，很难想象他能提出自己的理论。同样地，斯金纳对于老鼠和鸽子的实验也是他许多概念的直接来源。但是，我要指出的是，心理学家之所以对某些领域进行探索，是因为这些领域在他们的生活中是有意义的，只要这些结论与他们的经验一致，他们最终都会相信这些结论。此外，这些理论提出者与他们的思想之间有种动态的相互作用。他们的思想帮助他们理解自身，还经常能帮助他们从烦人的困境中解脱出来。有时这些思想起到防御的作用，就是说，这些思想能够保护他们的自尊和自我统一感不受伤害。这里，我以弗洛伊德和埃里克森这两个心理学家为例，来说明他们核心的心理学思想与生活中的困惑是怎样密切相关的。

弗洛伊德高度重视“俄狄浦斯情结”。他曾经把它称作精神分析的“行话”，即是否认同这个概念，可以把精神分析学说的信奉者与反对者区分开来（Freud，1905/1953：226）。具有俄狄浦斯情结的小男孩不仅想要与母亲亲密接触，而且想在性关系上占有母亲，他不仅与父亲竞争以占有母亲，而且想要杀掉父亲。弗洛伊德就是在这样一种可以促成这种情结的家庭环境中长大的。他出生的时候父亲41岁，母亲21岁。他与母亲的年龄差距和父母亲之间的年龄差距很相近。作为一个小男孩，他心里可能会想：“与母亲一起睡觉的为什么是父亲而不是我呢?”他是母亲最喜欢的一个孩子，她把他视为掌上明珠，称他为“我的金宝贝西格（Sigi）”。在他的童年记忆中，父亲对他的态度则消极得多，七八岁的时候他曾经在父母的卧室里撒尿，当时父亲愤怒地责备他说：“这个孩子将一事无成。”（Anderson，2001：10～11）

在自我分析时，弗洛伊德发现自己的俄狄浦斯情结，他很震惊，也很沮丧。他说，在3岁那年当他偶尔看到母亲裸体时，他对于母亲的“力比多”被“唤醒”了。他的不自在是显而易见的，虽然这是在写给最亲密朋友的信中表露的，但是他也没有用通用的德语词汇“母亲”和“裸体”，而是用了古代的拉丁文词汇“matrem”和“nudam”取而代之（Masson，1985：268）。在谈到他与父亲的竞争时他同样显得很不自在。

弗洛伊德对母亲的欲望以及与父亲的冲突这些个人经验对他提出俄狄浦斯情结这一概念起到重要的作用。一方面，这种经验使得他敏感地看到别人尤其是病人的经验中存在着类似的规律。他能与那些在核心家庭的温室氛围中可能产生的最初情感——欲望、厌恶、竞争和谐相处。另一方面，他提出这个概念，也具有防御性的一面。他被自己的罪恶感所困扰，当他觉察到自己对父母的感情时，似乎感到很糟糕。但是，他指出俄狄浦斯情结是普遍存在的，以此可以缓解自己的罪恶感。如果每个男孩都像他那样对父母怀有类似的情感，那么弗洛伊德就没有理由感到很糟糕了。

如果说俄狄浦斯情结是弗洛伊德学说的核心的话，那么认同则是埃里克森理论的核心概念。埃里克森认为，认同是指一个人对于自己的看法。形成有效的自我认同可能有困难，因为认同必须整合自身不同的方面，还要获得来自社会的尊重和承认。一个难以形成自我认同感的人将会经历“认同危机”。

“如果说有谁在生活中曾经长期为认同危机所困扰，”埃里克森写道，“那么，这个人就是我了。”（Coles，1970：180）他说他有多种“边缘感”（marginality）。在埃里克森的传记中，劳伦斯·弗里德曼（Lawrence J. Friedman，1999）展开论述了埃里克森的内心、他与父母以及与社会的很多冲突。整合自身不同的方面，形成有效的自我认同对他来说是一个困难的任务。埃里克森的父亲很可能是一个丹麦异教徒，他从来没见过父亲。母亲既是丹麦人又是犹太人。他从小在德国长大。在他还年幼时，母亲嫁给了一个德国的犹太儿科医生。埃里克森被告知这个男人就是他的父亲，但是他对这之前的生活却有着很多记忆，这更加让他感到困惑。埃里克森从小被当作犹太人来抚养，但是因为金色的头发、蓝色的眼睛以及身高，那些犹太小孩都叫他“外邦人”，而那些异教徒的孩子则把他当作犹太人。他认为自己是一个德国的民族主义者，但是其他男孩则轻蔑地认为他是一个“丹麦人”。当他考虑就业时，他想做一名画家，但是继父想让他成为一名专家，最好是内科医生。这使他认为这个家庭很庸俗，渐渐与之疏远。

埃里克森在成年初期经历了一段备受困扰的生活。他说那段时间的困扰使他处于神经症和精神病的边缘。他说：“我的一些朋友认为，我应该把这种危机加以界定，并观察其他的人是否也有这种危机，这有利于我适应自身。”（Erikson，1970：742）

这意味着，提出认同危机这一概念对于埃里克森来说具有治疗作用。找到一种可以分析自我认同感形成过程的方法后，他更加了解自我，并且在这段混乱、困扰的日子里内心变得平静了。

就像弗洛伊德和他的恋母情结概念一样，埃里克森的个人经历对他形成认同概念起着更重要的作用。埃里克森努力形成有效的自我认同的经历让他十分轻松地看到认同的不同方面，比方说，认同既要符合一个人的个人背景又要被他人所接受。他的经历使他对于在自我认同形成过程中遇到的困难异常敏感；当他发现与自己类似的人时，便异常关注他们的经历。另一方面，他所提出的认同概念也有防御功能。那段心理异常的经历使他感到很羞愧，但是，他可以运用认同这个概念，解释说他不过是产生了认同危机而已，大多数人都会有这种经历。他还辩论道，认同危机可以说是一种“正常的危机”，虽然它会给人们带来痛苦甚至导致致命的后果，但是它能带来“潜在的成长”（Erikson，1959：116～117）。（有关埃里克森心理传记学的深入讨论，请参阅本卷中 Alexander 所写的第 18 章）

如前所述，人们经常会发现，心理学家的生活与他们的思想有着紧密的联系。他们时常把自己所理解的这种联系运用于类似的人身上，有时他们甚至很粗鲁地用它来攻击某些思想。正因为如此，弗洛伊德传记作家埃米尔·路德维格（Emil Ludwig，1947/1973：281～282）在 1947 年写道：“弗洛伊德的那些信念和想象很可能是他本人童年经历中印象至深的精神失常所带来的结果。”他进一步指出：“每年有成千上万的神经官能症患者被认为有性躁狂，因为精神分析的创立者自己就是个性错乱者。因为一个人有病，成千上万的健康人被认为有病，并且被认为童年时期出现的那些压抑的症状对于所有人都是存在的。"

路德维格的言论很古怪，因为他对于弗洛伊德的心理传记学分析容易引起争议，而且很外行。但是，这里最使我感兴趣的是他隐含的观点。他认为，如果一个心理学家的理论观点来源于所谓的"童年经验"，那么这些观点必然都是错误的。他犯了"发生学谬误"（genetic fallacy）。事实上，一个理论的精确性与它的起源毫不相干。第一个提出地球自转假设的人可能曾被一个落下的苹果砸在头上，感到头晕眼花，因而认为地球在转。在一种理论提出的过程中，这些个人因素既不能支持也不能否认。

理论提出者与理论之间存在联系，并没有使理论变得无效。我想说的是，对于人格理论来说，总是存在这样一种联系。就像弗洛伊德和埃里克森一样，一个理论提出者之所以很强调某一方面的经验，是因为这些经验在他们自己的生活中很重要。他们十分关心这个方面，在强烈的动机驱使下研究这些领域，以求深入了解它。理论家为什么会关注对自己没有什么意义的事情呢？他们对这个方面的人性也比较敏感，他们能察觉到它在他人的生命活动中是如何起作用的，而其他人则忽略了这些，这使得他们能够研究其他人所拥有的这些经验。

有人想象，人格心理学的研究会通过另外一种方式进行。很多人认为，心理学家会客观地研究人，通过实证研究发现事实。但是，心理传记学研究表明，实际上并非如此。心理学家利用自己作为第一个和最有说服力的例子来说明人是怎样的。德莫雷斯特（Demorest，2005）让人信服地指出，甚至对于斯金纳来说也不例外，他通过对老鼠和鸽子进行严格的实验建立起自己的理论，但是他的基本概念——外部强化的控制作用主要来源于自己。

除了让我们能够洞察心理学家建立理论的创造性过程之外，心理传记学研究方法对于心理学研究还有以下六个好处：

（1）心理传记学有助于我们更好地理解心理学理论。因为在理论家提出一个概念的时候，他的个人经验是一个主要的参考依据，所以我们常常在理论家的个人生活中发现可以很好地说明这个概念的例子。例如，弗洛伊德的经历告诉我们什么是恋母情结，而在埃里克森的成长史中，我们则可以看到认同感形成过程中遇到的麻烦。

另外一个例子是科胡特的研究，他创立了精神分析一个很有影响力的分支流派——自我心理学。科胡特（Kohut，1979）写了一篇论文，据称是一位叫做Z先生的病人的自述，他对病人做了两次分析治疗，一次在他的理论提出之前，另一次在理论提出之后。但是，斯特罗齐尔（Strozier，2001）指出，并没有这么一个叫Z先生的病人，科胡特写的是他自己。所谓的对Z先生的第一次分析是科胡特对自己进行的分析训练，第二次分析则是运用他自己的自我心理学理论，描述了他自己如何进行自我理解和自我治疗的过程。从这篇论文里我们可以看出科胡特的主要观点是如何运用在自己的生活中的。

（2）心理传记学有助于我们发现理论家的盲点和局限。了解理论家的个人生活，可以使我们发现他们理论的不足。有一个著名的关于戈登·奥尔波特的故事。他年轻的时候曾去拜访弗洛伊德，想亲自与这位精神分析学派的奠基人谈谈。坐在弗洛伊德的面前，他局促不安地想找些话题。他告诉弗洛伊德在去往办公室的电车上，看见一个男孩衣着肮脏，她的母亲则看起来衣着整洁，好像有些专制。弗洛伊德凝视着奥尔波特，问道："那个小男孩是你吗？"奥尔波特争辩说："他确实不是我。"（Elms，1972：628）奥尔波特认为弗洛伊德搞错了，误解了他的真实动机，他其实是想找一些弗洛伊德感兴趣的话题。和奥尔波特相知数十年的莫里也曾经跟我说过这个故事。他说弗洛伊德的话很"敏锐"，因为"那正是奥尔波特自己。我是指他是个很挑剔的人；非常爱干净……弗洛伊德的话正中他的要害"（Anderson，1990：326）。

奥尔波特（Allport，1968：38）说："这次经历让我明白深度心理学的价值在于它深入，心理学家在探索潜意识之前，应当全面地认识显而易见的动机。"的确，奥尔波特探索出一种有价值的心理学研究方法，但是他无视深层的动机。埃尔姆斯（Elms，1972：630；另见 Elms，1994：71～84）认为，奥尔波特不仅仅是受那件事情的影响。他的生活背景就强调虔诚、道德、勤奋以及条理性。因此，与弗洛伊德的邂逅并没有能让这个"品德高尚、爱整洁的小男孩"成长为一个洁身自好、讨厌不修边幅的心理学家。

对于奥尔波特的经历进行的心理传记学研究让我们看到了他理论的局限性。他对于生活中的阴暗面视而不见，常常忽略或低估它们。他不愿意看到人们的深层动机、性冲突以及神经官能症。

巴伦鲍姆（Barenbarm，见本书第 16 章）对奥尔波特进行了更详细的心理传记学研究，她也提到了奥尔波特与弗洛伊德会面的故事。她认为这反映了奥尔波特常见的一种行为模式，那就是，他想与人们崇拜的人物接触，在遭到拒绝和降格时感到痛苦，然后就形成一套在他看来更高级的研究方式，为自己辩护。

这里有明显的证据证明弗洛伊德把自己与母亲的关系理想化了。在谈及童年期的发展时，他花费很多笔墨谈论自己与父亲的问题，强调他对父亲的敌意和竞争，以及害怕父亲对他的冷淡。但是弗洛伊德（1933/1955：133）描述与母亲的关系却是"非常完美，非常自由，没有任何人类关系中的矛盾情感"。汤姆金斯坚定不移地认为弗洛伊德其实对母亲极其失望，感受到了她的背叛。当他意识到对母亲的这种情绪时，他感到非常危险，于是通过与母亲保持亲密来使自己免受伤害。事实上，在他的著作中，谈及自己与母亲的关系都是完美的。但是，在谈及女孩时，他对母亲的指责便流露了出来（Tomkins，1963：515～526；同样见 Abraham，1982）。

弗洛伊德的个人经历似乎限制了他的理论建构，因此在关于男性心理学的写作中，他只强调与父亲之间的关系困扰，而忽略了与母亲之间的麻烦。其中一个叫做鼠人的病人的案例（Freud，1909/1955），为弗洛伊德如何淡化母亲的重要性提供了例证。这是他的原始暗示苏醒的唯一一个案例。在弗洛伊德的所有案例中，有一个最露骨提及病人母亲的案例，他的重点也只是集中在病人与父亲的糟糕关系上（事实上他讲的是恋母情结）。但是，在那些最初的案例中，病人都较多提及与母亲的关系。

换言之，对于弗洛伊德的心理传记学研究表明，他避免看到与母亲关系中存在问题的一面。这导致了他理论中的盲点，他低估了母亲在儿子生活中的作用，却对儿子与父亲的竞争和敌意异常敏感。

（3）心理传记学提醒我们小心过分概括。我们很容易理解理论家为什么会过分概括。任何人看世界都基于自己的经验模式，如果一个人生活在战争环境中，他就倾向于认为这个世界充满冲突和杀戮；如果一个人童年时有一个喜爱他且温柔的母亲陪伴，那么他会认为所有的母亲都是充满爱和关怀的。过分概括是人们生活状态中的一部分。既然理论家是基于自己的生活来建立理论的，那么他们就会认为别人的生活经验与他们的相似。

阿特伍德和斯托洛若（Atwood & Stolorow，1993）强调说，心理学的理论建构有防御功能，这更有助于过分概括。上面对于弗洛伊德和埃里克森的描述表明，如果自己的理论能够适用于其他人，理论家便会从中获得一种心理上的收获。弗洛伊德通过阐述恋母情结是普遍存在的来缓解自己对母亲的欲望和对父亲的敌意所带来的罪恶感。埃里克森声称很多人都会经历认同危机，并且这种危机是有价值的，可以带来非同寻常的成长和创造，因此他克服了成年早期的心理混乱所带来的羞愧感。

弗洛伊德（Freud，1905/1953：226）把恋母情结看作是神经官能症的核心情结，"从某种意义上讲，对于所有的神经官能症者来说，恋母情结构成了他们生活的主要部分"。当人们就这方面谈及他所喜爱的概念时，他就是在泄露自己对于过分概括化的罪恶感。

（4）心理传记学让我们更加深入了解心理学家，而非把他们当作偶像来崇拜。当我们了解了那些有影响力的理论家的生活后，我们便知道他们也和其他人一样有个人困境。仅凭个人狭小的经验范围，他们为建立最好的理论而不懈努力。我们需要对这些理论持批判态度。我们确实可以说就是这些具有独特洞察力的人被强烈的动机所驱使而努力地去弄懂人格，但是所有人都受自身经验的限制。我们没必要被理论家关于人们是什么样的定论性声明或设想所唬住；相反，心理传记学方法既让我们认识到他们的观点有着潜在的价值，又让我们警惕所有理论家都容易犯错误。

（5）当我一直在强调人格理论时，心理传记学对我们理解心理治疗和心理测验也提供了帮助。每个心理学家都提出了一套与自己的人格和问题相关联的心理治疗方法。弗洛伊德深受自身压抑情感的困扰，尤其是对母亲的欲望和对父亲的仇恨。通过对梦境的自我分析，他能够理解自己的这些情感，并与之和平相处。他提出的一套类似的体系适用于病人，使他们能够更加接近自己的潜意识，并且用于梦的解析（Anderson，1997）。

阿伦·贝克（Aaron Beck）是一个逻辑性很强而且很有自制力的人，他在童年时就存在焦虑症状并且一直持续到了成年。他能够通过认知疗法——他自己创立的一种心理治疗方法——来缓解自己的症状（Anderson，1997）。

卡尔·罗杰斯的父母非常专制。他从小生活在一个很受限制的环境里，在这样的环境中，禁止舞蹈和游戏，更别说性，他没有自由自己思考或做决定。当他的内心出现危机的时候，他曾经求助于两位治疗师，而他们曾经是罗杰斯的学生，曾向他学习过病人中心治疗。这些治疗师能够让他在一个舒适的环境中探索自我。罗杰斯这样描述说（Rogers，1972：58）："我那时急切需要别人的帮助，对此我感到万分感激。我所培养的治疗师能够提供给我所需要的帮助。"他补充说："我所提出的心理治疗的观点正是我所需要的帮助。"富于创新的心理治疗师在发现现有的治疗方法不能有效地帮助他们时，便会发明出更新的方法来为他们服务（Anderson，1997）。

对有关心理治疗方法的心理传记学起源的认识给了我们一个清晰的信息，即任何一种疗法只是适合于一些特定类型的人：这个类型的人与疗法的发明者类似，这样疗效才比较显著。在发展比较完善的心理治疗流派中，比如精神分析，有很多具体的技巧和方法，但是始终有一条最基本的指导方针。认为一种疗法适合于所有人的观点是错误的，每一个病人都要找到最适合的方法来进行治疗。

同样，心理学家发明心理测验也是为了更多地了解对他们的治疗有价值的其他方面的生活经验。亨利·莫里发明了主题统觉测验。他曾在哈佛心理诊所工作，是个伊斯兰教徒。他早期的生活相当沉闷，先是医学毕业，后又学习生物化学，直到他突然接触到一种全新的经验范围——内在精神生活，包括人类隐藏的深层动机以及丰富的情感。他怀着强烈的灵感和热情，转向了对心理学的研究。他发明主题统觉测验是受动机所驱使，即想去寻找一种方法，这种方法能够发现和揭露人类的梦想、动机、灵魂深处的冲突和情感（Anderson，1999）。如果我们了解这个测验的独特目的，我们便能更好地运用此测验，使之发挥作用。

总之，了解心理学家的生活会帮助我们认识到他们所提出的心理测验的优点及不足。

（6）在我看来，心理学家的心理传记学研究最大的优点在于，它能帮助我们了解各个心理学理论的用途。威廉·詹姆斯曾经说过（James，1908：264）：“没有绝对的真理，也不是所有皆对，这是众所周知的，但是每个观察者都以独特的视角获得了不同的领悟”。类似地，那些伟大的心理学家也只是根据自己的生活经验，对某些领域的问题有着深刻的见解。弗洛伊德对于恋母情结这一概念的贡献不可或缺，这个概念会帮助我们加深对一些人的理解，尤其是当我们灵活地运用这个概念并与生活结合在一起的时候。然而，人们总是在错误中不断尝试，就像一些精神分析家把恋母情结应用于每个人一样。如果我们这样做的话，就是在误导人们来适应这个概念，就像强求所有的人都要一样似的。同时，我们要记住的是，没有一个心理学家可以洞悉完整的人格；我们要尽量减少只是武断地坚持一种思想，并且视之为终极答案。六十多年前，莫里（1940/1981：296）提出一种和精神分析类似的观点，他声称要合理利用弗洛伊德思想的某些观点，但是要警惕“不视真伪而盲目全盘吸收”。

（谷传华　刘莹　译）

**参考文献**

Abraham, R. (1982). Freud's Mother Conflict and the Formulation of the Oedipal Father. *Psychoanalytic Review*, 69, 441 – 453.

Anderson, J. W. (1990). The Life of Henry A. Murray: 1893 – 1988. In A. I. Rabin, R. A. Zucker, R. Emmons & S. Frank (Eds). *Studying Persons and Lives* (pp. 304 – 334). New York: Springer.

Anderson, J. W. (1997). The Analyst's Own Analysis: From Freud to Merton Gill. Paper Presented at the Annual Convention of the American Psychological Association, Chicago, IL, 18 August.

Anderson, J. W. (1999). Henry A. Murray and the Creation of the Thematic Apperception

Test. In L. Gieser & M. I. Stein (Eds.). *Evocative Images: The Thematic Apperception Test and the Art of Projection* (pp. 23 – 38). Washington, D. C.: American Psychological Association.

Anderson, J. W. (2001). Sigmund Freud's Life and Work: An Unofficial Guide to the Freud Exhibit. *Annual of Psychoanalysis*, 29, 9 – 34.

Atwood, G. E. & Stolorow, R. D. (1993). *Faces in a Cloud: Intersubjectivity in Personality Theory*, (2nd ed.). Northvale, N. J.: Jason Aronson.

Close, R. (1970). *Erik H. Erikson: The Growth of His Work.* Boston: Little, Brown.

Demorest, A. (2005). *Psychology's Grand Theorists: How Personal Experiences Shaped Psychological Ideas.* Mahwah, N. J.: Lawrence Erlbaum.

Elms, A. C. (1972). Allport, Freud, and the Clean Little Boy. *Psychoanalytic Review*, 59, 627 – 632.

Elms, A. C. (1994). *Uncovering Lives: The Uneasy Alliance of Biography and Psychology.* New York: Oxford University Press.

Erikson, E. H. (1959). The Problem of Ego Identity. *Psychological Issues*, 1, 101 – 164.

Erikson, E. H. (1970). Autobiographic Notes on the Identity Crisis. *Daedalus*, 99, 730 – 759.

Freud, S. (1953). Three Essays on the Theory of Sexuality. In J. Strachey (Ed. & Trans.). *The Standard Edition of the Complete Psychological Works of Sigmund Freud* (Vol. 7, pp. 125 – 248). London: Hogarth Press. (Original work published 1905).

Freud, S. (1955). Notes Upon a Case of Obsessional Neurosis. In J. Strachey (Ed. & Trans.). *The Standard Edition of the Complete Psychological Works of Sigmund Freud* (Vol. 10, pp. 153 – 318). London: Hogarth Press. (Original work published 1909).

Freud, S. (1955). New Introductory Lectures on Psycho-Analysis. In Strachey (Ed. & Trans.). *The Standard Edition of the Complete Psychological Works of Sigmund Freud* (Vol. 22, pp. 5 – 182). London: Hogarth Press. (Original work published 1933).

Friedman, L. J. (1999). *Identity's Architect: A Biography of Erik H. Erikson.* New York: Scribner.

James, W. (1908). *Talks to Teachers of Psychology: and to Students on Some of Life's Ideals.* New York: Henry Holt.

Kohut, H. (1979). The Two Analyses of Mr Z. *International Journal of Psycho-Analysis*, 60, 3 – 27.

Ludwing, E. (1973). *Doctor Freud.* New York: Manor Books. (Original work published 1947). Massonm J. M. (Ed.). (1985). *The Complete Letters of Sigmund Freud to Wilhelm Fliess.* Cambridge, Mass.: Havard University Press.

Murray, H. A. (1981). What Should Psychologist Do about Psychoanalysis? In E. S. Schneidman (Ed.). *Endeavors in Psychology: Selections from the Personology of Henry A. Murray* (pp. 291 – 311). New York: Harper & Row. (Original work published 1940).

Rogers, C. R. (1972). My Personal Growth. In Arthur Burton (Ed.). *Twelve Therapists* (pp. 28 – 77). San Francisco: Jossey-Bass.

Strozier, C. B. (2001). *Heinz Kohut: The Making of a Psychoanalyst.* New York: Farrar, Straus & Giroux.

Tomkins, S. (1963). *Affect, Imagery, Consciousness* (Vol. 2): *The Negative Affects.* New York: Springer.

Weishaar, M. E. (1993). *Aaron T. Beck.* London: Sage.

第15章

# 把自己当作达·芬奇的弗洛伊德：最早的心理传记何以出错

艾伦·埃尔姆斯（Alan C. Elms）

人们普遍认为，西格蒙德·弗洛伊德关于列奥纳多·达·芬奇（1910 /1957b）的著作是最早的、真正意义上的心理传记。其他的研究者，包括莫比乌斯（Möbius）和萨德格儿（Sadger），曾关注过"伟人"心理，但是他们主要是为了作出特定的精神病理学诊断。在《列奥纳多·达·芬奇与他童年的一个记忆》（1910 年初版）一书中，弗洛伊德走得更远：他应用一种系统的人格理论来分析创造性个体的一生，并且对列奥纳多的某些成就和失败提出了心理学的解释。

几乎一个世纪之后，弗洛伊德的书从几个方面来看仍然是心理传记的典范。他选择人类历史上最重要的、最具有挑战性的传主之一作为研究对象。他用规范的例子和明确禁止的陈述，为心理传记学提出了至今依然有效的基本方法论准则。通过仔细阅读列奥纳多的生活和工作中大大小小的线索，并应用一套连贯的理论，弗洛伊德能够解释列奥纳多多方面的性格特征，而这曾长期困扰着历史学家。甚至那些并不喜欢精神分析学派、专门研究列奥纳多的学者也认同弗洛伊德的观点。例如，肯尼思·克拉克（Kenneth. Clark，1967：20）在他研究列奥纳多的经典著作中，称赞弗洛伊德的研究是"闪耀着天才的直觉的华章"，"我认为，这是对列奥纳多的《童女和圣安尼》（*Virgin and St. Anne*）这一作品美丽动人而又十分深刻的解释"（1967：137）。研究列奥纳多的主要著作之一——《未知的列奥纳多》（*The Unknown Leonardo*）（Reti，1974：6），开头就引用了弗洛伊德对列奥纳多的描述："他就像一个在黑暗中醒来太早的人，其他人还在昏睡中。"

然而多年来，几乎是从一出版以来，弗洛伊德写的列奥纳多的心理传记就经常受到严厉的批评。这不仅是因为它让伟大的列奥纳多蒙羞（弗洛伊德在书的首页就曾预料到这种批评），而且是因为严重的失实和逻辑错误。这本书成为一个可以说明整个心理传记学存在无可挽回错误的典型例证——戴维·斯坦纳德（David Stannard）的这种观点最典型（1980）。斯坦纳德把弗洛伊德的著作说成是"心理历史学的……潜力的最好的标志之一"，认为其中包括了"一些令心理历史学激励人心的最精彩的例子"（1980：3）。但是斯坦纳德的称赞只是一种手段，他想把这本书编成一个稻草人一样的批判对象。随后，斯坦纳德猛烈地攻击和羞辱了心理历史学和心理传记学，而且还批评了弗洛伊德的整套理论和实践。

弗洛伊德所写的列奥纳多心理传记多处遭到批评，它决不是最好的心理传记学著作。的确，它的错误让它难以成为弗洛伊德最好的作品。在写作这本书的过程中，弗洛伊德展示了写心理传记的一些准则，这表明他对这个领域是老练的。然而，他为什么却在事实上违反了每一条准则呢？对这个问题的回答能揭示西格蒙德·弗洛伊德心理世界的很多东西。在这里，他和列奥纳多一样，成为心理传记学独特而重要的研究对象。通过这个问题，我们也可以了解心理传记学作为一种学术探索事业所存在的问题和潜力。

## 一、弗洛伊德为什么要写这本书

我们先来分析一下弗洛伊德为什么要写这本书，这对于具体分析弗洛伊德犯某些错误甚至违反自己的准则可能会有所帮助。1909 年秋天，弗洛伊德已经很忙了，他开始着手写这本书的初稿。他肯定不想让别的事情占用时间。他身负重担，每天至少用八九个小时来为病人做心理分析治疗，还要整理出版同年 9 月份在克拉克大学所做的心理分析讲座的讲稿，监督《日常生活中的精神病理学》（*The Psychopathology of Everyday Life*）第三版的出版工作，而且还在筹划他的两部主要著作之一——《性学三论》（*Three Essays on the Theory of Sexuality*）的第二版。他要给至少两名助手进行免费的训练分析，举办定期的研讨班，周三晚上还要在维也纳精神分析协会的会议上扮演主要角色，扩大国际精神分析运动，审阅别人所写的精神分析作品，编辑期刊，处理或手写跟卡尔·荣格、桑多尔·佛伦兹（Sandor Ferenczi）和其他很多人的大量来往信件。他在那年 10 月写给荣格的长信中，第一次提到写作列奥纳多心理传记的计划，“每周的工作让我感到麻木，如果上帝没有预先规定，我宁愿再创造一个星期七……我也必须像美国人那样生活，尽管我不想这样做：没有给力比多留出时间”（McGuire，1974：256）。

因此，当弗洛伊德还要写作列奥纳多的心理传记时，即使当初他并没有计划把它作为一项主要的工作，也一定要有令人信服的理由，才能说服自己这样做（McGuire，1974：261）。他向荣格申述了几条理由：他最近接受了一个很可能患有“神经症”的病人，他的身材和心理都与列奥纳多相似，但是“不具备他的天才”；弗洛伊德产生了对“列奥纳多·达·芬奇性格之谜”的灵感，其中涉及这位伟人的性发展；弗洛伊德还认为，已经到了精神分析学家“主宰传记学”的时候了，尽管他担心找不到有关列奥纳多的足够多的有用资料，但是他希望对列奥纳多性格的分析会迈出“传记学领域的第一步”（McGuire，1974：255）。

弗洛伊德对于在那时开始写作可能有深层的自己能够意识到的理由，对此他并没有向荣格提起。他对周三晚上精神分析会议的一个成员伊西多·萨德格尔（Isidor Sadger）写著名作家的病志感到越来越恼火。萨德格尔根据自己推测的遗传机制，对这些人物作出病理诊断。在 1907 年末的一次会议上，弗洛伊德严厉地告知萨德格尔，“这样写病志是不正确的……完全没有必要去写这样的病志，这只会损害（精神分析）理论，而对于理解人物毫无帮助”（Nunberg & Federn，1962/1967：257）。一年以后，即1909年初，卡尔·亚伯拉罕（Karl Abraham）告诉弗洛伊德，他打算“对乔万尼·塞甘蒂尼［Giovanni Segantini）（19世纪瑞士的一个画家）］进行精神分析研究”，只有借助性欲学说才能理解他的人格和作品（Abraham & Freud，1965：71）。或许是由于他把忠诚的亚伯拉罕的工作看作是对萨德格尔病志研究的矫正，弗洛伊德鼓励他进行这项研究。但是，亚伯拉罕进展太慢，直到那年年末，弗洛伊德说他正在写一篇关于列奥纳多的论文，同时告诉亚伯拉罕，他希望那篇分析塞甘蒂尼的论文能在同一卷上发表。“到时候，我们就会看到在传记学写作方面有两大进步。”（1965：83）弗洛伊德在一定程度上可能受到了亚伯拉罕写一位艺术家心理传记的启发；他也可能觉得，要用心理传记学取代病理描述学，对一个名气不大的瑞士画家进行研究，并不能给人留下最深刻的印象。这里甚至还可能存在与相当年轻的亚伯拉罕竞争的成分，尽管这一点在他们之间的通信中并没有明确地表现出来。

正如弗洛伊德在1909年10月对荣格所说的那样（McGuire，1974：271），在这些理由中，没有一个可以说明他为什么很快就着迷地写起列奥纳多的心理传记。同样，也不能解释他为什么在随后的四个多月的时间里，不顾各种困难和沉重的工作负担而持续不断地写这本书。1910年2月，他对荣格说：“一切照旧。我每天工作到精疲力竭，然后我就写几行列奥纳多的心理传记”（1974：296）。3月，在审核了一次重要的精神分析大会的计划之后，弗洛伊德说：“要不然，我整个地就是列奥纳多了。”（1974：301）到此为止，申述的所有理由不仅不能解释弗洛伊德为什么高强度地投入列奥纳多传记的写作，也不能解释他在写作过程中所犯的错误，尽管那些准则是他对自己最好的忠告。

## 二、为什么弗洛伊德误入歧途

其他人也曾对弗洛伊德的错误给出各种各样的解释。没有人敢说弗洛伊德是愚蠢的，但是，许多列奥纳多心理传记的评论者认为，弗洛伊德缺乏有关列奥纳多的某些知识。要写一部全面而精确的列奥纳多的心理传记，需要拥有广泛而详细的知识，不仅要通晓精神分析理论（这方面弗洛伊德肯定没问题），而且要通晓艺术史、15和16世纪的意大利文化、罗马天主教的历史和传统、意大利语言、颜料化学以及欧洲文艺复兴时期的政治和其他一些领域的知识。弗洛伊德当然无法满足全部要求，因此，为什么他就不会犯错误呢？

实际上，弗洛伊德在提及有关列奥纳多的可靠事实时，还是非常精确的，甚至比后来的一些批评家还要精确［见艾斯勒（Eissler，1961）对文中涉及的事实问题的全面回顾］。弗洛伊德并不想研究列奥纳多生活和工作的每一个方面，不过，对于他要考察的心理学家感兴趣的方面以及当时的学术界对列奥纳多及其所处的时代有哪些观点，他是知道的。总的来说，他明智地应用了这些知识，尽管他也知道当时的学术界是不值得信赖的。列奥纳多心理传记的一位评论者杰克·斯佩克特（Jack Spector，1972：58）抱怨“他（弗洛伊德）故意忽略了一个地方”，可能就是这个错误致使弗洛伊德对列奥纳多进行了歪曲的分析。弗洛伊德曾经在一本关于列奥纳多的法文书中的一段话下面划了线，这段话说，在列奥纳多出生后不久，父亲就和母亲断绝关系，并让这个私生的男孩跟他一起生活。弗洛伊德在他的书中并没有引用这一段。在斯佩克特看来，“他（弗洛伊德）画线强调而又没引用的这段文字与弗洛伊德长期持有的一个假设相矛盾……这个假设就是：当时，这个年幼的天才人物单独地与溺爱他、渴望得到爱的母亲生活在一起”。斯佩克特显然不知道弗洛伊德从其他列奥纳多的传记材料中了解了什么，而且也没有档案资料可以证实，弗洛伊德在那本法文书的这一段话下面画了线。这纯粹是一种推测，甚至没有可信的证据，这并不比弗洛伊德强多少。

然而，一个重要的事实却被弗洛伊德弄错。众所周知，他引用了关于列奥纳多的童年记忆（或幻想）的一段文字，然而这段文字是德语翻译过来的。这段译文讲到一只鸟多次用尾巴撞击列奥纳多的嘴唇。在这段译文中，欧洲的一种肉食鸟——“鸢”经翻译就变成了埃及的一种肉食鸟——秃鹫，这就出问题了。回顾这段历史，我们可以说，弗洛伊德本来应该格外小心翻译的准确性，因为他在书中用了很多列奥纳多的早期记忆。但是，他并没有这样做，这个错误所导致的一些后果将在下面讨论。弗洛伊德极少犯这种简单无知的错误。

如果一般的无知不能导致弗洛伊德的大部分错误，那么到底是什么导致了这些错误呢？一些批评家们认为，这是一个投射认同（projective identification）问题。弗洛伊德认同了列奥纳多，并且他通过把自己的一些特点错误地赋予了列奥纳多，增强了这种认同感。这的确部分地解释了弗洛伊德的错误和证据不足的论断，他经常提到列奥纳多可能具有的某个特点，而众所周知，弗洛伊德也具备这个特点。弗洛伊德从来没有公开承认他认同列奥纳多，尽管他承认过认同汉尼拔（Hannibal）和其他几位重要人物。但是他对列奥纳多的认同在列奥纳多心理传记中和其他一些地方都是显而易见的。欧内斯特·琼斯（Ernest Jones）很了解弗洛伊德，她认为“弗洛伊德分析列奥纳多的人格时所写的内容，很多也是他的自我描述；他与列奥纳多之间无疑有很多相似之处”（Jones，1955：432）。利希滕伯格（Lichtenberg，1978）、华莱士（Wallace，1978—1979）和特若斯曼（Trosman，1985：170～171）等人都曾讨论过弗洛伊德与列奥纳多具体的相同点。玛丽·波拿巴（Marie Bonaparte）在她未出版的对弗洛伊德的分析中说弗洛伊德曾经承认自己与列奥纳多有相同之处。对此，弗洛伊德曾说他也感到他们之间具有相同点［与弗兰克·哈特曼（Frank Hartman）的个人交谈］。

斯坦纳德（Stannard，1980）不太严肃地使用了这个认同概念，他指出“弗洛伊德声称在列奥纳多身上发现的很多特点，都是他自己的人格特点”，他列出了10个这样的特点（1980：20～21）。其中有一些确实是弗洛伊德的特点，一些是值得怀疑的，而另外一些几乎或者根本不是。斯坦纳德似乎在暗示弗洛伊德把自己的人格特点投射到了列奥纳多的身上。但是，斯坦纳德曾在另外一些场合说，他并没有实际的证据可以证明这种投射现象（这正是弗洛伊德本人假定存在的心理现象）的存在（1980：27），因而，他还不能很认真地说，这种投射造成了弗洛伊德在列奥纳多心理传记中所犯的错误。的确，他没有强硬地坚持自己的观点。

无论如何，如果人们只是列出弗洛伊德和列奥纳多之间的几点相同之处，那么用认同和投射术语来解释弗洛伊德的著作，就是一种相当刻板的做法。这里问题又出来了：为什么弗洛伊德要这样做？为什么他感到有必要认同列奥纳多，或者说有必要把自己的人格特点赋予列奥纳多？为什么他在那段特殊的时期如此强烈地认同列奥纳多？

为什么他会强调认同列奥纳多的某些方式而不强调另外的一些方式？为什么它会成为弗洛伊德本人也非常看重的一本著作？

与其他人不同，斯佩克特（Spector，1972）试图回答弗洛伊德认同列奥纳多的心理动力学问题。他提出了几条有趣的分析主线，每一条主线都值得关注，尽管每种情况下他的结论并无十分充分的证据。斯佩克特认为，弗洛伊德认同列奥纳多，主要有三个方面的原因：

（1）弗洛伊德认为“他为生活中要进行一次转折而感到很焦虑”（1972：xi）。“他要把自己提出的粗略的理论观点系统化，就如同（列奥纳多）将注意力从艺术幻想转向科学的逻辑一样。”（1972：54）弗洛伊德并没有真的认识到自己生活的转折，的确，他感到在中年再从事写传记这类事情就好像从科学研究折回到青少年时期对艺术和文化的兴趣上来。但是，正如斯佩克特所说的那样，事实的确如此，在他五十岁出头的时候，弗洛伊德对他能否继续进行创造表示怀疑，希望从列奥纳多的例子中找回信心。

（2）斯佩克特认为，弗洛伊德与父母之间未解决的问题致使他歪曲了列奥纳多早年的家庭生活。在这个宏观的观点背后还有很多具体的分析，但是斯佩克特的具体分析并不完全精确。例如，他说弗洛伊德“曲解了（列奥纳多所谓的秃鹫幻想）部分的内容”是为了迎合希望没有父亲、单独与母亲一起生活的愿望，就是他经常提到的典型的“家庭浪漫史”（1972：60）。斯佩克特说，另一方面，“弗洛伊德试图贬低列奥纳多的父亲，也完全适合弗洛伊德自身的人格发展，沿着所谓的‘家庭浪漫史’这条主线，从弗洛伊德生活中的这个问题出发，有助于我们理解他著作中的其他错误和疏漏”（1972：57）。当然，弗洛伊德承认，他年幼时有恋母情结，希望自己能代替父亲，以独占母亲的爱。看来他在分析列奥纳多早年的发展时也加进了这种情感。但是，俄狄浦斯情结自身并不能构成弗洛伊德（1909/1959b）所说的“家庭浪漫史”，孩子相信，他们的亲生父母总要比那些假装是父母的人要好得多，而且高贵得多。由于列奥纳多是一个私生子，而且父母亲的家庭背景相差很大（据说他的母亲是一个农民的女儿，而他的父亲很富有，社会地位也较高），可以说列奥纳多至少是部分地游离于这样的“家庭浪漫史”之外的。但是，弗洛伊德并不认为父母之间的这种差距是列奥纳多的一个主要问题。而且，到了中年，让弗洛伊德感到很矛盾的事情似乎主要是对父亲应该抱有怎样的感情（对父亲在弗洛伊德早年所干的“坏事”，是应该责备还是应该原谅），而不是想彻底忘掉他的父亲。斯佩克特更关注弗洛伊德与他母亲的关系，稍后我们再来讨论这些问题。

（3）最后，斯佩克特的一个主要观点是，弗洛伊德强烈地认同列奥纳多，是因为他“对于自己同性恋的冲动感到焦虑，他钦佩列奥纳多，能把这种冲动升华为性欲之外的活动能力”（1972：61）。然而，从斯佩克特的讨论中，我们并不清楚，为什么这些冲动在弗洛伊德生命中的那段时间成了一个问题。事实上，斯佩克特只在一处提到弗洛伊德的异性恋冲动，那就是由于早期与母亲有着很多的冲突，弗洛伊德“从来没有完全愉快地接受异性恋”（1972：63）。斯佩克特似乎没有认识到异性恋在弗洛伊德性心理上的全部意义。下面我们还要讨论这个问题。

## 三、弗洛伊德违背了自己制定的准则

上面提到过，弗洛伊德在列奥纳多的心理传记中提出了许多心理传记学的研究准则，一些是以规定性的例子提出的，另一些是以明确禁止的陈述提出来的。规定性的例子主要是技术性的，弗洛伊德通过这些例子说明：怎样检验传记中各种逸闻趣事的内部效度和外部效度；怎样对传主的行为与当代人的行为进行比较，以评价这些行为是否正常，等等。明确禁止的陈述是弗洛伊德明确指出心理传记学家不应该做的一些事情，然而弗洛伊德不时地违反这些准则，甚至可以说很快地违反了这些准则。他每次违反自己明确禁止的准则时，都好像是受某种动机的驱使，并且每一次都涉及弗洛伊德对列奥纳多的某个重要侧面的认同。下面我们来分析这些基本的准则，同时也分析一下弗洛伊德在列奥纳多的心理传记中违反每一条准则的最可能的动机。

1. 避免根据单一线索提出论点

正如弗洛伊德所言，“只发现某一个特征是难以令人感到满意的”（Freud，1910/1957b：93），也如费希尔（Fischer，1970：305）在《历史学家们的谬论》（Historans，Fallacies）一书中所言，“如果观点只是一个单链条，并且一个环节断裂的话，那么整个链条本身就会跟着断裂。但是，大多数历史学家的观点并不是这样的单链条。反而更像是一种锁子甲，其中一部分断裂了，它们仍然能保持其形状和功能”。弗洛伊德在列奥纳多是心理传记中提出的观点有时就像锁子甲，在论证列奥纳多的同性恋倾向时亦如此。但是，他最惊人的一个观点——就在他提出“只发现某一个特征是难以令人感到满意的”这个警告之后，再次提起的那一连串观点——包括一个接一个的事件联系，其中只有最初的那个事件是关于列奥纳多自身的。这个事件碰巧包括列奥纳多童年记忆中的那个误译的意大利词语“nibio”，弗洛伊德认为它的意思是“秃鹫”。

弗洛伊德的整句话是：“记住，只发现某一个特征是难以令人感到满意的，我们马上来看一个更突出的事件。”之后，他继续提出了一系列观点，这些观点就是弗洛伊德从“秃鹫”这个词引起的各种联想。他还讨论了埃及和中世纪关于秃鹫作为女神母亲和童贞母亲（virgin mother）的传说——弗洛伊德想以此证明，列奥纳多最初与生母在一起生活了几年，之后才跟他的父亲和继母一起生活。弗洛伊德还论述了埃及秃鹫女神母亲同时有男性和女性性器官的事情，认为列奥纳多很可能认为母亲也是这样的。弗洛伊德认为，所有这些都与列奥纳多的同性恋有关。弗洛伊德甚至努力把秃鹫与《蒙娜丽莎》和其他画作中女性的神秘微笑联系起来（Freud，1910/1957b：107），这类令人吃惊的推理都是从列奥纳多童年记忆中“秃鹫”那个虚假的故事情节中产生的。

在这个例子中，为什么弗洛伊德以这么快的惊人的速度违反了自己的准则？他必然有一个特别令人信服的理由才会这样做。的确，正如斯佩克特（Spector，1972：59）和其他人所注意到的，弗洛伊德的假设，即一个埃及秃鹫出现在列奥纳多的童年记忆或幻想中，为他提供了一个非常直接而又非常独特的认同条件。在弗洛伊德可以记得的童年最早的梦中，也曾经梦到埃及的鸟头人身的人物，弗洛伊德把它联想为神。在《梦的解析》一书中，弗洛伊德提到了这个梦：**“我看见我亲爱的母亲，脸上异常平静，正在睡眠当中，被两个（或三个）长着鸟嘴的人带进房间，放在床上。我大声哭叫着**

**醒来，惊醒了父母。**”（Freud，1900/1958a：583；原文强调了这段文字）弗洛伊德在对这个梦进行不完整的解析时，他认为，被惊醒时的焦虑并不像他最初所想的那样表明他担心母亲将要死去，而是表达了“一种既模糊不清又明显的性欲”（1900/1958a：584）。10 年后，他把列奥纳多童年记忆或幻想解释为儿子与母亲之间的性联系，并从这种意象联想到埃及的鸟神，这与他对自己的梦所做的自由联想差不多。

弗洛伊德把列奥纳多与母亲之间的真实关系而不是列奥纳多记忆或幻想中反映的关系，说成是一种拥有全部爱的、无忧无虑的早年生活，这种生活后来被外来的人打断了。在另外的场合，弗洛伊德则描绘了一幅自己与母亲的早期关系的类似图景。但是，对于他与列奥纳多而言，甚至在他们平静的生活还没有被外力扰乱时，一些干扰已经在他们内心发展起来了。就列奥纳多来说，母亲是太爱他了，“因此，像所有不满足的母亲一样，她用小儿子代替了丈夫的位置，并且性成熟过早削弱了他的部分男子气（1910/1957b：117）。早在 13 年前，弗洛伊德就对他的朋友弗里斯（Fliess）说，在他 2 岁时，他跟母亲在火车上一起过了一夜，当他看见母亲的裸体时，他的力比多第一次被唤醒。在同一封信中，他提到，保姆如何成为“我性方面的老师，在性问题上她抱怨我太笨，什么都不会做（神经性阳痿也是在这种情况下发生的）”（Masson，1985：269）。与其他地方一样，弗洛伊德在这里倾向于把早期的母子关系的意象分为好母亲与坏母亲（Abraham，1982—1983）。按照弗洛伊德的推测，他的两位母亲（生母和保姆）对他早年性关系的影响与列奥纳多的生母对列奥纳多的影响是一样的。

但是，在 1909 年末或者 1910 年初，当弗洛伊德正在努力写作列奥纳多心理传记的手稿时，为什么他突然提起他童年期关于母亲死亡的梦呢？为什么对于大概发生于 1858 年母亲唤醒力比多这件事发生兴趣呢？在 1909—1910 年，他的母亲仍然比较健康，而且此后实际上又活了 20 年，他的父亲已经死了 13 年了。我们知道，在这段时间内，弗洛伊德的生活中并没有发生什么重大的事件，让他重新关注母亲在性生活发展中的作用。然而，某些微妙的事情正在发生，促使他关注上述事件。在我们继续回顾弗洛伊德对心理传记学提出的明确禁止的准则时，将会提到这些事情。

2. 避免把心理传记的传主病态化；避免把心理传记的传主理想化

弗洛伊德把这两个相对立的准则放在了列奥纳多这本书的开头和结尾。这本书开头的一段话是：

> 当精神病学的研究……以人类中的伟人为研究对象时，外行人往往出于自己对伟人的一贯看法而认为不应该这样做。精神病学的研究目的不应该是“让辉煌黯然失色，使崇高蒙上污垢”。想把伟人的完美同普通人的不足分离开来的鸿沟填平，会让人感到不满意。（1910/1957b：63）

伊西多·萨德格尔和他狭隘的病志研究不过如此。弗洛伊德在这本书的最后一章的第一段中提醒人们注意避免这种做法的另外一面：

> 传记作家以一种特殊的方式关注他们的英雄，在许多情况下——因为他们个人的情感生活——他们选择他们眼中的英雄作为研究对象，从一开始就对他有一种特殊的感情。然后，他们就专心致志地进行这项理想化的工作，目的在于使这个伟人成为他们婴儿时期的榜样——或许也是为了重现孩童时期对父亲的幻想……很遗憾，他们为了幻想而牺牲了真理，为了他们婴儿时期的幻想而放弃了

探索人性中迷人秘密的机会。(1910/1957b：130)

这是对每个心理传记学家来说都很宝贵的深刻箴言。但是，从前面提到的弗洛伊德对列奥纳多的强烈认同中，我们可以看到，他从选择列奥纳多为研究对象开始，就违背了“不能把研究对象理想化”的准则。当然，他对列奥纳多“从一开始就有一种特别的感情”。从一开始讨论列奥纳多的人格时，弗洛伊德就违背了“不能把研究对象病态化”的准则，在他研究列奥纳多早年与母亲卡特琳娜（Caterina）之间的关系时，这种倾向更明显了。

在弗洛伊德看来，卡特琳娜对婴儿期的列奥纳多做错了两件事：她使“列奥纳多过早地性成熟”，“性成熟过早在一定程度上削弱了他的男子气”（1910/1957b：117）。也就是说，卡特琳娜在列奥纳多什么都不能做的时候唤醒了他对性的兴趣，并且使他成为一个被动的人，一个禁欲者和具有同性恋倾向的人。她如此强烈地爱着列奥纳多，以至于列奥纳多通过认同她来进行自我防御。因而，以后他只爱那些根本无法满足性欲的、像他一样的小男孩。弗洛伊德对同性恋持一种相对宽容的态度，但是，他知道他那个时代的读者对此并不宽容［他甚至告诫一个记者，《列奥纳多》这本书“不可能符合你的口味，读者对同性恋这个话题感到震惊也是理所当然的”（Freud，1960：306）。］因此，当他决意为列奥纳多贴上同性恋的标签时，当然是“让辉煌黯然失色，使崇高蒙上污垢”，直到它引起了人们的关注。在写作这本书的过程中，弗洛伊德还提到了列奥纳多表现出来的神经官能症症状，并且反复地讨论了他的挫折和失败，他认为，如果不是因为这些挫折和失败，列奥纳多可以说是个“全才”（1910/1957b：63）。

然而，就在确定了列奥纳多的核心心理问题之后，弗洛伊德也因此诋毁了他的声誉，弗洛伊德开始了相反的理想化分析过程。他首先采取了一些在分析其他人时很少采取的立场。列奥纳多是否有非常强烈的“对知识的渴望”？是的，弗洛伊德说，但起初它并不是神经官能症，它很可能是天生的、器质性的，“在他最初的童年生活中就已经很明显了”，只是随后被列奥纳多那缺乏爱的母亲的溺爱强化了（1910/1957b：77）。的确，列奥纳多拥有“最罕见而完美的”的“研究本能”，完全没有“思想的压抑和神经症患者的那种强迫思维”（1910/1957b：80）。列奥纳多是同性恋吗？是的，但是他的同性恋“可以称为理想的同性恋……大部分力比多升华为对研究的强烈渴望”（1910/1957b：80～81）。列奥纳多有神经症吗？弗洛伊德说，“我们最好把他划为**接近**于神经症的一种类型，可以把它称为‘强迫性’神经症。我们可以把他的研究神经症患者的‘强迫冥思’(obsessive brooding)，把他的压抑**比作**‘意志力的缺失’（abulias）”（1910/1957b：131，加黑字体部分表示强调）。因此，列奥纳多在许多方面都像一个神经症患者，但是弗洛伊德不愿别人称他为神经症患者。

弗洛伊德为什么要保护列奥纳多强烈的研究本能？他很可能没有显露出来的同性恋以及他不太明显的神经症症状？从某种程度上说，弗洛伊德发现了列奥纳多在某些方面明显地偏离了典型的发展模式，但他只是想避免让自己的分析听起来像病理描述。他似乎不愿意给列奥纳多的人格特征贴上异常或病态的标签，他在自己身上也发现了这些特征。

问题再一次出现了：为什么在这个时候，这些事情如此强烈地压迫着弗洛伊德，以至于他一定要把他们说出来？通过认同列奥纳多，保护他自己不受消极暗示的影响？在讨论弗洛伊德对心理传记提出的第四个“禁令”时，我们来回答这个问题。

3. 避免从不充分的资料中得出强硬的结论

在这本书临近结尾处，弗洛伊德说，当心理传记学研究“没有提供任何确定的结论时——对列奥纳多的研究可能就是如此”，不应该怪罪精神分析理论，“它只能是……研究者的责任，他们根据不充分的资料，非要用精神分析的方法来得出某种专业的观点”（1910/1957b：135）。但是，弗洛伊德，这位精神分析运动的奠基人和领导者，却根据明显“不充分的资料”，写了两页充满“专业观点”的手稿，并且想尽可能快地发表出来。出了什么事？为什么他急于完成这样一项研究，并且在他只认真工作了六个月就完成了呢？

1909 年秋天，弗洛伊德的内心生活为两个主要的心理学领域所困扰，他文雅地把这两个领域称为“爱与工作”（Erikson，1963：265），也通常不太文雅地称之为“性与野心”（Davis，1973：130）。看看他在这些领域中所遇到的特殊困扰，就可以更好地理解弗洛伊德那时为什么要努力说明伟大的列奥纳多·达·芬奇如何在恰好相同的方面遇到相似的困难，以及列奥纳多是如何在一定程度上克服了这些困难的。本章接下来通过一些细节讨论了弗洛伊德在爱和性方面遇到的问题，也非常简单地讨论了他在工作和野心方面遇到的困难。

在爱和性这两个方面，弗洛伊德的个人历史在很大程度上是一段受压抑的历史，他用爱克服了这种压抑感，而随后就是挫折。众所周知，在追求玛莎·伯奈斯（Martha Bernays）的四年禁欲的日子里，他曾经对婚姻寄予厚望，但结果却令他在性生活和情感方面都深感失望。他们的性生活似乎过早地结束了，那时弗洛伊德大约 40 岁，而玛莎比他年轻五岁。弗洛伊德在跟朋友谈话时只是暗示了他的性生活过早地结束了，但是，在写列奥纳多的心理传记的前两年所写的一篇论文中，他却讲了很多与婚姻中的性问题有关的话：

> 这让我们产生这样一个疑问：合法婚姻中的性交是否能完全补偿婚前对性交的限制？……即使是婚内的性交，我们文化中的性道德也限制了，通常已婚夫妇必须少生育孩子，才能获得性满足。婚内满意的性交只能在有限的几年内才能有；当然，我们必须把为了妻子的健康而必需间断的时间考虑在内。过了三年、四年或者五年以后，能够相互满足对方性需要的婚姻就失败了。迄今，人们发明的各种避孕器具降低了性快感，伤害了夫妻双方的感情，甚至引发了疾病。对性交结果的担心首先会使已婚夫妇终止肉体之爱；其长期的后果通常是夫妻相互的精神安慰也没有了，这种精神安慰本来应该是他们最初激情的爱的延续。对大多数婚姻来说，除了由于性幻想的破灭而变得更加可怜之外，精神之爱的幻灭和肌肤之爱的剥夺注定会把夫妻双方拽回到婚前状态，他们必须再次凭着坚强的毅力控制和改变性本能的方向。（1908/1959a：194～195）

我们无从知晓，弗洛伊德曾经密切地观察过多少婚姻关系，才让他对婚姻中的爱和性提出这种沮丧的观点。但是，有足够的资料可以说明弗洛伊德的婚姻状况，至少从他的观点来看，这段文字几乎精确地描述了他的婚姻。一些作者（如 Choisy，1963；Fromm，1959）从弗洛伊德与妻子的性关系很早停止这一点推论，他的生活中肯定压抑着某种微弱或强烈的性驱力。但是，上面引用的这段文字，包括“最初激情的爱”、

"肌肤之爱的剥夺"和"凭着坚强的毅力控制和改变性本能的方向",并未表明弗洛伊德轻松地认可了这种性关系的结束。其他证据表明,他在最终迁就于这种人口迅速增加的家庭压力和妻子玛莎的健康问题之前,他在禁欲问题上挣扎了好几年(可参见他1893年8月20日的信件,Masson,1985:54)。在玛莎最后一次怀孕期间以及之后,至少在10年的时间里,弗洛伊德似乎经常在梦中对她表达强烈的愤怒(Elms,1980)。他愤怒的原因除了在上文中提到的"少生育孩子"这一点之外,还包括她很容易怀孕,并且在怀孕期间经常生病,以及她拒绝进行任何一种性活动。弗洛伊德有时会有点阳痿(见1896年10月17日的信,Masson,1985:217),这加剧了他们之间的性危机——他的阳痿部分是因为他担心再次让玛莎怀孕,部分是因为他们使用的拙劣的避孕工具。但是,他主要谴责玛莎的是,她让他几乎完全没有了性活动——或者,毋宁说是谴责玛莎,再加上谴责母亲和保姆,因为她们在他婴儿期曾歪曲了他的性发展。①

**图15.1 西格蒙德·弗洛伊德**

(图片来源:Getty图片)

1895年前后,从弗洛伊德活跃的性生活停止的这段时间开始,他进入了创立理论的高峰时期。升华(sublimation)是他这一时期开始形成的一个概念,它是指将性能量转化为文化所认可的创造性活动。弗洛伊德将升华纳入精神分析理论,在一定程度上,很可能是受到自我观察的启发:在他活跃的性活动终止时,他的创造力大大增强。而

① 长期以来,一直有人猜测,后来弗洛伊德与妻子的妹妹明娜·伯奈斯曾经发生过性关系,这没有可靠的证据(见Elms,1982)。弗洛伊德可能对明娜有过性幻想,但这些幻想都不可能变成实际的行动。——译者注

且，由于认识到力比多正在转化成思想，他对于性生活的苦闷也可能减轻了。[1]

在他最初提到升华之后的10年中（如1898/1962b：281），弗洛伊德认为自己在逐渐衰老，感到他的创造力在逐渐下降。最初，这并没有影响他对升华的想法，这最明显地表述在《性学三论》之中（1905/1953）："性本能力量的目的从直接满足性欲转变为新的目的，转向新的方向，这可以称之为'升华'的过程，每一种文化的成就都会由此增加一些强有力的要素"（1905/1953：178）。但是，在1907年写给荣格的信中，他提到"进入更年期"（McGuire，1974：82），至少部分暗示了他性能力的减弱。到了下一次详尽地讨论升华问题的时候，他已经不再认为禁欲与真正的创造力之间具有直接的联系。在1908年他沮丧地评论婚内性生活的同一篇论文中，他认为，禁欲可能对"年轻的学者"很有用，他们"可以通过自我节制把性能量释放到研究活动中去"。但是，弗洛伊德说："一个禁欲的艺术家是很难想象的……（他）很可能会发现性经验有力地刺激了艺术成就。总体上，我没有产生这种印象：禁欲有助于一个男人精力充沛和自立，或者让他成为一个创造性的思想家、勇敢的解放者和改革者"（1908/1959：197）。在他还远不是一个青年学者的时候，弗洛伊德就希望成为后一类人，因此，他不再认为性欲的升华可以产生强大的创造力。

有趣的是，就在贬低禁欲的作用之后，弗洛伊德的性能力出现了短期的恢复。这些几乎都反映在1910年2月写给荣格的一封信中，弗洛伊德提到在1909年9月初的美国之行中讨论过的一个话题："我曾在我们的美国之行中谈到，我旺盛的晚年性欲在工作的压力之下不幸降低了。我承认自己老了，甚至不再认为自己正在变老"（McGuire，1974：292）。这段文字的英文版翻译很不准确，精确地讲，弗洛伊德的德语词"Johannistrieb"并不等同于"旺盛的晚年"，而是指性欲的第二次高峰或者晚年的爱情。无论他指的是什么，这种性欲的第二次高峰都好像从去美国之前就开始了，至少持续到这一年末，或者持续了更长的时间，加起来总共有几个月。可以肯定，他与妻子的妹妹明娜（Minna）或别的女人并没有发生性关系。如果真的发生了的话，荣格后来说弗洛伊德在几年之前就已经跟明娜私通时，理应提到这件事，把它作为证据。相反，弗洛伊德与玛莎的性关系很可能有短暂的恢复（在她过了生孩子的最大年龄时），也可能仅仅是指弗洛伊德感到，在各种活跃的性关系中一直没有表现出来的性能力又重新迸发出来了。

不管是什么，弗洛伊德的"Johannistrieb"都与他的升华理论的另一个转变密切相关。从美国回来后不久，他就开始投入列奥纳多心理传记的写作中。在首次对荣格讲到这件事情的时候，弗洛伊德就提到了升华（1909年10月17日；McGuire，1974：255），但是，在分析列奥纳多成年以后的成就时，他并没有突出强调这个概念。的确，1909年10月，当弗洛伊德把著作的初版介绍给维也纳精神分析协会时，他基本上是把列奥纳多的升华看作"童年早期"发生的一种过程，认为列奥纳多在这一时期"将力比多转化为探究的动力，并保持下来。在接下来的岁月里，他绝大部分的性活动都没

---

① 正如萨洛韦（Sulloway，1979：176～177）所指出的，弗洛伊德绝不是第一个想到某种形式升华的人，他具体的升华概念明显受到了朋友弗里斯的思想影响。然而，弗洛伊德个人的情况可能使得他更乐于接受别人关于升华的思想，也使得他对自己性活动很少而创造力很高这两种现象更为敏感。

有了”（Nunberg & Federn，1962/1967，: 342～343）。这里，弗洛伊德至少又折回来了，他又把升华看作是某些重要的创造性活动（列奥纳多的科学研究）的基础，但是，他仍然认为，升华对于列奥纳多的艺术创造性似乎并不重要。[①]

然而，直到1910年4月初弗洛伊德完成这本书的手稿为止——也就是在他“晚年旺盛的性欲”已经减弱之后——把升华变成科学创造性和艺术创造性必备的基础条件成为他工作的主要焦点之一。而且，对于列奥纳多中年重新高涨的艺术创造性这个问题，弗洛伊德增加了很多描述和分析，其中包括下面这段文字，这可能是这本书最引人注目的一段话：

> 在他（列奥纳多）人生的巅峰期，也就是刚50岁出头的时候——这个年龄段的妇女性欲已经开始减退，而男人的力比多却通常会进一步亢进——他经历了一个新的转变。他深层的心理内容重新活跃起来；这种退行（regression）对艺术创作是有利的，尤其当时他的艺术创作正举步维艰。他遇到了一位妇女，她唤醒了他对母亲幸福微笑的记忆——它让人着迷而又散发着肉欲色彩，在它的影响下，这个复活的记忆从一开始就引导着他的艺术创作……他创作了《蒙娜丽莎》、《圣安尼与两位母亲》以及一系列带有神秘微笑的画。在最原始的性冲动的帮助下，他再次体验到了克服艺术创作障碍的快乐。随着老年的逼近，他最后的这次振作逐渐从我们的视野中消失了，而在此之前，他的智慧却达到了人类智慧的顶峰，远远超过了同时代的人。（1910/1957b：133～134）

这段话的精彩，不仅在于华丽的语言修饰技巧。最有趣的是，它假定许多中年男人的力比多会“进一步亢进”，这一论断的语气比弗洛伊德发表的关于中年性发展的其他论断都更坚定有力。[②] 这段文字也暗示着，弗洛伊德自己也体验到了这种力比多的亢进，这帮助他克服了长期的性压抑，并且促使他退回“最原始的性冲动”中，这种冲动很可能是他对性感迷人的母亲的性渴望。到目前为止，根本没有哪一种传记资料表明，列奥纳多在他五十出头时曾经经历过任何一种力比多的亢进，也没有证据表明列奥纳多早期对母亲的性冲动曾经被重新唤醒。而与此相隔不久，弗洛伊德曾经提到自己在五十出头时性欲重新高涨。读者可以看到，弗洛伊德那时针对列奥纳多提出的这种自我描述式的“着迷”的结果——就是这一本书，其中最没有根据的论断，同时也是最突出的错误是对列奥纳多早年与母亲矛盾的性关系的论断，而这个论断实际上是弗洛伊德自己重温了早年的情感，这比他所描述的列奥纳多的体验要准确得多。

读者终于可以明白，为什么弗洛伊德在他生命中的这个特殊时期，感到必须去写一本书，以面对母亲唤醒的童年的力比多。在1909或1910年，弗洛伊德不必再去清点母亲的行为，甚至不必再去找某一位妇女（就像他在列奥纳多和《蒙娜丽莎》的例子中所说的那位妇女），以便于让他想起童年时对母亲矛盾的性欲。他所需要的不过是来自他自身：他的性欲在短时间内被再次唤醒了，并且他把中年期产生的这种性欲升华为重新高涨的创造力抱有新的希望。对于1910年的弗洛伊德来说，通过这种方式去研

① 在差不多同时完成的《精神分析的五次演讲》（*Five Lectures on Psychoanalysis*）的结论中（1910/1957a），弗洛伊德认为升华可能是“我们最高的文化成就”之源。然而，他用更多的篇幅论述了禁欲作为一种创造性升华能量的来源的局限而不是贡献。

② 对于相对温和的论述，见弗洛伊德（1895/1962a：102；1911/1958b：45～46）。

究列奥纳多，或者把自己投射在列奥纳多的故事中，甚至可以说是感到很安慰的。而在1895年左右，即在活跃的性生活基本停止之后着手对升华概念进行润色的时候，他也还是这种心情。

那么，如何理解弗洛伊德坚持认为列奥纳多是同性恋，而且是理想化的同性恋这一点呢？19世纪90年代，在他与妻子的性生活遭受挫折时，弗洛伊德与朋友威廉·弗里斯（Wilhelm Fliess）有过一段理智的感情，而且这段感情不断加深。他们从来没有任何公开的身体接触，但是，弗洛伊德后来承认，这段关系具有明显的同性恋色彩。1910年10月，他对一位男性朋友说，他在8年前就已经与弗里斯断绝关系了，而现在他要再次克服对弗里斯的同性恋情感（Schur，1972：256～257）。也有证据表明，在1909—1910年，弗洛伊德对身边的年轻男人产生了他所谓的同性恋情感，这些年轻人包括荣格、弗伦兹，甚至还有在精神分析运动中围绕在他身边的其他人。在“旺盛的晚年性欲期”结束时，他发现自己在发泄对女人的性欲时再次遭受挫折，这时的弗洛伊德不仅同性恋感情增强了，而且强烈地需要使这种感情合理化。他首先把列奥纳多这个伟大的创造性人物看作同性恋，认为他是一个表现于心理而不是行为的同性恋者。然后，他假定列奥纳多就像自己，对同性和异性的性冲动有效地升华为创造活动，通过这种做法，他把自己的同性恋情感合理化了。

这里的因果关系一点也不清楚。例如，1909年弗洛伊德与荣格的关系日益亲密，这激发了他的某些同性恋情感，并逐渐发展为“旺盛的晚年性欲”，而不是相反。但是，的确有证据表明，不管哪是因哪是果，这部列奥纳多的心理传记和其中的错误在一定程度上都是因为弗洛伊德急切地想应对他对同性和异性的情感，应对那些由于未能充分发泄的性欲而导致的挫折感造成的。

## 四、结论

“工作或野心”构成了弗洛伊德生活的另一个重要方面，这增强了他在1909—1910年对列奥纳多的认同感，也使他更专心地投入到这本书的写作中，进而把他引入心理传记的误区。例如，在这本书中，关于列奥纳多在情感上和理智上与世隔绝，他拒绝宗教权威和世俗权威而注重实验观察，他的天才不能为他的同时代人所理解，却得到后人的完全认可等方面，弗洛伊德提出了一系列主要的论点，这些论点即使没有导致显而易见的错误，也有几处明显的夸大之词。这些论点都可能跟弗洛伊德对荣格的神秘主义日益感到焦虑有关，与他对荣格或别的精神分析学家不能成为自己的接班人而感到焦虑有关。另外，弗洛伊德还对普通大众不能正确地评价精神分析感到失望。他的年龄越来越大，健康状况越来越差，死亡正在逼近，所有这些都让弗洛伊德对精神分析运动深为担忧（这种担忧甚于对寻找接班人的担忧）。除此之外，在他25年后所写的另一本心理传记《摩西与一神教》（*Moses and Monotheism*）中，更明确地表达了某些担忧（Freud，1939/1964）。在那个特殊的时期，弗洛伊德仍然是出于个人的原因写这本书（参见Robert，1976）。由于这个原因，他犯了一些同样的错误。

这里说一下关于列奥纳多心理传记的最后两个观点。第一，总的来说，弗洛伊德的列奥纳多心理传记并不是心理传记学的代表作。因为它的致命错误是由那些与弗洛伊德的个人冲突相联系的人格特质所引起的，其他的心理传记作者不必重复那些具体的错误。第二，对于心理传记学家和其他对心理传记学感兴趣的人来说，弗洛伊德所写的列奥纳多心理传记仍然是有价值的。这不仅仅是因为它提出了许多写好心理传记必须遵守的有用准则，而且因为它讲了一个具有警戒作用的故事。它说明，如果人们像弗洛伊德那样无视他提出的准则又将会怎样。这里，最后一条明确禁止的准则启示所有的心理传记学家：不要认为，你在心理传记学研究中不会像弗洛伊德那样犯错误。弗洛伊德知道该避免什么，但出于个人的原因他仍然照行不误。你也可能知道该避免什么，但是如果你不小心，也很容易掉入同样的陷阱。

**致谢**

本章转引自《人格杂志》（1988，56，19－40）。版权属于杜克大学出版社（Duke University Press，1988）。这里也承蒙布莱克韦尔出版公司（Blackwell Publishing）的美意。许多人，尤其是伊娃·谢帕勒、鲁斯·亚伯拉罕（Ruth Abraham）、罗纳德·威尔金森（Ronald Wilkinson）和会议手稿图书馆分馆的工作人员戴维·纽兰兹（David Newlands）及伦敦弗洛伊德博物馆的工作人员都曾提供帮助，在此一并表示感谢。

（谷传华　王菲　译）

**参考文献**

Abraham, H. C. & Freud, E. L. (Eds.). (1965). *A Psycho-Analytic Dialogue: The Letters of Sigmund Freud and Karl Abraham 1907－1926*. New York: Basic Books.

Abraham, R. (1982－1983). Freud's Mother Conflict and the Formulation of the Oedipal Father. *Psychoanalytis Review*, 69, 441－453.

Choisy, M. (1963). *Sigmund Freud: A New Appraisal*. New York: Philosophical Library.

Clark, K. M. (1967). *Leonardo da Vinci* (Rev. ed.). Harmondsworth, England: Penguin.

Davis, F. B. (1973). Three Letters from Sigmund Freud to Andre Breton. *Journal of the American Psychoanalytic Association*, 21, 127－134.

Eissler, K. R. (1961). *Leonardo da Vinci: Psychoanalytic Notes on the Enigma.* New York: International Universities Press.

Elms, A. C. (1980). Freud, Irma, Martha: Sex and Marriage in the "Dream of Irma's Injection". *Psychoanalytic Review*, 67, 83－109.

Elms, A. C. (1982, December). Freud and Minna. *Psychology Today*, 40－46.

Erikson, E. H. (1963). *Childhood and Society* (Rev. ed.). New York: Norton.

Fischer, D. H. (1970). *Historians' Fallacies.* New York: Harper & Row.

Freud, E. L. (Ed.). (1960). *Letters of Sigmund Freud.* New York: Basic Books.

Freud, S. (1953). Three Essays on the Theory of Sexuality. In J. Strachey (Ed. & Trans.). *The Standard Edition of the Complete Psychological Works of Sigmund Freud* (Vol. 7, pp. 125－243). London: Hogarth Press. (Original work published 1905).

Freud, S. (1957a). Five Lectures on Psychoanalysis. In J. Strachey (Ed. & Trans.). *The Standard Edition of the Complete Psychological Works of Sigmund Freud* (Vol. 11, pp. 3－

55). London: Hogarth Press. (Original work published 1910).

Freud, S. (1957b). Leonardo da Vinci and a Memory of His Childhood. In J. Strachey (Ed. & Trans.). *The Standard Edition of the Complete Psychological Works of Sigmund Freud* (Vol. 11, pp. 59 – 137). London: Hogarth Press. (Original work published 1910).

Freud, S. (1958a). The Interpretation of Dreams. In J. Strachey (Ed. & Trans.). *The Standard Edition of the Complete Psychological Works of Sigmund Freud* (Vols. 4 – 5, pp. 1 – 621). London: Hogarth Press. (Original work published 1900).

Freud, S. (1958b). Psychoanalytic Notes on an Autobiographical Account of a Case of Paranoia. In J. Strachey (Ed. & Trans.). *The Standard Edition of the Complete Psychological Works of Sigmund Freud* (Vol. 12, pp. 3 – 82). London: Hogarth Press. (Original work published 1911).

Freud, S. (1959a). "Civilized" Sexual Morality and Modern Nervous Illness. In J. Strachey (Ed. & Trans.). *The Standard Edition of the Complete Psychological Works of Sigmund Freud* (Vol. 9, pp. 179 – 204). London: Hogarth Press. (Original work published 1908).

Freud, S. (1959b). Family Romances. In J. Strachey (Ed. & Trans.). *The Standard Edition of the Complete Psychological Works of Sigmund Freud* (Vol. 9, pp. 236 – 241). London: Hogarth Press. (Original work published 1909).

Freud, S. (1962a). On the Grounds for Detaching a Particular Syndrome from Neurasthenia under the Description of "Anxiety Neurosis." In J. Strachey (Ed. & Trans.). *The Standard Edition of the Complete Psychological Works of Sigmund Freud* (Vol. 3, pp. 87 – 115). London: Hogarth Press. (Original work published 1895).

Freud, S. (1962b). Sexuality in the Aetiology of the Neuroses. In J. Strachey (Ed. & Trans.). *The Standard Edition of the Complete Psychological Works of Sigmund Freud* (Vol. 3, pp. 261 – 285). London: Hogarth Press. (Original work published 1898).

Freud, S. (1964). Moses and Monotheism. In J. Strachey (Ed. & Trans.). *The Standard Edition of the Complete Psychological Works of Sigmund Freud* (Vol. 23, pp. 3 – 137). London: Hogarth Press. (Original work published 1939).

Fromm, E. (1959). *Sigmund Freud's Mission.* New York: Harper & Row.

Jones, E. (1955). *The Life and Work of Sigmund Freud* (Vol. 2). New York: Basic Books.

Lichtenberg, J. D. (1978). Freud's Leonardo: Psychobiography and Autobiography of Genius. *Journal of the American Psychoanalytic Association*, 26, 863 – 880.

Masson, J. M. (Ed.). (1985). *The Complete Letters of Sigmund Freud to Wilhelm Fliess.* Cambrige, Mass.: Harvard University Press.

McGuire, W. (Ed.). (1974). *The Freud/Jung Letters.* Princeton, N. J.: Princeton University Press.

Nunberg, H. & Federn, E. (Eds.). (1962/1967). *Minutes of the Vienna Psychoanalytic Society* (Vols. 1 & 2). New York: International Universities Press.

Reti, L. (Ed.). (1974). *The Unkown Leonardo.* New York: McGaw-Hill.

Robert, M. (1976). *From Oedipus to Moses: Freud's Jewish Identity.* New York: Doubleday.

Schur, M. (1972). *Freud: Living and Dying*. New York: International University Press.
Spector, J. J. (1972). *The Aesthetics of Freud*. New York: McGaw-Hill.
Stannard, D. E. (1980). *Shrinking History*. New York: Oxford University Press.
Sulloway, F. J. (1979). *Freud, Biologist of the Mind*. New York: Basic Books.
Trosman, H. (1985). *Freud and the Imaginative World*. Hillsdale, N. J.: Analytic Press.
Wallace, E. R. (1978 – 1979). Freud and Leonardo. *Psychiatric Forum*, 8, 1 – 10.

## 第16章

# 四个、两个还是一个？——戈登·奥尔波特与独特人格

尼科尔·巴伦鲍姆（Nicole B. Barenbaum）

人格心理学家戈登·奥尔波特（Gordon Allport，1897—1967）的著作中反复出现的一个主题就是心理的普遍性和独特性的对立（如 Allport，1962a）。在这个主题典型特征的描述中，奥尔波特用中性的术语描述了人类思想中的这两种倾向："思想可以将其自身的体验进行分类，思考个体表现出来的普遍原则，它还会关注个体正在发生的事情或正面临的单个事件"（1942：53）。然而，为了说明这些倾向性，他引用了威廉·詹姆斯的一段远非中性的话：

> 智力对客体所做的首先是把客体与其他事物放在一起进行归类。但是，对我们无限重要、我们所钟爱的任何客体都必须是世界上独一无二的。如果一只蟹知道我们不假思索地把它归为甲壳虫类，它很可能会非常愤怒，否认这种分类。"我不是这种东西，"它也许会说，"我就是我自己，就是我自己而已"。(James，1902：10，引自 Allport，1942：53)

奥尔波特选择的这段文字从描述我们不愿成为一个分类者，迅速地转为生动地描述被我们归类的客体（或者一只蟹）的愤怒。这表明，他自身对自我独特性的情感是多么的强烈。的确，奥尔波特是研究个体人格的著名先驱，并且是个体生命研究的著名倡导者（Barenbaum，1997，1998）。正如传记学家伊恩·尼克尔森（Ian Nicholson，2003）所说的那样，奥尔波特对人格的兴趣反映了心理学领域（如 Stern，1900）乃至进步时代的美国文化中对个性问题的普遍关注。奥尔波特一直坚持人格的独特性，这成为他人格学说的基本原则（Elms，1994；Nicholson，1998）。

"本书的重点始终放在基本的不可还原的人格独特性上，"奥尔波特在他著名的教科书中写道（1937：193）。他坚称，不仅个体具有独特性，而且"没有哪两个人具有完全相同的特质"（1937：297），这与其他许多人格心理学家的观点都不一致。例如，雷蒙德·卡特尔（Raymond B. Catell，1946：61）认为，"个体的独特性并不要求他们具有独特的特质，因为通过将测量出来的共同特质进行各种不同的组合，我们可以产生大量独特的个体"（另外可见 Esysenck，1952：18）。然而，按照奥尔波特的观点，"在整个人格领域中，没有什么比充分认识个体的特质更重要的了"（1937：302）。相

似地，他认为个体能够形成自身独特的动机，他批评精神分析学说和其他理论犯了还原论的错误，对**“每一种动机，不管它如何复杂而独特，都把它还原为人们共有的几种有限的基本兴趣”**（1937：193，加黑字体部分表示强调，为原文所加）”。相反，他提出动机的功能自主性原则，即“通过说明动机可以独立于普遍的婴儿期驱力或原始驱力，告诉人们独特性如何产生的法则”（1937：194，）。

奥尔波特对独特性的关注不光体现在他的心理学理论上，还体现在他个人所陈述的经历上。他反对理智的分类，这呼应了威廉·詹姆斯所说的那只螃蟹的愤怒：“对于分类，我感到不自在，因为我不打算被分到某个类型而被其他类型所排斥——尤其是被欢迎我、让我永远呆在其中的自己的专业所排斥”（Allport，1950，引自 Nicholson，1997a：69）。尽管奥尔波特经常批判精神分析学说，但是他不愿意被分到“反弗洛伊德流派”中去（Allport，1962b）。虽然心理传记学家已经涉及奥尔波特关于独特性的观点（Atwood & Tomkins，1976；Elms，1994），但是，至今它还没有成为心理传记学研究的焦点。在这一章中，我将考察奥尔波特的家庭地位作为他热衷于独特性及相关的人格统一性问题的心理起因之一。

## 一、原型情景：奥尔波特拜见弗洛伊德

在奥尔波特自传的一个著名章节中，他描述了跟弗洛伊德的“一次而且是唯一一次的会面”（Allport，1967：7）。原作中的这一章值得简要地读一读，奥尔波特说，1920 年他参观维也纳时，作为一位年轻人，“在鲁莽的好奇心和年轻时的雄心的驱使下”（1967：8），他专程拜访了弗洛伊德。见面后，弗洛伊德的沉默让他猝不及防，为了打破这种尴尬的局面，他提到了自己在去弗洛伊德办公室时乘坐的电车上见到的一个小男孩。这个小孩“显然很怕脏”，而在奥尔波特看来，这显然是由他那位“非常刻板”且“具有控制欲”的母亲造成的。弗洛伊德的反应——“那个小男孩就是你吧”——这让奥尔波特吃了一惊，并且“感到有点心虚”，他设法转换了话题。最后，他总结说，弗洛伊德倾向于“探索潜意识”，误解了他拜访的动机。奥尔波特讲，正是这种理解，最终引导他建立了一种更关注明显的动机而不是无意识动机的理论。

奥尔波特热衷于独特性与他拜见弗洛伊德这件事的联系并不是一下子就能看出来的。然而，奥尔波特认为，这次经历可以解释他独树一帜（maverick）[1] 的学说（Allport，1967：9），一种强调了人格独特性的理论。奥尔波特在他的人格教科书（Allport，1937）中提到弗洛伊德和精神分析学说时，说他反对弗洛伊德学说主要是因为“它不是一种个性的科学”——它强调“探讨普遍的动机”（1967：12）和“普遍的”规律（见 Allport & Odbert，1936：239）。我考察这中间的联系，接受了托德·舒尔茨（Todd Schultz，2003）的观点——他认为奥尔波特对他拜见弗洛伊德的叙述显示了“原型情景”的一些线索。在舒尔茨看来（见本书第 3 章），“这个模型式的原型情景包含五个特征：①具体性和情感强度；②贯通 ；③发展的引力（developmental gravity）；④家庭冲突；⑤拒绝接受现状或者与期望相违背”。舒尔茨（Schultz，2003）

① 奥尔波特选用的“maverick”一词最初是指无物主的小牛。这也许具有重要意义。

认为，奥尔波特的这个故事情节是高度具体的，带有强烈的情绪色彩。奥尔波特生动地描述了弗洛伊德的办公室、小男孩和他的母亲、弗洛伊德的面部表情和他自己的情绪反应。他每次讲述弗洛伊德和小男孩时都用几乎同样的语言。奥尔波特的故事具有贯通性，在课堂（Ogilvie，1984）、讲座（如 Allport，1962c，1963）、访谈纪录片（Bauer，1964）、为弗洛伊德档案馆所做的回忆录（Allport，1958）以及自传中，他都在反复地讲述这个故事（Allport，1967）。

舒尔茨（Schultz，2003）指出，奥尔波特的那段经历发生在青少年后期，因而就体现了发展的引力这一特征。奥尔波特自己把这次会面描述为“具有创伤性的发展经历”（1967：7），他的话说明，这是他知识分子身份认同（intellectual identity）发展的转折点。更具体地说，奥尔波特是在确定自己的职业方向之后不久去拜访弗洛伊德的，当时他已经决定要做一名心理学家，正返回哈佛继续攻读研究生，在经过维也纳时拜访了弗洛伊德。奥尔波特在自传中指出，年轻时的雄心（1967：8）是他拜访弗洛伊德的动机之一。他上大学时就研究了弗洛伊德的著作（Allport，1963），正如尼克尔森（Nicholson，2003：68）所指出的那样，他安排这次会面是希望使自己“刚从事的心理学事业得到现代心理学权威的祝福”。在奥尔波特逐渐确定自己职业同一性（occupational identity）的过程中，他还屈从于家庭的压力（Nicholson，2003），重新与哥哥弗劳伊德（Floyd）形成一种“导师—本科生”关系，当奥尔波特还是一个本科生时，弗劳伊德就已成为“研究生导师”了（Nicholson，2000：464）。这一事实让上述情节中的发展引力变得更复杂了。1919 年，奥尔波特本科毕业，同一年，弗劳伊德取得博士学位，并成为哈佛的一名心理学教员（Nicholson，2003；另见于 Elms，1994）。

在舒尔茨看来（见本书第 3 章），原型情景不一定把他提出的五个特征全部包括在内。对于剩下的两个特征，家庭冲突和“拒绝接受现状”，奥尔波特的故事显然描述了后者。对弗洛伊德的沉默猝不及防，他“不得不迅速找到一个合适的话题”（Allport，1967：8），他对弗洛伊德讲了电车上的小男孩的故事，随后就被弗洛伊德的问题“那个小男孩就是你吧”（1967：8）惊得目瞪口呆。正如舒尔茨（见本书第 3 章）所指出的那样，如果反复讲述这个故事可以减轻由这种冲突事件引起的焦虑，那么，奥尔波特大约 45 年后仍然在重复这个故事，这就可以证实他的确把这次会面看成是一次“创伤”了（Allport，1967：7，22）。这样，奥尔波特所讲的这个故事就表明了原型情境五个特征中的四个（我后面还会讲到，它间接地表明了家庭冲突）。

假如奥尔波特跟弗洛伊德会面的故事是一种原型情景，那么它的原型作用又体现在哪些方面呢？乔治·阿特伍德和西尔万·汤姆金斯（George Atwood & Silvan Tomkins，1976）、艾伦·埃尔姆斯（如 Alan Elms，1994）以及奥尔波特本人（Allport，1967）都曾指出，这次会面促使他考虑建立自己的人格理论（另一些人解释这件事时不把它与奥尔波特的理论联系起来；见 Faber，1970；Morey，1987）。埃尔姆斯（Elms，1994）的阐述尤其全面，他把这个事件与奥尔波特人格的几个方面联系起来，与奥尔波特长期的研究主题包括对人格独特性的重视联系起来。然而，在把奥尔波特的故事看作原型情景时，我会考察他所描述的这种关系的总体模式，找出符合同一种原型的其他情节。采用欧文·亚历山大（Irving Alexander，1990）提取脚本的方法，我认为，可以采用以下这种方式说明奥尔波特所描述的这次会面：接近——很显然带着某种复杂的感情（Elms，1994）——一位他心目中的年龄较大的偶像，奥尔波特向弗洛伊德讲述一个“弗洛伊德式”的故事，想显示自己具有较高的心理学知识素养（请对比 Nicholson，2003）。然而，他并没有给弗洛伊德留下一位聪明的年轻心理学家的印象，在弗洛伊德的问话中他感到了某种拒绝和羞辱。他最终的反应是抵制精神分析理论，走自己的路，创立比精神分析学说更好的理论。正如埃尔姆斯所指出的那样，奥尔波特（Allport，1937）的那本人格教科书就是“对弗洛伊德的那个问题作出的迟来（但完全是成年后）的答复（Elms，1994：84）。简而言之，这个脚本包含了奥尔波特试图加入年长偶像的“俱乐部”，然后感到被拒绝和羞辱，最终通过创立独特（而更好）的学说来证实自己这样几个部分。

如果这个脚本是一个原型的话，那么它应该在奥尔波特其他的人生故事情节中再次出现。实际上，在奥尔波特的自传中至少还包含两个反映了相同脚本的情景（Allport，1967）。作为一名研究生，奥尔波特跟着导师赫伯特·兰菲尔德（Herbert Langfeld）去克拉克大学参加铁钦纳的实验主义者会议，这是一次由以自己的科学地位为荣的心理学家组成的精英聚会（Furumoto，1988）。① 他试图加入这个“俱乐部”，但结果遭到灾难性的打击。“在连续两天讨论了感觉心理学问题之后”，奥尔波特记述，“铁钦纳让每位研究生用三分钟时间讲一讲自己的研究。”（1967：9）奥尔波特讲了自己的博士论文“关于人格特质的实验研究”（Allport，1922），但铁钦纳并不感兴趣。他冷冷地瞟了奥尔波特一眼，打断了“全场责难般的沉默”（Allport，1967：9）。正如奥尔波特在自传中所言，“兰菲尔德……用很简短的话安慰我：‘你不用在乎铁钦纳的看法’，但我发现我做不到”（1967：9）。因而，奥尔波特说，他很快从自己对于从事人格研究的内心矛盾中走出来，开始在心理学领域寻找自己独特的道路。然而，这个故事的早期版本认为，奥尔波特与铁钦纳的会面跟他与弗洛伊德的会面相似，同样给奥尔波特带来某种羞辱感（另见 Nicholson，2003）。

> 兰菲尔德带我去克拉克大学，参加一个实验研究者会议，铁钦纳主持会议，我很天真，没有意识到他们对这种问题充满了敌意……他们讨论完金属的明度之后，给每位研究生大约五分钟的时间，我讲述了我正在研究的课题，全场一片静默，铁钦纳直直地看了我一眼，然后说：“我说过，金属的明度……”……这让我极其难堪……当然，这件事伤害了我。（Allport，1952：10）②

据奥尔波特说，这次会面是一个“转折点”（1967：9）。“从那以后，”他说，“我再也没有因别人指责和轻视自己标新立异而困扰过”（1967：9）。这个故事的脚本跟那个与弗洛伊德会面的故事脚本相同。尽管对铁钦纳极端的科学主义存在一些争议，但奥尔波特试图“加入这个俱乐部”，用恰当的科学术语报告他的研究（见 Nicholson，2003），遭到铁钦纳的拒绝和羞辱，“当人格领域不但被人们认可而且非常受欢迎的时候”，他找回了尊严，并最终证实了自己（1967：9；奥尔波特坚持他的独特性。然而，他说，“虽然这个领域本身被人们接受，但我自己的理论观点并不总被认可”）。的确，

---

① 奥尔波特（Allport，1967：323）声称会议时间是 1922 年 5 月；实际日期是 1921 年 4 月（Nicholson，2003），也就是他完成博士论文的前一年。

② 波林（Boring，1967）所回忆的铁钦纳的话有些不同，但是结果是相同的：“奥尔波特做完报告之后全场沉默了很长时间，然后铁钦纳说，‘我们刚才说，色彩表现的模式是……’”。

正如尼克尔森（Nicholson，2003）所指出的那样，奥尔波特在德国攻读博士后期间，他给了铁钦纳一个较晚的答复。“带着掩饰不住的高兴”（2003：122），他发给《美国心理学杂志》——铁钦纳是这个杂志的主编——的一篇文章中说，在1923年的莱比锡（Leipzig）心理学大会上，铁钦纳所崇拜的冯特心理学似乎完全被遗忘了（Allport，1923）。“我采取了你能想象到的最畅快的方式报复了他”，他在给未婚妻埃达·古尔德（Ada Gould）的信中写道，“我不能原谅两年前他对我的伤害，宣布、美化和赞扬今年德国心理学大会的核心主题是**人格（Personality）**，这该是多么高兴的事！”［引自（Nicholson，2003：122）］奥尔波特的文章（Allport，1923）阐述了几种重视人格独特性和统一性的理论。

虽然在奥尔波特的自传中也描述了一个更早的情节，包括拜见弗洛伊德的故事中所蕴涵的脚本，但它相对较简略，因为奥尔波特不太注意他的早年，但也暗示了家庭冲突，即舒尔茨在前面提到的原型情景特征之一。奥尔波特说（Allport，1967：4），因为他的三个哥哥都比他大得多，他“另建自己的活动圈”，成为“这个小朋友圈子里的‘明星’”。在他的自传里，他没有解释这是怎样产生的，也没有描述他跟几位哥哥的关系如何，但是他的确提到了“一种普遍的自卑感”（1967：6～7）。按照他较早的解释，他把青少年时期这种“强烈的自卑感”归因于“作为蔑视对象的一种体验”（Allport，n. d.，1967：4～5；也见于Elms，1994）。正如阿特伍德和汤姆金斯所指出的那样（Atwood & Tomkins，1976），可以推测，与他的几位哥哥相比，奥尔波特（Allport，1952）具有被拒绝感和不足感。奥尔波特会见安妮·罗（Anne Roe）的谈话（Allport，1952：8）提供了一些证据。“直到那时我从来不敢跟他们相提并论”，他指的是在成为哈佛大学本科生之前的那几年。“我认为这是年龄和性格的不同，他们不喜欢我，对我也不友好，我不可能跟他们一争高下。”这些话表明，奥尔波特在找到自己成为“明星”的方法之前，曾经想加入哥哥们的活动，但是遭到了拒绝和羞辱。

奥尔波特在他的自传中提到哥哥们时，并非以后来的自我证明作为结束，但尼克尔森（Nicholson，2003）描述的却是这样一个事件：在他进入研究生院之后的第一年回家时，奥尔波特在给埃达·古尔德的信中写道：“我这个备受压抑的最小的弟弟”，“对两位年长的哥哥透露了一些自己的想法”。“奥尔波特跟他的哥哥们具体谈了些什么，我们无从得知，”尼克尔森写道，“但是它是‘有益于灵魂的’，但不利于从劣势的低谷快速上升到优势的高峰。”（引自Allport，1921：85）奥尔波特的言论表明，他关注的是在“优势”和“顺从”方面与哥哥们的比较，这两种特质是奥尔波特和哥哥弗劳伊德在关于人格特质的文章中重点介绍的：

> 当一个人同另一人进行面对面的交往时……在两个自我之间一般会产生真实的冲突，尽管有时根本意识不到……一般说来，在冲突中，会出现一个胜利者和一个失败者；在人们面对面的互动反应中的确如此。其中一方成为控制者，他的兴趣占主导地位，能按照自己的观点行事。相应地，另一方屈服、被控制，尽管并不总是违背自己的意志。我们这里描述的前一种人格是具有优越感的，具有这种特质的人在社交行为方面是活跃的。后一种人格是顺从的，他在面对面的交往中是被动的。(F. H. Allport & G. W. Allport，1921：13)①

① 兄弟俩后来都这样描述，在他自己出版的著作中做了细微的改动（如F. H. Allport，1924；G. W. Allport，1937）。

尽管直到博士毕业，奥尔波特都生活在哥哥弗劳伊德的影响之下，但随后他就开始不断反抗家庭的控制，强调自己与哥哥是不同的（Nicholson，1996，2003）。正如戴维·温特（David Winter，1996，1997）所说，对于奥尔波特来说，强调自己的独特性是满足自己对控制感和力量感的需要的一种途径，而这两种需要是他人格的重要方面。

根据奥尔波特（Allport，1937）的机能自主理论（theory of functional autonomy），虽然成人的动机可能起源于童年时期，但是成人的动机“是自我维持的、**同时存在的系统**……在机能上独立于”最初的动机（1937：194；加黑字体部分表示强调，为原文所加）。根据这个观点，奥尔波特的原型情景并不是童年的故事情节，他所讲述的故事强调了他成年后发生的事情（Elms，1994）。然而，就像奥尔波特与弗洛伊德的会面预示了他后来同铁钦纳的会面一样，它还反映了一种重复出现的关系模式，这种关系模式起源于他与哥哥们的交往（因而间接地表明了家庭冲突）。这些会面具有共同的脚本：先是接近年长的偶像并感到被拒绝和羞辱，奥尔波特最终都是以表明自身的独立性和独特性回应他们的。我将深入考察奥尔波特同他哥哥们的关系，这种关系是他致力于独特性研究的早期根源。

## 二、普遍性、独特性与家庭环境

我认为，除非有一个对立面，你才能成熟起来。

——戈登·奥尔波特，引自埃文斯（Evans，1971：86）

奥尔波特主张人格的独特性，反映了历史和文化对他思想的影响，其中包括20世纪早期的人格文化、他赞成的反现代主义观点和宗教观，以及20世纪20年代初他在美国和德国学习社会伦理学和心理学时的知识潮流的影响（见Nicholson，2003；也见于Barenbaum & Winter，2003）。因而，我并不认为他在家庭中的地位是他致力于研究人格独特性的唯一动因。然而，在兄弟四人中排行最小的经历似乎促使他关注自身的独特性，反对别人给他贴上的标签，更容易被那些强调独特人格的知识和科学传统所吸引；这些传统又反过来影响了他的思想。

如前所述，奥尔波特的哥哥们比他大得多——哈罗德（Harold）比他大将近9岁，弗劳伊德比他大7岁多，费耶特（Fayette）比他大5岁①——按他自己的说法，他“不可能跟他们一争高下”（Allport，1952：8），体力也比不上许多同龄的伙伴，但是他“很聪明”，“尽量避免与人打架和竞争”，形成了“发现我能做什么并能做好的生活模式”（1952：6）。很多理论，例如埃里克森的自我同一性理论（1968）、怀特的成就动机理论（1959）以及阿德勒的自卑感补偿理论（Ansbacher & Ansbacher，1956），都有助于理解奥尔波特决定发挥自己的优势而不是与哥哥和同伴们竞争的行为。奥尔波特（Allport，1952）自己曾说过，阿德勒的理论也许能够最适合从心理动力的角度解释他的人生经历。然而，或许是这种理论与时代不相符或者太一般，他拒绝不合时宜地笼

① 奥尔波特出生于1897年11月11日（Allport，1967），哈罗德出生于1889年1月19日；弗劳伊德出生于1890年8月22日；费耶特出生于1893年1月25日（Nicholson，2003）。

图 16.1　戈登·奥尔波特（左一）与他的哥哥们（奥尔波特阶层）

统运用阿德勒的理论，反对用阿德勒的早期自卑感去解释成年后的内驱力，“人们可能会用阿德勒的自卑感的补偿这一观点解释几乎所有的生命经历”（Allport，1962b：16）。很明显，尽管奥尔波特提到哥哥们对他不友好以及他不能与他们竞争，但他也表明不能确定这种自卑感的根源（1952）。如果把奥尔波特忽略的这个方面看作是他走向卓越的指示器（Alexander，1990），那么考察他跟哥哥们的关系可能会有很多的发现。

在这方面一个特别有用的理论是萨洛韦（Sulloway，1996）的出生顺序差异理论。在进化论和同胞反认同（sibling deidentification）研究（如 Schacher，Gilutz，Shore & Alder，1978；Schacher，Shore，Feldman-Rotman，Marquis & Campbell，1976）的基础上，萨洛韦（Sulloway，1996）认为，兄弟姐妹分别形成不同的策略去竞争父母的爱，以确保自己在家庭中的生存。他认为，家中的老大通常让自己的兴趣与父母保持一致，充当父母的角色，持较为保守的观点。后出生的孩子往往希望确立有价值的，但还未被占有的家庭环境，“他们努力在哥哥姐姐们还没有获得优越感的领域表现优秀”（1996：353）。这样，后出生的孩子往往更具有反抗性，对于新体验更开放。例如，萨洛韦发现科学家中后出生的孩子比最先出生的孩子要多，从而支持了他的新理论。因为后出生的孩子在家庭中的地位更低，所以与最先出生的孩子相比，他们往往更合群，适应能力更强。萨洛韦认为，同性别的孩子更可能形成截然不同的性格和兴趣，而与出生次序相差较大的同性别兄弟姐妹相比，出生次序接近的同性别孩子的性格差异更大（1996：305；也见于 Schacher，Shore，et al.，1978；Schacher，Shore，et al.，1976）。然而，萨洛韦（Sulloway，1996）提醒人们，家庭环境的其他特征如年龄差异、性格、性别以及与父母之间的冲突都可能影响（直接影响或者与出生次序交互作用）孩子策略的分化，而不是预测出生次序与人格特征的简单相关。

奥尔波特和哥哥们就是这种观点的典型例证，他们采取了几种典型的策略。像许多老大一样，哈罗德扮演着具有支配性的父母的角色。的确，弗劳伊德在描述最年长孩子的优越感人格时就提起了哈罗德（F. H. Allport，1924）。哈罗德高中毕业之后进入法学院（在那时相当于一所职业学校）学习，接着回到俄亥俄州克利夫兰市（Cleveland）的家中（Allport，1952），成为父亲生意上的伙伴。1923 年父亲去世之后，他接管了父亲的生意，他和妻子想让奥尔波特成为助手（Nicholson，1996），这很明显没有考虑到奥尔波特从事学术研究的计划，毫无疑问，奥尔波特拒绝了。哈罗德对奥尔波特没有经商的意识感到失望，那时奥尔波特对此心怀歉意，但后来他认为这是哈罗德喜欢控制别人，比较保守的做法（Nicholson，1996，2003）。“弗劳伊德在哥哥们中很特别”，奥尔波特说，“他是个很奇怪的人……在家里他一直是个古怪的人，但他在智力和审美方面很有天赋。”高中毕业之后，弗劳伊德进入哈佛，对于家里的其他人来说哈佛“是一个完全陌生的世界”（1952：7）。弗劳伊德后来说，他“天生喜欢独处”，“而没有很好地关注传统观念和习俗”（F. H. Allport，1974：5）。这样，从哈罗德和弗劳伊德这两个人身上，可以看出老大与老二在性格上存在很大的反差（Sulloway，1996）。

像很多后出生的孩子一样，奥尔波特的第三个哥哥费耶特似乎更具冒险精神。奥尔波特把他称为“妇女杀手”和最让父亲“头痛的人”（1952：8）。费耶特和他的大哥在兴趣和活动上有些相似，这证明了出生次序相隔甚远的孩子具有更大的相似性（Sulloway，1996）。像哈罗德一样，他喜欢踢足球，因此他也进了法学院，但后来“被赶出了奥伯林学院（Oberlin College）”（Allport，1952：7）。第一次世界大战后，费耶特在欧洲开始了他的外交生涯（1952：8），后来他在那里为美国电影协会（The Motion Picture Association of America）工作（Nicholson，2003）。提到这个家庭中第二对出生次序相差较大的兄弟，奥尔波特认为，“我更像弗劳伊德”（Allport，1952：7），可能是指他们都比较内向而书生气（Nicholson，2003）。但是，他接着说，“兄弟四人的性情迥然不同”（Allport，1952：7），他的哥哥们都“比他更有男子气”（1952：8）。奥尔波特的表现证明了后出生的孩子往往更友善，也更善于与人相处（Sulloway，1996），他更机智，在社交中比较自信，熟悉处世之道（见 Nicholson，2003）——“这种非常圆滑的社交能力”让他能够“跟那些政府机构和平相处”，而“弗劳伊德不会如此”（Katz，Johnson & Nichols，1998：123）。

根据萨洛韦的学说（Sulloway，1996），奥尔波特强调他与哥哥们的不同反映了后出生的孩子所采取的一种典型的适应策略——寻找家庭中尚未被占领的空间。前面提到，同性别的兄弟姐妹往往比不同性别的兄弟姐妹反差更大，人们可能会认为奥尔波特关注独特性是一种对比效应，他希望不同于其他兄弟的需要让这种效应变得更明显。似乎第四个儿子要经历更多的磨难才能得到认可，才被认为是一个独立的个体。的确，如尼克尔森所说，奥尔波特在50岁的时候，他仍旧能回忆起与几位哥哥们被混在一起的经历，“你一定记得父亲会把我们兄弟几个混在一起”，奥尔波特在给他哥哥的信中写道，“对他来说，我们都是相同的刺激物”（Nicholson，2003：25，引自 Allport，1947）。在学校的经历也是一样。在一次谈话中，奥尔波特（Allport，1952）多次提到，他追随着哥哥们，在同样的学校上了同样的几年学。一些学校的工作人员可能会把他看作“奥尔波特兄弟”中最小的那个孩子而不是一个独立的个体——当弗劳伊德从哈佛回到奥尔波特正在读高三的那所学校当教师的时候，这种情况尤为明显（Nicholson，1996）。例如，在给哈佛的一封推荐信中，他所在的那所高中的校长把他和弗劳伊德作比较（Cully，1915）。相反，奥尔波特深情地记得在他家工作的一个保姆，他管她叫做“B”，保姆格外关心他（Allport，1952；Nicholson，2003）。这些早期的经历让奥尔波特对于“被分到某一类中因而遭到排斥”更为敏感（Allport，1950，引自 Nicholson，1997：69），这使他更可能走与哥哥们不同的道路。

## 三、“更像弗劳伊德”

穷其一生，（这个人）都在努力协调两种存在模式：作为种族中的一分子与作为个体的人。前者可以让他成为一面镜子，后者则可以点亮他内心深处的个性之灯。

—戈登·奥尔波特（Gordon Allport，1955：35）

奥尔波特早年事业的一个突出方面是他在本科学习期间与弗劳伊德形成的“师生关系”（Nicholson，2000：464）。一些学者认为，奥尔波特关于机能自主性、成熟和独特性的理论观点跟他摆脱弗劳伊德阴影的努力是分不开的（Elms，1994：80；也见于 Atwood & Tomkins，1976）。尼克尔森仔细研究了奥尔波特在 20 世纪 20 年代初的来往信件，他将奥尔波特对德国的独特人格的观点发生兴趣与他声明与弗劳伊德的观点不同联系了起来（Nicholson，2000，2003）。在这一部分，我会以奥尔波特早期的家庭地位为背景，分析他在这方面的发展。如上所述，奥尔波特指出（Allport，1952），在进入大学之前，他不能与哥哥们很好地相处。因而，他避免竞争，开拓“自己的天地”（1952：7），这不仅是同胞分化（sibling differetiation）的一种策略，也是对他遭到拒绝的痛苦经历的一种补偿方式，而且这与他后来对弗洛伊德和铁钦纳的羞辱做出的回应也是一致的。在从事感兴趣的活动的同时，奥尔波特仍然羡慕哥哥们，而且很看重他们的建议和关心。

小学阶段的奥尔波特是一位毫不起眼的学生，读高中时，一位哥哥表扬了他的学习成绩，此后他开始对学习产生兴趣，并且成绩优异。1915 年，奥尔波特高中毕业，而且是当年学校毕业典礼上致辞的学生，他高兴地听从了弗劳伊德的建议，申请到哈佛深造，而弗劳伊德是在 1913 年从哈佛毕业的，当时正攻读心理学博士学位（Allport，1952，1967）。奥尔波特在弗劳伊德的指导下选课，用他的话说，“从那时开始”，他就成为“我人生中很重要的因素”（Allport，1952：8）——一位有成就的、让我感到很钦佩的导师、实验研究者和顾问。大学时期的奥尔波特乐于接受弗劳伊德的建议和支持，赞同他的心理学理论和方法。1919 年，在从哈佛毕业之后，奥尔波特在君士坦丁堡的罗伯特学院（Robert College in Constantinople）任教一年，在此期间，弗劳伊德仍然影响着他的职业生涯决策（Nicholson，2000，2003）。在 1920 年，弗劳伊德建议奥尔波特重回哈佛攻读研究生，帮助他获得了研究生奖学金，并在他的公寓里为奥尔波特提供了一间住房。弗劳伊德还建议奥尔波特把人格作为博士论文的研究主题，给了他很多理论和哲学上的指导。“的确”，尼克尔森认为，“戈登的博士论文在很大程度上可以看作是弗劳伊德研究项目的展开。”（Nicholson，2000：464）

然而，甚至早在大学阶段，奥尔波特就把钦佩和仿效弗劳伊德的倾向与早期要将自己区别于哥哥们的倾向结合起来了。弗劳伊德坚持认为，心理学是一门完全客观的科学，“它排除任何人本主义的假设或功利主义的价值观”（F. H. Allport，1974：5）①，

① 在这个“客观的”理想背后具有政治方面的考虑（见 Nicholson，2000）。

与弗劳伊德不同，奥尔波特感兴趣的是运用科学为社会服务（Nicholson，2003）。奥尔波特同时学习了社会伦理学和心理学，参加了许多社会服务活动。有一段时间，他甚至考虑以社会工作作为自己的职业（Allport，1952）。而且，尼克尔森（Nicholson，2000）认为，弗劳伊德坚持的是现代主义和“明确的唯物主义”立场（Nicholson，2003：46），与此相反，奥尔波特用一种基于“反现代主义冲动”（参见 Lears，1981）的宗教调和他的科学倾向。虽然奥尔波特与同时代的很多人一样都有这种反现代主义冲动（Nicholson，2003），但是由于他是哈佛奥尔波特两兄弟中的弟弟，这种状况更有助于他选择不同于弗劳伊德的职业方向和精神信仰。在家中他认为自己“更像弗劳伊德”（Allport，1952：7），但这种新的发展态势促使大家关注他们的不同［请比较（Nicholson，2000）］——这种对比效应也许因“轻微差异的自恋（narcissism of minor differences）”倾向而有所增强，具有这种倾向的人们总是认为“他们本应该相似”，因而夸大了他们之间的差异（Freud，1918/1957：199）。[①]

在尼克尔森看来，奥尔波特在罗伯特学院任教时，曾在两个极端之间摇摆不定，有时候像个美学家——“一位由衷地热爱大自然的创造的人”，有时候又像一位科学家——“一位十足的生物学家”（Allport，1919；引自 Nicholson，2003：66）。在回到哈佛攻读研究生期间，奥尔波特与弗劳伊德一起界定、划分和测量人格特质（F. H. Allport & G. W. Allport，1921），并且他的博士论文（1922）也体现了弗劳伊德的行为主义取向（Nicholson，2003）。然而，在此期间，奥尔波特对弗劳伊德心理学的矛盾心理不断增强，他体验到强烈的内心冲突，一方面是弗劳伊德所代表的科学世界观，另一方面是他和罗伯特学院的朋友们追求的反现代主义的精神信仰冲动。在给朋友的信中，他抱怨说，醉心于“科学！科学！科学！！！！”（SCIENCE！SCIENCE！SCIENCE！！！！）的不真实的人格（引自 Nicholson，2003：75）与更倾向于美学和精神信仰的真实人格之间的冲突让他有一种被撕裂感。奥尔波特努力协调这些相冲突的人格，这让他渐渐接受了与弗劳伊德截然不同的宗教信仰和科学立场。

根据弗劳伊德自己的说法，他反对“相当沉重的宗教信仰影响我们的早期生活”，还在读大学时他就对“宗教与科学”的问题跟母亲进行了“长期而友好”的辩论（F. H. Allport，1974：3）。成年后，对于有组织的宗教（1930：361），他一直持批判态度。他认为，“科学和宗教都根深蒂固地扎根于我们自身的冲动之中”（F. H. Allport，1930：354），超自然的世界不是一种外在的现实，而是我们道德冲动的投射。“上帝是我解释自己为善愿望的方式”，而不是一个实际的“超级存在”（1930：362），他提倡一种清除了超验性成分的宗教，接受“无上帝宗教”（nothing on faith）（F. H. Allport，1974：5）。奥尔波特发现这种观点是不充分的。像弗劳伊德一样，在大学的时候，奥尔波特就开始质疑家庭灌输的宗教教条，但他不是拒绝有组织的宗教，而是以“人道主义”的方式接受了“基本的一神论立场”（Allport，1967：7）。然而，他曾经有好几年拒绝了这种立场，在他看来，这种观点“抬高了个人的智慧，仅仅是确证了一套不稳定的人为的价值观（1967：7）。他开始强烈地认同母亲的精神信仰（Nicholson，

---

① 奥尔波特用这样的话来描述自己同亨利·莫里 的关系：“我们感兴趣的领域如此相近，以至于我们都不约而同地允许存在某种‘轻微差异的自恋’，以此来保持各自研究领域的不同”。（1967：13）

2003；也见于 Allport，1944），寻求带有“谦卑和某种神秘主义”的观点（Allport，1967：7）。1923 年在德国做博士后期间，他加入了英国圣公会（Anglican Episcopal Church），在那里他找到了一种“更有超越性的世界观”（Nicholson，2003：123）——这恰恰是弗劳伊德不能接受的宗教观。对奥尔波特来说，一种真实的宗教立场成为“统一的生活哲学”的样式（1937：225），这是成熟人格的一个标记。

奥尔波特宗教认同（religious identity）的确立与他对强调人格独特性和统一的德国心理学研究所进行的探索是一致的。差异心理学先驱威廉·斯特恩（William Stern）的著作（Stern，1900）给他留下了深刻印象，当时斯特恩的研究主要关注“真实的个性”——“一种反对科学独裁的、独特的、‘精神的’统一体”——而不是“关系中的个性”（Nicholson，2003：112），他的研究以个体在独立的人格特质上的对比为基础，奥尔波特与弗劳伊德也在研究中提倡这种研究方法。尼克尔森指出，奥尔波特致力于“精神心理学”（2003：103）——作为人文社会科学（Geisteswissenschaft）的心理学或人性的科学——这表明了“他自己的知识分子身份认同”的确立（2003：126）。奥尔波特声明独立于弗劳伊德的行为与一年前他对铁钦纳的“报复”（2003：122）惊人地相似。在一篇文章中，奥尔波特“攻击”了（引自 Nicholson，2003：127）弗劳伊德刚出版的一本书中所表达的人格观（F. H. Allport，1924），他批评了对孤立的人格特质进行科学测量的人格研究，提倡运用德国的直觉方法进行“完整人格的研究”（The Study of the Undivided Personality）（G. W. Allport，1924）。在投到《变态与社会心理学杂志》（*Journal of Abnormal and Social Psychology*）的文章发表时，奥尔波特把它发给了弗劳伊德，他当时是该杂志的编委之一（Nicholson，2003）。根据尼克尔森的说法，弗劳伊德认可了奥尔波特的“独立声明”，他的反应中多处体现了“长久以来形成的作为哥哥的优越感”（2003：127），而正是它加速了奥尔波特从哥哥的阴影中摆脱出来的步伐。

在奥尔波特的自传中（Allport，1967），他夸张地比较了自己与弗劳伊德的不同。他简短地提及弗劳伊德曾经充当自己的老师和顾问，随后，他用了将近一段介绍他们在心理学观点上的分歧（例如，“对我来说，他的社会心理学带有太强的行为主义倾向和精神分析倾向”），他还提到，弗劳伊德“在绘画、音乐和手工制作方面的天赋”较高（1967：12）。然而，从他的自传中，我们不能明显地看出，奥尔波特同弗劳伊德进行“智力交战”的过程重现了他早期与哥哥们、弗洛伊德及铁钦纳交往的脚本。奥尔波特开始时接受弗劳伊德的人格心理学研究（虽然有一些抵触），但后来一直“反对”这种研究，形成另一条同时强调人格独特性和具有他自己独特性的研究路线。奥尔波特从 1924 年的一篇文章开始逐渐脱离弗劳伊德，这不是对某一个被拒绝或羞辱事件作出的反应，而是他逐渐形成自己人格研究路线的过程的一部分——是他和弗劳伊德共有的科学价值观与一套相对立的浪漫主义的精神价值观的矛盾结合体（Nicholson，2003）。

## 四、“一个奥尔波特还是两个奥尔波特?”

奥尔波特在自传中总结了他与弗劳伊德的不同之处：“过去的这些年，我们都在寻找自己的道路，但是因为我们共有不同寻常的姓，而我们的观点又不相同，这让学生和公众感到迷惑。到底是一个奥尔波特还是两个奥尔波特?”（1967：12～13）甚至在奥尔波特刚开始他的学术生涯时，他就在信中提醒人们防止把他俩混淆。“附：或许我应该提醒人们注意我的身份，”他在1930年给卡尔·门宁格（Karl Menninger）的信的结尾这样写道，“不要将我同我的哥哥——雪城大学（University of Syracuse）的F·H·奥尔波特混为一谈。”（也见Allport，1928a）尽管这样提醒，人们依然会混淆他们两个，这让兄弟俩都很烦恼，而且这种混淆还出现在他们的主要著作中（F. H. Allport，1931）。例如，弗劳伊德所写的那本因把社会心理学界定为“一门新兴实验科学”（F. H. Allport，1974：9）而备受称赞的《社会心理学》（F. H. Allport，1924）一书被误认为是兄弟俩合著（Shellow，1932），直到1938年，奥尔波特《人格》一书的评论者还写道，“奥尔波特教授长期以来以行为主义研究而著名”，他用“优势反射”（prepotent reflexes）取代了本能（Faris，1938：239）——优势反射也是弗劳伊德书中的一个重要概念。数年后，奥尔波特（Allport，1952）仍然不清楚他事业的迅速发展是否部分归功于这种混淆。

在强调他们之间的分歧时，奥尔波特（Allport，1967）并未提及早期他与弗劳伊德的合作也是造成这种混淆的原因之一。兄弟俩不仅在关于特质的早期研究中合作和共同署名（F. H. Allport & G. W. Allport，1921），而且在著名的“优越—顺从”（ascendance-submission）心理测量学测验研究——A-S反应（A-S Reaction）研究（G. W. Allport & F. H. Allport，1928）中也是如此。对于奥尔波特来说，这种合作提高了他对自己一直不自信的独创性。他想起学位论文遭到羞辱的事情，指出这篇论文最初是从“弗劳伊德开始的”（Allport，1952：10～11）。尽管如此，他仍然看重这篇论文在他的多个“首创”中的价值：“我认为，我的那篇论文也许是美国第一篇明确探讨人格成分特质问题的博士论文”。（Allport，1967：9）他还认为，1924年在哈佛开设的人格课程“很可能是美国大学中在这方面最早的课程”（1967：9）。奥尔波特的博士论文的确是首次研究了“人格”特质，然而，关于“性格”特质的博士论文却在一年前就已经出现了（Filter，1921）。虽然奥尔波特开设的人格课程被公认为是最早的人格课程（Nicholson，1997b；Parker，1991），但四年前金博尔·杨就开设了“人格与性格”课程（Barenbaum，2000）。重要的是，奥尔波特并没有肯定地说他在这方面是优先的，更可能是他不知道前人的工作而已。然而，奥尔波特把自己描述为一个“闹独立的人”（Allport，1967：9；也见于Allport，1962b，1962c；Nicholson，2003），他对于“首创”的这些看法反映了他一直想形成自身的独特性。

奥尔波特在读研究生时和弗劳伊德共同设计了“A－S反应研究”，研究报告在几年后发表（G. W. Allport & F. H. Allport，1928），这让我们对他努力形成自己观点的行为感到费解。1924年，在欧洲经过为期两年的博士后研究后，奥尔波特回到哈佛，在接下来的两年里担任社会伦理学课程的讲师（Allport，1967）。弗劳伊德于1922年转到北卡罗来纳大学（University of North Carolina），然后于1924年去了雪城大学（F. H. Allport，1974）。从1926年起，奥尔波特在达特矛斯学院（Dartmouth）教了四年的心理学，接着成为哈佛心理学专业的工作人员。在达特矛斯，他开始认真考虑写一本人格心理学的教材，形成自己的人格特质理论，运用他在欧洲学习的德国心理学研究方法开展研究（Allport，1952，1967）。到1927年秋，奥尔波特积极地探索了“直觉的方法”，他用这个术语指德国的“领悟（versteben）”方法，他试图由此解释个体人格的统一性。他决定在接下来的一学期开设一门教授这种方法学的课程（Allport，1928a，1929b）。① 在一场题为“心理学中的直觉方法”（Intuition as a Method in Psychology）的演讲中，奥尔波特（Allport，1927a）说：**“心理测验的出现是不可避免的，运用这些方法，不同的人可以相互比较，但在广阔的社会中他们从来不会被理解，也不会被他们自己所理解”**（1927：11；加黑体字体部分表示强调，为原文所加）。

在1927年12月举行的艺术研讨会上，奥尔波特做了一场题为“直觉和美学态度”（Intuition and the Aesthetic Attitude）的演讲，它表明奥尔波特在这个时期正在进行强烈的内心的挣扎。奥尔波特借用哲学家爱德华·斯普朗格（Eduard Spranger）的术语，讨论了理论态度（强调普遍规律的科学态度）与美学态度（强调个体性的直觉态度）之间不可避免的冲突。奥尔波特认为，美学态度“通常与实际生活和理论思考相冲突。它引起的这种冲突已经让一些学者精神崩溃”（Allport，1927a：11）。为了使文章更能凸显个人特点，他这样问道：

> 应当怎样调和对特殊性的理解与对普遍性的理解？我认为答案存在于德国狂飙突进时期（Sturmund Drang）的哲学中。住在我心里的两个灵魂会一直斗争下去（或者用心理学的话来说，就是我的美学态度与理论态度之间的冲突），直到它们找到解决的办法。这种解决办法必须与我的人格一致。它的确就是我的人格。没人能帮助我。这是每个有思想的个体进行自我统合时注定要面对的困境。它可能将他引向灾难，造成一个自我跟另一个自我的分离，或者让他成为天才。这是他自己的一场冒险。（1927：12）

“住在我心中的两个灵魂”来源于歌德的《浮士德》（*Faust*）中的一个情节，浮士德承受着俗世的欲望与精神追求之间相冲突的折磨。② 在他发表演讲后的第五天，奥尔波特给朋友罗巴克（A. A. Roback）的一封信中说明了他痛苦的一个根源（Allport，1927b）：“我一直致力于优越问题的研究，它烦得我想哭。”“尽管我希望不久发表关于优越的测验，但我不是……一个‘测验者’”，他在另一封信中写道，“我宁愿被称为反测验者”。（1927b）这个测验（G. W. Allport & F. H. Allport，1928）与奥尔波特的有关报告（1928c）都于1928年发表（也见于Allport，1928b），这项报告包括了必要的统计分析。

弗劳伊德赞同“客观的”、科学的世界观。与弗劳伊德不同，奥尔波特先是赞同这种观点，随后，在职业生涯的大部分时间里，他一直反对这种观点，努力协调一系列对立面——科学与精神信仰、人格研究中美国的心理测量学方法与德国的直觉方法、一般性与独特性（Nicholson，2003）。有时他发现这些冲突相互纠缠在一起。例如，在硕士毕业之后，他说他感到被两种人格或者说“两种本性”撕裂（Allport，1922；引自

---

① 这一课程是基于威廉·埃勒里·伦纳德的自传《移动的上帝》（*The Locomotive God*）一书（William Ellery Leonard，1927）。

② 参见歌德（Goethe，1914）和奥尔波特（Allport，1967）的著作，其中提到他在英国做博士后的第二年开始研究《浮士德》，同时思考他在德国留学的经历。

Nicholson，2003：97）。在达特矛斯，他既想（与弗劳伊德一起）完成心理测验的编制，又想探讨直觉的方法（赞成这种方法的研究者反对测验），他再一次体验了自我的分裂。奥尔波特的挣扎从另一种角度解读了这个问题："有一个还是两个奥尔波特?"（1967：13）

## 五、"独自一人"：统一性和独特性

完成了 A-S 测验之后，奥尔波特没有在美国的研究方法与德国的研究方法之间摇摆，而是集中精力总结了人格研究的方法（如 Allport，1929；Allport & Vernon，1931，1933）。在 1929 年撰写并于 1931 年发表的一篇论文中，奥尔波特探讨了人格特质理论，"什么是特质这个问题……让我提出完全不同于其他学说的人格理论"（Allport，1952：11），这是他的第一篇原创性的著作。与此同时，他开始提议建立独立的人格心理学，而不是继续把人格作为社会心理学的一个研究课题（Barenbaum，2000）。也许，重要的是，这个提议与 1930 年奥尔波特重回哈佛教授社会心理学——"在一定意义上就是弗劳伊德原来的工作"——是相符的（Nicholson，2003：169）。

在这个创作"多产期"（Allport，1952：12），奥尔波特出版了著名的教科书《人格：一种心理学的解释》（*Personality：A Psychological Interpretation*）（1937），达到了这一时期的顶峰。这本书综合了"纪律、控制方面的科学信息与自由、独特性方面的精神信仰信息"（Nicholson，2003：216～217），反映了奥尔波特特别关注的仍是"两个灵魂"的整合。奥尔波特用一章的篇幅分析人格的统一性——德国"精神心理学"的研究焦点（Nicholson，2003：103），也是他关注的课题之一。他认为**"统一性至多是一个程度问题"**（Allport，1937：344；加黑字体部分表示强调，为原文所加），"统一性仅仅存在于为统一性所进行的斗争中"（1937：350～351）。浮士德"得到了救赎，"奥尔波特认为，"因为他不断地为他未曾获得的完整性而奋斗"（1937：351）。在奥尔波特看来，浮士德的两个灵魂让他"理解了人类的生命"（1937：515），超越了他"只有一个灵魂"的侍者，他努力追求自身完整性的行为证明了他的宗教信仰，奥尔波特认为这种宗教信仰是"最全面的"（1937：226）、统一的生活哲学。

显而易见，奥尔波特教科书的核心原则是个体的独特性。奥尔波特批评弗洛伊德、铁钦纳和其他的心理学家视野狭隘，过于关注心理的普遍性。为了补充奥尔波特和弗劳伊德提出的个性"相关"理论（Nicholson，2003）——按照与共同特质测量的平均分的距离来界定个性——他提出了机能自主性原则，**"一种解释独特性如何产生的……一般法则"**（Allport，1937：558；加黑字体部分表示强调，为原文所加）。他认为，这个原则"宣告了人格心理学的独立"（1937：207）。这个原则也是奥尔波特从精神分析和其他流行的心理学观点中独立出来的宣言，这些观点也包括他哥哥的观点，即认为"高级"兴趣依赖于饥饿或"优势"反射的观点（F. H. Allport，1924：65～66）。

在另一种意义上，奥尔波特的教科书也宣告了人格心理学的独立和他自身的独立。在奥尔波特和他哥哥合著的文章中，他们认为人格具有固有的社会性；"只是随着星期五的到来"，他们认为，鲁滨逊·克鲁索（Robinson Crusoe）的人格的"全部意义才会凸显出来"（F. H. Allport & G. W. Allport，1921：7）。弗劳伊德坚持认为，人格"主要是一种社会性的事实”（F. H. Allport，1924：99），因而“隐士几乎没有人格”（1924：101）。奥尔波特反对这种观点（Allport，1937）。他认为，假定“一种特质必须代表两个人之间的某种关系”，这种看法是错误的，“鲁滨逊·克鲁索在星期五到来之前就没有特质吗？当地球上最后一个活着的人在同伴死去之后就突然失去特质了吗？”（1924：289）他认为应重视“人格本身”的结构（1924：viii），他声称人格心理学是“心理学新的分支”（1924：ix），这样就把这个领域从社会心理学——弗劳伊德在他的教科书上界定的这个领域中，独立出来了（F. H. Allport，1924；见 Barenbaum，2000）。奥尔波特同时宣告人格从社会关系中独立出来，人格心理学从社会心理学中独立出来。因而，他也像弗劳伊德一样，成为率先界定了“一个新兴的研究领域”的教科书的作者（1924：viii）。

## 六、结论

一些研究者侧重分析奥尔波特对弗洛伊德和精神分析学说的反应（Atwood & Tomkins，1976；Elms，1994；Faber，1970；Morey，1987），与他们不同，我把奥尔波特与弗洛伊德的会面看作一种原型情景，它揭示了在奥尔波特生活和工作中一再出现的脚本。① 该脚本反映了奥尔波特对独特性的向往——这是他反对弗洛伊德的一个方面，这个方面经常被忽视（埃尔姆斯 1994 年的研究例外）。根据这种解释，与弗洛伊德的会面只是一系列类似的会面之一，这些会面开始于他同哥哥的关系，奥尔波特最初接近他们，然后感到被这些偶像羞辱，随后拒绝接受他们的观点，或者拒绝参加他们的活动，由此证明自己的独特性。相似地，精神分析理论也是一系列心理学观点之一，奥尔波特最初也是试图接受它，后来就批评它过于强调心理的普遍性而忽略了独特的人格。他将人格心理学界定为不同于社会心理学的一个独特领域，这一点也反映了同样的脚本。

我认为，奥尔波特作为四兄弟中最小的一个，这种经历有助于他关注自己的独特性。然而，我不是说他的早期经历与他的理论观点之间具有直接的联系，而是想说明奥尔波特个人的关注点与他的研究产生的文化、历史和知识背景之间的相互影响（见 Nicholson，2003）。奥尔波特本人（Allport，1937）也反对心理传记学家一直批评的化约主义的解释（如 Elms，1994；Erikson，1969；Runyan，1982）。戴维·温特在 1964 年曾问他：“家庭和学术背景如此相似，他与哥哥又是如何走上如此不同的心理学道路的？”奥尔波特指出，从国外留学回来，他不再看重在美国心理学界处于主导地位的实证主义和行为主义（D. G. Winter，Personal Communication，2004 年 1 月 13 ~ 14 日）。他的答案突出强调了知识和文化潮流对他思想的促进作用；奥尔波特不愿意分析他的早期经历，也可能限制了他的自我理解（请比较安德森所写的本书第 13 章；Atwood & Tomkins，1976；Elms，1994；也见于埃尔姆斯所写的第 5 章）。要对此提出更为完整的解释，不仅要认识到他个人的关注点促使他注意到强调人格独特性和统一性的欧洲理

① 有关斯金纳的生命故事和职业工作中反复出现的脚本，可参见德莫雷斯特和西格特的著作（Demorest & Siegt，1996）。

论，还要认识到，兄弟姐妹即使处于“相似”的背景下，也可能有着不同的经验（Sullway，1996）。

我认为，通过突出说明奥尔波特批评精神分析的演化和弗劳伊德对精神分析学说的赞同，拓展了我们对奥尔波特就弗洛伊德的提问所作出的反应的理解。虽然有证据可以表明，奥尔波特纯洁、尽责的家庭背景与他对精神分析学说的反感之间存在直接的关系（Elms，1994），但是，这样一种直接的联系不足以解释弗劳伊德积极的观点（Allport，1967）。像他的非正统的宗教信仰一样，弗劳伊德对精神分析感兴趣可能与他不尊重“传统的信仰”有关（F. H. Allport，1974：5）。然而，我想提出这样一种解释：它应该考虑到兄弟俩在家庭中的地位以及奥尔波特在欧洲的留学经历。他和哥哥的经历都证明，出生较晚的科学家往往信奉革命性的理论（Sulloway，1996）。读研究生的时候，弗劳伊德“抓住了行为主义”（F. H. Allport，1974：7），它是当时一个新兴的心理学流派，他的《社会心理学》运用了行为主义的语言概念（F. H. Allport，1924），而没有采用另外一种颇受欢迎并开始影响美国社会心理学的理论（Parkovnick，2000），这种理论就是精神分析理论。

正如埃尔姆斯所述（Elms，1994），奥尔波特在1920年拜见弗洛伊德后并没有马上放弃精神分析学说，他在多处都曾暗示了这一点。相反，在此后一段时间内他有一种矛盾心理。与弗劳伊德一起著书立说时，他引用了弗洛伊德主义的概念（F. H. Allport & G. W. Allport，1921），但在自己的博士论文中，他更喜欢“非正统的精神分析学家”近期提出的弗洛伊德主义的机制理论（Allport，1922：7）。在计划进行博士后研究时，奥尔波特打算在维也纳学习精神分析，在柏林度过的第一学期，他既钦佩弗洛伊德，又在批判他（Elms，1994；Nichoson，2003）。然而，他没有去研究精神分析，在1923年3月初他到汉堡（Hamburg）与斯特恩一起做研究的时候（Nichoson，2003），他用轻蔑的语气讨论了弗洛伊德（Elms，1994）。是什么改变了他的想法？如上所述，奥尔波特那时正在欧洲寻求知识分子身份认同。他很快了解到弗洛伊德在德国“并不被认可”（Elms，1994：78；引自Allport，1922）。毫不奇怪，他发现，在他发给铁钦纳和哥哥的文章中提到的“新”方向更有吸引力（Allport，1923，1924）。他1923年的一篇文章突出说明了斯特恩的研究，斯特恩是独特人格观的拥护者，也是较早批判弗洛伊德的人（Stcrn，1901/1988）。奥尔波特（Allport，1937）自己对弗洛伊德的批评附和了斯特恩对精神分析学派还原说的批判（Nichoson，2003；见Stern，1935/1938），他提出的机能自主性概念也反映了斯特恩对精神分析的拒绝态度，斯特恩拒绝将人的内驱力还原为最基本的形式。然而，奥尔波特认为（Allport，1937），即使是斯特恩也过于相信普遍性的动机概念。

这样，奥尔波特对于弗洛伊德的批判态度渐渐地形成了，这不仅与他早期对精神分析的偏见以及他与弗洛伊德的个人会面有关，而且与以后的数次经历有关。这些经历包括：他更喜欢非正统理论（这是出生较晚的科学家的特征）；他努力让自己不同于哥哥弗劳伊德；他被斯特恩和其他强调独特人格的理论家的研究所吸引。他后来的这些经历反过来又反映了他希望证明自己的独特性和人格的独特性——这种心理发生在他与三位哥哥的早期交往中，在他以后的其他人际关系中和研究中反复表现出来，而且包含在他自传所描述的经历中，即一位天真的年轻人与一位未能觉察其独特动机的著名精神分析学家的会面。

**致谢**

奥尔波特兄弟们（戈登、费耶特、弗劳伊德和哈罗德）的照片是在尼克尔森（Nicholson，2003）所著的奥尔波特传记中首次出版的。感谢尼克尔森在安排使用这些照片时提供的帮助，也感谢罗伯特·奥尔波特（Robert Allport）同意在这本书中使用它。

（谷传华　黄春艳　译）

**参考文献**

Alexander, I. E. (1990). *Personology: Method and Content in Personality Assessment and Psychobiography.* Durham, N. C.: Duke University Press.

Allport, F. H. (1924). *Social Psychology.* Boston: Houghton Mifflin.

Allport, F. H. (1930). The Religion of a Scientist. *Harper's Magazine*, 160, 352 – 366.

Allport, F. H. (1931). Letter to G. W. Allport, December 1. *Floyd H. Allport Papers.* Syracuse University Archives, Syracuse, N. Y.

Allport, F. H. (1974). Floyd H. Allport. In E. G. Boring & G. Lindzey (Eds.). *History of Psychology in Autobiography* (Vol. 6, pp. 1 – 29). Englewood Cliffs, N. J.: Prentice-Hall.

Allport, F. H. & Allport, G. W. (1921). Personality Ttraits: Their Classification and Measurement. *Journal of Abnormal Psychology and Social Psychology*, 16, 6 – 40.

Allport, G. W. (1922). An Experimental Study of the Traits of Personality, with Application to the Problem of Social Diagnosis. Unpublished Doctoral Dissertation, Harvard University.

Allport, G. W. (1923). The Leipzig Congress of Psychology. *American Journal of Psychology*, 34, 612 – 615.

Allport, G. W. (1924). The Study of the Undivided Personality. *Journal of Abnormal and Social Psychology*, 19, 132 – 141.

Allport, G. W. (1927a). Intuition and the Aesthetic Attitude [Unpublished Symposium Paper, December 12]. *Gordon W. Allport Papers.* Harvard University Archives, Cambridge, Mass. Courtesy of the Harvard University Archives.

Allport, G. W. (1927b). Letter to A. A. Roback, December 17. *A. A. Roback Papers.* MS Stor 66, Houghton Library, Cambridge, Mass. Published by Permission of the Houghton Library, Harvard University.

Allport, G. W. (1927a). Intuition as a Method in Psychology. Unpublished Paper, Undated (internal evidence suggests 1927). *Gordon W. Allport Papers*, Harvard University Archives. Cambridge, Mass. Courtesy of the Harvard University Archives.

Allport, G. W. (1927b). Letter to A. A. Roback, Undated (Internal Evidence Suggests 1927). *A. A. Roback Papers.* MS Stor 66, Houghton Library, Cambridge, Mass. Published by Permission of the Houghton Library, Harvard University.

Allport, G. W. (1928a). Letter to W. E. Leonard, April 5. *Gordon W. Allport Papers.* Harvard

University Archives, Cambridge, Mass.

Allport, G. W. (1928b). Mental Tests and Measurements. In A. B. Hart & W. M. Schuyler (Eds.). *The American Year Book: A Record of Events and Progress, 1927* (pp. 703 – 706). Garden City, N. Y.: Doubleday, Doran, & Co.

Allport, G. W. (1928c). A Test For Ascendance-Submission. *Journal of Abnormal and Social Psychology*, 23, 118 – 136.

Allport, G. W. (1929). The Study of Personality by the Intuitive Method: An Experiment in Teaching from *The Locomotive God*. *Journal of Abnormal and Social Psychology*, 24, 14 – 27.

Allport, G. W. (1930). Letter to K. Menninger, May 6. *Gordon W. Allport Papers*. Harvard University Archives, Cambridge, Mass. Courtesy of the Harvard University Archives.

Allport, G. W. (1931). What is a Trait of Personality? *Journal of Abnormal and Social Psychology*, 25, 368 – 372.

Allport, G. W. (1937). *Personality: A Psychological Interpretation*. New York: Henry Holt.

Allport, G. W. (1942). *The Use of Personal Documents in Psychological Science*. New York: Social Science Research Council.

Allport, G. W. (1944). The Quest of Nellie Wise Allport. *Gordon W. Allport Papers*. Harvard University Archives, Cambridge, Mass: Author.

Allport, G. W. (1952). Interview by Anne Roe. *Anne Roe Papers*. American Philosophical Society, Philadelphia, Penn. Courtesy of the American Philosophical Society.

Allport, G. W. (1955). *Becoming: Basic Considerations for a Psychology of Personality*. New Haven, Conn.: Yale University Press.

Allport, G. W. (1958). G. W. Allport Recalls a Visit to Sigmund Freud [Unpublished manuscript]. *Gordon W. Allport Papers*. Harvard University Archives, Cambridge, Mass.

Allport, G. W. (1962a). The General and the Unique in Psychological Science. *Journal of Personality*, 30, 405 – 422.

Allport, G. W. (1962b). Interview by Anne Roe. *Anne Roe Papers*. American Philosophical Society, Philadelphia, Penn. Courtesy of the American Philosophical Society.

Allport, G. W. (1962c). My Encounters with Personality Theory [Transcript of Talk Presented at Boston University School of Theology, October 29]. *Gordon W. Allport Papers*. Harvard University Archives, Cambridge, Mass.

Allport, G. W. (1963). Critical Issues in Personality Theory [Anna Belle Tracy Memorial Lecture, School of Applied Social Sciences, Western Reserve University, November 8]. *Gordon W. Allport Papers*. Harvard University Archives, Cambridge, Mass.

Allport, G. W. (1967). Gordon W. Allport. In E. G. Boring & G. Lindzey (Eds.). *A History of Psychology in Autobiography* (Vol. 5, pp. 1 – 25). New York: Appleton-Century-Crofts.

Allport, G. W. (n. d.). Personal Experience with Racial and Religious Attitudes [Unpublished manuscript]. *Gordon W. Allport Papers*. Harvard University Archives, Cambridge, Mass. Courtesy of the Harvard University Archives.

Allport, G. W. & Allport, F. H. (1928). *The A-S Reaction Study; a Scale for Measuring*

*Ascendance-Submission in Personality: Manual for Directions, Scoring Values, and Norms.* Boston: Houghton Mifflin.

Allport, G. W. & Odbert, H. S. (1936). Trait-Names: A Psycho-lexical Study. *Psychological Monographs*, 47(1), 1 – 171, No. 211.

Auport, G. W. & Vernon, P. E(1931). *A Study of Values.* Bostom: Houghton Mifflin.

Allport, G. W. & Vernon, P. E. (1933). *Studies in Expressive Movement.* New York: Macmillan.

Ansbacher, H. L. & Ansbacher, R. R. (Eds.). (1956). *The Individual Psychology of Alfred Adler: A Systematic Presentation in Selections from His Writings.* New York: Basic Books.

Atwood, G. E. & Tomkins, S. S. (1976). On the Subjectivity of Personality Theory. *Journal of the History of the Behavioral Sciences*, 12, 166 – 177.

Barenbaum, N. B. (1997, June 19). "The Most Revealing Method of all": Gordon Allport and Case Studies. Paper Presented at the Annual Meeting of Cheiron, Richmond, Va.

Barenbaum, N. B. (1998, June 20). Idiographic and Nomothetic: Gordon Allport's "Introduction" *of Personality Psychology as Historical and Natural Science.* Paper Presented at the Annual Meeting of Cheiron, San Diego, Calif.

Barenbaum, N. B. (2000). How Social was Personality? The Allports' "Connection" of Social and Personality Psychology. *Journal of the History of the Behavioral Sciences*, 36, 471 – 487.

Barenbaum, N. B. & Winter, D. G. (2003). Personality. In I. B. Weiner (Series Ed.) & D. K. Freedheim (Vol. Ed.). *Handbook of Psychology, Vol. 1: History of Psychology* (pp. 177 – 203). New York: Wiley.

Bauer, J. L. (Dir.). (1964). *Dr. Gordon W. Allport* [Motion picture]. Houston, TX: KUHT Film Productions, University of Houston.

Boring, E. G. (1967). Titchener's Experimentalists. *Journal of the History of the Behavioral Sciences*, 3, 315 – 325.

Cattell, R. B. (1946). *Description and Measurement of Personality.* Yonkers-on-Hudson, N. Y.: World Book.

Cully, H. H. (1915). [Letter to B. S. Hurlbut, December 17]. *Gordon W. Allport Papers.* Harvard University Archives, Cambridge, Mass.

Demorest, A. P. & Siegel, P. F. (1996). Personal Influences on Professional Work: An Empirical Case Study of B. F. Skinner. *Journal of Personality*, 64, 243 – 261.

Elms, A. C. (1994). *Uncovering Lives: The Uneasy Alliance of Biography and Psychology.* New York: Oxford University Press.

Erikson, E. H. (1968). *Identity: Youth and Crisis.* New York: Norton.

Erikson, E. H. (1969). *Gandhi's Truth.* New York: Norton.

Evans, R. I. (1971). *Gordon Allport: The Man and His Ideas.* New York: Dutton.

Eysenck, H. J. (1952). *The Scientific Study of Personality.* New York: Macmillan.

Faber, M. D. (1970). Allport's Visit with Freud. *Psychoanalytic Review*, 57, 60 – 64.

Faris, E. (1938). [Review of the Book Personality: A Psychological Interpretation]. *Annals of the American Academy of Political and Social Science*, 198,239 - 240.

Filter, R. O. (1921). An Experimental Study of Character Traits. *Journal of Applied Psychology*, 5,297 - 317.

Freud, S. (1957). The Taboo of Virginity (Contributions to the Psychology of Love III). In J. Strachey (Ed. & Trans.). *The Standard Edition of the Complete Psychological Works of Sigmund Freud* (Vol. 11, pp. 191 - 208). London: Hogarth Press. (Original work published 1918).

Furumoto, L. (1988). Shared Knowledge: The Experimentalists, 1904 - 1929. In J. G. Morawski (Ed.). *The Rise of Experimentation in American Psychology* (pp. 94 - 113). New Haven, Conn.: Yale University Press.

Goethe, J. W. von. (1914). *Faust.* Part I (ed. C. W. Eliot, trans. A. Swanwick). *The Harvard Classics* (Vol. 19, Pt. 1). New York: P. F. Collier.

Katz, D., Johnson, B. T. & Nichols, D. R. (1998). Floyd Henry Allport: Founder of Social Psychology as a Behavioral Science. In G. A. Kimble & M. Wertheimer (Eds.). *Portraits of Pioneers in Psychology* (Vol. 3, pp. 120 - 142). Washington, D. C., Mahwah, N. J.: American Psychological Association/Erlbaum.

Lears, T. J. J. (1981). *No Place of Grace: Anti-modernism and the Transformation of American Culture, 1880 - 1920*. New York: Pantheon Books.

Leonard, W. E. (1927). *The Locomotive-god*. New York: Century.

Morey, L. C. (1987). Observations on the Meeting between Allport and Freud. *Psychoanalytic Review*, 74,135 - 139.

Nicholson, I. A. M. (1996). Moral Projects & Disciplinary Practices: Gordon Allport and the Development of American Personality Psychology. Unpublished Doctoral Dissertation, York University, North York, Ontario, Canada.

Nicholson, I. A. M. (1997a). Humanistic Psychology and Intellectual Identity: The "Open" System of Gordon Allport. *Journal of Humanistic Psychology*, 37(3), 61 - 79.

Nicholson, I. A. M. (1997b). To "Correlate Psychology and Social Ethics": Gordon Allport and the First Course in American Personality Psychology. *Journal of Personality*, 65,733 - 742.

Nicholson, I. A. M. (1998). Gordon Allport, Character, and the "Culture of Personality", 1897 - 1937. *History of Psychology*, 1,52 - 68.

Nicholson, I. A. M. (2000). "A Coherent Datum of Perception": Gordon Allport, Floyd Allport, and the Politics of "Personality." *Journal of the History of the Behavioral Sciences*, 36,463 - 470.

Nicholson, I. A. M. (2003). *Invention Personality: Gordon Allport and the Science of Selfhood.* Washington, D. C.: American Psychological Association.

Ogilvie, D. M. (1984). Personality and Paradox: Gordon Allport's Final Contribution. *Personality Forum*, 2,12 - 14.

Parker, J. D. A. (1991). In Search of the Person: The Historical Development of American

Personality Psychology. Unpublished Doctoral Dissertation, York University, North York, Ontario, Canada.

Parkovnick, S. (2000). Contextualizing Floyd Allport's Social Psychology. *Journal of the History of the Behavioral Sciences*, 36, 429 – 441.

Runyan, W. M. (1982). *Life Histories and Psychobiography: Explorations in Theory and Method.* New York: Oxford University Press.

Schachter, F. F., Gilutz, G., Shore, E. & Adler, M. (1978). Sibling Deidentification Judged by Mothers: Cross-Validation and Developmental Studies. *Child Development*, 49, 543 – 546.

Schachter, F. F., Shore, E., Feldman-Rotman, S., Marquis, R. E. & Campbell, S. (1976). Sibling Deidentification. *Developmental Psychology*, 12, 418 – 427.

Schultz, W. T. (2003). The Prototypical Scene: A Method for Generating Psychobiographical Hypotheses. In R. Josselson, A. Lieblich & D. P. McAdams (Eds.). *Up Close and Personal: The Teaching and Learning of Narrative Research* (pp. 151 – 175). Washington, D. C.: American Psychological Association.

Shellow, S. M. (1932). *How to Develop Your Personality*. New York: Harper.

Stern, W. (1900). *Über Psychologie Der Individuellen Differenzen: Ideen Zu Einer Differentiellen Psychologie*. Leipzig: Barth.

Stern, W. (1938). *General Psychology from the Personalistic Standpoint* (trans. H. D. Spoerl). New York: Macmillan. (Original work published 1935).

Stern, W. (1988). Review of the Book *The Interpretation of Dreams* (trans. V. Rus). In N. Kiell (Ed.). *Freud Without Hindsight: Reviews of his Work, 1893 – 1939* (pp. 141 – 145). Madison, Conn.: International Universities Press. (Original work published 1901).

Sulloway, F. J. (1996). *Born to Rebel: Birth Order, Family Dynamics, and Revolutionary Genius.* New York: Pantheon.

White, R. W. (1959). Motivation Reconsidered: The Concept of Competence. *Psychological Review*, 66, 297 – 333.

Winter, D. G. (1996). Gordon Allport and the Legend of "Rinehart". *Journal of Personality*, 64, 263 – 273.

Winter, D. G. (1997). Allport's Life and Allport's Psychology. *Journal of Personality*, 65, 723 – 731.

第17章

# 尼采的疯狂

凯尔·阿诺德（Kyle Arnold），乔治·阿特伍德（George Atwood）

我是你的迷宫

——尼采，写给科西玛·瓦格纳信中的话

乍看之下对尼采进行心理传记学研究似乎太天真了。难道尼采的著作不应该为文学理论家所谓的“作家已死”倾向负部分责任吗？这是许多学者身上存在的倾向，他们忽略作家的主观性与其作品之间的联系。这难道不意味着尼采的著作也宣布了心理传记学的“死亡”吗？（Sarup，1993）

也许真的是这样。正如我们读尼采的文章时所看到的那样，这些思想和与它们截然对立的观点相互交织。尼采的思想明显脱离了当时主宰一切的观念，他想把文章与作家重新联系起来，想运用作家活生生的经验，把他们的作品从他认为脆弱无力、冷酷自私乃至不能呼吸的知识世界中挽救出来。例如，哲学思想被想象成“一直靠哲学家的‘血’为生，它们吃掉他的感官，如果你相信我们，还有他的‘心’”。尼采说，它们“是长期隐藏在幕后的吸血鬼，从毁坏感官开始，到最后离开时，只剩下骨头和盘、碟、刀、叉的碰击声”（1887/1974：333）。

我们认为，正是这种观点让尼采扭转了他所看到的哲学日益消沉的过程，他提出了著名的建议：“到目前为止，每一种伟大的哲学都承认它的创始人及其不自愿的、无意识的回忆，这一点越来越清楚”（1886/1973：37）。哲学剥夺了哲学家生死攸关的感觉和情感；尼采又重新在哲学中找回了感觉和情感。

在某种意义上，对尼采思想的心理传记学研究是在尼采基金会的支持下进行的。像尼采一样，我们想研究这位生活在哲学中的哲学家，研究他在逻辑中的生活。但是，实现这个愿望并不是我们唯一的目标。因为我们也像尼采一样认为，对一套理论体系进行心理传记学研究有一个额外的益处，那就是可以对一些在逻辑上看来普通的东西进行心理学评论。从心理传记学的角度不可能充分理解哲学，哲学不仅仅是哲学家个人心理的表达。然而，无论人们如何理解哲学，可以确定的一点是，哲学表明了人类某种具体的、临时地存在于人类身上的主观性。这表明，对哲学家人格的解释总是要涉及他的哲学本身。

必须承认，完全从心理传记学角度研究哲学，实际上还是化约主义的做法。心理传记学家从一个狭窄的视角理解和掌握尼采主义，他们在阅读尼采的著作时会对其全部的意义给予相当有限的解释。我们认为，这种化约主义的阅读在本质上不是错的，只要我们足够谨慎，能认识到在这些资料中所了解到的情况并不等同于主人公的全部情况即可。它的价值在于，用漫画的手法描绘了作品所解释的一切，它通过强调主人公某些突出的特征而忽视其他特征，展示了如果没有这些作品人们可能无法知道的方面。

在这里，问题是在哪种心理条件下尼采的思想可能会出现。心理传记学研究要求我们思考是哪种人格特点促成并限制了尼采的思维方式。虽然心理传记学不能确定地说明一种哲学理论体系的正确或错误，但它促使我们反思自己的主观性与我们坚持的理论之间的关系。更具体地说，心理传记学促使我们中对尼采的著作感兴趣的那些人，认真思考尼采的观点与我们的人格之间可能存在的密切关系，这种关系跟尼采的著作与他本人之间的密切关系可能是相似的。要揭示尼采的心理与他的哲学观点之间的关系，我们有必要先来揭示自己的心理与尼采的哲学观点之间的关系。这样做我们才有可能去检查进而有可能去控制情感上的偏见，正是这种偏见让我们教条化地坚持某一种理论而不是其他理论（Atwood & Stolorow，1993）。

对我们来说，这些问题尤其重要。因为我们的研究，就像尼采的哲学研究一样，要解读哲学中哲学家的生活，所以它本质上就是一项尼采研究。同样，在这儿它也会受到评论。关于尼采思维方式的任何结论都会涉及我们自己的思维方式。因而，在这项研究中，通过质疑尼采的哲学，也会间接地促使我们对自己的研究基础提出疑问。

写心理传记，最迫切的问题可能是从哪儿开始。心理传记是关于生命的，并且生命是以时间的形式存在的。在“讲述一个好故事”的诱惑下，我们可以把生命变成一出戏，以出生为幕起，以死亡为幕落。但是，这种平铺直叙方式有助于讲一个好故事，却不一定有助于进行清楚的心理学思考。因为心理传记学研究的形式——通过分析不同时期的相似性找出重复出现的主题倾向于打破传统的平铺直叙的方式所采用的时间结构。通过寻找不同时期之间的这种一致性，我们发现时间本身就似乎值得怀疑。

但是，在人物的传记中的确有一些时期比其他时期更能揭露真相。在这些时期，内在的逻辑形式表现得尤其明显。通过这些时期去透视生命中那些难以理解的时期就变得非常清楚了。如果童年早期是这样的一个时期，那么，人们就会持与上述观点相反的观点，认为这项研究应该采用传统的平铺直叙的方法。

但是，在心理传记学研究中，童年早期与后来时期的关系不是线性的，而是环形的，如童年经验模式会影响以后生命的组织，并且对这些结构的揭示反过来又说明了童年期具有重要影响的事件（Atwood & Stolorow，1993）。相应地，写作心理传记的过程本身也遵循环形顺序，从童年期到成年期，再由成年期回到童年期，显示了螺旋式循环的特点。这种解释性的环形写作方式本身有一个与尼采自身思维的奇怪环形密切联系的起点。

尼采自己令人眼花缭乱的环形写作风格也显示了这种环形模式，这种风格在他所有的作品中都能看到，从他早期描写童年生活的充满朝气的作品到他哲学生涯末期所写的晦涩难懂的著作都是如此。通常这些环形的写作都涉及时间问题，德里达（Derrida，1982/1985）在读尼采后来的自传《瞧，这个人》（*Ecce Homo*）（1908/1967）

的时候，发现尼采在进行“赊购”性的写作：尼采以一个伟大的哲学家的身份写作，虽然当时不为人知，但他希望被将来的读者所认可。然而，尼采意识到，读者在他的生命结束之后才会到来。作为一个实证主义者，他从来没有充分认识到自己的这种身份。德里达认为，尼采签名的著作其核心是分裂破碎的，从来就不是一个整体。

在尼采13岁时所写的另一部较早的自传中，人们也能看到一个几乎相同的结构。其中，尼采讲述了他早期的家庭生活和求学经历。这部自传作品的第一句话也许最能体现它的整体风格：“如果你是一个成年人，你通常就可能只记得童年期发生的最有名的事件。”（1858/1924：1）①

这个判断里隐含了复杂的思考模式。尼采在写这部传记时还是一个孩子，但他却从一个智慧的成人的视角进行叙述，这是一个阅历丰富、老于世故的声音，它颇具书生气地说出了成人世界的普遍规律。

说这句成人式话语的意图似乎是为自己辩解。这个句子表面的学究气掩盖了它在叙述方面的缺陷：叙事者除了“最有名的事件”之外，不能回忆起其他任何一件事情。虽然尼采可以轻易地把这些归因于儿童记忆力缺陷，但他反而把它说成是“成年后”的人——显然指的是叙事者本人，进入成年期所导致的结果。人们会奇怪究竟是谁在说这句话。

把这个问题放在一边，我们会看到这个句子所表达的时间结构也是奇怪的、环形的。尼采把自己变成成人的模样，并凭这个想象反思自己的童年。从时间结构上来看，他是从现在穿越到未来，然后回到过去。

这部自传的题目——《源自我的生命》（*Aus Meinem Leben*）进一步解释了这种模式。这个短语借用了歌德自传的题目，它夸大了文章中那个智慧的成年人的主观性。书名的意义也显示了尼采戴上成人面具之后的结果。从遥远的将来而不是现在看自己的生活，他把自己移开了，好像将来是尼采与现在之间的一扇窗。

儿童意识与成人意识在整个自传中都能看到，同样尼采也游走于这两种视角间。接下来的一句话是：“虽然我还不是一个成年人，甚至还没有走出童年和少年期，但很多事情已经从我的记忆中消失，我所能记得的极少数事情很可能只是由于惯例的原因”（1858/1924：1）。在这里，尼采从成年人的身份里退出，他否认自己是一个成年人，并且用自己的不成熟和发展不足作为证据：“甚至还没有走出童年……”，尼采把自己的失忆描述为它与童年之间的冲突，而不是用一个成年期的典型发展结果进行辩解。好像他意识到所提出的记忆丧失的解释——因为年龄大了，是错误的，但是他被这个错误搞糊涂了。

相似的冲突在整个自传中都经常出现，年幼的尼采与年长的、智慧的尼采这两种视角相互冲突、相互破坏。以智慧成人的语气表达的段落还有其他一些，例如：

> “事实上，思索智慧和精神的缓慢发展过程（也是从教育意义上说的），一直很有用，思索上帝的全部指示也是如此”（1858/1924：8）。

① 从这个著作中引用的所有内容都是本章作者从尼采的原稿《源自我的生命》（*Aus Meinem Leben*）（Nietzsche，1858/1924）翻译过来的。

“模仿精神尤其是儿童的标志；他们认为所有的事情都是简单的，但只是对他们特别喜欢的那些事情来说的。”(1858/1924：13)

“是的，拥有真正的朋友始终是一件很高贵、很有价值的事情，但上帝通过让我们拥有为共同目标努力奋斗的同伴照亮了我们的生命。”(1858/1924：14)

“特别是，如果我们有所进步，再上一个新台阶的话，那么就可以认为，我们的性格在一定程度上更成熟了。”(1858/1924：14)

从小尼采的经验推出的普遍规律中可以听到这种成人的声音。虽然这些规律来自尼采的生活，但它们也让尼采疏远了生活。他没有从自己少年期的立足点书写他的过去，而是努力把他的具体经验变成抽象、普遍的规律。这种睿智的成人主观性在尼采与他的生活之间发挥着调节作用。

尼采的很多推论都是说教性的。它们似乎都自命不凡、言过其实。一些人把尼采的豪言壮语归结为他成长于其中的宗教信仰氛围。他的父亲，路德维格（Ludwig），是一位新教的牧师。母亲和其他女性亲戚都有严格的宗教信仰（Hayman，1980）。在艾丽斯·米勒（Alice Miller）对尼采有趣但是比较粗略的心理学研究中（Miller，1990），尼采的语言大部分是以这种方式进行解释的。但是，这种解释只抓住了表面现象。毫无疑问，宗教式的养育方式构成了影响他宗教信仰方面的语言所产生的总体环境，但这种语言的具体特征——其中混乱的、环形的思想感情运动方式需要更多的解释。

尼采后期作品中的语言使这种需要显得尤其迫切。比如，从尼采后期作品《查拉图斯特拉如是说》（*Thus Spoke Zarathustra*，1892/1966）的写作风格来看，尼采在儿童期自传中的那位智慧的、说教式的成年人具有了新的预兆意义。

在《查拉图斯特拉如是说》中，尼采讲述了一位宣讲新的反正统教义的先知——一位流浪的圣人所讲述的寓言。这种教义颂赞肉体和意志，劝说人们超越自身，进而变成一个“超人”，一个卓越的人。查拉图斯特拉以他夸夸其谈的风格而著称：

“查拉图斯特拉为所有地位低下的人真正带来了狂飙，并且他把这些劝告送给敌人和所有对此进行斥责和唾弃的人：‘小心，你的唾弃会遭到狂飙的袭击！’”(1892/1966：99)

“但是，我的朋友，让我向你们敞开整个心扉：如果没有神，我怎能忍受得住不成为神！因此，没有神。”(1892/1966：86)

在《源自我的生命》中，那种成年人的声音在某种程度上是隐含的、受到限制的，在查拉图斯特拉身上则以破坏性的力量无法控制地迸发出来。在《源自我的生命》中一再出现的对自负且智慧的人格的认同，虽然看起来很奇怪，但仍然可以看成是一个13岁男孩一般性的角色扮演行为。但是，在读《查拉图斯特拉如是说》时，我们感到自己疯狂了。

同样，查拉图斯特拉的意象给我们的研究指明了清楚的方向。主人公的身份——一个圣人的身份，让人想起尼采的父亲，他给了尼采最初的布道士体验，并为他提供了这个角色的原型。也许，弄清楚尼采与父亲的关系可以让我们更透彻地解释查拉图斯特拉和早期的那个说教的声音。

《源自我的生命》有几段关于尼采父亲的话特别引人注目。下面是第一段：

我的父亲是这个镇的牧师，并且负责在临近的米奇里兹（Michliz）和波斯菲尔德（Bothfield）这两个镇传道。他代表了农村牧师的完美形象。不但在思维和性情方面出色，还具有所有基督教士的优点，他过着平静、简单而幸福的生活。所有认识他的人都尊敬他。他得体的行为和快乐的性情照亮了所到之处，并使他在所去之处都受到欢迎。科学和艺术尤其是音乐是他的全部娱乐。他特别善于弹钢琴，在自由的即席创作方面尤其如此……（1858/1924：8～9）

尼采对他他父亲的描述方式是从父亲对某些地方传教的责任开始的，它给人的印象是路德维格被看成是热心肠的上帝。这种力量感注入有教养、有美德、受欢迎的路德维格的意象中。

很明显，尼采把父亲描绘成一种理想人物——“完美的牧师形象”。同样，尼采对这个人物的记忆不仅被这段文字所引起的温暖感和舒适感所点亮，而且被尼采所说的巨大痛苦和丧失的“乌云”所掩盖。这些乌云在1848年秋天开始汇集，当时路德维格·尼采生病了，被诊断为“大脑软化”（Hayman，1980）。尼采这时4岁，对这段时期的经历描述如下：

1848年9月，我亲爱的父亲因为摔倒而病得非常厉害。但是，我们和他都用能够很快康复的希望安慰自己……我亲爱的父亲不得不忍受可怕的疼痛，但病情非但没有减轻，实际上还一天天地恶化。最后，他什么也看不见了，在永恒的黑暗中忍受着长久的痛苦。他的病一直持续到1849年7月，然后解脱的日子临近了。7月26日，他进入了沉睡状态，只是偶尔醒来。他最后的话是：“弗兰兹陈（Franzschen）（他的妻子）……弗兰兹陈……来……妈妈……听……听……噢……上帝。”1849年7月27日，他平静地去世了，这天早上醒来时，我听到了号啕大哭和呜咽声。亲爱的妈妈眼里含着泪走进了房间，哭着说：“上帝，我善良的路德维格去世了”。虽然我还很小，缺乏生活阅历，但我有一些死亡的概念；永远与亲爱的父亲分开的想法深深地触动了我，我伤心地哭了起来。后来的日子是在泪水和为葬礼进行的准备中度过的。上帝！我变成了一个没有父亲的孤儿，亲爱的妈妈变成了一个寡妇！（1858/1924：11～12）

这件事给尼采和他的家人所带来的精神打击是显而易见的。甚至这段文字本身就它的长度、细节和情感基调而言，都表明所讲述的事件对尼采童年的生活具有致命的打击。另外，“永远与亲爱的父亲分开了”给尼采带来的痛苦，尤其是后来他所说的“人类的情感很奇怪，在失去所爱的人之后，不是努力去忘记他，而是在我们的灵魂中尽可能多地见到他”（1858/1924：22）都表明他与父亲有着很深的感情，这让尼采在想象中一直拥有父亲的形象。通过可以看见的方式，尼采在表面上保持了他们以前的关系，并因此避免了与亲爱的父亲做最后诀别所带来的所有可怕的感受。

他对父亲葬礼的描述表明了他当时深深的痛苦：

8月2日，我挚爱的父亲的灵柩放到了大地的子宫中。1点时这个仪式开始，伴随着丧钟之鸣。这种沉闷的声音永远不会从我的耳边消失，我也永远不会忘记这黑暗的雷鸣般的歌：“耶稣，您是我的信心”。风琴的声音响彻教堂。然后，棺材就放到地里去，沉闷的话语在回荡。他，我挚爱的父亲，离开了我们这些悲伤的人。大地失去了一个诚实的灵魂，天堂接到了一个注视的灵魂。（1858/1924：11～12）

这段文字弥漫着不寻常的神秘感。鸣响的丧钟，回荡的话语，其中提到“我们的”（而不是“我的”）挚爱的父亲，渲染了这个仪式的神秘气氛。尼采这段时间所做的一个梦也具有相似的情感结构：

我在梦中听到了手风琴的声音与葬礼上相同。正寻找时，墓突然开了，我的父亲，穿着他的寿衣，从墓中爬了上来。他快步走进教堂，一会儿他抱着一个小孩子出来了。墓开了，他抱着小孩走进去，盖子在开口处落下。突然，风琴雷鸣般的声音停止了，这时我醒了。(1858/1924：12)

结合尼采描述父亲葬礼时所说的最后一句话——“天堂接到了一个注视的灵魂”去理解这个梦——这个梦揭示了他的感觉：他的父亲，虽然死了，但一直藏在某个地方。在葬礼这一段，他被描述为一个可以看到的人，很可能是一个仁慈的人，他从死后的世界中俯视着世人——更重要的是尼采。但是，在梦中，他受到了惊吓，父亲变成了一个可怕的、有魔力的存在。他不再是我们前面看到的那个仁慈的、有包容心的人，而是一个冷漠并从一些地方合法地抓小孩的怪物。人们可以体会到一种断裂感，这是现实结构的断裂，是看到一种可怕的力量让毫无防备的婴儿离开这个世界而产生的恐惧。

同样，在这个梦中也可以看到明显的环形时间结构。在某种意义上，代表过去死去的父亲，来索要代表未来的孩子。因此，最近去世的父亲刚从坟中出来，抓了一个孩子并把他放到了自己的藏身处。他又构造了环形的时间结构，而不是线性的发展进程，一个刚死的生命导致了另一个刚刚开始的生命死亡。

这个环形不仅是梦所暗含的，而且体现为具体的时间和情感顺序。父亲离开坟墓并返回，就如同气氛先紧张后放松一样。

尼采的梦的世界伴随着环形结构和向下的拉力，让人感到是一个黑暗而冷漠的世界，一个环绕黑洞的弧形空间，而不是人类世界。尼采后来的许多作品都似乎与坟墓的拉力、重力的下坠作斗争，正如在《反基督者》（*The Antichrist*）中，经常出现反对死亡的内容（1895/1968）：

基督徒的上帝观……是这个世界上最不道德的观念之一……上帝堕落到否认生命，而不是让生命重塑和永久存在！上帝宣布了对生命、自然、生命意志的敌意！上帝的虚无被神化，虚无的意志被认可……（1895/1968：140）

并且“如果个人把生活的重心转变为‘超越’——变成虚无，这个人的生命重心就被剥夺了”（1895/1968：167）。

路德维格·尼采的死不仅让儿子后来急切地反对把死亡神圣化的观点，而且还能解释尼采对基督教观点的厌恶。从尼采的角度来看，基督教是死亡的宗教，它把生命的目标放在死后，导致了生命本身的贫瘠。与路德维格的死亡类似的是——尼采的个人生活，就像他在自传中所说的那样，在他的父亲走完了通向上帝的行程之后，突然变得很乏味。

但是，这种类比本身不能完全合理地解释父亲的死亡与尼采攻击基督教之间的复杂关系。在《善恶的彼岸》(*Beyond Good and Evil*)(1886/1973)中，可以清楚地看到二者象征性联系的心理复杂性，到达善恶的彼岸是战胜基督教义中关于善与恶二分判断的一个目标。尼采认为，善与恶这对概念应该受到质疑，应该被超越，应该用一个更为健康、正确的价值体系取代。他这样论述了他的这个观点：

我们的希望应指向何处？指向新的哲学家；……指向足够强大和具有独创性的抑制，它们开始进行对立的评价，重新评价和推翻那些“永恒的价值”；指向信使和先驱，指向未来的人……正是这些领袖的意象在我们眼前盘旋——我是否可以喊：这是你的自由意志吗？……重新评价价值体系，在这种新的压力和打击下，一种良知被铸就，心灵被铸成了铜，这样它就可以承担起这种责任的重压……这些是我们适当的关切和担忧之处，你知道吗，你的自由意志？(1886/1973：126～127)

尽管尼采对基督教的道德进行了猛烈的抨击，他所谓的“对所有价值的重新评价”被看作一种道德理想：必须努力实现“自由意志”，这些自由意志似乎是遵守精英道德律令的成员，准备从一个颓废的宗教领袖那里夺取对世界的控制权。然而，按照尼采的看法，不是要消除道德的善与恶，而是把它们重新置于一个新的水平。从文体上看，相对于所有重新评价的价值和善而言，善恶的二分判断本身就是恶的。尼采试图超越善恶对立的做法本身是一种自我破坏，这让他回到他一直想躲避的道德类型上。

我们在前面看到的自我破坏的做法是由那段引文中表现出来的矛盾[①]导致的。虽然尼采反对基督教，但他说话的方式像一个基督徒。

或许，矛盾是他焦虑的来源之一。在《反基督者》一书中与基督教最后的辩论部分，这种矛盾在对基督的讨论中变得尤其明显：“事实上，只有一个基督徒，他死在十字架上。‘福音’也死在十字架上了。被称为“福音”的东西从那一刻起已经与他生前所践行的福音完全不同了：成了‘坏消息’、坏福音”(1895/1968：163)。在这篇文章中，尼采出乎意料地同情基督。他认为基督是一个悲剧性的人物，他所践行的真理被扭曲，以邪恶告终。后来的“基督徒”都是异端，他们歪曲了基督的真实生活。

在保罗(Paul)宣讲的教义中，有着与“带来福音的使者”相对立的人物，他们是充满仇恨的天才，他们带着仇恨的目光和不可改变的仇恨逻辑。这种传播坏福音的人并没有因他的仇恨而牺牲什么！凌驾一切的救世主：他把自己钉在十字架上。一旦这充满仇恨的伪造者抓住能利用的机会，整个《新约》的生命、作证、教诲、死亡、意义和正义都会荡然无存。这不是现实，也不是历史的真实！(1895/1968：166)

保罗歪曲了基督的真理，以推进他自己道德败坏的进程。尼采用一种讽刺性的置换法，把“福音传道者”变成“坏福音的传道者”，从而改变了保罗生命的意义。在基督死后，保罗曲解了他的生活，但保罗在死了很久之后，他的生活又被尼采所曲解。

虽然与我们在前面所分析过的段落相比，尼采在这里似乎能更好地运用环形时间

① 我们并不想从任何一种特定的、抽象的理论意义上去理解“冲突”这个词，而是想让人们以更贴近经验的方式去理解它。本章所用的其他精神分析术语也是如此。我们有意弱化我们的背景理论，为的是更好地集中分析尼采自己的比喻所隐含的意义以及解释其人格的模式。

结构，但他并没有真正地使用它。尼采通过批评错误的“基督徒”而捍卫了基督，进而破坏了他对基督教的批评。当尼采把基督描述成与基督徒们所相信的基督形象相反的形象时，他实际上变成了另一种形式的基督徒，尽管是一个特殊的基督徒。

尼采在批评保罗伪造了基督所践行的真理时，他把自己看成一个知道基督所践行的真理的人。他因而赋予自己一个特殊的特权角色——关于“真正的基督徒”的真理知识的传播者。那么，尼采是真福音的传道者吗？是真的《新约》的布道者吗？他是“真正”的基督徒吗？

这儿，无论尼采的哲学立场是否相互矛盾，其心理学意义上的立场都具有矛盾和环形的特点。他的角色是基督教的捍卫者还是批判者？尼采批判基督教，是因为它不是真正的基督教——正如他自己说的，现在流行的基督教不是基督教本身。

但是，所有这些与尼采父亲的死有什么关系呢？我们这里可以对刚开始了解尼采的人做个介绍。正如传记作家海曼、普莱斯奇、福斯特—尼采（Hayman，Plestch，Forster-Nietzsche）所说的那样，尼采的家庭有很强的宗教信仰背景，而且已经有好几代人都是如此。尼采的妹妹伊丽莎白·福斯特·尼采（Elizabeth Forster-Nietzsche，1912）和海曼（Hayman，1980）描述了尼采小时候家人想把他培养成牧师，让他继承祖业的故事。人们可以推测，对尼采的家人来说，将来做牧师，有助于缓解亲人去世带来的痛苦。

这种智慧的布道声被说成是他们家庭生活的一部分，尼采在儿童期的自传中对此有很多描述，这具有新的意义。布道式的说教语气可能是尼采“自己”所设想的将来的身份——牧师的语气。通过从将来回到过去，尼采从对自己将来生活想象的这个角度看自己的生活。自传中经常出现的对上帝的祈祷支持了这种解释，它还说明了基督教对年幼的尼采意味着什么：“在不幸降临的这段时间，唯有在天堂的上帝可以给我们安慰和保护”（1858/1924：6）。“已升天的父亲应该知道那段时间我哭了多少次。”（1858/1924：22）“到目前为止，我已经经历过各类事情，快乐的和悲伤的，高兴的和痛苦的。通过这些，上帝就像一位父亲那样引导着他年幼而脆弱的孩子。”（1858/1924：32）在尼采对过去的所有描述中可以看到，他感到上帝一直在注视着他。上帝不仅为尼采生活中愉快的事情（如他的朋友）负责，还为他承受伤痛和苦难的能力负责。事实上，上帝是尼采情感生活的“重心”，它给了他对抗痛苦事件的力量。

这些自传段落中的想象可以让我们产生某些联想。其中有一个重复出现的像父亲一样的上帝就是父亲的隐喻。被“天上的父亲”注视的感觉也出现在他对父亲葬礼的回忆中，在此处他称呼路德维格·尼采为“我们的”父亲而不是“我的”父亲，尼采还说，“地球上失去了一个诚信的灵魂，天堂接到一个注视的灵魂”（1858/1924：6）。

虽然尼采并没有明确地说“上帝是我的父亲”，但正如海曼所指出的那样（Hayman，1980），这种身份有明显的暗示性。尼采感到上帝就是他升天的父亲，能给他爱和保护，并在他真正的父亲死后给他安慰。尼采后来认为基督教把“生活的重心”转移到了来世，可以看成是他早期生活经历的镜像，反映了他自己的情感重心从生活中的父亲转移到另一个世界的父亲——上帝身上。

对于一个5岁的男孩，对于一个尼采自称为“理想化的一瞥”的幼童（Forster-Nietzsche，1912），对于一个把自己的父亲看成有力的宗教人物的孩子，对于一个父亲已经去世的人来说，他很容易把一个世俗的凡人变成一个能永远注视和保护“小孩子”的圣人，一个永久存在的人，这在心理上也是有用的。

上面这些观点有一个重要的心理学矛盾。尼采这个“小孩”需要另一个世界的万能者的长久保护吗？他是一位能够自信地回忆过去经历的世俗的、智慧的牧师吗？

毫无疑问，我们可以认为那不是未来的童年尼采，而只是过去的尼采，他的生活正迈向将来的身份，由此我们可以解决这个矛盾。这种观点违背了尼采主观世界的优美的时间环形模式。尼采是一个小孩子，也是一个将来的牧师，过去和将来都是。现在的意义被延迟，向前和向后弥散到过去和将来。

但是，应当指出，虽然这些心理上的困惑只是暗示性的，但它们本身似乎不能确切地预言尼采后来的疯狂。然而，如果我们考察尼采童年时的相关行为时，我们就会发现一个彻底的怪人：

“他是一个虔诚而性格温柔的人，他甚至思考一些其他同龄的孩子不会去思考的事情……他的行为都经过深思，并且做一些事情时，他总有一个证据充分的特定理由。”（Pinder，引自 Gilman & Parent，1987：4～5）

“学校里的其他男孩嘲笑他，叫他‘小牧师’……一天，这个男孩从学校出来时遇到一场暴雨。在等他时，弗郎西斯卡（Franziska）（他的妈妈）看到其他的孩子都在尽可能快地跑，他却光着头，不慌不忙地走，他用帽子和手绢保护写字用的石板免受雨淋。妈妈大声叫他，叫他快跑，但听不到他的回答。当他到家时，已浑身湿透。他解释说，根据规定，男孩在从学校回家的路上不能跑也不能跳，而应该安静且有秩序地走。”（Hayman，1980：20）

“一个三、四年级的男同学后来证实说，他的同学几乎都神化他。‘他的声音和语气有些特别，在选择表达自己的方式时也是如此，这让他与其他同龄的男孩相当不同’……一个男孩说，‘他看你的方式会让你把话噎在喉咙里。’”（1980：25）

尽管奇怪，但是如果把小尼采呆板的行为放在他要成为牧师的雄心这一背景中，就很容易理解了。辞藻华丽的说话方式，一丝不苟地遵守规则，三思而后行，这都是模仿牧师的行为表现。显然，尼采在童年期自传中，不仅仅是临时承担了牧师的身份，而且这种身份渗入了他的生活。这不仅有助于他形成自身的经验和规范自身的行为，而且决定了同学对他的感觉。

然而，不管尼采想成为什么样的人，也不管他的家人希望他成为什么样的人，他都是一个孩子而不是牧师。我们首先强调这个事实，这是因为他的朋友和崇拜者在传记中对尼采童年的回忆容易忽略这一点。另外，它可以用来推测尼采童年生活中主体间的交互（intersubjective）影响这一重要方面的情况。因为，如果一个男孩要模仿一个牧师，必须有这样一个牧师供他模仿才行。只有一个牧师与童年早期的尼采有非常亲密的关系，这个牧师就是他的父亲。

我们并不是说尼采所模仿的全部都是父亲的行为。毕竟，在《源自我的生命》中，尼采说，他对父亲的回忆可以更多地归于家庭传统而不是自己与父亲的交往。这种可能性强调了尼采所扮演的假牧师身份中所体现的主体间交互影响的特点。在前面，我们曾设想，尼采家人的悲痛会因尼采这位将来的牧师能代替那位死去的牧师而得到缓解。我们还可以说，在这之下潜藏的是尼采家人的愿望，他们想把尼采塑造为他逝去的父亲那样的，以此来填补由路德维格·尼采的死所造成的情感空白。尼采心中的父亲可能与母亲心目中的丈夫是相应的，其中凝聚了她对丈夫理想化的记忆，补偿了她不能接受丈夫死亡的痛苦。如果是这样，就可以说尼采应对父亲去世这一事件的方式是发生在母亲放弃丈夫的悲痛阴影下的。①

尽管这些推论似乎有一些乏味——尼采的崇拜者可能更喜欢荣格那样的解释（1934—1939/1998）：尼采自负的声音代表了另一个世界里通过他说话的原型（archetype）——其中仍然包括了我们所揭示的对于具有意义联系的格式塔的最好解释。在他后来的自传《瞧，这个人》（1908/1967）中，有很多段落表明他对死去的父亲的强烈认同：

> 我的父亲是在36岁时死的：他行为得体、友好善良，疾病缠身，一直到最后去世——这些更多的是我对生活的记忆而不是生活本身。那年，他的生活质量每况愈下，我也一样，每况愈下：在36岁时，我到了生命的最低点——我仍然活着，但三步远的地方都看不清。然后——在1879年——我从巴塞尔（Basel）辞去教职，在圣莫里兹（St. Moritz）像个影子一样过了一个夏天，并且第二年冬天又像影子一样在瑙姆堡（Naumburg）度过，在我的生命中，没有哪个生活在阳光下的人比我更倒霉。（1908/1967：222）

在父亲死了30年之后，尼采还是把父亲的死看作一种给自己带来威胁的力量。他对死去父亲的认同是如此强烈，以至于他相信自己在36岁时身体状况变差是父亲的死亡在自己身上的再现。

在同一作品的其他段落中也显示了尼采对虚幻的父亲的认同：“我存在的幸运之处，也是独特之处，可能在于它的命运：我要用谜语的形式表达它，尽管我的父亲已死，但我像妈妈那样还活着，正在逐渐地变老。”（1908/1967：222）“从另一点上说也是如此，我再次成为我的父亲，就像过去那样，在过早地去世之后，他的生命却依然在延续。”（1908/1967：228）这里引用的最后一句话概括地描述了尼采在父亲死后的状况。在路德维格·尼采死后，他的儿子带上了父亲的面具，而不是过一种独立的、自我的生活。他不仅通过在心中保持父亲的形象以延续父亲的生命，而且努力变成父亲的那种形象。我们可以说，尼采是牺牲了他自己，这样父亲就可以活着。

批判性的读者也许会指出，虽然这个推论与大量的证据相符，但它重构了尼采后来情感体验的一部分，而这部分我们无法直接获得。这种构建能够揭示看起来不一致的现象之间的意义联系，只有这样才能证明其力量。

让我们先记住这种解释，再回头看一看尼采童年时所做的那个梦：

> 我在梦中听到了手风琴的声音与葬礼上相同。正寻找时，墓突然开了，我的父亲，穿着他的寿衣，从墓中爬了上来。他快步走进教堂，一会儿他抱着一个小孩子出来了。墓开了，他抱着小孩走进

---

① 不幸的是，在学术研究中，传记中反映的这些主体间的交互影响通常很难或不可能直接揭示出来，这迫使我们思考如何让人们注意分析尼采人格形成的背景。这儿，我们想到了弗洛伊德（Freud，1917/1957）最初在“悲痛与抑郁”所描述的那些过程，从某些方面来说，它们更容易受环境的影响。我们的解释与亚伯拉罕和托罗克（Abraham & Torok，1994）关于内投即形成内心幻象的观点有很多相似之处。

去，盖子在开口处落下。突然，风琴雷鸣般的声音停止了，这时我醒了。(1858/1924：12)

前面我们只是从情绪和时间结构这类总体的特点来分析这个梦。现在我们要梳理出这其中的许多主观意义，由此解开尼采缠绕于其中的那个核心的结。其中的第一种意义就是：这个小孩是尼采自己。

从整体上看，这个梦是我们所推想的尼采童年经历的生动隐喻。父亲的意象占据了年幼的尼采的心灵，把他向后、向下推，终身生活在一种心理死亡状态中，被揽在一具死尸的怀抱中，被棺材一般的假身份囚禁起来。他的心被一个外来的东西所占据，一种曾经有助于他健康成长的关系枯萎了，变成了与以前完全不同的关系。①

毫无疑问，这个隐喻并没有揭示尼采在父亲死后对父亲的所有体验；他还有美好和温暖的记忆，在《源自我的生命》中对此有所描述。但是，此刻我们分析的是尼采对父亲意象中的黑暗部分。既然我们认识到这样一种把尼采从生活中永远拖开、拖下去的奇怪的“引力意志”(spirit of gravity)(这是尼采的用语)，那么就容易看出他反对基督教的观点中所包含的情感意义。例如：

基督徒的上帝观……是这个世界上最不道德的观念之一……上帝堕落到否认生命，而不是让生命重塑和永久存在！上帝宣布了对生命、自然、生命意志的敌意！……上帝的虚无被神化，虚无的意志被认可！(1895/1968：140)

这里所提到的哲学事件的形式与梦的隐喻所揭示的心理过程是相同的。这个过程是一种情感倒错，它是一种颠倒性的评价过程，它把曾经是维持和证实生命的东西变成死一般虚无的力量。这种颠覆恰恰发生在尼采父亲死后。正如这段文字所表明的那样，对尼采来说，基督教义与父亲的死的主观意义有相似之处——随着一位备受尊敬的积极人物的死亡而来的是心理的死亡，它是由一种病态的转变所引起的。在前面引用的另一段文章中也呈现出相似的模式：

“事实上，只有一个基督徒，他死在十字架上。‘福音’也死在十字架上了。被称为‘福音’的东西从那一刻起已经与他生前所践行的福音完全不同了：成了‘坏消息’、坏福音。”(1895/1968：163)

现在尼采对基督态度中的矛盾变得更明显了。正像基督在死后被歪曲一样，尼采挚爱的父亲死后也被颠倒成截然相反的形象。不仅如此，尼采自己，也像基督一样变了形，不再是他自己。这两种情感相互冲突和汇合：基督不仅成为父亲身份的象征，而且成为心灵被父亲占领的儿子的象征。因此，基督既善又恶，既有真理又有谎言。

由父亲和儿子所构成的这种相互矛盾的环形结构表明，尼采努力扮演父亲的角色，这对他的自我体验产生了影响。他不是父亲和儿子中的一个人，同样也不是父亲和儿

① 普莱斯奇(Pletsch，1991)也暗示，梦中的儿童就是尼采。克罗索夫斯基(Klossowski，1969/1997)也在一篇精彩的文章中正确地指出了这个儿童的身份，尽管它忽视了我们这里阐明的大部分结构，但是它清楚地说明了尼采的思想和人格的几个方面，这是我们所没有阐明的。

子两个人。父亲的身份和儿子在紧张或矛盾中共存，不断造成我们所看到的这种恶性循环。

基督教在整体上也具有这些情感意义，对尼采来说，它是对保罗的歪曲的延伸——在心理学意义上，是坏福音和错误认同的延伸。尼采后来拒绝接受基督教教义，似乎是对自己坏福音的具体反叛行为。不过，因为父亲的身份，这种叛逆是矛盾的。儿子反叛父亲，但这个儿子就是父亲。因此，攻击父亲，同样也在破坏自己。如果他赢了，他同时也就失败了。这种形式的父子矛盾在尼采对基督教道德的攻击中也有详细的说明，正如我们上面所看到的那样，反基督的内容被说教式的推论风格破坏了：

> 我们的希望应指向何处？指向新的哲学家；……指向足够强大和具有独创性的抑制，它们开始进行对立的评价，重新评价和推翻那些“永恒的价值”；指向信使和先驱，指向未来的人……正是这些领袖的意象在我们眼前盘旋——我是否可以喊：这是你的自由意志吗？……重新评价价值体系，在这种新的压力和打击下，一种良知被铸就，心灵被铸成了铜，这样，它就可以承担起这种责任的重压……这些是我们适当的关切和担忧之处，知道吗，你的自由意志？（1886/1973：126～127）

如果仍然把“基督教”看作与错误的父亲认同有关的情感象征性的承载者，那么，这些能“逆转永恒价值”的“自由意志”似乎正在摆脱父子之结的影响并建构理想自我。然而，如前所述，这是在新的水平上重建基督教的价值观。即使尼采有能力消除父亲的道德，他也会颇具讽刺性地把这种道德的精髓带到已经抛弃这种道德的世界中。

在这儿，人们可以设想一个无尽的螺旋：好的自由意志摧毁了善与恶的道德。为此，他们必须以道德善恶中的恶为基础，摧毁他们自己对于道德善恶的破坏行为。但是，这种行为是反对善恶道德的另一个善行，因此，他们又必须摧毁他们对破坏行为的破坏……

儿子（父亲）摧毁父亲（儿子）。为此，他们必须以儿子（父亲）为基础，摧毁他们自己对父亲（儿子）的破坏行为，而儿子（父亲）与父亲（儿子）是相同的（也是不同的）。但是，这必然又是儿子（父亲）反对父亲（儿子）的另一种行为，而他们是相同的（也是不同的），因此，他们必须摧毁他们对破坏行为的破坏……

从尼采对知识心理学（psychology of knowledge）的兴趣以及对概念体系的心理传记学研究中，我们可以找到解决这种矛盾的粗浅的办法（Atwood & Stolorow，1993）。尼采说，哲学是“长期隐藏在幕后的吸血鬼，从毁坏感官开始，到最后离开时，只剩下骨头和盘、碟、刀、叉的碰击声”（1887/1974：333），这时，他似乎把哲学描绘成了坏的福音和被错误认同的身份。在童年的自传中，尼采虚假的“父亲我”（father-self）通过把他的生活经历变成抽象的、普遍的法则，让他摆脱来自自己生活经历的束缚；相似地，哲学也是通过抽象化的过程把哲学家与他们自身的经历分开，“只剩下骨头和盘、碟、刀、叉的碰击声”。尼采通过重新连接哲学家的生活与哲学思想而逆转了这种抽象化的过程，修复了“父亲我”与“儿童我”（child-self）的破裂。知识心理学让“儿童我”重新采用了那种为了传播坏福音的“父亲我”而被偷去的思维，同时，为不真实的“父亲我”注入了“儿童我”所固有的真正的情感，从而让不真实的“父亲我”得以复苏。

**图 17.1　尼采**

（图片来源：时代生活图片/Getty 图库）

我们认为，在对尼采进行的著名的“谱系”（genealogical）研究中，也有一组相似的动机，这表明它们部分是历史因素导致的结果，是社会权力关系的政治工具，从而从另一些方面批评了既有的理解世界的方式。把抽象的真理与其社会起源联系起来，就如同追溯其个人的起源一样，它把超然的思想与活生生的历史整合在一起。家谱学和心理学对认识的研究都没有真正地把“父亲我”和“儿童我”整合起来，因为这两类研究都只是停留在抽象的学术水平上。它们给了尼采一种虚幻的自我整合感，同时迫使他进一步陷入孤立的“父亲我”之中。

我们认为，正是这种混乱的、自我挫败的生存方式，最终导致了尼采的精神崩溃。[①] 这次崩溃发生在 1889 年，从此尼采再也没有康复。当时他看到一个马车夫在使劲地鞭打一匹马，他跑向这匹马，抱住了它的脖子，倒在地上呜咽（Hayman，1980）。在精神崩溃的这段时间里，大量妄想涌来——这在《瞧，这个人》中可以看到，在 1888 年 12 月他写给朋友的几封短信中也可以发现（Ludovici，1985）：

［致奥古斯特·斯特林堡（August Strindberg）］

亲爱的先生：

---

① 读者可能注意到这些相互矛盾的结构与一些理论家提出的“恶性循环”和“双重困境”（double binds）之间的相似性，其中包括霍妮（Horney，1950/1991）提出的“恶性循环”、贝特森（Bateson，1956）等人提出的“双重困境”、莱恩（Laing，1960，1961，1970）提出的“结”（knots）。虽然贝特森的观点过于狭隘，没有包括本研究所提到的大部分模式，但是霍妮和莱恩的理论似乎能很好地囊括这其中的许多结构。萨斯（Sass，1992，1994）也分析了性质相似的心理矛盾。

你很快会收到关于你的小故事——它就像枪声一样从我这里发出去。我与罗马的帝王们有一天的会面时间。我将命令……射击。再见！我们当然会再次见面，但只有在一种情况下：让我们离婚吧。

尼采·恺撒（Nietzsche Caesar）

［致奥古斯特·斯特林堡］

斯特林堡先生：

哎呀！…不要再这样了！让我们离婚吧！

“十字架上的基督。”

［致米塔·冯·萨里斯（Meta von Salis）］

世界变形了，因为上帝在地球上。你没看到所有的天堂都在欢欣鼓舞吗？我已经占领我的国度，把教皇扔到狱中，并杀死威尔海姆（Wilhelm）、俾斯麦（Bismarck）、斯托克（Stocker）。

“十字架上的基督。”

［致乔治·布兰德斯（Georg Brandes）］

致我的朋友乔治

你已经看到，发现我是不费吹灰之力的，但现在难的是除掉我。

“十字架上的基督。”

在上面提到的这几段中，可以十分明显地看到尼采对基督的认同。尼采使用“十字架上的基督”（The Crucified）这个术语而不是“基督”（Christ），突出了死亡和痛苦的意象。从情感上讲，这些段落体现了多种有力的情感。第一段好像表达了顽皮的兴奋，第四段像是给同谋者所发的信息。

这类情绪波动是尼采疯狂的主要特点。在他精神崩溃之后主要照顾他的人是他的母亲和疗养院的服务人员，这些人认为尼采是难以控制的人。在外出散步时，他经常对陌生人咧着嘴笑，因而遭到母亲的斥责。他随时会在公共场所脱掉衣服，躺在地上（有一次还想在污水坑里洗澡）。他会暴怒，会撞碎窗户，会打狗、打人。他会大声喊叫，发出“狗吠或隆隆的声音”。他会不停地重复一些话，如“我死了因为我愚蠢”，“我愚蠢因为我死了”，“我对一切有着美好的感情”，和“我不喜欢马”（Hayman，1980）。

这些古怪的行为给尼采的朋友彼得·加斯特（Peter Gast）等旁观者留下了这样一种印象：这仅仅是一些古怪的行为（Hayman，1980）。尼采有演戏和扮小丑的嗜好，他的朋友都知道这个特点，这证实了这种看法。海曼指出，这时，很难在充满灵感的小丑与精神错乱者之间画出一条分界线（请比较 Sass，1992）。也许是尼采不再扮演小丑，而是小丑开始扮演尼采了。

尼采的《查拉图斯特拉如是说》中的小丑形象显得凶恶而危险，小丑出现的快乐时刻有时候预示着随后的精神崩溃。比如说，在前面仍然特别烦恼的场面中，查拉图斯特拉开始在一个广场布道。人们会聚在那里，不是来听他布道的，而是来看一个走钢丝的人的表演。查拉图斯特拉发表演说，感到人们误解了他。忽然，一个小丑跑过钢丝，跳过他前面走钢丝的人，走钢丝者失去支撑，垂直落到了地上。人群惊散了，走钢丝者躺在地上，奄奄一息。在这场奇怪的对话中，查拉图斯特拉安慰走钢丝者说：没有不灭的灵魂，也没有来世，他不必害怕地狱。

这个场面有着丰富的含义，清楚地表达了尼采主观性自我挫败的循环。这个情景首先描述了查拉图斯特拉的出场：

> 当查拉图斯特拉到达下一个森林边缘的小镇时，他发现许多人聚集在集市上；这里已经提前通知人们有走钢丝表演。(1892/1966：12)

很明显，尼采用“查拉图斯特拉”这个人物作为自己学说的代言人。荣格（Jung，1934—1939/1998）指出，尼采与查拉图斯特拉有着明显的区别——查拉图斯特拉不是尼采本人，而是另一个人。但是，查拉图斯特拉的思想和声音却毫无疑问也是尼采的思想和声音。这里有一种人格，它既代表一个人，也代表两个人。

查拉图斯特拉向人们说话的方式是悲剧性的。查拉图斯特拉与世隔绝多年，最终决定返回人类社会，但是他所能做的仅仅是一个传道者——传播智慧和教义，而不是参与到与人们的社会交往中。而且，众人也不是在那里听他演讲——查拉图斯特拉仅仅是一场娱乐表演的临时替代者，是那个走钢丝的人的临时替代者。他只不过是一个穿插表演者。

他演讲的主旨是“超人”理论，人的一种自我超越的理想：

> 我告诉你，超人。人是需要被征服的。为了征服一个人你做过什么？迄今，所有的生物都创造出了超越他们自己的东西，你想成为这巨大洪流中的弱者吗？还是想退回野兽时代而不想成为超人？从猿到人的过程是怎样的呢？只是一个笑柄或痛苦的困惑……（1892/1966：12～14）

超人学说呼应了尼采《善恶的彼岸》中所描述的“自由意志”。人们可能希望这种“自由意志”的解释是超越了尼采父子情结的理想自我的复杂建构——同样也适用于这里。在查拉图斯特拉演讲的其余部分，也多处表明了这一点：

> 在查拉图斯特拉还在演讲的时候，人群中的一个人叫道：“走钢丝表演我们看得够多了，也让我们看看他吧！”在场的所有人都对着查拉图斯特拉大笑。而走钢丝的人认为是在说他，开始了他的表演。查拉图斯特拉看着这个人，惊呆了。他说：“人就是一根系在野兽和超人中间的绳索——一根跨越深渊的绳索。这是一场危险的穿越，一条危险的征途，一次危险的回首，一场充满危险的战栗和停顿。人的最伟大之处在于他是一座桥梁，而不是一个终点：人的可爱之处在于他是一首序曲同时也走向失败。”（1892/1966：14～15）

查拉图斯特拉对走钢丝者身份的认同，是用走钢丝的人这个形象作为隐喻的，他代表了一个模糊的双面人。他既是走钢丝者的穿插角色，也是一个主角，即走钢丝者本人。类似地，走钢丝的人误把查拉图斯特拉的话当作命令，因而认为他就是查拉图斯特拉。每个人都在为了吸引观众的注意而与自己相竞争。

再者，查拉图斯特拉认为“人就是一根系在野兽和超人中间的绳索”，这引出了另一个矛盾。因为系在两端之间的绳索仅仅在有人从一端到另一端时才有用。因为人是

"跨越者"，他不仅是绳索，也是跨越绳索的走钢丝者。这个使命是循环性的，也是不可能的——就像刀不能伤了自己，人也不能跨越自己。

不仅如此，而且绳索本身也被系在"两座塔"之间，这被查拉图斯特拉解读为"人与超人"。绳子的功能是允许人从一座塔（野兽）通向另一座塔（超人）。这夸大了而且偏离了上述的矛盾——谁能完成这次旅行？是从第一座塔来的人——野兽吗？可是，如果真的是野兽，那么，他又如何才能变成超人？一个人如何能跨越自己？这样的行动需要与自身隔离，而转换成不同于自身的实体。

当以上自相矛盾的事物被联系在一起的时候，走钢丝本身就成了不可能完成的，如同自我跳蛙游戏一样的演出。心理上的矛盾在不断加快的循环中增多，关注的焦点逐渐集中在走钢丝的人身上。

父子情结在整部著作中反复出现。虽然将路德维格·尼采与查拉图斯特拉看作是完全相同的两个人可能犯了明显的化约主义错误，但这两个人物是类似的。为了澄清其具体的类似之处，我们有必要回顾一下尼采儿童时期的自传。

自传的一个相关主题是自我征服（self-overcoming），对此我们还没有详细分析。这个主题包含在我们要考察的两种声音的核心中，就像一个自我试图走向另一个自我一样——从"儿童（儿子）我"走向聪慧的"成年（父亲）我"。虽然尼采一方面感到"父亲我"是一种要毁掉的假福音，但另一方面他又非常渴望成为父亲——一个被理想化了的人。为了成功地成为父亲，尼采必须杀掉"儿童我"，使之完全被"父亲我"代替。就像走钢丝的人不能跨越他自己而到达另一端一样，尼采也不能跨越"儿童我"而成为一个纯粹的"父亲我"。

首先，这种解释似乎与前面提到的另一种解释相矛盾。在前面，这种自相矛盾表明了尼采试图超越父子情结而形成理想自我；然而，对于尼采来说，这个理想自我可能是被理想化的父亲的再现。这就是从儿童我的角度所展望的父子情结的表现形式。从超越了父子两重性的"父亲我"的角度进行回顾，尼采已经超越了"儿童我"，这个自我正拖着他，阻止他成为一个真实的人。尼采希望摆脱不成熟的"儿童我"，以便于毫无束缚地前进，达到自我实现（请比较 Horney，1950/1991）。

"儿童我"与"父亲我"就是以这样一种方式和多种其他的方式存在的，它们为自身的生存而相互战斗。每一方都必须消灭另一方而成为真正的自己。尼采著名的阿波罗神——酒神再次反映了这种冲突。在《悲剧的诞生》(*The Birth of Tragedy*)（1872/1967）中，尼采最初把酒神描述为语言出现前自发的力量，而阿波罗神则是形式和意象之神。通过二者的相互作用——将形式和意象强加于语言产生前的自然的混沌状态——戏剧由此诞生了：

> 一旦我们的理解不只是依靠逻辑推理，还需要能实际地看到，我们就能为美学作出贡献，艺术的持续发展是与阿波罗神和酒神的二元性相联系的——就像繁衍需要两性一样，它们持久地斗争而伴有间歇性的调和……我们逐渐认识到，在希腊，阿波罗雕塑艺术的起源和目的与酒神音乐艺术的起源和目的存在很多对立。这两种不同的发展趋势彼此平行，因为它们大部分的内容明显不同，而且不断地刺激对方，使之产生新的、更有力的东西，这使得双方保持着永久的对抗，只是借着"艺术"的称谓，它们才达到表面的和谐。最终通过希腊人"意志"的超自然的奇迹，他们开始彼此结合，通过这种结合，最终产生了阿波罗艺术和酒神艺术两种平等的艺术形式——雅典悲剧。(1872/1967：33)

现在，我们基本理解了处于尼采自我核心的双重性或二元性，我们能够很容易地看出这些段落所蕴涵的心理意义。这部分摘录代表了尼采双重自我现象的象征性的历史，这种双重自我分别是未形成的、自然的“儿童我”（酒神）与精雕细琢的、权威的“父亲我”（阿波罗神），它们为夺取主导地位而不停地斗争着。

在这类引述中，尼采的双重性是显而易见的，但这两个方面相互矛盾却又实质性地统一也是显而易见的。这些篇章中夸张的比喻突出地暗示了尼采父亲说教的声音，尼采的著作用神在宇宙间的争斗，为自己赋予了宗教的色彩。两种艺术风格给了我们一种感觉：整个段落的中心思想在于父亲的人格，甚至在努力将这个人物象征性地展现出来并回避他的时候也是如此。

上述引文中，与此密切相关的是重复出现的艺术诞生的主题，这被描述为阿波罗神和酒神结合的直接产物。这里，悲剧的“诞生”不是在一个特定的时间里发生的一件事，而是永恒重复的重生过程。虽然尼采告诉我们，这个过程以阿波罗神与酒神的结合“告终”，但是，从我们所考查的其他文献资料中可以清楚地看到，无论是这个观点在历史学或心理学意义上是否正确，这种结合都是不可能发生的，就像尼采热爱知识心理学一样，他只是停留在辩证的想象上。

在用这种相似的观点重新看待父子二元性时，人们会发现先前所揭示的这个矛盾结构的一个侧面是他自己。出生的比喻最初好像只是为了表达方便，但仔细看来，我们会发现它与父子关系是交织在一起的。因为尼采的双重自我是由父亲和孩子组成的，所以，他人格的一部分会实际地为另一部分的诞生负责。

再者，不像身体的诞生，心理的诞生不会按时开始和结束。“父亲我”和“儿童我”会不断地彼此颠覆，换句话说，就像尼采永无止境地征服自己一样。由此，我们能够很好地理解尼采童年期的梦和他对父亲死的描述中所反映的这种永恒性。因为继承了先辈的人格，尼采进入了一个循环，在这个循环中，他在心理上变成了自己的父亲。如果一个人是自己的父亲，按这种逻辑，只有让他长大后再把自己生出来，让自己成为一个孩子。在这个循环中，成熟就是要成为婴儿。

从这点上来说，关键是要把身体与心理区分开来。从生理或身体上来讲，尼采不能返老还童，但是在心理上能做到。他总是同时拥有年轻和衰老，因此也总能同时变老和变小。自我的双重性是我们解释的重点所在，它促使我们思考这些不可思议的事情——它们在尼采的主观世界里既存在又不存在。

这可能代表了尼采主观结构的最基本、最正式的方面。从这里，我们能够看到尼采哲学中最奇特的东西——永恒的轮回。

虽然这个学说在不同的时期呈直线式发展变化，但它的表现形式是我们想要分析的。在《查拉图斯特拉如是说》中这个永恒轮回的学说是这样提出的（1892/1966）：

“停下，侏儒！”我喊到：“它要么是我，要么是你！但我是我们两个中的强者：你不知道我那深不可测的思想。那是你不能忍受的！”而后发生的一些事使我感到更有趣，因为这个侏儒从我肩上跳过，表现出惊奇状，他蹲在我前面的一块石头上。就在我们停下的地方有一扇门。“看这个门，侏儒！”我继续喊道，“它有两面，两条路在这里相交：没有人曾经沿着任何一条路走到终点。这条长长的路向一边伸向永恒。向外伸向另一种永恒。这两条路相互矛盾，面对面相互对抗，这个门就是这两条路的相交点。门上镌刻的名字是‘瞬间’。但是，不管谁沿着其中的任何一条路不断前行——侏儒，你相信这两条路永远会相互抵触吗?”“所有的一切都是彻底的谎言，”矮子轻蔑地说，“所有的真理都是编造的，时间本身是一个循环。”我生气地喊道：“你这被地球引力拽住的灵魂，不要把事情想得太简单！否则，我会让你继续待在你现在待的这个地方，你这个不明事理的人，这就是你为什么只长这么高的原因。”“看，”我继续说，“就在这个瞬间！从这个门，这个瞬间，一条长长的、永恒的道路向后伸展：我们身后就是永恒。凡是能走路的从前就一定没在这条路上走过吗？现在发生的以前就一定没有发生过吗？如果所有的事情之前都曾发生过，那么，侏儒，你这一刻会作何感想？在这之前，这个大门就一定不存在吗？是不是所有的事物如此紧密地拧在一起，以至于这个瞬间要把后来的一切扯开呢？因而——就连它本身也要扯开？因为凡是能行走的——必须再次沿着这条长长的道路行走。在月光下缓慢爬行的蜘蛛，月光自身，还有大门下的我和你，在窃窃私语，窃窃私语永恒之事——难道这一切就从未存在过吗？返回，沿着另一条路行走，在这条长长的可怕的道路上——难道我们不会进行永恒的轮回吗?”（1892/1966：157～158）

这番谈话中的参与者——查拉图斯特拉和侏儒——对贯穿于尼采著作的二元性的主题进行了令人不安的新的曲解。在尼采的儿童期自传中，我们听到了一个孩子和一个智慧的基督教士的声音。《悲剧的诞生》将这种二元性看作阿波罗神和酒神。现在，这种二元性又变成了戏中的查拉图斯特拉和形状怪异的侏儒。

再者，两个人物的身份在不断地相互破坏。这段摘录从攻击两种身份的差别开始——“它要么是我，要么是你!”查拉图斯特拉接着说：“但我是我们两个中的强者：你不知道我那深不可测的思想。那是你不能忍受的!”暗示着他要展示他的思想以摧毁侏儒，这里显示了两个人物的差异。

但是，在那一段最后，查拉图斯特拉成了侏儒学说的信徒，认为“所有的真理都是编造的，时间本身是一个循环”。似乎侏儒的思想一开始就潜入查拉图斯特拉的灵魂了。但是，人们也还是会产生一种印象：查拉图斯特拉之前就有了永恒轮回的思想。但是，他在侏儒打断他之前所说的话似乎预示了这种永恒轮回的思想，而且这种思想本身好像不具有查拉图斯特拉所说的“深不可测”的特征。

要想避开双重循环仍要依靠自身。查拉图斯特拉开始解释他的时间学说以消除侏儒的影响。然而，他的解释只是通过确认侏儒的观点而不是消灭其存在，来揭示侏儒和他本身的真实身份。因为查拉图斯特拉与侏儒是同一个人，但是，每一方都不能成为一个人。这个循环反映了两个演说者所提出的学说。在提到无止境的循环时，查拉图斯特拉被这个循环所控制。

然而，虽然永恒轮回的学说把时间说成是相互矛盾和循环的，但是，这段引文认为，这种学说的发展模式在一定程度上是线性的。我们并不希望这些出现在查拉图斯特拉的学说中，特别是不希望它出现在讲永恒轮回的这一段。因此，它值得我们认真思考。

在最后两段，主要是在查拉图斯特拉把“可能”（can）变成“一定”（must）的那段话中，他问道：“凡是能走路的从前就一定没在这条路上走过吗？现在发生的以前就一定没有发生过吗?”由此可以看到我们前面提到的线性发展，查拉图斯特拉把多种可能直接转化成了多种现实，由此开始了永恒的轮回：如果一切可能之事都是事实，如果正在发生之事可能已经发生过，而且将来可能还会发生，那么，事实上它已经发生了，并且将来还会发生。正是为多种可能向多种现实的转化创造了这种循环。

让我们对这一点作进一步的分析。在《权力意志》（*The Will to Power*）对永恒轮回的论述中，有一个更明显的例证：

> 如果把世界看作某种确定的力的数量和某种确定的数量的力的中心——而所有其他的表象则是不确定的，因而也是无用的——由此可见，在这场伟大的骰子游戏中必须包含数量可以计算的组合。在无限的时间内，每种可能的组合都可能在一个或另一个时刻得到实现，更多的是在无数次之后实现。由于在每一次组合与这种组合的再次出现之间，所有其他可能的组合都必须发生，其中的每一种组合都以同一系列的全部组合为条件，因而，出现了完全相同的系列循环运动：这个世界作为一种循环运动曾经无限地重复着，在无限的运动中进行着它的游戏。（1930/1967：549）

把一只猴子放在打字机前，让它以足够的次数击打，它总会打出葛底斯堡演说（Gettysburg Address）的全文。把一只猴子放在打字机前，给它无限的时间，它总会打出无数的葛底斯堡演说的全文——这就是尼采的观点。

尼采认为，正是这种随机的、无秩序的“骰子游戏”创造了宇宙中的秩序。因为构成存在的那些力以无序的方式不断地相互作用和重组，所以，一个有限的宇宙需要那些力进行所有可能的组合，最终由无序变为有序。不仅如此，它在无限的时间里还必须一再地形成有限的可能性。从无序中产生循环的秩序。

在反哲学的著作《千高原》（*A Thousand Plateaus*）中，吉勒斯·德勒兹（Gilles Deleuze）和费利克斯·瓜达里（Felix Guattari）也指出了尼采格言中所反映的相同的思维运动模式，他们认为：“摧毁思维线性的统一体，只是为了促成思维无法推知的永恒轮回的循环统一体”（1988：6）。

诚然，反思一下前面分析过的尼采的著作，我们会发现迷失感经常是先于循环感的，这种迷失感也许是尼采解构我们关于世界的假设所导致的。从尼采的格言特别是《善恶的彼岸》（1886/1973）中的那些格言，可以找到许多这方面的例子：

> 鄙视自己的人，却也因为作为鄙薄者而尊重自己。（1886/1973：92）
>
> 尽情袒露自我者，也可能在尽力隐瞒自己。（1886/1973：105）
>
> 与恶人作斗争的人，应该相信他自身不会成为恶人，当你长时间地凝视深渊时，深渊也在凝视你。（1886/1973：102）
>
> 自杀的想法可以给人强有力的安慰：一个人由此可以度过许多难挨的黑夜。（1886/1973：103）

所有这些格言都可以破除读者习惯性的理解模式，转而以一种新的明智的循环模式取而代之。上面引用的最后一句格言，即自杀的想法，通常会被理解为想要结束自己的生命，实际上他的意思是维护生命。人们习惯性地认为这种自杀的愿望是不适当的，而循环的结构——自杀的想法——是用来防止自杀取代了它。

虽然习惯性思维方式的瓦解在尼采的著作中是一个经常出现的主题，但是精神崩溃终止了这个过程。在那一刻尼采宣称“上帝死了”，这可能是尼采哲学中最有名的一句话。它很有代表性地说明了在人们拆开思考世界的模式以后会发生什么：

一个疯子跳到他们中间，他的眼神似乎看透了他们。“上帝到哪里去了？”他叫道，“我要告诉你，我们——你和我，已经杀了他。我们都是谋杀者。但是，我们是如何做的呢？我们如何才能饮尽海水？是谁给了我们海绵去擦除整个地平线？在我们将地球从太阳那里挣脱时，我们做了什么？地球正在移向何方？我们正走向何方？远离所有的太阳吗？我们不是在持续地颠簸前行吗？向后，向旁边，向前，向四面八方，有上升和下降吗？在穿越无限的虚无时我们没有迷失吗？我们没感觉到空旷太空的呼吸吗？天空变得越来越冷了吗？黑夜正在不断地向我们靠近吗？”(1887/1974：181)

这里，我们能更明显地感受到分离和迷惘，那是永恒轮回的序幕。这一段给人以自由飘浮的混沌感，一种“向四面八方颠簸前行”的无序感，一种令人恐惧的未知感。

把这一段放在对尼采反对基督教进行的心理传记学研究背景中，它所表达的情感意义就很明显了。如果尼采将上帝等同于父亲，那么上帝之死就相应地等同于父亲之死。如果真是那样，尼采所说的上帝之死就是对他父亲去世这一灾难的比喻。

对于尼采来说，上帝之死最初引起的主要危险是虚无主义，价值体系的丧失。《查拉图斯特拉如是说》(1892/1966）是尼采对这种威胁的回应，它试图去形成一套新的价值体系来替代丧失的那套价值体系。就像“自由意志”一样，尼采计划建构一套新的价值体系，结果却又自相矛盾地回到了他想替代的那个价值体系。这正是我们在《查拉图斯特拉如是说》中那个走钢丝情景中所看到的矛盾，尼采在这里也想创造一套新的价值体系——从人成为超人，通过内在的螺旋式上升达到永恒的轮回。

当人们认识到对所有价值进行重新评估的螺旋式循环是对虚无主义的一种反应时，他们就能理解永恒轮回的意义。就像永恒轮回之环从物质世界的狂暴混沌中产生的一样，重新评估一切价值的恶性循环也是从无价值——虚无主义的狂暴混沌中产生的。永恒轮回说与重新估计一切价值说在结构上的相似性表明，它们是针对相同的经历而言的——这就是亲人丧亡所导致的混乱状态，随之而来的是既要摆脱丧亡的影响又要摆脱对丧亡的防御这种矛盾经验的循环。

我们已经认识到，尼采的心结是与他父亲的死相联系的。虽然我们可以看到这种联系的某些方面，但仍有很多方面是我们看不到的。因而，对我们所看到的这些方面，我们也没有完全理解。的确，认为路德维格·尼采的人格从坟墓中钻出，占据了他年幼的儿子的思想，这种说法是含糊的，几乎是不可思议的。

在尼采亲人丧亡的这件事上，上述混乱的个人体验是我们所不知道的。即使把尼采对其父亲观点的假设解释为他想让父亲活着，我们也仍然没有完全揭示引起这种行为的失落感。原因之一是尼采没有明确地告诉我们他情感失落的经历。虽然他在《源自我的生命》(1958/1924：29）中写道：“经常将我们的痛苦说出来，似乎可以让我们得到很多的安慰。”但是，他并没有这样做。他暗示了这种混乱，戏剧化地表现了这种混乱，并且掩盖这种混乱（Klossowski，1969/1997）。在读他的儿童期自传时，人们不禁会产生这样一种印象：这太有条理了。年幼的尼采所采用的优美的比喻修辞法让其主观世界更有条理性，因而增强了人们的这种印象。

如前所述，这些比喻大多来自他的“父亲我”。仔细看一下这些比喻出现的语境，我们就会发现，在很多时候尼采似乎在用这些比喻让自己从痛苦和混乱中解脱出来：

在谈到父亲死亡一事之前："在这之前，幸福和平静一直照耀着我们的生活。我们的生活像明媚的夏天一样没有一丝阴霾，而现在却乌云密布、电闪雷鸣，灾难从天而降。"(1858/1924：10)

在描述了他父亲的葬礼之后："如果你偷走了一棵树的树冠，它的叶子将会枯萎掉落，小鸟也会离开。我们家人的主心骨被偷走了，所有的欢乐从我们的内心深处消失，我们从此陷入深深的悲伤。当心中的伤口稍稍愈合的时候，它却又会被痛苦重新打开。"(1858/1924：12)

"在农村生活太久之后，城市生活对于我们来说就成了一件可怕的事情。因此，我们要离开这些黑暗的街道，去寻找偏远的地方，就像鸟儿从笼中逃出一样。"(1858/1924：13)

这些比喻给人一种幻觉，即他在有感情地进行评论，而在用华丽辞藻修饰的、优美的意象后面隐藏着强烈的情感。尼采的生活变成了具有美学意义的客体，而不是一个人的主观体验。而且，在自传中，他从把自身看作一个正在体验的主体变成一个不断被审视的客体，这表明了他从"儿童我"向"父亲我"的转变，这里我们可以清楚地看到依附于"父亲我"所具有的保护功能。阿波罗神的形态和意象影响了酒神引起的混乱，因而缓和了这种混乱所带来的巨大威胁。①

似乎"父亲我"不仅让尼采免受巨大的丧失感带来的消极影响，而且防止他接近这些情感。尼采告诉我们：

"永远与亲爱的父亲分开的想法深深地触动了我，我伤心地哭了起来。"(1858/1924：11)

"我们家人的主心骨被偷走了，所有的欢乐从我们的内心深处消失，我们从此陷入深深的悲伤。"(1858/1924：12)

但是，他并没有真正地向我们袒露这些情感。唯一能让我们清楚地看到尼采失落感的窗口是他的精神和心理崩溃的时刻，而这就发生在尼采宣布"上帝死了"之后。

我们已经通过其中的一个窗口瞥见尼采的某些情感，在《快乐的科学》(*The Gay Science*)(1887/1974：279)中可以看到其他的窗口：

*必定崩毁之物有多少会崩毁？既然这种信仰已被摧毁，而它又建立在这种信仰之上，为这种信仰所支撑，并成长为这种信仰，比如说整个欧洲的道德。正在逼近的一系列崩溃、毁灭、破产、灾难——谁能猜到今天会被强迫去扮演教师和倡导恐怖而怪异的逻辑的宣讲者、预测天气阴晴的先知，这类人很可能从未在地球上出现过？*

从这一段话中，我们可以看到它所描述的这场心理灾难的几个方面。因为依赖于所丧失之物，所以会崩毁。这场崩毁导致了长期的崩溃、毁灭、破产、灾难。这些词语暗示着崩毁之后的这个时期不仅是一片空白，而且充满了动乱。在尼采父亲丧亡的时候，我们可以再次看到它给尼采所带来的心理灾难，它要将年幼的尼采吞噬。

---

① 路易斯·萨斯(Louis Sass)(私下的交谈)告诉我们，事实上，这些戏剧性的比喻只是尼采在表达无法用言语表达的痛苦。从表面上看更可能如此。然而，萨斯的理解与我们的观点并不存在必然的矛盾。尼采的比喻确实是表达了他深深的痛苦，但在我们看来，这种表达方式既隐藏了痛苦的本质，又将尼采的叙事置于他父亲所带来的批判推理氛围中。尽管这些比喻的生动性表明了尼采痛苦的程度，但它们似乎消除了他在父亲去世后的极度恐惧和混乱感。

如果上帝死了，那么灾难是不可避免的。因此，按照这个逻辑，上帝必定不能死，尼采必须变成自己的父亲以使其继续活着。虽然这种做法可以让尼采在一定程度上免受父亲死亡的沉重打击，但是他具有一种并不是他自身的身份。

尼采渴望其父亲继续活着的想法最初看起来是违反直觉的。毕竟，尼采不是厌恶地将基督教道德看作一种“奴隶道德”或集体病态吗？他的确是这样认为的。然而，我们对尼采的反基督教观点的分析表明，他对基督教的态度矛盾重重。尼采不仅希望摆脱父亲的人格而实现自我统一，而且他需要让父亲继续活着，以避开在充分认识到父亲死亡之后而产生的难以忍受的情感打击。

因此，永恒的轮回不仅象征着他要逃避父亲死亡的混乱，而且象征着他在不断地避免那个时刻复活的危险。永恒轮回的结构会不断地让尼采回到威胁他的客体状态。因为永恒轮回引起的问题——主体的双重性或两面性只能在清除两面中的一面时才能得到解决。如果那一面是“父亲我”，尽管由尼采扮演凶手，仍等于是再一次杀掉父亲。上面提到，尼采感到“我们已经杀了上帝，我们是凶手”，其中主要的原因之一就在于此。如果尼采想造就一个统一的、真实的自我——“儿童我”，他就要承担谋杀父亲的角色。

可是，这样的谋杀行为可能吗？有其他的方法可以走出永恒轮回的迷宫吗？在《查拉图斯特拉如是说》中，就在讨论了永恒轮回之后，似乎找到了一种解决方案：

> 我看见一个年轻的牧羊人，扭动着，呕吐着，在抽搐中他的脸已变形，一条黑色的大蛇从他的口中出来。我曾看到过如此恶心和恐惧的脸吗？当蛇爬进他的喉咙，牢牢地卡在那儿的时候，他似乎睡着了。我用手撕扯着这条蛇，却是徒劳，我的手不能把蛇从他的喉咙中拉出来。它对我大声喊道：“咬！咬掉它的头！咬！”它朝我喊着——我的恐惧，我的仇恨，我的恶心，我的同情，我内心所有善的、恶的东西都付之一吼……然而，牧羊人在听到我的叫喊之后，他控制着自己，狠狠地咬了大蛇一口。他把蛇头吐得远远的——他跳起来了。他不再是牧羊人，他不再是一个人——他变了，他容光焕发，狂笑不已！世界上还没有一个人像他那样狂笑！哦，我的兄弟们，我听到一种非人的笑声，现在渴望啃咬着我，这是一种不断增强的渴望。这种狂笑的渴望啃咬着我，哦，我如何忍受继续活着！我又如何忍受现在就死！（1892/1966：158～160）

像这个牧羊人那样，另一个存在渗入尼采的心中。他对父亲的过分认同可以说成是想同化一个难以消化的东西。就像那条蛇附在牧羊人的体内一样，父亲这个恶天使也紧紧地附在尼采的灵魂上，让他无法摆脱。从另一方面来说，尼采内心的“儿童我”也像那条蛇，它爬进尼采的“父亲我”的保护圈内，以避开失落感和孤独感。

由于这种矛盾一直存在，我们会期望这种解决方式——咬断这条蛇——不可能奏效，任何试图解决问题的行为都会螺旋式地上升为永恒的轮回。尽管如此，蛇被消灭了，显然冲突也结束了。这意味着什么呢？

就在走钢丝表演的情景之后，出现了另一个附在人身上的异质物体的意象。在这个情境中，附在查拉图斯特拉身上的这个死人与尼采心中的父亲有着极大的相似性：

> 夜幕降落的时候，集市笼罩在夜色中。人们渐渐地散去，即使是好奇心和恐惧也变得疲倦了，而查拉图斯特拉坐在死人旁边，陷入了思考，他忘记了时间。在黑夜再次降临的时候，冷风吹着这个孤

单的人。查拉图斯特拉对众人说："说实在的，查拉图斯特拉今天讲的是一个美妙的抓捕行动！他抓住的不是一个人而是一具尸体。人类的存在是不可思议的，而且是毫无意义的：一个小丑能变成一个人的不幸。我要告诉人们他们存在的意义——超人，他们是撕破人类阴云的闪电。可是，我与他们仍然相差很远，我的智慧根本无法与他们的智慧进行对话。我仍然是一个处于傻子与死尸之间的人。夜晚如此黑暗，查拉图斯特拉脚下的路也是黑暗的。过来，又冷又僵的伙计！我要把你送到一个地方，在那里，我要用双手把你埋葬。"查拉图斯特拉心里这样说着，他把死尸扛在背上，上路了。

查拉图斯特拉背着死尸，穿过乡村，穿过森林和沼泽。他向一个老者讨了些食物，随后他累了，决定睡一会。他将尸体放在一个树洞中，以避免让狼发现，他躺下来闭上了眼睛。(1892/1966：21～22)

这一系列形象被看作尼采讲述童年期故事所用的象形符号脚本。在特定意义上，尼采的确扛了一具尸体——他已故的父亲。根据尼采的比喻，我们可以说，它的沉重超过了一个年幼的男孩所能承受的限度。父亲死后，尼采的各种成长都被深植于他内心的另一个自我破坏了，这个自我就像藏在树洞中的死尸。就像死尸填满了树洞，死亡的"父亲我"实际上被尼采用来填补现实中的父亲死后所带来的情感空白。

再回到死尸的身份这个问题上来，我们很快被带回那个走钢丝表演的情景，因为这个死尸是走钢丝者的尸体，他坠地而死。在前面，我们已经讨论了走钢丝情景中相互交织的两面体与恶性的循环。我们把走钢丝者所处的位置看作这个螺旋的顶点，他与自己竞争以到达钢丝的另一端。正是这个顶点，这个在极难保持平衡的一幕中最紧张的顶点，为我们提供了一条关于尼采崩溃的根源和结构的线索。

随后发生的事情令人目瞪口呆。因为走钢丝的人开始了他的表演：他从一个小门走出，沿着钢丝向前走，钢丝系在集市和众人头顶之上的两座塔之间。就在他走到钢丝中间的时候，那个小门再次打开，走出一个身穿杂色衣服的家伙，样子像个小丑，他跳出来，快步跟随在前一个人的后面。"向前走，跛子！"他以让人生畏的声音喊道，"向前走，懒骨头，走私犯，胆小鬼，不然我就用脚后跟给你搔痒了！你在两塔中间做什么？那座塔才是你要去的地方。应该把你锁起来，你挡住了一个比你好的人的去路"。他说着这些话，与另一个人走得越来越近，但是在仅有一步之遥的时候，令人目瞪口呆的可怕事情发生了；他恶魔般地大叫一声，跃过了挡住他去路的这个人。然而，那个人看见他的对手胜利了，于是就丧失了理智，扔掉了杆子，他挥舞着手脚，一头栽了下去。集市变成了暴风雨中的海洋：人们四散逃跑，相互踩踏，特别是在身体坠落的那个地方。(1892/1966：19～20)

查拉图斯特拉随后说："我仍然是一个处于傻子与死尸之间的人。"结合他背死尸的情境，可以看出走钢丝者体现了尼采心中的"父亲我"。展开来说，我们怀疑小丑象征着尼采的"儿童我"。

然而，如果不考虑小丑酒神般的自发性行为，从他的言行几乎看不出他是一个儿童。小丑威胁性的话、大声喊叫的声音、疯狂的杂技在他周围制造了一种恐怖而异常的气氛。尽管如此，我们仍然可以看到他是怎样被安排到走钢丝表演的系列情景之中的。走钢丝的人试图超越他自己，而小丑跃过了他。

而且，害死走钢丝者的小丑与引发尼采精神崩溃的事件具有一种奇怪的对应。尼采看到马夫狠狠地抽打他的马，他崩溃了——小丑对待走钢丝者的方式与残酷的马夫打马的方式不是惊人的相似吗？"向前走，跛子！"他以令人生畏的声音喊道，"向前走，懒骨头，走私犯，胆小鬼，不然我就用脚后跟给你搔痒了！""向前走，跛子！"或

“不然我就用脚后跟给你搔痒了!”这些话听起来更像是从骑在马背上的马夫嘴里说出来的，像是马夫在（用他的脚后跟）催促一匹慢吞吞的老马。

尼采对马和骑手的形象是熟悉的，柏拉图和叔本华的著作尼采都仔细地阅读过，他们都用了马和骑手的比喻来说明他们的人性观，马象征着动物本能，骑手则是有思想意识的，负责驯服和控制马。

我们不禁作出这样的假设：尼采面对的马象征着本能的、酒神式的“儿童我”，马夫象征着具有控制性的阿波罗式的“父亲我”。尼采终其一生都想成为马背上的骑手，想成为父亲。他搂住那匹被鞭打的马的脖子放声大哭，表明他从认同“父亲我”转向“儿童我”。我们可以断定，在精神崩溃的那一刻，他不再认为自己是父亲，而是被“儿童我”中所包含的失落感和无能感所吞噬。

如果马夫是“父亲我”，那么小丑又象征着什么呢？如上所述，小丑更像酒神而不是阿波罗神。小丑怎样能成为一个幽默而具有自发性的人物？他怎样才能体现“父亲我”的阿波罗式的身份？他不能，但是他仍然这样做了。因为就在借用马和骑手的这种比喻做法中，尼采进行了解构。尼采不仅好像是一匹马，被错误的骑手所骑，而且好像他正骑在理想化的自我意象的背上，用它的能量去推动生活而不是继续努力去实现真正的自我（Horney，1950/1991）。

艾丽斯·米勒（Alice Miller，1990）掉入了我们努力避开的陷阱。她认为，尼采的崩溃可以看成是向内在的“儿童我”的退行，儿童真实的情感和需求只能通过酒神般的疯狂行为表达出来。这种解释将尼采一直不明原因的疯狂拆成双面体的一半，从而掩饰了其思想和情感自相矛盾的风格。再者，这种解释还与尼采发病期间表现的许多夸大、偏执、暴虐的行为相矛盾，这不是儿童的行为。

我们在走钢丝情景中看到的失衡意象可能暗示着尼采产生了更不寻常的自我体验。《查拉图斯特拉如是说》中还有一段话给我们这样一种印象：对尼采来说，文中提到的这种坠落是经常存在的危险。

> 可怕的不是高度而是悬崖，让人目光看着深处双手却在努力攀登的悬崖。面对它的双重意志心会变得轻浮。哎呀！我的朋友们，你们能猜出我内心的双重意志是什么吗？那是我的悬崖和我的危险，我的眼睛看到了它的高度，我的手紧紧抓住它的深度。我的意志紧紧依附着人，我将自己与人铸在一起，因为我已被席卷而上以飞向超人，因为那是我另一个意志想要走的路……（1892/1966：142）

尼采说他有“两个意志”，一个指向人，一个指向超人。虽然他说可怕的是悬崖而“不是高度”，但他接着强调了被席卷而上的危险。他的这句话——“我的眼睛看到了它的高度”暗示了向上飞与向下坠入深渊是相似的。

飞入天空的意象暗示了迅速增强的自我膨胀，即对权力和伟大的无穷欲望。上升也是坠落，因为对于尼采来说，上升到自我膨胀的高度也是坠落到万能的父亲的坟墓中。

这里没有什么让我们感到陌生的内容——因为向高处上升是指向“超人”的，其中同时进行的上升和坠落与走钢丝者跨越自己达到超人的行为一样，是相互矛盾的。然而，悬崖和迫切地掠入高空的意象并没有反映走钢丝者危险的平衡，而是与他的坠落相似。

与马和马夫的事件结合起来分析，《查拉图斯特拉如是说》中的这些段落暗示了尼采精神崩溃期间心理状态的变化并不像一些人所说的（Jaspers，1935/1997）那样激烈[①]。认真分析一下尼采疯狂的叫喊，就可以证实这种观点：

“他写信给意大利国王［称“我亲爱的昂伯托（Umberto）”］、巴登（Baden）的皇室成员（称“我的孩子”）和梵蒂冈国家大臣。他说，他将在周二去罗马会见教皇和欧洲的王子，除了霍亨索伦王室（Hohenzollerns）之外。”（Hayman，1980：335）

在这里，文雅的、有教养的“父亲我”处于中心地位，“儿童我”处于边缘地位。在他理想化的光彩中，“父亲我”决定结交欧洲王室，他相反的一面仅在充满孩子气的、梦幻般的计划中可以看到：

（写给米塔·冯·萨里斯的短信）“世界变形了，因为上帝在地球上。你没看到所有的天堂都在欢欣鼓舞吗？我已经占领我的国度，把教皇扔到狱中，并杀死威廉、俾斯麦、斯托克”。（1985：335）

“父亲我”再一次占了优势。这封短信将尼采与上帝等同起来，这表明，正如尼采的自由意志重新创立了它们所毁灭的道德一样，他在宣布“上帝死了”之后成为上帝的继承者。参照尼采童年的经历，在阅读这一段的时候，我们可以看到更深层次的意义，尼采通过承担已故的父亲的身份，变成了这个上帝般的人物的替代者：

在喝了精制雪利酒之后，酒中的溴化钾让他能够清楚地说话，但是仅在柔和的钢琴曲中才能如此，他说自己是死去的上帝的继承者，随着镇静剂的效果逐渐减弱，他开始兴奋地扮傻，又蹦又跳，大声叫喊，做出一些下流的动作。（1985：336）

这段话描述了尼采情绪状态的转变，它意味着尼采的“父亲我”向“儿童我”的转移。先是阿波罗神式的冷静、庄严统治了尼采，然后是酒神式的儿童般的滑稽动作突然出现。在带他出去散步时，他又一次发作了：“下午，又带他去公园散步，他开始唱歌、呜咽、大叫，脱掉夹克和背心，躺到地上好几次。”（1985：337）

因而，尼采后来的疯狂可以理解为一系列激烈的转换：“父亲我”占主导地位、“儿童我”“沉没”与“儿童我”占主导地位、“父亲我”“沉没”这两种状态的转换。正如他的儿童期自传所反映的那样，尼采对于以父亲的样子说话还是以儿童的样子说话一直犹豫不决，在精神崩溃之后，他又在“父亲我”与“儿童我”这两种自我体验之间摇摆不定。

---

① 经常有人认为，尼采患有梅毒、癌症、脑传染疾病或多种引起痴呆的其他机体疾病。支持这种观点的主要证据是尼采精神崩溃前后的行为不同。我们认为，这种行为的前后差异明显比人们通常所认为的小。尽管尼采的行为与痴呆具有某些相似之处，但近来对尼采的医疗记录和其他证据的分析驳倒了他患有梅毒的流言（Sax，2003），这些分析表明，他的行为和寿命与梅毒患者的表现明显不符。对梅毒假说的反驳意味着，我们对尼采的精神崩溃还可以提出多种解释，其中心理学的解释可能发挥着重要的而不是主要的作用。

对尼采精神错乱行为的另一些解释倾向于支持这样一种观点：

父亲我："根据临床记录，尼采曾为坏天气而道歉。'我明天将为你们这些好人安排最好的天气。'"（Hayman，1980：337）

儿童我："下午，他时而唱，时而尖叫。"

儿童我："他整个上午都躺在床上，下午被带出去散步，他时而扔掉帽子，时而躺在地上。"（1980：337）

父亲我："在被带进精神病科时，他不断有礼貌地鞠躬，然后，他庄严地走进他的房间，感谢护士们给了他'很好的接待'。"（1980：339）

需要强调的是，在这些场合中，没有一个场合可以代表一个自我的完全胜利和另一个自我的完全湮灭。两种身份都一直存在，真正变化的是它们相对的优势地位。在"父亲我"统治的场合中，"儿童我"仍然存在，它表现为童话般的、空想的心理特点。我们在这里没有看见上帝，但是我们可以看到这其中有充满孩子气的滑稽模仿上帝的行为。同样，"儿童我"的喊叫和疯狂的嬉闹更像是对儿童行为诙谐的模仿而不是真正的游戏。这给人这样一种感觉：一个十分聪明的人在指导着这些表演行为。

在这两种场合，尼采都没有全身心地投入。在表达自我的每一种行为中，我们可以看到被边缘化的另一个自我的精髓。这给一些观众造成一种印象：尼采在装疯——正如演员演戏一样，在他的角色背后是一个人在表演，因为在他表现出来的自我后面还有一个潜在的自我，所以他似乎是在装疯。从某种程度上说，他的确是在表演，通过真实地表达一个自我来表演另一个自我。

那个受虐待的马和残忍的马夫的情景表明了一个自我被另一个自我支配时所导致的失衡状态。在尼采发狂和疯狂地嬉闹时，一个自我在鞭笞另一个自我使之屈服，用它的主观性让另一个自我窒息。尼采心中的这个儿童又踢又叫，想征服他心中的这位父亲，而这位父亲反过来也想夸张地表现他的成熟和力量，以消灭他心中的这位儿童。

在发疯期间，尼采一再地表演父亲与儿子之间的冲突，在两个极端之间来回转换，而不是实现二者之间的平衡。他曾妄想去暗杀政府官员，而不是参加盛大的舌战。他没有优雅地讲述酒神的态度和美德，而是歌唱并脱掉衣服。

然而，这里还有一个疑问没有回答，那就是小丑的身份问题。小丑，这个跃过了走钢丝者的人，一个高贵的傻子，一个爱好矛盾和讽刺的人，一个具有自发性的、智慧的人，他似乎是尼采疯狂的一个关键人物。然而，尽管我们费了很大的劲去对小丑进行定位和界定，但这个角色的含义仍然难以捉摸。也许，这是尼采思想的一个组成部分，就像老谋深算的酒神，最终是不可理解的，它转换着，变化着，它表面上分解成一定的形状以便再次从我们手上溜走。在尼采的最后一封信中，他对科西玛·瓦格纳写道：

亲爱的阿里阿德涅（Ariadne）公主：说我是一个人，那只是一种偏见。至今我已经在人类中居住很久，我知道人类经历的所有事情，包括从最低层的到最高层的事情。在印度，我是佛，在希腊，我是酒神——亚历山大和恺撒是我的化身，还有诗人莎士比亚和培根勋爵（Lord Bacon）也是。最近，我是伏尔泰和拿破仑，可能还是理查德·瓦格纳（Richard Wagner）……现在，我变成了胜利的酒神狄厄尼索斯，他要在地球上安排一个盛大的庆典……我好像没有太多的时间了……

## 注释

本章较早的版本最初发表在《精神分析评论》(*Psychoanalytic Review*),2000,87(5),651~698。承蒙吉尔福特出版社(Guilford Publications)惠允再版。

(谷传华　谢金菊　陈慧丽　译)

## 参考文献


Abraham,N. & Torok,M.(1994). *The Shell and the Kernel*. Chicago:University of Chicago Press.

Atwood,G. & Stolorow,R.(1993). *Faces in a Cloud:Intersubjectivity in Personality Theory* (2nd ed.). Northvale,N.J.:Aronson.

Bateson,G. & Jackson,D.,Haley,J. & Weakland,J.(1956). Toward a Theory of Schizophrenia. *Behavioral Science*,1,251 -264.

Deleuze,G. & Guattari,F.(1988). *A Thousand Plateaus:Capitalism and Schizophrenia*. London:Pantheon Press.

Derrida,J.(1985). *The Ear of the Other*. London:University of Nebraska Press.(Original work published 1982).

Forster-Nietzsche,E.(1912). *The Life of Nietzsche*. New York:Sturgis and Walton.

Freud,S.(1957). Mourning and Melancholia. In J. Strachey (Ed. & Trans.), *The Standard Edition of the Complete Psychological Works of Sigmund Freud* (Vol. 14,pp. 243 -258). London:Hogarth Press.(Original work published 1917).

Gliman,S. & Parent,D.(1987). *Conversations with Nietzsche*. New York:Oxford.

Hayman,W.(1980). *Nietzsche:A Critical Life*. New York:Oxford University Press.

Horney,K.(1991). *Neurosis and Human Growth*. New York:Norton.(Original work published 1950).

Jaspers,K.(1997). *Nietzsche:An Introduction to the Understanding of His Philosophical Activity*. Baltimore:Johns Hopkins.(Original work published 1935).

Jung,C.(1998). *Seminar on Nietzsche's Zarathustra*. Princeton,N.J.:Princeton University Press.(Original work published 1934 -1939).

Klossowski,P.(1997). The Consultation of the Paternal Shadow. In *Nietzsche and the Vicious Circle* (pp. 172 - 197). Chicago:University of Chicago Press.(Original work published 1969).

Laing,R.(1960). *The Divided Self*. London:Penguin.

Laing,R.(1961). *Self and Others*. London:Penguin.

Laing,R.(1970). *Knots*. New York:Pantheon.

Miller,A.(1990). *The Untouched Key:Tracing Childhood Trauma in Creativity and Destructiveness*. New York:Doubleday.

Ludovici,A.(1985). *Friedrich Nietzsche:Selected Letters*. London:Soho Book Company.

Nietzsche, F. (1924). *Out of My Life (Aus Meinem Leben)*. In E. Forster-Nietzsche, Derwerdende Nietzsche. Munchen: Musarion-Verlag. (Original work published 1858).

Nietzsche, F. (1966). *Thus Spoke Zarathustra.* W. Kaufmann (trans.). New York: Penguin. (Original work published 1892).

Nietzsche, F. (1967). *The Birth of Tragedy* (1872) *and The Case of Wagner* (1888) W. Kaufmann (trans.). New York: Vintage Books.

Nietzsche, F. (1967). *The Genealogy of Morals* (1887) and *Ecce Homo* (1908). W. Kaufmann (trans.). New York: Vintage Books.

Nietzsche, F. (1967). *The Will to Power.* W. Kaufmann (trans.). New York: Vintage. (Original work published 1930).

Nietzsche, F. (1968). *Twilight of the Idols* (1888) and *The Antichrist* (1895). R. J Hollingdale (trans.). New York: Penguin.

Nietzsche, F. (1973). *Beyond Good and Evil.* R. J. Hollingdale (trans.). New York: Penguin. (Original work published 1886).

Nietzsche, F. (1974). *The Gay Science.* W. Kaufmann (trans.). New York: Random House. (Original work published 1887).

Pletsch, C. (1991). *The Young Nietzsche: Becoming a Genius.* New York: Free Press.

Sarup, M. (1993). *An Introductory Guide to Postmodernism and Poststructuralism.* Athens: University of Georgia Press.

Sass, L. (1992). *Madness and Modernism: Insanity in the Light of Modern Art, Literature, and Thought.* Cambridge, Mass.: Harvard University Press.

Sass, L. (1994). *The Paradoxes of Delusion: Wittgenstein, Schreber, and the Schizophrenic Mind.* Ithaca, N, Y.: Cornell University Press.

Sax, L. (2003). What Was the Cause of Nietzsche's Dementia? *Journal of Medical Biography*, 11, 47 - 54.

第18章

# 埃里克森的心理传记与心理传记中的埃里克森

欧文·亚历山大（Irving Alexander）

近年来，两部著作的出现让大家对埃里克森（Erikson，1902—1994）的生平和研究重新产生了兴趣。劳伦斯·J. 弗里德曼（Lawence J. Friedman）的《同一性的建筑师》（*Identity's Architect*，1999）当之无愧是其中之一，这是一部写埃里克森的优秀传记。弗里德曼是一个历史学家，他花了10年时间才完成这部著作。他采访了埃里克森生命中很多重要的人物，包括埃里克森的妻子琼（Joan），琼为他提供了与埃里克森一起度过的60多年的生活资料。他广泛地采用了国内外相关的档案材料，同时对埃里克森的研究以及他精神分析历史的知识也给人留下了深刻的印象。该书详实地记录了埃里克森生命中的大事，是一本非常值得心理传记学家收藏的珍品。

另一部作品就是埃里克森四个孩子中唯一的女儿苏·埃里克森·布洛兰德（Sue Erickson Bloland），一名精神分析学家，于1999年发表的标题是"名望：幻想的力量与代价"（Fame：The Power and Cost of a Fantasy）的新文章，刊登在1999年11月的《大西洋月刊》上。在这篇文章中，她讨论了父亲在她心目中的崇高地位以及对她心理发展的影响。另外，她从理论上分析了父亲一生追求名望的心理因素。由此，我们可以更好地看到埃里克森鲜为人知的一面。我非常高兴能从他们那里获得新的知识，同时，我也很有兴趣去理解这些作者所描述的埃里克森的不平常的生活经历。下面的大部分内容都是根据这两本主要的著作和一本回顾性的书评写成的，该书评讨论了进取心在埃里克森生活中所起的作用（Alexander，1996）。

我在本文中的任务体现在以下三个方面。第一，评定埃里克森的两部心理历史学或者心理传记学著作，即《青年路德》（1958）和《甘地的真理》（1969）对于心理历史学或心理传记学发展的影响。同时，考察促使埃里克森从事心理传记学研究的因素。第二，对这两本著作的反思：什么促成了它们的产生？它们与埃里克森摆脱自身特殊而不平常问题的生活经历有着怎样的关系？第三，谈谈我从他的生平特别是他在欧洲度过的童年时期、青年时期、成年早期所得出的结论，以及他的这些经历如何促使我描绘他的心理发展和家庭生活的连贯画面。

为了完成上面这些任务，我就不能够按照通常写心理传记的顺序来写。也就是说，我不是从埃里克森1933年移民到美国开始他的职业生涯写起，然后一直写到他退休，而是从他的两部心理传记学著作写起，接着讨论他在奥斯汀—里格斯（Austen Riggs）的约会，然后回过头来分析他在欧洲从出生到完成心理分析训练的经历。

## 一、埃里克森对心理传记学发展的影响

在我看来，埃里克森对心理传记学或心理历史学发展的影响与当时人们认可的家庭训练模式所存在的问题以及历史学、心理学的发展情况并不是毫无关系。我们必须考虑20世纪中叶美国在这些方面的发展状况。为了减少毁灭性的战争引发的各种心理问题，当时的政府机构大力支持临床心理学的发展。从事这个领域的工作通常可以增加津贴，这导致了从业人数增多，而负责心理学研究生教育的官员们清醒地意识到，心理学半个世纪以来已经从哲学中独立出来，成为一门实证科学。但是，这些因素并没有促进心理传记学的研究。人们一致认为，心理学博士论文必须符合科学标准，进行实证研究。因而，心理传记学这一个小的专业方向不大可能有多大的发展，各个心理学系也没有相应的培养计划培养将来从事这方面研究的学者。即使是到了半个世纪后的今天，承认心理传记学研究作为毕业论文的心理学系也屈指可数。在心理学领域，从事心理传记研究的人寥寥无几，他们相互认识，而且有些研究或多或少地忽略了这一领域所关注的核心问题。大部分心理传记学家首先接受的是临床心理学和人格心理学方面的训练，或者是社会心理学方面的训练，然后凭自己的兴趣将研究扩展到心理传记学。

虽然一些杰出的历史学家试图在历史研究中考察人类的心理因素，但是这种做法还是值得怀疑的。资料的准确性对于历史学研究来说是至关重要的，仅凭推测运用心理学理论是很危险的。的确，人们像这样做了很多缺乏说服力的心理历史学研究。因此，我不能确定在历史学领域是否制订了标准的研究生培养计划来努力推进这个领域的发展，虽然我相信如果对此领域感兴趣的研究生看到这样的计划有可能会去攻读心理传记学。

在上述条件下，即使埃里克森很想促进这种研究，他也不可能在进入这个新的研究领域之后使它得到迅速的发展。尽管他希望在分析路德青年时代“同一性危机”的出现和解决时，说明心理因素的重要性，但是，他对于领导这一领域的研究并没有兴趣。据说，他希望随着历史学家越来越清楚地认识到心理因素在历史事件中的重要性，“心理历史学”能够自行消失。埃里克森在某些方面完成了他的使命。不经意间，在各种出版物、电视和其他信息渠道中对那些可能进入历史记载的重要地理政治学事件进行分析时，心理学的解释已经随处可见。此外，政治学研究者还认识到，执政者的心理特征在预测或解释他们在职期间的政治决策具有重要的作用（这方面的研究请看本书第四编）。在现代社会中，人们在没有过多地考虑这是如何发生的情况下就已经接受了这种做法。

另外很重要的一点是，正是由于埃里克森的研究，先前在正统的精神分析观支配下而受阻碍的那些具有独立精神的心理传记学家，现在发现了一个简单的阶段理论可以作为研究工具了。

## 二、埃里克森为何从事心理传记学研究

埃里克森是如何开始研究路德的呢？他当时五十多岁，是备受关注的临床心理治疗机构——奥斯汀—里格斯中心（Austen Riggs Center）改组之后高级研究队伍中的核心成员。在他离开伯克利（Berkeley）前的五六年，他致力于将自己提出的“同一性危机”理论和治疗方法应用到心理治疗与训练中。到底是什么促使他放下手中的一切，申请另外的资助让他离开斯托克布里奇（Stockbridge），用一年时间去完成关于路德七年生活的心理传记学研究呢？他的研究围绕路德违背父亲的意愿准备做神父的早期生活展开。当时，埃里克森已经完成了对四个饱受“同一性危机”折磨的病人的治疗工作，并打算为此写一本书。又是什么让他没有这么做呢？显然，他在奥斯汀—里格斯的处境很好，可以让他安全而自由地写好他要写的书。那到底是什么使他在快速地获得经济资助之后，利用一年的有限时间急切地去完成路德的传记呢（Friedman，1999：276）？

第一个可能是他的出版商需要他写另一部著作，因为他写的《童年与社会》（1950）在出版后的六年里取得了出乎意料的成功。这可能是一种原因，但另外一个更重要的原因可能是这样的写作环境让他觉得最容易接受，最适合他自己，可以自由地实现自己的想法，而不用过多考虑外界因素的干扰。正如我们下面要谈到的，这样的想法来自他的童年时代。据我估计，他认为理想的生活和工作条件是成为一个真正的教授，而不一定非要进行临床治疗。临床领域通常都由学医的人来主持，由接受了医学训练的人进行服务。他早些年在美国时（1933—1951），曾经在三所大学任过职，分别是哈佛大学、耶鲁大学和加州大学伯克利分校。后两所大学聘他为研究员，为他提供了基本的收入。三所大学都为他提供了有限的私人实践和咨询工作，这增加了他的收入。1949 年，也就是在他来到美国 16 年后，主要由心理学系及其附属的人格评价研究所提议，他在伯克利大学被破格提名并授予教授职位，在此过程中，学校没有履行常规的任期和任命手续，他也没有通常需要具备的教育背景。在他没有受过高等理论或医学训练，甚至没有学士学位，特别是要经过全校委员会的最终审查的情况下，这是非常不容易的。尽管他积极并成功地在心理学系教授了研究生课程，但是他之所以作出这个决定，可能是受到了他那本由著名商业出版社出版的《童年与社会》的影响。

不幸的是，他的好心情只维持了很短的时间，很快就被立法机关要求美国雇员必须宣誓效忠国家而引发的争议打破了。很多心理学系的教师率先反对签署效忠誓约，其中包括两位曾帮助埃里克森获得教授职位的资深教师。

从原则上来说，埃里克森反对这种宣誓效忠的要求，沉默寡言的个性使他对于这种状况感到很不舒服，于是，一年后，他被一个委员会所聘，继续他的工作，随后他辞去了伯克利分校的职务。有迹象表明，埃里克森对于该做什么存在着冲突。他甘愿冒着缺乏学术资格而被拒绝的风险，接受被聘为教授的提名，这可以看出他对教授这个职位还是很看重的。他最后决定离开的原因可能是他感到当时加利福尼亚产生了分裂的气氛，他被说成是“外国人”、“欧洲难民”和“共产主义的追随者”，这与他刚到美国时的感受是完全不同的。他在罗斯福执政的前期来到美国，受到欢迎，并且从

那以后他决心忘掉在欧洲时被当作一个讨厌的、可疑的外国人的生活（Friedman，1999）。我们必须记住，这是埃里克森在撰写路德传记之前，在这本书中找到一种声音是至关重要的。

导致这种心理冲突的还有另一些因素，即在被任命为教授之后遭遇的一些困难。埃里克森此时收入基本稳定，他开始计划找一个稳定的社区安家。这时，孩子们都正好处于转折阶段。他最大的孩子卡伊（Kai）马上要进入大学，第二个儿子乔恩（Jon）马上要进入高三，他的女儿苏（Sue）刚刚进入青春期，最小的孩子尼尔（Neil）得了唐氏综合征正在加利福尼亚一家条件很好的机构接受治疗。埃里克森采用了一种折中的办法，他辞去教授的职务，到人格评价研究所担任临时的、无固定任期的工作，而不需要宣誓效忠。这样，他既保持了自己的尊严，又让他有充分的时间去寻找新的工作。1951 年，他向大学负责特权和任期的委员会声明了自己的决定，这一声明被当年的精神病学杂志多次刊登（Friedman，1999：245 ~252）。

到了 1951 年 9 月份，这些问题都解决了。卡伊去了大学，乔恩住在埃里克森的一个朋友家里，读完了高三，苏随家人一起东迁到斯托克布里奇。这年的年初，埃里克森在奥斯汀—里格斯中心接受任命。按照协议，这份工作符合他主要的要求，如有时限的临床服务（包括督导和心理治疗）、负责一个远方的大学的咨询工作。另外，还有时间权完成他的写作计划，因为他可以从其他的事务中抽出大量的时间。对于一个快要五十岁的人来说，他似乎正处在一个可以圆满完成他职业生涯的理想环境中。他显然被当作一个核心人物，以他为中心，里格斯开展了一个著名的计划（Friedman，1999）。

他接受这份工作可能还有其他方面的考虑。他曾经在三所最有名的大学工作，还担任了其中一所大学的教授，这可能限制了他未来的职业选择，促使他去选择拥有同等威望的机构工作。奥斯汀—里格斯中心是一个集医学、精神病学和精神分析于一体的、截然不同的环境，埃里克森在其中享有不同寻常的名望和地位。利用这个机会，他可以与正统的精神分析划清界限。《童年与社会》这本书中的内容引起了他对僵化的弗洛伊德学说的怀疑。同时，如果接受这份工作，他还可以在临床治疗中进一步验证自己关于青少年与同一性问题的非正统观点。

他最终搬到斯托克布里奇安家还考虑到了地理位置因素。先前他曾经居住在马萨诸塞州（Massachusetts）和康涅狄格州（Connecticut），但斯托克布里奇是个美丽迷人的地方，靠近重要的市中心，而且有很多学者常居于此。另外值得一提的是，它邻近坎布里奇（Cambridge），那里有世界闻名的哈佛大学和麻省理工学院。

还有一个可能性。埃里克森可能很想最终摆脱医学专业统治的束缚，特别是摆脱正统的弗洛伊德精神分析协会，努力形成自己的文化和心理发展理论。虽然他认识到作为精神分析学者的身份可以为他带来一些有利条件，但他也认识到无医学背景的求职者地位的变化，在已有的精神分析研究机构中，他们不再有资格接受临床治疗训练了。另外，一些著名的学者被埃里克森的观点所吸引。这就与教学机构或者研究机构联系起来了。戴维·里斯曼（David Riesman）和玛格丽特·米德就是两位这样的学者。戴维·里斯曼是一位著名的社会学家，著有《孤独的人群》（*The Lonely Crowd*）；玛格丽特·米德则是一位世界闻名的人类学家。他们成为埃里克森一生的好朋友，在生活中遇到困难的时候，他曾经向他们求助。几乎可以肯定，埃里克森在加州面临“宣誓效忠”的争议时就咨询过他们。我感到，他们三个最终都认为应该到一所重要的大学恢复教授之职。在这里，他们可以自由地表达自己的思想，而不必在乎立场如何，也不必去满足单位提出的强制性条件。这一点连奥斯丁—里格斯也无法保证。①

然而，在里格斯，很多人都希望埃里克森能够加入。因此，他们承诺为埃里克森提供一个接纳他的环境，并对他的理论给予积极的评价，这让他们感到自己是属于精神分析学派的。事实上，他们在很大程度上实现了这些承诺。埃里克森与中心主任罗伯特·奈特（Robert Knight）以及资深心理学家戴维·拉帕伯特（David Rapaport）关系日益密切。他们不仅仅是同事，不久他们就成为好朋友，一起散步，一起开玩笑②。还有事实证明，那里的高级职员对埃里克森和他的工作十分忠诚，埃里克森受到了大家的尊重。例如，奈特大力支持埃里克森在传统精神分析刊物上公开发表与精神分析领袖不同观点的文章。20世纪50年代初，埃里克森向《国际精神分析杂志》投稿，重新分析了弗洛伊德在1900年出版的《梦论》中的“艾尔玛的梦”（“Irma dream”）。他认为，需要更多地考虑梦的显性内容的价值，梦的显性内容的作用大大超过隐而不显的无意识因素的作用。当时弗洛伊德的传记作者欧内斯特·琼斯是主要审稿人，他拒绝发表这篇文章，埃里克森为此很受打击。根据弗里德曼（Friedman，1999：289）的记录，当时奈特是《美国精神分析》杂志很有影响力的编委会成员，正是他把埃里克森的这篇文章发表在这本杂志上。

同样，作为一名美国弗洛伊德精神分析理论的重要学者和翻译者，戴维·拉帕伯特花了大量的时间协调埃里克森关于自我的观点与正统的精神分析理论，特别是海因茨·哈特曼的观点。海因茨·哈特曼曾经是埃里克森在维也纳的老师，也是精神分析学派资深心理学家之一（Gill，1967）。我认为，埃里克森清楚地知道，他在强大的精神分析学界的地位是不稳定的，他希望自己最终能够摆脱这种困境。他是正统的精神分析学界的成员，拥有一定的地位，个别人甚至还会鼓励和支持他。但是，对于自己的理论是否与弗洛伊德的观点保持严格的一致，他却充满疑问，这让他深受困扰。他可能这样为自己辩护：他在维也纳精神分析研究所师从安娜·弗洛伊德，她是弗洛伊德家族的成员。他感到自己的忠诚是没有问题的，因为他大胆地接受了弗洛伊德先驱性的观点。他不断地宣称他的研究源于弗洛伊德，在某种意义上显然如此。在他去维也纳接受训练之前，他对精神分析一无所知，而且也没有兴趣获得这些知识。

我在考虑埃里克森冒险进行心理传记学研究，认为路德为获得同一性而战，是否因为他对某个特定的教授职位感兴趣。他好几年的确都在维护这个职位。在弗里德曼的书中（Friedman，1999：305～310）有两个不连续的信息让我产生这样的推测：第一个是他在1957年与朋友同时也是密友的戴维·里斯曼一同被任命为哈佛大学的教授；

① 在撰写路德传记的过程中，埃里克森也暴露了他的专业思维方式中所存在的另一些经常被忽略的方面。由于缺乏医学背景，他不愿把症候作为诊断疾病必须采用的标准。这样一种态度使他必须形成一个评价体系，人们由此可以从个体在不同阶段对文化要求的反应来理解那些典型的和不典型的行为特征。他的一些同事认为，这是他用来解释自己在不同阶段的危机时采取的防御性的做法。

② 无论幽默与否，相互开玩笑都是埃里克森完全可能采用的表达攻击性的一种方式。通过分析他最喜欢开的玩笑，我们可以评价他的思想。在艺术团体中和维也纳，正是这样一种氛围让他感到很有吸引力。

另一个事实是，当埃里克森决定为完成路德这本书而离开里格斯的时候，玛格丽特·米德为他准备了一些关于路德的英文书目（1999：270）。前面我说过，他完成的《童年与社会》这本书被出版社接受的时间与他被提名为伯克利分校的教授的时间很接近，因此这本书的出版对他破格晋升教授可能影响很大。因此，埃里克森认为路德这本书可以帮助他获得教授之职就不奇怪了。弗里德曼指出，里斯曼和塔尔科特·帕森斯（Talcott Parsons）一直都在期待埃里克森能够告诉他们，他是否愿意争取获得哈佛大学的教授职位。1958 年，在把关于路德的研究（1999：306）出版之后，他做了回答。这本书不仅可能吸引了对埃里克森的理论感兴趣的普通读者，而且还有通过重要的历史人物来探讨人性问题的精神分析学家。我想它对埃里克森个人也是意义非同寻常的。

## 三、埃里克森眼中的路德与埃里克森个人的生活

埃里克森主要关注路德的两个方面，一个是路德“发现了自己的声音”，即他能够采用自己的方式来反抗无能的权威；另一个是“使它有意义”，他坚信自己的追求是正确的，这种价值超过了他本人的价值。“发现一种声音”和“使它有意义”对埃里克森与精神分析的持续斗争来说是有意义的，尤其是在他所处的那个特殊时期。我们后面会分析，这对于他的童年时期也是有意义的。他在 20 世纪 50 年代确定了自己的研究方向，他的这些研究或者印证了他对弗洛伊德理论的忠诚，或者让他怀疑自己对于弗洛伊德理论的忠诚，这些都威胁到他当时不寻常的环境条件，而在维也纳的时候，他正是利用这种条件才使得早期的同一性问题大大减轻。在 1970 年出版的一本关于埃里克森的很有思想性的书中，科尔斯（Coles）确认埃里克森在那段时间又重新产生了同一性问题。在里格斯的日子里，他不断地寻找和发出自己的声音，这反映在他的一些文章中，特别是他对于弗洛伊德“艾尔玛的梦”的重新解释。

至于谈到“使它有意义”，我不能确定埃里克森当时是否意识到这与个人生活有关系。然而，可以证明的是，对于当时的埃里克森来说，像路德那样采取公开的反抗行动既不会引人注目，也不可能成为“使它有意义”的标志。

路德传记中让我感兴趣的一个方面是埃里克森在书中不断地提到有关路德名誉的事件，即“唱诗班中的发狂”。研究路德的学者们怀疑这件事情是否真的发生过。埃里克森对于这件事真实性的反应似乎有些教条化。他认为在路德早期的生活中发生了很多不寻常的事情，因而他能够对这件有争议的事情进行推测。大概路德感到很失落，他用一种可以粗略地翻译成英文“我不是”（I am not）的德语（Ich bin es nit）或拉丁文，否定孩子们对一种堕落式嘲笑的反应［由 1976 年保罗·罗森（Paul Roazen）的拉丁文版本提供］。孩子们的短语本来是用来否定对手攻击他们性格、能力或出身的说法，我们可以想一想，如果对手的说法中有些正确的元素，或者尽管对于你的对手是消极的，但对于你是有价值的，那应该会是什么样子呢？埃里克森在德国卡尔斯鲁厄（Karlsruhe）的日子里经常要面临这样的情况。那时，他不大可能回答这个问题。他认为这一时期路德的归因值得再次分析，因为它表明埃里克森过去也曾经倍感郁闷或受到压抑：

路德的理想曾经遭到那么多大大小小的挫折，但我为什么还要从他在唱诗班的特殊事件开始讨论？当我决定分析路德的同一性危机，考察那些宣称提供了最丰富的事实和参考资料的独立研究时，我又一次听到了他愤怒并伴随大笑的吼叫："我不是"（Ich bin es nit）。（Erikson，1958：29）

这段话听起来好像是一个人正在对那些他不易否认的指责释放长期压抑的愤怒，但它并不一定会显露出指责者所暗含的意思："你是一个×，因此……"（全是消极的话）。是的，埃里克森的母亲是犹太裔丹麦人，尽管他不能得到同伴的认同，但母亲是他获得自我同一性的积极来源。这种指责是难以否认的，但这并不是故事的全部。剩下的故事，没有说出来，他相信自己有个丹麦的基督教父亲，不过，这也只是在一定程度上减轻了他的困苦。

埃里克森所要推测的路德的否认似乎对当时的埃里克森来说是不可用的。结果，这个事件的出现后来却大大减轻了埃里克森的烦恼，同时也导致了他对路德的怒吼和狂笑的归因。它表明，这种行为可能是埃里克森未曾表现出来的，然而这是埃里克森在某种程度上想要表现的①。埃里克森撰写路德传记，标志着他向正统的精神分析理论发出了反抗的声音，由此，他不必再考虑是否忠诚于正统的精神分析理论，从而可以自由地开展自己的研究了。

1960年，埃里克森被特聘为哈佛大学的教授，他在内心与精神分析的冲突与挣扎从本质上得到了长久的缓解。我想，如果他确信路德的书对于他成为教授候选人是有帮助，那么他在这一点上是正确的。这是一本能够吸引普通知识分子的书，它包含了埃里克森对于很多事物的看法，加深了人们对于某个特定的历史发展阶段的认识。最后，在哈佛大学，他受到了精神分析学界的认可，他的心理学观点的价值也受到了充分的肯定和重视。

## 四、埃里克森与哈佛、印度、甘地及非暴力不合作运动

埃里克森在哈佛大学的大部分时间都专注于教学和写作。为大学生开设的课程非常受欢迎，因此，他几乎没有做行政工作的时间。他还有一大帮精心挑选的研究生助手，他们在一名精明能干的、长期在此服务的工作人员的带领下开展工作。他每周都要精心准备两个讲座，讲座备受好评。他为研究生开了一门课，心理传记学研究是其重点内容。他从选课的学生中筛选出一部分，让他们自由选择自己想要分析的人物。对于精神分析理论，他仍然钦佩弗洛伊德理论体系中表现出来的胆量与创造性。但是，他不再参与关于自己是否坚持了传统的精神分析原则的争论。他的心理治疗工作明显减少了，甚至可能完全放弃了。有些奇怪的是，他嘲笑那些根据早期家庭动力学理论进行的解释，他称之为"起源说"（originology），这也许有助于解释为什么有些人会认为他的分析不够深入（Friedman，1999：6）。安娜·弗洛伊德曾说，他的大部分分析时间都用在他所关心的对自己父亲的认同问题上。从他的经历来看，埃里克森似乎更关注起源问题，而不是决定他生活和情感经历的早期环境。当看到弗里德曼对埃里克森

① 埃里克森并不是不在乎别人的批评，但不知为何他很少公开人选出回应。

在维也纳时期的讨论时，我感到，他更愿意看到自己的教学工作得到关注，也更喜欢由那些有名的教师们开的研讨会，而对心理治疗的过程和效果持保留态度。

埃里克森退休之前在哈佛度过的10年中，有相当长的一段时间他是在关注印度的文化、印度教中包含的发展思想，以及用来反抗专制压迫的非暴力反抗运动即非暴力不合作运动的起源。这与路德的方法大不一样：路德领导了一场反抗运动，并建立了一种新的宗教；甘地却提出了一种解决冲突的办法，将暴力冲突和“以牙还牙”的报复攻击降低到最低限度。埃里克森同情甘地的这种做法，的确有证据表明，他对于甘地的钦佩之情可以追溯到青少年时期，以及他对马丁·路德·金（Martin Luther King）人权的斗争解决方式可能重新唤醒了这种情感。尽管非暴力不合作运动是对权威的攻击所采取的一种立场，尽管美国那个时代也有一些梦想破灭、内心不满的年轻人表现出的某种精力和坚韧性，可能让埃里克森感到也会发生类似的事情，但不幸的是，埃里克森不能领导群众开展像印度的甘地和美国的马丁·路德·金那样的运动。

早在20世纪60年代初，印度阿默达巴德（Ahmedabad）的一个社团就邀请埃里克森访问印度，他们希望能够学习埃里克森的阶段理论，并讨论它与印度当时的发展理论的异同。埃里克森积极回应了他们的邀请，但是他很可能没有意识到他这次出访会给他带来什么。他很可能是希望搜集更多跨文化的资料来证明他理论的普适性：无论个体所处的文化背景提供什么样的解决方式，在一生的各个时期需要解决的心理问题都是普遍存在的。

显然，埃里克森在这种差异比较的过程中遇到了不少意外的困难。他对甘地在1918年著名的工厂罢工事件中所起的作用产生了浓厚的兴趣。因为埃里克森曾经作为客人拜访过当时的关键人物——一个反对罢工的工厂主和他的妹妹，所以他的这种行为就不足为怪了。另外，当地还有很多曾经与甘地一起斗争的人在世，他们可以回忆起那个历史时期。这是一次机会，可以让他重新了解甘地人生中的一个有限却重要的时期。

如果认为路德的生活经历为埃里克森提供了发现和接受自己声音的机会，那么接下来的问题是他如何最好地利用好这种声音，如何“让它有意义”。甘地用一种持续的、非暴力方式即非暴力不合作运动来追求真理，这为埃里克森解决自己的问题提供了一种可能的方法。他在童年和青少年时期对同伴的奚落不作回应，显然是不知不觉地采用了这种方法。

但是，这种解决办法能否成功取决于另一方已知的态度与行为（请比较一下英国人的做法与纳粹德国对待占领区居民的方式）。当然，一个人必须考虑某些现实情况，才能对别人的那些可能引起受害者消极情感的行为作出反应。我们还应知道，在非暴力不合作运动没有引起对方充分重视的情况下，甘地采用了另外一种策略，即个人的绝食抗议。这种做法是否来自非暴力不合作运动的核心思想是值得怀疑的。如果因为绝食没有赢得对方的妥协却使绝食者饿死，那么，这种做法就具有攻击和强制的意味。事实上，当埃里克森发现甘地攻击自己妻子的暴力行为的时候，他这本书的计划被打乱了。在这种情况下，他专列一章来与已经去世多年的甘地进行对话，其中他夸夸其谈地分析了甘地如何运用精神分析的原则来避免攻击性行为。这时的埃里克森饱受痛苦的折磨，无法完成工作，这可能表明，他一直在遭受猛烈的攻击。幸运的是，埃里克森受到攻击或压迫的时候早于纳粹时代，他的压迫者不可能像希特勒对待“异地人”那样对待他。

埃里克森另外一个方面的痛苦在“给甘地的信”中达到了顶峰。埃里克森提到的这个事例是甘地在不同的时期对妻子明确采用的暴力方式。不过，埃里克森没有考虑到印度、德国和美国三国之间可能存在的文化差异。埃里克森似乎在捍卫他认为是普遍存在的东西，这看起来好像与妇女的圣洁具有密切的关系，就像它与攻击行为具有密切的关系一样。但是我们必须知道，埃里克森非常清楚地知道甘地在第一次世界大战中努力为英国军队招募人员。在这种情境中，甘地显然放弃了非暴力不合作运动的原则。他是一个了不起的政治家。

然而，甘地虐待卡斯特巴（Kasturba）促成了一本关于婚姻和冲突的专著，这一事实促使我想知道埃里克森生活中发生的攻击行为及其与他最重要的女人有什么关系。我后面还会回到这个话题。

有关路德与甘地的章节证明了这样一个事实：尽管埃里克森在维也纳时凭借好运气和努力工作解决了自身的同一性问题，产生了自己的理论观点，这以《童年与社会》的出版和在奥斯汀—里格斯中心拥有新的职位为顶点，但是在20世纪50年代的时候，他的同一性问题再次出现了。他发现了自己的一个声音，为了避免把这个声音说出来后可能导致的冲突和结果，他只能保持沉默。他选择了逃避，接受了哈佛大学的邀请。

我相信哈佛的日子是埃里克森一生中最美好的时光，这里包含了他早年经历过的一切。接下来，他的女儿结婚了，其他的三个孩子离开家去了加利福尼亚。他把注意力集中在妻子身上，两人和睦相处。同时，他也有更多的时间接触到许多杰出的学者。他获得了世界的认可，这是他内心的一个声音，它要为全人类带来和平和更好的生活条件，他成了一个真正的国际性人物。

在这段时间里，他开始在课堂上借助英格玛·伯格曼（Ingmar Bergman）的电影《野草莓》（*Wild Strawberries*）发表自己的观点（Friedman，1999：311～312）。他认为这部电影很好地诠释了生命周期的观点，特别是最后一个阶段和通往智慧的道路。他在多年的写作和演说中都提到了这部电影，甚至在他退休之后也是如此。我认为它对埃里克森来说有着特殊的意义。这部电影讲述了博格博士（Dr. Borg）在前去接受大学授予他的荣誉途中，从多个方面回顾了他的一生。在这一点上，他的经历与埃里克森自身所关注的问题是契合的。他会像大多数人一样思考他是获得了智慧还是只是在欺骗自己。如果是后者，他会想起“让它有意义”这个问题，也就是他在写有关甘地的文章时发现的问题。当时，他发现甘地同时存在“非暴力不合作”行为和攻击性，并为这个事实所困扰，而他自己并没意识到这一点，这就像他在是否坚持正统精神分析理论问题上的挣扎一样。弗里德曼（Friedman，1999：444～447）充分讨论了埃里克森是如何看待伯格曼的电影这个问题的。

## 五、埃里克森早年的生活：一些人格特征的发展或发展的缺陷

为了重构埃里克森最初的愤怒与表达这种愤怒的方式，我们必须看看他早期的生活经历。弗里德曼的记载对于我们理解这一点是有帮助的。我们知道他生活在一个只

有母亲的单亲家庭，他的母亲出生在一个地位显赫、生活宽裕的丹麦犹太人家庭。当她知道自己怀孕时，她就等到孩子足月，到德国生下了孩子。所有这些，就像传奇一样，经过与家人商量，她得到了家里人的支持。

就我们所知道的而言，她在德国的社会联系只有她在法兰克福的未婚姑妈和靠近比尔（Buehl）的艺术团成员。她的小孩出生后被送到法兰克福，并在比尔养大，她仍然与他们保持联系。事实上，这些人很可能接受甚至有些羡慕这位单身母亲与她的孩子，特别是这个孩子表现得相当聪明。埃里克森（Erikson，1975）说，他对男人的第一印象就来自于艺术团。显然，母亲和他都没有回到丹麦的打算。整个事件与决定似乎是匆忙确定的，主要是为了不让别人知道这个决定背后的社会含义。母亲和他好像是相依为命，四处漂泊。

在我看来，一个小孩接触的全是成年人，备受喜爱与欣赏，并不是攻击性发展的理想环境。而埃里克森早期记忆中母亲内心长久的悲伤才有可能激起他的攻击性，除非他能够找到让母亲关注和爱自己的办法。我相信，他能通过表现出早熟来让母亲感到惊讶和高兴。在我看来，埃里克森缺少对成年人的攻击经验，相对缺少同伴，这让几年后的他在卡尔斯鲁厄生活时不能很好地与同伴相处。他不仅缺少表达攻击性的体验，而且感到自己在任何事情上［宗教、社会阶层以及前卫的艺术家（avant-garde artist）］都是"沾了点边"（a foot in every door），他可能感到自己属于任何一个地方。路德对于不公平对待的反抗方式使埃里克森非常着迷，但是这种表达反抗的方式不适用于埃里克森。母亲要求他调整自己以适应环境。在这个时期，他是如此地依赖母亲对他的积极态度，以至于没有她的支持可能会导致严重后果。

我所设想的埃里克森的早年生活环境总体上是这样的：他与令人敬慕的、支持他的母亲生活在一起，母亲把大部分的时间都放在他身上，她还有一群受欢迎的艺术家朋友。这让我想到另外一种发展的可能性，即他在困难时期期望得到照顾和支持。从他早年生活的另一个侧面和他的母子关系，我可以想象他期望得到特殊的待遇，希望周围的环境变得对他有利，并认为他理应得到这种特殊待遇。我怀疑这是自恋的一种表现，当然，自恋在这里未必是病理性自恋，而是对他行为的一种描述。

埃里克森对早年与母亲一起生活的经历描述不多，他对这些描述的态度大部分是积极的，不过，对于母亲向他隐瞒有关父亲的真相这一点除外，而父亲与他后来生活的关系似乎更为密切。埃里克森认为他的母亲漂亮、有智慧，了解他的潜力并全力支持他。弗里德曼（Friedman，1999：39）用了一大段来描述埃里克森早年与母亲生活的基础。既然他们母子之间据说已经建立了深厚的感情，那么，即使有充足的证据可以证明他母亲内心的悲伤，我仍然认为，当时他母亲是能给他带来积极情感的最重要来源，而且成为他将来人际关系的榜样。我相信，他在早年生活中的积极情感体验是由母亲的微笑激起的，以后他更经常地把这种体验称为"同一性"的起源。我进一步假定，母亲的悲伤使他陷入痛苦之中，最后他做了很多让母亲高兴并转移注意力的事情，而且他的这些做法大部分都是有效的。事实上，我还相信，埃里克森在成年之后表现出的很多依赖性行为就起源于他生命的头三年。我这里引用一下他被问到"你觉得怎么样"时的反应。他可能会转过身来反问他的妻子："琼，我们今天怎么样？"还有，他显然不知道自己喜欢哪些食物，而必须问妻子他是否喜欢或想要某些食物。他的这种行为可能起源于他早年与母亲玩的一种游戏，他明显的依赖态度给母亲带来了快乐，虽然他和母亲都知道他自己有能力作出决定。

埃里克森遇到的最大的困难可能就是发现母亲在哭泣，他平时的行为在这时不能成功地转移她的注意力。然而，我猜想，通过模仿她，与她一起哭，可以很好地转移她的注意力，让她注意他当时的需要，从而使母子之间重新开始积极的情感交流。这让我想起了苏·埃里克森·布洛兰德在书中所描述的让人困惑的事情，她提到了在她青少年时期为失恋而哭泣时父亲那难以理解的行为（Bloland，1999）。她写道，父亲不知如何去安慰她，也没有作出像平时进行心理治疗听到痛苦的人们诉说时的正常反应；相反地，他也哭了。我认为，女儿的行为可能自动地激活了他过去的某个“核心脚本”（Carlson，1988），这个“脚本”来自他早年与母亲的关系。她女儿的眼泪来自一个他非常关心的人，他的自动反应就是毫无缘由地与她一起哭。但是，在女儿面前这样做一方面会让他显得不称职，另一方面也会增强女儿对她自己的疑虑。这两种情境非常相似——都有一个他深爱的女性、一个无法与之交流的家庭成员，在他面前表现出最糟糕的负面情绪，这让他感到只能像她们一样哭泣。也许，他的哭泣并不表明他不称职，而是表明了一些其他的东西，因为这样做可以让她的母亲把注意力转移到他的痛苦上，从而改变整个场面。当然，在外面，不管他们感觉到多么地不自然，都会像众人所期望的那样，表现出相互关爱的父女形象。他也会考虑自己的反应是否能达到目的。他的女儿所做的本质上与他的母亲是一样的：她把注意力转移到他的需要上，停止哭泣并发誓再也不能让他伤心。这里要再次提到西尔万·汤姆金斯的脚本语言理论中的核心脚本，这是人们从所期待的积极情感跌落到消极情感体验时作出的一种反应，在此情况下人们会寻求能重新恢复积极情感状态的行为。

我的观点是，埃里克森生命的头三年对他来说是充满欢乐的。他所接触到的都是关爱他的成年人，他与自己敬慕的母亲单独生活在一起。然而，他与同龄的孩子几乎没有什么接触。他俨然是一个小大人，也没有发展出攻击性与防御性。

## 六、母亲的婚姻与埃里克森对新环境的反应

从很多描述，包括埃里克森自己的描述（Erickson，1975）中，我们可以看出，在他过第三个生日的那天，母亲卡拉（Karla）嫁给了西奥多·杭伯格（Theodor Homburger）（一个曾经在危急关头治愈了埃里克森的儿科医生），这对于他来说是难以接受的。我们知道，在那之前，他是母亲全部关注的对象。而在那之后他就必须搬到卡尔斯鲁厄的新住所，与继父朝夕相处，过一种完全陌生的生活。他不仅要与这样一个成年男性分享母亲的关注，而且母亲越来越喜欢与丈夫一起参加各种集体活动。这是一个全新又苛求的环境。他需要默默地忍受，而且在他的内心仍然保持着母亲的优雅形象，母亲是他在这个世界上唯一的依靠。他没有发脾气，而是出现了某种功能性的减退、持续性的轻微抑郁，他不愿意按照继父的意愿成为一个医生，而是自愿加入犹太教。

为了说明他那时痛苦的程度以及持续的时间，我将参考弗里德曼在回忆埃里克森的历史时提到的一些事件。尽管他在他们的蜜月期间一起去了杭伯格斯

(Homburgers)，并航海去了哥本哈根，但是这些对于他来说都是不愉快的经历。他后来刻了一幅木版画来描绘那件事，当时，这对夫妻十分亲密，而他站得远远的，绷着嘴，面无表情。这幅木版画是他在1925年前后也就是庆祝蜜月20年之后完成的。这么多年之后埃里克森还能如此清楚地记得这一情景，由此可以看出，对于他来说，与一个完全陌生的男人分享母亲的关注实在不是一件好事。在弗里德曼的书中还收集了一些照片，其中一张是母亲在结婚后一年与埃里克森一起照的。在照片中他绷紧嘴巴，显得很伤心。我们还可以从他与母亲再婚后生的三个女儿中的大女儿一起拍的照片中得出同样的结论。这个小女孩一开始就麻烦重重，而且发展得特别慢，肯定需要母亲更多的关爱，她在出生后第三年就死了。另外两个妹妹在她之后出生，最小的孩子埃伦（Ellen）在埃里克森10岁那年出生。在埃伦出生的时候，埃里克森开始在体育馆里接受教育（Friedman，1999：288～289）。

因此，在童年和青少年时期的大部分时间里，埃里克森都与继父和两个同母异父的妹妹分享母亲的关爱，两个妹妹至少与他一样依赖母亲。我们从他以及其他人提供的信息来看，那些年埃里克森似乎没有童年的玩伴。直到在体育馆的最后一年，我们才知道他交了两个朋友：彼得·布洛斯（Peter Blos）和奥斯卡·斯通诺霍（Oscar Stonorov）。这时他已经18岁了。显然他已经有能力结交朋友，但我们不太清楚他是否由于不能控制自己的原因而缺少交朋友的机会。从1925年他与两个妹妹的照片可以看出，他虽然一只手臂揽着一个，她们都在笑，但是他没有什么表情。那时他23岁，家庭正在考虑他的职业问题（Friedman，1999）。他感到郁闷，看起来很痛苦，但彷徨（Wanderschaft）显然也没有让他成为一个画家。

## 七、青少年时期、彷徨及其含义

从各种关于埃里克森生活的资料中，我们很难找到他在青少年时期与年龄相仿的女性交往的信息以及与此相关的评论，一直到1930年，在维也纳他才开始追求琼·瑟森（Joan Serson）。

据传闻，埃里克森青少年后期的经历是他早期在卡尔斯鲁厄经历的延续。那些犹太人和非犹太人都把他当作一个外人，从某种意义上来说也确实如此。那些犹太儿童排斥他可能是因为他长得不像母亲，而是像斯堪的纳维亚人，这让他看起来很奇怪，很容易让人怀疑他是不是犹太人。虽然他出生在德国，但是他的犹太人和丹麦的背景让德国的孩子无法接纳他，他们躲避他，诽谤他。他被孤立起来了，也无法用攻击行为来进行防御。这种状况本来可能会导致很可怕的后果，但他从自己的艺术作品中获得快乐，一直到最后一学年，他才交了两个朋友，彼得·布洛斯和奥斯卡·斯通诺霍。从那以后，不管他们在哪里，他们都一直保持联系。在这些年里，母亲及其艺术团里的朋友仍然是他快乐的源泉。

埃里克森彷徨时期的环境值得研究一下。1920年，也就是在18岁时，他从中学毕业，此后就开始了彷徨探索。在德国，这是大家都熟知的惯例，埃里克森花了七年的时间探寻他的职业发展方向，人们通常不会用这么长的时间，部分原因是他把时间都投入艺术的学习中。但是，到第三年时，埃里克森发现自己无法掌握色彩表现的复杂性，这迫使他放弃做一名独立开业的艺术家的打算。这段时间里，他想在卡尔斯鲁厄当一名艺术老师，我认为，这其中的主要原因是他很希望能够与艺术团中的人保持联系（Friedman，1999）。

也许他发现自己不能很好地掌握色彩是导致他“同一性危机”的重要因素，而这在心理学家看来可能是由于情感表达能力发展水平较低所致。在接下来的一段时间发生了一些事情，让他还没有“想清楚应该做什么”，就走出了当时的困境。正是在这段时间里，他开始自发地记录自己的想法，在他放弃艺术训练后的一年半的时间里，他写了140页的自我反省笔记。弗里德曼（Friedman，1999：49～56）把简短的笔记称为“埃里克森的手稿”。尽管这些笔记在长度和内容的深度上有很大的差别，其中一些还可以在他随后的研究中看到，这些材料显得一点儿也不重要。但是，这些是他的思想，而不仅仅是一个艺术家对周围环境和他从事艺术工作的可能性的评价。最能说明他的自由表达愿望的事情就是长期去杭伯格斯图书馆写作（Friedman，1999：50）。写作一定能够让他满意并给他带来快乐。

我认为，从1920到1927年，也就是埃里克森的彷徨期，也证明了他对特殊待遇的期望，以及希望得到支持和获得支持权利的想法。我们必须记住，埃里克森制订自己计划的这七年也是德国在第一次世界大战战败后经济处于通货膨胀的时期。在这段时间里，他没有经济收入而只是依靠家庭。他的家庭表现出很大的耐心，主要是母亲非常关心能够给他带来幸福的最终人生选择。我不记得哪些材料可以说明他自己对这段日子的关心。在最后的两年里，他定期回到卡尔斯鲁厄的家里，很可能是想应聘卡尔斯鲁厄学校的一个艺术教师职位。有证据表明他在这段日子里很不快乐。这可能是他青少年时期的最低点，也就是面临同一性危机的时期。

直到这时，绘画仍然是埃里克森感到痛苦时所做的事情之一。当认识到自己不可能成为一名画家的时候，他需要做另外一件事以获得快乐。在这一时期的最后一年，他用写作取代了绘画。这时，要重现他人生前三年的生活环境，还缺少两样东西：一个新的在专业上为他所认同、兴趣相投的群体和一位可以与他建立相互信任关系并支持他的女性。不知是由于机遇还是命运的安排，这两样东西在他生命的下一个阶段都出现了。

## 八、维也纳的岁月

埃里克森在事先毫无准备的情况下，开始了他在维也纳的出乎意料的新生活。1927年，彼得·布洛斯邀请埃里克森到维也纳为他指导的伯林厄姆的（Burlingham）孩子画素描，可能是为了帮助正在接受精神分析的孩子或者为那些与精神分析有各种关系的成年人的孩子办一所私立学校。这使他远离卡尔斯鲁厄和那些不愉快的记忆，新生活开始了。

维也纳具有能给他带来快乐的一切条件。虽然他先前没有经过训练，但他拥有一些接受他并认可他的智力才能的朋友，他们志趣相投。他与那些孩子们在一起，孩子们认为他能够理解他们，成为他们当中的一员，然而与他们又不相同。另外，他还与其中一个好朋友彼得·布洛斯住在一起，彼得不像埃里克森那样经受了成长的痛苦。

布洛斯初来维也纳时从事生物学方面的高级研究，他更富有自由、冒险精神。在短期内也许是一年的时间里，埃里克森帮助布洛斯建立了一所先进的小型学校，他还接受邀请参加了儿童精神分析训练，包括参与维也纳精神分析研究所儿童精神分析方面的领导人安娜·弗洛伊德的分析训练。当时的处境对于埃里克森一个人来说并不会好到哪里去，但在很短的时间内，他就在这样的情境下确定了自己的方向，就像当初与画家们在一起时确定自己的人生道路一样。而且，他得到了一个重要人物——安娜·弗洛伊德的认可，从某种意义上说，她把埃里克森当成了精神分析学派的成员，就像埃里克森曾经想象自己的亲生父亲是自己家庭的成员一样。现在他唯一缺少的就是与一位女性建立亲密而相互依赖的关系。

根据弗里德曼（Friedman，1999：82～83）的记录，尽管1929年末埃里克森与琼·瑟森在维也纳的希特金学校（Hietzing School）见过第一面，但他们是在1930年的"忏悔星期二"（Mardi Gras）的狂欢节舞会上建立恋爱关系的。显然，他们彼此都为对方所吸引，不久之后她住进埃里克森与彼得合住的住所。随后不久，在去美国照顾刚刚做完手术的母亲时，她发现自己怀孕了，于是马上回到了维也纳。弗里德曼（Friedman，1999：83）指出，琼很清楚他们结婚还面临很多困难，这也可能表明埃里克森当时的境况。他可能说自己当时没有一个稳定的工作，还不能承担长期的责任，而且母亲和继父会反对他娶一个不是犹太人的女子为妻。可能是因为28岁的埃里克森刚刚体验到了大多数人早就体验到的各种自由的滋味，所以他不愿意放弃这些自由。还有一种可能，他的反应是因为他还不怎么会处理与一个年龄差不多的女性的感情。他没有意识到，他的处境与亲生父亲当年的处境相似，直到朋友告诉他，他才意识到这一点。另外，他的反应也反映了他对父母的依赖。不管当时的情形如何，这些确切地表明他不是一位疯狂地坠入爱河且对伴侣的痛苦很敏感的成熟的人。

最后，他同意在1930年结婚。刚开始的时候，婚姻带给他们的是掺杂了各种感受的幸福。在读弗里德曼的著作时，我感觉琼是一个坚强的、组织能力很强的女性，她清楚地了解现实中的各个方面——精神分析、宗教、丈夫与彼得·布洛斯及弗洛伊德家族成员的友谊——这几个方面有时会产生矛盾。由于埃里克森不善于表达自己的攻击性，为了迎合琼的想法，他在维也纳放弃了自己某些方面的自由。婚姻的积极影响在于，埃里克森承担了一些家庭生活的责任，学会照顾妻子和孩子。1933年初，他的第二个儿子乔恩出生了，有很多事情需要去做，埃里克森似乎挑起了一些落在琼身上的负担。他担负着一种期望，那就是为他人——学生、病人、妻子和孩子们持续地提供帮助和支持，这在他的生命中还是第一次。婚姻让埃里克森成为一个真正的成年人。

然而，这种情境让我想起了在他母亲与杭伯格结婚之后埃里克森生活的变化，即他不能再独占母亲的爱，而不得不与另一个需要母亲关注的人分享她的爱。尽管他不再是个三岁的小孩，对自己的事情可以有多种选择，然而我还是情不自禁地想知道，这时他是否想起了在脱离与母亲共处的幸福乐园的最初三年里的一些感受。但是，这次他已经是一个成年人，职业的发展需要他投入大量的精力。①

① 认为埃里克森3岁时的创伤与他以后在家里的行为有关，这个看法是否正确，通过回顾的方式来证明是很难的，也许是不可能的。唯一可以采取的方式是比较他在孩子们在家时的行为与孩子们离开家之后的行为。

## 九、埃里克森关于心理发展的假设

我现在回到那个从一开始就让我着迷的问题：埃里克·埃里克森是谁？他是如何成为埃里克森的？我一直都相信，在我先前的出版物中也可以看出，生命历史与其作品是有关系的，这在那些人格理论家的身上尤其明显。弗洛伊德、荣格和沙利文的人生就充分佐证了这样一种观点（Alexander，1990）：从更为深奥的出版物或传记文章中，经常可以看到关于生命与作品联系的线索。对埃里克森来说，这样的线索在他的作品中明显地反映了出来，特别突出地反映在他的两部主要的心理传记作品即《青年路德》和《甘地的真理》中。①

显然，埃里克森的心理发展取决于他最初三年与母亲单独生活的方式。从弗里德曼（Friedman，1999）所提供的信息中可以获知埃里克森的身世显然存在着多种可能性。他的母亲怀孕可能是与一个不被认可的非犹太裔丹麦人相爱，在度假时偶然发生性关系的结果，也可能是她在家庭聚会上一时陶醉而与一个不认识的男性伙伴发生性关系的结果。家人的说法是，直到她出现了一些反应，她才发现自己怀孕了，而当时她正在德国休假。按照这种说法，家里人就让她留在德国，生下孩子，并在法兰克福外的一个以艺术团出名的小镇比尔抚养他。不管先前的那些传说（弗里德曼提到的这些可能性）是不是真的，她都确实是在法兰克福生下了这个孩子，并在比尔抚养他。

对于埃里克森的早期生活，我想指出两点，它们对于理解埃里克森早期心理的发展有着至关重要的意义。首先，人们通常假设没有父亲的孩子是不完整的。我认为这种情况更可能影响母亲的一般状态，这反过来又会影响孩子的发展。但据我估计，婴儿可能不知道缺少了父亲。生活依赖于母子关系的发展，对于埃里克森来说，这可能会对他发展的方式同时产生积极的影响和消极的影响：很明显，他能够与女性建立一种亲密的、有些依赖意味的关系；同时，由于他在早期缺少处理消极情感的机会，他显然也不太会处理这类情感，包括他自己与别人的消极情感，随后的生活状况让他更难以表达自己的攻击性。

我还想知道，在他的母亲结婚之前的三年中母子在一起生活的情形。从关于埃里克森母亲的家族也就是亚伯拉罕森家族（The Abrahamsens）的描写中，我们可以得知，这个家族是相当富有的，而且很团结，能够相互支持。我敢说，如果他们为她将来的生育制订了计划，那么这个计划很可能要为她和孩子的幸福提供充分的支持。而且，没有任何迹象表明当时她在工作或需要钱。事实上有迹象表明，母子俩可能在德国旅游，这件事表明她们拥有充分的休闲时间和必要的费用。除了母亲感到悲伤之外，很少有证据表明这一时期对埃里克森带来了什么创伤。相反地，弗里德曼（Friedman，1999：31）引用了埃里克森的话，其中提到在早年母亲促成了他基本的信任感以及发现母亲对他微笑时产生的最初的认同感。

弗里德曼（Friedman，1999：31）用以下这段话总结了埃里克森生命中的这个

① 弗里德曼指出，20世纪40年代，关于生命周期发展的理论可能是由埃里克森的那个患唐氏综合症的孩子的出生引起的。

时期：

……对聪明、美丽又能帮助自己的母亲的认同、信任以及面对面、眼对眼的亲密行为所带来的快乐，让埃里克森终生难忘。如果在远离亚伯拉罕森家族的德国北部，这个私生子生命的最初三年的生活艰难或者具有什么创伤，这几乎是不可能的。在母亲与孩子之间一种特殊的情感联系已经形成。

我认为，埃里克森的这段早年生活不仅没有创伤，而且还可能是幸福快乐的，也就是生活在汤姆金斯的脚本理论（Carlson，1988）[①] 所说的"美好的核心情景"中。直到他 3 岁那年西奥多·杭伯格追求他的母亲时，他才感到"从天上掉到了地上"，他们在埃里克森的第三个生日那天结婚。弗里德曼把杭伯格介入小埃里克森和卡拉的生活看成是对他们早期建立的母子关系的侵扰。可以想象，这件事引起了小埃里克森的心理剧变，因为他的母亲在遇到杭伯格之前目睹了他智力的超前发展，而在她结婚之后以及埃里克森从中学毕业的这段时间都没有再看到他在智力发展方面继续有突出的表现。然而，我们知道，就像他后来的成就所证明的那样，他确实具有高水平的智商。

图 18.1　埃里克·埃里克森

（图片来源：时代生活图片—Getty 图库）

小埃里克森的问题开始于她母亲婚后不久。他很难回到当初的快乐生活及其所带来的那种美好感受中，即回到母子之间在共享的时空内所产生的那种特殊的联结感，这个孩子还没有认识到将来会有别的孩子将永远成为他们生活的一部分。在母亲结婚之后的几年里，他将面临很多人，都需要母亲付出时间和精力。我不相信他会怀疑母亲对他的积极情感，但是他好像难以接受别人与他一起分享母亲的爱。

许多孩子通过与同伴建立广泛的联系，或者通过依恋学校和外部世界其他领域的权威人物来解决这个问题。我们只听说小埃里克森在卡尔斯鲁厄的这段时间里曾经采用了其中的一种办法。他母亲当时的一些朋友是比尔的艺术家，他们为他创造了一种持续存在的熟悉的环境。他在比尔以及后来在卡尔斯鲁厄被这个群体的接纳对他的生活产生了明显的影响。我们前面提到，他在早年就决定成为一名艺术家。其实，在他从中学毕业，放弃了这个想法之后，他还在画画，并认为自己是一个从视觉的、艺术的角度看待和了解世界的人。

---

① 对于刚入门的读者来说，卡尔森所介绍的汤姆金斯的脚本理论是最简单的一种解释。

我的意思是，埃里克森没有办法找到更明确的途径，来补偿自己失去的曾经独享的母爱，只能在艺术方面寻求解决的方法，这只是将他的痛苦延长到童年晚期和青少年期。一般的减轻痛苦的方法对于他来说是不可能有效的，与同伴的交往、同伴的嘲笑会加重他的消极情绪。关键的问题是，他内心对于这些嘲笑的反应是什么？是愤怒，是羞愧，还是二者兼有？另外，当他们嘲笑或躲避他的时候，他在做什么？这些我们都不知道。

我认为，他可能感到，这些在他成年之后，与志趣相投并接纳他的人一起专注于艺术时，就会慢慢变好。在随后的那段时间，他努力实现成为画家的梦想遭遇挫折，但是他却因为一个偶然的机会，在一种接纳他的环境中，开始了一种有可能实现理想的职业生涯。

据我估计，一直到18岁时，他主要的情感支持来自于母亲明确的爱。尽管母亲始终不愿告诉他亲生父亲是谁，这让他感到很失望，但是她仍然是他生活的支柱。没有她，他就会漂泊不定。他缺少的，同时也是在寻求同一性时希望得到的，是一种他随时可以得到的、可靠的、积极的情感源，就像他与母亲在早年建立的排他性关系一样。他在随后的生活中形成的参照点是他作为一个孩子所认识到的母亲对他的微笑。在某些方面，我认为埃里克森在彷徨期无意中会发现母亲微笑的替代品，也许他没有意识到这与他以后的生活具有怎样的关系。这里我想提到的是他可以从撰写人类心理发展著作的过程中获得快乐。在希特金学校工作期间，以及在后来的精神分析训练过程中，他逐渐理解了童年期发展的重要意义。维也纳奉献了一位富有爱心的女性——琼，她就像埃里克森早年的母亲一样，在她一生中持续地支持着他。

## 十、埃里克森及其家庭生活

我并不是很关注埃里克森的家庭生活，直到看到他后期的作品时才我有些震惊，其中的一些作品集中反映了他早年的生活以及在维也纳进行精神分析的经历。我读过科尔斯的作品（Coles，1970），也读过保罗·罗森的作品（Paul Roazen，1976），他们对埃里克森家庭生活的描写并不是太多。因此，我认为自己有一个一致性假设，认为他在家里的日常生活与在外面的差不多。当然，我在1966—1967年间在哈佛大学社会关系系做访问学者，曾有幸与埃里克森有过短暂的接触。他给我的印象与我心目中他的友善、幽默的形象相符合，他很清楚自己在学术领域的突出贡献。因此，我在读到布洛兰德（Bloland，1999）说他有时在家里或其他地方会从朋友聚会中退出，去读书或写作的时候有些惊讶。另外，她所说的埃里克森在家里的父亲形象与他在外面给大家的印象是很不一样的。在家里的时候，埃里克森显得不是那么自信，甚至有点无能，从某些方面来说像个不高兴的孩子。这种差异吸引了我，让我想起了他在卡尔斯鲁厄度过的那些年中必须与继父以及后来的同母异父的妹妹们分享母亲的爱的情境。我不知道在他做个人感兴趣的事情，如素描和读书时，独处是否起到了某种放松的作用。我想能让他忍受当时生活的关键因素还是母亲对他一如既往的支持和关爱。作为一个孩子，他只能留在当时的环境中，别无选择。这暗示着他童年时的家庭环境与成年之后的家庭环境是相似的，他的妻子与母亲相似的行为模式不断地支持着他。

这让我自然地想到，他的传记作者和女儿（出于不同的原因）可能都赋予他某种特殊性。我首先引用他们的叙述，然后来分析他早年克服那种不舒适感的另一种可能性。

弗里德曼（Friedman，1999：23）写道：

"在人生的第四个十年后期，埃里克森将自己所有的热情都投入到写作上。他的所想、所说、所读、所做都与作品有关。琼努力想扩展他的兴趣。她尽量避免让他在很多社交场合中感到不自在、不舒服和不快乐。她让他去跳舞、唱歌、观赏音乐与戏剧表演，参加社会活动。但是她经常要到处寻找埃里克森。这位喜欢独处的学者在他的作品中崇尚社交，但**他却可能在一个晚宴或者招待会中因感到乏味而突然消失。通常，他都会逃到他的书房，无休止地撰写论文和书稿，直到琼重新找到他**(加黑字体部分是本章原作者强调的)。"

苏·埃里克森·布洛兰德（Bloland，1999：pt. 2，4）写道：

"**对于他时常从郊游或聚会中消失而到安静的地方读书、写作这件事，这个家庭的朋友们都学会了幽默地对待。**他的杰出成就与他极想取得成就有关。我认为，杰出才能的充分展现总是需要由这种强烈的动机去推动。那么这种动力的源头在哪里呢？早年害羞的体验如此强烈地影响了他的自我意识，以至于只有让自己杰出才足以对抗它（加黑字体部分是原作者调的）。"

除了上面所描述的关于埃里克森的特殊行为之外，我还要根据汤姆金斯关于情感是决定脚本的重要成分的思想（Tomkins in Demos，1995：312～388）提到一点。让我们再次回顾一下从埃里克森出生直到母亲与杭伯格医生结婚的那段时间里所形成的母子关系。他第一次与别人分享母亲的关爱，而且随着时间的推移，又要与其他的家庭成员分享母亲的关爱，其他成员占有了母亲的关爱，这可能让埃里克森感到很痛苦。他回到房间画画，以减轻自己的不适。在随后的集体生活中他仍然在不断地画画，显然，即使是在他放弃了成为一名专业的艺术家的理想之后，这种做法也可以给他带来快乐。写作，正像他在彷徨期所体验到的能够像素描一样成为一种让他找回快乐的方式。

我推测，成年期的埃里克森之所以会离开晚会或郊游，是因为他不再要求妻子关注他，而他的妻子忙着照顾客人、朋友或不常见面的人。我们已经知道他不是一个攻击性很强的人，虽然别人能够容忍他的退缩行为，但仍然是不为社会所赞许的行为，因而我猜测，他被一个陈旧却成功的脚本所引导：从引发消极情绪的情境中退出，而加入可以引发他积极情绪的活动中去。

总之，我假设埃里克森生活中有两种主要的生活图景。第一种是积极的生活图景，这是以他最初三年的生活经验为基础的，其中又包括两个让他能够产生积极自我体验的重要要素：一个是与一位富有爱心的女性建立起来的一种特有的相互依赖且具排他性的关系，另一个则是志同道合的男性团体所提供的温暖的相互支持的氛围。

消极的生活图景包括任何妨碍他获得成就、不利于维持积极生活状态的持续存在的情境。如果这类情境出现了，脚本就会被用来恢复能引发积极情绪的图景。在埃里克森的生活中，在母亲结婚之后，他不能再独占母亲的关爱，但是母亲仍然对他和他的需要表现出关爱的反应。卡尔斯鲁厄的艺术团也是能够接纳他并与他志趣相投的专业兴趣团体。

凭着上述两种生活要素，他得以不断前进，但是水平在不断地降低。如果他能够与别人建立友谊，或者成功地进行自我防御，那么他就可能会找到获得满足的其他形式。相反，他指望通过一个长远的方案来克服他的困难，其中包括终生从事绘画，成为志趣相投且具排他性的艺术家团体中的一个成员。

当他发现自己在绘画方面存在局限性的时候，他产生了“同一性危机”（“认同危机”），对此，我一点都不感到惊讶。他在维也纳生活的前四年中好像消除了这个危机，我同样不感到吃惊。这个时期几乎是偶然复现了他早年的生活经历，精神分析组织对他的接纳及他与琼的爱情关系的发展复现了母亲和艺术团早年对他的支持。在某种意义上，它佐证了弗洛伊德认为良好的心理健康状态可归因于爱情和工作（lieben und arbeiten）的观点。①

埃里克森结婚和头两个孩子的出生，预示着夫妻关系将在某些方面遭到破坏。我认为，接下来的15年在某些方面与他在卡尔斯鲁厄的日子是相似的。唯一不同的是他现在不需要去面对轻视他的同伴，并且他在“二战”期间还获得了来自知识分子团体、精神分析学派和政府的支持。然而，正是到了五十多岁的时候，他才必须去面对自己与正统的精神分析学派以及政府领导人之间的关系。

但是，在人生的第五个十年的中期，他的孩子都完全离开了家或在学校读书。这时，他在里格斯拥有支持他的工作环境，而且他又能独自与妻子相伴了。正是在这种情况下，他开始活跃起来，而且发现了自己的声音。当然，从哈佛一直到他疾病缠身的这段日子包含着他早期生活的主要成分。

埃里克森夫妻关系的性质确实让人想起了他早年与母亲的关系。他在家里好像完全依赖于她，她像照顾自己的另一个孩子一样照顾他。我很想知道，他的孩子们是否与他的同母异父的妹妹们有相同的表现。他爱孩子们，但是他们确实是他所渴望独自占有的爱的竞争对手。布洛兰德的文章为这种可能性提供了更明显的证据。她像埃里克森同母异父的妹妹一样，但是，在她出生的时候，埃里克森全身心地投入工作，很少照顾她。这与他早年在维也纳照顾那些男孩子时所扮演的角色是不同的。我还想知道，当他最小的孩子独立并离开家之后，埃里克森在家里的行为是否发生了明显的变化。如果是这样的话，我可以想象他在家里会显得更快乐。

我已经分析了母亲与妻子对待埃里克森的相似之处。现在，我想回过头来分析一下这样一个问题：埃里克森能不能发现自己的攻击性冲动并对此作出应对，特别是对于他生命中最重要的女性，他的妻子、母亲，甚至他的精神分析师安娜·弗洛伊德？

虽然埃里克森很清楚意识层面的动机与其相反的无意识心理之间的关系，但是他好像并没认识到自己内心深处的需要。这是我从他在《甘地的真理》中出人意料地与已故甘地的对话中推测出来的。埃里克森的母亲一直保守着一个他一生都在探求的秘密——他的亲生父亲的身份，这显然只有她一个人知道。然而一直到他快要去世的时候，他也只能说出对母亲的美好印象。我没有发现他对母亲有过任何可以解释为攻击

① 见埃尔姆斯（Elms，2001：89~95）

性的、敌意的或消极的评价。他所公开的对妻子的态度也是如此。夫妻两人有完全不同的家庭背景、种族背景、经济状况、宗教信仰，弗里德曼曾提到说。我感到，琼对犹太人的风俗以及另一些埃里克森喜欢而她缺乏热情的事情持一种微妙的、轻蔑的态度。但是，埃里克森从来都认为他的伴侣是完美的。我想，这只是一种对外公开的态度呢，还是他非常害怕他的攻击会引起母亲或妻子的攻击，以至于这种态度从来没有出现在他的意识层面上？

他对安娜·弗洛伊德的态度差不多也是一样的。虽然她对于埃里克森的工作方向明显地表示不高兴，而且埃里克森也知道自己关于“艾尔玛的梦”的论文因她而没有发表，但是他从来没有责备过她。他只提她和她作品的积极方面以及她对于精神分析理论的贡献。

这让我倾向于认为，埃里克森有一种将自己非常依赖的人——母亲、妻子、弗洛伊德家族成员（包括安娜·弗洛伊德和西格蒙德·弗洛伊德），还有他在维也纳时的老师[①]——理想化的倾向。不管我们是否知道他前三年的真实生活情况，都可以从他在《生命史与历史的瞬间》（*Life History and Historical Moment*，1975）中对3岁后记忆的描述看出明显的理想化倾向。他从来都只说母亲对他的积极态度，这一事实可以为我的猜测提供证据。无论事实如何，这都是他真实的感受。

在写这一章的过程中，我发现汤姆金斯提出的脚本理论能够为人格发展的历史倾向提供解释。精神分析及其派生的理论占据了主导地位，它们强调早期经验的作用，而后来的精神分析学派则关注毕生的发展，荣格和埃里克森的研究尤其如此。汤姆金斯认为，人格的主要方面由那些将消极情感重新转化为积极情感的策略所构成，脚本可能会在一个人试图恢复积极情感状态的过程中出现。这可以发生在生命中的任何阶段，并影响个体人格的发展，而不一定固定地在生命中的某个点上出现，也不一定由人生历程中各个转折点的变化要求所决定。汤姆金斯（Tomkins，1984）的观点将人格发展的个别差异最大化，而且强调情感对人生事件的作用，而这一点过去被忽略了。

当我要写埃里克森生活和工作方面的心理传记时，我经常去询问我所遇到的那些曾经和他交往过的人。有一天，我遇到一个人，他与埃里克森认识多年了。当我问埃里克森是个什么样的人的时候，他的第一反应就是：“噢，埃里克森，他就是个婴儿。”这个评论也许可以作为埃里克森的早年经历深刻影响了他的生活方式的证明。

（谷传华　刘艳　译）

**参考文献**

Alexander, I. E. (1990). *Personology: Method and Content in Personality Assessment and Psychobiography*. Durham, N. C.: Duke University Press.

Alexander, I. E. (1996). Erikson's Gandhi and Erikson—Revisited. *Contemporary Psychology*, 41, 311 - 315.

---

① 在这方面，弗里德曼（Friedman，1999：97～101）提到了埃里克森与他的一位老师奥格斯特·埃克霍恩（Auguest Aichhorn）的短期通信。这些信件透露了1933年埃里克森离开维也纳之后不久的一些情况。在这些通信中讨论了埃里克森的“自恋”问题。

Bloland, S. E. (1999). Fame: The Power and Cost of a Fantasy. *Atlantic Monthly*, 284, 51 – 62.

Carlson, R. (1988). Exemplary lives: The Uses of Psychobiography for Theory Development. In McAdams, D. & Ochberg, R. (Eds.). *Psychobiography and Life Narratives* (pp. 105 – 137). Durham, N. C.: Duke University Press.

Cloes, R. (1970). Erik H. *Erikson: The Growth of His Work*. Boston: Little, Brown.

Demos, V. (Ed.). (1995). *Exploring Affect: The Selected Writings of Silvan S. Tomkins*. New York: Cambridge University Press.

Elms, A. (2001). Apocryphal Freud: Sigmund Freud's Most Famous "Quotations" and Their Actual Sources. *Annual of Psychoanalysis*, 83 – 103.

Erikson, E. H. (1950). *Childhood and Society*. New York: Norton.

Erikson, E. H. (1954). The Dream Specimen of Psychoanalysis. *Journal of the American Psychoanalytic Association*, 2, 5 – 56.

Erikson, E. H. (1958). *Young Man Luther: A Study in Psychoanalysis and History*. New York: Norton.

Erikson, E. H. (1969). *Gandhi's Truth*. New York: Norton.

Erikson, E. H. (1975). *Life History and the Historical Moment*. New York: Norton.

Friedman, L. J. (1999). *Identity's Architect: A Biography of Erik H. Erikson*. Cambridge, Mass.: Harvard University Press.

Gill, M. (Ed.). (1967). *The Collected Papers of David Rapaport*. New York: Basic Books.

Roazen, P. (1976). *Erik H. Erikson: The Power and Limits of a Vision*. New York: Free Press.

Tomkins, S. (1984). Script Theory. Paper Discussed at the Annual Meeting of the Society for Personology, Asilomar, California.

第19章

# 从摩门经到操作定义：史蒂文斯的存在主义事业

伊恩·尼克尔森（Ian Nicholson）

我以现代物理学作为证据。

——史蒂文斯（S. S. Stevens，1932）

1935年，哈佛大学心理学家S. S. 史蒂文斯（S. S. Stevens）发表了一篇在美国心理学史上具有划时代意义的论文——《心理学概念的操作定义》，文中提出了一种将心理学转化为真正的实证科学的哲学规则，它向心理学家介绍了一个目前普遍使用的术语“操作定义”（Stevens，1935a）。史蒂文斯的基本思想是，将心理现象的语言转变成可观察到的事物，以消除概念的模糊性。史蒂文斯写道：“操作性原理阐明了这样一种事实：一个概念或命题，只有当它代表了正常人能够执行的明确而具体的操作行为时，才具有实证性意义。”（1935a：517）史蒂文斯相信，通过严格校正我们所观察到的事物与我们用来描述所观察到的事物的术语之间的关系，心理学家们能够“摆脱这种会导致无休止的争辩与分歧的概念模糊性”（1935a：517）。

在论文发表后的几年里，史蒂文斯的远见和言论得到当时美国心理学家的欢迎。心理学家阿瑟·比尔斯（Arthur Bills，1938：378）认为，操作主义已经成为“我们当代信念”的一部分。西格蒙德·科克（Sigmund Koch，1941：15）在1939年的硕士论文中也表达过类似的观点：“几乎每一个心理学的大二学生都知道，如果‘定义’没有进行客观的操作化，那么它就是一个糟糕的定义。”戈登·奥尔波特（Gordon Allport，1940：10~11）在1939年的心理学会主席就职演说时，对心理学的研究做了详尽的综述，他进一步证实了操作定义影响力的迅速提高。奥尔波特写道：“操作定义这个术语本身尽管出现不久，但它具有特殊的吸引力……全面地看一下心理学的研究，就会发现这个具有魔力的概念的影响正在日益增强，引领着人们走向心理学的明天。”

1940年，操作主义成为美国心理学的重要组成部分。倘若操作主义在心理学史上这么重要，人们就可能很希望找到有关史蒂文斯在深度和教养上能与戈登·奥尔波特、亨利·莫里和斯金纳这些同时代的哈佛心理学家相媲美的文献（见 Bjork，1993；Emls，1993；Nicholson，2003；Robinson，1992；Smith，1992）。然而，令人奇怪的是，美国心理学史家很少关注史蒂文斯。在少数对操作主义历史研究的综述中，人们曾经简要论述了史蒂文斯的研究（见 Green，1992；Leahey，1980；Rogers，1989），但是深入研究他的事业和思想的人并不多［值得一提的是，哈德卡斯尔（Hardcastle，1995）的研究是一个特例］。这种忽略很不幸，因为只要认真地看一下史蒂文斯的一生，我们就可以收集很多的信息，他热情洋溢的研究在科学史上具有特殊的教育意义。正如历史学家托马斯·索德奎斯特（Thomas Söderqvist，1996）所说，近年来，科学知识在社会学、语言学、修辞学意义上已经脉络化，但是人们很少认为它与单个科学家的热情有关。研究科学史的学者们经常忽视痛苦、焦虑、失望、恐惧以及快乐、希望和爱这类积极的情绪。更具体地说，他们忽视了将这些情绪融入科学生活中的方式。当然，心理传记重新复活了这些"情绪"，让它们发挥自身的作用。

索德奎斯特（Söderqvist，1991，1996）用"存在主义事业"（existential project）这个术语说明这样一个观点：科学不仅仅涉及政治、社会和智力，它还是一种个人的冒险事业。过一种科学的生活，包括规划一种人们如何以某种方式生活的梦想，而这种方式量度人们对生活的感受、和谐和生活的价值。这种梦想代表了科学家对位于科学生活核心的张力所给出的解决方案。一方面，他们渴望通过与他人交往，建立某种人际关系；另一方面，他们又会担心这样做会失去自我、失去个性。正是这种"自我肯定的赋能情形（enabling conditions of self-assertion）"，在科学研究工作中发挥着重要的影响。

本章的目的就是考察有关史蒂文斯作为一种"存在主义事业"的操作主义的工作。我要说明的是，史蒂文斯的"操作主义"不只是一种科学哲学，也不完全是对具体的智力和跨学科问题的一种反映。根据档案和自传材料，我认为，史蒂文斯的操作主义观可以被放到他的个人问题和宗教问题的脉络中去研究，这可以追溯到他少年时代在犹他州农村信仰摩门教的经历。至少对史蒂文斯来说，操作主义不仅是一件学科的程序之事，也是解决现实存在问题的一种方法。

## 一、一名操作主义者的受教育经历

史蒂文斯青年时期的情感发展概况已经难以知晓了。他晚年所写的自传（Stevens，1974）有一个典型特征——客观，本质上只列举事实，却很少有情绪性的评论。然而，这些"事实"本身很能说明问题，它们解释了史蒂文斯后来决定走出主观的、不严格的、直觉的心理学的原因。

斯坦利·史密斯·史蒂文斯（Stanley Smith Stevens）出生于犹他州一个叫奥格登（Ogden）的小镇。父亲斯坦利是一名电工和小商人，他的母亲阿德琳（Adeline）是一个家庭主妇。在这段不幸的婚姻中，有疾病，有不忠，也有经济拮据。频繁地搬家，父母离异，随后不久又再婚。史蒂文斯的大家庭最终让他的生活稳定下来，恢复了正常。在自传中他描绘了祖父的农场，在那里他度过了"天堂"般的夏天，那里有"谷仓、畜栏、花园、河流和灌溉沟渠"（Stevens，1974：397）。不幸的是，家庭成员的友好调解并没有让史蒂文斯从父母婚姻的旋涡中走出来，这种因父母婚姻而持续存在的动荡不安导致了他在学校内外的许多问题。他一年级不及格，尽管他在学校的表现逐渐改善，但他仍然被认为"冷漠、迟钝"、"心情不好"、"无精打采"（Stevens，1952：

2；1974：398）。史蒂文斯对学习不感兴趣，他（Stevens，1974：399）加入了一个团伙，许多时间都是在附近“吃喝玩乐和打架”。“我常常在大街上游荡，闯入街道拐角处的杂货店偷东西，还偷汽车之类的东西。”（Stevens，1952）

在父母无休止的婚姻麻烦中挣扎的史蒂文斯，在15岁那年再次遭遇了悲惨的打击，他的母亲死于中风。两年后他的父亲在一次车祸中丧生，这让还不成熟的17岁的他孤苦伶仃。这些变故对他所产生的影响只能通过推测得知——史蒂文斯在自传中只简要地提到他父亲的年龄，此外没有进行任何评论：

> 一天下午，在一场激烈而令人愉快的州辩论赛结束之后，我回到学校，这时有人告诉我，他们在找我，告诉我发生了一起交通事故，父亲快要死了。他只有42岁，大家都说“这么年轻就要死了”。我当时17岁，还不知道父母除了会变老之外还可能会发生各种事情。（Stevens，1974：399）

摩门教而不是那些友善的亲戚填补了他父亲过早去世造成的情感空白。为了与双方家庭的传统保持一致，史蒂文斯成长为一个摩门教徒，这符合他父母双方的家族传统。他的祖父托马斯·史蒂文斯（Thomas Stevens）曾经是犹他州摩门教的一个先驱，随后成为教会的“主教”，负责从宗教仪式到教会后勤各类宗教事务。他的外祖父，奥森·史密斯（Orson Smith），也是一名入教很久的摩门教徒，他一夫多妻，娶了三个妻子，生了28个孩子（Stevens，1952）。尽管史蒂文斯的亲生父母并不是特别虔诚，但是年轻的史蒂文斯有着很深的宗教信仰。他回忆说：“我经常去教堂，这是我生活中很重要的一部分。”（Stevens，1952）史蒂文斯决心投身摩门教的事业，他非常乐意当传教士，这是每一个年轻的摩门教徒最重要的义务之一。18岁时，他自费去比利时和法国，用了三年的时间“布道、登门拜访和散发宣传册”（1974：397）。

为了解释人生的复杂性，舒尔茨提醒人们注意被研究对象生活中“频繁或重复出现的”事件和主题的重要性（见本书第3章的内容）。某些事件或主题的重复出现具有重要的心理学意义，有时甚至包含了“人格的核心要素”。在史蒂文斯的自传中（1974），的确，对冷静和身体力行的高度敬重，以及伴随着对哲学、情感、相互依赖性或归结为不确定的复杂情感生活的任何事情的深刻怀疑，贯穿了他整个职业生涯。后面我们会提到，这种坚定的理想成为史蒂文斯心理学职业生涯的核心内容，但它的根源与他心理传记中的生活背景的关系，要比它与科学的关系更为密切。

这种坚强的自立性至少在一定程度上反映了史蒂文斯具有西方摩门教的根源。实践性在早期就是摩门教义的主要成分（Hanson & Hanson，1980）。教会传教士“为自己接受了一种实践的宗教”而自豪（1972/1899：429）。“如果说摩门教义与其他宗教有什么区别的话，”传道者约瑟夫·F. 史密斯（Joseph F. Smith）在1905年写道，“那么，这种区别就是它的**实践性**，服从它的结果就是**实践**，它能让好人更好，甚至能接纳坏人，让坏人变好（1905：86；加黑字体表示强调）。”在史蒂文斯年轻时，他并不能像他的外祖父奥森·史密斯那样，能透彻地把握这些教义中的真理。史密斯对上帝的虔诚与对物质成功的不懈追求创造了他家族的传奇故事。在自传中，史蒂文斯形象地称外祖父是一个“在一辆大篷车里降生，曾经用智慧和精力拓荒的魁梧族长”（1974：399）。

史蒂文斯年轻时的情感问题进一步增强了这种稳定的实践性的伦理意义。由于他的父母自身麻烦重重，因而史蒂文斯很小就学会在情感上独立，在自传中他实事求是地指出："我对独处的需要经常会战胜我对人际交往的需求"（1974：413）。父母在他尚未成熟时就去世了，这与他的传教士工作一起，让他进一步懂得了情感坚强和自立的价值。尽管史蒂文斯在 1927 年一回到美国就尝试学习文科，但他很快就对这些"吹牛"的课程感到厌烦了，他说它们"让我学会空谈，但是什么也做不了"（1974：402）。他更愿意学习那些费力的、实践性的课程。暑假期间他在爱达荷州电力公司做勤杂工，在高年级时，他转而重视学习自然科学，修习了生物、物理和化学课程。史蒂文斯顽强地学习，很快获得好成绩，并被哈佛医学院（Harvard Medical School）录取。尽管医学事业确实是实践性的，但他发现在医学院学习四年后前景并不乐观。职业兴趣测试指导史蒂文斯去学习心理学，与心理学家 C. P. 斯通（C. P. Stone）的一次交谈帮他确定下来，他要去东部的哈佛大学攻读心理学硕士学位。考虑到哈佛教育研究生院（Harvard Graduate School of Education）学费更便宜，史蒂文斯最初选择去了那里。然而，他不久就遇到了著名的实验心理学家 E. G. 波林，迅速成为波林知觉课上的一名学生。

波林是心理学史上的一个传奇人物，他致力于把心理学发展为一门实验科学——他以传教士般的热诚推进这项事业。他每周都工作 80 个小时，结婚时他让妻子露西亚（Lucia）向他保证"从不嫉妒他对心理学的热爱"（Boring，1952：34）。虽然史蒂文斯在波林的课程上没有及格，但他认同老师的那种自信和对事业的坚定信念。1932 年 2 月，史蒂文斯问波林有没有可能继续在哈佛攻读博士学位。波林对他表示怀疑，不过，如果他能通过春季的预备考试，就同意接收他。由于他几乎没什么自然科学的背景知识，因而准备这些考试对他来说是一种严酷的考验，这让他更为当初浪费很多时间去学习人文学科而感到后悔。他在当时的笔记中写道："在搜集学术论文的过程中，我诅咒和谴责我过去所修的那些历史学方面的课程，因为它们都与数学无关（Stevens，1932：13）。"史蒂文斯可能为他学业上的鲁莽行为感到后悔，但较晚才学习科学并没使他落后。他在预备考试中表现卓越，这让波林感到非常高兴。1932 年，史蒂文斯正式成为波林指导的博士研究生，第二年（1933）他完成了关于"音量强度和音质"问题的博士论文，顺利毕业。

## 二、中止信仰

从波林身上，史蒂文斯发现了父亲的身影，他可以与他年轻时熟悉的、忠诚传教的摩门教主教们相媲美。波林自身很愿意扮演这一角色，并承认他与史蒂文斯的关系类似于"真正的父子关系……在我所有的研究生中"，他（1952：50）写道，"我对史蒂文斯最终能取得成功信心最大，对他的未来我最认可"。虽然得到了导师坚定的支持，但史蒂文斯攻读哈佛研究生的这段时间仍然是很吃力的。对于需要学习的许多科学知识他都感到缺乏基础，也许更重要的是史蒂文斯的科学活动与摩门教信仰相冲突。

在 1927 年完成使命返回美国后，史蒂文斯仍然保留摩门教徒的身份。当时他是一名未毕业的本科生，经常在主日学校的成人班授课。1931 年离开加利福利亚州去哈佛读书时他也保持着摩门教徒的身份。他当时是哈佛的一名研究生，同时在马萨诸塞州坎布里奇的摩门教主日学校为成人授课。然而，这并没有持续太久。因为不能协调“混乱的学术活动”与摩门教的原则，他脱离了摩门教会，但他很快发现，在建构宗教的世界观方面，他投入了太多的时间，因而很难轻易地退出。在自传中，他提到了他“开始渴望放弃信仰”，“但信仰问题继续存在”（1974：402）。

不能中止摩门教信仰的背后隐藏着什么？为什么他就不能放弃呢？为了回答这个问题，有必要仔细地看一下史蒂文斯作为摩门教教徒和哈佛的科学家时的生活状况。我们可以从贯穿史蒂文斯自传的一条主线谈起。提起20世纪30年代初宗教方面的困难时，史蒂文斯（Stevens，1974：401）把他“信仰”的过程说成是“容易而懒散的”。他说：“它让人们内心充满温暖，因而当两个或更多的具有相同的哲学、政治或神学信念的信徒聚在一起时，他们会感到温暖、惬意，他们的热情会相互感染。”（1974：401）由于宗教思想的陈腐和科学活动的理智性，从这段文字我们可以看到他的许多方面，看到20世纪30年代他在信仰上的挣扎。他把信仰看成是“容易的”，这一点很能说明问题。许多虔诚的宗教文学作品都把信仰看成是很难做到的事情（见Allport，1950），但史蒂文斯称“容易”，因为他像许多摩门教徒一样，信仰是很容易的。那时，摩门教为每个信徒安排一个教区。这里没有传统意义上的牧师，每个人都可以是牧师，更重要的是，每个人都被给予很多机会去扮演牧师的角色，摩门教期望成年人承担领导者或者传教士的角色。正如一位宗教史学家所说的那样，“摩门教并不鼓励态度冷淡的旁观者或者偶尔参与教会活动者加入教会；它要求每个信徒都自愿去做牧师、各分支的领袖、传教士和神学研究者”（Arrington & Bitton，1979：42）。作为一名年轻人，史蒂文斯高兴地承担了这所有的任务，他很自豪地回忆说：“我总是为教会做我的分内之事。”（Stevens，1952：4）

所有这些活动的最终后果是形成了难以打破的忠诚和信仰的纽带。在脱离摩门教会20年之后，史蒂文斯仍然对“那些人表现出极大的忠诚，他们在任何地方都可以聚在一起，抱成一团”（Stevens，1952：11）。在“努力中止信仰”的过程中，史蒂文斯也许感觉到了摩门教传统的分量。然而，他自己做过传教士和主日学校教师的宗教活动经历并不是他离开教会的唯一限制，他的气质也是一个很重要的限制因素。史蒂文斯一生都是一个比较害羞、严肃的人。在做传教士时，他的这种特点好像没有拉大他与同事之间的社会距离。在自传中他深情地说，他与“亲密的朋友”一起传教，“温馨、惬意、热情，相互感染”（1952：401）。当史蒂文斯离开两个相对类似的世界——犹他州和摩门教会，在哈佛大学准备成为一名科学家时，他的害羞倒成了一个重要的问题。科学研究生活要求他与各种知识分子形成新的关系，而这是他过去所没有做过的。同时，也要求他努力发展自身的科研能力和处世能力，根据他所拥有的能力权衡自身的志向。

史蒂文斯在哈佛大学读书的初期着手完成所有这些任务，但结果只能说是利弊参半。据称，他与权威的波林形成了像一家人一样的和谐关系，他雄心勃勃地拟订了一个与他较强的能力相一致的科研项目。尽管他取得的这些成功给人们留下了深刻的印象，但是，这至少在一定程度上被他难以找到在摩门教会的那种集体感和人际关系所抵消。实际上，除了哈佛大学心理学系的少数研究者之外，史蒂文斯在很多地方都不受欢迎。心理学家哈德利·坎特里尔（Hadley Cantril）称他是“极端的自我主义者”，“他在心理学方面对我的伤害超过了任何人”。(1937 年 10 月 1 日坎特里尔致波林的信；Boring，1930—1965）。著名的人格心理学家戈登·奥尔波特称史蒂文斯是一个“不健康而有影响力的人”［1938 年 3 月 30 日奥尔波特致伯克霍夫（Birkhoff）的信；Allport，1930—1967］。甚至他的科研之父、主要支持者波林也因此批评他的这位明星学生行为迟钝，具有攻击性人格。波林沮丧地说：“我的妻子露西亚发现我回家后一直心不在焉、沉默不语，当她问我原因时，我告诉她这是因为我又被你伤害了。”(1936 年 11 月 3 日波林致史蒂文斯的信；Boring，1930—1965）在一封致奥尔波特的信中，波林承认“大家都不喜欢”史蒂文斯，因为他“难以相处、自私、自我中心”（1937 年 10 月 6 日波林致奥尔波特的信；Allport，1930—1967）。

史蒂文斯清楚地意识到了许多同事都不喜欢他。在波林给史蒂文斯的许多来往信件中，波林都指出了他的傲慢行为对别人的感情和他自己的事业前途的害处。波林尖锐地指出，“在我看来，你的成功或失败并不取决于你能否改变这个世界，而取决于你能否改变自己”（1937 年 6 月 28 日波林致史蒂文斯的信；Boring，1930—1965）。史蒂文斯感到了这种孤立，他在自传中说，他“经常感到又涩又甜的忧郁”（1974：413）。虽然他能意识到这一点，但他的雄心和传教士的率直，让他在与人为善的努力上徒劳无功（1974：413）。史蒂文斯与学生和同事在一起时不是谈论他们的兴趣爱好，而是经常把社交场合看成是他要赢的辩论赛，而不管取得这场比赛的“胜利”是否会以断送良好的人际关系为代价。正如前哈佛大学研究生利奥·赫维奇和多萝西娅·詹姆森（Leo Hurvich & Dorothea Jameson，1989）所说的那样，“史蒂文斯是一个不愿意被人说服的人”，杰罗姆·布鲁纳（Jerome Bruner，1983：34）也赞成这种观点，他认为史蒂文斯“对谁都表现出过度的、反复无常的激情（或怒火），而别人就不会”。“他全身心地、疯狂地释放他的激情，”布鲁纳说，“他会欺负、折磨甚至怒气冲冲地说服别人”（1983：34）。

图 19.1　S. S. 史蒂文斯

（图片来源：哈佛大学实验室）

史蒂文斯不关心同事的感受可能很极端，但这与美国人争取事业成功的大气候是一致的，他们强调以牺牲个人友谊为代价，不懈进取、自我扩张（Bellahetal，1985）。奥克柏格（Ochberg，1988）在对美国商人的研究中指出，他们感到必须在生意场上竞争才能过上他们所想要的那种有意义的生活。他们都同意“放弃自己的部分欲望——对别人的情感认同的愿望，而去追求事业成功所带来的认同：这是一种带有攻击性的发展”（Ochberg，1988：202）。在生意上取得成功后，这些商人“才感到他们是独立的，而且会独立行动，尽管他们与父母之间的情感纽带切断了，也不再承担赡养父母的义务”（1988：175）。作为一名研究生和教员，史蒂文斯全身心地追求这种“带有攻击性的发展”，在事业发展的整个过程中他都感到是“自立的”，而且要独立地行动。史蒂文斯被同事所厌恶，他的个人生活也没有给他带来多少情感上的补偿。他的妻子马克辛（Maxine）发现，丈夫对心理学的全身心投入让她感到很难接受，在 1936 年她患了神经衰弱，并被诊断为“产后精神病”（postpartum psychosis）（1988：410）。至于诊断的有效性以及她病情的具体细节我们都无从知晓，但在哈佛很多人都猜测她的病是而是固执的野心导致的（1937 年 10 月 8 日波林致奥尔波特的信；Boring，1930—1965）。不管是什么原因，史蒂文斯家里都弥漫着一种危机感和感情破裂的气氛。在接下来的几个月里，马克辛多次住院，并进行多次电休克和胰岛素休克治疗。他不愿意也可能是不能化解妻子的消极情绪，而是全身心地投入实验心理学研究中，像波林每周工作 80 个小时那样一直不懈地工作。“在那些不幸的日子里，我感觉很痛苦，只有疯狂地投入到工作中，才能摆脱。”（Stevens，1974：410）一心专注于学术成就的史蒂文斯并没有因儿子彼得的出生打断他的事业。因为妻子照顾不了婴儿，他将儿子放在篮子里带到实验室，晚上等孩子睡着了他再工作。随着孩子一天天越来越好动，他感到“力不从心”，于是他将彼得送到邻镇一位好心的母亲般（信仰摩门教）的女人那里抚养，他则投身于主体心理学（psychology of subjectivity）的研究中（Stevens，1952；1974：410）。[①]“工作似乎成了唯一的信念。”他回忆说，但是在他的许多同事看来，史蒂文斯不懈地从事实验心理学研究与其说是一种治疗方法，不如说一种自私的表现（Stevens，1974：410）。

> 我一直都认为史蒂文斯是一个相当狡猾的人，他太急于成功和发展自己，以至于他不允许任何事情妨碍他。他妻子的事情证实了我的看法：我知道，今年夏天在他妻子最困难的时刻，他却把她扔在一边，而那时，如果他在场陪伴和安慰妻子，本来可以防止她旧病复发的（1937 年 9 月 30 日坎特里尔致波林的信；Boring，1930—1965）。

正是在这种冲突、情感崩溃、“忧郁”的背景下，我们才应该想到史蒂文斯所说的“信仰问题依然存在”的话。在史蒂文斯过去所接受的摩门教信念中，信仰不只是接受某一种知识或神学立场。在摩门教会中，信仰就是成为一名拥有共同的神学知识、社会伦理以及史蒂文斯（Stevens，1974：401）所谓的“相互感染的温馨、惬意和热情”的教会一员。作为哈佛的一名研究生以及后来的研究者，史蒂文斯受益匪浅，但是生活的舒适和集体生活不在其中。在此情况下，摩门教会的那种“温馨”和“惬意”仍然具有一定的吸引力。

## 三、一种精神的寻求

史蒂文斯长期卷入摩门教，连同情感缺失的苦恼和“忧郁”一起，让他随后踏上了科学研究的道路。从他开始科学研究，成为一名心理学家的方式，我们可以看到摩门教对他的影响。1931 年，在他离开摩门教会后，他并没有直接进入实验室开展科学研究，而是开始“寻求一种赖以生存的明确的哲学”（1974：401）。对于经受了摩门教

① 在 1952 年的一次谈话中，史蒂文斯说，他“每周都要连续去看望儿子好几次，每次都要持续好几个小时”（Stevens，1952）。

训练的他来说，一种由草率的科学研究活动构成的忙碌生活显然是不够的。他需要另一种形而上学的理论来消除焦虑和不安的内在自我，同时为他作为一名心理学家从事实验研究提供背景。

史蒂文斯最终“寻求”到的新哲学是物理学家珀西·布里奇曼（Percy Bridgeman）的操作哲学的变式。操作主义的目标是，以对观察到的变量进行的分类为基础，清除所有形而上学的概念。在布里奇曼看来，这种做法包括将概念表示为某种实验过程。例如，长度在与尺子、雷达之类的特定方法或操作相联系时，它才具有实证意义。因而，布里奇曼说：“我们的意思是，任何概念都不过是一套操作；概念与一套相应的操作同义”（引自 Stevens，1939：294）。布里奇曼的著作是从物理学而不是心理学的角度出发的，史蒂文斯说这本书“实例丰富而缺少总结”（Stevens，1939：224）。然而，经过某些修改，史蒂文斯相信，操作主义可以为真正的心理科学奠定基础。操作主义哲学通过提供哲学依据，将“所有说明心理状态的语句……转化为用身体语言表述的语句”，进而能够使心理学的陈述摆脱主观性（Stevens，1939：240）。心理命题在还原为物理的操作之后，就可以接受公开的检查，检验其准确性。“通过仔细控制先行的操作条件（刺激），就可以通过随后的变化（反应）获得关于系统的精确知识”（Stevens，1935b：328）。

史蒂文斯并不是唯一的一位为精确和规范的语言所吸引的心理学家。正如图尔明和利里（Toulmin & Leary，1985）所指出的那样，20 世纪初期，大部分美国心理学家都“崇拜实证主义”，重视实验、客观性和控制，而贬低理论、适用性和内在的自我。史蒂文斯与 20 世纪 30 年代的许多心理学同行的不同之处在于他对操作主义的情感投入强度。史蒂文斯关于操作主义的论文并不是冷静地讨论科学哲学，而是重复地采用男性化的身体对抗和勇气的隐喻进行充满激情的号召。他于 1939 年很自豪地提起“坚强的头脑”和“坚定的思想”，认为它们炸掉了通向主观性的道路（Stevens，1939：221，231）。他聪明地将操作主义与现代派绘画中男性勇气的意象联系起来，将实验心理学家比作飞行员，认为“操作化的有效知识只是能够带来更多知识的飞行起点——当然，我们会避开那些不可操作化障碍的着陆”（Stevens，1936：102）。史蒂文斯阐发观点的热情甚至引起了波林——这位最同情史蒂文斯的批评家的关注。波林劝他“去掉虚饰的风格”（引自 Stevens，1968：597），“面对一种新的思想，你有一种感到被救赎的情感体验，但你无法对它进行批判性的评价”（Boring，1938）。

为什么史蒂文斯会被这种严肃的哲学所吸引呢？为什么他如此热衷于操作主义？为了回答这些问题，我们需要简要地回顾一下他在信仰方面的挣扎。如上所述，在他抛弃了自己的宗教信仰之后，摩门教对史蒂文斯仍然具有吸引力。摩门教让他感到一种团体的“温馨惬意”，而这在哈佛是没有的。这种信仰所带来的“温馨”力量使他被操作主义所吸引。操作主义吸引他的根源在于它潜在的本体论。操作主义将自然科学中那些用身体操作语言提出的陈述与用思维和感觉提出的“主观”陈述区别开来。前者被认为是有意义的，因为它们可以通过实验进行验证。另一方面，主观的陈述是毫无意义的，因为它们“没有经验的证实”（1939：101）。从技术上讲，操作主义者认为，这两种陈述所表示的事物不存在本体论的区别。他们坚持认为，是不是一切事物都可以用身体语言表述，这是一个形而上学的问题，而不是一个实证性的命题。尽管存在这种哲学上的细微区别，操作主义者仍然反对这种主观范畴存在的合理性。像史蒂文斯这样的操作主义者认为那些形而上学的陈述是“毫无意义的”，认为“所有描述心理状态的语句全都可以转化成用身体语言来陈述的语句”（Stevens，1939：240），他们忽略或轻视主观性，尽管他们并不明确地否认它的存在。

这种立场所具有的实证价值和哲学价值仍然是一个讨论的热门问题（见 Green，1992；Kendler，1981，1983；Leahey，1980，1983）。通过回顾，我们似乎比较清楚地看到，史蒂文斯好像从这种严肃的哲学中获得了某种精神上的好处。一些评论家认为，一个主要的好处是秩序（order）所带来的舒适感让操作主义一直保持到今天。正如罗森沃尔德（Rosenwald，1986：320）所说的那样，“我们坚持采用操作主义的策略，是因为我们希望在实验室范围内压制和克服那些在实验室外我们不能控制和摆脱的麻烦”。操作主义会让最令人头疼的存在问题变得可以理解、可以控制，需要“消除这些问题”的所有心理学家都要“将心理状态……转化为用身体语言表示的语句”（Stevens，1939：241）。一旦如此，问题就可以按照实验室的规范和控制方法去检验，就可以确定它是“真理还是谬误”（1939：228）。通过明确“某个术语适用于某个给定场合的标准”（Stevens，1935b：330），史蒂文斯认为自己在宗教、哲学和个人生活中都在“抵制无意义的概念”。

## 四、操作主义和摩门经

操作主义也许让史蒂文斯从他过去的生活中逃离出来，但摩门教的影响似乎又不时地抓住他。操作主义的主要目的包括最能证明史蒂文斯摩门教背景的东西。在史蒂文斯看来，操作主义的最初目的是消除这个领域的模糊性和二元性。他认为，“直接界定概念、证实概念有效的做法……能让我们避免模棱两可的、模糊的、相互矛盾的观念，能给出严格的定义，消除无用的争议”（Stevens，1935b：323）。在一篇著名的文章中，史蒂文斯将操作主义称为“一场将结束（心理学领域）其他各种革命的可能性革命”（1935b：323）。因而，史蒂文斯是基于一套不变的基本原则，从单一学科的视角来解释心理学的。操作主义是讲究秩序的哲学方法，在它的帮助下，可以修正“极不稳定的心理学”，还可能发现关于意识的物质本源的真相。

从表面上看，这种操作主义似乎与史蒂文斯青年时期所信仰的摩门教没有什么关系。然而，比较一下史蒂文斯的各种观点与约瑟夫·史密斯（Joseph Smith）、布里格姆·杨（Brigham Young）及其他有影响的摩门教作家的作品，我们就会发现他们的目标具有一定的相似性。在史密斯看来，摩门教的目标是结束各个宗教派别在神学上的争议（Arrington & Bitton，1979）。史密斯指出的做法是回到基本的教义上。在史密斯看来，这种做法可以澄清早期的基督教思想。要把基督教与异教的仪式、希腊哲学、埃及神话和各种外在的因素区分开来。史密斯相信，一旦如此，关于基本教义的争论就会结束，一条通向神的统一道路也将会出现。

尽管所有这些听起来不合常理，但它与史蒂文斯为心理学设定的主题明显相似。像史密斯一样，史蒂文斯说，操作主义的目标是结束长期以来让心理学四分五裂的争议。而且，像史密斯一样，史蒂文斯认为，以心理学的基本原则为基础——对他来说这些基本原则就是实验观察——可以达到这个目标。这个过程用到了与史密斯所说的基督教的诠释方法相似的做法。史密斯将基督教以外的东西从基督教中清除出去，史蒂文斯也要求心理学家将实验以外的方法清除出去。这个学科需要净化自己，清除渗透到这个领域的“最初的各种变量的混杂状态、先前的假设和具体的观念”（1935b：323）。因此对史密斯和史蒂文斯来说，他们的说法——无论是从宗教信仰的角度，还是从心理学的角度，其采取的形式实际上是一样的。他们都认为，人们必须靠近走向真理的道路，始终确保那些不纯洁的东西不会影响人们对基本原则的理解。

目的相似性并不是史蒂文斯过去的宗教信仰与目前的科学研究之间唯一的相似点，在物理主义者强调的操作论中也涉及摩门教，史蒂文斯在进入研究生院后不久就接受了物理主义。在未公开发表的笔记中，他申明自己抛开了二元论，并将“现代物理学作为证据（Stevens，1932：25）”。“电子和质子是意识的基础，就像他们是铅的基础一样”。（Stevens，1932：24）在整个20世纪30年代，他对物理主义的激情始终如一，在著名的论文《心理学和科学的科学》中这种激情达到了高潮，在文中他高兴地说行为主义“炸毁了通向主观性的道路”（1939：231）。这类言论似乎早就从摩门教及其关于神的造访的丰富历史中消失了。然而，认真看一下摩门教的神学，就可以发现在物理存在的意义方面具有某种连续性。在史蒂文斯看来，我们对某些东西的信念是其物理存在的功能。作为科学家，心理学家们只有将心理学命题转换成一套身体或物理的操作，才能让别人相信它。史蒂文斯认为，“任何有意义的心理命题，即使是牙疼这样微不足道的事情，也可以还原为公开的具体的操作”（Stevens，1939：240）。史蒂文斯崇尚可以触摸的物理的东西，他的行为无意中反映了摩门教神学中的一个最核心也最有争议的问题：上帝是不是一个物质实体？在所有的基督教派中，摩门教也许是独一无二的，他们相信，上帝、耶稣、莫罗尼（Moroni）和摩门教的其他神灵都不是精神的存在，而是具体的人。根据约瑟夫·史密斯的观点，“天父是物质的，耶稣基督是物质的。天使是物质的……没有什么不是物质的”（引自Hansen，1981：71）。摩门教甚至认为，圣灵（the Holy Ghost）也是一个人，尽管我们看不到他。“没有非物质的东西，”约瑟夫·史密斯认为，“所有的精神都是物质的，但它更为精致或纯洁，只有纯洁的眼睛才能看到它；我们看不到它；但是，在身体被净化之后，我们就能看到所有的东西都是物质的”（引自Hansen，1981：71）。

摩门教的上帝物质论与这种信仰所贯穿的感知实证主义（sense empiricism）是一致的。为了更好地理解摩门教的“实证”特点，有必要看一看这场宗教运动在19世纪美国宗教信仰背景下的位置。宗教宣传的最普遍形式是讲复活。复活论的核心观点是皈依上帝：这是一种对上帝触摸灵魂时产生的高度情感化的体验。摩门教是在反对复活论，强调情感体验这个核心观点的过程中发展起来的。的确，就像许多宗教历史学家所指出的那样，19世纪的摩门教被看作一种理性的宗教。约瑟夫·史密斯在这方面表现得十分明显。他教导说，人们在寻求通向上帝之路的过程中不必依靠盲目的信仰。通过阅读摩门经，人们就可以发现上帝是物质实体的证据——金盘、先知石、神迹和埃及经卷。因此，摩门教的认识论所强调的内容与史蒂文斯的操作主义并不是完全不同的：我们知道，某种事物，是因为它在适当的条件下以物理的形式存在，我们才能看到它。

## 五、理论中的操作主义，生活中的操作主义

史蒂文斯过去信仰的摩门教无意中影响了他以后的科学信念。从 20 世纪 40 年代起，在心理学方面，他主要致力于心理物理学领域、实验室的管理工作和编辑具有纪念意义的《实验心理学手册》（1951）。然而，正如哈德卡斯尔（Hardcastle，1995）所指出的，史蒂文斯对操作主义的兴趣并没有减弱，而且，为了让心理学的概念更为清晰、理论更为统一，他仍然坚决地炸掉通往主观性的道路（Stevens，1939：231）。具有讽刺意味的是，史蒂文斯在理论上对主观性的攻击并没有减轻他内心的焦虑，他仍然像以前那样不可救药。这并没有像他想要的那样成为心理学清晰化和统一化的推动力，他粗鲁的行为方式、在学术上不甘妥协的特点在大学里掀起了强烈的幕后政治风波，并且逐渐威胁到哈佛大学心理学的完整性。问题在于，长期以来，生理心理学家与临床心理学家、社会心理学家及人格心理学家在哲学和研究方法上都是不同的，生理心理学研究倾向于自然科学，而临床心理学、社会心理学和人格心理学研究更接近于社会科学。波林（Boring，1948）把这两大对立的倾向分别称为“生物科学阵营”（biotrope）和“社会科学阵营”（sociotrope），但是，二者之间的对立深深扎根于心理学的历史，这在著名的德国哲学家狄尔泰（Dilthey）关于自然科学（naturwissenschaften）和人文社会科学（geisteswissenschafen）的讨论中体现得最为明显（Ringer，1969）。

20 世纪 30 年代，两个阵营之间开始休战。在心理学系，多种多样的研究主题和方法都活跃起来。然而，史蒂文斯确信他的做法是正确的，因而不愿意与那些被他笑称为“没有思想的、不切实际的社会改革主义（do-goodism）”的研究者来往（Miller，1975：434）。他开始为自己曾短期学习社会科学和人文学科的经历感到后悔，在杂志上他还把本科期间学习的文科课程称为需要“修正”的“糟糕”课程（Stevens，1932：11）。史蒂文斯还用类似的术语称呼那些具有社会科学倾向的同事，而且，像从他自己的经验中清除不科学的东西一样，他还着手在院里清除那些不科学的研究。正如乔治·米勒（George Miller）所指出的那样，“史蒂文斯寻找那些不同的东西，并设法控制它们”（Miller，1975）。

20 世纪 40 年代，史蒂文斯不甘妥协和无礼的性格成为新的哈佛心理学系成立的一个关键因素。他直言不讳的优越感使他难以与人合作，而且他关于政策的想法与和谐相处的精神是不一致的。史蒂文斯有一个引起争议的特殊提议：将数学和统计学一起作为心理学博士研究生的考试课程——这一提议反映了生物学阵营的心理学研究倾向，却严重妨碍了社会心理学、人格心理学和临床心理学专业学生的发展。史蒂文斯的这些做法以及他好斗的个性促使一些“社会科学阵营的学者”考虑独立出去，成立一个具有社会科学倾向的院系。一向比较平和的人格心理学家戈登·奥尔波特在这方面是一个典型。奥尔波特作为思想折中、在美国备受尊重的“社会科学阵营”的心理学家之一，自 1920 年起便与这个院系联系在一起，并于 1930 年以后正式成为其全职教授（Nicholson，2003）。奥尔波特鼓励心理学理论和方法的多样性，他坚定地认为，在学术排斥问题上表现出来的修养和尊严很重要。奥尔波特发现史蒂文斯在走极端不足为

奇。在写给波林的一封信中，奥尔波特抱怨，史蒂文斯“缺乏宽容和相互尊重，这导致了……在近来系里开会时，当你离开后，他就非常轻蔑地、傲慢地评价我主张通过的硕士论文选题。只有他的蜡烛才能点着”（1944 年 3 月 23 日奥尔波特致波林的信；Allport，1930—1967）。在那段时间里，奥尔波特非常讨厌他。奥尔波特重新考虑了他自身的处境和心理学组织的结构：“我的研究与史氏（史蒂文斯）的研究之间几乎没有一丝一毫的重叠……院系的平衡不存在了，这不是因为研究者的专业之间不平衡，而是因为我们两人的态度不一致。”（1944 年 3 月 23 日奥尔波特致波林的信；Allport，1930—1967）

波林对此充满忧虑，他非常担心他最爱的门徒——史蒂文斯会毁掉他帮助创建的心理学系。“依我看，对于哈佛心理学的未来，我非常担心的是，你不能慷慨和友善地对待科学争论。我一直在想，走向分裂的这种态势就是由此引起的（1945 年 12 月 3 日波林致史蒂文斯的信；Boring，1930—1965）。”波林为阻止心理学分裂做了最后一次努力，他请求史蒂文斯对同事有礼貌些。“让同事喜欢你，对哈佛心理学的未来十分重要，因为你会体谅他们的感受，而不是因为你有能力，也不是因为别人会像我 10 年来所做的那样原谅你（1945 年 12 月 3 日波林致史蒂文斯的信；Boring，1930—1965）。”

**图 19.2　主体性解谐（Tuning out subjectivity）：史蒂文斯在心理声学实验室**

（图片来源：哈佛大学实验室提供）

不幸的是，波林的请求几乎没对史蒂文斯产生什么影响，他一如既往，继续保持着那种对人尖刻、压制的姿态。心理学系解散，社会和人格心理学同文化人类学和社会学合并，形成一个新的社会关系学院。尽管官方为这种重组提供了明智的理由——促进相关领域的学术交流，但哈佛大学的教务主任保罗·巴克（Paul Buck）私下里承认，这个变动更主要的是与心理和政治因素有关而不是学术（Nichols，1998）。波林不愿意参与这场重组，他对这种做法的长期影响持怀疑态度（Boring，1952：49）。然而，史蒂文斯很高兴。有一个以前的学生回忆说：“史蒂文斯认为，心理学系的分裂给心理学家们提供了一个机会，可以让他们集中精力进行严肃的心理学研究。”（Miller，1975：438）由于从空间和管理上都与他所轻视的“误导人的”、“非科学”的“社会科学阵营”脱离，史蒂文斯的事业蓬勃发展，学术地位迅速上升。1946 年，他帮助哈佛大学心理学系购置了大批设施，1949 年他接替波林，成为哈佛心理学实验室的主任（Stevens & Boring，1947）。置身于这个舒适而宽敞的新空间，史蒂文斯摆出了一副摩门教主教的旧架势，支配着他周围的人，要求他们高度服从自己的思维、工作和表达习惯。心理学实验室就是他的家庭，这个家庭的成员拥有兄弟姐妹、侄子侄女或表兄弟姐妹的义务和特权。史蒂文斯毋庸置疑地成为这个大家族的家长，为了这些成员自身的利益和这个群体的利益，他奖励或管教他们（Miller，1975：431）。毫无例外，史蒂文斯采用强硬手段统治着他的这个“家庭”，他以最粗鲁的方式将他的不快操作化。据他以前的一个研究生乔治·米勒回忆，史蒂文斯经常守在实验室门口，责备那些迟到者。

在心理声学实验室（Psycho-Acoustic Laboratory）刚建立的那段时间里，曾经在一个下雨的早晨，一个工作人员迟到了，他匆忙地挂上帽子，可帽子上的水滴在下面的韦伯斯特字典（Webster's dictionary）上，史蒂文斯非常气愤，把那顶惹他生气的帽子扔到地上，用脚踩踏，并大声斥责它迟到的主人。（Miller，1975：432）

支配性为史蒂文斯带来了安静，而操作化的程度再高也不会减轻他的不完美感和不满意感。史蒂文斯为了"客观"心理学事业牺牲了一切，但是，当他的事业走下坡路的时候，他开始渴望获得他一生都在践踏的东西：别人的体谅、同情理解和尊重。尽管他被授予美国心理学会杰出科学贡献奖和许多其他的荣誉，但他对别人说他不敬业而感到愤怒，他越来越感到别人厌恶和抵制他。他在自传中痛心地写道："现在，有30 000名心理学家可能并不关心感觉的测量，也不关心感官传感器是如何产生感觉奇迹的。"（Stevens，1974：418）尽管他一直确信自己已经指明了一条通往心理学真理的道路，但精神分析、人本主义心理学和其他的心理学流派越来越受欢迎，它们更注重意义和自我实现而不是机制和稳定性，这让他感到很失望。他认为，心理学正在放弃他在20世纪30年代艰苦推行的操作主义。

更糟糕的是，史蒂文斯看到的这些变化就发生在他的鼻子底下。20世纪60年代，在一幢新建的高楼——威廉·詹姆斯会堂（William James Hall）里，通过了一项支持哈佛所有心理学家的决议。史蒂文斯极力反对该决议。1962年，在经过了很多抗争之后，他被迫辞去哈佛心理学实验室主任的职位。他痛苦地回忆说，"我被炒鱿鱼了"，"因为我试图阻止当时所谓的进步——实验室的迁移"（Stevens，1974：418）。史蒂文斯被剥夺了行政职务，他最后断定心理学已经不可救药了。1962年，他辞去心理学教授职位，在别人挑衅性的游说下，他的头衔在形式上从心理学教授变成心理物理学教授。"心理学已经迅速走进社会相关领域，广泛地融入媒体和市场，以至于那些操控旧式的实验工作坊的人们必须为他们的工作寻找新的标签。"（Stevens，1974：418）史蒂文斯得到了他的标签，但令他非常沮丧的是，就在他曾经顽强抵制的社会阵营中，他有了一个新家。1965年，史蒂文斯被迫搬出他的地下实验室，这个实验室"在四分之一个世纪里满足了史蒂文斯所有的需要"，实验室随后搬到了威廉·詹姆斯会堂的一层楼上（Miller，1975：433）。

## 六、结论

生前的史蒂文斯是一个具有吸引力的研究对象，他的研究生用很长时间分析了他的学术能力和惹人生气的行为方式（Miller，1975）。他去世后仍然是一个令人感兴趣的研究对象。我希望，就像这篇文章所说的，史蒂文斯为探究科学生活的情感背景提供了一种有用的手段。

他的经历特别突出地说明了历史学家刘易斯·福伊尔（Lewis Feuer，1978：377）所谓的"科学中的宇宙本体论原则"。在福伊尔看来，科学研究严格地讲不是一种社会脉络问题，也不是一种智能活动范式。他认为，还有一种进行科学研究的情感脉络——“一种潜在的情感目标”，它表明了科学家对问题、解决方案和方法的抉择。科学成为认识“特定世界的工具……满足科学家的情感需求（Lewis Feuer，1978：578）。

在本章，我认为，史蒂文斯在长期的职业生涯中决心克服心理学的主观性，这起因于他自幼缺少亲人、备受冷落疏远、幻想破灭的经历。在家庭和信仰中史蒂文斯都是一个孤儿，他求助于科学，更具体地说，求助于更具体的操作主义心理学，他希望从中得到全面的救赎。他的操作主义声称要清除人们过去的忠诚和有关存在的疑问。在操作主义的命令下，他忽略“无意义”的概念而重视可见的、清晰的、有秩序的物理世界，因而孤独、失望以及对他人的体谅和尊重——所有这些似乎消退了。对斯蒂文斯来说，不幸的是，主观性并没有如此轻易地屈服，任何脾气暴躁的说教都改变不了心理学的进程，也不能消除他自身的怀疑感，阻止他幻想的破灭。

至于史蒂文斯的操作主义观点出现的情感背景，我们应当牢牢记住鲁尼恩（Runyan，1982）对还原论危险性的警告。还原论“无一例外地从儿童的早期经验解释成人的性格和行为，而忽视随后的形成过程及其影响”（Runyan，1982：209；Schultz，本书第1章）。史蒂文斯的思想显然是心理学领域宏大的实证主义传统的一部分。正如哈德卡斯尔（Hardcastle，1995）所说，心理学操作主义的出现有一个具体而重要的哲学背景。在本研究中，我的目标并不是将史蒂文斯的科学成就归于一些简单的心理学的需要；相反，我要提醒人们注意，史蒂文斯对存在问题的关注影响了他和别人的科学类型。史蒂文斯一生的情绪特点为他的事业注入了活力，决定了他对研究课题和理论立场的选择。他曾经是一个传教士，他自身对存在的不确定感也影响了周围人的生活，哈佛的许多心理学家都发现史蒂文斯性格好斗、不甘妥协，而且非常自私。在一腔激情的驱使下，史蒂文斯决心让心理学“客观化”，而不愿作出任何让步，这直接影响了哈佛大学的心理学组织结构。

（谷传华　张海霞　译）

**参考文献**

Allport, G. W. (1930 – 1967). Correspondence. *Gordon W. Allport Papers*, Harvard University Archives, Cambridge, Mass.

Allport, G. (1940). The Psychologist's Frame of Reference. *Psychological Bulletin*, 37, 1 – 28.

Allport, G. (1950). *The Individual and His Religion*. New York: Macmillan.

Arrington, L. & Bitton, D. (1979). *The Mormon Experience: A History of the Latter Day Saints*. London: George Allen & Unwin.

Bellah, R. & Madsen, et al. (1985). *Habits of the Heart: Individualism and Commitment in American Life*. Berkeley: University of California Press.

Bills, A. (1938). Changing Views of Psychology as Science. *Psychological Review*, 45, 377 – 394.

Bjork, D. W. (1993). *B. F. Skinner: A Life*. New York: Basic Books.

Boring, E. G. (1930 – 1965). Correspondence. *E. G. Boring Papers*. Harvard University Archives, Cambridge, Mass.

Boring, E. G. (1938, October 11). Letter to S. S. Stevens. *S. S. Stevens Papers*. Harvard University Archives, Cambridge, Mass.

Boring, E. G. (1952). Edwin Garringues Boring. *History of Psychology in Autobiography* (1952:27 – 52). E. Boring, H. Langfeld, H. Weiner & R. Yerkes (Eds.). New York: Russell & Russell.

Bruner, J. (1983). *In Search of Mind: Essays in Autobiography*. New York: Harper.

Cantril, H. (1937, October 1). Letter to E. G. Boring. *E. G. Boring Papers*. Harvard University Archives, Cambridge, Mass.

Elms, A. (1993). Allport's Personality and Allport's Personality. In K. Craik, R. Hogan & R. Wolfe (Eds.). *Fifty Years of Personality Psychology* (1993:39 – 56). New York: Plenum Press.

Feuer, L. (1978). Teleological Principles in Science. *Inquiry*, 21, 377 – 407.

Green, C. (1992). Of Immortal Mythological Beasts: Operationism in Psychology. *Theory & Psychology*, 2(3), 291 – 320.

Hansen, K. J. (1981). *Mormonism and the American Experience*. Chicago: University of Chicago Press.

Hanson, A. T. & Hanson, R. P. (1980). *Reasonable Belief: A Survey of the Christian Faith*. Oxford: Oxford University Press.

Hardcastle, G. (1995). S. S. Stevens and the Origins of Operationism. *Philosophy of Science*, 62, 404 – 424.

Hurvich, L. & Jameson, D. (1989). Leo M. Hurvich and Dorothea Jameson. In G. Lindzey (Ed.). *A History of Psychology in Autobiography* (Vol. 8, 1989: 156 – 206). Stanford: Stanford University Press.

Kendler, H. (1981). The Reality of Operationism. *Journal of Mind and Behavior*, 2, 331 – 341.

Kendler, H. (1983). Operationism: A Recipe for Reducing Confusion and Ambiguity. *Journal of Mind and Behavior*, 4, 91 – 97.

Koch, S. (1941). The Logical Character of the Motivation Concept. *Psychological Review*, 48, 15 – 38.

Leahey, T. (1980). The Myth of Operationism. *Journal of Mind and Behavior*, 1, 127 – 143.

Leahey, T. (1983). Operationism and Ideology: Reply to Kendler. *Journal of Mind and Behavior* 4, 81 – 90.

Miller, G. (1975). Stanley Smith Stevens. *Biographical Memoirs—National Academy of Science*, 47, 424 – 449.

Nichols, L. (1998). Social Relations Undone: Disciplinary Divergence and Departmental Politics at Harvard, 1946 – 1970. *American Sociologist*, 29, 83 – 107.

Nicholson, I. A. M. (2003). *Inventing Personality: Gordon Allport and the Science of Selfhood*. Washington, D. C.: American Psychological Association.

Ochberg, R. (1988). Life Stories and the Psychosocial Construction of Careers. *Journal of Personality*, 56, 173 – 204.

Ringer, F. (1969). *The Decline of the German Mandarins: The German Academic Community, 1890 – 1933*. Cambridge, Mass.: Harvard University Press.

Robinson, F. (1992). *Love's Story Told: A Life of Henry A. Murray*. Cambridge, Mass.: Harvard University Press.

Rogers, T. B. (1989). Operationism in Psychology: A Discussion of Contextual Antecedents and a Historical Interpretation of its Longevity. *Journal of the History of the Behavioral Science*, 25, 139 – 153.

Rosenwald, G. (1986). Why Operationism Doesn't Go Away: Extrascientific Incentives of Social-Psychological Research. *Philosophy of Social Science*, 16, 303 – 330.

Runyan, W. (1982). *Life Histories and Psychobiography*. New York: Oxford University Press.

Sheets-Pyenson, S. (1990). New Directions for Scientific Biography: The Case of Sir William Dawson. *History of Science*, 28, 399 – 410.

Smith, L. (1992). On Prediction and Control: B. F. Skinner and the Technological Ideal of Science. *American Psychologist*, 47(2), 216 – 223.

Söderqvist, T. (1991). Biography or Ethnobiography or Both? Embodied Reflexivity and the Deconstruction of Knowledge-power. In F. Steier (Ed.). *Research and Reflexivity*, (1991: 143 – 162). London: Sage.

Söderqvist, T. (1996). Existential Projects and Existential Choice in Science: Science Biography as an Edifying Genre. In M. Shortland & R. Yeo (Eds.). *Telling Lives in Science: Essays on Scientific Biography*, pp. 45 – 84. New York: Cambridge University Press.

Stevens, S. S. (1932). Journal of S. S. Stevens. *Stevens Papers*. Harvard University Archives, Cambridge, Mass.

Stevens, S. S. (1933). Volume Intensity and Tones. Unpublished Doctoral Dissertation, Harvard University.

Stevens, S. S. (1935a). The Operational Definition of Psychological Concepts. *Psychological Review*, 42, 517 – 527.

Stevens, S. S. (1935b). The Operational Basis of Psychology. *American Journal of Psychology*, 47, 323 – 330.

Stevens, S. S. (1936). Psychology: The Propaedeutic Science. *Philosophy of Science*, 3, 90 – 103.

Stevens, S. S. (1939). Psychology and the Science of Science. *Psychological Bulletin*, 36(4), 221 – 263.

Stevens, S. S. (1952). Interview with Anne Roe. *Anne Roe Papers*. American Philosophical Society Library.

Stevens, S. S. (1968). Edwin Garrigues Boring. *American Journal of Psychology*, 81, 589 – 606.

Stevens, S. S. (1974). S. S. Stevens. In G. Lindzey (Ed.). *A History of Psychology in Autobiography* (Vol. 6, pp. 395 – 420). Englewood Cliffs, N. J.: Prentice Hall.

Stevens, S. S. & Boring, E. G. (1947). The New Harvard Psychological Laboratories.

*American Psychologist*, 2,239 – 243.

Toulmin, S. & Leary, D. (1985). The Cult of Empiricism in Psychology, and Beyond. In S. Koch & D. Leary (Eds.). *A Century of Psychology as a Science* (pp. 594 – 617). New York: McGraw-Hill.

# 第四编

# 政治人物的心理传记学

第20章

# 活蹦乱跳的政治人物研究：政治心理传记学的问题意识

艾伦·埃尔姆斯 & 安娜·宋（Alan C. Elms & Anna V. Song）

政治心理传记学家所研究的人物，在许多方面类似于其他人物的心理传记。政治人物在其毕生的心理发展过程中，参加各种社会互动，执行决策，达成目标，发表公开声明，留下私人纪录。在所有这些方面，就像研究哲学家、创造性的艺术家以及科学理论家一样，研究政治人物也同样遇到挑战，同时也为心理学的分析提供了同样的机会。但是，在政治心理传记学中，研究对象的一个主要类别在一个重要方面具备了独特的特征：他们活着，正在活蹦乱跳。他们不仅还活着（与大多数心理传记学的研究对象相比，更富有戏剧性），而且他们会忙碌地于自己的政治生涯。他们是政府机关当前的候选人，或者是特定选举或政府机构中的当权者，或者是国家和群众运动中自命的领袖。不管他们用何种方法达到所处的位置，他们积极的政治参与活动都会使将来研究他们的心理传记学家遇到许多问题，而这些问题是在其他的心理传记研究中很少遇到的难题。

大多数心理传记是事后解释性的（postdictive），它们仔细考察某个人物的过去生活与其作品之间的联系，如果他（或她）还健在的话，其多产的黄金时期也已经过去。也有许多政治心理传记是预言性的（predictive），它们试图去捕获“正在飞行”的人物——更确切些说，从这个人物过去的历史去追踪到当前的位置，进而预测未来发展。对美国的政治家来说，其基本问题通常是：这位候选人将来有可能成为哪种类型的美国总统（或参议员、州长）？此类研究的目标是帮助选举人为担任的职位选择最合适的候选人。对于世界其他地方的政治人物来说（以及对美国之外的心理传记学家所研究的美国总统来说），其基本问题则经常是：这个人将来有可能对其他国家造成何种破坏？怎样才能限制或阻止他的这种权力？为此问题提供有力答案，不仅可能促进心理传记学学者的事业，而且可能提升政治新闻记者、好名利的精神医师以及政府情报分析人员的事业。但是，对此类问题合理可靠的答案，是完全基于正确数据、推理充分并且定义清晰的预测，否则是很难得出的。

根据定义，成功的政治家差不多都擅长印象管理。无论是通过选举，还是任命或感召力，或者通过暴力获得领导职位，他们都不太可能把自己的人格与个人历史摆出来供人观看。他们或者尽可能地不让其他人了解他们的私人层面，或者他们可能会采取某种让公众感到神秘的策略，甚至可能会主动歪曲他们的出身与动机。其他类型的心理传记人物某种程度上也可能会做同样的事情。我们知道没有哪个人会急切地向外人完全暴露自己的隐私，即使面对我们的治疗师时也不会如此。但是，对政治家来说，如果借助误导来发展和维持一个有魅力的公众面具的话，将关系到他们事业的兴亡。对政治类的心理传记学家来说，事业的兴亡则有赖于能否成功地看穿那层面具。

政治心理传记学家已经形成了一些策略、指导原则与经验法则，来提高这种洞察力。与此同时，政治家也提高了他们的印象修饰能力——包括控制心理传记学家印象的能力。在本章中，我们将简要评述对目前正活跃于政坛的政治人物进行研究的多种方法，而且，就最有可能遇到的难题，我们也会提出一些警告。在本书第四编的其他章节，会讲到更详细的政治心理传记研究的范例，其中既有研究方法实例，也有政治人物可能阻挠此类研究的实例。

对目前正活跃于政坛的人物的心理研究经常被说成是“隔着距离”的研究。为了讨论此类研究存在的问题以及处理这些问题的策略，我们把政治心理传记研究分为“远距离研究”、“中距离研究”与“近距离研究”。大多数心理传记无论从身体上或心理上来讲都是中距离研究，或者同时在身体和心理上都是中距离研究。政治心理传记的研究者有权使用有关人物的大量信息，包括私人档案、生命史中的多种传记资料，甚至是该研究者或其他人的访谈资料。然而，研究者们可能会发现，在研究某个人物的时候，他们所掌握的很少，而且只是远距离获得的信息，这些信息从地理和（或者）文化意义上都是远距离获得的，获得具有心理意义的资料也是远距离的。在极少数情况下，研究者可能会无意中获得某个人物大量的日常隐私信息——“近距离观望”意味着与这个人物具有直接的私下交往机会，并且他（或她）愿意提供更详细的生命史资料，也愿意回答研究者要问的问题。

## 一、远距离研究

从中距离或近距离从事心理传记研究，显然更有优势。但是，对于正活跃于政坛的人物来说，远距离研究可能是必需的，他们可能比其他类型的人物更需要远距离考察。总统候选人“不知从哪里”突然冒出来，就像他们经常被描述的那样，而此前他们可能仅仅受到某个地区公众的关注。如果要对此类候选人进行预言性的心理传记分析，以便对投票人有帮助的话，那么就几乎没有时间搜集个人生命史中更加详细的资料。当外国的领导人首次被认为对我们的国家利益或国际稳定构成威胁的时候，他们可能还鲜为人知。社会或宗教运动魅力超凡的领袖们甚至更有可能成为“难以预测的人”，或者具有难以预测的特质，他们也可能有政治上的野心或者潜在的政治影响力。在所有这些案例中，潜在的研究对象可能会高度掩蔽其私人信息。与此同时，潜在的心理传记学家也可能会意识到，他们迫切需要精确地分析研究对象的动机、意图以及他们在不久的将来会表现出的行为。应该怎么办呢？

（1）首次独立的政治成功。一般来说，心理传记学家们要考虑研究对象的成长经历，寻找直到成年仍存有的模式之肇始。但是，对活跃的政治家来说，此类信息通常无法获得，或者在“竞选传记”中以理想化的形式表现出来。在研究各种各样的美国前总统以及当前候选人的时候，詹姆斯·戴维·巴伯（James David Barber）（1992：7~8）提出，研究者们可以通过考察研究对象首次独立的政治成功，寻找有价值的线索。这里，“独立”意味着政治家不只是尾随在另一位政治家之后，或者是作为在政治机器中的一个齿轮而获胜。在首次独立的成功中到达顶点的行为模式，与后来在政治竞选活动中表现出来的行为模式相比，更有可能是个体人格的直接表达，因为政治家随后已经学会更擅长掩饰足迹。此外，首次成功的经历可能有力地强化了其重要的政治行为，这些可能会延续到后来的竞选活动与重大决策中。在美国政治体系之外，首次在政治上获得独立成功的突出案例是安东尼·丹尼斯（Anthony Dennis）所描述的本·拉登（参见本书第21章）。

（2）四种类型的分类。在远距离研究政治家的策略中，詹姆斯·戴维·巴伯提出了另一个更为著名的辅助办法：根据主动与被动、积极与消极这两个维度，他把政治家的政治角色分为四种类型（Barber，1992）。通过问卷调查以及有关州议员政治活动的定量资料分析，巴伯首先提出了这些政治角色的分类（Barber，1965）。一些州议员经常在州议会下院发表演说，并且提出许多法案，他们就被分到主动型这一类；一些州议员非常喜爱自己的工作，以至于不止一次地要求回到工作岗位上，他们可被归到积极型这一类；而且，大多数有效率的州议员被证明都属于主动—积极型。后来，当巴伯把这些相同的分类应用于美国总统以及总统候选人的时候，他从定量分析转换为定性分析，运用相当广泛的传记资料来确定某个特定的人物是主动—积极型还是主动—消极型，或者是被动—积极型的还是被动—消极型的。他对总统和候选人所做的质性描述适用于大多数从中距离考察的心理传记个案史。但是，他在一定程度上认为，对于相对较少的传记资料，可以把某个政治家归于四个类型之一；一旦这样归类，就可以合理地假定这位政治家具有以前这类总统和候选人所表现的各种人格特质。例如，富兰克林·罗斯福（D. Roosevelt）和约翰·肯尼迪是主动—积极型的政治家，他们善于从在职经验中学习；又如，理查德·尼克松（Richard Nixon）和伍德罗·威尔逊是主动—消极型的政治家，他们总是陷入威胁他们的公众印象的论战中；如此等等。虽然巴伯的四分分类法由于各种原因备受批评（如 Renshon，1996：453~454；Elms，1994：197~198 和 202~203），但是，对于难以获得详细自传信息的政治家来说，“四分法”作为作出试探性结论的一种方法，虽有问题但不失快捷方便，还是有用的。

（3）对公众声明的内容分析。通过对竞选演说、候选资格声明、国情咨文以及其他关键的公众陈述的内容进行分析，戴维·温特（David Winter，1978）和其他学者形成了可靠的定量分析程序，来识别某个政治家支配性的动机结构。在这个具有职业政治演讲稿撰写人的时代，此类声明很少完全出自某个候选人自己的口或笔下，或者出自自己的电脑。但是，这些声明材料很可能要在得到候选人的认可之后才会发表，而且，它们很可能至少包括一些表现他（或她）人格的成分。就像巴伯的四分模型一样，当某个政治家私人生活的原始资料贫乏的时候，温特对政治家们的权力、成就以及亲和动机（affiliation motive）［源自亨利·莫里（Henry A. Murray，1938）的人类基本需要的分类］进行的鉴定，对于深入的心理传记学研究还是一种有用的指南。

（4）超越行为模式的一致性。当有关某个政治家生命史的信息既贫乏又互相矛盾的时候，找出能辨认出某种一致性的零星资料可能是有用的。这种方法主要有效地用于分析跨越行为资料的一致性、跨越重要公众决策的一致性以及跨越政治领域的一致性。有一种资料类型（data types）方面的差异涉及材料的自发性，这与温特之内容分析方式有关。迪利（Dillie，2000）认为，虽然政治家们在事先准备演说时能够采用完好的印象管理策略，但是在做访问和新闻发布会的时候，他们没有太多的空间，来保持他们在群众心目中的完美形象，因为访问和新闻发布会迫使他们要尽快作出反应。因此，政治心理传记学家应该考虑，这些不同类型的资料是否反映了政治家们的公共自我和私人自我的建构差异。跨越这些自我意象表现出来的行为一致性可以为人格的稳定性提供证据，也可以为人格与政治行为联系的稳定性提供证据。

当心理传记学家们集中分析某个主要的政治决策时，重要的是要领会这类行为或者决策风格（style of decision making）是否出现在研究对象其他的生活领域中。例如，在美国总统伍德罗·威尔逊的案例中，乔治（George et al.，1964）发现，他的决策模式具有某种一致性，它跨越了威尔逊生命的不同层面。他们发现威尔逊的两次政治斗争是相似的，其中一次是威尔逊与美国参议院就《国际联盟条约》（*League of Nations Treaty*）所进行的斗争，另一次是早些时候威尔逊作为普林斯顿大学校长与全体教员之间的冲突。在这两次冲突中，在坚持他的决策必须成功的时候，威尔逊都表现了极端的独断。由于他拒绝妥协，即使在最无价值的地方，他也不妥协。因此，在这两个政治舞台上，他都没有达到他最想追求的目标。

在评估不同决策间的一致性时，政治心理传记学家可以找到一种切实的行为模式，借助心理学的理论，我们可以解释这一行为模式。在评估不同政治领域间的一致性时，心理传记学家可以运用他们在方法论上的优势，来分析官僚政治的复杂性。因为不同类型的决策受不同政府部门的影响，受各种公共利益集团和私人利益集团的影响，所以在行为、行动或决策上的任何一致性，都可以归因于不同领域间的一致性因素——心理传记的研究对象（传主）。例如，哈里·杜鲁门（Harry S. Truman）在总统任期内，曾经面对几场紧张的公共关系危机，面对国务卿詹姆斯·伯恩斯（James Byrnes）和商务部长亨利·华莱士（Henry Wallace）以及道格拉斯·麦克阿瑟（Douglas MacArthur）将军的指责或辞职。在分析这些人事冲突时，一个心理传记学家必须认识到，在消除公众认为他是不合格的总统这一印象时，杜鲁门觉得自己面临巨大的挑战。杜鲁门对这些不断损害他总统权威的主要人物的反应也表现在外交政策中。例如，就拿他与苏联领袖约瑟夫·斯大林（Joseph Stalin）的关系来说，杜鲁门与苏联元首的交往是微妙的。一方面，他钦佩斯大林；另一方面，在私人信件以及后来的外交政策上，他又表现出对斯大林的敌意。他在钦佩与被压抑的敌意之间摇摆不定。在他与斯大林交往的初期，杜鲁门相信他们俩是相互尊敬的。随着交往的加深，斯大林并没有给予他同样的尊重，这一点越来越明显。无论杜鲁门怎样努力把自己表现得风度翩翩或才思敏捷，斯大林的表现依然如此。因此，杜鲁门开始怨恨斯大林，并一直防备苏联，后来，他声称："波茨坦会议之后，他们再也无法愚弄我"（Truman，1953：271）。

## 二、中距离的研究

在从中距离考察政治家时，虽然有许多资料都可能是有用的，但是，与研究对象有亲密而真实的私人接触又是难以实现的。能够保持中距离的政治心理传记学家通常是这样三类研究者：新闻记者、临床医生和学术研究者。而这些类别有时是重叠的：一位心理传记学家可能同时属于两个类别（很少有属于三个类别的），或者说，属于不同类别的两位心理传记学家可能合作（如 Mazlish & Diamond，1979）。每类研究者都会被一套特有的心理传记学难题所困扰，尽管此类难题对某个特殊的职业背景来说未必是特有的。

新闻记者已经成为预测性政治心理传记最常见的实务工作者。他们不一定擅长撰写心理传记，也很少受过心理学或传记学的训练。但是，当他们竭尽全力研究总统候选人或在任总统（有时也可能是致力于担任其他公职的人）的时候，他们似乎觉得有义务去推测他们所选择的人物的心智或“性格”。

近年来，最杰出的政治新闻记者兼心理传记学家是盖尔·希伊（Gail Sheehy），她因创作《人生变迁》（*Passages*）（Sheehy，1976）以及其他的通俗心理学书籍而闻名于世。希伊撰写了一系列关于各种政治家的杂志论文和书籍，其中包括从加里·哈特（Gary Hart）到米哈伊尔·戈尔巴乔夫，再到希拉里·克林顿（Hillary Clinton）在内的政治家。在这方面，她最大的成就是在 1988 年的总统选举期间为《名利场》（*Vanity Fair*）杂志撰写了一系列论文。在这些论文里，她分析了民主党任命的三位主要候选人[阿尔·戈尔（Al Gore），杰西·杰克逊（Jesse Jackson）和迈克尔·杜卡基斯（Michael Dukakis）]，分析了两位主要的共和党候选人[乔治·布什（George Bush）和罗伯特·多尔（Robert Dole）]，另外还分析了当时任职的总统罗纳德·里根（Ronald Reagan）。随后，希伊把这些论文结集出版，书名是《品格：美国对领导力的求索》（*Character: America's Search for Leadership*）（1988）。

希伊了解相当多的心理学理论——主要是埃里克森和丹尼尔·莱文森（Daniel Levinson）的理论，她运用一些客体关系理论和其他理论，分析了政治家的心路历程。在 1987—1988 年间，她进一步对主要的候选人以及他们的亲朋好友进行了大量的现场观察和访谈，这超出了大多数心理学学术研究者的想象。但是，在她的心理传记研究中，曾重复出现了几个难题，而且，它们通常是其他新闻记者研究政治家们时也会遇到的特有的难题：①她试图为分析每位候选人的心理找到某个单一的原因[例如，鲍勃·多尔（Bob Dole）坚决强调个人的控制力，这起因于战争引起的残疾]，而不是更广泛地应用某个理论，或寻找心理问题复杂的相互联系。②对于 1988 年的总统选举来说，当至关紧要的候选人选举越来越近的时候，她每隔一、两个月都会去分析另一名候选人——因此，步伐太快以至于无法仔细地分析任何一位候选人（例如，在最近的著作中，她花较多的时间研究了希拉里·克林顿，但是她还是因为没有进行细致的学术研究而遭到非议）。③她宁可不对每位政治家进行公正、公平、全面的分析，也要讨好她的读者，她觉得他们对流言飞语比对心理的复杂性进行深究要感兴趣得多——虽然她的想法可能是正确的。希伊在下面这些人们所期待的方面做得相当多：她轻易地进行诊断，她的个人偏好影响了判断力，她对于自己认为是对某个候选人的独特的观察进行了大量过分的解释。她不仅访问了1988年的候选人，而且还访问了他们的密友、亲戚、妻子，有时甚至还包括他们的前妻。因此，她倾向于过高地估计她认为是某个候选人的“特殊”信息——也就是说，她过分强调了她先于其他人获得的信息的重要性。其他类型的心理传记学家有时也会高估此类信息，但是，在新闻记者的心理传记作品中，这是一个更为常见的缺点。毕竟，他们感兴趣的主要是他们认为是新闻的东西。

令人惊讶的可能是临床医生，他们撰写另一种受欢迎的、预测性的政治心理传记。这里，临床医生包括临床心理学家、精神病学家、精神分析学家以及同时从事其中两种或三种职业的人。相当数量的临床医生已经成为杰出的心理传记学家——特别著名的是埃里克·埃里克森，他从未写过预测性的心理传记（除了他早期描述希特勒的论文之外），但是，他写了关于几位政治领袖的重要论文，他们包括甘地. 杰斐逊（Jefferson）和马丁·路德（他在某种意义上是政治领袖）。然而，临床医生作为一类心理传记学家，他们有着草率地判断政治家的不良历史，他们大规模的行动开始于1964年的总统选举，当时巴里·戈德华特（Barry Goldwater）撞上了林登·B. 约翰逊（Lyndon Johnson）。戈德华特是极端的右倾主义者，他习惯说一些极端的政治话语，这使得精神病学家们得出结论，说他是名副其实的疯子。他们之中有相当多的人表达了自己的意见，并把意见发表在一本专门揭发丑闻的杂志《事实》（*Fact*）上。他们的一些陈述非常极端，以至于戈德华特成功地控告了这本杂志犯了诽谤罪（Elms，1976：88～90）。这次挫折使临床医生一度避免分析当时候选人或当权者的心理。但是，对一些临床医生来说，理查德·尼克松的诱惑实在是太大了（如Chesen，1973），而且，其他的临床医生已经缓过劲，开始行动起来。

临床医生通常寻找病理现象而不是寻找心理健康的迹象。在研究政治家时，尤其是研究他们不喜欢的政治家时，他们倾向于过度解释所获得的传记资料，而且，在他们视为自己所特有的临床知识的基础上，他们倾向于对候选人或当权者作出过分自信的诊断。最近的例子是一本名为《患有机能障碍的总统：比尔·克林顿的内心世界》（*Dysfunctional President*：*Inside the Mind of Bill Clinton*）（1996）的书，作者是南加州的临床心理学家保罗·菲克（Paul Fick）（该书首次出版是在1995年，稍微修改之后于1996年再版，其目标是1996年选举的投票者）。菲克为克林顿提出了几种可能的临床诊断结论，他引述的证据是，克林顿谎言非常多，做事拖延，行动一片混乱，等等。菲克适当放弃了其中的大多数诊断，最后断定，克林顿的主要问题源自他是酗酒者的成年小孩——或者更确切地说，是“酒鬼继父的成年小孩”。

菲克继续坚持他的诊断。他断言，“否认”（denial）是克林顿的主要防卫机制。他也确信，克林顿“当前的行为和问题意味着，当事人对童年问题的影响毫无觉察”。此外，克林顿“拒绝承担责任，并且责备他人。他之所以周期性地爆发愤怒情绪，是因为他本性中长期存在的痛苦”（1996：221）。菲克没有谈到，否认、难以自我领悟、责备他人、愤怒的周期性爆发，这些情况在其他的许多政治家身上也是存在的，其中包括相当多的父母不酗酒的政治家。他没有发现，克林顿已经表现出更值得赞扬的品质，如同理心（empathy），“因为他本性中长期存在的痛苦”，以及在国内政治和国际事务中，克林顿有时采用了许多克制与交际手段，而不是预期的"愤怒的爆发"。菲克坚持把克林顿视为病人——注意，他用"患者"这一术语来描述他的研究对象。如果克林顿真的曾是他的病人的话，那么，这种病理学倾向的描述就可能是适当的。[实际上，菲克在书的结尾处，为克林顿提出了"忠告与治疗计划"（1996：222~223），他在书中建议，这位总统"应该由一位得到许可证的临床医生——也许是像保罗·菲克医生这样一位有执照的临床医生进行照料，而且他要熟悉 ACOA（adult child of alcoholic，酗酒者的成年小孩）的概念"]。然而，连任两届美国总统取得巨大成功的比尔·克林顿，表现出了心理缺陷与优点的有趣混合，因此，一位临床医生仅仅关注他的缺陷是一种职业傲慢行为，而不是一次严肃的心理传记学研究。

学术研究者是指那些以各种传记的传主为研究对象，撰写心理传记数量最多的人。本书的大多数章节都是由学术研究者撰写的——他们是多个学科的专业研究者。在研究正在活跃的政治家方面，学术界人士已经作出了重要的贡献。首先是詹姆斯·戴维·巴伯关于立法者与总统的著作，然后是布鲁斯·马兹利士（Bruce Mazlish）（Mazlish & Diamond，1979）和贝蒂·格拉德（Betty Glad，1980）关于吉米·卡特（Jimmy Carter）的著作以及斯坦利·伦逊（Stanley Renshon）的权威著作《总统候选人的心理评估》（1996），随后是其他学者撰写的有关各种候选人与政府要员的短篇论文（参见 Renshon，本书第 22 章）。心理学家、政治学家、历史学家、临时从事美国研究（American studies）和其他人文社会科学研究的学者——无论他们的专业背景多么特殊，他们一般在学术研究中都会接受足够的训练，以至于他们可以避免新闻记者与临床医生所犯的最坏的错误。但是，他们当然也会遇到自己的难题，也会遇到心理传记学通常会遇到的其他难题。首先，他们进行著作的撰写往往是慎重而缓慢的，而且，当你试图对一个活跃的政治候选人得出有用结论的时候，这种慢节奏的确会成为一个问题。对贝蒂·格拉德或者布鲁斯·马兹利士来说，在 1972 年时预期吉米·卡特将会成为 1976 年的一名主要的总统候选人，这几乎是不可能的事情。然而，如果他们真的这样预测的话，那么对投票人来说，他们在 1976 年发表的有关卡特的详尽研究，就比在 1979 年或 1980 年最终出版著作会有用得多。有人可能在 1984 年预期，副总统老布什（George H. W. Bush）可能会是 1988 年的总统候选人之一，因此，他（或她）就可能为 1988 年的选举及时准备一份详尽的心理传记——没有人这样做。我们希望，某些明智的学术界人士（不是我们!）尽快认真考虑进行阿诺德·施瓦辛格（Arnold Schwarzenegger）的心理传记研究，以备美国宪法修改之后，他可能会参加 2008 或 2012 年美国总统的选举。作为投票人，我们需要这样的信息。

### 三、近距离研究

一篇富有洞察力的心理传记出自于传记学家与研究对象之间的亲密而又持久的交往，这种情况非常少见。例如，彼得·奥斯瓦尔德（Peter Ostwald）在 1997 年出版的研究其好友和钢琴大师格伦·古尔德（Glenn Gould）的心理传记就是此类著作。目前活跃的政治家不太可能允许一位训练有素的心理传记学家与他（或她）如此亲密，如此持续地接近他（或她）。然而，也有例外，就有这样一位政治家，当他的心理传记学家开始认识他、研究他时，他还是相当活跃的——的确，他当时还是美国总统——甚至当他的传记学家明显想要发表关于他的心理分析的文章时，这位政治家依然继续与之合作。其结果是，在研究对象离开人世几年之后，这篇心理传记才得以发表，但是就其研究的时间来说，这篇论文可归于近距离研究现行政治家的一类。这位研究对象就是林登·B. 约翰逊（LBJ），而他的心理传记学家就是多丽丝·卡恩斯（Doris Kearns）（1976），她还在继续从事其卓著的心理传记学研究，只不过其署名是她婚后的名字多丽丝·卡恩斯·古德温（Doris Kearns Goodwin）。

在卡恩斯刚开始她的职业生涯的时候，一生当一名心理传记学家的梦想就展现在她的面前。1967 年，作为一名哈佛大学政治学专业的研究生，她当选为白宫实习生，也被允许为约翰逊总统的许多职员服务，而且也有机会接触约翰逊本人。尽管卡恩斯公开反对越南战争，在林登·B. 约翰逊的领导下越南战争当时正处在高潮阶段，但总统先生还是很喜欢她。当他在 1969 年初卸任时，他要求她在他的得克萨斯大农场里与他一起工作，帮助他撰写官方回忆录。撰写回忆录进展并不顺利，约翰逊坚持塑造一个得体的总统形象，但在回忆录印出来之后，他留给人的印象却是呆板和无聊。但是，在他生命的最后日子里，当他带卡恩斯在他的农场里四处参观时或者当他一大早来到她的卧室时，他袒露了一些心里的话。她说，“他谈到一些事情的始末，也说到梦和幻想。他的话似乎是从悲伤、乡愁和渴望的深井之中流淌出来的”（Kearns，1976：17）。当他想起留在记忆中的那些人或事的时候，当他进行自由联想的时候，她就做笔记，记下他的生命史中的隐私。有时，她会感到尴尬，觉得难以记录他告诉她的隐私。可是，当她停止记录的时候，他会问：“喂！你为什么不把所有这些东西都记下来呢？有一天，有人可能想看看这些东西”（1976：18）。

卡恩斯受到的专业训练是政治科学家的训练，而不是心理传记学家的训练。但是，在哈佛大学，她已经受到埃里克森的影响，她充分利用了那些机会，采访了心甘情愿的 LBJ 总统。她可以密切观察约翰逊的回忆内容发生的情境，也可以记下随着时间的推移，回忆情境的变化所产生的影响。她在后来的论文中谈到关于 LBJ 的那本书，说了一段具有明显的埃里克森色彩的话：“我知道传记可以多么的不可信，除非一个人能够理解他们被撰写传记时所处的人生阶段，他们为什么在那个时候被写下来，以及他们想取悦哪些观众”（Kearns，1979：99）。作为一名政治学家，她能够意识到，在约翰逊的政治生涯的不同阶段，他的行为发生的脉络与他根深蒂固的人格特质一起共同决定了他在某些角色（如美国参议院领导者）上所取得的巨大成功，也决定了他在承担其他的一些角色时所带来的巨大灾难（例如，当总统时，他试图控制外交事务）。她研究约翰逊的著作依然是政治心理传记的名作之一——只有她后来研究富兰克林和埃莉诺·罗斯福（Eleanor Roosevelt）的著作可能稍胜一筹（Goodwin，1994）。

然而，美玉也有瑕疵。因此，融入一位强有力的政治家的生活（象征性地同时也是真实地融入），也有它的局限性。虽然卡恩斯意识到，在此类亲密关系中存在着移情（transference）与反移情（countertransference）的危险，但是她没能完全规避它们。在一个地方，她曾提到，约翰逊曾经告诉我，“自始至终，他一直在向我隐瞒一个事实——我让他想起他已经去世的母亲。在与我交谈的时候，他开始想象他也是在与母亲交谈，在讲述他的生命故事”（Kearns，1976：18）。卡恩斯几乎是漫不经心地描述了她发现的这一事实，只把它视为约翰逊特有的印象处理策略，而不是一种真实的移情反应。然而，在别处描述她与他的交往时，她却显示了（不是直接承认）反移情："当我坐下倾听约翰逊描述他那一天的琐事、他的所做所感的时候，当时的情境深深地打动了我，让我有一种难以置信的熟悉感。它勾起了母亲耐心地听我说话的童年记忆，那时我和母亲就坐在厨房的一只高凳子上，我折磨人般地、详细地告诉她我那天在学校里所做的每一件事情"（1976：5～6）。她还详细地描述了其他的一些移情与反移情的例子，例如，在白宫的舞会上，约翰逊曾"追求"她，当她在等他的电话的时候，她感觉自己就像害单相思的少女（尽管两个人都不曾让它变成现实，无论在感情上，还是在性关系上，都是如此），这就意味着，这可能是在任何一个"近距离的心理传记研究"中都会遇到的基本难题。不过，这一困难并不是完全回避这些机会的充分理由。然而，这确实表明，拥有这类机会的幸运的心理传记学家，在传记作品正式发表之前，不仅应该花大量时间来分析他（或她）的研究对象，而且要分析他们之间的移情与反移情。

## 四、共有的难题

从来就没有心理传记是完美无缺的。对于某个特定的研究对象来说，新闻记者、临床医生或学术界人士，都不曾是他（或她）的绝佳心理传记学家。假如存在某些细致的技巧和才能的话，那么每位心理传记学家都具有特定的优势和劣势，无论是作为研究者还是作家，都是如此。每位心理传记学家都会对一些类型的心理学理论比较熟悉，或者感觉比较好用，而对其他一些心理理论正好相反。每位心理传记学家的私人背景和个人偏好，都会使他对研究对象的生活与人格的某些特定方面变得更加敏感，但是，这会导致他对其他方面产生扭曲或不完整的观点。在预测性的政治心理传记中更是存在特别的困难，每位心理传记学家都会存在政治上的同情与反感，会有政治上的偏好以及责任感。这些无法完全从他（或她）最终描绘的彻底的政治家形象中清除。帮助美国选民理解某个高官候选人的优势与劣势，是有价值的和爱国的行为。但是，在帮助投票人的时候，可能由于某些政治上而不是心理传记上的理由，心理传记学家会不可避免地遭到引诱，进行扭曲的分析，使之支持某位候选人，而反对其他的候选人。

我们应该怎样对待这些个人的偏好和特质呢？当一个心理传记学家研究一个人物的时候，它们总是存在的。作为尽责的研究者和作家，强迫我们更多地意识到自己的偏见，同时，利用书本提供的大量的方法指南和经验法则，我们可以在一定程度上解决这些难题。但是，从长远来看，在预测性的政治心理传记之中，限制此类偏见效应的最佳方式以及从总体上改善心理传记研究的最好方法，就是鼓励对一个人物（传主）撰写多个心理传记，也就是说，我们要鼓动各种各样的心理传记学家研究相同的人物。他们可以从不同的个人偏好、不同的理论取向以及不同的方法技巧出发对同一人物进行研究并以他们自身的标准发表其研究。

不过，在撰写心理传记时，上述途径似乎是相当无效的，因为它涉及许多重复劳动。对于某个领域较不重要的人物来说，可能不值得多个心理传记学家去研究；对每个中等著名的小说家或作为副手的领导人，一个心理传记就足够了。对于某些特定的偶像类人物来说，并不需要鼓励人们撰写他们的心理传记：许多心理传记学家会同时或者接二连三地对某个相同的人物进行研究，无论是玛丽莲·梦露还是西尔维亚·普拉斯或亚伯拉罕·林肯，都是如此。然而，对于其他的人物，包括可能成为美国总统的人物以及可能成为美国敌对国家的现任领袖，进行多种心理传记研究也许是势在必行的［这就是为什么美国中央情报局总是拥有自己的心理传记学家队伍的原因（参见 Omestad，1994）］。即使对于不再活跃的政治领袖来说，多种回顾性的心理传记研究也是值得去做的，这样有助于我们更好地理解现在的以及潜在的领袖人物。林登·B. 约翰逊作为美国总统，所做的事情帮助了许多人，如他强烈地拥护公民的权利。但是，他的行为也伤害了许多人，如他支持发动和扩大越南战争。更清楚地了解约翰逊任总统期间的行为模式，理解这些行为模式是怎样从他的早期生命史演变而来的，这在我们评估某些预计会成为总统候选人的政治家时，具有实实在在的价值。如果几个心理传记学家与心理学倾向的传记学家，包括多丽丝·卡恩斯·古德温，詹姆斯·戴维·巴伯和罗伯特·卡罗（Robert Caro），都仔细考察林登·B. 约翰逊，并且都得出相似的结论，那么，这些结论聚集起来将会大大提升我们的信心，让我们确信，这些作家都准确地抓住了约翰逊的某些本质。如果他们都研究了约翰逊，但得出了极为不同的结论，那么，他们之间的分歧就应该引起我们对这些结论的质疑，我们就要更严谨地考察他们是如何得出这些不同结论的，这也许会鼓励更多的心理传记学家更加认真地研究林登·B. 约翰逊。

本书有几章都讨论了重复迭代过程，把它作为单个心理传记学家研究单一人物的心理传记学研究方法。在某种意义上，整个心理传记学研究领域就像一般的科学研究一样，在操作上都是一种重复迭代的过程。某个心理传记学家研究某个人物，提出某些特定的结论；另一个心理传记学家，只会把那些结论视为假设性的结论，而把不同的假设应用在相同的研究对象身上，揭示另外一些资料的意义，如此等等。渐渐地，如果这个迭代过程运作正常的话，那么，经过多次研究之后，我们对这一人物的理解就应该随着时间的推移而不断加深，因为各位心理传记学家的个人偏见会从逐渐达成的一致意见中退出。

如上所述，关于目前正在活跃的政治候选人的心理传记学研究在时间上经常严重受限。在总统选举季节开始前的一段时间，候选人才可能出现在公众的视野之内［就像霍华德·迪安（Howard Dean），韦斯利·克拉克（Wesley Clark）和约翰·爱德华兹（John Edwards）在 2003 年竞选时那样］。在这些情况下，选民们可能幸运地从一篇关于某一候选人认真撰写的心理传记中获取有用的信息，尽管这篇传记不可避免地带有某种偏见。但是，某些候选人在他们宣布竞选总统或其他要职之前，他们可能已经活跃在公众视野之内多年——在这段时间里，足够让几位心理传记学家启动、完成和发表他们自己对某个候选人的心理传记研究了，也足够让另一位心理传记学家或者某个机敏的政治评论家来整合他们的研究结论，并向公众散布他们共同的结论了。当然，我们这里谈论的是理想的情形。我们自己也不想在下次总统选举之前很长一段时间内，组织和安排心理传记学家来研究候选人。然而，当今基于电子邮件和网络专业期刊的学术交流变得快捷和方便，在这种时代背景下，此类研究也可能自发地出现。假如他们强调控制心理传记中的个人政治偏见，告诉选民候选人最重要的性格特点，也许会争取一大笔慈善基金以促进他们的发展。在一个更美好的社会，当国家经济健康发展、联邦预算平衡的时候，我们主张建立一个由政府资助的预测性的心理传记学研究团队（Predictive Psychobiography Pool）——一个 PPP，而不是一个 CCC（Civilian Conservation Corps，公共资源保护队）。这种好处是双倍的：就像在大萧条（The Great Depression）时期，通过改善国家森林资源和城市基础设施，CCC 帮助了许多失业的年轻人一样，这个 PPP 也会为一代有抱负的政治心理传记学家提供工作机会和专业训练，与此同时，还可以扩展和加深我们对领袖人物心理的理解。有抱负的政治候选人难道不想把这一想法作为选举时的一个政策要点吗？

（雷学军　吕政达　译）

**参考文献**


Barber, J. D. (1965). *The Lawmakers*. New Haven, Conn.: Yale University Press.

Barber, J. D. (1992). *The Presidential Character: Predicting Performance in the White House* (4th ed.). Englewood Cliffs, N. J.: Prentice-Hall.

Chesen, E. S. (1973). *President Nixon's Psychiatric Profile*. New York: Peter Weyden.

Dillie, B. (2000). The Prepared and Spontaneous Remarks of Presidents Reagan and Bush: A Validity Comparison for at-a-distance Measurements. *Political Psychology*, 21, 572 – 585.

Elms, A. C. (1976). *Personality in Politics*. New York: Harcourt Brace Jovanovich.

Elms, A. C. (1994). *Uncovering Lives: The Uneasy Alliance of Biography and Psychology*. New York: Oxford University Press.

Fick, P. (1996). *The Dysfunctional President: Inside the Mind of Bill Clinton*. New York: Citadel Press.

George, A. L. & George, J. L. (1964). *Woodrow Wilson and Colonel House*. New York: Dover.

Glad, B. (1980). *Jimmy Carter: In Search of the Great White House*. New York: Norton.

Goodwin, D. K. (1994). *No Ordinary Time: Franklin and Eleanor Roosevelt: The Home Front in World War* Ⅱ. New York: Simon & Schuster.

Kearns, D. (1976). *Lyndon Johnson and the American Dream*. New York: Harper & Row.

Kearns, D. (1979). Angles of Vision. In Mark Pachter (Ed.). *Telling Lives: The Biographer's Art*. Washington, D. C.: New Republic Books.

Mazlish, B. & Diamond, E. (1979). *Jimmy Carter: An Interpretive Biography*. New York: Simon & Schuster.

Murray, H. A. (1938). *Explorations in Personality*. New York: Oxford University Press.

Omestad, T. (1994). Psychology and the CIA: Leaders on the Couch. *Foreign Affairs*, No. 95, 105 – 123.

Ostwald, P. (1997). *Glenn Gould: The Ecstasy and Tragedy of Genius*. New York: Norton.

Renshon, S. A. (1996). *The Phychological Assessment of Presidential Candidates*. New York: New York University Press.

Sheehy, G. (1976). *Passages*. New York: Dutton.

Sheehy, G. (1988). *Character: America's Search for Leadership.* New York: William Morrow.
Truman, H. S. (1953). *Mr. Citizen.* New York: Bernard Geis Associates.
Winter, D. G. (1987). Leader Appeal, Leader Performance, and the Motive Profiles of Leaders and Followers: A Study of American Presidents and Elections. *Journal of Personality and Social Psychology*, 52, 196 - 202.

第21章

# 奥萨马·本·拉登：恐惧的总和

安东尼·丹尼斯（Anthony J. Dennis）

自从2001年“9.11”事件以来，很少有人会质疑奥萨马·本·拉登（Osama Bin Laden）在世界事务上的影响。不论人们认为他是个恐怖分子、夸大狂、大屠杀者，还是一个民粹主义的英雄、一个在世的最圣洁且虔诚的穆斯林教徒，本·拉登都已经并将继续在人类史上留下不可磨灭的印记。这段历史无疑将被人们在以后的几十年甚至几百年的时间里辩论、分析和谈论。

本·拉登的传记作家面临着几个明显的挑战。首先，由于他这种十恶不赦的恐怖行径的邪恶本质以及他号召使用大规模杀伤性武器对付西方平民，因此对于那些他意图攻击的对象而言，本·拉登已经变成了罪恶化身的二维平面肖像，而不是一个有血有肉的人。尤其是美国媒体越来越倾向于把他描绘成一个漫画上的恐怖分子，而不是一个出于值得赞扬的动机去行动的内心复杂的个体。这种“病例化”妨碍了对真实的本·拉登的认识。

如果我们抱着任何一点试图了解本·拉登的希望的话，我们必须除掉对恐怖袭击的恐惧和“9·11”的历史经历，也应该免受回头去阅读本·拉登传记作品的诱惑。实际上，其传记是基于今天我们所判定的一种几乎无与伦比的恶行来重建他的过去的。他不是生而就成为恐怖分子和大屠杀者的。在某种程度上，他变成一个恐怖分子应归因于他的家庭环境、他20世纪80年代在阿富汗灼痛的战时经历和他不幸的导师选择。他的导师恰好是激进的伊斯兰主义者，并且致力于向年轻的本·拉登灌输用圣战的教义反抗西方思想。作为一个正在当地大学攻读商学学位（以及可以期待在家族建筑公司中有出息）的年轻人，当他站在成年的边缘上，本·拉登面临着许多任何年代和地方的年轻人都会遇上的同样问题：离开校园后我将选择什么样的人生道路？我应该从事什么样的工作？我是应该参与家族企业还是自立谋生？我应该结婚吗？这些平凡的问题和关注与那些本·拉登曾经发布的，号召在全世界范围内杀死美国人，包括平民和军人的致命宗教法令是有相当大的距离的。

对那些想更多了解本·拉登和他的抚育状况的人来说，这里还有些额外的障碍。他成长的社会（伊斯兰社会）和国家（沙特阿拉伯）是世界上最神秘和封闭的。大部分穆斯林的家庭生活对外人，尤其是外国人是封闭的。沙特社会的本性是不喜外露，自从“9·11”之后，这种特性愈演愈烈。“9·11”事件导致许多西方人一直质疑沙特公民、慈善机构和沙特阿拉伯极端伊斯兰派系［瓦哈比教派（Wahhabism）］在那个骇人听闻的事件中可能扮演着某种角色。

本·拉登本身成了外界获取关于他的生活信息的第三个障碍。本·拉登是一个知晓大众媒体的人，他花费了数年时间小心翼翼地塑造公众假象，并塑造了自己谦逊而虔诚的形象，为了伊斯兰信仰而甘愿放弃巨额财富和奢华生活的人。本·拉登在成为逃离审判的国际亡命者的前后，那种令人难以捉摸的性格，使得他的传说越发真实。

甚至在“9·11”之前，本·拉登很少接受采访，这使得事件发生时就变成了更大的新闻。他甚至也在基地组织制作的几盒录像带小心发布的过程中紧紧地控制着对他外表意象的刻画。这些著名的录像带把他展示成一个几乎不动地耸立在追随者面前的活的雕像，一个现代版的与异教徒作战的圣战士撒拉丁（Saladin）。因此，不同于人本身，对传记事实应小心谨慎，必须从各种各样的来源出处中进行自由探查。这个在我目前的研究和先前的一本名为《奥萨马·本·拉登：一个精神和政治肖像》（2002）的书中都有涉及。这样的尝试要求对可以接触到的关于本·拉登的资料进行审慎而明智的评价。这些资料在质量和内容上是千差万别的，一般而言，源自政府的信息（例如，美国联邦调查局、中央情报局和国防部）在质量和可信度方面是第一位的，而新闻报道和网络信息在上述两方面则稍逊色。

作为西方人，自身的知识传统和文化假定也阻碍着我们试图去理解像本·拉登这样基本上属于中世纪的人物。我们生活在一个后现代的世俗社会，倾向于对宗教作为一种行为动力的作用不屑一顾，或者至少会将过度的宗教行为解释成一种具有精神动机的面具或者具有某种经济政治利益的基础。本·拉登和其他像他那样的人信奉《古兰经》里的教条，并把自己视为抵抗代表邪恶势力的现代非穆斯林世界的圣战士。这些观点和我们的大相径庭。因此，除非愿意相信是上帝将本·拉登从一个有着平凡宗教信仰的富有的沙特人突然转化成一个决心点燃第三次世界大战的伊斯兰极端分子，不然我们得找到能够解读他行为举止的其他诠释。西方心理学通过分析本·拉登生命中的重要事件和家庭环境，诸如父母一方或双方的健在或死亡、出生顺序，对他性格形成有重大影响的成长经历和重要的导师的分析，可以帮助我们理解其人。至少在这种情况下，现代心理学这种工具似乎是一种有利因素而非障碍。

描写一个完全从现代互联网时代获益的男人的心理肖像所要面临的巨大挑战是显而易见的。本·拉登不在任何一隅，却也无处不在。关于他的传说和毫无根据的故事持续地涌现且在互联网扎根，这对可确证事实中的那些更为纤细而无依之事产生了被排挤出去的威胁。我试图从西方和穆斯林东方世界、官方和私人两方面的新闻资源中拼凑出本·拉登恐怖分子标签背后连贯的肖像。心里传记学家的工作确实不是仅仅在于按时间顺序搜集传记事实。在每一个生命中都会存在一种超越已知事实之外的“真理”，它们能生动清楚地显现出传主（研究对象）的心灵风景，并作为一把钥匙去理解传主的过去、现在并预期他将来的行动。

## 一、锦衣玉食者

关于本·拉登可能的一种误解是在沙特阿拉伯这个严格的宗教社会中，他成长的早期就在政治和宗教上变得激进了。这个代表了一种情况，即通过现时发生的事件这种有限的透镜来不恰当地理解一个人的过去。近来有许多文章提到伊斯兰激进派别瓦哈比教派，这个教派活动于沙特阿拉伯，在全球的穆斯林教育机构（许多是由沙特人资助的）传播抵抗西方和美国的思想。的确，瓦哈比教派是一个清教徒式的决不妥协的伊斯兰派系，宣扬要拒绝任何非穆斯林的方式，回归到公元 7 世纪起源于阿拉伯半岛的信仰的本源。但是，本·拉登并没有因为他是瓦哈比派教徒和天生的沙特公民而变成一个恐怖分子，并发起世界性的抗击美国的圣战运动。他变成一个恐怖分子完全是由于其他因素。

本·拉登于 1957 年 3 月 10 日出生在一个富有而成功的名为穆罕默德（Mohammed）的建筑承包商家庭，这个家族原先是也门血统。穆罕默德的几任妻子为他生了大约 50 个孩子，本·拉登是其中一个不知名的小儿子，他在一个有着几个年长的兄弟的大家庭里长大。在这样的家庭，一旦作为家长的穆罕默德离世，任何一个兄弟都将可能接手家族建筑企业。这里没有轻易可核实的关于本·拉登和他父亲关系的资料。各种资料显示，穆罕默德死的时候，奥萨马要不是 10 岁就是 13 岁[①]。鉴于沙特伊斯兰社会男性家长制的特性以及由此导致的一个男性首领在家庭中所扮演的重要角色，我们可以认为奥萨马在他刚刚开始青少年生活时对父亲的死亡是会产生强烈感受的。至于论及本·拉登的妈妈时，原始资料也相当混乱，她被不同的资料描述为沙特或叙利亚人[②]。据最近的报告，她和奥萨马的父亲离了婚，仍然在世，不过不再被当作本·拉登家族的一分子了。根据情报信息，本·拉登似乎一直和母亲保持联系直到 20 世纪 90 年代末期，当本·拉登发现他的卫星电话被中央情报局侦听后，他就停止了从阿富汗打电话给他母亲。

本·拉登的父亲通过成功签订并实施了几个重要的沙特皇室的建筑合同而为自己赢得了名声。这些合同中最闻名的是对坐落于麦加和麦地那的圣地的修复。本·拉登家族是经皇室选定的承包王国内任何重要建筑工程的建筑商，这些政治合同和随之带来的丰厚利润给本·拉登家族带来了可观的财富。虽然他们不算是真正的王子，但本·拉登和他的兄弟姐妹们却确确实实像王子一样生活在他们家族紧闭的院门之后。某种程度上，在沙特阿拉伯，富裕但没有皇室血统比有皇室血统更向往不一样的生活环境。自青少年时期开始，本·拉登做一些不符合社会道德事情的自由度就比沙特皇室成员多。

我们了解的事实表明本·拉登是一个入世的甚至可能放纵的年轻人，他满不在乎地享受其特权养育所提供的世俗快乐[③]。年轻的本·拉登一点也不是一个克己的苦行僧

---

① 彼得·伯根（Peter Bergen）将穆罕默德的死亡时间算在 1967 年，那时奥萨马 10 岁。［见伯根（2001：45）］。相反地，尤那·亚历山大（Yonah Alexander）和米歇尔·斯维特纳姆（Michael S. Swetnam，2001：4）认为穆罕默德的死亡时间发生在奥萨马·本·拉登 13 岁时。约瑟夫·博丹斯基（Yossef Bodansky，1999）不能肯定穆罕默德·本·拉登是什么时候死的。不过，他认为 1973 年当奥萨马大约 16 岁时（1999：3），他父亲还很好地活着。综合考虑各种可得到的资料，我相信奥萨马·本·拉登生活中的这种悲剧性事件很可能发生在其 10 ~ 13 岁这个年龄之间。

② 亚历山大和斯维特纳姆（2001）认为本·拉登的母亲是沙特阿拉伯人。伯根（2001）则认为她是叙利亚人。

③ 例如，博丹斯基（1999：3）。

或者正在受训练的并期待着在地球上建立阿拉伯王国的圣战士。直到1975年黎巴嫩内战前夕，对于本·拉登和其他许多富裕的沙特人来说，贝鲁特都是一个富有吸引力和迷人的目的地。那时(20世纪70年代)，本·拉登大约十五六岁或十八九岁。一个世俗而西方化的城市不协调地坐落在古老的伊斯兰土地上，贝鲁特是一个富裕的沙特人可以享受不为人知的个人自由的地方。这种自由是不被沙特阿拉伯这种高度约束的社会所允许的。在那里笃信宗教的警察在购物区四处走动，甚至有权闯进私人住宅去核查是否存在不道德的行为，如喝酒以及其他诸如来自不同家族人之间的性别混居等被禁止的行为。

**图21.1 奥萨马·本·拉登**

(图片来源：AP)

据传，本·拉登在贝鲁特这个城市过着放荡不羁的生活，甚至沉溺于酒色（Bodansky，1999：3)。青年本·拉登高约1.93米，肤色黝黑，他在贝鲁特的酒吧和迪斯科一定很出风头。在这样的旅居生活期间，他交往过和爱慕的女孩不像他在家乡所知道的那些女孩，这些女孩性感开放，更愿意尽可能多地讲法语而不是讲阿拉伯语，她们像基督徒而非穆斯林。

本·拉登从1974年到1978年在沙特阿拉伯吉达的阿卜杜勒阿齐兹国王大学攻读经济和商业管理期间，他的激进倾向还没有显露现来。事实上，在20世纪70年代，许多学者因为狂热地信奉原教旨主义而被驱逐出安瓦尔·萨达特（Anwar Sadat）任总统的埃及，他们最终找到本·拉登所就读的大学和其他沙特阿拉伯学校的教职位置。“萨达特的埃及”是一个正寻求与以色列达成最终和平协议的非宗教国家，而以色列是伊斯兰原教旨主义者政治词汇里所谓的“犹太复国主义实体”。穆斯林学者在保守的阿拉伯发现了对他们的反西方学说更富同情心的接纳，因为这是一个不会寻求和考虑与以色列进行妥协或者和世俗主义进行和解的地方。

谢赫·阿扎姆（Sheik Azzam)，这是一个后来在本·拉登的生命中扮演着重要角色的人。本·拉登在校就读期间，他是到本·拉登所在大学任教的政治难民之一。但是没有证据显示本·拉登曾经在沙特阿拉伯接触过或者曾经师从阿扎姆，本·拉登最多只是大体上知道阿扎姆在他的学校和来这里的缘由。阿扎姆的课程包括伊斯兰教和伊斯兰教戒律，这给他提供了一个宣扬反抗世俗主义和现代主义这两个西方社会孪生“罪恶”的舞台，同时他主张从伊斯兰社会驱逐掉所有西方的影响，并且回归到一个更加纯洁的伊斯兰社会。这就是原教旨主义的本质，是本·拉登在将近20年后作为自己的事业来公开承袭的东西，但是那时候，本·拉登正在通过学习经济和商业这些更为实用和世俗的课程来发展自己。总而言之，没有丝毫证据显示年轻的本·拉登在大学时代已经活跃于激进的宗教圈子甚至牵扯上政治。

总体上，穆斯林世界，特别是沙特阿拉伯，在本·拉登学生时代正在设法解决几个棘手的政治难题。比如，对埃及和以色列间可能达成的和平协议的愤怒，开始于1975年因中东各宗教派系之间彼此对立而导致的黎巴嫩长年内战，由于西方人出现以及西方文化给沙特阿拉伯王国带来的影响而导致的日趋紧张的局势。这种西方文化的影响是因石油工业给沙特阿拉伯带来了大量美国和欧洲的工程师造成的。但是当本·拉登1978年毕业时，他显然未被其中任何事件分散注意力。与成为一个年轻的、宣扬不停地发动战争来抗衡西方和把西方人驱逐出沙特的革命者相反，本·拉登开始着手过一种非常传统而中产阶级的生活，即为家族建筑商业工作并步入一个安排好了的婚姻。

这时，本·拉登的父亲已经去世很久了，但家族企业已经为年轻的本·拉登准备好了一个位置。经营这个家族企业的起初是父亲，而后是哥哥们。哥哥们自家族族长去世后的几年内持续成功地经营着本·拉登集团。

## 二、从捐赠者到圣战士

那么，是什么使本·拉登从一个政治上顺利的年轻的专门人才转变成一个对发动人类史上的世界性冲突负责的宣扬革命的逃亡者呢？其中一个答案是阿富汗。

当苏联在1979年末侵入阿富汗时，警钟不仅在华盛顿，同时也在穆斯林世界敲响。那残暴的入侵以及一个穆斯林国家被信奉无神论的共产主义国家征服，成了全部穆斯林教徒的侮辱。可以预见的是，传统的穆斯林宗教集团（乌理玛委员会）将这个冲突视为安拉和撒旦之间的战争。苏联被憎恨，尤其是它对有最多穆斯林定居的苏维埃中亚共和国的伊斯兰教派进行的长达数十年的镇压（Wright，1992：131，139；Kaplan，1992：24～25；Taheri，1989：121）。作为麦加和麦地那两座圣城的守护人的沙特阿拉伯王国，在抵抗或者至少被理解为抵抗苏联入侵阿富汗的行动中担当着特别的角色。沙特阿拉伯经常意识到自己肩负着伊斯兰圣城护卫者的职责，也为自己和非穆斯林的西方因为石油财富而日益密切的商贸和外交联系而感到十分不安。这种联系让沙特政府易受到来自世界穆斯林原教旨主义知识分子的批评和攻击，他们指责王室是西方的傀儡。因此，沙特王国急切地证明他的伊斯兰资格，并且在各种泛伊斯兰事业中充当积极的角色，以此来压制那些批评的声音。抵抗苏联在阿富汗的侵略，成了沙特阿拉伯这一时期的事业。

在冷战时期（1945—1991），没有一个穆斯林国家敢于公开向一个像苏联一样的超级大国宣战。这一步无异于自杀！相反地，穆斯林国家以其他的方式对抗——通过国际政治运动、对阿富汗难民进行人道主义救助、为阿富汗抵抗组织（穆贾赫迪——圣战者）募集资金和征募士兵，并向他们提供武器。作为最富裕的穆斯林国家之一，沙特阿拉伯的主要能力是在提供财政支持方面进行策划。那些富裕而娇气的沙特人也许没有参与艰苦战斗的兴趣，但他们当然能够为这些行动签一张巨额支票。

像沙特阿拉伯国内其他兴旺的家族一样，本·拉登家族也捐款给阿富汗抵抗运动和人道主义援助组织。但与许多其他富有的阿拉伯人不一样，奥萨马事实上亲自去了那些资金捐往的地点。当奥萨马离开沙特阿拉伯抵达巴基斯坦——苏联阿富汗战争早期的抵抗运动基地时，他还不是个准备献身的狂热圣战士。相反，奥萨马表现得像其他富有的职业人士一样，为善事捐助资金，并且希望通过实施定点检查来核实资金是怎样使用的。也许是年轻的奥萨马厌倦了办公室工作，又或者是好奇心驱使他乘飞机到巴基斯坦。不管怎样，本·拉登后来将会承认他延长在阿富汗的逗留时间是导致其宗教觉醒的原因，并且对他而言，这是一段改变自己人生的经历。

本·拉登来到巴基斯坦，这使他第一次有机会持续接触到谢赫·阿扎姆。谢赫·阿扎姆是极端的宗教领袖和大学教授，多年前曾在本·拉登所在的大学谋了个教职，作为一个献身伊斯兰教的好战者，他从世界著名的开罗爱资哈尔大学获得了伊斯兰法学博士学位。他为政治条件所迫不得不从埃及移居沙特，苏联—阿富汗战争爆发后，他离开了沙特，移民到巴基斯坦，在那里他宣扬通过圣战抗击苏联，并征募伊斯兰教信徒参与阿富汗抵抗运动。

出生于1941年的谢赫·阿扎姆因龄太大而不适宜参战了，可是宣扬一场圣战来驱赶邪恶的苏联对北边的威胁，他却是个顶尖高手。谢赫·阿扎姆是老练的煽动家和政治组织者。他对年轻人以及到巴基斯坦和阿富汗作战的理想主义穆斯林们充满激情的布道，被证明在激发阿富汗圣战士后来因之出名的宗教热忱和无私的勇气方面起过重要作用。

本·拉登最初对阿富汗抵抗运动的贡献是实际而具体的。作为拥有管理学学位的年轻建筑大亨，奥萨马能够在幕后提供有组织的援助。例如，他帮助组织并记录人员和物资流动到前线，使家庭成员能够和在前线的所爱之人保持联系。这个情报交换中心，作为"基地"或"阿拉伯的基地组织"出了名。基地组织随后发展了自己的组织认同和忠诚，10年后这个组织成了本·拉登恐怖组织的基地。对于年轻的本·拉登来说，起初到巴基斯坦和阿富汗核实一下情况的短途旅行很快变成了长时间的停留。本·拉登发现他庞大的银行账户和组织技巧受到了谢赫·阿扎姆和阿拉伯抵抗运动的重视。刚20岁出头时，本·拉登亦发现他可以通过提供专业化和不寻常的援助形式而使他在穆斯林圣战者中成为传奇人物。在停留期间，本·拉登意识到抵抗行动遭遇的问题不是勇气或弹药的缺乏，而是在高山关口的防御掩体。许多人会在随后的撤退而不是在攻击或和苏联军队的战斗中死去。当穆斯林圣战者穿过乡村逃跑时，苏联直升机追逐并将他们消灭在寸草不生的贫瘠山地上。所以，本·拉登引进了重型建筑设备，去建设人们可以居住或可以安全撤回的地下掩体和其他工事。

本·拉登的政治和宗教激进思想在他停留期间逐渐形成并是以下几个因素相互作用的结果。首先，每一天，本·拉登都和那些急切想去战斗和为真主阿拉献身的人混在一起；每一晚，他临睡时都闻知其中一些战士的夙愿被准许了。狂热的营地环境和他身边的人肯定对年轻的奥萨马产生了潜移默化的影响。第二，有充分的证据证明本·拉登在谢赫·阿扎姆身上找到了导师和父亲的替身。本·拉登曾与阿扎姆长时间相处，并且接受了这位长者的思想信仰。对十几岁就失去父亲的本·拉登来说，似乎从那时起他的生命中就缺少了这样的人物。对谢赫·阿扎姆而言，他发觉本·拉登是一个年轻且容易接受影响的门生，他可以向他灌输激进的政治宗教思想。阿扎姆和本·拉登从他们之间的关系中各取所需。

通过他在营地的布道和在与本·拉登一起紧密工作的几年间的多次交谈，阿扎姆向本·拉登灌输了他残酷而不妥协的伊斯兰教派思想以及其极其悲观的末世世界观。

本·拉登被灌输宗教教义和政治激进化不是发生在阿扎姆曾任教的大学和本·拉登还是学生的时候，相反地，是在生存环境简陋且时常面临危险的阿富汗和巴基斯坦。阿扎姆教导他的听众，抗击苏联是一场真主安拉和黑暗势力间的战争。苏联是魔鬼，因为它不遵循伊斯兰教义。基于同样的原因，美国及其盟友也是魔鬼。但是美国被圣战士宽恕或者至少暂时宽恕，因为它的军事支持是服务于圣战目的的。

这里还存在使本·拉登由政治沉默转向原教旨主义积极分子的第三个因素。我强烈地感觉到本·拉登一定为抵抗力量对他所建掩体的由衷赞赏而暗自高兴。在家乡时，本·拉登是一个富裕但不为人知的沙特商人；在阿富汗，他因为提供了在那时无人可以给予圣战士的一种专业化援助（为抵抗运动建筑掩体和修路）而被称颂为英雄和救世主。本·拉登从前的生活是平淡且未被称颂过的，可他在阿富汗的生活则与之迥异，甚至可以说是标记着一种“召唤”的使命感。刚二十出头并想寻求在世界上留下他成年印记的本·拉登，在阿富汗肯定是深深地体味到了回报和归属感。整个战争期间，他都呆在那儿（Dennis，2002：30）。

本·拉登不再是一个无名小卒，一个被忽略的年轻小伙了，他找到了值得为之献身的事业。抵达阿富汗时，本·拉登是一个年轻而富有的捐赠者，而当1989年2月15日战争结束后，他是作为一名坚韧的战争老兵而离开的。他把自己的命运和在武器上、人数上都大大劣于敌人的圣战士连在一起，最后却奇迹般地生还了。无论本·拉登是否给予自己的幸存一个天缘巧合的解读，当那么多的圣战士战死的时候他却活了下来，这难道不是真主有更伟大的事业在等着他吗？这是穆斯林原教旨主义者的典型想法。无论是自然抑或人为的事件都被理解为来自真主的预兆。例如，地震被视作天主的反对，而梦不被理解为心理学和神经学上的现象，而是来自上帝的密码信息。本·拉登返回家乡时与之前判若两人，他已经由富裕的捐赠者转化成了神圣斗士或圣战士。

## 三、归家的退伍老兵

本·拉登在号角齐鸣的欢迎声中从阿富汗返回家乡。沙特统治阶层以庆祝他在阿富汗所扮演的角色这样一种方式来强调他们对圣战士道义和物质上的支持。

毫无疑问的是，本·拉登回归平民生活的任何转变都因沙特同胞的关注和慷慨的赞赏而得到了宽慰。各种让本·拉登到清真寺和各类社交场合发表演讲的邀请给他提供了一个宣泄情感和整合战时经验的重要机会。

回到父亲最初为他开拓的生活，本·拉登也许愿意把自己的余生沉浸在对战时冒险的美好回忆中。但是各种大事件使他踏上了不同的、非和平的道路（Dennis，2002：34）。

1990年8月2日伊拉克萨达姆·侯赛因对邻国科威特的侵略使本·拉登确立了一种新的看似无法改变的与沙特统治阶层发生冲突的行动方向。甚至在那个世界的暴力地区，萨达姆也有着赌徒和残暴的恶霸之名。许多人确信侯赛因要图谋征服整个海湾地区。他快速地征服科威特的胜利不但增强了他的声势，而且增加了沙特阿拉伯对本国遭受迫在眉睫的入侵的恐惧。尽管戒律禁止邀请非穆斯林踏上神圣的土地——麦加和麦地那，沙特还是决定准许以美国为首的西方国家联盟在沙特阿拉伯驻扎大量武装部队（Friedman，1991：66；Smith，1992：87，91～92）。为了确保教会神职人员不公开抗议这个决定，沙特政府和保守的宗教势力集团（乌理玛委员会）进行秘密谈判并达成妥协（Dennis，2002：36），尽管如此，许多神职领导人仍然坚持起初的自我防御的主张。在阿拉伯半岛上驻扎无神论者的部队无异于亵渎。鉴于本·拉登在阿富汗所经历的变化，他赞同大多数激进穆斯林神职人员的看法。

抱着兜售他发明的自我防御的设想，本·拉登会见了沙特政府和军队的成员（Dennis，2002：35）。如同一个建筑商和施工工人，本·拉登详尽阐述了一个关于重组那些他曾在阿富汗使用过的工作人员的计划，这个计划旨在沿着沙特阿拉伯北部和东部边境建立一系列的地堡、战壕和防御工事。这将使本·拉登可以重演他曾在阿富汗上演过的英雄剧本，虽然这一次，他将拯救沙特人的生命。沙特军方和其他政府官员有礼貌地聆听，但最后还是对这个计划不感兴趣，他们更喜欢一个较为安全的选择，即由西方盟军提供的一种大规模武装力量的集结。本·拉登的极端宗教热情和大声疾呼反对非穆斯林部队在沙特土地上驻扎使他悄悄出了名。最后，登沙特政界再也不欢迎本·拉登了（Dennis，2002：36～37）。

在1991年海湾战争的前夕，沙特政府不再把本·拉登视作一个展示自己对泛伊斯兰事业的忠诚和奉献的有用的宣传工具了。他就像那些怒斥西方军人来临的激进神职人员一样在政治上变得危险和不可控制。本·拉登直言不讳的立场使统治集团疏远了他，同时也威胁到了他的家族企。对他的大家庭而言，他变成了一个政治累赘，本·拉登强硬的政见危及家族所持有的利润丰厚的政府合同。本·拉登拒绝了在1990—1991年的沙特阿拉伯再次扮演英雄的机会如他先前在阿富汗所扮演的一样，出于担心他自身的安全和家族事业的福祉，他做了一个离开沙特阿拉伯的艰难决定。此时，国际目光已经从阿富汗转移了，现在本·拉登没有意愿再一次回到那个被前共产主义者和地方军阀联合统治的且在政治上与世隔绝的地区。他需要定居在一个可以分享他的原教旨主义见解的国家，苏丹就是这样一个最合适的国家。他离开后不久，沙特政府就褫夺了他的国籍。

20世纪90年代初，就像他的前任导师谢赫·阿扎姆和许多因穆斯林世界的政治风波，从一个国家被驱逐到另一个国家的仅能糊口的原教旨主义者一样，本·拉登作为一个无国籍的革命者住在苏丹的喀土穆。但对于本·拉登来说不幸的是，谢赫·阿扎姆死了，1989年11月谢赫·阿扎姆和他的两个儿子以及另一个人在巴基斯坦白沙瓦的一次剧烈汽车炸弹爆炸中丧生。这次暗杀的原因从未说明。随着阿扎姆死去，本·拉登失去一位导师和父亲般的长者。在苏丹，他立即在哈桑·图拉比（Hassan al-Turabi）身上找到了替身，哈桑是穆斯林原教旨主义国际运动的资深战略家和有远见的人之一。

## 四、穿越激进伊斯兰政治的绿色之门

在选择抵制沙特统治阶层和定居在激进的苏丹的过程中，本·拉登实质上已步入了激进伊斯兰政治的绿色之门。如果沙特阿拉伯的政治阶层还是和原来一样的话，本·拉登将再也不能返回家乡了。苏丹是西方以及与西方有关系的沙特阿拉伯的敌人。就像10年后的阿富汗塔利班政府一样，苏丹政府用中世纪伊斯兰教的所谓公正性来统治国家，《伊斯兰法典》（*Sharia*）是一切法律的基础。人们在苏丹首都喀土穆一瘸一拐地沿街乞食，因为他们由于各种轻微的罪行而被政府的狱卒砍掉了手或脚而失去了劳动能力，现在这却成了本·拉登的世界和他眼中地球上的天堂。

本·拉登不再是一个刚出校门的无知青年了，他是一个老兵。自从在沙特阿拉伯精心调养的日子后，他在身体和精神上变得非常坚韧。本·拉登和他在阿富汗的同伴们抗击苏联这个超级大国并且取得了胜利。他们相信这甚至不是一个势均力敌的竞赛，因为违逆真主意志的国家没有一个人会获胜。相应地，他不在乎个人的结局且毫不迟疑地抵制了沙特王室对他作出的认为他违逆了伊斯兰教义的决定。此外，鉴于本·拉登的战时经历和曾在像苏丹一样落后、经济倒退的国家——阿富汗生活长达10年之久，移居到苏丹他似乎没有遇上麻烦。

20世纪90年代初中期，本·拉登在苏丹的停留让他遇见了第二位重要的导师，并且填补了失去谢赫·阿扎姆的空白。现在，苏丹的哈桑·图拉比承担了父亲替身的功能。图拉比出生在1932年，获得伦敦大学和法国巴黎索邦（Sorbonne）大学的高级学位，他懂多种语言，既是西方又是伊斯兰教育机构的毕业生。图拉比和本·拉登都同样忠诚于反西方的圣战运动，图拉比将自己对此运动的更为先进而系统的领悟传授给了本·拉登（Dennis，2002：47）。这个70岁上下的图拉比这些年来简直就是苏丹政权的幕后操纵者，巴希尔（Bashir）将军控制着政府，而图拉比提供了政治哲学和意识形态内容。多年来，图拉比一直寻求传播他的穆斯林原教旨国际运动的构想，他认为这个运动将猛烈地席卷阿拉伯和穆斯林世界周边的现存政府，废除穆斯林国家间的领土界线，最终造就一个从北非延伸至远东的重新组建的现代伊斯兰帝国[①]。图拉比是这些年间穆斯林原教旨国际运动的元老和哲学家，他把苏丹作为传播自己极端思想的集结地。图拉比在喀土穆以各种各样的名义召开年度系列研讨会，这些会议使来自世界各地的伊斯兰原教旨主义组织、革命者和恐怖分子聚在一起，目的是更好地对抗西方和协调他们的政治行动。

这些受图拉比激励的年度政治会议使本·拉登认识了许多伊斯兰政坛的激进的风云人物，并在他的心里播下了更大的政治幻想的种子。他被告知，抵抗非伊斯兰军队的斗争是世界性的，穆斯林不应仅仅满足于将苏联那样的侵略者从诸如阿富汗这些穆斯林的土地驱逐出去，而是应该致力于实现一个这样的愿景：在伊斯兰旗号之下建立政治上统一团结的更为宏大而自信的伊斯兰世界。图拉比将穆斯林国家间存在的边界描述成代表着西方19世纪殖民主义后遗症之一的人造领土建筑物。这些必须废除，以便伊斯兰信众团体能再次团结成一个屹立于世界舞台的单一政治实体和统一的武装力量。图拉比的目标是要实现一个现代伊斯兰帝国，这也成了本·拉登的宏伟愿景。

本·拉登也承袭了图拉比的另外一个思想。宗教舞台被划分为逊尼派和什叶派两大派别已经很长时间了。历史地看，这个分割充满着仇恨有时还充满暴力。据图拉比所言，宗教争执只会造成穆斯林世界的分裂而对西方有利。图拉比号召两派在政治上

① 在这个看法上，我与其他的作者和传记作家不同，他们之中首要的人亚历山大与斯维特纳姆（2001），他们和博丹斯基一样提出相反的意见，声称奥萨马还是一个学生的时候就开始与当地伊斯兰极端分子联系。我没有发现这些解释是可持续和可信的。如同本·拉登自己在一次访谈中所说的，他的宗教唤醒与政治极端化开始于苏联—阿富汗战争发生几年之后。

或者宗教信仰上调和他们的分歧以致力于共同的政治目标。实际上，随着苏丹逊尼派和伊朗什叶派秘密合作，以及阿富汗部分逊尼派人士在20年的战争中与伊朗什叶派政府结盟，这一切已经发生了。

在图拉比身上，本·拉登再一次找到了父亲的影子。他忠实地把图拉比政治议程的要素变成自己的。就他而言，图拉比或许会感到荣幸，因为他身边有一个卖力而又富有的门生承诺在老一辈原教旨主义者退出舞台后的长时间内去实现其政治愿景。毫无疑问，在本·拉登流亡国外的最初几年，图拉比也是他情感支柱的一个重要源泉。

1996年，苏丹受到了来自沙特和美国持续的外交压力，这两个国家要求把本·拉登驱逐出去。本·拉登离开苏丹返回了那个他第一次发现自己的使命感并且在世界历史上留下自己印记的国家——阿富汗。本·拉登20世纪90年代后期的阿富汗在塔利班统治政权身上发现了像他本人一样的中世纪思想和固执的意识形态。在阿富汗，塔利班会给本·拉登的工作和生活提供庇护，直到其政权覆灭。

当本·拉登把自己的基地组织和埃及伊斯兰圣战组织合并时（扩展为另一个原教旨主义恐怖组织，本·拉登很可能是受了图拉比对这种努力的提倡的鼓舞），他在阿富汗找到了勉强可以算做第三位导师和父亲般的人物——扎瓦赫里（Zawahiri）。这次合并行动使扎瓦赫里博士——这个埃及伊斯兰圣战组织的领导人作为二号人物进入了基地组织的行列。从基地组织制作的录像带和扎瓦赫里博士在组织中的地位来看，本·拉登对他的高度评价或尊重是显而易见的。扎瓦赫里因牵涉1981年10月埃及总统萨达特遇刺案而被监禁，由一名医科博士变成了恐怖分子。他对本·拉登的影响持续存在着。

## 五、心理因素

现在我们转向概述心理因素在本·拉登生活中所起的作用。

1. 导师和父亲替身

因少年丧父，本·拉登一直在物色一位年长男性并将自己置于一系列年长男性的教导之下，他们在不同程度上扮演了本·拉登父亲的替身。

总体而言，伊斯兰社会尤其是沙特，在文化上保守，本质上是父权社会，并对老人有一种天生的敬重。因此，我们就毫不奇怪年轻的本·拉登会听从老者和看似智慧的男性的忠告了。但异乎寻常的是，像本·拉登这样获得广泛尊重、富裕而独立的男人，竟会始终如一地将自己置于表面上缺乏权势之人的教诲之下。而值得注意的是，本·拉登似乎每次都要与一个年长男性发展一种有影响力的几乎是子女与父母般的关系（Dennis，2002：46）。事实上，世界仍然还在本·拉登选择这种激进穆斯林领袖作为角色楷模的过程中受难。

2. 战争创伤和原教旨主义激情

如同阿富汗战争产生了许多退伍军人一样，它也改变了本·拉登，使他对人的生命被剥夺漠不关心，从而冷酷无情地对平民施暴。例如，对2001年美国“9·11”事件中死去的那些平民。然而，我们必须承认的是，战争经历并没有使每一个退伍军人都变成恐怖分子或大屠杀者。很明显，在本·拉登生活中有更多的因素起作用，那就是他从谢赫·阿扎姆和那些圣战士同伙身上承袭的穆斯林，原教旨主义的世界观。这个世界观认为，我们所做的每一件事都是神的意志的显现，世界政治大事就是真主安拉和黑暗势力之间的斗争。一个人一旦深信所有的非穆斯林本质上都是撒旦的仆人，因为他们不追随伊斯兰，这时就很容易证明杀害他们是正当的。这个理由使得本·拉登和他的追随者在布道和对西方平民进行大规模伤亡袭击的同时，仍然相信他们的事业是道德和神圣的。因此，原教旨主义给了本·拉登一种认同，一种对意识形态的献身意识，以及一种心安理得地表达愤怒的鼓励。

几乎可以肯定的是，本·拉登将他在苏联—阿富汗战争中的幸存归因于真主安拉的意志，并且把他在激进的伊斯兰政界的稳步上升理解为真主有一个伟大且能改变世界的使命让他去执行。本·拉登坚信他的政治使命的正义性，并且相信他是服务于安拉意志的，这些使得他对政治协商或人道主义请求漠不关心，除非死亡才可以阻止他。

3. 名人的自我

这里还有另外一种在本·拉登的生活中起作用的心理力量，这种心理力量在苏联—阿富汗战争期间和之后变得显而易见，但显然没有人公开分析或评论过。作为战时英勇行为的一种结果，本·拉登的自我随着自信心一路膨胀起来。战争期间，他通过对阿富汗抵抗运动提供专业的援助方式（建筑支持）而为自己赢得了名声。1989 年战争结束后，他返回家乡沙特阿拉伯时，因为他在战争中所扮演的角色和在饱受战争蹂躏的阿富汗所遭受的损失，本·拉登被沙特吹捧为英勇的穆斯林战士和民族英雄。战后的这段时期他在沙特阿拉伯的清真寺和其他地点公开发表演说，谈论着他在战时的英勇表现（Dennis，2002：53）。本·拉登发现自己喜欢媒体的关注，随着赞美纷至沓来，他越发膨胀，他不再是一个不知名的年轻小伙了。

当本·拉登还沉浸在他作为一个勇敢而富有自我牺牲精神的圣战士而名声大振时，沙特政府在助长他的声望上较少受到宗教热情的驱使，而更多地考虑现实政治。沙特颂扬本·拉登的英勇行为是因为他是作为沙特政府投身于泛伊斯兰事业的一个例证，且对统治伊斯兰圣地（麦加和麦地那）有价值。

就像每位电影明星和政客都知道的那样，媒体关注会使人上瘾。而那些被以前的赞助人粗暴地从媒体聚光灯下推开的人会变得痛苦和愤怒。当伊拉克和邻国科威特爆发敌意冲突时，本·拉登企图再一次像他在阿富汗战争期间所做的那样，在沙特阿拉伯扮演救世主的角色。当沙特政府明确表示不会允许本·拉登在国家预防伊拉克可能入侵的防御中担当惹人注目的角色时，本·拉登与沙特政府的关系很有可能破裂，甚至可以说破裂不可避免了。从本质上讲，本·拉登与沙特政府的破裂和他获得对恐怖分子的操纵力，使他能够重新夺回曾被沙特政府在 1990—1991 年间粗暴夺走的媒体聚光灯。

本·拉登过分膨胀的自我，在 20 世纪 90 年代中期以来定期发布的不切实际的宗教法令（教令）中表露得尤为明显。法令号召世界上所有的穆斯林把杀害美国人或者参与其他各种暴力活动作为一项宗教义务。本·拉登没有担任宗教职务，也非哪个宗教机构的毕业生，他完全没有资格发布任何形式的教令。这得需要异常庞大的自我才会驱使人妄称自己知道真主安拉的意志，并发布这些教令，尽管本·拉登完全缺乏宗教训练和资格。

在其他方面，本·拉登对媒体关注的喜爱和对自己的夸大方式显得更加隐蔽，因此需要花大力气去探测和调查。在西方人的眼中，本·拉登的生活方式一点也不显得夸大。例如，在一个著名的录像带中，恐怖大师一边发表讲话，一边屈臂撑着头斜倚在山洞内显得寒碜的草垫子上，山洞的泥地上满是这种草垫。对西方观众而言，本·拉登四周原始落后的环境似乎逐渐削弱了他将自己刻画成一个致力于打败西方的强有力的国际圣战者网络领袖的意图。但本·拉登是一个善于引起公众注意的行家和鼓吹大师。他刻意地让自己在这种环境中拍摄，是想让他的穆斯林观众忆起在《古兰经》里有一个叫“山洞”的著名故事——真主安拉正直的追随者住在一个山洞里躲避他们的敌人。[①] 这个故事强调保卫和胜利，安拉最终授予忠实信徒荣誉而惩罚不信仰上帝的人下地狱。故事描写了地狱对那些不信仰真主安拉和迫害安拉信徒的人的折磨。

通过发布这个山洞录像，本·拉登虽未明说但却直接宣称要再现一个与这个著名故事对应的现代版。在这个故事的现代版里，本·拉登将自己饰演成安拉在地球上的忠实信徒的正直领袖。像《古兰经》第18章描述的那样，安拉庇佑了躲在山洞的人（Surah，1993：18），相似地，本·拉登承诺真主安拉也将会保护他及其追随者，直到他们最终取得抗击西方异教徒的胜利！

本·拉登的其他录像带则没那么多微妙之处。2001年秋，美国在阿富汗的战争打响后，基地发布的一盒录像带展示本·拉登和他的副官们在明媚的阳光下非常平静地站着，摆出威严的姿势。随着肩膀后仰和他的同伙围在四周，本·拉登面对摄影机做了一个无畏的姿势。摄像机围绕着他转时，他纹丝不动仿佛一尊活的塑像，像先前提及的那样，一个现代版的伟大的穆斯林斗士撒拉丁（Dennis，2002：55~56）。不管什么文化和国籍，每个人似乎都懂得这段录像的精要。本·拉登又一次在宣扬领导穆斯林抵抗西方国际运动时自己展示的勇敢，也进一步提供了他娴熟地利用媒体来增进他精心经营的公众形象的证据。

跳出本·拉登的生活细节，试图将他与其他历史人物进行比照，很显然本·拉登是一个具有破坏性的魅力型人物。他在培养听众的想象力或者感知历史上的不平之事，以及感动每一个受伤的伊斯兰心灵方面做得很成功。他标榜自己的行动不是为了自己，而是为了世界上其他被压迫的穆斯林的福祉。他不停地在巴勒斯坦、车臣、印度、菲律宾等这些遥远的国度以及全球其他地方谈及穆斯林，作出一副同心协力把他们的事业当成自己的事业的模样。同样地，阿道夫·希特勒也注意到了德国民众因“一战”末期的《凡尔赛条约》而产生的不满，并且非常天才地宣称来帮助生活在诸如奥地利和捷克斯洛伐克等临近国家的那些受压迫的德国人。就他们二者各自的思想体系和传记境遇而言，两人之间有着很大的不同。尽管如此，两者在蛊惑人心的才能上显示了许多相似之处，也都承诺带领他们的追随者走向现代的乌托邦，最后，却只能导致死亡和毁灭！

（郑剑虹　魏珂　译）

① 关于《古兰经》的故事，见《古兰经》第18章（1993）。有关这个录象带以及本·拉登巧妙地企图将自己与《古兰经》中的人物连在一起的完整探讨，见丹尼斯（Dennis，2002：54~55）。

## 参考文献


Alexander, Y. & Swetnam, M. S. (2001). *Osama Bin Laden's Al-Qaida: Profile of a Terrorist Nerwork.* Ardsley, N. Y.: Transactional Publishers.

Bergen, P. L. (2001). *Holy War Inc.: Inside the Secret World of Osama Bin Laden.* New York: Free Press.

Black, A. (2001). *The History of Islamic Political Thought: from the Prophet to the Present.* New York: Routledge.

Bodansky, Y. (1999). *Bin Laden: The Man Who Declared War on America.* Rocklin, Calif.: Prima Publishing.

Dennis, A. J. (1996). *The Rise of the Islamic Empire and the Threat to the West.* Bristol, Ind.: Wyndham Hall Press.

Dennis, A. J. (2002). *Osama Bin Laden: A Psychological and Political Portrait.* Lima, Ohio: Wyndham Hall Press.

Friedman, N. (1991). *Desert Victory: The War for Kuwait.* Annapolis, Md.: Naval Institute Press.

Kaplan, R. D. (1992, April). Shatter Zone. *Atlantic Monthly*, pp. 24 – 25, 20 – 49.

The Noble Koran. Riyad, Surah. (1993). *18* "*The Cave*", pp. 445 – 465. Saudi Arabia: Maktaba Dar-us-Salam.

Miller, J. (1993). The Challenge of Radical Islam. *Foreign Affairs*, 72(2), 43 – 56.

Smith, J. E. (1992). *George Bush's War.* New York: Henry Holt & Co.

Taheri, A. (1989). *Crescent in a Red Sky: The Future of Islam in the Soviet Union.* London: Hutchinson & Co.

Wright, R. (1992). Islam, Democracy and the West. *Foreign Affairs*, 71 (3), 131, 139, 130 – 159.

第22章

# 在父亲的影子里：小布什和他个人转变的政治

斯坦利·伦肖恩（Stanley A . Renshon）

要了解现在的乔治·W. 布什（George W. Bush），就必须先了解过去的那个布什。像他本人一样，他的故事并不是特别复杂，至少在大致的轮廓上如此。他出生在一个成功而富有的家庭中，然后花了一段时间寻找自己的人生道路。布什先生非常缓慢地整合了成年期发展所包括的最重要的元素。

布什先生的人生是怎样开始的呢？他一开始就背负着很高的期望，拥有大量的财产和巨大的优势。但与这些优势并存的是要求。他所面对的环境的复杂性以及他在这些要求下拥有和发展的才能是本章的重点。要理解布什先生，需要特别强调他与父亲和母亲的关系、出生在这种非常成功的家庭里所带来的种种挑战、戒酒的斗争以及他在得克萨斯骑警棒球队（Texas Rangers Baseball Team）的所有者角色。所有这些经历都把布什推入深刻的心理困境中。他的生活经历，连同他的雄心一起，把他推向成功。然而，每当他寻找立足点的时候，却很少能够找到一片坚实的土地。

结果，他开始飘忽不定地追求传统意义上的成功，这首先表现在青春期，然后是成年早期，一直到成年中期。布什成为家庭中的叛逆者和学校里爱出洋相的人。而后，他开始勤奋工作和过着难以驾驭的生活，包括经常酗酒。有一段时间，独自酗酒部分地替代了他非常渴望而又一度未能取得的成就，这种行为甚至一直持续到成年中晚期。布什先生成功地进入稳定而成功的成年生活的过程是一个关于毅力、韧性、决心以及深刻而缓慢的个人转变的故事。一些人认为，这是一个重塑信仰的故事，布什首先是拒绝，然后重新发现了自己心中的上帝。然而，他的故事不仅仅是个个人信仰的故事，还涉及内在决心的树立。

这个故事为什么如此重要？因为它告诉我们他是如何成为今天的布什的，现在，这个人是美国的总统。

## 一、布什的发展：一种心理学意义上的叙事框架

布什出生在一个富有而且成就显赫的家庭中。他的祖父是一个成功的商人、美国参议员和东部共和党的核心成员。他的父亲，也就是老布什，曾是出色的学者、运动

员、战斗英雄、成功的商人、国会议员、驻中国大使、美国中央情报局（Central Intelligence Agency）局长、副总统，最后成为美国的总统。

与这些令人敬畏的成就相比，小布什显得暗淡无光，人们对他的期望很低，而这构成了对他无声的责备。这也是他推进“不让一个孩子落下”（No Child Left Behind）教育项目的原因之一，它与这位总统有着独特的关系。他不是一个杰出的学生，也不是一个成功的运动员。如果不是因为人们喜欢他并被他吸引，使他有能力成为小组的核心，那么他似乎就没有什么独特的才能让他在其他方面与众不同。这种能力最早表现于初中时他竞选班长并取得了成功（Colloff，1999）。

他经常搞恶作剧取乐，并因此惹上麻烦。这个角色——被他自己称为家庭的“害群之马”，在他后来回忆时被看成无法达到要求时应付困难的一种方法。不管他抱有怎样的要超过父亲的弗洛伊德式的梦想，都会因他无法取得传统意义上的成功而葬送。

结果，父亲与儿子之间反差极大，儿子崇拜父亲但没有可能去仿效他，对儿子来说，父亲是他理想中的北极星，是他未曾实现的抱负所在。由于这个不能解决的冲突，布什的青少年时期和成年早期是没有目标、非常平凡的，用这个家庭的标准来衡量，他是不突出的。在大学毕业时，他回忆说，“我没有什么生活计划”（Bush，2001：785）。很多年以后依然如此。如同布什在他的自传中所说的那样，“我曾经涉足很多事情”（1999：60）。

从哈佛商学院毕业以后，像父亲一样，布什去得克萨斯经商。父亲在那里取得了成功，而他却没有。他想要像父亲那样，在政治上一显身手，竞选国会议员。在他父亲曾经取得成功的地方，他却再次失利。他没有目标的青春期和不出色的成年早期正威胁着他，使他有可能度过一个失败的成年期。

在 40 岁的时候，他的石油生意和政治前景将他带进了一个死胡同。正如他在 1986 年接受采访时所说的那样，“我有名无实”（引自 Reinhold，1986：14）。虽然布什很努力，但他没有找到被他称为“解放者”的东西，“一个能巩固他的未来、证明他有着美好前途的大油库”（Minuatagio，2000：201）。

“解放者”这个词充满了心理学意义。简单地讲，它指从经济困境中解放出来，但它还有着更深刻的意义。它意味着从难以达到家庭期望的无能中解放出来，追随父亲的成功足迹，还意味着他获得了成年期第一个重要的成功。

它还可能减弱他个人实质性问题的严重性。布什有酗酒问题。他多次提及这个问题的严重性以及对这个问题的轻视。戴维·弗洛姆（David Frum，2003：283）引用了布什对一群宗教领袖所说的话，“我能留在美国总统办公室而没有去酒吧，原因只有一个：我找到了信仰，我找到了上帝。因为祈祷的力量我才有了现在”。

的确，及时地尊崇祈祷的力量使布什突然彻底戒了酒。这本身是决心和勇气的表现——像过去一样面对真实的生活；这同样是乐观的表现——他对走出发展的困境是乐观的。

准确地找出他为什么要戒酒以及他是怎样戒酒的，是布什个人和心理转变的关键秘密之一。布什把这归功于比利·格拉汉姆（Billy Graham）和妻子劳拉（Laura），而我要将这个转变归功于布什本人，其原因稍后再来分析。

如果父亲是布什心目中的北极星，那么，母亲对他的心理影响则是他自我实现的动力。母亲直率、严肃，有时刻薄的风格在布什身上也很容易看到。他首先会受到这些特质的影响，一直持续到成年期。

在他戒酒一年之后，布什得到一个机会，成为当地棒球队——得克萨斯骑警棒球队的合伙人。这一次，他抓住了这个机遇，并将这个机会变成比工作更重要的东西——一个成年生活的立足点和赚钱的机会，而且由于他自身的技能和发展潜力，更大的发展空间蕴藏在其中。

布什的发展史还有很多事情。但从这里开始，他的人生就转向政治，走向总统的道路。例如，他在父亲的两次总统竞选中扮演了重要的角色，并从中学到了很多东西。他成功竞选为得克萨斯州州长并进行相应的管理。当然，在这些故事发生之前，还有布什冲破心理困境和自我救赎的重要故事。

## 二、金钱和政治：家族企业

家族企业对这个家庭的孩子的心理发展产生了很深的影响。它们要求孩子们取得可以与前辈相媲美的成就，要求他们像前辈们那样形成自己的独立人格。而且，它们还让孩子们在各个方面充满竞争的热情。

埃尔斯·沃克（Else Walker），一个与布什关系亲密的表亲，曾说过他们这个家庭中的成长状况："在这个家庭中，并不是很容易成长起来。我们所有的人不得不面对这样的事实：这儿有很多成功的人，要承受巨大的压力。在应对这些压力时，我们有着各不相同的成功经验"（引自 Minuatagio，2000：158）。

布什家族企业的特点可概括为两个词：金钱和服务。布什的祖父——普雷斯科特·布什（Prescott Bush），为这个家族树立了一个榜样，他先是在华尔街赚了数百万美元，而后长期从事公共服务业。他先是做城镇会议的主席，而后成为康涅狄格州的联邦参议员。他身材高大而富有影响力，普雷斯科特做了十多年的参议员，当然也是布什大家庭的高级成员。

他的儿子，即小布什的父亲，踏着父亲的足迹，先挣钱，然后开始从事公共服务事业。乔治·H. W. 布什（George H. W. Bush）的政治简历很长：1962 年，得克萨斯州哈里斯县（Harris County）的共和党主席；1964 年，美国参议院候选人（失败）；1966 年，国会议员候选人（成功）；1968 年，再次当选国会议员；1970 年，美国参议院候选人（失败）；1970 年，任美国驻联合国大使；1972 年，共和党全国委员会主席；1974 年，任美国驻中国大使；1976 年，美国中央情报局局长；1980 年，竞选总统（失败）；1980—1988 年，美国副总统；1988—1992 年，成为美国总统。

当然，这个清单只列出了一些标题，而没有具体的细节。在每条简历背后，都是数小时、数天、数月甚至数年致力于高层政治生活的努力奋斗，其中包括无数的会议、决策讨论、磋商和筹集资金的事情，然后才是坐在办公室的工作。

这说起来很简单。其实，政治生活，尤其是政府最高层的政治生活，需要一个人的全心投入，对布什家族来说，则意味着整个家庭的参与。小布什也是一样，他多次拜访祖父普雷斯科特·布什，这使他自然地卷入了父亲的政治生活。父亲做县共和党主席时他16 岁，父亲第一次竞选联邦议员时他18 岁。小布什的政治生活经历是从那年

8 月陪同父亲在得克萨斯州进行竞选时开始的。

弗兰克·布鲁尼（Frank Bruni，2003：3）这样描写小布什：“很少有人能像他这样，从事公共服务的时间这么短，对总统这个位置感兴趣这么晚，所拥有的知识如此不完备，而且准备如此仓促，在这种情况下还能走进白宫。”如果公共服务就意味着竞选成功或担任某个职务，那么，对他来说是很适合的，但这也会误导人。

显然，小布什在当选总统之前有着最好的平台——他父亲纷繁的政治生活可以让他观察、参与和学习美国政治。更具体地说，小布什的经历包括下面这些：

1964 年（18 岁），协助父亲竞选联邦参议员，但没有成功
1966 年（20 岁），协助父亲成功地竞选国会议员
1968 年（22 岁），协助父亲再次成功地竞选国会议员
1970 年（24 岁），协助父亲竞选联邦参议员，未获成功
1971 年（25 岁），筹划竞选得克萨斯州议员
1976 年（30 岁），为杰拉尔德·福特（Gerald Ford）竞选总统在得克萨斯州奔走游说
1976 年（30 岁），进入大老党（GOP）① 候选人学校
1977 年（31 岁），在佛罗里达州为 GOP 候选人爱德华·J. 格尼（Edward J. Gurney）工作
1978 年（32 岁），竞选国会议员
1980 年（34 岁），为父亲竞选总统工作
1981 年（35 岁），在阿拉巴马州协助温斯顿·布劳特（Winston Blout）竞选联邦参议员
1984 年（39 岁），协助父亲再次竞选美国总统
1987—1988 年（41 岁），成为父亲总统竞选活动的高级顾问
1989 年（42 岁），考虑竞选得克萨斯州州长，但后来决定放弃
1992 年（45 岁），成为父亲第二次总统竞选活动的顾问（不是在华盛顿），但竞选未获成功
1994 年（47 岁），竞选得克萨斯州州长，并获得成功
1998 年（51 岁），再次当选得克萨斯州州长
1999—2000 年（53 岁），竞选美国总统，并获得成功

这个清单既证实了布鲁尼所说的布什的特点，又与之相矛盾。布什没有从事公共服务的丰富阅历，但他有丰富的政治活动经历。的确，可以说他把整个成年期都投入了政治活动。

关于布什简历的这些问题与他怎样为竞选总统和担任总统做准备有关。他真的能做领导者吗？布鲁尼假定，了解政治的最佳方法是实际执政。而且，还有一种可能，为了竞选国会议员、参议员、州长、副总统和总统，他曾经参加了各层政府的政治活动，这丰富了他的政治学习经历。如果这些经历像对布什那样可以重复，如果具有可以尽可能近地接近候选人和竞选操控中心的优势，那么，这种情况就更明显了。

在担任这些职务时，布什不仅形成了一种局内人看待政治的高水平的观点，而且他形成了局内人关于领导的观点。布什是一个学习领导的学生（Greenstein，2003），他对于领导的本质和运作具有清楚的认识。这是通过多年来对成功和失败的观察——从父亲和自己的成功和失败的观察中发展和提炼出来的。

---

① 美国共和党的别称。——译者注

布什的政治履历也表明了另外一点：他一生都对政治充满兴趣。虽然在发展过程中有很多时候不能确定自己的人生道路，但他从来都没有放弃从政这种可能性。相反，他抓住每个机会去参加竞选活动，更多的是为他父亲，但也为其他人，并且在他25岁时第一次考虑自己竞选。可以说，他的政治兴趣和雄心早在成年初期就已经表现得比较明显了，他根本不是一位政坛的后起者。

这并不是说当总统一直是布什主要的理想。他不像阿尔·戈尔，很早就接受训练，把当总统看作自己的目标。他对这种期望进行了短暂的反抗，29岁时又诚恳地按照这种期望去奋斗，随后一直如此。他也不像比尔·克林顿，在高中时与总统约翰·F. 肯尼迪的相遇让他明确了当总统的理想，并为这个雄心所控制。他也不像林顿·约翰逊或理查德·尼克松，作为一个局外人内心非常渴望闯入和控制总统所象征的充满诱惑的地位和名望的圈子。的确，布什自己也曾说，他“最近”才开始对当总统感兴趣。

作为布什家族中的一员，布什拥有他需要的所有地位，他缺少的是以自己的成功为基础的个人成就。关于布什简历的那些问题不仅仅可以，甚至主要可以从他为当总统做了怎样的准备这个方面反映出来。更有争议的是，他怎样展示了他为生活所做的准备以及曾经在生活中取得了怎样的成功。

布什的政治履历反映了与父亲结成的、历史上特有的长期亲密的个人关系和政治关系。这种关系密切而复杂。在布什的童年以及成年早期和中期的发展过程中，这种关系的性质不断变化，为我们理解这位总统的性格提供了重要信息。

## 三、父亲与儿子

小布什与父亲的关系是他发展的中心点。他和弟弟杰布（Jeb）都把父亲称作“灯塔”（引自 Minuatagio，2000：101）。因此，应该从爱和崇拜开始分析这种关系。在入主白宫办公室100天时，小布什接受了《华盛顿邮报》（*Washington Post*）的采访，记者提到他的父亲，说：“他对你很有帮助吗?”他回答：“他对我的帮助是告诉我他爱我，并且他为我感到骄傲。这不像是父亲说给儿子的话，但只有一位父亲才能说这种话”（Allen，2001）。

分析布什成年期发展的一种方式是分析他想赢得父亲自豪感的愿望。在父子之间，爱从来不是一个问题。虽然他父亲长期不在家，或许正因为这样，他们之间才形成了重要的情感联系。在儿子成长的过程中，老布什很多时候都是在旅途中。这在小布什长大后也没有改变，他的父亲把大量的精力投入政治活动中。小布什在成长过程中至少有一位“代理父亲”[①] 陪伴，但没有一位“代理父亲”能发挥亲生父亲所能发挥的心理作用，尤其是这位亲生父亲非常成功，能给予情感上的培育，因不在身边而被孩

① 一位记者在描述小布什与百万富翁赞助者、纽约州人罗纳德·W. 贝茨（Ronald W. Betts）的友谊时，这样写道：这种关系可以追溯到贝茨先生的父亲阿伦 W. 贝茨（Allan W. Betts）。贝茨先生说，在小布什的父亲忙于政治活动时，他的父亲就成了小布什的代理父亲。正如贝茨先生所说的那样，1986年在阿伦·贝茨去世后，贝茨先生带着他的妻子、两个女儿与小布什一起去餐馆吃饭。正是在那里，1999年，贝茨先生告诉纽约的杂志，“乔治讲了一件往事，说他在耶鲁大学毕业后曾经给我父亲写了一封信，感谢他在父亲不在身边时对自己的关照。没有人比乔治与他们的父亲更亲，而乔治的父亲却远在得克萨斯，太忙了。”（Bumiller，2003：A18）

子想念和理想化了。理想化，其中融合了强烈的爱的情感与对于父亲那些可敬的品质的尊崇，是强烈、亲密而没有冲突的个人依恋的心理处方。

有大量的证据表明这两个男人之间的亲密关系。在他的自传中（Bush，1999）①，小布什特别提到在他被选为州长时父亲送给他的袖口链扣，并介绍了父亲同时捎来的一封信，上有父亲亲笔书写的“深爱你的父亲”。小布什提到这件事的时候“哽咽了”（1999：42）。在叙述自己竞选总统的过程时，布鲁尼（Bruni，2003：181）注意到，“当说到父亲曾经怎样支持他的时候，约有一半的场合他都哭了”。2000 年在中学八年级学生中进行竞选游说活动时，他被问到父亲的情况，他说：“我不喜欢人们批评我的父亲。因为我爱他，我爱他超过一切”（引自 Walsh，2000）。

准确地说，小布什认为他的父亲是一个不喜欢冲突和避免激起对立的人。从童年时期起，他的父亲一直是温和、友好的，而且善于为别人着想（Parmet，2001）。尼克松认为他不会搞强硬政治。他“太友好了”，没有“杀手的本能”（Parmet，2001：293 ~294）。数年后，在竞选总统时，他才不得不对那种说他是一个“懦夫”的观点进行反驳。② 随着美国的政治从那种曾经激励了布什这样的家族的服务伦理（the ethic of service）转向批判政治（smash-mouth politics），小布什的父亲因不紧不慢的政治步伐受到批评（Helco，2003：37）。

小布什与父亲感情深的另一个表现是，他坚决拥护父亲的决定。小布什写道，他曾被称为“布什家族中的罗马焰火筒（Roman Candle），在需要维护父亲时，能很快地喷出焰火”（Bush，1999：181）。他对一个记者说：“我讨厌你对我父亲的批评。”（1999：181）而且他说，他也能够做到“即使撞到墙上也会维护父亲”（1999：182）。“当保护我父亲时，我是一个英勇的战士。我这样做是因为爱，不是因为权力。”（引自 Mitchell，1999：256）

小布什自己的人生轨迹可能最明显、最深刻地反映了布什父子间的联系。在大大小小的事情上，小布什都追随着父亲的足迹。父亲去了安德佛（Andover）和耶鲁（Yale），儿子也去过那里。父亲加入了海军，成为一个战斗机飞行员；儿子也加入了空军国民警卫队，也成了一个战斗机飞行员。父亲去得克萨斯州做石油生意，儿子也这样做了。父亲和儿子都是在成年期转向政坛的，而且他们都要处理伊拉克和萨达姆·侯赛因的问题，在这件事上，儿子完成了父亲没有完成的事情。在家庭生活中，模仿是最真诚和最深刻的认同方式。

此外，还有一些相似的地方更细微、更亲密（Mitchell，2000：97）。早在与劳拉·韦尔奇（Laura Welch）结婚以前，小布什就与卡西·沃尔夫森（Cathy Wolfson）订婚。她是史密斯大学的学生，小布什的母亲也曾毕业于这所学校。小布什 20 岁时订婚，他的父亲也是在相同的年龄与芭芭拉（Barbara）结婚的。小布什与未婚妻决定在圣诞节订婚，这一天也是他父母的结婚纪念日。他们还计划在位于纽黑文（New Haven）的耶鲁度过大学最后一年，就像他的父母在过去所做的那样。这是巧合吗？不可能。从他

---

① 那本书是他的高级顾问卡伦·休斯（Karen Hughes）写的。

② 有趣的是，唐纳德·拉姆斯菲尔德（Donald Rumsfeld）和鲍勃·伍德沃德（2003：22）都赞同这种观点，伍德沃德引述了这样一些话：“在白宫的这些年，拉姆斯菲尔德发现，老布什不能胜任总统，他更重视友谊、公共关系和民意调查，而不是实际的政策”。

们人生轨迹中的其他相似之处也很容易看出，小布什成年早期和中期的生活是从模仿父亲开始的。①

父亲和儿子有许多相似的成长经历。他们都有令人敬畏的父亲和有力的、言语尖刻的母亲。两个人的父亲都是由于忙于生意和政治理想而经常不在家。他们成长于其中的家庭都很重视竞争，并期望取得高成就。

**图 22.1 小布什在总统就职日首次坐在白宫椭圆形办公室的椅子上，靠窗的是父亲老布什**

（图片来源：时代生活图片/Getty 图片）

可以进一步加强这种父子联系的相似之处还有：父子都没有被认为是“聪明的人”（虽然老布什与小布什相反，他在学校的学习成绩较好）；他们都有领导者的人格，能够把别人吸引到自己的身边；都因在演说时经常找不到合适的词而出名（见 Parmet，2001；Bruni，2003）。

小布什没有意识到父子之间的这些相似之处。他在自传中提到决定成为一个飞行员的事情时说：“可以肯定，父亲曾是一个战斗机飞行员这件事影响了我的思想。”（Bush，1999：50～51）对于自己第一次竞选的失败，他写道：“1978 年我第一次竞选国会议员失败时，其实在某种程度上我是沿着父亲伟大的足迹前进。我父亲也曾在 1984 年第一次竞选参议员时失利。”（1999：167；补充强调）

在“9·11”事件发生的那一刻，小布什的思想一下子回到了他父亲对于萨达姆·侯赛因入侵科威特所说的著名誓言：“这是不能容忍的”。随后，他说出了自己的话：“恐怖主义对我国的袭击是不能容忍的”（Bush，2001c）。在回顾这件事的时候，他对鲍勃·伍德沃德（Bob Woodward）说：“我为什么会说出这些话？这可能是过去的回音。我不知道为什么。我想说，我们不必无聊地讨论这些话本身。我到了那儿，就这样说了”（Bush，2002：16）。

小布什很小的时候，就被别人认为具有父亲的样子。② 他在米德兰市（Midland）长大，以被人称为“小布什”而出名（Minuatagio，2000：13）。在官方宣布他成为州长候选人的前一天，一家报纸刊登出他父亲而不是他的照片（Minuatagio，2000：7）。当空军国民警卫队官员调整、清理小布什驾驶的 F－102 用来展览时，他们竟然把名字搞错了，写成了“空军中尉老布什”（Minuatagio，2000：153）。竞选国会议员时，他不得不一再提醒人们，他是“为自己竞选”，而不是为他的父亲（Minuatagio，2000：180）。这类问题一直存在并困扰着他，以至于他“在演讲时拿出他的出生证以证明他中间的名字是与父亲不同的”（Minuatagio，2000：188）。甚至在他竞选得克萨斯州州长时，《休斯顿时报》还用他父亲的一张照片，报道小布什在共和党女子团演讲的故事（Minuatagio，2000：276）。

---

① 他的母亲立刻否定了这种观点（Roberts，1999）。“罗伯茨小姐（Ms. Roberts）：你说布什州长在实践父亲的期望，这种看法是‘胡说’。”芭芭拉·布什：“纯粹是胡说。”

② 本段的引述都来自米纽阿塔乔（Minuatagio，2000）。

有一次，在访问白宫时，弗兰克·布鲁尼注意到，在壁炉上面挂着一幅小布什和父亲一起钓鱼的画。这是小布什特意委托别人画的。人物的位置尤其吸引了布鲁尼的注意，“父亲在前方……钓了一条大鱼。儿子在他的侧后方，不太容易注意到，鱼钩上没有鱼”（Bruni，2003：216）。

小布什反对别人把他与父亲等同起来，甚至对他自己来说，不这样做也是很困难的事情。他在谈到父亲时说：“毫无疑问，他影响了我，但并没有母亲对我的影响大。”（引自 Walsh，2000）这是一个奇怪的观点，因为在如此多的方面，他都是踏着父亲的足迹前进的。然而，母亲对他的确有着重要的影响。

## 四、母亲与儿子

正如前面提到的，父亲是小布什心目中的北极星，但他的母亲是他实现理想的机车。很多事实表明，小布什具有很多与他母亲相同的特点。他回忆说，一个支持者说他长了“父亲的眼睛和母亲的嘴巴”，小布什认为，这是“一个相当准确的评价，母亲和我在家里都爱说俏皮话，快言快语，说话随便。我很爱她。我们两个喜欢互相逗着玩，喜欢那种机智而有准备的应答。偶尔，我们的应答会太快、准备得太充分”（Bush，1999：183）。

当然，精神分析学派的心理传记学家们对谁从哪个人身上继承了什么特质并不太感兴趣，而对于这些特质导致了什么样的关系更感兴趣。在小布什的整个童年期，芭芭拉·布什是家里能够最直接、最有力地影响他的人。这与丈夫经常在外忙于做生意以及后来忙于政治活动有很大的关系。作为家里日常生活的权威，芭芭拉·布什不具备被孩子理想化的条件，孩子们因父亲长期出差在外而对母亲的爱不断加深。

这与她的人格力量有很大关系。她的人格特点是什么？主要表现在她直率、严肃的做事风格和经常对人、对生活抱一种挑剔（一些人说是讽刺）的态度上。她的母亲——波林 ·皮尔斯（Pauline Pierce），鼓励她说出自己的真实想法（Radcliffe，1989：67），作为一位母亲和布什政治生涯中的核心人物，她一生都是如此。在一个大部分政治家的妻子的言行都不会动摇自己丈夫政治事业的时代，她却以敢于说出自己真实的看法著称。在很多尖刻的政治评论中，比较有名的一件事是，她曾用一个与“rich”押韵的词来形容民主党副总统候选人杰拉尔丁·费拉罗（Geraldine Ferraro）（Kilian，2002：99）。她的公众形象反映了她更真实的一面，这并不奇怪。

从心理的代际影响来看，芭芭拉·布什成长的家庭与儿子相似。她把父亲理想化，却经常与母亲吵架（Killian，2002：14 ~ 15）。这看起来有些矛盾，甚至还有点让人感到奇怪，她在家庭生活中复现了自己早年的家庭生活经历。

当一位严肃的母亲与一个一心想在这些方面挑刺的儿子相处时，会发生什么呢？用一个词来说就是冲突。她的孩子说她是个“专制者”，尽管不当着她的面说。与此相矛盾的是，她有时也这样说她自己（Kilian，2002：50）。事实上，小布什在参加父亲总统竞选活动时也扮演了同样的角色（Smith，1999）。

杰布·布什（Jeb Bush）称她妈妈是“我们的军事教官”（引自 Kilian，2002：43）。芭芭拉·布什自己说：“我会大声叫喊，举止失常。”（2002：50）小布什说得更

直接："我是一个孩子时，经常被芭芭拉·布什训斥，长大成人后，仍然被她训斥，真是无趣极了。"（2002：50）

这部分与两种相似心理特征的相互影响有关。她和儿子都有着叛逆的性格倾向，这经常要考验他们的意志。而且，她要独自承担作为一个母亲和妻子的责任，因为她的丈夫总在外面。[①] 补充一点，她的丈夫，也就是小布什的父亲，有一套截然不同的教养方式和纪律。有一天，芭芭拉·布什给他打电话，抱怨儿子用棒球打碎了邻居的玻璃，他却回答说："天哪，好精彩的进球呀！"（引自 Kilian，2002：52）

**图 22.2　小布什与穿着得克萨斯州骑警棒球队队服的第一夫人**

（图片来源：时代生活图片/Getty 图片）

母亲对小布什说话总是直来直去，但她的儿子并不总是欣赏这种做法。1994 年，小布什回忆说："我母亲说我胜不了安·理查兹[②]。"（Bush，1999：26；另参见 Mitchell，2000：296）虽然他把这当作一个笑话，但也可以看出他明显缺少信心。

四年之前，她在儿子参与竞选的立场上很坚定。1990 年，在小布什刚开始经营得克萨斯骑警棒球队之后不久，开始考虑竞选州长。母亲先私下里对他说不要去竞选，然后公开对记者说："当你把主要的精力放在棒球上时，也许你就不会再去竞选州长"。

小布什对此极为生气："母亲担心我父亲的竞选活动会影响了我的竞选。非常感谢你，42 年来，你一直在给我提建议，但大部分建议我都没有采纳。"（Beshear，1989；参见 Minuatagio，2000：243；Mitchell，2000：252）

当然，她可能有点害怕小布什会给父亲的竞选带来不利影响。小布什曾经在一次采访中说过，他的母亲是怎样"把夫妻关系看得高于母子关系"（引自 Kilian，2002：52）。虽然小布什后来的态度变得温和了一些，但母亲对他的影响已经造成。既然他的母亲——第一夫人，明确要他不去竞选，那么他又怎能去进行这次竞选呢？那年 8 月，他宣布放弃竞选。

实际上，小布什对开始政治生涯感到焦虑，他取得的成就还不足以让他去竞选州长。在他母亲公开地打消他的热情之前，他只是先试探试探，评估一下自己竞选成功的可能性有多大。小布什让一个得克萨斯州经验丰富的政治家看看人们对于他参加竞选有何感想。这是他从她那儿得到的消息："人们都喜欢你，但你没有做过什么事。就像你的父亲在离开康涅狄格州和家庭的保护之后所做的那样，你需要走出去做些事情。你是布什家族的成员。"（引自 Minuatagio，2000：235～236）

---

① 布什夫人回顾了那一时期需要承担的多重责任。每一天都显得很长，而每一年又显得很短；要换尿布、擦鼻涕、治耳痛，应付多得难以相信的小团伙比赛，治疗扁桃体炎，说不定哪会儿就要往医院急救室跑，去主日学校和教堂，连着几个小时急着做作业，用粗短的小胳膊搂着我的脖子吻我；艰难的时候－－不是很多，但有一些－－那时，我感到我不会再有快乐；乔治·布什为创办一个小公司和环游世界而兴奋，他感到十分高兴，这时我又要对他的情绪反应进行适当的应对（引自 Lardner & Romano，1999a）

② Ann Richards，小布什竞选州长时的对手。——译者注

我们必须正确地看待布什家庭中尤其母子之间的紧张气氛。就像对这个家庭进行报道的记者们所证实的那样，“他们对彼此的忠诚、支持，是毫无疑问的……（你）不难看到爱和崇拜超越了他们的竞争本能”（Bruni，2003：142）。对布什来说，这种关系转化为一种亲密而不平静的关系。

## 五、妹妹去世

小布什6岁时，他的妹妹罗宾（Robin）患了白血病。父母把她带到纽约的斯隆—凯特灵医院（Sloan-Kettering Hospital）进行治疗。在令人苦恼的7个月中，老布什往返于家与纽约之间，妻子则在那儿照顾生病的女儿。小布什和小弟弟杰布留在了得克萨斯州米德兰市的朋友那里（Colloff，1999）。治疗失败了，罗宾死了。

一个孩子的死亡是对父母最大的打击，这种伤害持续影响了全家人好几年。对小孩子来说也很痛苦，小布什描述了当时的心情：“我感到很伤心和震惊。几分钟以前，我还有一个小妹妹，现在却没有了。46年以后，那依然是我童年时期最伤心的记忆，那是有缺憾的幸福中的一种剧痛，否则，我将会很幸福。”（Bush，1999：14）

很明显，罗宾死亡的沉痛消息对小布什打击很大。他的父母告诉他，罗宾生病了，但没有告诉他病的严重程度。[①] 约翰·凯德（John Kidde），小布什的一位高中同学回忆说，小布什告诉他的朋友，“你想生活是这么美好，一切都很完美；然而，这种事情发生了，一切就全变了”（引自Lardner & Romano，1999）。

简化一个人对某件事的心理反应是很危险的，不管这个事情有多大（关于写心理传记时简化的危险性，请参考Schultz所写的本书第1章的内容）。尽管如此，但很难忽视这个悲剧或者其所处的关键期的巨大影响。

一些人认为，他妹妹的死是小布什顽皮、轻率态度的起因。这个观点虽然很有意思，但与事实不符。小布什的这种心理特点很早就开始了。在小学的音乐课上，他因在脸上画小胡子、故意扰乱课堂而被送到校长那里。他不但不悔悟或感到恐惧，还表现得“像是做了一件世界上最精彩的事情”。由于担心他变成“班里的小丑”，校长在他背上打了一板子。布什夫人去学校抗议，但是在听了他的故事之后，也认为校长做得对（Kilian，2002：41）。

一些人认为罗宾去世加强了母子之间的情感联系。[②] 他们指出了这样的事实：小布什努力安慰悲伤的妈妈，芭芭拉·布什记得他是这样做的（Bush，1994：47）。然而，不管母子关系变得多么密切，他都会在某种程度上对父母没有告诉他妹妹的病情或没有让他关心妹妹感到生气。这当然没有阻止他与母亲在这么多年里互相指指点点、意见相左。

小布什开始随意对抗母亲的一个原因是，让他母亲开心“对任何一个孩子来说都

---

① 多年来，当时决定向小布什隐瞒他小妹妹的病情这件事一直压在布什夫人的心头：“我不知道这样做是对还是错。我是说，我真的不知道，但我知道他（小布什）对我说过好几次，‘你知道，为什么不告诉我？’我对他说，‘这并不重要’。”（引自Lardner & Romano，1999a；参见B. Bush，1994：45）

② 记者拉德纳和罗马诺（Lardner & Romano，1999a）为关于小布什的系列文章中的这一悲剧内容拟了一个标题：“悲剧促成了母子情深”。

是一个很大的负担”（Bush，1999：47）。我用“随意地”这个词是因为小布什尝试着同时做两个孩子：他自己和另一个“好”孩子的替身，以补偿父母的丧女之痛，在这种情况下通常会发生这类事情。布什夫人在悲痛之余作出明智的决定，毫无疑问是去重新引导儿子关注他已经形成的心理，而不是让他做那个危险的孩子替身。（请参阅奥格尔维所写的本书12章的内容，可以看到儿子为了安慰悲伤的母亲而成为一个孩子替身的例子）。

他的弟弟马文（Marvin）指出，这种经历让小布什能够更好地活在现在，“抓住每个到来的机会，而不在乎明天会发生什么”（Lardner & Romano，1999）。对他尚未实现的生活理想来说，这听起来是一个合理的解释。然而，在轻率的态度下面，显然隐藏着小布什要获取成就的愿望。

妹妹去世给小布什上了一课：“在很小的时候，生活就用一种残酷的方式让我知道，永远不要把生命看作理所当然的”（Bush，1999：15）。在另一个采访中，他说，妹妹的去世让他对于竞选总统有种“宿命的”感觉（《华盛顿邮报》的采访，1999）。[①]在他自己和他所深爱的父亲的事业遭到挫败时，这个教训会随时重复出现在眼前。

从小布什的角度来看，死亡最突出的特点是不可预料。他和父亲的多次失利也是如此。对付不可预料性的一种办法是形成惯例。对小布什来说，这包括他所喜爱的有限的几种食品（在竞选过程中，他喜欢吃花生黄油和果冻）、日常的锻炼、他有名的对守时的要求，他甚至在旅行中带着自己的枕头。一个在竞选中跟随小布什的记者注意到惯例对他的意义，意识到它在深层次对他意味着什么，“他几乎是强迫性地坚持执行已经制订的竞选计划。他的守时，不仅是礼貌的问题，还反映了他要让自己的世界变得尽可能可以预测和可以控制的愿望”（Bruni，2003：65~66）。

这种分析所具有的一个明显的问题是，小布什的政治领导能力问题。更具体地说，在这种背景之下，小布什怎样成了一个愿意承担这么多的重大政策风险的总统？根据这种分析，很明显，“9·11”事件向这位总统提出了一个特殊的心理上的挑战。这件事以一种最有戏剧性的、残酷的、不能预料的方式发生了。它打破了常规。稍后我们会看到，解除这个心理困惑的答案是，在那个时候，他已经完成了转变。然而，在此之前他有酗酒问题。

## 六、酗酒和自我救赎：成年期的第一次转变

1986年，就像布什告诉我们的那样（Bush，1999：133~137），在他40岁生日时，他的妻子劳拉和一帮朋友去科罗拉多州的布罗德莫尔宾馆（Broadmoor Hotel）进行庆祝。经过一个晚上的狂欢之后，第二天早上醒来，可以想象，他像以前一样身体感到非常不适。他起床去跑步，14年来都是如此。然而，“这次跑步很不一样。我感到比平时更糟糕，在半路上我决定不再酗酒。我回到宾馆的房间，告诉劳拉我的想法。我戒

① 小布什的原话具体如下：“在这一点上我有点宿命论。对于这次竞选总统，我想说，上帝会有安排。如果我赢，我就会这么说，告诉人们，我的意思是，如果我赢了，我知道该做什么。如果我没有赢，就随它去吧，就随它去吧。我是这样想的。我也是这样做的。在这一点上我解放了。”（Washington Post，1999：A20）

酒了”。

1. 一次喝得太多？

布什自己对他酗酒的程度有不同的说法。在2000年的总统竞选活动中，他对正在康复的成瘾者说：“我像你们一样。”（引自 Neal，2000）他在自传中写道：“我喜欢喝一点酒。”“如果在前天晚上**喝得太多**，我晨跑似乎变得困难”。（Bush，1999：135；加黑字体部分表示强调）。

事实上，这个问题不仅仅与他的跑步速度有关。他的一个谈话记录者回忆，2002年9月，布什在白宫召见了几位宗教界的领导人，在此过程中，他说：“你们知道，我有酒瘾。现在，我应该在得克萨斯州的酒吧里，而不是在总统办公室里”（引自 Frum，2003：283）。

弗兰克·布鲁尼记得，在一次竞选辩论中布什如实说出了他的酗酒问题：“你应该看到20年前的我，那时我正在喝酒和赌博。”他回忆道：“在耶鲁时我喝得太多。”他说，酒精“会与你的爱、你的家人竞争”，这都是他酗酒的迹象。在这次自我表露之前的两年，布什在一次接受采访时说：“在你喝酒时，至少在我喝酒时——有时候，我喜欢闲坐着喝上一两杯或三杯。”（引自 Bruni，2003：108）

用布什本人的话说，在“喝得太多”时，他的声音会变大，有时好像是在争吵。《纽约时报》曾经报道，在“一次喝得太多”之后，布什走近一位穿着很讲究的人，是他父母的一位老朋友，问道：“50岁以后，性生活会变成什么样子？”（Kristof，2000；Mitchell，2000：105）。这里有个著名的故事：有一次，他遇到《华尔街日报》（*Wall Street Journal*）的阿尔·亨特（Al Hunt），这个人曾经报道过小布什的父亲，说他可能得不到共和党总统候选人的提名。他走近亨特大声嚷道：“婊子养的……我不会忘记你说的话，你会为它付出代价的。”亨特先生当时正与他的妻子和4岁的儿子在一起（Mitchell，2000：205）。

10年以后，布什向亨特先生道歉（Romano & Lardner，1999a），但在他的自传中没有提到此事。但是，他声明：“喝酒彰显了我个性的某些方面，而这些方面可能并不需要更突出——（我认为）它们让我变得更有趣，更有魅力。”（Bush，1999：135）当然，这是酗酒之后的经典表白。丧失自我控制力和自我膨胀一起导致判断力降低。难怪，布什对自己魅力的夸张让“妻子都感到有点厌烦和啰嗦”。

2. 难以控制

布什先生也认为，喝酒让他“难以控制自己”。当然，心理学意义上的问题是，他不喝酒时控制住了什么。除了表明布什先生在这个阶段粗鲁、行为不检点之外，他酗酒的故事还表明了另一种酗酒的副产品——攻击性的敌意。

是什么让他感到生气？在我看来，最佳的答案是布什感到受挫了。他的人生拥有很多有利的条件，但他不能利用，虽然他自己没有什么具体的错误。他跟从父亲的脚步，却难以跟得上。

他曾去过安德佛，在那里干得不错。他的父亲在他之前也去过那里，并干得很出色。他去过耶鲁，而他的父亲在那里也曾是学术上、社交上和棒球场上的杰出人物。小布什在那儿奋斗，但没什么突出的成就。像他的父亲一样，小布什被航空飞行所吸引，他的父亲在战争中证明了自己，成为一个战斗英雄。小布什克服了驾驶战斗机的各种困难，但是在得克萨斯州，他只是一名空军国民警卫队的飞行员。

小布什的父亲离开东部，到得克萨斯做石油生意发了财。他开始时利用别人的资本，为自己赚了数百万美元。小布什也利用别人的资本去西部做石油生意，但赔了数百万美元。像他父亲那样，他曾经尝试踏入政界。正如父亲一样，他第一次竞选失利，但他的父亲从那次失利后开始好转，并在（第二次）竞选参议员失败之前，连续两次被选为国会议员，此后他的父亲在成为美国副总统和总统之前，还担任了许多重要职务，如驻联合国大使、驻中国大使、中央情报局局长。他的儿子在第一次失败以后也转向政界，却发现需要等待时机以证明自己是一个有能力的人而不是一个成功家庭中的小字辈。

3. 小布什为何戒酒

对布什戒酒有很多解释。米切尔（Mitchell，2000：204）把这归因于他父亲的总统竞选，他担心酗酒会给父亲带来麻烦。小布什的传记作者也赞成这种看法（Minuatagio，2000：210）。另一些人则归功于他的妻子劳拉。布什自己则归功于比利·格雷厄姆（Billy Graham），他帮布什有了宗教信仰。

每种解释都有一定的道理，细想之下却发现他们都没有足够的说服力。小布什的确崇拜父亲，因而认为他想避免对父亲竞选产生不利影响似乎是有道理的。然而，布什在耶鲁却仍然“喝酒太多”，这种状况一直持续到1986年他40岁时。这时，他父亲已经做了6年的副总统，并做过美国联邦调查局局长及驻中国和联合国的大使。如果小布什担心妨碍父亲，那么多年来他都在冒这种风险。另外，布什一家的朋友也说，小布什的父亲很早就要他戒酒，多花点时间考虑他的将来（Minuatagio，2000：171）。

劳拉·布什的确想帮助丈夫戒酒（Bruni，2003：179）。① 但她自己承认，她没有成功（Mitchell，2000：203；Romano & Lardner，1999a；Anderson，2002：146）。② 在这位总统的亲朋好友中，他的母亲和兄弟都曾经劝他戒酒，而这并没有记录。尽管她的母亲曾说自己从没想到儿子会酗酒，因而感到吃惊，但是，以她对大小事情的一贯直率的作风使她不可能在这种重要的事情上沉默。“这不是说，”她指出，“他可能永远不喝多。”（引自 Romano & Lardner，1999）

布什将自己戒酒的主要功劳归于个人的宗教救赎。在决定戒酒前的那一年，比利·格雷厄姆与他交谈，劝他信仰宗教（Bush，1999：136）。曼斯菲尔德（Mansfield，2003：72）考察了小布什的宗教信仰，他相信这次宗教谈话起了主要作用。

外人很难判断小布什这种个人化的信仰转向。他正在寻找自我实现的东西，这一点似乎很清楚。我指的是心理上的自我实现感。他要独具一格并像父亲那样取得成功

---

① 在一次采访中，劳拉·布什确实承认，对酗酒问题她曾让丈夫作出断然的选择，但后来对此事就轻描淡写了（Roberts，1999）。罗伯茨小姐：听起来好像你们都在场。有人听他说起过你，说你对他说，“要么要我，要么要酒”。劳拉·布什：哦，那是个笑话。当然，我的确没有那样说。芭芭拉·布什：你没那样说吗？（大笑）克里斯托弗·安德森（Christopher Anderson，2002：146）讲述了小布什与妻子的一段对话（未得到证实）：“‘你必须戒酒，’劳拉对乔治说，这是他最后一次喝酒，乔治端详了一下她的脸，撇嘴笑了笑。然后，他慢慢地站起来，并慢慢地走到厨房的柜台边，又拿起一杯波旁威士忌豪饮起来。”

② 劳拉·布什曾经这样说。他为达到这个目标努力了很长时间。我觉得至少有一年时间他都在想，“我确实要少喝酒或戒酒了”。大部分要戒酒的人首先会想，“我就喝这一次了。”我认为他心里也会这样想，“我也是这样。”当然，酒就戒不掉了。谁在那种情况下都会如此，确实戒不掉的（Romano & Lardner，1999a）。

的计划显然走到了死胡同。

小布什的光谱七号石油公司尽管努力拼搏，但很难跻身石油界胜利者的行列，在银行要收回贷款、面临破产时被哈肯石油公司（Harken Oil）合并（Mitchell，2000：202）。那次交易在一定程度上得到了布什家族的朋友保罗·雷（Paul Rea）的帮助，它们在1986年9月30号正式合并。同一年，芭芭拉·布什在日记中写道，她时任副总统的丈夫开始竞选总统（Parmet，2001，：301）。尽管小布什后来吹嘘说，与哈肯石油公司的合并只能说表现了他的经商才能（Mitchell，2000：206），但他的发展史与此形成了鲜明的对照，对这一事实，无论父亲还是儿子，都无法否认。

小布什一直想靠自己的条件独立地取得成功。在此过程中，他既受益于布什家族尤其是他父亲的名声，又受累于它。布什这个名字为他打开了方便之门，并几次救了他，但他也付出了代价。40岁时，小布什有了自己的小家庭，一个爱他的、耐心的、头脑冷静的妻子成为这个家庭的核心。他还有个爱他的大家庭，但这个大家庭显然想知道他什么时候能“找到他自己”。就他的生活来说，他几乎没有可圈可点的真正属于自己的成就。

4. 已到中年的年轻人

在上面提到的关于布什戒酒的解释中，有一个人显然被漏掉了，那就是小布什自己。如果说有一个治疗所谓的中年危机的处方的话，当然是个人本身。中年男性戴耳环或追求年轻的女性并不能有效说明“中年危机”。在真实的生活中，“中年危机”反映了中年人某些深刻而潜在的心理转变。莱文森（Levinson，1979）提出的理论，既精彩又复杂。

他认为，成年期的任务是建立一种能反映自己的理想和情感需要的生活结构。弗洛伊德的著名理论认为，实现生活理想的两大支柱是爱和工作。精神分析学家逐渐认识到，处于第一位的爱反映了使人们更亲密、形成伴侣的情感关系，这种关系。处于第二位的工作可以被理解为一个人的雄心和能力得以实现，并可以被他人重复验证。在这些更新的理论基础上，或许我们还可以加上第三个东西：一个人能实现理想和价值的生活结构。

到布什30岁时，也就是在他传奇般地戒酒之前10年，他仍然无计可施。他的传记作者写道：

> 用这个家族的标准来衡量，用他的祖父和父亲在人生的同一阶段所取得的成功——世界大战的英雄、耶鲁大学的高材生、为人父母、事业成功的百万富翁来衡量——小布什在1976年已经30岁，他却把自己的人生看作“浪子指南”。他说，他这时仍在“酗酒、狂欢作乐和摸索”（Minuatagio，2000：173）。

## 七、劳拉·布什：一位给布什安全感的伴侣

小布什与劳拉·布什结婚是其情感发展和生活结构发展变化的关键。婚姻反映了人们对自身所依靠的文化、社会和法律规范的责任感，如果他们愿意，还可以生育孩子。但是，它也在某种更基本的心理层面上，反映了人们试图把两颗独立的，却理应

互补的心灵撮合在一起。

很难再找出一对比小布什和劳拉·韦尔奇更能互补的伴侣。她安静，而他不是；他喜欢说，而她不喜欢。他精力充沛，难以安静下来，没有方向，而她已经找到了自己的生活目标。她喜欢安静，而他难以忍受安静。另一方面，对一个过着传统甚至有点古板的生活，并且从事着反映了这种特质的职业（教师和图书馆员）的人来说，这个精力充沛、充满奇思妙想的年轻男性一定很有吸引力。在一次采访中，她轻描淡写地说：“他给我带来很多快乐”（引自 Anderson，2002：27）。在另一个采访中，她说他“不可救药”，意思是说他具有难以控制的顽皮性格，她是用一种充满爱慕的语气说这种话的（Roberts，1999）。

他们在相识三个月后结婚，小布什那时 31 岁。他们的双胞胎女儿，詹娜（Jenna）和芭芭拉（Barbara）在 1981 年 11 月 25 日出生，这时，小布什 35 岁。与劳拉·韦尔奇结婚并成为两个女儿的父亲之后，小布什成功地认识到他在成年期的第一个任务。另一个主要的任务——工作，依然在继续。

她的丈夫对他们各自的心理特点的看法值得一提，因为它说明了他们两个分别是什么样的人：

> 劳拉冷静，而我精力充沛；她是宁静的，而我是不安宁的；她是耐心的，而我是急躁的。……劳拉性格内向，而我外向……她整个人都是安逸、舒适、自然的，而且沉静……而我，是另一种人，总是闲不住。我挑逗别人，并取笑他们。我喜欢慢慢地切入问题，把问题表面化。她更友好，更稳重，做结论时很谨慎，但很可靠。（Bush，1999：80 ~ 81）

回想一下小布什对自己家庭生活经历的评价，似乎非常清楚，在一种心理意义上，他与父亲结婚了。不像他的母亲，劳拉·布什明确地说，“我基本上不给乔治提建议”（引自 Mitchell，2000：163）。

小布什在 2000 年的总统竞选之前所说的这些话，反映了他有趣而相当准确的自我评价。这表明他具有清楚地了解自我的能力，不管他是否最近才具备这种能力，这对其他人都是同样重要的。清楚地了解人的这种能力是总统判断和决策的重要组成部分，这也是理解这位总统领导方式的关键。

但是，在他们两个的不同之下，支持是其重要的基础。小布什需要有人帮他规划和疏导体能，他妻子的沉静以及能让人感到平静的特点保证了这一点，她保持了这种平衡。“9·11”事件发生后，小布什不断地嚷嚷奥萨马·本·拉登“是死还是活”，是她提醒他要“温和一点”（Woodward，2003：101；参见 Bruni，2003：179）。实际上，有好几次她都必须这样提醒他。

在与芭芭拉·沃尔特斯（Barbara Walters，2001）关于“9·11”事件的谈话中，劳拉·布什在情感上对她丈夫的重要性显得更清楚了：

> 沃尔特斯：你担心你的丈夫吗？
>
> 布什夫人：担心。我那天都提醒他好多次。当他第一次乘空军一号回家时，我提醒他……那天他在空军一号上给我打了很多电话。
>
> 沃尔特斯：你们就是这样互相关心的。

布什夫人：（大笑）是的。

小布什总统：是的，她让人难以置信……正如我们在得克萨斯州时所说的那样，“一把稳重的手”……她非常沉静而可靠……

在丈夫和鲍勃·伍德沃德的会谈中（2003：171），也提到了她在极端压力下表现沉着。在谈到这次恐怖袭击的后果时，小布什说妻子从来没有担心过。她随后就接着说，她当时“非常担心”。很明显，她也是第一次这样说。请看下面的谈话：

布什：是吗？我还不知道……

布什夫人：我很少这样说。我经常半夜醒来。我知道你也是这样的。

布什：我不记得了。我醒过吗？

布什夫人：（肯定地点点头）

布什：如果你紧张……

布什夫人：我没有那样对你说。

布什：是的，你没说过。

布什夫人：我的意思是我本来也不应该那样说。

布什经常在演讲中说与劳拉结婚是他一生中作出的最好的决定。但接下来他会说，他不能确定她是否会说同样的话。

在某种程度上，布什已经走上正轨。他为自己有能力选择一个合适的贤内助而感到自豪，他相信自己在这方面有特殊才能。当然，在妻子的选择上，他的确作出了一个明智的决定。正如布鲁尼（Bruni，2003：179）所说的那样，他的选择“是他幸运的关键组成部分，显示了他良好的直觉或才能：他所选择的人能够陪伴他一生，推动他的事业发展，并始终不变地让他兴旺发达、一往无前”。此外，我们还需要注意一点，那就是他也必须是一个能够吸引这些人的人。

## 八、被忽略的联系

莱文森称之为“成为你自己”的成年期发展阶段通常指的是成年早期的任务。而一个人在中年初期阶段面临的问题是，他在第二个十年早期发展起来的、在第三个十年中期巩固下来并有所变化的生活结构是否足以让他度过中年期？如果不是，就会由此产生中年期“危机”，他要回答这样一些重要的问题：什么样的生活结构能取代目前的生活结构？通过什么手段才能形成这种结构？

我们回头看布什在40岁时也就是进入中年期的前夕，他还没有成功地完成成年早期的主要任务：他还没有变成他自己。

我认为，酗酒和狂欢作乐是自我麻醉的方法。因此，就小布什人际交往风格的一个方面，言行顽皮滑稽是为了找到他的社会位置从而继续奠定成功的基础。小布什的问题在于，这些行为在成人社会中已经完全不适用了。

然而，只要小布什在成年期能依靠自己独立地获得成功，那么这些行为在成年期甚至也能完好地延续下来。小布什被称为班级小丑、“爱说大话的小布什”（Bombastic

Bushkin)，这个几乎没有把鞋带系好过的年轻人漠视传统意义上的成功。他的这种人格特点掩饰了他刻苦认真的奋斗，开始是努力竞选国会议员却没有成功，后来也是努力做石油生意而没有成功。

回顾小布什心理发展的历程，很明显，政治一直在他的视野中。我们已经看到他长期卷入政治的详细历史，这种经历从家庭的餐桌开始，并日渐复杂起来。当然，在他的整个童年期和成年初期都没有停止过。政治像布什家里的氧气，构成了环境的一部分，几乎可以肯定，小布什看到了政治在自己未来生活中的地位。

小布什很早就正式介入政治活动。在高中毕业去耶鲁之前的那年夏天，他陪父亲去得克萨斯州参加竞选活动（Minuatagio，2000：75）。25 岁时，小布什考虑竞选得克萨斯州议员，但最后决定放弃（Minnesota，2000：140 ~ 141）。32 岁时，他竞选国会议员。这两件事让他有了丰富的政治活动经历。

这是一个人不断接近他的生活理想的行动模式。循着这个模式，一个人努力寻找一种与他的志向一致的生活结构方式。正如我们看到的那样，在这种行动模式下，一个人被迫等待时机，而在此过程中他越来越感到无所适从。

我们可以看到，在布什发展的预备阶段，他还形成了一种善于审时度势、从他自己和父亲的失败中总结教训的能力。布什家族中传统的政治风气是服务。一个人服务不是因为他能这样做，而是因为他应该这样做。然而，正如赫尔科（Helco，2003：37）敏锐的分析所表明的那样，美国政治正在进行深刻的变化，小布什必须脚跨两个世界："他在 20 世纪后半期努力学会的新的专业批判式政治模式，与他从布什家族自然继承下来的贵族负责式的政治模式。"

小布什清楚地意识到了他的酗酒问题，不管酗酒的程度如何。他了解这一点，其他人也知道。不管他的这个个人问题为父亲和妻子带来了什么，在正在出现的政治论战中，酗酒问题都构成了布什本人实现政治理想的一大障碍。

曾有人这样评价小布什："他想怎么聪明就能怎么聪明。"国会的民主党成员的尖刻评论反映了布什特殊而容易变化的兴趣。当某些东西引起了他的兴趣时，他就会努力掌握它——不管它是棒球统计学、预备学校和大学同学的名字、喷气式战斗机的控制和驾驶，还是植物茎细胞研究提出的复杂问题。

很明显，政治雄心一直是小布什的主要兴趣所在，因此，他不大可能忽视 1977 年竞选国会议员时酗酒带给他的教训。在共和党初选获胜之后，小布什的对手就是肯特·汉斯（Kent Hance）了。在竞选过程中，布什竞选班子中的一个人在得克萨斯州科技大学的报纸上登了一条广告，要在"布什突击战"（Bush Bash）中提供免费的啤酒。就像布什的传记作者所写的那样，"汉斯班子里的人立刻抓住这个机会；布什喜欢喝酒，有一次曾经与威利·纳尔逊（Willie Nelson）在台阶上醒来，这在米德兰都已经不是什么秘密"（Minuatagio，2000：190）。在选举之前五天，一个男同性恋者的合法配偶给基督教会的 4 000 名成员写了一封信，谴责布什给大学生免费提供啤酒的事情（Mitchell，2000：179 ~ 181；Romano & Lardner，1999b）。由于很多原因，布什在竞选中很容易就被击败了。然而，人们很难相信，从 30 岁到 40 岁这 10 年间，在他考虑个人生活和政治前途时，别人利用酗酒攻击他的经历没有给他留下印象。正如他的大表兄约翰·埃利斯（John Ellis）曾在《纽约时报》上说的那样，小布什"在 40 岁时还不知道该何去何从”（引自 Hollandsworth，1999）。

## 九、纪律和意志

布什在快40岁时还没有取得在成人社会中的个人成功。然而，他具有取得最终成功的心理基础，其中的两大支柱分别是纪律和意志。宗教给了他一种行为方式，他的心理特点却给了他一种方法。

很难想象，在小布什的无赖和顽童的外表下，却隐藏着坚强的意志与严格的纪律和专注于目标的品质。小布什的青年时期很少能专注地做事，然而回顾他的发展历程，可以零零碎碎地发现他这种品质发展的证据。

我们可以从棒球开始说起。布什先生在童年时就热爱棒球，确实，他对一群小学生说过，他想成为一名棒球运动员（Bush，2001a：374）。喜欢棒球的一个结果是，布什先生形成了对棒球统计的终身兴趣。正如一份简历所说的那样，“像他父亲一样，小布什喜爱棒球，而且在学校里经常打棒球，他对此有着巨大的潜力”（Romano & Lardner，1999c：36）。赫尔科（Helco，2003）讲述了“他多年来掌握的大量的棒球统计知识”。米切尔（Mitchell，1999：36）指出，“小布什缺少真正的学术热情，但他记忆统计数字的技能弥补了这一缺点”。当小布什用心去做的时候，他就能做好。

通过他与所遇到的许多人的关系，我们可以看到反映小布什专注做事和学习的另一种能力。在菲利普斯学院（Phillips Academy）：

> 他总能记住人们的名字、生日、爱好、父母、兄弟姐妹……在耶鲁大学，他能立刻叫出他所遇到的每个人的名字，这让大家很高兴。有些事情他甚至比他的父亲和祖父做得还好。他能把十个、二十**个甚至上百个名字**背下来，在遇到这些人几分钟之后，全部背下来。（Minuatagio，2000：13~14；加黑字体部分表示强调）

在他从耶鲁大学毕业前的两个星期，小布什加入了得克萨斯空军国民警卫队。通过正式的测试程序，他具有单独驾驶F-102战斗机的资格。在小布什其他忠实的竞选自传中（1999：51~54），仅用寥寥数语描述了他成为一个飞行员的兴奋心情。学习驾驶战斗机是一种复杂而且对身体和心理素质要求都很高的工作。书本知识的学习非常关键，但还不够。必须在飞行中综合运用所学知识，以快速地作出一系列复杂的决定，同时几乎没有一点犯错误的余地。“喷气式战斗机的驾驶舱狭小而封闭，不得不学会少动。而且必须学会从心理上、身体上和情绪上控制自己。你必须保持冷静，思维有逻辑。一个错误就会让你死在那个非常贵重的金属棺材里。”（1999：54）在他的自传里，小布什回忆了执行一次飞行转弯的经历，飞行手册上说应该倾斜转弯20度，接着是一个90度的转弯。然而，“我倾斜了18度……不是水平的，接下来我转弯的角度接近100度而不是90度。我永远不会忘记教官的严厉警告：‘在空军里，我们说20度就不是18度。水平的就是水平的，做其他的一切都是草率的。’”（1999：52）

有很多事实都反映了小布什年轻时还没有达到他想达到的高度。然而，另一些材料则强调，他至少有尝试的决心。1977年，布什32岁，他宣布自己是国会议员的候选人。为了能战胜对手，他非常努力。他“筹划竞选的努力程度超出了任何人的想象，甚至给里斯（Reese）（他的对手）留下了不知疲倦的印象”（Mitchell，2000：170）：

在风沙肆虐的不毛之地，他一天敲开60多家的门。他通常每星期从米德兰出发，驾车20英里到敖德萨（Odessa），然后踏上鲁伯克（Lubbock）农场以北115英里的路程，他会闯入沿途的每一家露天商场。“他集中精力做必须做的事情的精神是出众的”，里斯回忆说，“他从不放松。他一刻不停地在工作。”（引自 Romano & Lardner，1999b）

最后，我们必须注意到他另一种身体和心理的自我约束：跑步，这与小布什日益增强的自律有关。我们要注意跑步与慢跑之间的区别。跑步是一种快速、在规定时间内进行的、旨在增强耐力和肺活量的运动。别人从锻炼中获得满足感。小布什则跑了几十年。他在冷静时跑，带着醉意跑，事业顺利时跑，而事业不顺利时更可能跑。

在接受《跑步天地》（*Runner World*）采访时（Wischnia & Carrozza，2003），布什这样评价跑步对他的意义：

问：跑步对于你的心理和身体健康起到了什么作用？

布什：它很重要。这也是我为什么每周至少要跑五次有时是六次的原因。跑步对我的帮助很大。它让我自我约束。比如，我是一个守时的人。那是一种纪律……跑步还让我设定目标，并推动着我朝着目标前进……

在他父亲再次进行总统竞选输给比尔·克林顿后，小布什开始刻苦地训练，准备参加休斯敦—田纳西马拉松比赛（Houston-Tenneco marathon）。每天，不管下雨或日晒，他都坚持跑步。在“9·11”事件发生之后，他对这种跑步方式的评价说明了他这样做的原因：

问：你必须承担世上压力最大的工作。跑步能帮助你应对这种压力吗？

布什：的确如此。跑步帮我挺过了压力很大的时期。**有趣的是，在这场战争打响之后，我跑步的速度更快了。我一直都跑得很快，但是从战争开始后，我跑步的强度大了一些。**我想，这是我在一定程度上为自己减压引起的。对我来说，它对我的心理益处是很大的。在整个跑步过程中，你会忘掉所有的事情，只注意时间、距离或汗水。它有助于净化我的头脑（Wischnia & Carrozza，2003；加黑字体部分表示强调）

芭芭拉·布什补充说明了儿子不断增强的自我约束能力：他在哈佛商学院期间“对他来说是一个很大的转折点。我认为他不会像我这样说这么多。我想他在此期间懂得了‘组织’这个词意味着什么”（引自 Romano & Lardner，1999d）。

当然，一位母亲是带着可以理解的自豪在说自己儿子的，而且更可能带着想要帮助儿子的愿望说这些话的。然而，哈佛对学生的要求确实十分严格。[①] 因此，小布什能

① 关于布什先生在哈佛生活的细节还可以参阅其他材料（Solomon，2000；Minuatagio，2000：31，145～163）。

在那里取得好成绩，说明这些话有一定的道理。他很可能在这个过程中学会了自我约束。

小布什在哈佛的故事，还有一个更重要的方面。他曾向得克萨斯大学法学院（the University of Texas Law School）提出入学申请，但没有被录取。然后，在“没有告诉家里任何人”的情况下，他独自向哈佛商学院申请（Hollandsworth，1999）。起初，他没有告诉父母他被录取的事情，是他的弟弟杰布透露了这个消息，并说小布什不知道是否该去上学，“家里人都懵了”。小布什的父亲说，他应该认真考虑这个机会，儿子回答说：“我打算去…我只是想让你们知道我能上大学。”（引自 Minuatagio，2000：148）

决定独自申请哈佛与他对父母说的话一样有趣。在被得克萨斯大学法学院拒绝之后，他不想再冒一次公开失败的风险，父母的确知道他被得克萨斯大学法学院拒绝了。然而，他申请了哈佛商学院（尽管是秘密的）。他要证明自己的雄心，现在它被引到了传统的道路上。

然而，也不能忽视他对父母所说的话。这反映了他自身的某些感受，他一定要向他的父母证明自己，也向他自己证明自己是有能力的。毕竟，是他的弟弟杰布才被认为是政治新星。小布什自己也曾说：“大家认为，我的弟弟杰布在 1994 年的竞选中会获胜，战胜佛罗里达州州长劳劳顿·查尔斯（Lawton Childs），而不认为我会战胜备受欢迎的现任州长安·理查兹。但事态的发展并非如此。”（Bush，1999：3）

## 十、不断增强的自律反映了个人的转变

所有这些，尽管它们各不相同，发生在不同的时间，却代表了布什最终完成转变的过程。人们经常认为那个时期反映了布什巨大的变化，那个时期前后的行为变化很明显，尽管我们不清楚引起这种变化的原因。当然，转变的确发生了，但并没有精确地反映出布什的转变。

他的转变是一个长期的过程，走了很多弯路。在安德佛，布什先生在从未在任何特殊的或公认的活动中担任过核心人物的情况下，成为核心人物，并以此开创自己的事业。这个喜欢说笑话、不拘礼节的聪明青年反过来成了德克联谊会（DEKE Fraternity）的主席，并且他的朋友回忆，他在耶鲁大学的社交生活堪比电影《动物房子》（*Animal House*）里的角色王尔德·约翰·贝鲁什（Wild John Belushi）（Minuatagio，2000：80，84 ~97）。他穿着飞行服和皱皱巴巴的衬衫，他喜欢打破旧习，反对传统着装。小布什是他所在组织的一个成员，然而在很多方面又特立独行，这种性格的结合体成为他现在心理的基本组成部分。

这种表现充分反映了布什对人对事的基本态度：投入但又是有选择地投入。然而，这也带来另一个好处。这赋予了小布什一个角色，让他思考自己在社会上到底适合做什么。他不是一个运动员，也不是一个知识分子，他喜欢冒险和开飞机，但这些似乎都不能立刻变成具体的成就。当对一件事情感兴趣时，他显得很聪明、很勤奋。但这里仍然有一个很大的问题：他擅长什么？

但直到 40 岁，布什先生还没有找到这个问题的答案，而时间无情地流逝了。成为杰出家族中的一个有前途的人，这是他成年早期的一大任务，而到 40 岁时则是另外一

回事。

布什内心的转变很慢。他擅长与人交往。他掌握了决心要掌握的东西，最重要的是他学会了怎样控制自己——这可以从他的自我觉醒中看出来。布什发觉自己的自律能力与他在其他方面缺少自律的表现是不一致的。他无论身体状况如何都坚持跑步，为竞选国会议员铺路，学习驾驶喷气式飞机，在哈佛学习，最终战胜酗酒的习惯，所有这些都是他逐渐认识到自己的潜力以及需要发挥自身潜力的步骤。

小布什的妹妹多萝西·布什·科克（Dorothy Bush Koch）说："这是一个转变……但它不是一夜之间就完成的，而是在他发现自己生活中的幸福、找到他自己时才发生的——我们很快就知道了这一点。你能看到一种信心。他总是表现出有信心的样子，但这是真正的信心。"（引自 Romano & Lardner，1999a）

凯勒（Keller）这样写道：

> 长期以来，我一直怀疑信仰上帝是布什先生采取的第 12 个步骤这样一个基本的事实。在 40 岁时，布什先生在一种强有力的宗教体验下克服了酗酒问题，与朋友一起学习《圣经》强化了他的这种行为。这种重生现象在美国很常见——它是宗教版的心理治疗——它建立了一种毫无疑惑的信仰，因为信奉者知道他的生活随之越来越好。

我认为凯勒说错了。我一点都不怀疑小布什找到了信仰。但是，我相信，除了他对上帝的信仰，他还找到了对自己和自身内在力量的信仰。换句话说，上帝成为一种外因，小布什的动机则是内因。

## 十一、巩固已有的转变

布什先生的转变经过了艰苦的心理斗争，在他戒酒乃至后来戒烟时，都没有任何幸运光临。有趣的是，他戒烟的方式与戒酒相同。他先是告诉妻子他要戒烟，然后就彻底戒掉了。

很清楚，这些是持续的转变过程中的步骤。他能戒酒，标志着他在发展道路上又一次取得成功，但这仍没有结束。在这方面，劳拉·布什对她丈夫有一个有趣的看法。她说，她相信她丈夫一直都是自律的，他则直到戒酒，才认识到了这一点（引自 Romano & Lardner，1999a）。

布什先生知道，他可以靠自己克服那些对自己非常具有破坏性的缺点。布什成为一个新人了吗？的确没有。但是，他确实变成了一个与以前不同的人。

他不可抑制的心理冲动平息了，怒气少了，而且不再轻易地发脾气。由于皈依了基督或者能自我控制使他生气的能力消失了吗？他对"9·11"恐怖袭击的反应清楚地表明，这个问题的答案是没有消失。

然而，他的确更自立，主要是因为他发现了自己身上可以依赖的品质。他的力量变得更明显，尽管它们还没有一个指向的目标或对手。但是，他依然缺少一种真正的、自我实现的成年生活结构。

一个机遇出现了，布什购买了颇具升值潜力的二级棒球队得克萨斯骑警棒球队的所有权股份。这笔交易的经济收益和小布什在其中所扮演的角色在其他地方都提到了（Minuatagio，2000：239～240；Mitchell，2000：239～244）。最终，他卖掉这些股份成为百万富翁，而这一目标是他在得克萨斯州米德兰市的油田里艰苦奋斗了数十年都没有达到的。

但是，得克萨斯骑警棒球队给小布什带来了远比挣钱更为重要的东西。它提供了一个可以让他为一种职业理想和责任而发挥自身才能和兴趣的机会，他找到了施展的空间。

这次风险投资也是小布什个人的决定。棒球是他从小就非常喜爱的运动，在这里他能全身心地投入。他热爱棒球，而事实也证明了这一点。他参加每一场在国内举行的棒球比赛，坐在教练席而不是股东包厢里，从投球板后面与运动员进行机智的对话，还跟球迷进行巧妙的问答，分发亲笔签名的并印有自己照片的棒球卡——他感到非常快乐。他很快成为得克萨斯骑警棒球队的公众人物。

在后台，小布什积极地投入社团政治活动，为制订新体育馆的大众筹资计划，帮助管理得克萨斯骑警棒球队（Patoski，1999），他发起了西班牙语广播，增强了球队的吸引力，这是他在政治上超越这个重要团队的先兆。这也是由于家庭关系而赢得的一次机遇，但是，这次不同于在石油行业的艰难经历，他抓住了这个机遇，并且成功了。

当小布什被问起他最感到自豪的事业成就是什么的时候，他是从42岁开始说起的，那时，他领导着拥有得克萨斯骑警棒球队的投资集团（Romano & Lardner，1999c）。其中很多收获都是他做得克萨斯骑警棒球队的股东和负责人时搭建的公众平台给予他的。这些事情是有益的。小布什经常在谈到他当时的角色时说："它解决了我在得克萨斯州的最大的政治问题。它已经没有问题了，而且它会一帆风顺。我现在的问题是，'我这个家伙曾经干过什么？'"（引自 Minuatagio，2000：241；另参见 Mitchell，2000：253）

罗纳德·贝茨与小布什很久以来就是好朋友，他的父亲曾经帮助过年幼的小布什。他说："在他经营棒球队之前，我告诉他，他应该有所作为，走出父亲的影子……棒球让他做到了这一点。"（引自 Patoski，1999）小布什最终在42岁时开始取得他一直梦寐以求却没有取得的成功。他成了他自己，再次转向另一个已经推迟了很久的目标——政治。

像在生活中一样，小布什在政治上也遇到了同样的问题。他是父亲的儿子，他不可避免地被父亲的兴趣、心理和家族的历史所引导，重新沿着父亲成功的足迹前进。

他在得克萨斯棒球队一取得成功，就马上宣布自己正认真考虑1990年竞选得克萨斯州州长。他要进入政界的说法显然不是认真的，尽管当时他的父亲正担任美国总统。正如我们看到的，虽然他的母亲公开阻挠他参加竞选人，但这仅仅是延迟了他进入政界的步伐。正如后来所证明的那样，在这个过渡期，他政治生涯中的一个很大的心理障碍被清除了。他的父亲在竞选总统连任时失败了。

小布什父亲的竞选失败解除了许多约束。劳拉·布什说，在父亲竞选失败以后，"乔治和杰布解放了，他们有生以来第一次可以自由地发表他们对许多问题的看法了"（引自 Pooley，1999）。更重要的是，小布什现在可以在大政治联盟中开始重要的行动——成为他自己。当然，他仍然用布什这个名字。但安·理查兹是一个颇受欢迎而且有见识的州长。一个观察家说，她是“美国最著名的州长，一种有组织的、带有强硬的共和党风格的力量，她给人一种把从得克萨斯州州长一直到最高权力都不放在眼里的感觉，而且能够得到极高的支持率”（Minuatagio，2000：270）。布什这个名字可能帮助他走上了这个赛场，但除此之外，他必须依靠自己去迎战一个十分强大的对手。

安·理查兹想利用她的声望、现任职务和小布什出了名的脾气取胜，但最终在这三个方面她都失败了，她称他为精英和“灌木”。竞选时，她似乎相信她比对手强，而且似乎认为与这样一个人竞选是一种耻辱。在得克萨卡纳（Texarkana）的一次集会上，她告诉一群教师说：“你们像狗一样工作，你们做得很好……**突然把大家拉去要竞选州长的那个人完全是个赝品**”（引自 Romano & Lardner，1999c；加黑字体部分为原作者所加）。

虽然那时胜负还不是很清楚，但小布什竞选州长这件事情本身就表明，为了达到眼前的目标，他能够调整自己的理想：首先胜利地竞选州长。正如现在所表明的那样，他的雄心是扎根于实用主义之中的。

## 十二、走向正在转变的未来

布什先生最终在成年中期末成为他自己，而且应该指出，他成为一个应该受到重视的男人。在商界和政界，他都有失败的教训，这促使他进行自我转变。在此过程中，他最终找到了自己的圣杯——成功。投资棒球队，为他提供了一个机遇，让他找到了能够与自己的才能和兴趣相匹配的职业理想和职责，这个机遇在他成年之后好像一直在躲避他。

他稳稳地战胜了有名的现任州长安·理查兹，这使他作为一个巨人杀手提高了在观察家心目中的声望。他证明自己是一个成功的、受人欢迎的州长，他以压倒多数的选票再次当选则证实了他确实具有非凡的政治手腕和才能。他在政治上的成功不是侥幸取得的。

他已经找到了一个施展的空间。不，事实上，他找到了两个施展的空间：成功的商人与成功的行政长官。他在这两个领域的成功来自他的这些品质：专注、意志力、坚持性和韧性，这些品质曾经是他进行自我救赎、完成个人转变的基础。

他对自己所做的一切都将成为他处理美国和世界问题的榜样。

（谷传华　陈慧丽　译）

### 参考文献


Allen, M. (2001, March 10). Post Interview with President Bush. *Washington Post*, A6.

Anderson, C. (2002). *George and Laura: Portrait of an American Marriage.* New York: William Morrow.

Beshear, T. (1989, April 29). Motherly Advice. *Courier-Journal* (Louisville, Ky.), 2A.

Bruni, F. (2003). *Ambling into History: The Unlikely Odyssey of George W. Bush.* New York: HarperCollins.

Bumiller, E. (2003, October 27). Out of the White House, but Still in the Loop. *New York*

*Times*, A18.

Bush, B. (1994). *A Memoir.* New York: Scribner's.

Bush, B. (2003). *Reflections: Life after the White House.* New York: Scribner's.

Bush, G. W. (1999). *A Charge to Keep.* New York: William Morrow.

Bush, G. W. (2001a, March 1). Question and Answer Session at Lakewood Elementary School in North Little Rock, Arkansas. *Weekly Compilation of Presidential Documents*, 37 (9), 373 – 374.

Bush, G. W. (2001b, March 21). Commencement Address at Yale University in New Haven, Connecticut. *Weekly Compilation of Presidential Documents*, 37(21), 784 – 785.

Bush, G. W. (2001c, September 11). Remarks on the Terrorist Attack on New York City's World Trade Center in Sarasota, Florida. *Weekly Compilation of Presidential Documents*, 37 (37), 1300.

Bush, G. W. (2002, January 15). Remarks at a Town Meeting in Ontario, California. *Weekly Compilation of Presidential Documents*, 38(2), 11 – 19.

Colloff, P. (1999, June 1). The Son Rises. *Texas Monthly.*

Frum, D. (2003). *The Right Man.* New York: Random House.

Greenstein, F. I. (Ed.). (2003). *The George W. Bush Presidency.* Baltimore, Md.: John Hopkins University Press.

Helco, H. (2003). The Political Ethos of George W. Bush. In F. I. Greenstein (Ed.). *The George W. Bush Presidency: An Early Assessment* (pp. 17 – 50). Baltimore, Md.: John Hopkins University Press.

Hollandsworth, S. (1999, June 1). Younger. Wilder? *Texas Monthly.*

Keller, B. God and George W. Bush. *New York Times*, 17 May.

Kilian, P. (2002). *Barbara Bush: Matriarch of a Dynasty.* New York: St. Martins.

Kristof, N. D. (2000a, March 3). Political Memo: Rival Makes Bush Better Campaigner. *New York Times*, A15.

Kristof, N. D. (2000b, July 29). How Bush Came to Tame His Inner Scamp. *New York Times*, A1.

Lardner, G. Jr. & Romano, L. (1999a, July 26). Tragedy Created a Bush – son Bond. *Washington Post*, A1.

Lardner, G. Jr. & Romano, L. (1999b, July 28). At Height of Vietnam, Bush Picks Guard. *Washington Post*, A1.

Levinson, D. J. (1978). *The Seasons of a Man's Life.* New York: Knopf.

Mansfield, S. (2003). *The Faith of George W. Bush.* New York: Tarcher/Penguin.

Minuatagio, B. (2000). *First Son: George W. Bush and the Bush Family Dynasty.* New York: Times Books.

Mitchell, A. (1999, December 20). McCain is Latest Victim of Pop Quiz. *New York Times*, 33.

Mitchell, E. (2000). *Revenge of the Bush Dynasty.* New York: Hyperion.

Neal, T. M. (2000, January 20). Bush to Recovering Addicts: "I Understand." *Washington*

Post, A07.

Parmet, H. S. (2001). *George Bush: The Life of a Lone Star Yankee.* New Brunswick, N. J.: Transaction Press.

Patoski, J. N. (1999, June 1). Team Player. *Texas Monthly.*

Pooley, E. & Gwynne, S. C. (1999). George W. Bush Profile. *Time*, 153, 24.

Radcliffe, D. (1989). *Simply Barbara Bush.* New York: Warner Books.

Reinhold, R. (1986, April 30). In Troubled Oil Business, It Matters Little if Your Name is Bush. *New York Times*, A14.

Roberts, C. (1999, December 19). Bush Mother & Wife Interview. ABC This Week. Retrieved December 20, 1999, from http://www.abcnews.go.com/onair/thisweek/transcripts/tw991219_bush.html.

Romano, L. & Lardner, G., Jr. (1999a, July 25). Bush's Life-changing Year. *Washington Post*, A1.

Romano, L. & Lardner, G., Jr. (1999b, July 29). Young Bush, a Political Natural, Revs up. *Washington Post*, A1.

Romano, L. & Lardner, G., Jr. (1999, July 31). Bush's Move up to the Majors. *Washington Post*, A1.

Smith, E. (1999). George, Washington. *Texas Monthly*, 1 June.

Solomon, J. (2000). Bush, Harvard Business School, and the Making of a President. *New York Times*, 18 June.

Walsh, E. (2000, October 25). Bush Addresses Silent Influences. *Washington Post*, A18.

Walters, B. (2001, December 7). Interview with President George W. Bush and First Lady Barbara Bush. ABC News Special.

Washington Post. (1999). "I Made Mistakes": Interview with George W. Bush. 25 July 1999: A20.

Wischnia, B. & Carrozza, P. (2003) 20 Questions for President George W. Bush: A Running Conversation. *Runner's World on Line*, Retrieved August 23, 2003, from http://www.runnersworld.com/footnotes/gwbush/home.html.

Woodward, B. (2003). *Bush at War.* New York: Simon & Schuster.

# 索 引

# 译后记

两年九个月的时间，几多艰辛，几多波折，本书的翻译工作终于要画上一个句号了。此时此刻，不由得想起20年前准备本科毕业论文的情景，那是我第一次接触到心理传记学，虽然在毕业后的1993年发表了一篇与之相关的小论文，但当时并未想到自己这一辈子要与心理传记学结缘。1994年下半年到西南师范大学（今西南大学）攻读硕士学位，有幸遇到我的授业恩师黄希庭教授。在先生的鼓励和支持下，1995年，我以中国近代文化名人梁漱溟为研究对象，真正开始了对这门学科的探索。在当时国内心理学界浓厚的实证主义研究背景下，作为实验心理学出身的黄先生以其博大的胸怀、睿智的眼光、大师的风范，和张进辅教授一起指导我从事这种质性心理学的研究。当我于1997年6月顺利通过“梁漱溟人格的心理传记学研究”的论文答辩时，我知道我已选择了这条充满困难和不确定性的研究之路。

2001年，再次投身黄先生门下，攻读人格心理学方向的博士学位。在先生的指导下，对硕士论文的部分内容进行了修改，将其发表在2003年第1期的《心理科学》上，后被美国太平洋大学（Pacific University）的舒尔茨（Schutlz）教授辑录，以摘要形式刊发在当年的《传记：跨学科季刊》上。由此，与舒尔茨教授建立了联系，萌发了翻译其主编并于2005年出版的《心理传记学手册》（*Handbook of Psychobiography*）一书的想法。当我把这一想法告知舒尔茨教授时，他欣然同意，并在随后的通信中给予指点，同时帮助我联系英文原著的责任编辑和牛津大学出版社（Oxford University Press）。此外，该书也得到了袁冰凌女士、黄圣英主任及其所属的暨南大学出版社的大力支持。暨南大学出版社以繁荣学术事业的责任感和扶持新兴学科发展的宽广视野，将该书列入资助出版计划，与牛津大学出版社签订了版权转让协议，并于2008年3月委托我主持翻译该书。之后，台湾辅仁大学心理系的丁兴祥教授也对该书的翻译工作给予了大力支持和帮助，欣然接受了协同翻译和审订的工作，并于2009年12月受邀来湛江师范学院进行学术访问，实现了海峡两岸学者在心理传记学领域的第一次学术交流与合作。

十余年来，大陆心理学界的一些学者和研究生陆续对中国古代和近代的10余名历史人物进行了心理传记学研究，发表了若干篇该领域的理论性和综述性的论文，初步形成了一种质量结合的模式。2010 年 11 月，由我召集、组织，吴继霞教授主持的该领域专题报告会在第 13 届全国心理学学术大会上成功举办。会上和会后该领域的与会同仁对该模式的特点、研究程序及存在的问题进行了讨论。在台湾，丁兴祥教授的团队从 1990 年初就致力于心理传记学的研究，发表了一系列富有创造性的研究成果，逐渐形成了一种主客一体的研究模式——互为主体模式。此外，在海峡两岸的其他人文社会科学界，也有一些学者从事这方面的研究。因此，我们相信，随着研究的深入和队伍的壮大，华人对世界心理传记学的发展将会作出更大的贡献。

一般认为，1910 年出版的弗洛伊德的《列奥纳多·达·芬奇与他童年的一个记忆》是第一本心理传记著作。但从我们查阅的文献来看，“心理传记学”（Psychobiography）这一英文术语直到 1973 年（Glad）才出现，有关心理传记学的理论性著作直到 20 世纪 80 年代初才出版。因此，把心理传记学作为一门学科来研究，应该是在 20 世纪七八十年代之后。如果将心理传记学既看作一门学科，又看作一种研究方法的话，此前的研究应是一种心理传记法的应用研究，主要是将精神分析理论应用于人物传记的实例性研究。而 2005 年《心理传记学手册》一书的出版可看作这一学科真正确立的标志。理由如下：第一，与以往的著作相比，该书已明显形成了系统性的学科体系。全书由理论和实例两大部分构成，理论部分共 8 章，实例部分 16 章。实例部分又由艺术家的心理传记学、心理学家的心理传记学和政治人物的心理传记学三编组成，上述的每个实例部分都有一章关于如何对相应的人物进行研究的理论阐述。第二，该书很好地回答了作为一门学科的基本理论问题，包括心理传记学的概念、研究对象、研究内容、发展历史、与其他相关学科的关系等。第三，对心理传记学学科理论的介绍全面而系统，包括传主资料的筛选、理论的选择与应用、多重诠释、多个案心理传记学（比较心理传记学）研究等问题。第四，该书可作为今后编写心理传记学教科书和著作的典范。总之，心理传记学虽有百年的研究历史，但却是一门新兴学科，是一个非常值得我们去开拓和耕耘的领域。

这本译著是集体协作的产物，也是海峡两岸学者共同努力的结果。本书涉及多门学科的知识，翻译难度较大。因此，每章的翻译都经过多人之手，即由一人翻译后，再由另外一人或两人修改，接着各章译者彼此交换进行检查，然后由丁兴祥和郑剑虹对全书进行审校，最后由郑剑虹对全书译稿进行统校。但即使这样，书中仍会存在一些缺点和错误。我们在人名和地名的翻译上进行了规范或按照中国大陆的习惯翻译，有些术语的翻译经过海峡两岸双方协商而定。全书译成后，经修习心理传记学课程的崔海凤、李新丽、苏宏凤、张志学、明艳娴等同学从读者的角度通读译稿并提出建议；郑荣双教授、游柱然博士对本书及一些字句的翻译提出了宝贵的意见；舒跃育、李琼、张继元、何吴明、姚叶勤、姚宇琦、郑春红、黄丽兰、张一菁对书稿的部分内容做了录入、校对等工作，在此一并致谢。在此需要说明的是，经原著出版社（牛津大学出版社）与原作者（William Todd Schultz）授权同意，出版时删除了已译出的原著最后两章的内容。本书的译者有郑剑虹、谷传华、丁兴祥（台湾）、舒跃育、雷学军、张继元（台湾）、陶维东、吕政达（台湾）、薛荣祥（台湾）、刘莹、陈慧丽、魏珂、张佑维（台湾）、汤宗勋（台湾）、王菲、刘艳、张海霞、黄春艳、李佳欣（台湾）、谢金菊。最后，再次感谢暨南大学出版社及责任编辑张建秀女士，没有她们认真细致的工作和支持以及所给予的在翻译时间上的宽容，很难想象本书能够顺利出版。

郑剑虹

2010 年 12 月 28 日